Pressupostos Filosóficos e Político-Constitucionais do Sistema Núcleo Intersindical de Conciliação Trabalhista

Teoria e prática da razão dialógica e do pensamento complexo na organização do trabalho e na administração da justiça: democracia integral e ética de responsabilidade social

ANTÔNIO GOMES DE VASCONCELOS

*Mestre e doutor em Direito Constitucional (UFMG).
Especialista em Direito Público (CUMM). Bacharel em Filosofia (PUC-MG).
Professor da Universidade Federal de Minas Gerais. Juiz do Trabalho.
Coordenador do Programa Universitário de Apoio às Relações de Trabalho e à
Administração da Justiça da Universidade Federal de Minas Gerais (PRUNART-UFMG).*

Pressupostos Filosóficos e Político-Constitucionais do Sistema Núcleo Intersindical de Conciliação Trabalhista

Teoria e prática da razão dialógica e do
pensamento complexo na organização do trabalho
e na administração da justiça: democracia integral e
ética de responsabilidade social

LTr®

LTr EDITORA LTDA.
© Todos os direitos reservados

Rua Jaguaribe, 571
CEP 01224-001
São Paulo, SP — Brasil
Fone (11) 2167-1101
www.ltr.com.br

Produção Gráfica e Editoração Eletrônica: R. P. TIEZZI
Projeto de Capa: FABIO GIGLIO
Impressão: GRÁFICA PAYM

LTr 5060.7
Outubro, 2014

Dados Internacionais de Catalogação na Publicação (CIP)
(Câmara Brasileira do Livro, SP, Brasil)

Vasconcelos, Antônio Gomes de
   Pressupostos filosóficos e político-constitucionais do Sistema Núcleo Intersindical de Conciliação Trabalhista : teoria e prática da razão dialógica e do pensamento... / Antônio Gomes de Vasconcelos. — São Paulo : LTr, 2014.

   Bibliografia
   ISBN 978-85-361-3098-9

   1. Conciliação industrial — Brasil 2. Dissídios trabalhistas — Brasil 3. Negociações coletivas — Brasil 4. Relações industriais — Brasil 5. Sindicatos — Brasil I. Título.

14-08140   CDU-34:331.88:331.153(81)

Índices para catálogo sistemático:

1. Brasil : Conciliação trabalhista : Núcleos intersindicais : Direito do trabalho
   34:331.88:331.153(81)
2. Brasil : Núcleos intersindicais : Conciliação trabalhista : Direito do trabalho
   34:331.88:331.153(81)

Dedicatória

À Eliana, ao Octávio Augusto e ao Thiago Eduardo.

O amor e o carinho inesgotáveis que me dedicam foram a sustentação e o dínamo das energias consumidas neste trabalho.

A necessária solidão da introspeção profunda, por vezes dolorosa, somente é possível se acompanhada da certeza paradoxal de não estar só.

Às abnegações, renúncias e ausências necessárias, sem quaisquer cobranças, compensam o amor e a gratidão.

Aos meus pais Joaquim Gomes dos Santos (in memoriam) *e Elza Pereira de Vasconcelos Santos.*

Aos meus irmãos Maria Elza (in memoriam)*, Edson, Elson, Maria Helena, Carlos Lacerda, Dalva Cristiane e Altamir Eustáquio.*

Homenagens

A Altair Olímpio de Oliveira e Ezequias dos Reis (in memoriam) *líderes e dirigentes sindicais, pela ousadia de criar o primeiro Ninter do país e apontar novos horizontes para o sindicalismo brasileiro.*

Ao professor Antônio Álvares da Silva.

Ao professor José Alfredo de Oliveira Baracho (in memoriam).

Ao ministro Orlando Teixeira da Costa — TST (in memoriam).

À Dra. Gilma Gonçalves Xavier.

Agradecimentos

A Gabriela de Campos Sena, mestranda, coordenadora discente e pesquisadora do Programa Universitário de Apoio às Relações de Trabalho e à Administração da Justiça (PRUNART-UFMG), pela leitura dos originais e pelas valiosas sugestões.

Ao Fagner e à Izadora, pesquisadores do PRUNART e, respectivamente, estagiária secretária executiva e estagiário assessor de coordenação administrativa do PRUNART-UFMG, pela colaboração na formatação e adequação das demonstrações estatísticas (gráficos, tabelas e quadros).

À Ivone e ao José Humberto, respectivamente, coordenadora e conciliador do NINTER de Patrocínio/MG, pela presteza com que disponibilizaram os dados estatísticos da instituição.

Ao Luciano, diretor da Vara de Patrocínio/MG, pela abnegada disposição para o fornecimento dos dados estatísticos indispensáveis à prova de realidade das hipóteses confirmadas neste trabalho.

SUMÁRIO

LISTA DE SIGLAS 21

APRESENTAÇÃO 23

PREFÁCIO 33

INTRODUÇÃO 39

CAPÍTULO 1
PRINCÍPIOS FILOSÓFICOS E POLÍTICO-CONSTITUCIONAIS DO SISTEMA NINTER

1.1. Ninter e democracia 63

    1.1.1. A transição paradigmática pressuposta na construção de uma teoria doadora de sentido ao princípio de democracia imanente ao sistema Ninter 65

        1.1.1.1. A questão metodológica da abordagem da crise sob o enfoque paradigmático 67

1.1.2. Democracia integral...71

    1.1.3. A participação dos sindicatos nos procedimentos cognitivos de formação da opinião e da vontade dos agentes do Poder Público......74

    1.1.4. O *locus* institucionalizado de interseção entre a autonomia pública e a autonomia coletiva 78

    1.1.5. Abandono da ficção da personificação do Estado.........................81

    1.1.6. Fundamentos da democracia integral na Constituição brasileira 86

    1.2. Os pressupostos epistemológicos..89

    1.2.1. O discurso filosófico 91

    1.2.2. O discurso científico 97

1.2.3. O primeiro pressuposto: a razão é dialógica 102
    1.2.3.1. A "viragem linguística" 102
    1.2.3.2. Karl-Otto Apel: "somos um diálogo" 105
    1.2.3.3. O fundamento biológico 109
    1.2.3.4. O fundamento filosófico 111
    1.2.3.5. A ética da responsabilidade, ação pública e Ninter 112
1.2.4. O segundo pressuposto: o princípio da complexidade 117
1.2.5. O Ninter e a concepção construtivo-discursiva do direito 122
    1.2.5.1. A relação recursiva e reciprocamente constitutiva de sentido entre o fato (realidade) e a norma jurídica 124
1.3. Pressupostos político-constitucionais 130
    1.3.1. O princípio da "governança" 132
        1.3.1.1. A essencialidade da função emancipatória da democracia .. 136
        1.3.1.2. A busca do fundamento da "governança" na filosofia da linguagem 138
        1.3.1.3. O exercício comunicativo do poder e o princípio da autoridade 140
        1.3.1.4. "Governança" local e o princípio da complexidade 142
        1.3.1.5. Ética de inteligibilidade 144
    1.3.2. O princípio da subsidiariedade ativa 146
        1.3.2.1. O Estado democrático subsidiário 151
        1.3.2.2. Formas concretas de manifestação do princípio da subsidiariedade 156
            1.3.2.2.1. Subsidiariedade e a resolução dos conflitos 158
1.4. Governança e subsidiariedade ativa 160

Capítulo 2
Pragmática do Princípio de Democracia no Sistema Ninter: Conceitos Operacionais

2.1. A concreção do princípio de democracia 162

2.2. O exercício dialógico do Poder Público e da autonomia coletiva na construção social da realidade 164

    2.2.1. A insuficiência da concepção "neocorporativista" 166

    2.2.2. O sentido do "diálogo social" e da "concertação social" na perspectiva da democracia integral 167

        2.2.2.1. O "diálogo social" 170

        2.2.2.2. A concertação social e a coordenação das ações das instituições do trabalho 174

    2.2.3. Os administrados e os jurisdicionados são sujeitos, e não objeto da ação pública 175

2.3. A prática da governança e a reconstrução do princípio do tripartismo: o acoplamento estrutural das autonomias pública e coletiva 177

    2.3.1. Tripartismo e governança 179

        2.3.1.1. Tripartismo de base local 180

        2.3.1.2. Conselho Tripartite do Ninter: *locus* da governança 182

2.4. Governança e acesso à justiça "coexistencial" 187

    2.4.1. Os prejuízos sociais da contraposição maniqueísta entre os meios judiciais e não judiciais de resolução dos conflitos 190

        2.4.1.1. Racionalização "fabuladora" da conciliação judicial 194

        2.4.1.2. A mensagem contraditória do "movimento nacional pela conciliação" (endoprocessual) 196

        2.4.1.3. Crítica ao "reformismo conservacionista" 202

    2.4.2. O problema cultural 205

        2.4.2.1. As técnicas não judiciais de resolução dos conflitos e o princípio da proteção ao trabalhador 207

        2.4.2.2. A intercomplementaridade e a coexistencialidade das autonomias pública e coletiva 214

        2.4.2.3. As comissões de conciliação prévia são um estágio preparatório da criação do Ninter 215

2.5. Conceitos operacionais do princípio de democracia imanente ao sistema Ninter 216

    2.5.1. A ação pública comunicativa 218

2.5.1.1. Ação pública comunicativa cognitiva e suasória e ação pública coercitiva..225

2.5.2. Ação coletiva comunicativa..226

2.5.3. Programas interinstitucionais de especial interesse público 228

2.5.4. Regime trabalhista especial temporário ou "permanente" 229

2.5.5. A negociação coletiva...234

2.5.5.1. Negociações coletivas "concertadas"?................................237

2.5.5.2. Um breve esforço hermenêutico em prol da autonomia coletiva 240

2.6. Agentes do Poder Público de carreira permanente (ética de responsabilidade)..241

2.6.1. Aspectos metajurídicos da transformação paradigmática na ação pública 242

2.6.2. Os agentes do Poder Público e o problema do diálogo transparadigmático 245

2.6.3. Agentes públicos de carreira permanente e responsabilidade social 246

2.7. O ativismo judicial moderado e prudente: entre o contencionismo e o ativismo radical...251

2.7.1. O diálogo de que necessita a sociedade ainda não é o diálogo que a Justiça se dispõe a oferecer 254

2.7.2. Jurisdição e "governança" 256

2.7.2.1. Um ativismo judicial moderado e prudente........................258

2.7.2.2. Jurisdição comunicativa 261

2.7.2.2.1. Limites da livre convicção: jurisdição inconstitucional 261

2.7.2.2.2. A jurisdição comunicativa como expressão do princípio de democracia integral na administração da justiça 263

2.7.3. O Conselho de Administração de Justiça 266

2.8. O sistema Ninter e a reforma trabalhista 268

2.8.1. As premissas da democratização adotadas na Reforma..............270

2.8.2. Ninter: com a Reforma e além da Reforma 271
    2.8.2.1. Justiça social 272
    2.8.2.2. Tripartismo e diálogo social 274
    2.8.2.3. Concepção sistêmica 276
    2.8.2.4. A negociação coletiva 277
    2.8.2.5. Resolução dos conflitos 278

Capítulo 3
Resultados Concretos da Experiência Transformadora do Núcleo Intersindical de Conciliação Trabalhista de Patrocínio (1994-2013)

3.1. A pesquisa de campo do "Programa Gestão Pública e Cidadania" (FGV/SP) 285

3.2. Desenvolvimento da negociação coletiva 290

    3.2.1. Alteração performativa da negociação e das normas coletivas: aspectos qualitativos e quantitativos 291

        3.2.1.1. Atos normativos internos com força de norma coletiva 296

    3.2.2. Regime trabalhista especial 298

    3.2.3. Procedimento voluntário comprobatório de obrigação trabalhista rural 300

    3.2.4. O "Programa de Prevenção de Riscos Ambientais da Cafeicultura de Patrocínio" e o "Projeto Piloto" 302

        3.2.4.1. Programa de prevenção de riscos ambientais da cafeicultura de Patrocínio 302

        3.2.4.2. O "Projeto Piloto": programa de fomento do PPRA coletivo .. 305

3.3. Impactos da ação do Ninter-Patrocínio no âmbito da prevenção e da resolução dos conflitos (1994-2013) 320

    3.3.1. Levantamento estatístico e análise de dados 321

        3.3.1.1. A criação do Ninter (1994): marco temporal inicial 321

        3.3.1.2. A tradução estatística do grau de satisfação do usuário 324

        3.3.1.3. A tradução estatística da legitimação da instituição 325

3.3.1.4. A "governança" é condição de possibilidade do sucesso das soluções não judiciais 326

3.3.1.5. A ampliação do acesso à justiça 327

3.3.1.6. A drástica redução dos processos judiciais 329

3.3.1.7. A relevância do caráter institucional do Ninter 332

3.3.1.8. A celeridade e a qualidade da jurisdição com critérios de legitimação social 333

3.3.2. Crítica aos argumentos jurídico e cultural que alimentam a má vontade em relação aos meios não judiciais de resolução de conflitos 333

3.4. A priorização da efetividade dos direitos sociais no Programa de Certificação do Café do Cerrado, em andamento na região de Patrocínio/MG. 339

3.5. Outros resultados incomensuráveis a serem estudados 345

3.6. O Sistema Ninter-Cenear (SNC) e o Programa Universitário de Apoio às Relações de Trabalho 346

3.6.1. O anteprojeto de Lei do Sistema Ninter-Cenear 350

3.6.2. O "Programa Universitário de Apoio às Relações do Trabalho — Prunart": a contribuição da Universidade para a consolidação do Sistema Ninter-Cenear 351

3.6.3. O Programa Universitário de Apoio às Relações do Trabalho do do Centro Universitário do Triângulo: o Prunart-Unit 354

3.6.4. O Programa Universitário de Apoio às Relações de Trabalho e à Administração da Justiça da Universidade Federal de Minas Gerais: Prunart-UFMG 356

Considerações finais 365

Epistemologia e democracia 365

Razão (dialógica) e realidade (complexa) 374

O sistema Núcleos Intersindicais de Conciliação Trabalhista democratiza a organização do trabalho 378

Por um ativismo judicial moderado e prudente 389

Referências 395

Glossário 409

Anexos

Anexo A — Ato constitutivo do conselho de administração de justiça da Vara do Trabalho de Araguari-MG 427

Anexo B — Ato constitutivo do conselho de administração de justiça da 5ª Vara do Trabalho de Belo Horizonte-MG 430

Anexo C — Estatuto Básico do Núcleo Intersindical de Conciliação Trabalhista ... 432

Anexo D — Convenção Coletiva de Trabalho Constitutiva do Núcleo Intersindical de Conciliação Trabalhista de [...] 455

Anexo E — Ciclo de iniciação científica do Programa Universitário de Apoio às Relações de Trabalho e à Administração da Justiça — Prunart-UFMG 458

Anexo F — Conclusões do I Encontro de Patrocínio para Modernização das Relações de Trabalho 459

Lista de Figuras

Figura 1 — A "galeria dos quadros", de M. Escher 84

Figura 2 — Lavoura de café, região de Patrocínio/MG 309

Figura 3 — Colheita mecanizada em lavoura de café, região de Patrocínio/MG 310

Figura 4 — Condições atuais de segurança no trabalho em propriedade cafeicultora, região de Patrocínio/MG 311

Figura 5 — Condições atuais de alojamento de trabalhadores em propriedade cafeicultora, região de Patrocínio/MG 312

Figura 6 — Condições atuais de alojamento de trabalhadores em propriedade cafeicultora, região de Patrocínio/MG 313

Figura 7 — Cultivo de hortaliças para complementação alimentar dos trabalhadores próximo ao alojamento em propriedade cafeicultora, região de Patrocínio/MG 314

Figura 8 — Amostra de unidade de alojamento em propriedade cafeicultora, região de Patrocínio/MG 315

Figura 9 — Amostra de dormitório de alojamento rural em propriedade cafeicultora, região de Patrocínio/MG 316

Figura 10 — Amostra de instalação sanitária de alojamento rural em propriedade cafeicultora, região de Patrocínio/MG 317

Figura 11 — Capela em alojamento rural de propriedade cafeicultora, região de Patrocínio/MG 318

Figura 12 — Capela em alojamento rural de propriedade cafeicultora, região de Patrocínio/MG 319

LISTA DE TABELAS

Tabela 1 — Evolução quantitativa das normas coletivas rurais a partir da criação do Ninter-Patrocínio/MG 291

Tabela 2 — Ação fiscal do Grupo IV — Delegacia Regional do Trabalho de Minas Gerais...308

Tabela 3 — Média mensal de processos na Vara de Patrocínio em 1994 e 2013..333

LISTA DE QUADROS

Quadro 1 — Amostragem intencional da evolução qualitativa das CCTs celebradas entre o STRP e SRP no período de 1994-2013 292

Quadro 2 (ANEXO E) — Ciclo de iniciação científica do Programa Universitário de Apoio às Relações de Trabalho — Prunart-UFMG 458

LISTA DE GRÁFICOS

Gráfico 1 — Conciliações nas Varas (1980-2005)..197

Gráfico 1-A — Conciliações nas Varas. Total no país: 2013 198

Gráfico 2 — Estatística geral anual do número de demandas rurais ajuizadas na Vara do Trabalho de Patrocínio no período de 1991 a 2013 322

Gráfico 3 — Movimento geral da Vara do Trabalho de Patrocínio (1994-2013) com discriminação de demandas rurais...323

Gráfico 4 — Movimento anual da Vara do Trabalho de Patrocínio (1994-2013) com discriminação de demandas rurais...323

Gráfico 5 — Estatística geral do Ninter-Patrocínio (1994 a 2013)..................325

Gráfico 6 — Estatística anual do Ninter-Patrocínio (1994 a 2013) 327

Gráfico 7 — Estatística comparativa do movimento geral e específico (demandas rurais) da Vara do Trabalho de Patrocínio e do Ninter-Patrocínio (1994-2013)..328

Gráfico 8 — Estatística comparativa do movimento anual geral e específico (demandas rurais) da Vara do Trabalho de Patrocínio e do Ninter-Patrocínio 1994-2013)...329

Gráfico 9 — Movimento médio anual de pendências rurais da Vara do Trabalho e do Ninter-Patrocínio (1995-2013) 330

Gráfico 10 — Movimento geral da Vara do Trabalho (demandas rurais) e do Ninter 1994-2013 331

Lista de Siglas

ACARPA	—	Associação dos Cafeicultores da Região de Patrocínio
ACC	—	Ação Coletiva Comunicativa
ADESA	—	Agência de Desenvolvimento Econômico e Social de Araguari
AI	—	Auto de Infração
AINS	—	Auto de Inspeção
ANI	—	Ato normativo interno do Conselho Tripartite do Núcleo Intersindical de Conciliação Trabalhista
APC	—	Ação Pública Comunicativa
APCP	—	Agentes Públicos de Carreira Permanente
CAJ	—	Conselho de Administração de Justiça
CCP	—	Comissão de Conciliação Prévia
CCT	—	Convenção Coletiva de Trabalho
CLT	—	Consolidação das Leis do Trabalho
IES	—	Instituição de Ensino Superior
JC	—	Jurisdição Comunicativa
JCJ	—	Junta de Conciliação e Julgamento
NCCP	—	Negociação Coletiva Concertada e Permanente
Ninter	—	Núcleo Intersindical de Conciliação Trabalhista
PRINESP	—	Programas Interinstitucionais de Especial Interesse Público, Social e Coletivo
Prunart	—	UFMG Programa Universitário de Apoio às Relações de Trabalho da UFMG

RO	—	Recurso Ordinário
RTE	—	Regime Trabalhista Especial
SIC-Ninter	—	Seção Intersindical de Conciliação do Núcleo Intersindical de Conciliação Trabalhista
SRP	—	Sindicato Rural de Patrocino/MG
STRP	—	Sindicato dos Trabalhadores Rurais de Patrocínio/MG
TMAP	—	Triângulo Mineiro e Alto Paranaíba

Apresentação

A vida profissional, os ideais e a atividade acadêmica entrecruzaram-se no projeto de vida do autor, e este trabalho é o fruto da interação destas múltiplas dimensões.

A presente obra é parte de um projeto mais amplo que se complementa, indispensavelmente, com outra publicação que lhe é contemporânea, de autoria deste mesmo autor, intitulada *O Sistema Núcleo Intersindical de Conciliação Trabalhista — Do fato social ao instituto jurídico: uma transição neoparadigmática do modelo de organização do trabalho e da administração da justiça.*

Ambas encerram, depois de duas décadas, a participação do autor no processo de criação (1994) e consolidação da instituição social e o instituto jurídico que as intitula. Responsável pela concepção e elaboração das teorias e fundamentos jurídicos que lhe dão sustentação, o autor foi o proponente da emenda legislativa, acolhida pelo parlamento, que acresceu ao projeto da Lei n. 9.958/2000 o art. 625-H, para distinguir das Comissões de Conciliação Prévia o instituto que será tratado nesta obra. Além disso, por força do referido dispositivo, o Sistema[1] Ninter foi recepcionado pela ordem jurídica brasileira, com as características e balizamentos estabelecidos no manual básico elaborado pelo autor a convite do Ministério do Trabalho e Emprego, responsável por sua edição (MTE. *Núcleo intersindical de conciliação trabalhista — manual básico.* Brasília: MTE, SRT, 2000).

As duas obras se completam. Por isso, esta "apresentação" é soleira de ambas.

Na obra citada acima, procede-se à crítica do modelo de racionalidade — o método da ciência moderna e a filosofia da consciência, que preside a ciência e a prática jurídicas, a organização do trabalho, os códigos de conduta e o *modus operandi* das instituições do trabalho e da administração da justiça. Busca-se ainda

---

(1) A caracterização do instituto como sistema somente se coaduna com a ideia de sistema aberto capaz de promover a confluência do conjunto dos subsistemas (públicos ou coletivos) que atuam no mundo do trabalho por meio das técnicas do diálogo e da concertação social.

analisar as consequências sociolaborais da atuação das instituições do trabalho à luz das perspectivas filosófica e político-constitucionais inspiradas naqueles paradigmas. Neste mister, focalizam-se contextos de realidade locais, em sua singularidade e especificidade irrepetíveis, além de situações-problema identificadas nestes cenários para alimentar a construção da teoria a partir de uma razão filosófica, jurídica e sociologicamente situada. Tais contextos servem ao que se designa por *evocação epistêmica da realidade* para incluí-la como elemento constitutivo do conhecimento, buscando evitar os riscos da alienação racional-cientificista, da ética de intenções conducentes à cisão entre lei e realidade e a um profundo déficit de efetividade dos direitos e da atuação das instituições encarregadas de sua aplicação, bem como do desprezo pelas consequências sociais das práticas jurídico-institucionais. A obra cumpre, afinal, seu objetivo ao explicitar os contextos originários e o desenvolvimento da experiência matricial, prototípica, do Sistema Ninter, a interação dialógica entre o Poder Judiciário trabalhista com a sociedade, na prática de um ativismo moderado e prudente, bem como definir os contornos de sua identidade institucional e configurar os elementos dogmático-jurídicos que lhe dão sustentação.

Nesta, constrói-se a teoria político-constitucional que fundamenta na razão dialógica e no princípio da *complexidade* os pressupostos epistemológicos do princípio de democracia integral imanente ao Sistema Ninter, do qual decorrem os princípios de governança e de subsidiariedade ativa aplicáveis à organização do trabalho e à administração da justiça, bem como os conceitos operacionais que dão suporte às suas práticas institucionais — tripartismo de base local, diálogo social, concertação social, acesso à justiça "coexistencial", ação pública comunicativa cognitiva e suasória, jurisdição comunicativa, ação coletiva comunicativa, negociação coletiva concertada. No campo da administração da justiça, da experiência vivida pelo autor, no exercício da magistratura, exsurge, na perspectiva do Estado Democrático de Direito e do projeto de sociedade inscrito na Constituição de 1988. Compreende-se que a participação do Poder Judiciário no diálogo social com objetivo de diagnosticar as causas dos conflitos sociais e dos gargalos da administração da justiça, bem como na busca de soluções para a questão judiciária e da melhoria da prestação jurisdicional, é medida condizente com os fundamentos constitucionais do Estado brasileiro. Nesse sentido é que o diálogo e a interação entre os órgãos de justiça e os sindicatos protagonistas do Sistema Ninter é capítulo relevante deste trabalho. O levantamento e a descrição dos resultados da experiência transformadora do Núcleo Intersindical de Conciliação Trabalhista de Patrocínio (MG) é mais que a conclusão do estudo de caso que permeia, nas duas obras, a construção da teoria do Sistema, pois impõe-se, como medida de coerência com as premissas epistemológicas adotadas, interação reciprocamente constitutiva entre teoria e realidade, conhecimento e ação. O "estudo de caso" dessa experiência, além de outros que traduzem situações-problema, prestigia a prática sem deixar de apontar problemas gerais e sistêmicos da questão trabalhista nacional, além de ilustrar aspectos da crise do modelo de racionalidade que lhe é subjacente. Por outro lado, o estudo dos resultados atesta a legitimação da teoria em face dos resultados positivos alcançados com a atuação da instituição e a sua coerência com o projeto constitucional da sociedade brasileira.

A teoria vem depois da experiência, numa trajetória recursiva e reciprocamente constitutiva com a realidade. Do mesmo modo se estabelece o intercâmbio entre conhecimento e ação, acessíveis e erigidos dialogicamente. A interação com a realidade decorre das premissas epistemológicas aceitas e se transforma em elemento constitutivo do conhecimento e da ação, não se confundindo, por isso, com uma ciência militante a serviço de uma ideologia, embora mantenha o compromisso com o projeto constitucional da sociedade brasileira, uma vez que não há ciência neutra.

A relação intercomplementar das duas obras repousa, ainda, no plano dos pressupostos, já que ambas professam a existência de uma correlação indissociável entre epistemologia e democracia; esta compreendida como realização do princípio da igualdade e da liberdade, de modo a assegurar, além da efetividade dos direitos sociais fundamentais, o direito fundamental à participação, inclusive nos processos de construção do conhecimento que serve de base à ação pública e à ação coletiva.

As relações sociais, econômicas e laborais tornam-se cada vez mais complexas e dinâmicas, em decorrência dos avanços tecnológicos em todos os setores da atividade humana e por dependerem de fatores cada vez mais internacionalizados ("globalizados"). Na intrincada teia de problemas gerados por tantas transformações, surge o problema da racionalidade da organização social, que põe em xeque os pressupostos do conhecimento e da ação.

Considera-se que a questão do conhecimento instala-se na origem da crise de racionalidade que atinge a todos os setores da atividade humana e que o problema da garantia da efetividade dos direitos sociais que desafia as instituições do trabalho está relacionado com a questão epistemológica[2].

A crise de racionalidade da ciência e da filosofia moderna tem reflexos profundos na teoria e na prática jurídica que estão na base da ação pública na sua tríplice dimensão: regulação, administração e jurisdição.

Por isso, a cisão entre o direito e a realidade não pode ser resolvida sem um retrocesso à questão epistemológica. Com efeito, a racionalidade clássica que orienta a teoria, a prática jurídica e a ação das instituições do Poder Público parece não mais atender ao novo paradigma do Estado Democrático de Direito e ao projeto

---

(2) Essa constatação levou Edgar Morin a reconhecer que o problema da sociedade contemporânea é o problema do conhecimento.

de sociedade inscrito na Constituição Federal, o que constitui um dos elementos da denominada crise do direito e das instituições.

Admite-se como alternativa para o enfrentamento dessa crise de racionalidade a democratização radical do sistema de relações do trabalho e da administração da justiça, do exercício do Poder Público em todas as esferas de sua interface direta com as realidades locais/setoriais, bem como da prática jurídica e dos procedimentos cognoscitivos adotados pelos agentes públicos responsáveis por tais atividades.

A ideia de democratização resultante da conjugação entre a epistemologia e a democracia implicou o desenvolvimento das teorias da "governança" e da subsidiariedade ativa, harmônicas aos fundamentos constitucionais do Estado brasileiro. A relação entre pressupostos epistemológicos adotados e a pragmática passa a ser mediada pelas técnicas do "diálogo social" e da "concertação social", próprias à "governança".

Em termos concretos, a democratização integral que dá sentido ao sistema Ninter implica: a) prioritariamente, a persecução da efetividade da legislação trabalhista como condição de legitimação do sistema de relações de trabalho e de suas instituições; b) a participação dos sindicatos no exercício do Poder Público, em suas diversas instâncias, especialmente em relação ao conhecimento dos contextos de realidade em que incide a ação pública (princípio da complexidade), e nos procedimentos cognitivos relativos à escolha da norma, do seu sentido e do modo mais adequado de sua aplicação nos referidos contextos de realidades (princípio da razão dialógica); c) a participação dos sindicatos na gestão local/setorial da organização do trabalho e da administração da justiça; d) a implementação de instrumentos autônomos de prevenção e de resolução dos conflitos, numa relação de coexistencialidade, intercomplementaridade e coerência com os meios oficiais; e e) a ampliação do exercício da autonomia coletiva e das funções da negociação coletiva, especialmente no que diz respeito à gestão intercategorial do sistema local/setorial de relações do trabalho.

Se os princípios da razão dialógica e da complexidade conduzem ao diálogo e à concertação social no plano da ação, implicam também a inclusão da realidade nos processos de produção do conhecimento, a qual, por sua vez, ainda que inacessível em estado puro, somente pode ser compreendida em sua máxima possibilidade de apreensão mediante a construção de diagnósticos multifacetários, erigidos dialogicamente, com a participação de todos os envolvidos. Trata-se da busca de uma visão sistêmica dos contextos de realidade decorrente da interação dialógica que envolva o conjunto das instituições do trabalho e possa guiar suas ações internas e externas.

Isso significa, ante as necessárias escolhas epistemológicas que residem na base de todo trabalho científico, que o intercâmbio entre a teoria e a prática não se prende a uma concepção racionalista do conhecimento (filosofia da consciência). Considera-se que a realidade se constitui na linguagem, reconhecendo-se ao mesmo tempo que a complexidade do real relativiza a possibilidade do conhecimento absoluto do objeto conhecido. Do mesmo modo, o conhecimento não é mais um ato de consciência individual, mas intersubjetivo, porque a "razão" e a consciência também se constituem na intersubjetividade. O sujeito (razão) e a realidade (objeto) se desvelam na linguagem e são, epistemologicamente, interdependentes. Daí a insuficiência dos critérios popperiano (falseabilidade) e kuhniano (consenso da comunidade científica) de validação do conhecimento.

O pressuposto epistemológico aqui descrito implica o afastamento do método reducionista e fragmentador que funda o conhecimento na separação/disjunção do objeto por meio de cortes epistemológicos impostos pela especialização própria à racionalidade da ciência moderna. Transcende o cientificismo metódico na medida em que este procede ao enquadramento arbitrário do objeto do conhecimento num modelo de racionalidade ao qual se atribui a condição de "absoluto" segundo preferências e escolhas, individuais e/ou minoritárias (antidemocráticas), entre alternativas multiversáteis. Ao mesmo tempo reconhece a impossibilidade de acesso ao real puro e complexo em sua plenitude, porque este se revela sempre multiforme e em contextos cuja apreensão é sempre relativa ao modo de ver, às vivências e às premissas do observador.

O "conhecimento complexo" realiza-se a partir de uma concepção sistêmica do seu objeto (*sistema aberto*) que passa a ser perseguido na maior amplitude possível, ainda que contingente e transitória. Não tem fronteiras delimitadas a *priori,* porque o objeto, não segmentado, precisa ser contextualizado e explorado em todas as suas dimensões relevantes para a solução dos problemas reais ou para o alcance dos objetivos previamente definidos. Sem embargo, no campo jurídico, tanto na formulação quanto na aplicação do direito, tais objetivos já estão definidos na Constituição que reassume sua função dirigente. Sempre contingente e contextualizado, esse conhecimento se aproxima de outros com iguais limitações e se reconstrói dialogicamente, levando em conta a perspectiva do "outro", permitindo uma concepção sistêmica do objeto da qual não se torna estacionário, porque ela somente é compatível com a ideia de sistema aberto, capaz de acompanhar o dinamismo da vida.

Em coerência com esta epistemologia procura-se compreender objeto do conhecimento em sua máxima inteireza. No lugar de limitar, amplia horizontes; no lugar de centralizar o pensamento em axiomas extraídos da razão individual-solipsista e encadear proposições lógicas direcionadas a uma conclusão, busca apresentar o problema proposto em sua conexão com a realidade concreta.

Por outro lado, a transição paradigmática impõe um esforço incomum de reconstrução do pensamento à luz da epistemologia emergente, o que torna movediço todo o "terreno" em que se assenta a atividade intelectual. Todos os conceitos devem ser postos, e não simplesmente pressupostos. Além disso, o princípio da complexidade implica o esforço para a percepção do todo, em sua permanente articulação com as partes, e vice-versa. Em suma, a contextualização do objeto torna-se imprescindível.

Adianta-se que a aplicação desse paradigma afeta não só o método, mas sobretudo o resultado da pesquisa, uma vez que a democratização somente se compreende pela aceitação do diálogo social como técnica de legitimação da ação pública e da ação coletiva, em decorrência dessa estreita conexão entre democracia e epistemologia. Considera-se que o princípio de democracia integral, para ser concretizado, precisa operar no próprio momento da produção do conhecimento em que se baseia o exercício do Poder Público. Em especial o conhecimento que alimenta a prática jurídica, a ação pública e a ação coletiva, cuja fonte legitimadora passa a ser o diálogo social.

Admite-se que somente o pensamento complexo permite compreender que o conjunto das ações isoladas e descoordenadas das instituições do trabalho pode gerar resíduos de injustiça antagônicos aos seus propósitos e aos princípios constitucionais de justiça, como se denota do "estudo de caso" realizado em *O sistema Núcleo Intersindical de Conciliação Trabalhista — Do fato social ao instituto jurídico: uma transição neoparadigmática do modelo de organização do trabalho e da administração da justiça* (Capítulo 3). Por essa razão, o sistema Ninter apresenta-se também como ponto de interação e de coordenação das ações promovidas pelas instituições do trabalho (públicas e coletivas) nas quais se passam a considerar os contextos específicos das realidades locais/setoriais a que se dirigem.

Por todos esses motivos, em consideração aos paradigmas anunciados, alguns aspectos teórico-praxiológicos da abordagem escapam às exigências metódicas dos pressupostos de racionalidade da ciência clássica e da filosofia da consciência, porque são portadores de um déficit de legitimidade em relação a uma ética de inteligibilidade do real, considerado em sua complexidade e singularidade irrepetíveis.

Ante o risco da redução, correu-se o risco da extensão, considerado menor; uma vez que ainda persistirá o risco da resistência ao diálogo transparadigmático, consciente ou não. Por isso Thomas Kuhn alerta para a impossibilidade do diálogo quando a apreensão de um mesmo objeto (fato da realidade ou teoria) é dirigida por paradigmas distintos sem que se disponha a um diálogo e sem que se opere uma "tradução" dos padrões utilizados. A única alternativa viável entre interlocutores que não se compreendem mutuamente é o reconhecimento de que pertencem a diferentes comunidades de linguagem (paradigmas) para tornarem-se "tradutores", transpondo para a própria linguagem a teoria do outro e suas consequências.

As obras que aqui se apresentam são fruto do esforço de fundamentação e elucidação do Sistema Ninter — como nova instituição do trabalho introduzida na ordem jurídica brasileira. E, do mesmo modo, demonstrar sua aptidão para promover a democratização e a melhoria das relações individuais e coletivas do trabalho e da administração da justiça, tendo por quadro de referência os resultados e a importância social adquirida pela instituição matricial do Sistema. Resultam, porém, de produção individual solipsista do autor e, por isso, são resultado de uma abstração decorrente de uma observação de segundo grau (Maturana), materializada em tese de doutorado defendida na Universidade Federal de Minas Gerais. Recobra-se, contudo, a coerência com os princípios dialógico e da complexidade no momento em que se insere no debate público ao mesmo tempo em que passa a ser móbile da ação, como no caso do Programa Universitário de Apoio às Relações de Trabalho da Universidade Federal de Minas Gerais, que, mediante atividades de extensão universitária decorrentes da celebração de termos de cooperação acadêmica, empresta apoio aos sindicatos profissionais e econômicos decididos pela criação do Sistema Ninter no respectivo setor de atividade.

Ao fim e ao cabo, procede-se a uma análise profunda dos contextos de criação, dos fundamentos, das práticas e dos resultados da experiência prototípica e originária desse instituto jurídico recentemente introduzido na organização do trabalho e na ordem jurídica, originário do tensionamento entre a busca da efetividade dos direitos sociais e a inadequação de normas instrumentais (instrumentais, e não aquelas constitutivas dos direitos sociais) aos contextos de realidade, em sua singularidade e complexidade irrepetíveis.

Por essa razão, as obras que se trazem a lume compreendem uma base empírica no sentido: a) de uma ampla exposição crítico-descritiva dos elementos de realidade, extraídos dos inúmeros dados levantados, até mesmo do estudo de caso, na abordagem da crise de racionalidade do sistema de relações de trabalho; e b) do estudo dos contextos de surgimento, dos aspectos históricos e sociológicos, além de outros fatores determinantes da criação do Núcleo Intersindical de Conciliação Trabalhista (Patrocínio/MG), bem como dos resultados mais significativos da atuação dessa experiência prototípica. Tais resultados pontuam-se nos campos da melhoria das condições de trabalho, da negociação coletiva, da gestão da administração das relações de trabalho e da administração da justiça (incluindo-se os meios judiciais e não judiciais de resolução dos conflitos, tomando-se como referência o interregno de 1994 a 2012.

Admitindo a existência de uma interseção inelutável entre a democracia e a epistemologia, propugna-se, de resto, por uma compreensão neoparadigmática da primeira, sustentada na teoria do discurso e na teoria da complexidade. A questão dos pressupostos epistemológicos das ações pública e coletiva precede e ao mesmo tempo revela-se tão importante para a democratização do sistema de relações de trabalho quanto a do aparelhamento das instituições, e traz, como consequência, a indiscutível necessidade do chamamento dos sindicatos a uma participação mais ativa na gestão das relações de trabalho e da administração da justiça, no enfrentamento da crise do déficit de legitimidade das instituições e de efetividade dos direitos sociais.

Nessa perspectiva, a ação pública compreende toda conduta tendente à interpretação e à aplicação do direito pelas instituições do Poder Público, a gestão da organização do trabalho e a administração da justiça, concebidas sob o paradigma da democracia integral.

A ação coletiva orienta-se por uma compreensão mais ampla do princípio da autonomia, de modo a potencializar a concreção do princípio da dignidade humana e o da cidadania, materializados na busca da autodeterminação individual e coletiva dos partícipes da relação de trabalho e da efetividade dos direitos sociais.

Dessarte, a valoração das obras aqui apresentadas torna-se, então, dependente do quadro de referência metodológico com que o leitor optar por visualizá-las. Paradoxalmente, dependerá de uma decisão individual-solipsista, fundada na filosofia da consciência. Ainda assim, espera-se que em caso de opção distinta da que sustenta o seu arcabouço possam contribuição para ampliar a reflexão sobre a organização das relações de trabalho e a administração da justiça.

O mundo contemporâneo caminha para se tornar o mundo da instantaneidade e daquilo que é absolutamente necessário para resolver os problemas humanos na sua imediatidade, obscurecendo a reflexão acerca dos pressupostos da ação e do conhecimento, cujo domínio parece dever permanecer nas mãos de poucas pessoas que, na defesa dos próprios interesses, jamais os colocam espontaneamente em questão.

Os trabalhos apresentados assumem o risco de ousar retroagir ao campo dos pressupostos epistemológicos do conhecimento, anunciar seus pressupostos e, a partir deles, edificar a teoria democrática imanente ao Sistema Ninter.

Meu agradecimento profundo a todos aqueles com quem pude conviver e compartilhar este projeto de vida e que, ao longo das últimas duas décadas, nas mais diversas localidades do país, deixaram aqui sua valiosa contribuição. Ressalto, especialmente: dirigentes sindicais de setores profissionais e empresariais, e suas assessorias jurídicas; colegas magistrados, procuradores do trabalho e agentes de inspeção do trabalho; trabalhadores e empresários ávidos por transformar suas inquietações e proposições em projetos de reconstrução das relações de trabalho em bases harmônicas, humanitárias e solidárias, diante dos quais tive a oportunidade de expor, debater e enriquecer parte das ideias organizadas e desenvolvidas neste trabalho.

O incomensurável apoio institucional recebido nos primeiros anos de consolidação da experiência do Núcleo Intersindical de Conciliação Trabalhista de Patrocínio (1994-2000) — considerando o interesse público motivador dos objetivos e da atuação dos cidadãos e das instituições envolvidas na sua criação, comprometidas em apoiá-la naquele tempo, bem como do conhecimento aqui produzido — conduz-me a registrar as seguintes instituições: Tribunal Superior do Trabalho, Tribunal Regional do Trabalho da 3ª Região, Associação dos Magistrados do Trabalho da 3ª Região, Associação Nacional dos Magistrados Trabalhistas e Ministério do Trabalho e Emprego e Município de Patrocínio/MG; sem deixar de mencionar os próprios protagonistas do sistema: Sindicato dos Trabalhadores Rurais de Patrocínio/MG, Sindicato Rural de Patrocínio/MG e Associação dos Cafeicultores da Região de Patrocínio/MG. Em homenagem e consideração a todos aqueles que por força do mister institucional emprestaram, nesta condição, seu apoio, faço-o (*in memoriam*) em nome do saudoso ministro Orlando Teixeira da Costa, então ministro do TST, e do íntegro e digno dirigente sindical Ezequias dos Reis (*in memoriam*), então presidente do Sindicato dos Trabalhadores Rurais de Patrocínio. Todas estas reminiscências foram o móvel espiritual do esforço intelectual de que se presta contas nos trabalhos científicos que ora se traz a público.

Prefácio

Em 1994, foi criado o primeiro Núcleo Intersindical de Conciliação Trabalhista — Ninter — no Brasil, na cidade de Patrocínio/MG. A instituição resultou de amplo esforço dos sindicatos profissional e empresarial e da Vara do Trabalho local na busca para a *questão trabalhista* local resultantes de um conjunto de fatores socioeconômicos e jurídico-culturais, cuja complexidade não se enquadrava no modelo de racionalidade com que as instituições do trabalho (públicas e coletivas) visualizavam o problema e tornavam inoperantes seus códigos de conduta e *modus operandi* na aplicação da legislação trabalhista, na administração da justiça e na condução dos conflitos coletivos. Ao contrário, a disparidade e o desencontro da atuação das diversas instituições do trabalho num mesmo contexto de realidade contribuíam para agravamento da situação local com desvantagem para todos os atores envolvidos, em especial os trabalhadores e grande parcela de pequenos empresários do setor. Em suma, as instituições do trabalho, públicas e coletivas, não tinham a menor condição de assegurar a efetividade da ordem jurídica em níveis sociologicamente aceitáveis, dada a aguda desproporção entre sua capacidade de atuação e a demanda por serviços públicos ágeis e aptos a responder sistêmica e eficazmente os problemas locais de administração da justiça, de inspeção do trabalho e de cumprimento dos direitos trabalhistas: impotência da inspeção trabalhista, dada a rizível disparidade entre o número de auditores fiscais e a imensa gama de empresas sujeitas à fiscalização situada numa ampla base territorial; o progressivo aumento da taxa de congestionamento de ações ajuizadas na Vara do Trabalho local e, por isso, uma intolerável demora da prestação jurisdicional, além da sensível inadequação da atuação estatal à realidade local.

À frente da Vara do Trabalho de Patrocínio/MG, o autor protagonizou a instauração do diálogo social do qual tomaram parte todos os atores públicos e sociais envolvidos na organização das relações de trabalho locais.

Na passagem do diagnóstico para ação, foi marcante a criação do Ninter, instituição concebida pelo autor e constituída com a sua decisiva participação.

Desde então, dedicou-se à construção do arcabouço teórico e jurídico-dogmático do novo instituto nos cursos de mestrado e doutorado realizados na Universidade Federal de Minas Gerais. Tarefa que nela persiste, agora, na condição de professor nos cursos de graduação e pós-graduação da Faculdade de Direito da UFMG, onde é coordenador do Programa Universitário de Apoio às Relações de Trabalho e à Administração da Justiça (Prunart-UFMG).

Nesta trajetória, o autor vem trazer a lume a díade:

> "O Sistema Núcleo Intersindical de Conciliação Trabalhista — Do fato social ao instituto jurídico: uma transição neoparadigmática do modelo de organização do trabalho e da administração da justiça."

e

> "Pressupostos Filosóficos e Político-Constitucionais do Sistema Núcleo Intersindical de Conciliação Trabalhista — Teoria e práxis da razão dialógica e do pensamento complexo na ação coletiva e na ação pública: democracia integral e ética de responsabilidade social."

Ambas correspondem aos Volumes VI e VII da "Série Ninter", que reúne o conjunto das publicações do autor sobre o Sistema Núcleo Intersindical de Conciliação Trabalhista — Ninter.

Desde quando o instituto jurídico Núcleo Intersindical de Conciliação Trabalhista foi recepcionado na ordem jurídica por intermédio da Lei n. 9.958/2000 (art. 625-H, CLT) e passou a integrar o conjunto das instituições que compõem a organização do trabalho brasileira, o Ninter/Patrocínio (MG) tornou-se a experiência matricial e a base empírica da construção da teoria que lhe conferiu identidade jurídica.

As obras não têm natureza didática, sendo oportuno mencionar que a identidade jurídico-dogmática e a categorização conceitual e operacional dessas instituições já foram objeto das obras anteriores do autor. Elas se destinam a um público multifacetário, contudo enfatizam a fundamentação teórica do instituto num plano mais elevado de abstração, de caráter interdisciplinar e, por vezes, transdisciplinar, dadas as transformações paradigmáticas propugnadas e a exigência de uma nova racionalidade como condição necessária à compreensão do seu sentido. Neste mister, fazem-se necessários avanços no campo da fundamentação filosófico-político-constitucional, a partir de uma crítica às premissas epistemológicas da ciência e da filosofia modernas, visando à sustentação das premissas, dos princípios e das práticas institucionais que as caracterizam, especialmente o diálogo e a concertação social, a governança pública e a participação da sociedade na gestão pública e na administração da justiça. Tais constructos envolvem questões teóricas de alta indagação que se apresentam como "pano de fundo" de toda a investigação.

Contudo, ainda por exigência do viés filosófico-metodológico em que se baseiam, as obras aqui apresentadas se dedicam também a explicitar a sua base empírica, traduzida no amplo estudo de caso da experiência matricial do instituto, o Núcleo Intersindical de Conciliação Trabalhista de Patrocínio/MG, para extrair dele todas as consequências teóricas que dela emergem. Assim, apesar da abordagem de aspectos afetos a especialistas, a dimensão empírica é amplamente desenvolvida, conferindo-se-lhe mesmo maior relevância, dada a aceitação do princípio da responsabilidade social como princípio ético norteador das "escolhas" epistemológicas adotadas. Nesse sentido, o leitor encontrará uma imensa descrição crítica demonstrativa da crise sistêmica das instituições do trabalho, entendida como estado em que as instituições já não cumprem mais sua função constitucional e social, seja sob a forma de estudo de caso, seja no registro dos diagnósticos e do cenário em que se verificou a criação do Ninter. Mas, importante ainda, nesta perspectiva de profunda e permanente conexão da teoria com a realidade, encontra-se o levantamento e a descrição dos resultados e das transformações pela referida instituição.

Por outro lado, frente ao contundente equívoco da quase totalidade da produção científica sobre a matéria, que equipara conceitual e operacionalmente o instituto em questão com o das Comissões de Conciliação Prévia, o trabalho não se dispensa de descortinar aspectos relevantes no plano da dogmática jurídica.

Nesta parte, as obras se destinam a todos os que se interessam pelas questões trabalhistas e de administração da justiça sociolaboral, dentre estes os agentes do poder público, os dirigentes sindicais, advogados, estudiosos e pesquisadores.

Ao longo de duas décadas, a atuação da experiência matricial do Ninter naquela região ensejou uma profunda mudança no quadro originário da questão trabalhista local, no campo da negociação coletiva, da administração da justiça, das condições de trabalho, da segurança e saúde do trabalhador e do desenvolvimento socioeconômico local.

Nestes tempos em que se busca desesperadamente uma reforma judicial capaz de devolver ao Poder Judiciário a credibilidade e a legitimidade perdidas, os resultados da atuação do Ninter no campo da administração da justiça merecem ser tomados em sério. Eles demonstram que a participação da sociedade na administração da justiça, um dos aspectos fundamentais para uma reforma consistente e paradigmática, não recebeu tratamento correspondente à sua importância e à sua potencialidade para contribuir no enfrentamento da "crise da Justiça". Comprovam a tese do autor de que sem a participação efetiva da sociedade na administração da justiça, incluído o fomento aos meios autônomos e consensuais de resolução dos conflitos mediante a ruptura definitiva da cultura do monopólio da prestação jurisdicional, o movimento não logrará se desvencilhar do "circulo vicioso" em que, historicamente, incorreram as reformas judiciais focadas em estratégias endógenas e autorreferenciais. Mais ainda quando se abandona a obsessão quantitativa e se vislumbra uma justiça qualitativa e voltada para a *realização da justiça* em sentido substantivo, denso, de garantir, em tempo razoável, a efetividade da ordem jurídica, com déficits sociologicamente aceitáveis.

Dessarte, a abertura do Poder Judiciário à participação da sociedade na administração da justiça é caminho sem o qual a reforma corre o risco de fracassar nos seus objetivos e em suas metas, tanto quanto ocorreu em "reformas" anteriores. Isto porque o reaparelhamento da estrutura chega sempre atrasado, de modo que a relação *input/output* nos serviços judiciários não tem sido favorável à redução das taxas de congestionamento e à redução da demora na solução dos processos de modo significativo e impactante. O número de processos que entram na Justiça continua sendo superior ao número de processos que saem.

O levantamento de resultados procedido no capítulo que encerra a presente obra, apresenta resultados grandiloquentes no período de 1994 a 2013 tomado como marco temporal desta investigação.

Os resultados apurados são a prova de realidade e legitimam o sistema Ninter pelas consequências sociais de sua atuação. No âmbito da administração da justiça, os levantamentos estatísticos realizados revelam que o número de ações ajuizadas provenientes do segmento representado pelos sindicatos envolvidos teve uma redução de 85%. A instituição atendeu, nestas duas décadas, 144.034, dos quais 142.253 foram definitivamente resolvidos e 1.781 (1,24%) foram objeto de ação na Vara do Trabalho local. Projeções estatísticas revelam que, se o Ninter não existisse, seriam necessárias outras cinco Varas instaladas na comarca em questão, para que se pudesse manter a mesma presteza com que, hoje, a Vara do Trabalho atende à sociedade local.

Assim, a avaliação destes resultados revela que a participação da sociedade na administração da justiça é estratégia indispensável à conformação do Plano Estratégico do Poder Judiciário Nacional, no qual não recebeu, ainda, ênfase compatível com a sua importância para a reversão da citada crise.

A presente publicação acontece no ano em que esta nova instituição do trabalho completa duas décadas de existência e de atuação na base territorial dos sindicatos responsáveis por sua criação.

Por tudo isso justifica-se o esforço intelectual despendido nesta empreitada.

O autor

"[...] Os discursos de fundamentação e de aplicação [do direito] precisam abrir-se também para o uso pragmático, e, especialmente, para o uso ético-político da razão prática."
HABERMAS

"Como toda revolução, uma revolução paradigmática ataca enormes evidências, lesa enormes interesses, suscita enormes resistências [...] Todas as teorias, ideias ou opiniões incompatíveis com o paradigma aparecem, evidentemente como contrárias à lógica, imbecis, delirantes, absurdas."
MORIN

"Nossa individualidade como seres humanos é social, e ao ser humanamente social é linguisticamente linguística, isto é, está imersa em nosso ser na linguagem."
MATURANA

"Uma ordem jurídica é legítima na medida em que assegura a autonomia privada e a autonomia cidadã de seus membros, pois ambas são co-originárias; ao mesmo tempo, porém, ela deve sua legitimidade a formas de comunicação nas quais essa autonomia pode manifestar-se e comprovar-se..."

"A guinada em direção ao modo de ver intersubjetivista nos leva ao seguinte resultado, surpreendente no que respeita à 'subjetividade': a consciência que parece estar centrada no Eu não é imediata ou simplesmente interior. Ao contrário, a autoconsciência forma-se através da relação simbolicamente mediada que se tem com um parceiro de interação, num caminho que vai de fora para dentro."
HABERMAS

Introdução

"Lo que es verdaderamente fundamental, por el mero hecho de serlo, nunca pude ser puesto, sino que debe ser siempre pressupuesto."

Zagrebelsky[3]

A estrutura, a organização e as instituições do Estado Moderno foram concebidas a partir do modelo de racionalidade da ciência e da filosofia moderna (ocidental), ambas orientadas pelo paradigma da razão lógica/instrumental, que dá sustentação às diversas formas de explicação da realidade e do conhecimento humanos, as quais se localizam nos extremos do empirismo e do idealismo, ou entre ambos, com prevalência de um ou de outro, sempre calcados na cisão cartesiana entre o sujeito e o objeto do conhecimento. Todo o pensamento ocidental dos últimos cinco séculos se localiza nestes diversos quadros de referência que tomam a razão humana como fonte exclusiva de todo o conhecimento. A política, os sistemas de governos, os diversos modelos de democracia, de autoritarismo e de totalitarismo, a gestão pública, a divisão social do exercício do poder por competências, a ação estatal, as dicotomias Estado *versus* sociedade, público *versus* privado, Poder Público *versus* cidadão e autoridade pública *versus* destinatários/afetados (administrados/jurisdicionados) radicam-se no axioma da razão instrumental como fonte de todo conhecimento e de toda verdade. Por isso, tais elementos são *in printings* profundamente enraizados na cultura pública. A filosofia do direito, as teorias jurídicas, os juristas teóricos e os juristas de ofício, as instituições públicas encarregadas da interpretação e da aplicação do direito e do exercício da autoridade orientam-se por este paradigma que se convencionou denominar "filosofia da consciência", o qual tem como fonte do conhecimento e de verdade o sujeito individual-solipsista.

---

(3) ZAGREBELSKY, Gustavo. *El derecho dúctil*. Trad. Marina Gascón. 6. ed. Madrid: Trotta, 2005. p. 9.

A organização e a regulamentação das relações do trabalho, as instituições que a compõem (sindicatos e instituições públicas), a cultura, os códigos de conduta e o modo de operar de seus agentes, concebidos sob a orientação do Estado autoritário-intervencionista e corporativo da primeira metade do século passado, sofrem as consequências da crise (paradigmática) de racionalidade, tanto da ciência como da filosofia, proveniente das profundas e céleres transformações em todos os campos da ação humana e da complexidade cada vez maior que envolve a atividade humana. São modos de manifestação dessa crise na organização do trabalho: o exacerbado grau de de desrespeito aos direitos sociais, a inadequação dos códigos de conduta e do *modus operandi* das instituições do trabalho aos desafios das transformações socioeconômicas da sociedade contemporânea e sua consequente ineficiência para conformar condutas dos trabalhadores e empregadores com as exigências da legislação trabalhista, a inadequação e insuficiência da legislação trabalhista diante de contextos de realidade complexos, singulares e irrepetíveis, além da crônica incapacidade demonstrada pelo sistema de resolução de conflitos trabalhistas em responder satisfatoriamente aos aspectos quantitativo e qualitativo da demanda social. Ao lado dos fatores "exógenos" ao próprio sistema, e com igual importância, a crise do modelo de racionalidade (paradigmática) é um dos elementos determinantes da crise da organização do trabalho e da administração da justiça.

Reservou-se ao trabalho de investigação realizado no livro *O sistema Núcleo Intersindical de Conciliação Trabalhista — Do fato social ao instituto jurídico: uma transição neoparadigmática do modelo de organização do trabalho e da administração da justiça*, o estudo histórico-contextualizador-problematizador das questões locais e dos fatores de surgimento da experiência prototípica do sistema Núcleo Intersindical de Conciliação Trabalhista. O estudo vem, acompanhado de "estudos de caso" aos quais se atribuiu, a um só tempo, funções epistemológica e metodológica. Procedeu-se, naquela oportunidade, à revisitação, à ampliação e ao aprofundamento jurídico-dogmáticos do instituto Núcleo Intersindical de Conciliação Trabalhista com vistas à reafirmação de sua autonomia conceitual e jurídica frente às Comissões de Conciliação Prévia, como condição *sine qua non* de quaisquer outras teorizações acerca do tema.

Na presente obra se desenvolvem as premissas epistemológicas, o sentido do princípio de democracia imanente ao sistema, os conceitos operacionais e as práticas institucionais dele decorrentes, para, ao final, contemplar os resultados da experiência matricial com o fim de ilustrar suas potencialidades. Os resultados apresentados, porém, não decorrem da mera implantação do sistema, nem da experiência em si; dependem das opções político-epistemológicas com as quais as instituições encarregadas da aplicação da ordem jurídica e da organização do trabalho, assim como as entidades incumbidas da representação coletiva dos trabalhadores e empresários se dispõem a operar. Em outras palavras, dependem da aceitação do diálogo e da concertação como instrumento de coordenação da interação das instituições envolvidas.

A ideia de democracia que orienta o Sistema Núcleos Intersindicais de Conciliação Trabalhista e o conjunto de suas atividades institucionais exige a construção de uma base teórica coerente com os fundamentos constitucionais do Estado brasileiro e uma ruptura com a tendência de atribuir à Constituição uma função meramente "fabuladora" ou "simbólica", conferindo um sentido forte (normativo) aos princípios da dignidade humana e da cidadania.

Essa densificação do sentido da democracia envolve, enfaticamente, a busca da efetividade dos direitos sociais legitimada pela participação dos destinatários (afetados) da ação pública na gestão da organização do trabalho (administração) e da administração da justiça (isto é, do sistema de resolução dos conflitos do trabalho integrado pelos meios judiciais e não judiciais disponíveis).

Por isso, a reconstrução aqui empenhada tem como parâmetro o paradigma do Estado Democrático de Direito, compreendido a partir de novas premissas epistemológicas, buscando demonstrar a aptidão democratizadora do sistema aqui estudado. Esta é principal motivação desta investigação que procura detectar o enraizamento de *imprintrings* culturais e ideológicos que orientam a ação pública e a a ação sindical, não mais compatíveis com o modelo de Estado erigido na Constituição de 1988, os quais seguem neutralizando maiores avanços em direção à democratização da organização do trabalho e da administração da justiça, tais como a ausência ou a precariedade da negociação coletiva, o isolamento e o desencontro na atuação das instituições do trabalho, a ausência do "diálogo social" e da "concertação social", a ausência de mecanismos eficazes de prevenção de conflitos, a insuficiência dos meios oficiais de resolução de conflitos e a sua inaptidão para garantir a efetividade dos direitos sociais.

As transformações locais promovidas pela atuação da instituição matricial — Núcleo Intersindical de Conciliação Trabalhista de Patrocínio/MG —, origem do instituto jurídico que lhe é correspondente, procedem de uma mudança dos paradigmas político-filosófico-constitucionais com que se compreendem os fundamentos do Estado Democrático de Direito instituído pela sociedade brasileira na Constituição de 1988.

Se essa mudança ocorreu no campo da experiência e produziu consequências sociais dignas de uma reflexão científica mais consistente, a racionalidade estruturada com base na filosofia da consciência e no método científico moderno é insuficiente para promover uma efetiva transformação cultural na prática jurídica e no modo de atuação das instituições do trabalho (públicas e de representação coletiva), pois mostra-se incapaz de fomentar a democratização substantiva, e não meramente formal da sociedade e do sistema de relações de trabalho. Esse modelo de racionalidade apresenta obstáculos epistemológicos consideráveis à elaboração da ideia de uma democracia integral compatível com os fundamentos da República brasileira. Ele serviu à tradição autoritária e, no campo da teoria democrática, não foi além da organização do Estado, das instituições e da democracia formal-representacionista. Trata-se, portanto, de uma questão paradigmática a ser enfrentada.

O paradigma não tem um sentido preciso. Depois de Kuhn, muitos ficaram tentados a desistir de atribuir-lhe um sentido. Edgar Morin, que o resgatou na sua densidade e no seu sentido profundo, demonstrou a grande importância desse conceito para a filosofia da ciência. Essa cristalização de substratos ideológicos carrega as categorias mestras da inteligibilidade, determina as operações lógicas matriciais e desempenha um papel subterrâneo. É o princípio de seleção/rejeição das ideias a serem integradas no discurso e na teoria ou descartadas/recusadas. Parece depender, mas não depende, da lógica, porque funciona como critério de seleção das operações lógicas, que se tornam, sob seu império, preponderantes, pertinentes, evidentes. Ele também determina a utilização cognitiva da *disjunção* ou da *conjunção*. Com isso, além de designar as categorias fundamentais da inteligibilidade, controla o seu emprego. Por ser invisível, é um "tanto" invulnerável, e tudo que está fora dele parece "exótico", estranho, e assume caráter escandaloso, absurdo, profanador, incoerente. O paradigma, por meio das teorias e ideologias, determina uma mentalidade, uma visão de mundo. Assim, a compreensão do mundo que tem como premissa a oposição capitalismo/socialismo não corresponde àquela que vê o mundo a partir da oposição democracia/totalitarismo. Assim, todas as visões de mundo têm um conteúdo quase alucinatório.

Duas crenças advindas da experiência impulsionam esta investigação: a crença no diálogo como fundamento de todo conhecimento, de toda "verdade" e de toda ação (paradigma da razão dialógica, que se toma como substituto da razão instrumental); e a crença na eloquência performativa dos resultados alcançados por ações concertadas, cooperativas e solidárias entre os atores sociais locais criadores da instituição e do instituto jurídico dos Núcleos Intersindicais de Conciliação Trabalhista, a partir da sua disposição como sujeitos detentores de responsabilidades públicas e coletivas, para uma construção social da realidade (BERGER; LUCKMAN).

Mas a tríade paradigmática que integra a construção das teorias nas quais se sustenta esta tese emerge da própria ciência e da filosofia contemporâneas, configurando-se nas seguintes asserções: a) a razão é dialógica, a consciência nasce da intersubjetividade e se forma no diálogo; b) a realidade é uma totalidade complexa, inacessível em sua plenitude, razão pela qual a simplificação, a redução e a fragmentação são mutiladoras do objeto do conhecimento e produzem consequências inaceitáveis; e c) a "verdade" é sempre contextualizada e intersubjetiva, logo toda pretensão de verdade baseada em proposições imperativas (empíricas ou racionais) oriundas da razão individual-solipsista é autoritária e implica "petição de obediência".

A razão dialógica transcende aos limites da razão solitária da filosofia da consciência; o paradigma da complexidade transcende o paradigma reducionista, fragmentária e mutiladora do cientificismo moderno, que, como modo de ver as coisas, "cega", por considerar "inexistente" tudo que escapa ao seu ângulo de visão. A ideia de complexidade não se refere, simplesmente, a um método de conhecimento, mas a um modo de conhecer que tem compromisso com a totalidade e com o singular, ao mesmo tempo.

A aceitação dos pressupostos da razão dialógica e do princípio da complexidade inverte a equação que impõe a submissão do sujeito ao objeto, colocando-o "entre parênteses", para se cogitar de uma objetividade (realidade) "entre parênteses", condicionada pelo sujeito. A realidade passa a ser vista como um *complexus* e o objeto do conhecimento é a fenomenologia, e não a realidade ontológica, inacessível ao conhecimento, "em si mesma". Toma-se a direção de um pensamento sistêmico, aberto, holístico e hologramático na concepção da organização do trabalho. Contudo o tratamento sistêmico condiz com a ideia de sistema aberto e refuta o "sistemismo".

Essa relação reciprocamente constitutiva entre o sujeito e a realidade é também determinante de uma conexão indissociável entre o conhecimento e a ação. A tríade conhecimento-realidade-ação está, inexoravelmente, presente em toda sociedade. E o problema da coordenação das ações humanas e "institucionais" emerge como ponto central, porquanto cada indivíduo e cada "instituição" (conduzida por indivíduos) se revelam na singularidade com que, no seu universo existencial, se dá essa tríplice conexão. O diálogo e a interação colocam-se no centro e como condição de possibilidade de qualquer ação coletiva regrada pelo princípio de democracia no estágio mais recente da evolução da consciência político-filosófico-constitucional. Por isso, falar em democracia impõe logo a pergunta: "Qual democracia?".

Os paradigmas da razão dialógica e da complexidade imprimem, contudo, aos processos discursivos e decisórios uma ética da inteligibilidade, porquanto a perspectiva de todos os interessados passa a ser levada em conta mediante a adoção de princípios e regras de procedimentos que assegurem a "universalização" do discurso.

As teorias de Piaget e de Edgar Morin se complementam no sentido de uma visão construtivista do conhecimento humano a partir dos paradigmas da razão dialógica e da complexidade. Ambas indicam que a razão é evolutiva e ainda vai evoluir. Revelam, por isso, que o modelo estático de racionalidade tradicional não é capaz de apreender a complexidade do real, do diálogo e da solidariedade universal indispensável à sobrevivência da humanidade. Informam, por último, que esse modelo também não é capaz de orientar a ação por uma ética de responsabilidade e de solidariedade que se volve para as consequências, e não para as intenções do agir humano.

A recusa da dicotomia sujeito-objeto e a assimilação do acoplamento estrutural entre o sujeito e a realidade na qual se insere, de modo que ambos se constituam reciprocamente numa relação incindível, decorre da conjugação e da existência de uma relação de intercomplementaridade entre os princípios da razão dialógica e o princípio da complexidade. Dessa simbiose resulta, então, que teoria e prática se constituem reciprocamente na linguagem.

Com tais paradigmas, a filosofia leva a linguagem às suas últimas consequências no sentido de conferir-lhe uma função constitutiva do ser e da realidade. A realidade é, portanto, *multiversátil*, complexa e inesgotável. Ela emerge da linguagem e é relativa aos sujeitos envolvidos no diálogo. E toda ação humana deve então ser coordenada pelo diálogo.

Desde Wittgenstein a Karl-Otto Apel/Jürgen Habermas o diálogo tornou-se a fonte de todo conhecimento tanto na ciência quanto na filosofia.

Considera-se que a ação pública, na qual se inserem os códigos de conduta e o *modus operandi* das instituições/autoridades do trabalho, sindicatos e demais agentes da organização do trabalho, como qualquer ação humana, comporta uma dimensão cognitiva, o reconhecimento da natureza dialógica da razão, a qual, para ser democrática, impõe, necessariamente, a participação dos afetados/destinatários da ação pública nos processos de decisão da autoridade pública.

A ação do Poder Público, atenta aos princípios da dignidade humana e da cidadania, deverá ser sempre comunicativa e dialógica. E a ação coercitiva deve ser antecedida pela abertura de oportunidades de compreensão intersubjetiva dos motivos e dos fins da ação pública. Aqui abre-se caminho para o desenvolvimento, no plano epistemológico, de uma teoria da ação pública comunicativa que está na base das práticas democráticas institucionalizadas no Núcleo Intersindical de Conciliação Trabalhista.

Os princípios da dignidade humana e da cidadania, compreendidos segundo os princípios da razão dialógica e da complexidade (real), implicam o reconhecimento dos destinatários da ação pública numa dimensão mais avançada que aquela baseada no assistencialismo e no protecionismo do hipossuficiente. Este segundo ponto de vista sustenta-se nos paradigmas epistêmicos da "razão clássica" e, por isso, não leva em conta a visão e os projetos de vida dos destinatários da ação pública, nem as suas consequências sociais, as quais somente podem ser consideradas sob o enfoque dos afetados, mediante procedimentos dialógicos e participativos em que estes possam manifestar sua compreensão da realidade e ofertar *feedbacks* por intermédio dos quais a validade, ou não, destas consequências possa ser avaliada.

As teorias do discurso, que se bifurcam em teoria da ética da responsabilidade solidária de Karl-Otto Apel e teoria da ação comunicativa de Habermas, são o ponto de partida da construção de sentido do princípio de democracia imanente ao sistema Núcleos Intersindicais de Conciliação Trabalhista. A legitimação da ação pública comunicativa configura-se na busca dialógica da verdade e na correspondência de seus fins ao projeto da sociedade brasileira inscrito na Constituição Federal, assim como na antecipação e avaliação das suas consequências sociais sob a perspectiva dos cidadãos destinatários/afetados. Por isso, o princípio que confere ao sistema Núcleos Intersindicais aptidão para contribuir para a democratização das relações de trabalho ampara-se na teoria da ação comunicativa, no sentido da efetiva participação dos destinatários da ação pública no exercício do poder (público) conferido às instituições do trabalho. Somente essa diretriz permite a condução da ação pública sob a direção de uma ética de responsabilidade e solidariedade que prioriza as consequências da ação humana em substituição a uma ética de meras intenções.

A relação Estado *versus* sociedade passa a ser compreendida nos termos de uma teoria de governança que faça jus aos novos paradigmas, para a qual o "essencial hoje não é a coerência da ação pública, mas, com certeza, a sua pertinência, e esta se mede pela qualidade dos diálogos travados entre as instituições públicas e com a sociedade [...]" (CALAME, Pierre; TALMANT, André. *A questão do estado no coração do futuro,* 2001. p. 40).

A fundamentação da ação estatal na razão comunicativa é uma exigência proveniente da aceitação do fato de que o indivíduo e a sociedade se constituem reciprocamente e, por isso, da superação da tão debatida dicotomia indivíduo e sociedade. A autoconsciência, portanto, é um fenômeno gerado comunicativamente, com o que, também por esta via, se procede à superação da oposição clássica entre ideia e realidade.

O uso da linguagem orientada para o entendimento possibilita a coordenação de ações e a interação entre os participantes de um processo discursivo. Os atores são convencidos, e não coagidos, acerca do que é verdadeiro e correto. Com efeito, os "complexos de interação não se estabilizam apenas através da influência recíproca de atores orientados pelo sucesso [...] a sociedade tem que ser integrada, em última instância, através do agir comunicativo". No que diz respeito à validade jurídica, a aceitação da ordem jurídica distingue-se dos argumentos sobre os quais ela funda a sua pretensão de legitimidade. "Essa dupla codificação remete à circunstância de que a positividade e a pretensão à legitimidade do direito também fazem jus à comunicação não circunscrita que expõe, em princípio, todas as normas e valores ao exame crítico."[4]

---

(4) HABERMAS, Jürgen. *Pensamento pós-metafísico.* 2. ed. Rio de Janeiro: Tempo Brasileiro, 2002. *passim.*

Diante de tais conclusões, o modo de operar o direito também passa a ser visto segundo os novos parâmetros epistêmicos, o que resulta numa profunda alteração na atividade cognitiva que precede a decisão pública em todas as esferas de atuação do poder estatal, de modo a romper o autoritarismo cognitivo que impera na concepção formalística da democracia.

A interpretação e a aplicação do direito se sujeitam às escolhas epistemológicas dos decisores-operadores do direito, impondo-se, portanto, a abertura de tais processos a procedimentos comunicativos e participativos em busca da validade dos discursos (Klaus Gunther) de aplicação.

Trata-se de aceitar uma compreensão do direito como um sistema simultaneamente fechado e aberto:

> [...] normativamente fechado, porém cognitivamente aberto. Não existem normas jurídicas fora dele, a reprodução de seus elementos, vincula-se, ademais, aos dados normativos internos, a acontecimentos externos cuja averiguação requer uma *atividade cognitiva [...]*. (grifo posterior)[5]

A razão dialógica introduz-se também no campo da seleção e interpretação dos fatos, abrangendo ainda a interpretação e a aplicação da norma, para constituir discursivamente os contextos de realidade de relevância social, coletiva e pública, e permitir a escolha da norma e do modo mais adequado de sua aplicação, tendo em vista as consequências sociais almejadas.

A construção do conhecimento (da realidade) em que se fundamenta a ação pública passa então pelo crivo do diálogo social; a ação pública engendrada com base nesse conhecimento submete-se à concertação social, quer seja para a soma e a comunhão de esforços, quer seja para a sua legitimação sob o ponto de vista do princípio ético da responsabilidade social. Nesse sentido, são indissociáveis o conhecimento e a ação.

O diálogo social, contudo, para que possa ser inserido como critério de "verdade" do conhecimento apto à coordenação da ação pública, fundamenta-se nos princípios e nas normas constitucionais e, quanto ao procedimento, na institucionalização de espaços e regras de interação comunicativa. Desonera-se, portanto, da fundamentação conteudística do direito, pois restringe-se aos processos cognitivos de busca das "verdades consensuais" capazes de interferir nos procedimentos de escolha da autoridade pública, entre alternativas que dizem respeito à eleição da própria norma aplicável e dos fatos tidos como relevantes, quanto à sua interpre-

---

(5) ARNAUD, André-Jean; LOPES JR., Dalmir. *Niklas Luhmann:* do sistema social à sociologia jurídica. Trad. Dalmir Lopes Jr., Daniele Andreia da Silva Manão e Flávio Elias Riche. Rio de Janeiro: Lumens Juris, 2004. p. 335.

tação, além da seleção dos critérios para atribuição de sentido e de valoração de ambos. Resguarda-se à autoridade pública a emissão de juízos de legalidade subjacentemente presumida nos respectivos atos de fala; tais juízos contudo sujeitam-se a transformações no curso do diálogo. De toda forma, a celebração de consensos interinstitucionais dos quais participem as autoridades públicas induz à presunção de legalidade de tais pactos. Contudo, o juízo definitivo reserva-se às instituições públicas no estrito exercício de suas funções institucionais, neste caso, infensas ao diálogo social, embora dele possam extrair elementos servíveis à fundamentação do ato público.

Essas são, portanto, as condições de validade da ação pública que, apesar de comunicativa, tem como fundamento último (transcendental) não somente as normas que regem o procedimento no diálogo social, mas os direitos fundamentais do trabalhador inscritos na Constituição Federal, insuscetíveis de derrogação pela via comunicativa.

A teoria democrática do sistema Núcleos Intersindicais de Conciliação Trabalhista permanece aquém e, ao mesmo tempo, vai além da teoria do discurso. Aquém porque a teoria da democracia integral, fundada na universalização da razão dialógica, não permite a "criação do direito" por seus "operadores" (aqui, cabe traçar um paralelo com as teorias do uso alternativo do direito recentemente em voga em nosso país) em nome de uma verdade consensualmente atingida no âmbito da aplicação do direito. Além porque os paradigmas emergentes impõem um necessário avanço para considerar os procedimentos cognitivos que fundamentam a aplicação do direito. Se estes, como questiona Klaus Gunther, compreendidos a partir dos paradigmas da razão dialógica e da complexidade, requerem a adequação do direito aos contextos de realidade, a entrega desta decisão à razão individual-solipsista da autoridade pública deslegitima o anterior procedimento discursivo criativo do direito, reinstalando a arbitrariedade e o autoritarismo no momento mais importante da atuação do direito.

Por seu turno, a autodeterminação coletiva inspirada no princípio da subsidiariedade ativa também se submete ao princípio do diálogo para caracterizar o que aqui se designa como ação coletiva comunicativa, pelos mesmos fundamentos.

A ação pública comunicativa e a ação coletiva comunicativa convergem para o princípio de "governança", e assim são superadas as dicotomias Estado *versus* sociedade e público *versus* privado, próprias ao paradigma da racionalidade da ciência e da filosofia modernas.

Busca-se, portanto, um princípio de democracia que na prática das instituições do trabalho dê efetividade aos princípios da dignidade humana e da cidadania que fundamentam a República brasileira, que situam a Constituição de 1988 na campo abrangido pelas teorias constitucionalistas mais recentes, por vezes, intituladas de "neoconstitucionalismo".

O princípio de democracia em que se sustenta o sistema Núcleos Intersindicais de Conciliação Trabalhista pressupõe a ideia de uma democracia integral, fundada na filosofia da linguagem (razão dialógica). O conhecimento (verdade) e a ação (ética) que orientam o exercício do Poder Público e da autonomia coletiva legitimam-se em procedimentos discursivos nos quais é assegurada a participação ativa dos atores sociais (agentes do Poder Público e destinatários da ação pública legitimamente representados ou assistidos). A realidade é resultado da articulação de múltiplas variáveis cuja fragmentação compromete a sua apreensão em sua singularidade e complexidade irreplicáveis (paradigma da complexidade). Inacessível, a realidade integral e complexa é, ao mesmo tempo, permanentemente perseguida pela participação cooperativa, construtiva, de todos os interessados nos processos constitutivos que a constituem como objeto de conhecimento.

A ação pública comunicativa consubstancia um dos conceitos operacionais que assume posição de centralidade ao lado da caracterização do que se designa por "agentes do Poder Público de carreira permanente" socialmente comprometidos com uma ética de responsabilidade e solidariedade. Essa caracterização decorre da concreção do princípio de democracia, que só pode ser compreendido no sentido emancipatório de promover a cidadania e a dignidade da pessoa do trabalhador, dimensão que inclui, necessariamente, a questão da efetividade dos direitos sociais, sem a qual o sentido e a atuação das instituições do trabalho carecem de legitimidade social. A ação pública passa a exigir e a orientar-se por uma ética consequencialista, capaz de indagar pelos resultados e consequências sociais que dela derivam.

A primeira implicação dessa posição epistêmico-paradigmática é o abandono do idealismo e do objetivismo racionalistas — o primeiro, por não achar saída para as diversas concepções teóricas disputantes da hegemonia na explicação do mundo e na direção da ação humana; o segundo, por não compreender a complexidade da realidade e sua dinâmica. Trata-se de um modelo de racionalidade que tem no sujeito individual solipsista a fonte de todo conhecimento e crê ter acesso privilegiado à verdade e ao correto.

Ante a complexidade e a célere metamorfose das relações socioeconômicas contemporâneas, esse distanciamento não pôde nem poderá ser contido somente pela louvável obstinação e persistência das instituições encarregadas da aplicação da lei trabalhista. A complexidade da realidade e das relações hodiernas não pode ser apreendida a partir de um modelo reducionista, simplificador e legalista do método científico transposto para o direito.

Essas considerações permitem identificar um contundente paradoxo entre a decisão constituinte do povo brasileiro de eleger como paradigma de organização da nossa sociedade o Estado Democrático de Direito (Constituição de 1988) e a crônica persistência das práticas institucionais inspiradas pelo modelo epistêmico no qual se concebeu o sistema de relações do trabalho do estado autoritário.

A alteração de paradigmas é por demais melindrosa e extraordinariamente complexa, dando margem a toda espécie de contestação, por duas principais razões.

Primeira, ao alterar o ponto de partida, a base de um sistema racional, ela passa a exigir novas explicações para os fenômenos compreendidos à luz do paradigma alterado e para as práticas inovadoras consequentes do novo paradigma. Impõe-se, portanto, a reconstrução de conceitos elaborados conforme os pressupostos do paradigma anterior e a construção de novos conceitos que possam representar os fenômenos emergentes. Significa laborar, desde o começo, reconstruindo sem destruir. Especificamente em relação ao objeto desta investigação, esta empreitada consiste em edificar toda uma teoria jus-filosófico-constitucional do sistema Núcleos Intersindicais de Conciliação Trabalhista, sem heresia aos princípios e regras constitucionais, aos fundamentos, aos princípios e às regras de proteção dos direitos sociais e, ao mesmo tempo, alterar profundamente a maneira de vê-los e compreendê-los, porque essa é uma das consequências da mudança de paradigmas.

A segunda razão diz respeito ao impacto da alteração paradigmática. Ela produz resistência obstinada, porque abala os referenciais primeiros do sujeito que reage. Essa reação se dá de acordo com as circunstâncias, podendo manifestar-se de modo sofisticado ou grotesco, em níveis elevados de intelectualidade e de abstração, ou mediante objeções que se consideram fundadas no "óbvio" ou trivial, ou, mesmo, a partir de "escolhas" cognitivas baseadas em preferências subjetivas/individuais acopladas em argumentos aparentemente perfilhados a correntes de pensamentos, teorias e ideologias, as quais existem para quase todos os "gostos".

As "perturbações" oriundas dessa transformação paradigmática (o abalo a "enormes evidências", o incômodo a "grandes decisivos") tornam incomuns as exigências relativas a investigações deste jaez. Por isso, compreende-se como condição de possibilidade do desenvolvimento desta investigação a explicitação, *en passant*, do da racionalidade própria à ciência e à filosofia moderna (filosofia da consciência) e de sua correlação com a conformação da estrutura do Estado brasileiro que serviu de base para o ordenamento de todo o sistema que organiza as relações de trabalho.

Além disso, a própria concepção da democratização na gestão da organização do trabalho e administração da justiça carece de ser reconstruída sob este novo enfoque epistemológico. A digressão é indispensável, porque a explicitação do paradigma antecede à exposição de suas consequências jus-filosóficas e pragmáticas.

Os problemas de que se ocupa a mente humana podem, por vezes, circunscrever-se ao campo da ficção e do imaginário, desprendidos da realidade fenomênica; outras vezes, podem emergir de uma conexão, reciprocamente construtiva, entre a consciência e a realidade; ou, ainda, podem ser compreendidos como provenientes de uma realidade exterior à consciência (razão), que a representa (representacionismo).

Ainda que se considere a indissociabilidade existente entre consciência e realidade, mesmo quando se pretende a categorização de uma ou de outra em categorias distintas, de razão ou de fato, a produção de todo conhecimento deverá ser compreendida como oriunda do entrelaçamento entre ambas (sujeito e objeto). Isso sem qualquer possibilidade de priorização de uma ou de outra, a não ser em sacrifício de qualquer uma delas. A hipertrofia da subjetividade obscurece a objetividade e, reflexivamente, a própria subjetividade, pois ambas são interdependentes. A hipertrofia da objetividade obscurece a subjetividade, novamente em sacrifício de ambas. Essa relação indissociável de interdependência entre subjetividade e objetividade, as quais se constituem recíproca e perenemente, é, de certo modo, ignorada pelo racionalismo e pelo empirismo modernos, nos quais ora prevalece a subjetividade, ora a objetividade, respectivamente.

Se o paradigma da ciência clássica não permite tomar consciência da própria noção de paradigma, o paradigma da simplificação não pode transcender-se a si mesmo. Logo, a imposição da escolha entre alternativas possíveis é também um dilema que antecede o conhecimento e a prática jurídica, definindo a função atribuída a estes na sociedade, bem como a de suas instituições, dos juristas teóricos e dos juristas de ofício. Em suma, há, portanto, na base desse empreendimento teórico, a constatação inelutável da existência de uma relação incindível entre democracia e epistemologia, e uma escolha indissimulável a ser feita.

No plano filosófico, afirma-se a existência de uma correlação indissociável entre as concepções sobre como o homem conhece a realidade e a sua ação no mundo, fenômeno cuja explicação ao longo da trajetória do pensamento humano oscila entre o objetivismo e o subjetivismo (solipsista).

Vivemos numa cultura centrada naquilo que acerca de como o conhecimento se produz, e "o problema crucial que a humanidade enfrenta hoje é a realidade"[6]. Enquanto a ação do indivíduo permanece em sua esfera de atuação privada, a arbitrariedade das escolhas individuais entre múltiplas alternativas não presta contas à comunidade. Contudo, se o indivíduo age no exercício do Poder Público, suas escolhas individuais entre múltiplas possibilidades ou alternativas somente são legitimáveis se coerentes com os princípios e os objetivos constitucionais.

---

(6) MATURANA, Humberto. *Ontologia da realidade.* Belo Horizonte: UFMG, 2002. p. 243.

A par disso, os diversos modos possíveis de compreender a efetivação desses princípios e objetivos devolvem novamente ao ator público ampla margem de discricionariedade, cujo exercício não pode mais ser exercido com base na razão individual solipsista, a qual devolve à autoridade a possibilidade de escolhas segundo preferências individuais, sem comprometimento com os fundamentos da democracia compreendida segundo o paradigma do Estado Democrático de Direito, especialmente a dignidade humana e a cidadania.

As racionalidades e as racionalizações produzidas pela razão ocidental desde o século XVII construíram uma visão totalizante do mundo a partir de dados parciais e de um princípio único, razão pela qual empobreceram a realidade ao pretender fechar o Universo numa coerência lógica ou artificial. Procedeu-se a uma homogeneização redutora das diferenças, que foram renegadas para um plano inferior.

O sistema Núcleos Intersindicais de Conciliação Trabalhista, como instituição social constituída em conformidade com a ordem jurídica vigente, introduziu na organização do trabalho e na administração da justiça uma profunda conversão paradigmática ao aceitar os pressupostos da razão dialógica e da complexidade. A partir das estruturas tradicionais, propugna por um novo modelo de relacionamento para o Estado (as instituições e os agentes do Poder Público), de exercício do Poder Público e de aplicação do direito. Por outro lado, sobreleva a atuação e a autonomia dos destinatários da ação pública (autonomia sindical) no sentido da proteção à dignidade humana, da cidadania e da valorização social do trabalho enquanto valores constitutivos da República brasileira. Nestes termos, destaca-se o princípio da subsidiariedade ativa, pelo qual tudo aquilo que puder ser realizado e resolvido na alçada da autonomia e da negociação coletiva não se reserva ao monopólio das instituições do trabalho, que assumem função supletiva. O exercício do Poder Público, por força dos paradigmas adotados, implica a ideia de governança cujo traço decisivo é o respectivo exercício compartilhado entre autoridades/decisores e os destinatários da ação pública, com ênfase nas técnicas do "diálogo social" e da "concertação social".

O sentido geral da democratização passa a incluir a participação dos destinatários (afetados) da ação do Poder Público (instituições/autoridades do trabalho): na gestão da organização do trabalho; na administração da justiça; nos procedimentos cognitivos concernentes à realidade (princípio da complexidade), à escolha da norma, do seu sentido e do modo mais adequado de sua aplicação aos contextos de realidades concretamente considerados (princípio da razão dialógica); e no fomento ao pleno exercício da autonomia coletiva e da negociação coletiva, especialmente no que diz respeito à autogestão da organização do trabalho, a ações autônomas de prevenção e à disponibilização de meios não judiciais, autocompositivos e autônomos, de resolução dos conflitos individuais e coletivos do trabalho.

Disso resulta que à dimensão procedimental que se atribui ao princípio da democracia é acrescida uma dimensão substancial, traduzida na busca da efetividade e da integridade dos direitos sociais. Essas instituições representam o espaço institucional dotado de uma conformação organizacional e jurídica original, na qual se concretizam esses conceitos.

Nesse sentido é que se compreende a institucionalização de "segundo grau", ou em "segundo nível" (por se tratar de institucionalização de ações já institucionalizadas em primeiro nível em cada uma das instituições do trabalho) da gestão da organização do trabalho, das ações comunicativas, pública e coletiva, pelo sistema Núcleos Intersindicais de Conciliação Trabalhista, que passa a ser o *locus* do diálogo interinstitucional, indispensável a uma prática democrática inspirada nos princípios e valores aqui propostos e pressupostos.

Uma institucionalização desse tipo responde a uma concepção sistêmica (aberta) da realidade, totalizadora e, ao mesmo tempo, inclusiva do singular e do específico proveniente dos paradigmas aceitos. Em consequência, ela comporta uma teorização que desafia uma abordagem versátil e interdisciplinar. Refoge, portanto, da redução do objeto de pesquisa a um tema específico sobre o qual se produzem conhecimentos verticalizados, segundo os parâmetros metodológicos clássicos ditados pelo modelo de racionalidade da ciência moderna. Esse enfoque exige uma ampliação e uma investigação horizontalizada e pluridimensional do objeto de pesquisa.

Um dos móbiles desta investigação foi a comprovação e o compartilhamento da tese de que a reforma do cenário normativo-institucional da organização do trabalho centrada exclusivamente na ação e na iniciativa do Estado requer custos astronômicos e o contorno de injunções de políticas setoriais estratégicas que inviabilizam seu delineamento conforme os reclamos do Estado Democrático de Direito. O fracasso do Fórum Nacional do Trabalho é um exemplo eloquente desta assertiva. Em outros termos, paralelamente à reforma do cenário normativo-institucional da organização do trabalho, uma outra reforma que implique transformações nos códigos e no *modus operandi* das instituições do trabalho pode ser feita. Sobretudo, no sentido de amenizar o déficit de efetividade dos direitos sociais e da administração da justiça.

Esta outra reforma possível poderá ser feita por um conjunto de cidadãos detentores de responsabilidades públicas (autoridades do trabalho) e coletivas (dirigentes sindicais), mesmo que minoritário, mas com disposição para democratizar substantivamente suas práticas e exercer com autonomia suas atribuições. A proposta se dirige, especialmente, aos agentes do Poder Público de carreira permanente dos quais a sociedade brasileira muito poderá esperar.

Com a exposição e a elucidação dos fundamentos da instituição e do instituto dos Núcleos Intersindicais de Conciliação Trabalhista, assim como do conjunto de conceitos concebidos como instrumento de democratização da organização do trabalho e da administração da justiça, pretendeu-se apresentar uma alternativa concreta de ação nesse sentido.

A explicitação da crise sistêmica da organização do trabalho realizada na obra *O sistema Núcleo Intersindical de Conciliação Trabalhista — Do fato social ao instituto jurídico: uma transição neoparadigmática do modelo de organização do trabalho e da administração da justiça,* abriu caminho para a abordagem procedida nesta investigação e que focaliza a correlação entre a epistemologia e a democracia (elementos endógenos da crise da organização do trabalho), uma vez que foi objeto de investigação o modo como a mencionada crise se apresenta em contextos de realidade complexos e singulares da realidade em que se deu a criação do primeiro Núcleo Intersindical do país. Nesse sentido é que se incorporou ao presente trabalho de investigação uma abordagem (do ponto de vista teórico) acerca da crise de racionalidade da organização do trabalho e da administração da justiça, seguida de abordagem empírica em que se procurou demonstrar aspectos de sua manifestação local, isto é, os contextos de surgimento do Núcleo Intersindical de Conciliação Trabalhista de Patrocínio.

A constatação do fato de que a democracia não pode mais se sustentar sobre um conjunto de conhecimentos já realizados e imutáveis, mas que se constrói por meio de um processo cognitivo intersubjetivamente compartilhado, impôs um "retrocesso investigativo" à questão epistemológica, que, a esta altura da evolução da consciência humana, é indissociável da questão política. Ela pôs em questão o próprio modelo de racionalidade, tanto da ciência como da filosofia clássica, que absolutizou a capacidade da razão humana — a primeira por fetichizar as "verdades científicas" e a segunda, o princípio do fundamento último ou da razão suficiente.

A transformação paradigmática no campo da epistemologia exigiu, contudo, fundamentar a insuficiência do paradigma que se pretende superar. Por essa razão, os pressupostos epistemológicos da ciência e da filosofia modernas foram o ponto de partida da abordagem que aqui se conclui e que, de resto, implica o questionamento dos fundamentos epistemológicos da democracia e do próprio Estado.

A sustentação da teoria democrática em que se baseia o sistema Ninter exigiu também uma fundamentação filosófica e científica dos paradigmas da razão dialógica e da complexidade que o orientam. A interseção das teorias discursivas de Karl-Otto Apel e Jürgen Habermas com a teoria da complexidade de Edgar Morin confirmam o pensamento de Piaget no sentido de uma visão construtivista do conhecimento humano, a partir desses novos paradigmas. Elas indicam que a razão é evolutiva e ainda vai evoluir. Revelam que o modelo de racionalidade tradicional não dá conta da complexidade do real, do diálogo e da solidariedade universal indispensável à sobrevivência da humanidade. De resto, esse modelo também não é capaz de orientar a ação pública por uma ética de responsabilidade e de solidariedade que se volve para as consequências, e não para as intenções do agir humano.

A questão epistemológica constitui uma dimensão essencial à construção teórica de um princípio de democracia comprometido, por um lado, com a efetividade dos direitos fundamentais e, por outro, com a superação das incongruências do sistema de relações de trabalho. Uma "razão situada", contextualizada, conformada pela linguagem, pelo diálogo e pelo princípio da complexidade legitima o ato de autoridade perpetrado pelas instituições públicas, que é, a um só tempo, um ato de conhecimento e um ato de vontade, os quais se interferem reciprocamente. Teoria e a realidade se constituem reciprocamente, sendo, portanto, indissociáveis.

Uma questão que emerge imediatamente dessa transformação paradigmática diz respeito à pergunta sobre a aptidão do sistema Ninter para democratizar o sistema de relações de trabalho, cuja resposta não se torna possível com o uso de recortes metodológicos simplistas, que ignoram questões adjacentes a outras áreas de conhecimento ou as incongruências surgidas na linha limítrofe em que se operou o "recorte".

No campo da gestão local da organização do trabalho e da administração da justiça, essa questão precisa ser encarada sob o enfoque de uma concepção sistêmica da atuação do conjunto de instituições públicas e entidades de representação profissional e empresarial, por setor ou ramo de atividade coletivamente organizado. Isso porque o sistema Núcleos Intersindicais de Conciliação Trabalhista converge em torno do conjunto destas instituições para potencializar suas ações num ambiente institucional propício ao somatório dos respectivos esforços e funções, tanto quanto a capacidade de ação externa de cada uma delas assim o permita. Isso somente é possível se, de um lado, os pressupostos epistemológicos adotados permitem tal concepção e, de outro, existem procedimentos institucionalizados e uma organização capaz de viabilizar o diálogo social e a concertação social necessários ao alcance desse escopo.

Esta abordagem se revela indispensável porque a justificação da transformação paradigmática, assim como a afirmação e contextualização teórico-pragmática dos novos paradigmas da razão dialógica e da complexidade na teoria do sistema Ninter, constitui o substrato teórico pressuposto na elaboração dos conceitos operacionais que orientam as práticas (concreção do princípio de democracia) concernentes ao conjunto das funções institucionais do sistema e elucidam a multiversatilidade operacional dos conceitos que compõem o princípio de democracia que lhe dá sentido.

Impõe-se a imediata abdicação da teoria formal de democracia, que se assenta no princípio da representação e se restringe aos processos de decisão política, substituindo-a por uma teoria substancial, capaz de conferir um novo sentido ao exercício do poder público nas esferas administrativa ou jurisdicional. Essa opção obrigou a uma análise da crise do direito e sua correlação com a crise dos paradigmas da ciência e da filosofia clássicas. Tal ponto de vista desloca o problema da democracia também para o momento da aplicação do direito, em razão da conexão estabelecida entre as questões epistemológica e democrática, envolvendo os atos cognitivos que fundamentam a decisão pública.

Por fim, como a perspectiva central da ética de responsabilidade que orienta o sentido do princípio democrático a ser construído é a da efetividade da legislação trabalhista, a investigação procedeu a um levantamento, por amostragem, de dados empíricos e de elementos praxiológicos expressivos dos resultados apresentados pelo Núcleo Intersindical de Conciliação Trabalhista de Patrocínio no interregno que vai de 1994 a 2012. A apresentação dos efeitos de sua atuação visa demonstrar a aptidão de tal instituição para intervir e transformar as relações de trabalho afetas à sua área de atuação. Além disso, legitimar sua atuação pelos resultados alcançados.

A compreensão neoparadigmática dos fundamentos constitucionais da República, da atuação das instituições do trabalho e da prática jurídica, no entanto, comporta o risco das interdições provenientes de uma leitura sedimentada na simplificação e na redução próprias do método cientificista que, no Direito, corresponde à tradição positivista na qual se inscreve nossa cultura jurídica, de forma mitigada ou não.

Por isso, é bem possível, num primeiro momento, que não se alcance a "cladogênese" (reorganização das estruturas do pensamento) necessária à apreensão do sentido paradigmático da estrutura, da organização e do modo de operar do sistema Núcleos Intersindicais de Conciliação Trabalhista, bem como do conjunto das atividades que o caracterizam. Cuida-se, no entanto, da condição de possibilidade da averiguação, corroboração ou falseamento da hipótese afirmativa de sua aptidão para promover a democratização da organização do trabalho e da administração da justiça no respectivo âmbito de atuação.

Cumpre, ainda, instar, com Wittgenstein, para a função imprescindível do anúncio destes paradigmas e do modo como eles influenciam o direcionamento desta investigação. Com isso, explicita-se o "jogo de linguagem" a ela subjacente, seja na descrição e na problematização dos casos estudados, seja na compreensão dos contextos de realidade que invoca, bem como na construção do sentido que aqui se empresta ao princípio de democracia e na busca da solução para o problema proposto.

Do mesmo modo, a teoria democrática que orienta as práticas inerentes ao sistema Núcleos Intersindicais de Conciliação Trabalhista implica a possibilidade de explicitação por parte de qualquer autoridade pública no exercício de suas funções institucionais — em procedimentos discursivos e institucionalizados destinados a esse fim — do quadro de referência com o qual realiza suas escolhas discricionárias no exercício do Poder Público. A densificação do princípio de democracia integral, aqui esposado, induz, portanto, a necessidade de "fundamentar o fundamento" em que se baseia a atuação do Poder Público, na interpretação e na aplicação da lei. A isso corresponde a indicação do princípio constitucional em que se sustenta a explicação de sua relação com os argumentos que sustentam a decisão ou a ação pública.

É muito provável que no plano de uma ética de intenções venha a constatar-se que a maioria, ou todos os envolvidos na organização do trabalho, persigam os mesmos objetivos: efetividade da legislação trabalhista, melhoria qualitativa das relações laborais, desenvolvimento social e econômico sem abstração da sua interdependência na equação da justiça social e tratamento aos atores da produção (trabalhadores e empreendedores de boa-fé) em conformidade com o princípio da dignidade humana, que é fundamento do Estado brasileiro (art. 1º, CF/88).

Todavia, no plano de uma ética de responsabilidade e solidariedade, ater-se ao campo das intenções significa dar-se por legitimados quaisquer resultados possíveis da ação pública, mesmo os mais desastrosos do ponto de vista socioeconômico e da efetividade dos direitos sociais. Frequentemente, as mesmas intenções produzem resultados e consequências antagônicos. Mas os resultados somente se legitimam se concorrem para a concreção do projeto de sociedade definido na Constituição.

É nesse contexto que se problematiza a democratização da organização do trabalho e da administração da justiça em nosso país e se procura apresentar a instituição dos Núcleos Intersindicais de Conciliação Trabalhista como alternativa viável para o alcance desse objetivo. Busca-se um conceito substantivo de democracia e uma ética baseada na responsabilidade e na solidariedade entre todos os envolvidos: agentes do Poder Público (instituições do trabalho) e destinatários da ação pública (sindicatos).

O princípio de democracia aqui preconizado designa-se por democracia integral. A ele se dedica este trabalho, traduzindo-o, do ponto de vista institucional e das estratégicas indispensáveis à sua concretização, no sistema Núcleo Intersindical de Conciliação Trabalhista.

Nestes termos:

> Considerando que a organização do trabalho foi concebida segundo o paradigma do Estado autoritário-intervencionista, o qual informa a cultura, os códigos de conduta e o *modus operandi* das instituições/autoridades do trabalho;

Considerando que os princípios constitucionais da dignidade humana e da cidadania — fundamentos do Estado Democrático de Direito adotado na Constituição de 1988 — devem presidir as relações entre o Poder Público e a sociedade;

Considerando a crise do modelo de racionalidade que presidiu a concepção do Estado Moderno (paradigma epistemológico da filosofia da consciência e da ciência clássica) e a adoção dos paradigmas da razão dialógica e da complexidade como pressupostos epistemológicos da ação humana em geral e da ação pública (dimensão cognitiva) a presente investigação desafia à seguinte questão:

O sistema Núcleos Intersindicais de Conciliação Trabalhista, no âmbito das respectivas categorias, pode contribuir para a democratização da organização das relações de trabalho?

A multivocidade do conceito de democracia (e de democratização), no entanto, torna o uso da expressão vago e sem sentido. Totalitarismos foram considerados, historicamente, como democracia; a simples existência de leis e de instituições de representação e de aplicação do direito caracteriza a democracia representativa; do mesmo modo que se atribuiu à *ágora* e à *isegoría*[7] atenienses o sentido mais genuíno de democracia. Por isso que, uma vez criado, teoricamente, o sentido do princípio de democracia característico do sistema, explicitaram-se conceitos cuja explicação deriva das seguintes questões:

• Qual é o sentido do princípio de democracia imanente ao sistema Núcleos Intersindicais de Conciliação Trabalhista, considerando os fundamentos do Estado Democrático de Direito inscritos na Constituição Federal (princípios da dignidade humana, da cidadania, da valorização do trabalho, da livre-iniciativa e do pluralismo), compreendidos à luz dos paradigmas da razão dialógica e da complexidade?

• Do ponto de vista pragmático, com que conceitos instrumentais e de que forma o sistema Núcleo Intersindical de Conciliação Trabalhista institucionaliza, operacionaliza e reúne esforços das instituições do trabalho (sindicatos e poder público administrativo ou judicial) para democratizar a gestão da organização do trabalho e da administração da justiça; alcançar a efetividade dos direitos sociais; legitimar a ação pública?

• Como se estabelece no sistema Núcleos Intersindicais de Conciliação Trabalhista uma relação harmoniosa e intercomplementar entre

---

(7) Direito de falar e de ser ouvido na assembleia dos cidadãos (antiga Atenas).

as autonomias pública e coletiva, esta última compreendida à luz do princípio da subsidiariedade ativa (como subconceito do princípio de democracia), sem o comprometimento das prerrogativas institucionais das instituições do trabalho e dos sindicatos?

• De que modo as práticas que realizam o princípio de democracia que informa o sistema Núcleos Intersindicais de Conciliação Trabalhista proporcionam uma compreensão sistêmica e, ao mesmo tempo, dinâmica e aberta dos problemas trabalhistas (concreta e localmente identificados)?

• Considerando que toda ação humana e, *ipso facto*, a ação pública compreendem uma dimensão ética, quais implicações morais decorrem da compreensão do princípio de democracia que orienta o sistema Núcleos Intersindicais de Conciliação Trabalhista?

• Que resultados concretos oriundos da experiência prototípica do Núcleo Intersindical de Conciliação Trabalhista de Patrocínio podem ser tomados como reveladores da eficácia e das potencialidades do sistema no cumprimento de seus propósitos institucionais de promover a democratização das relações de trabalho segundo o princípio de democracia aqui erigido?

• Considerando os desafios inerentes aos processos de transformação paradigmática e cultural, especialmente o processo de democratização propugnado pelo sistema Núcleos Intersindicais de Conciliação Trabalhista, assim como a dimensão pragmática necessária à legitimação de toda teoria, que estratégias de fomento e suporte à criação e ao desenvolvimento dessas experiências são suscetíveis de serem concebidas e implementadas com tais finalidades?

Assim, o objetivo geral desta investigação é demonstrar, teórica e empiricamente, a aptidão e as potencialidades do sistema Núcleos Intersindicais de Conciliação Trabalhista para promover a democratização do sistema de relações do trabalho — gestão compartilhada da organização do trabalho e da administração da justiça (sistema de resolução de conflitos) — no respectivo âmbito de representação categorial. Em consequência, pretende-se demonstrar que o referido sistema, de um lado, atende às premissas e aos objetivos da Reforma Trabalhista e, de outro, mostra-se, teórica e operacionalmente, capaz de conferir maior densidade aos princípios constitucionais do Estado Democrático de Direito. Elegeram-se objetivos específicos a fim de se explicitar: a) a conexão entre os princípios, regras e conceitos que dão sustentação ao sistema Núcleos Intersindicais de Conciliação Trabalhista — compreendido como instituição social e como instituto jurídico autônomo — e a institucionalização do conjunto de suas funções e os problemas que a motivaram;

b) os novos paradigmas e os fundamentos político-filosófico-constitucionais que informam o sistema Núcleos Intersindicais de Conciliação Trabalhista; c) as potencialidades destas instituições para conferir maior efetividade aos direitos sociais nas respectivas áreas de influência, demonstradas pelos resultados decorrentes da atuação do Núcleo Intersindical de Conciliação Trabalhista de Patrocínio/MG, bem como de legitimar, por seus resultados, a teoria e prática daquela instituição; e d) o papel a ser desempenhado pelos Núcleos Intersindicais de Conciliação Trabalhista no processo de democratização do sistema de relações de trabalho no Brasil; e) os resultados da experiência matricial do Núcleo Intersindical de Conciliação Trabalhista de Patrocínio/MG, com a dupla função de demonstrar a possibilidade de uma reforma cultural e suas consequências e de servir como elemento legitimador da teoria e de suas práticas institucionais orientadas por uma ética consequencialista.

Uma breve referência à metodologia:

> Na presente obra e em *O sistema Núcleo Intersindical de Conciliação Trabalhista — Do fato social ao instituto jurídico: uma transição neoparadigmática do modelo de organização do trabalho e da administração da justiça,* a aceitação dos princípios da razão dialógica e da complexidade foi determinante na definição do método de trabalho.

Da escolha epistemológica que está na base da investigação, resulta naturalmente o esforço de reconstrução da relação recursiva e reflexiva entre razão e realidade, descrita nos moldes de uma teoria situada na experiência concreta e construída com e a partir dela. A complexidade induz o tratamento do objeto investigado em toda a sua extensão possível, ou seja, trata-se necessariamente de uma abordagem interdisciplinar e, por vezes, transdisciplinar, na qual se conjugam incursões no campo da Filosofia (especialmente no âmbito da Epistemologia, da Filosofia da Ciência e da Filosofia da Linguagem), do Direito (Filosofia do Direito, Direito Constitucional e do Trabalho), da Sociologia e da Sociologia do Direito, da História e da Ciência Política.

A investigação parte de um nível de observação de segundo grau no sentido que lhe confere Maturana em *Ontologia da realidade* — "observação de observadores que se observam reciprocamente", motivo pelo qual os construtos teóricos dela resultantes são eles próprios reconstrutivos do objeto de estudo. Ao procurar elucidar e dar consistência teórica às práticas institucionais do sistema Núcleo Intersindical de Conciliação Trabalhista, a teoria ilumina novamente a prática e o porvir. Porém, admitida essa relação indissociável entre teoria e prática, estes dois elementos não podem ser destacados da relação entre os sujeitos (instituições) históricos responsáveis pela criação da instituição matricial do sistema Núcleo Intersindical de Conciliação Trabalhista de Patrocínio. Impõe-se ainda abordar o papel desses atores (ação), em estreita conexão com os desenvolvimentos teóricos e crítico-descritivos das práticas inerentes ao sistema, considerando a premissa epistemológica da construção social (dialógica) da realidade, que não é, portanto, um dado, mas um fenômeno evolutivo, em que se transformam simultaneamente a realidade e a consciência dos sujeitos que nela se inserem.

Importante notar que a questão epistemológica antecede à problemática da democratização da organização de trabalho, porque ela constitui, ao lado dos princípios constitucionais que fundamentam o sistema, fator determinante da reconstrução do princípio de democracia de que se vale o sistema Ninter.

Em síntese, a primeira obra deste autor a que se referiu contempla elementos indispensáveis à contextualização, nesta obra, da abordagem em que se explicitam: a) o modelo de racionalidade fundado na razão dialógica e no princípio da complexidade com o qual se busca superar as limitações da ciência e da filosofia clássica no âmbito da organização do trabalho e da administração da justiça; b) em breve referência, a trajetória da crise da filosofia desde o abandono da busca do fundamento último, ou de um "argumento coercitivo" (filosofia da consciência), ao reconhecimento da natureza dialógica da razão (filosofia da linguagem); c) as premissas para a construção do princípio de democracia subjacente à teoria que sustenta o sistema Núcleos Intersindicais de Conciliação Trabalhista e a reconstrução e elaboração de novos "conceitos operacionais" (que orientam a prática) para a democratização da organização do trabalho e da administração da justiça nos termos de uma democracia integral; d) teórica e empiricamente (mediante levantamento dos resultados do Núcleo Intersindical de Conciliação Trabalhista de Patrocínio tomados como amostragem), a aptidão do sistema Núcleo Intersindical de Conciliação Trabalhista para promover a democratização da organização do trabalho e da administração da justiça nos respectivos âmbitos de atuação.

Ao fim e ao cabo, esta investigação devolve seus resultados, outra vez, à reconsideração dialógica de todos os interessados na organização do trabalho, seja como observadores, seja como seus atores, todos, porém, integrantes deste trabalho de construção social da realidade.

No Capítulo 1 destacam-se as bases teóricas indispensáveis à apreensão do princípio de democracia que inspira o sistema Núcleos Intersindicais de Conciliação Trabalhista; caracteriza-se a transição paradigmática; lançam-se os fundamentos da transição paradigmática do modelo de racionalidade baseado na filosofia da consciência para o modelo de racionalidade fincado na razão dialógica e no princípio da complexidade; estabelecem-se os pressupostos epistemológicos e político-constitucionais dos quais emergem os conceitos de governança e de subsidiariedade ativa inerentes ao princípio de democracia característico do sistema; redefinem-se as funções da autonomia coletiva à luz de tais conceitos.

No Capítulo 2 desenvolvem-se os conceitos pragmático-operacionais que dão concreção e orientam as atividades e as práticas institucionais do sistema; procede-

-se à reconstrução dos conceitos de jurisdição, de "governança", de tripartismo, de "diálogo social" e de "concertação social", bem como à densificação do sentido dos princípios da dignidade humana, da cidadania (subsidiariedade ativa) e da participação; desenvolvem-se os conceitos operacionais inovadores de "tripartismo de base", de "ação pública comunicativa" (subdivido em ação pública comunicativa cognitiva e ação pública comunicativa suasória), de "ação coletiva comunicativa", de "jurisdição comunicativa", de "negociação coletiva concertada" e de "regime trabalhista especial", como conceitos instrumentais indispensáveis à explicitação do princípio de democracia aqui erigido e, consequentemente, à fundamentação do conjunto das funções e serviços institucionalizados; e desenvolve-se uma teoria explicativa da relação de subsidiariedade, de intercomplementaridade e de coexistencialidade dos meios judiciais e dos meios não judiciais de resolução de conflitos instituídos no sistema Núcleos Intersindicais de Conciliação Trabalhista.

Os referidos capítulos, conjuntamente considerados, lançam os fundamentos político-filosóficos do sistema Núcleos Intersindicais de Conciliação Trabalhista.

No Capítulo 3, procede-se ao levantamento dos resultados concretos alcançados pelo Núcleo Intersindical de Conciliação Trabalhista de Patrocínio no interregno compreendido entre 1994 e 2012, nos campos da negociação coletiva, da governança (diálogo e concertação social), da administração da justiça e da efetividade dos direitos sociais, como consequência das premissas epistemológicas adotadas e para atender aos reclamos de ética de responsabilidade e solidariedade como única fonte de legitimação da ciência aqui construída. O capítulo resulta também do reconhecimento da interdependência entre o conhecimento e a ação, e da indispensável conexão entre teoria e prática.

Se aquilo que é *complexo* é incognoscível em sua plenitude, pode-se apenas ansiar por uma maior familiaridade com ele. Diante dessa limitação, aceita-se a razão dialógica como única alternativa metódica viável para sustentar um princípio de democracia consistente, e não puramente formal.

Este trabalho de investigação serve então como resposta a objeções oriundas de avaliações calcadas num modelo de racionalidade insuficiente para uma reflexão que precisa ser feita necessariamente fora dos limites estritos da metódica científico-formal tradicional.

Ela requer uma dialógica e uma dialética transparadigmática.

A presente investigação tem, portanto, a função constitutiva de inaugurar uma teoria abrangente, a partir da qual se descortina uma dialógica-dialética sem vezos de conclusão acerca da instituição em questão e dos paradigmas a partir dos quais ele se constitui.

Capítulo 1

Princípios Filosóficos e Político-Constitucionais do Sistema Ninter

> *"El materialismo sin idealismo es ciego;*
> *el idealismo sin materialismo es vacío."*
> *Peirce*

> *"Somos un diálogo."*
> *K. O. Apel*

1.1. Ninter e Democracia

A democracia é um regime cambiante invocado para identificar a maioria das formas de governo da modernidade e dos modelos de gestão, assim como por qualquer tipo de organização hierárquica, seja qual for o seu campo de atuação. Por isso, o termo comporta um conceito plurívoco. Representa um ideal de valor incomensurável para a humanidade, na medida em que busca preservar os valores da liberdade e da solidariedade.

Historicamente, tanto o pensamento liberal como o pensamento marxista mostraram-se insuficientes para a plena garantia desses ideais: o princípio marxista-autoritário e as suas derivações pragmáticas, por negar a liberdade; o princípio liberal, por afirmar a liberdade de iniciativa individual em detrimento da solidariedade.

O Estado Social representou a garantia jurídica dos direitos sociais e, sobrecarregado pelos compromissos sociais e premido pela crise econômica, não pode conter o déficit de efetividade desses direitos. Esse ainda continua sendo o maior desafio do Estado Democrático de Direito na sua vocação para equilibrar os valores da igualdade e da liberdade, o regime democrático e o constitucionalismo.

Foi nesse modelo de racionalidade, que busca um fundamento último para a antropologia e para a política, que se construiu a democracia cujo extraordinário avanço se verificou pela assimilação, principalmente, das técnicas do sufrágio e da representação política.

Uma "nova cultura política", que compreende que a democracia se institui historicamente e não a partir de uma ou outra preconcepção filosófica acerca da natureza humana, busca seu fundamento no discurso e na participação dos destinatários no exercício do poder, situando nessa perspectiva conceitos como o de participação, de cidadania, de governança, de autodeterminação das comunidades locais.

Por outro lado, a aceitação do princípio da complexidade como princípio que orienta os atos de conhecimento necessários ao exercício do poder público aponta também para a exigência do diálogo e da participação dos cidadãos destinatários da ação pública na sua elaboração.

Uma concepção não formal, abrangente e dinâmica da democracia concebida com base nesses paradigmas (da razão dialógica e do pensamento complexo), exige a democratização do exercício do poder em todas as esferas onde ele é exercido, atribuindo-lhe uma função muito além da legitimação formal de procedimentos de investidura em funções de poder.

Interessa aqui o desdobramento desse sentido da democracia integral no campo da organização do trabalho, o qual alcança a prática das instituições do poder público e de representação sindical, tendo por enfoque, sobretudo, a efetividade dos direitos sociais e da legislação trabalhista em sentido amplo. A garantia da efetividade dos direitos sociais somente parece ser possível a partir do comprometimento das instituições do trabalho com novos paradigmas de ação capazes de promover a alteração dos respectivos códigos de conduta e o modo de operar, bem como a adequação[8] da prática jurídica aos contextos de realidade concretamente considerados em sua singularidade e complexidade irrepetíveis. Pressupõe, assim, uma alteração no paradigma do direito e no seu modo de atuação, pelo compartilhamento de sua prática com os seus destinatários e pela sua estreita conexão com a realidade.

---

(8) GUNTHER, Klaus. *The sense of appropriateness*. New York: University of New York, 1993.

Sob as luzes desses paradigmas (razão dialógica e complexidade) e dos princípios constitucionais da dignidade humana e da cidadania é que a teoria do sistema Núcleos Intersindicais de Conciliação Trabalhista vislumbra um princípio da democracia em que se sustentam as seguintes funções institucionais:

> a) participação (pelo diálogo social e pela concertação social), por seus sindicatos, dos destinatários (afetados) da ação do Poder Público (instituições/autoridades do trabalho):
>
> • na gestão da organização do trabalho;
>
> • na administração da justiça; e
>
> • nos procedimentos cognitivos concernentes à realidade (princípio da complexidade) e à escolha da norma, do seu sentido e do modo mais adequado de sua aplicação aos contextos de realidades concretamente considerados (princípio da razão dialógica); e
>
> b) pleno exercício da autonomia coletiva e da negociação coletiva, especialmente no que diz respeito à:
>
> • autogestão da organização do trabalho no respectivo âmbito de representação; e
>
> • prevenção e disponibilização de meios não judiciais, autocompositivos e autônomos de resolução dos conflitos individuais e coletivos do trabalho.[9]

1.1.1. A TRANSIÇÃO PARADIGMÁTICA PRESSUPOSTA NA CONSTRUÇÃO DE UMA TEORIA DOADORA DE SENTIDO AO PRINCÍPIO DE DEMOCRACIA IMANENTE AO SISTEMA NINTER

Nos capítulos anteriores, procedeu-se à contextualização histórico-evolutivo-crítica da organização das relações de trabalho na região de Patrocínio, o que permitiu, no contexto local, a detecção do déficit geral de eficiência, de eficácia e de efetividade do sistema de organização do trabalho e de suas instituições.

A abordagem desse déficit concerne aos direitos sociais, ao sistema de resolução dos conflitos e à legitimidade e aderência social da legislação trabalhista instrumental e das instituições do trabalho, de coerência e de coordenação das

---

(9) Cf. Capítulo 5.

ações do sistema de organização do trabalho, que se evidencia quando se tem em mira de observação os contextos de realidade em sua crueza. Os elementos colhidos pontuam a existência de uma crise do próprio paradigma (autoritário--liberal-individualista-normativista) de organização das relações do trabalho.

Até agora, procedeu-se a uma descrição crítica da crise da organização do trabalho, do movimento em torno da criação do Núcleo Intersindical de Conciliação Trabalhista de Patrocínio e dos processos sociais que lhe deram causa, numa contínua articulação entre a teoria e a práxis, entre o *falibilismo* de Karl Popper e Peirce e o reconhecimento da necessidade de uma base factual de certeza, para "concretamente se *perceber e resolver problemas*", como reconheceu Wittgeinstein[10].

Do ponto de vista exclusivamente teórico, esse esforço ganha sentido a partir de uma fundamentação baseada nos paradigmas da razão dialógica e da complexidade. Tais pressupostos conferem centralidade às noções de diálogo social e de concertação social na democratização das práticas institucionais, ao mesmo tempo que o uso dessas técnicas se constitui como condição de possibilidade do desempenho da ação pública e da ação coletiva realizado por meio da ação mediadora do Núcleo Intersindical de Conciliação Trabalhista de cada setor de atividade em que for constituído. Os atos cognitivos conducentes à elaboração do diagnóstico dos problemas do trabalho em seus respectivos contextos de realidade e à busca por soluções passam a ser feitos, por força desses paradigmas, conjuntamente pelos atores sociais e pelas instituições locais, de modo a dar às suas ações coerência sistêmica, harmonia e efetividade.

Torna-se, portanto, indispensável a explicitação detida das bases teóricas com que se alçam os princípios operacionais do diálogo social e da concertação social à condição de categorias centrais da teoria democrática, a partir da qual se procura corroborar o papel dos Núcleos Intersindicais de Conciliação Trabalhista na democratização da gestão da organização do trabalho e da administração da justiça.

O presente capítulo, ao cuidar das condições transcendentais e do conceito instrumental de democracia imanente ao sistema Núcleos Intersindicais de Conciliação Trabalhista, adota princípio transcendental-pragmático (Karl-Otto Apel), admitindo a incondicionalidade e a idealidade do diálogo social e da concertação social como métodos de busca do conhecimento e do sentido da ação. Trata-se de fundamentos que transcendem a mera reflexão crítica acerca da práxis, mas são, ao mesmo tempo, dependentes dela, uma vez que têm como referência ineludível as descrições empíricas realizadas nos capítulos 2 e 3.

---

(10) APEL, Karl-Otto. Fundamentação normativa da 'teoria crítica': recorrendo à eticidade do mundo da vida? — uma tentativa de orientação transcedental-pragmática com Habermas, contra Habermas. *In:* APEL, Karl-Otto; OLIVEIRA, Manfredo; ARAÚJO; Luiz Moreira. *Com Habermas, contra Habermas* — direito, discurso e democracia. São Paulo: Landy, 2004. p. 24 e s.

1.1.1.1. A QUESTÃO METODOLÓGICA DA ABORDAGEM DA CRISE SOB O ENFOQUE PARADIGMÁTICO

Sendo o objeto desta investigação a aptidão dos Núcleos Intersindicais de Conciliação Trabalhista de contribuir para a democratização do sistema de organização das relações do trabalho em cada setor de atividade coletivamente organizado, consideram-se, na caracterização da crise dessa organização, seus "elementos endógenos" (paradigmáticos), cujo enfrentamento se procede a partir da alteração dos padrões de racionalidade, da cultura, da ideologia e dos modos de atuação das instituições do trabalho.

O estado de crise a que se refere invoca o sentido que lhe emprestam as ciências sociais contemporâneas. Diz respeito ao fato de que a estrutura do sistema de relações de trabalho está a exigir um esforço maior na sua própria conservação do que na solução dos problemas da organização do trabalho, que é sua razão de ser, como já demonstrado empiricamente nesta investigação e amplamente reconhecido pela sociedade brasileira, a exemplo dos relatórios das Conferências Estaduais do Trabalho e do Fórum Nacional do Trabalho (2004) do Conselho Nacional de Desenvolvimento Econômico e Social (2003).

Contudo, não constituem objeto desta investigação os aspectos "exógenos" — sua dimensão político-econômica —, os quais concernem à abertura das economias nacionais ao mercado internacional, sob impacto da evolução nas áreas da tecnologia, das comunicações e dos meios de transporte e dos demais fatores que se inserem no conceito de "globalização", bem como às profundas transformações verificadas no modo de produção e de ocupação da mão de obra.

Todavia não se podem desconsiderar as transformações sociais, econômicas e políticas, operadas no curso subsequente do século XX. A internacionalização da economia, a generalização das políticas engendradas pela ideologia neoliberal, o retorno da mitificação do mercado como único elemento capaz de organizar deterministicamente as economias nacionais e internacionais, os avanços tecnológicos (informática, robótica, comunicação, microeletrônica, transportes), o desemprego, o acirramento da competição capitalista, as exigências de qualidade, produtividade e redução de custos da produção, a redução em massa dos salários, o agravamento do desemprego como mal maior e a preponderância do trabalho formal sobre o trabalho informal foram, dentre outros aspectos, determinantes da falência do sistema autoritário e corporativista em que se baseia a organização do trabalho no Brasil.

Ao lado desses fatores de ordem preponderantemente econômica, o fenômeno político da recente redemocratização do país, seguido da abrupta abertura e imersão da sua economia no mercado internacional de bens e de capital especulativo, também pôs em xeque a ideologia e a eficácia deste longevo modelo de organização do trabalho. A despeito de sua extraordinária solidez e aptidão para reger as relações de trabalho durante tão longo período, nesta hora, sua capacidade organizativa das relações de trabalho beira à exaustão, tanto no plano conceitual como no plano institucional.

Esses fatores não deixaram de impactar o setor rural, especialmente o fenômeno da mecanização e das tecnologias advindas da agroindústria, de grande repercussão, em relação tanto às condições de trabalho quanto à oferta de postos de trabalho (desemprego).

A proteção ao trabalho, centrada na subordinação como seu elemento característico, exclui grande contingente de trabalhadores. Assim mesmo, a maior parte desse trabalho encontra-se na informalidade. Por isso, as instituições encarregadas da organização e aplicação da legislação já perderam grande parte de sua capacidade e credibilidade sociais para se sustentarem com legitimidade e reconhecimento sociais no papel tutelar que tradicionalmente lhes foi incumbido pelo sistema de organização do trabalho originariamente concebido e, ainda hoje, prevalente na sua essência.

Também não se pode desconsiderar a debilidade do sistema sindical e a reinante e generalizada cultura da subserviência à tutela e à iniciativa do Estado por parte dos sindicatos, o que determina a estagnação e a perpetuação do velho modelo. Encontram-se, ainda hoje, em grande parte, de lado a lado, incapazes de se encaminhar por posturas negociais mais éticas e menos estratégicas, por conta de resquícios ideológicos fundamentados em pautas políticas ineficazes e assentadas na luta de classes. Essa cultura agonística, a despeito do seu inolvidável papel histórico, não pode ignorar a exigência da busca por novos modos de tutela e de emancipação dos trabalhadores.

Por outro lado, a acomodação dos sindicatos às "facilidades" criadas pelo Estado intervencionista, por meio dos expedientes da contribuição sindical obrigatória, da unicidade sindical e da não exigência de maiores esforços para adquirir legitimidade e reconhecimento de suas categorias, enseja a maior crise já vivida pelo sindicalismo brasileiro.

Contudo, conforme se demonstra no capítulo 8, os resultados da atuação do Núcleo Intersindical de Conciliação Trabalhista de Patrocínio revelam que as instituições e a ordem jurídica tradicionais vistas e *operacionalizadas* sob a luz dos novos paradigmas (razão dialógica e da complexidade) *alteraram profundamente o cenário de crise da organização do trabalho local,* no sentido da mitigação de seus efeitos, de uma maior efetividade dos direitos sociais e de uma maior eficácia da atuação das instituições locais.

Essa alteração paradigmática implicou alteração na compreensão dos processos de conhecimento e da ação humana e, por isso, consequências práticas quanto ao modo de atuação das instituições do trabalho (sindicatos e instituições do Poder Público) e nas suas relações com a sociedade.

A ilação fundamental a ser extraída é a de que a alteração paradigmática do modelo de racionalidade e, consequentemente, dos códigos de conduta e do modo de operar das instituições, por si só, proporcionou uma maior concreção dos princípios da dignidade humana, da cidadania, da participação e da efetividade dos direitos sociais.

Isso, por si só, justifica o esforço de fundamentação das funções institucionais dos Núcleos Intersindicais de Conciliação Trabalhista e do princípio de democracia que o movimenta. Se não se pode nutrir a ilusão de que seus fatores endógenos são o móvel exclusivo da crise da organização do trabalho, os resultados avaliados revelam que o conjunto das instituições do trabalho pode fazer muito mais do que faz se decidir pelo enfrentamento da crise paradigmática do modelo de racionalidade com que operam.

Essa abordagem sai da perspectiva simplista, que já se tornou "lugar comum", que vê na mera ampliação da "maquinaria estatal" a solução para as crises de eficiência, de eficácia e de efetividade da ação estatal. Ela se abre para uma postura crítica dos pressupostos paradigmático-epistemológicos que se encontram na base da concepção da organização do trabalho e vislumbra a exigência de uma transcendência paradigmática.

Prioritariamente, a explicitação dessa transcendência paradigmática é condição de possibilidade para a compreensão do sentido que se confere ao *princípio de democracia*, que dá significado à institucionalização do sistema Núcleos Intersindicais de Conciliação Trabalhista e ao conjunto de atividades que lhe dão identidade e lhe asseguram autonomia funcional e administrativa[11].

Trata-se da abordagem de aspectos epistêmico-paradigmáticos, a partir dos quais é possível sustentar:

>a) a interatividade das instituições do trabalho no espaço dos Núcleos Intersindicais de Conciliação Trabalhista;
>
>b) o conjunto das demais atividades institucionalizadas pelo sistema;
>
>c) as concepções político-constitucionais que se compreendem condizentes com o paradigma do Estado Democrático de Direito, necessárias à

---

(11) VASCONCELOS, Antônio G. *O sistema núcleo intersindical de conciliação trabalhista — do fato social ao instituto jurídico:* uma transição neoparadigmática do modelo de organização do trabalho e da administração da justiça. São Paulo: LTr, 2014, Cap. V.

elaboração de uma teoria democrática que não se limite exclusivamente ao exercício do poder constituinte, mas aplicável a toda ação pública na operacionalização da ordem jurídica constituída; e, por isso mesmo,

d) uma teoria capaz de sustentar o conjunto dos princípios que estão na base da institucionalização do sistema Núcleos Intersindicais de Conciliação Trabalhista como os princípios da "governança", da "subsidiariedade ativa" e os princípios derivados do "diálogo social" e da "concertação social".

Toda essa edificação conceitual, intimamente vinculada a cada uma das práticas institucionalizadas no sistema Núcleos Intersindicais de Conciliação Trabalhista, tem como centro de referência a decisão política fundamental do *poder constituinte* do Estado brasileiro, que elegeu o princípio da *dignidade humana,* o da *cidadania* e os *valores sociais do trabalho e da livre-iniciativa* como fundamento da República, ao lado da *soberania* e do *pluralismo político* (art. 1º e parágrafo único da Constituição brasileira).

Se todo poder emana do povo, que o exerce por meio de representantes ou diretamente, nos termos da Constituição, os novos fundamentos da República alteraram profundamente o modo de exercício desse poder em qualquer de suas instâncias, para assegurar a participação dos afetados pelas decisões públicas (que sofrem as suas consequências) na formação da opinião e da vontade das autoridades das quais elas são emanadas.

Embora ocorra pela mediação dos corpos intermediários (os sindicatos no caso da organização do trabalho), essa participação não neutraliza a de cada afetado, aos quais é assegurado o direito de reivindicar tratamento justo em situações ofensivas à sua dignidade ou impeditiva do exercício de direitos fundamentais.

Sem embargo, a abordagem da crise de organização do trabalho a partir da crítica ao modelo de racionalidade que a preside não pode responsabilizar o modelo de organização do trabalho pelos fracassos de políticas econômicas e sociais. Não se pode tomar o efeito pela causa para se atribuir à existência de garantia constitucional e legal dos direitos sociais a responsabilidade pelo insucesso de tais políticos. A falta de efetividade dos direitos sociais seria tributária do fato de eles existirem.

Se a exclusão metodológica da abordagem dos fatores socioeconômicos da crise (fatores exógenos) da organização do trabalho não restringe suas causas à questão paradigmática (fatores endógenos), o sistema Núcleos Intersindicais de Conciliação Trabalhista os absorve como temática a ser abordada nos procedimentos de diálogo social e da concertação social, entabulados no âmbito do Conselho Tripartite (Interinstitucional), acerca dos problemas específicos de cada setor de atividade.

O enfoque jurídico-dogmático do sistema Núcleos Intersindicais de Conciliação Trabalhista realizado no capítulo precedente é de todo insuficiente para se avançar na abordagem da questão proposta nesta investigação, não obstante cumpra a função de variável antecedente como elemento metodológico indispensável ao progresso da pesquisa. Impõe-se, agora, a necessidade do enfrentamento das questões de fundo (paradigmáticas) como condição de possibilidade de apreensão do sentido de cada aspecto da dogmática desenvolvida no capítulo anterior, da apreensão do sentido do princípio de democracia a partir do qual se afirma a aptidão do sistema para contribuir para a democratização da organização do trabalho e da administração da justiça em nosso país.

1.1.2. Democracia integral

A democracia clássica (ateniense), historicamente vista como prática exemplar da democracia plena, tinha como característica fundamental a participação direta dos cidadãos em funções legislativas e judiciais, conforme lembra Aristóteles, no sentido de que o cidadão participa no ato de "distribuir julgamentos e ocupar cargos públicos" (ARISTÓTELES. *A política*, p. 169). Essas democracias antigas conceberam-se segundo a ideia de que os seres humanos deveriam ser cidadãos ativos em uma ordem política, cidadãos de seu estado, e não meramente súditos cumpridores de seus deveres. Todos os cidadãos encontravam-se em reunião para debater, decidir e promulgar a lei. O princípio de governo era o princípio de uma forma de vida — a participação direta — por intermédio do discurso livre e sem restrições, garantido pelo *direito de isegoria* — um direito igual de falar na assembleia soberana. As decisões e as leis se baseavam na convicção, e não no *habitus* ou na força bruta[12].

O modelo ateniense de democracia clássica, mais decantado como ideal de democracia, tem, no entanto, origens antidemocráticas. Uma sociedade escravagista, contudo, criou um senso de identidade e solidariedade apenas entre os cidadãos livres do trabalho, que constituíam uma parte da sociedade, econômica e militarmente, independente. O povo ateniense somente conseguiu vislumbrar coerência entre o princípio de liberdade e o de cidadania de seu povo quando retirou dos escravos a condição de sujeito, renegando-os à condição de objeto e destituindo-os dos direitos de cidadania, porque esta pressupunha a independência do trabalho para a subsistência.

No percurso histórico das teorias da democracia, a construção do ideal democrático deixou de ser prescritivo para encerrar-se nos limites da mera descritividade.

---

(12) HELD, David. *Modelos de democracia*. Trad. Alexandre Sobreira Martins. Belo Horizonte: Paideia, 1987. *passim*.

Aos desencantos da democracia protetora e desenvolvimentista e da democracia marxista ("socialismo" e "comunismo") seguiram-se as concepções pessimistas e puramente descritivas da democracia tal como na realidade ela se operacionaliza.

Enredados em concepções que lhe conferem um papel puramente formal, os ideais democráticos foram se arrefecendo num conformismo marcado por posturas filosóficas dirigidas por um realismo[13] pobre. A democracia passou a ser vista "realisticamente" na forma de um "elitismo competitivo", segundo suas variantes contemporâneas, provenientes do pensamento de Marx Weber (1864-1920)[14] e de Joseph Shumpeter (1883-1946)[15]. Segundo esta concepção, a política liberal só pode ser mantida em bases processuais — mecanismos para promover a "competição dos valores" e a "liberdade de escolha" em um mundo racionalizado. A democracia não passa de um "método" político. Seu último vestígio está no fato de que ao cidadão se reserva exclusivamente o direito de escolher e autorizar periodicamente governos para agirem em seu benefício.

Nesses termos, a democracia pode servir a vários fins, até mesmo ao da promoção da justiça social, longe de ser uma forma de vida marcada pela promessa de igualdade e de "melhores condições para o desenvolvimento humano em um rico contexto de participação". Como mecanismo de seleção de ocupantes do poder, o envolvimento político nada mais pode ser que o suficiente para legitimizar o direito das elites políticas em condições de competir para governar.

Por outro lado, as teorias dominantes na política são o liberalismo e o marxismo, cujas potencialidades críticas já se esgotaram ante as transformações que se materializaram simbolicamente na queda do Muro de Berlim e no fim do Império Russo. Ambas as teorias têm em comum o paradoxo de adotarem perspectivas epistemológicas positivistas, aceitando a objetividade da ideia de totalidade e, *ipso facto*, a adoção de axiomas como fundamento da construção de teorias gerais, com a pretensão de fornecer explicação para todos os fenômenos sociais. Em ambos os casos, impôs-se a unilateralidade da ação pública nas relações Estado *versus* sociedade, não se abrindo espaço à cidadania ativa, aqui entendida como participação dos destinatários/afetados pela ação pública nos processos decisórios que lhe dizem respeito e na construção do projeto de sociedade estabelecido na Constituição.

Essa despretensiosa resenha exemplificativa do modo como se pode compreender e praticar a democracia visa elucidar que a aposta democrática subjacente

---

(13) Para esta postura o ente, o dado primeiro é a realidade experimentável, independente da consciência que é parte dessa realidade e cuja especificidade é reproduzi-la. A verdade é nada mais que a "adequação entre a consciência e a realidade, que lhe é dada". A consciência é, portanto, passiva e receptiva
(14) Cf. "Economia e sociedade"; "Política como vocação"; "A ética protestante e o espírito do capitalismo".
(15) Cf. "Capitalismo, socialismo and democracy".

ao sistema Núcleos Intersindicais de Conciliação Trabalhista caminha em direção oposta. Acredita, com David Held, que "as ideias e práticas democráticas só poderão ser protegidas a longo prazo se sua influência sobre nossa vida política, social e econômica for aprofundada".

Esse aprofundamento se dá a partir de uma reordenação paradigmática dos pressupostos do conhecimento e da ação humana, os quais aqui se traduzem como pressupostos da ação pública e da ação sindical, que implicam a revisão do princípio de democracia e a ampliação dos subconceitos que o integram.

Perfilha-se uma compreensão desse princípio de democracia no sentido da prática de uma democracia integral, assim como comprendida pela teoria desenvolvida por Adela Cortina[16], que não se contenta com regime de cunho exclusivamente teórico-formal segundo a matriz liberal, ao mesmo tempo em que se refuta de modo veemente o modelo de viés totalitário inspirado no modelo totalizante de inspiração hegeliana. A política também não é concebida como restrita a órgãos especializados, nem como um sistema apartado da sociedade.

A reflexão de David Held abre uma clareira em direção ao norteamento aqui adotado:

> Para mim, a política trata do poder; ou seja, trata da capacidade dos agentes, órgãos e instituições sociais de manter ou transformar seu ambiente, social ou físico. Ele trata dos recursos subjacentes à sua capacidade e das forças que moldam e influenciam seu exercício [...] Consequentemente, a política é um fenômeno encontrado em e entre todos os grupos, instituições (formais e informais) e sociedades, perpassando a vida pública e privada. Ela é expressa em todas as atividades de cooperação, negociação e luta pelo uso e distribuição de recursos. *Ela está envolvida em todas as relações, instituições e estruturas que estão implicadas nas atividades de produção e reprodução da vida da sociedade. A política cria e condiciona todos os aspectos de nossa vida e está no coração do desenvolvimento dos problemas da sociedade e dos modos coletivos de sua resolução.* Embora esta compreensão da política levante várias questões complicadas [...], ela destaca de forma bastante sutil *a natureza da política como sendo uma dimensão universal da vida humana, não relacionada a qualquer "sítio" ou conjunto de instituições específico.*[17]

O modelo quantitativo de democracia que considera a massa isolada de indivíduos segundo critérios aritméticos de maioria e que se legitima pelo sufrágio

---

(16) CORTINA, Adela. *Razón comunicativa y responsabilidad solidária.* Salamanca: Sígueme, 1985. *passim.*
(17) HELD. *Modelos de democracia*, 1987. p. 250.

universal, pela técnica da representação, pela divisão dos poderes e pela separação entre Estado e sociedade acabou por constituir-se numa ficção. O governo não deve ser concebido como uma esfera diferenciada para a qual são delegados os representantes públicos. Ao contrário, deve ser uma "expressão viva" do esforço combinado de tentativa de implementação mais efetiva dos fins cooperativamente desejados.

Admitindo-se que a sociedade se organiza com base em critérios de intersubjetividade e de solidariedade — portanto, baseada na razão dialógica (Democracia Comunicativa) —, desapega-se de todas as concepções de democracia vista como processo de expressão de preferências e demandas e de registro das mesmas por meio do voto. Nela, as pessoas não deixam seus pontos de vista próprios para adotar um visão mais geral e objetiva dos assuntos de interesse público ou políticos, porque cada cidadão, individualmente, determina o modo de atingir seus fins privados, colocando-se numa arena pública de disputa de interesses. Nela, a deliberação é competição ou imposição de poder[18].

Adota-se aqui o paradigma de uma democracia comunicativa, fundada nos princípios constitucionais que se inspiram no paradigma do Estado Democrático de Direito, especialmente o da dignidade humana, que tem suas base nos fundamentos da teoria do discurso.

Concebe-se a democracia como processo que reúne cidadãos para tratar de objetivos, ideais, ações e problemas coletivos, em busca de um consenso auferido pela oferta de argumentos, em que se produz um raciocínio público/coletivo sobre a melhor forma (melhor argumento) de alcançar, cooperativamente, objetivos dialogicamente estabelecidos, tendo por referências a Constituição e ordem jurídica.

O instituto dos Núcleos Intersindicais de Conciliação Trabalhista e a teoria democrática que lhe dá suporte constituem a particularização desse ideal de democracia no âmbito da organização do trabalho.

1.1.3. A PARTICIPAÇÃO DOS SINDICATOS NOS PROCEDIMENTOS COGNITIVOS DE FORMAÇÃO DA OPINIÃO E DA VONTADE DOS AGENTES DO PODER PÚBLICO

A compreensão do princípio de democracia no sistema do Núcleo Intersindical de Conciliação Trabalhista se dá pela aceitação da vinculação do conceito de Estado Democrático de Direito à noção de autonomia do direito formulada por Jürgen Ha-

---

(18) YOUNG, Íris Marion. Comunicação e o outro: além da democracia deliberativa. *In:* SOUSA. Jessé (org.). *Democracia hoje* — novos desafios para a teoria democrática contemporânea. Brasília: UnB, 2001. p. 365-386.

bermas[19]. Essa autonomia não é compreendida como um *sistema funcional* que se autorregula e autolegitima, na perspectiva de Niklas Luhmann[20]. Ao contrário, ele requer um fundamento racional. O direito é apenas *meio* e tem força constitutiva, e não meramente regulativa; transforma a realidade. Exerce um papel transformador entre sistema e o mundo da vida. Em referência ao pensamento de Jürgen Habermas, explicita que: "Na medida em que o direito na sua dimensão sistêmica invade a esfera regulada informalmente do mundo da vida, a juridificação produz efeitos negativos, socialmente desintegradores"[21].

Essa perspectiva fica bastante clara na correlação desta perspectiva teórica com o estudo do caso "Irmãos Okubo"[22].

O direito é, então, instrumento de poder, pelo qual se cumprem as perspectivas ditadas pela política. Contudo, requer justificação moral. E, no que se refere ao plano moral, como no caso dos direitos fundamentais, o direito é considerado indisponível, do mesmo modo que "a intervenção instrumental no direito exige respeito a procedimentos baseados em princípios universalistas"[23].

Essa instrumentalização política do direito implica a exigência da efetividade dos princípios constitucionais estabelecidos pelo poder político na interpretação e na aplicação do direito. Se as consequências da aplicação não alcançam tais objetivos, ela é ilegítima e contrária aos princípios superiores de organização da sociedade.

No campo da operacionalização do direito, a conexão entre a epistemologia e a democracia se estabelece na medida em que as atividades jurídicas comportam, a um só tempo, cognição e decisão. Ora, a compreensão da razão humana como naturalmente "dialógica" implica a extensão desse paradigma epistemológico à operacionalização do direito, no sentido da democratização da práticas de interpretação e de aplicação do direito, por intermédio de instâncias nas quais se possa efetivar uma permanente interatividade entre as autoridades públicas e os destinatários de suas decisões.

Os processos de formação da opinião e da vontade das instâncias decisórias do Poder Público abrem-se à participação e ao diálogo entre seus agentes e os

---

(19) NEVES, Marcelo. Do consenso ao dissenso: o Estado democrático de direito a partir e além de Habermas. *In:* SOUSA. *Democracia hoje* — novos desafios para a teoria democrática contemporânea. Brasília: UNB, 2001. p. 113.
(20) ARNAUD, André-Jean; LOPES JR., Dalmir. *Niklas Luhmann:* do sistema social à sociologia jurídica. Trad. Dalmir Lopes J., Daniele Andreia da Silva Manão e Flávio Elias Riche. Rio de Janeiro: Lumens Juris, 2004. *passim.*
(21) NEVES. Do consenso ao dissenso... *In:* SOUSA. *Democracia hoje...*, 2001. p. 114.
(22) VASCONCELOS, Antônio G. *O sistema núcleo intersindical de conciliação trabalhista* — do fato social ao instituto jurídico: uma transição neoparadigmática do modelo de organização do trabalho e da administração da justiça. São Paulo: LTr, 2014. cap. III.
(23) NEVES. Do consenso ao dissenso... *In:* SOUSA. *Democracia hoje...*, 2001. p. 154.

destinatários (afetados) de suas decisões. As pretensões de *correção* e de *verdade* passam a legitimar-se em procedimentos comunicativos abertos a argumentos e pretensões de validade de todos os envolvidos, em sintonia com os reclamos de uma nova ética da responsabilidade (atenta às consequências sociais da ação pública), que passa a orientar a ação e as decisões do Poder Público. Essa concepção nega a autonomia sistêmica do direito para conferir-lhe uma fundamentação moral.

> Um sistema jurídico adquire autonomia não apenas para si sozinho. Ele é autônomo apenas na medida em que os procedimentos institucionalizados para legislação e jurisdição garantem formação imparcial de julgamento e vontade, e, por esse caminho, proporcionam a uma racionalidade ético-procedimental ingresso ingualmente no direito e na política. Não há direito autônomo sem democracia.[24]

A teoria do discurso promove a implosão da compreensão da autopoiese jurídica (sentido sistêmico) proposta por Niklas Luhmann e obriga à aceitação de uma *teoria de sistemas aberta* se se pretender utilizar toda a sua riqueza para explicar o papel social e o funcionamento do direito, uma vez que a teoria sistêmica (direito como sistema fechado) não dá mais conta da complexidade do real[25].

É necessário e crucial atribuir à "autonomia" do direito uma nova noção: a que considera que "um sistema aberto é um sistema que pode alimentar sua autonomia, mas mediante a dependência em relação ao meio externo"[26].

As instituições jurídicas (normas) não se legitimam suficientemente pelas referências positivistas (formais) de sua produção; requerem "justificação material". No modelo positivista, o direito tem força constitutiva apenas como meio de controle, combinando os meios dinheiro e poder, e reservando-se-lhe uma "função (meramente) regulativa", em lugar de "função social-integrativa"[27], que se lhe reserva no Estado Democrático de Direito.

O direito vale porque posto de acordo com procedimentos democráticos. Sua aplicação, contudo, não se legitima tão somente pela consistência das decisões, mas por sua fundamentação moral e ético-política, o que determina uma tensão entre segurança jurídica e correção da decisão, o que dá relevância à questão da aplicação jurídica adequada. Essa mesma tensão se manifesta também na relação entre aceitabilidade fática e aceitabilidade racional da decisão.

---

(24) HABERMAS, J. *Wie ist legitimität durch legalität möglich?* Kritische Justiz 20. Baden-Baden: Nomos apud NEVES. Do consenso ao dissenso... In: SOUSA. *Democracia hoje...*, 2001. p. 112.
(25) Cf. NEVES. Do consenso ao dissenso... In: SOUSA. *Democracia hoje...*, 2001. p. 113.
(26) MORIN, Edgar. *Ciência com consciência.* 7. ed. Trad. Maria D. Alexandre e Maria Alice Sampaio Dória. Rio de Janeiro: Bertrand Brasil, 2003. p. 282.
(27) HABERMAS apud NEVES. Do consenso ao dissenso... In: SOUSA. *Democracia hoje...*, 2001.

Se o direito é o *medium* entre a política e o mundo da vida, que harmoniza os dissensos mediante regulação legitimada por procedimentos comunicativos (teoria do discurso), esta teoria procedimentalista habermasiana não resolve, porém, o problema de como se dá a comunicação entre o direito e a esfera pública no âmbito de sua aplicação que ainda segue o modelo individualista da razão instrumental. Em outros termos, continua aplicado por autoridades individuais que desconsideram as consequências e os problemas de aceitação da decisão.

A função democratizadora do sistema Núcleos Intersindicais de Conciliação Trabalhista (no que diz respeito à interação entre administrados e jurisdicionados, e aos destinatários de suas decisões e ações, representados pelos sindicatos) é a de promover a redução (eliminação?) da considerável margem de arbitrariedade contenudística das decisões jurídicas, mediante procedimentos discursivos de formação da opinião da vontade voltados para a ampliação dos horizontes dos discursos de aplicação das autoridades públicas como forma de enfrentamento dos problemas de adequação[28] da aplicação da norma jurídica a contextos hiper-complexos de realidade que singularizam as exigências de justiça.

Atendendo a essa perspectiva democrática, o sistema Núcleos Intersindicais de Conciliação Trabalhista se instala no âmago da relação de poder entre as instituições do trabalho e os administrados/jurisdicionados como instituição mediadora, substituindo o paradigma epistêmico iluminista, atrelado à imagem do sujeito cognoscente unitário como fonte última da inteligibilidade de suas ações, pelo paradigma da razão dialógica e pela inserção da paradigma da complexidade na metodologia de conhecimento da realidade por parte dos intérpretes, decisores e aplicadores do direito, numa nova forma de articulação entre o universal e o particular, entre o abstrato e o concreto:

> A democracia radical exige que reconheçamos a diferença — o particular, o múltiplo, o heterogêneo —, tudo o que, na realidade, tenha sido excluído do conceito abstracto de homem. O universalismo não é rejeitado, mas particularizado; o que é necessário é um novo tipo de articulação entre o universal e o particular.[29]

A concepção do sistema Núcleos Intersindicais de Conciliação Trabalhista está em sintonia com o que Chantal Mouffe designa por *democracia radical* (preferimos o termo *democracia integral*, utilizado por Adela Cortina, que se fixa na perspectiva da ética da responsabilidade e da teoria discursiva apeliana/habermasiana), que desafia a tarefa de aprofundar a revolução democrática com a criação de *posições*

---
(28) Cf. GUNTHER. *The sense of appropriateness*, 1993.
(29) MOUFFE, Chantal. *O regresso do político*. Trad. Ana Cecília Simões. Lisboa: Gradiva, 1996. p. 27.

de sujeito, mediante a multiplicação de práticas democráticas, "institucionalizando-as em número cada vez mais diverso das relações sociais", a partir de uma matriz democrática[30].

O sistema Núcleos Intersindicais de Conciliação Trabalhista é uma dessas instituições que se afirma com o obstinado propósito de conferir efetividade a uma legislação trabalhista que tem cumprido função mais "simbólica"[31] e menos de distribuição de riqueza e de garantia de direitos fundamentais do trabalhador.

O poder não se estanca no interior das instituições, nem nas mãos de autoridades públicas. Torna-se relacional para fluir, de mãos em mãos, a um centro de convergência consensualmente estabelecido em procedimentos discursivos institucionalizados no sistema Núcleos Intersindicais de Conciliação Trabalhista. Em tais processos comunicativos, o poder comunicativo do povo, dos administrados e dos jurisdicionados movimenta-se no fluxo comunicativo das relações interinstitucionais e entre autoridades e cidadãos, de um lado para o outro, na força do melhor argumento e na busca da compreensão o mais abrangente possível da realidade, do sentido dos fatos, do sentido da norma e do modo mais adequado de sua aplicação.

1.1.4. O *LOCUS* INSTITUCIONALIZADO DE INTERSEÇÃO ENTRE A AUTONOMIA PÚBLICA E A AUTONOMIA COLETIVA

Embora se proceda ao aprofundamento dos princípios da "governança" e da "subsidiariedade ativa em tópicos específicos" (cf. 1.3 e 1.4), o que aqui se explicita restringe-se à correlação incindível entre ambos e os pressupostos epistemológicos a partir dos quais se estabelece o sentido do princípio de democracia que instrui o sistema Núcleos Intersindicais de Conciliação Trabalhista.

O sistema Núcleos Intersindicais de Conciliação Trabalhista constitui-se no ponto de interseção entre as ações (admite-se a indissociabilidade entre conhecimento e a ação) das instituições do Poder Público encarregadas na organização do trabalho (autonomia pública) e as ações do sindicatos (autonomia coletiva). A aceitação dos princípios da razão dialógica e da complexidade como complementares ao paradigma epistemológico da modernidade (ciência moderna) substitui o atomismo por um visão sistêmica e aberta da realidade, reducionismo simplificador pelo reconhecimento da complexidade do real, o solipsismo

---

(30) MOUFFE. *O regresso do político*, 1996. p. 33.
(31) Cf. NEVES. *A constitucionalização simbólica*, 1994. *passim.*

epistemológico pela intersubjetividade. Essa alteração do quadro de referências das práticas institucionais tem em mira a coerência e a intercomplementaridade das ações das diversas instituições do trabalho incidentes sobre uma mesma realidade. Ela evoca a necessidade da articulação entre o princípio de governança e da subsidiariedade ativa, que se incluem como subsconceitos conformadores do sentido do princípio de democracia que informa o sistema Núcleos Intersindicais de Conciliação Trabalhista, a partir de um ponto de interseção capaz de promover o diálogo social e a concertação social permanentes entre as autonomias pública e coletiva em busca dos objetivos perseguidos pelo sistema Núcleos Intersindicais de Conciliação Trabalhista:

a) à *busca da efetividade da legislação trabalhista* (mediante ações intercategoriais); e

b) à *gestão compartida, interinstitucional e cooperativa, da organização do trabalho, e da administração da justiça* (a coexistencialidade entre os meios estatais e os não estatais de *resolução dos conflitos trabalhistas* é correlata à ideia de 'governança' e à ideia de subsidiariedade ativa).

A ideia de governança invoca a democratização da atuação das instituições do trabalho pela introdução do diálogo social e da concertação social nos procedimentos cognitivos que antecedem os respectivos processos decisórios e a execução de seus planos de ação, em consequência da ampliação de sentido do princípio de democracia. Contudo, vista sob o ângulo do interesse público que norteia a ação estatal, tais práticas se voltam, simultaneamente, para a sua legitimação e para a sua potencialização na persecução da efetividade da legislação do trabalho.

A "subsidiariedade ativa" invoca o pleno exercício da autonomia sindical. Evoca a iniciativa dos sindicatos no sentido de promoverem, o máximo possível e por conta própria, a gestão das relações de trabalho, a prevenção e a solução dos conflitos, em seu âmbito de representação, ainda que com o incentivo, o apoio e a participação das instituições/autoridades do trabalho.

Com efeito, os sindicatos integram às práticas sindicais tradicionais:

a) a coparticipação nas práticas públicas locais;

b) a reivindicação e a participação em procedimentos discursivos voltados para a adequação da interpretação e do modo de aplicação da legislação trabalhista à realidade local; e

c) o pleno exercício da negociação coletiva, no sentido do preenchimento "de ausências legais", da correção de antinomias e aporias normativas, da introdução de meios autônomos de prevenção e da resolução autônoma dos conflitos do trabalho.

A assunção dessas atividades, pela autonomia coletiva em sintonia e em harmonia com autonomia pública, confere aos sindicatos uma nova identidade funcional e um papel menos passivo e mais ativo na sociedade contemporânea.

A convergência dessa dupla dimensão da democratização, realizada por meio das práticas institucionalizadas no Ninter (*princípio* de "governança" como fundamento das práticas públicas e princípio da subsidiariedade ativa como fundamento das práticas sindicais), verifica-se nas práticas do "diálogo" e da "concertação social", de um lado, como forma de inclusão dos sindicatos nos processos de conhecimento que antecedem à ação pública e, de outro, como forma de ampliação da autonomia sindical na gestão da organização do trabalho e na administração da justiça.

Os desenvolvimentos teóricos concernentes a tais subconceitos que se articulam na densificação deste conceito de democracia requerem, como ponto de partida, uma "teoria do conhecimento", fundamentada na razão dialógica que possa dar sustentação aos princípios do diálogo social e da "governança", de um lado, e, de outro, à conexão entre o princípio da *subsidiariedade ativa* e o princípio da dignidade humana e o da cidadania.

O princípio da dignidade humana e o da cidadania assim se traduzem: se o princípio do diálogo implica o reconhecimento do outro na sua condição de sujeito, e não de objeto, esse reconhecimento, para além dos procedimentos cognitivos, também se estende para o campo da ação; se a pessoa humana se realiza por seus atos, o "fazer por si mesmo" tem prioridade sobre o "fazer pelo outro, no lugar do outro", sempre que possível; se cada qual faz a seu modo, sua contribuição é indispensável à realização de qualquer projeto coletivo, princípio que se traduz na fórmula "fazer com, e não fazer por, ou esperar que o outro faça; se as instituições públicas e sindicais devem convergir suas ações no cumprimento do projeto constitucional da sociedade a ser traduzido na organização do trabalho, se se abdica da ficção da representação e da ética intencionalista próprias ao modelo da democracia clássica, as relações entre a autonomia pública e a autonomia privada se dão entre pessoas que ocupam um lugar de responsabilidade; se os cidadãos dirigentes sindicais e os cidadãos agentes do público encontram-se na igual condição de sujeitos, ambos são corresponsáveis pelas consequências sociais de sua atuação, segundo uma ética de responsabilidade; se a razão tem natureza dialógica, o diálogo social e a concertação social impõem-se como método ineluctável de desempenho da ação pública e da ação coletiva pelos cidadãos, que, de maneira contingente e transitória, respondem por elas.

Dessarte, a articulação do princípio de "governança" e o da "subsidiariedade ativa" (compreendidos segundo os pressupostos dos paradigmas da razão dialógica e da complexidade), na prática da ação sindical e da ação pública, constitui a charneira conceitual que dá sentido ao *princípio de democracia* imanente ao sistema Núcleos Intersindicais de Conciliação Trabalhista.

1.1.5. Abandono da ficção da personificação do Estado

O exercício dialógico do Poder Público constitui estratégia de redução do inelutável espectro de discricionariedade e de decisionismo oriundo da ficção que transubstancia o sujeito (razão solipsista) da ação pública em órgão estatal.

A ficção que converte em vontade estatal (da sociedade) a vontade do indivíduo que exerce parcela do Poder Público não pode mais sustentar a ideia de democracia avançada pelo paradigma do Estado Democrático de Direito que elege como fundamento da República a dignidade humana e a cidadania. A legitimação do exercício democrático (em sentido efetivo) só pode ocorrer pela via do diálogo social. Contudo, faltam instituições capazes de assegurá-lo como método de governança. O Sistema Núcleos Intersindicais de Conciliação Trabalhista, nos limites autorizados pelo estágio de evolução do sistema jurídico-institucional-trabalhista, constitui-se em instituição voltada para o exercício dialógico do Poder Público no âmbito da organização do trabalho.

Os pressupostos paradigmáticos que serão desenvolvidos neste capítulo (cf. 1.2) estabelecem uma relação coevolutiva indissociável entre o conhecimento e ação humana que se constituem reciprocamente. O reconhecimento dessa indissociabilidade é determinante da profunda conexão entre epistemologia e democracia, anotada por Leonel Severo Rocha, para quem a epistemologia jurídica é "um espaço em permanente construção" — portanto, "um lugar crítico a procura de seu objeto".

A centralização e o monopólio das instâncias de produção do sentido da norma, da definição do que se considera como "realidade" e do sentido dos fatos que se lhe consideram pertinentes não condizem com o princípio democrático tal como compreendido segundo o paradigma do Estado Democrático de Direito, porque tem suas raízes no paradigma epistemológico (racionalismo) do Estado autoritário. Por isso, qualquer reforma ou transformação democratizadora das práticas públicas contemporâneas obriga ao enfrentamento da questão epistemológica e, consequentemente, à democratização dos próprios processos de conhecimento que embasam a ação pública.

A abordagem científica do sistema Núcleos Intersindicais pressupõe essa conexão exatamente em função do reconhecimento da natureza dialógica da razão e da complexidade do real, de todo inacessível ao solipsismo epistemológico. Nesse passo, as teorias da democracia tradicional fundadas no princípio da representação e as teorias epistemológicas fundadas no racionalismo representacionista (filosofia da consciência) não podem mais fundar racionalmente a democracia.

A epistemologia, tal como a democracia, assume como sua a pergunta sobre a legitimidade do instituído[32]. Ambas são lugares de permanente invenção. Enquanto a democracia procura inventar a política, a epistemologia procura inventar o saber.

Dessa perspectiva decorre a negação da razão individual-solipsista (filosofia da consciência) e do representacionismo como fonte exclusiva do conhecimento e da verdade, bem como a necessidade da absorção de novas perspectivas epistemológicas voltadas para a refundação do paradigma epistemológico da ciência moderna e da filosofia clássica.

Impõe-se, *ipso facto*, a superação da ideia de um Estado soberano, visto como um sujeito unitário, abstrato, cuja manifestação de vontade e realização de ações concretas se dão por intermédio de seus órgãos. A ficção do Estado como pessoa constitui-se em máscara encobridora das forças reais e dos grupos de poder, que dele se utilizam para buscar impor seus interesses. Do ponto de vista jurídico, essa ficção também se estabelece na medida em que os agentes do Poder Público, ao atuarem como órgãos do Estado e segundo o direito, são dotados da mesma autoridade que se atribui ao próprio Estado, como ficção, no campo político[33].

Se todo ato de autoridade, de interpretação e de aplicação do direito é um ato de conhecimento, os pressupostos epistêmicos do racionalismo que conferem à autoridade pública exclusividade na elaboração desse conhecimento, pressupondo-lhe um acesso privilegiado à realidade e à "verdade, segue-se que toda pretensão unilateral de verdade implica uma "petição de obediência", em lugar do diálogo e da concertação. No modelo racionalista clássico, desacordos cognitivos resolvem-se pela negação do destinatário do ato de autoridade e pela automática prevalência do ato de conhecimento da autoridade, ainda que fruto de um *solipsismo* dotado de autoridade.

À luz dos avanços da consciência humana no campo da epistemologia (e dos novos paradigmas da razão dialógica de complexidade), não se pode mais qualificar como democrático o solipsismo epistemológico dos agentes do Poder Público.

Os paradigmas epistemológicos emergentes dissolveram essa construção do racionalismo filosófico. O desmascaramento dessa ficção passa a admitir que os sujeitos ocupantes de funções públicas, em qualquer de seus níveis, também jogam na grande arena de interesses que disputam hegemonia na tentativa de confundir seus próprios interesses com o interesse público.

O pluralismo político, expressamente inscrito como fundamento da República, constata e reconhece a existência de centros alternativos de poder concorrentes

---

(32) ROCHA, Leonel Severo. *Epistemologia jurídica e democracia*. 2. ed. São Leopoldo: Unisivos, 2005. p. 15.
(33) ZAGREBELSKY, G. *El derecho dúctil*. Trad. Marina Gascón. 6. ed. Madrid: Trotta, 2005. p. 11.

com o Estado e que operam nos campos político, econômico e cultural. Em contraponto a esse pluralismo, emergem como princípios basilares do Estado Democrático de Direito, a dignidade humana, a cidadania e, em consequência desta última, a participação e o diálogo social como inerentes às práticas públicas.

Não se toma como ponto de partida a ideia da relativização absoluta do saber que se seguiu à crise do paradigma da ciência moderna. O ponto unificador e originário a partir do qual se reconhece a possibilidade da concorrência de múltiplos projetos de vida possíveis é a Constituição, que consubstancia o consenso político da sociedade brasileira.

Ocorre que o projeto constitucional, ele próprio, comporta diversas formas de compreensão, assim como são múltiplas as formas de interpretação e de aplicação da lei, característica inerente ao pluralismo que informa o Estado Democrático de Direito.

O princípio democrático que informa o sistema Núcleos Intersindicais de Conciliação Trabalhista pugna pela sujeição daquelas práticas jurídicas ao diálogo social e à concertação social, nos "casos difíceis" (*hard case*) portadores de relevante interesse social, coletivo e público, cujas consequências extrapolem os limites das relações jurídicas individuais. Somente assim se pode submeter a ação pública aos parâmetros de uma ética de responsabilidade que tem como objeto de preocupação as consequências sociais da ação.

É relevante ressaltar que o argumento de que as leis são criadas em processos legislativos democráticos e abertos à participação da sociedade não é suficiente. Exatamente no momento em que se constitui, o direito se abre novamente à manipulação da razão individual solipsista da autoridade pública com suas próprias concepções e preferências pessoais adotadas como pressupostos de escolha entre alternativas possíveis. No ponto em que se situa esse espaço para um decisionismo solipsista é que se situa a exigência da abertura do diálogo e da concertação social.

Não há, pois, uma objetividade pura, mas uma "objetividade entre parênteses". Põe-se a realidade entre parênteses porque se reconhece como inexorável a interferência do observador na explicação e na validação do conhecimento. Se o predomínio do objeto pôs o sujeito "entre parênteses", agora inverte-se a equação para se falar de uma objetividade (realidade) "entre parênteses"[34].

Toda "objetividade" é, antes de tudo, subjetiva. Toma-se como símbolo eloquente dessa assertiva a "Galeria de quadros" de M. Escher:

---

(34) MATURANA. Humberto. *Ontologia da realidade*. Belo Horizonte: UFMG, 2002.

FIGURA 1
A "GALERIA DOS QUADROS", DE M. ESCHER

Fonte: MATURANA, Humberto R.; VARELA, Francisco. J. *A árvore do conhecimento*. Trad. Humberto Mariotti e Lia Diskin. São Paulo: Palas Athena, 2001. p. 266.

O quadro visto pelo sujeito que observa transforma-se, de modo gradual e imperceptível, na cidade em que está a galeria. Não se sabe onde situar o ponto de partida: fora (realidade) ou dentro (razão humana, mente)? O ponto de partida é a cidade ou a mente do observador?

A precedência do conhecimento em relação à ação e o dever de fundamentação próprio a todo ato de autoridade no Estado Democrático de Direito estabelecem sempre uma relação de interdependência entre o ato cognitivo e o ato de autoridade (decisão), porque não se pode distinguir na ação exterior os elementos correspondentes à realidade objetiva das preconcepções que o agente público pretende objetivar nas suas exteriorizações.

Depois de Thomas Kuhn, Karl Popper e Bachelard, dentre outros, e dos avanços da Física Quântica, da Termodinâmica, da Teoria da Relatividade, da Biologia da Cognição e das teorias sistêmicas, a ciência e o método científico já não são mais os mesmos. Com Ilya Prigogine, Edgar Morin e outros, o caos, a incerteza, a desordem e a complexidade são componentes indescartáveis da ciência, ao lado da ordem, da certeza e da simplicidade. Depois da queda do ser no tempo, em Martin Heidegger, e na linguagem, no segundo Wittgeinstein, depois dos teoremas de Göedel e de Munchausen e do giro pragmático na linguagem, a razão tornou-se dialógica e o discurso, a fonte da verdade, que é sempre historicamente condicionada.

Desde Karl Popper e Thomas Kuhn o falibilismo metódico de todo conhecimento e consenso (diálogo) tornou-se a fonte de todo conhecimento, primeiramente na comunidade de cientistas que compartilham um mesmo paradigma, depois na comunidade universal, no campo da ética e da política como protagonizado por Karl-Otto Apel e Jürgen Habermas. O diálogo antecede a consciência, e o ser humano extrai-se a si mesmo no outro. Daí resulta a assertiva apeliana no sentido de que "somos um diálogo". A consciência não é mais individual-solipsista, como pretendeu Kant, mas constitui-se no diálogo. Por isso, a transição paradigmática que invade paulatinamente todos os campos do saber, desde o alvorecer das teorias sistêmicas até o paradigma da intersubjetividade e da complexidade, confere aos princípios da dignidade e da solidariedade humanas posição hegemônica.

Assim como desfizeram-se o mito, a religião e a metafísica como fontes de verdade absoluta, desfez-se agora a razão solipsista como fonte exclusiva e única de verdade. A multivocidade, a transitoriedade e a historicidade dos grandes relatos depõem contra a pretensão absolutista da razão filosófica e da razão científica universalistas.

O reconhecimento da natureza dialógica da razão e da complexidade do real inacessível à razão individual solipsista obriga a uma reorientação da ação pública para torná-la coerente com um princípio de democracia que leve em conta essa transmutação paradigmática.

Por isso, a constatação da insuficiência epistemológica do modelo racional-solipsista e a aceitação da existência de uma irrefutável conexão entre epistemologia e democracia são determinantes para um "retrocesso" investigatório no campo da epistemologia, para incluir os paradigmas da razão dialógica e da complexidade como paradigmas complementares aos da ciência e da filosofia tradicionais, e extrair deles as consequências teóricas necessárias à construção do sentido pragmático do princípio de democracia expresso em cada uma das funções institucionalizadas no sistema Núcleos Intersindicais de Conciliação Trabalhista.

O desenvolvimento de tais princípios e a sua inserção na teoria dos Núcleos Intersindicais de Conciliação Trabalhista exigem um aprofundamento da reflexão acerca dos paradigmas epistemológicos anunciados e de sua interconexão com a fundamentação do princípio democrático no reconhecimento da aptidão daquele sistema para promover a democratização da organização do trabalho, agora sob o enfoque epistêmico.

Em síntese, essa vertente epistemológica da reflexão democrática desemboca na concepção da ação pública sob os auspícios da teoria discursiva, que tem no reconhecimento do outro a chave da ética, uma vez que a única verdade aceitável é aquela consensualmente alcançada argumentativamente. Ela pressupõe interlocutores reconhecidos como iguais e com iguais garantias de discurso, que se reconhecem mutuamente como pessoas com iguais direitos de proposta, argumentação e de réplica.

Além do recurso ao diálogo (razão dialógica) para a elucidação do verdadeiro e do correto, "es preciso también considerar a todos los afectados por la decisión como personas, es decir, como seres con necesidades e intereses que pueden ser argumentativamente defendidos"[35].

1.1.6. FUNDAMENTOS DA DEMOCRACIA INTEGRAL NA CONSTITUIÇÃO BRASILEIRA

A Constituição brasileira de 1988 recusou o individualismo racional do constitucionalismo liberal, adotando o princípio do *constitucionalismo societário e comunitário,* próprio à noção de uma *constituição dirigente.* Esse novo paradigma entra em choque com a cultura jurídica positivista e privatista predominante na teoria a nas práticas jurídicas nacionais, as quais não podem ver na Constituição mais que um sistema de normas jurídicas que regula a forma do Estado, do governo, e o modo de exercício e aquisição do poder e, especialmente, dos seus limites[36].

---

(35) CORTINA. *Razon comunicativa y responsabilidad solidária*, 1985. p. 168-172.
(36) Cf. CITTADINO, Gisele. *Pluralismo, direito e justiça distributiva* — elementos de filosofia constitucional contemporânea. Rio de Janeiro: Lumen Juris, 1999. p. 15: Segundo a autora, são os representantes

A tradição constitucional brasileira inseriu-se nas tendências do (neo)constitucionalismo contemporâneo. Esse "novo paradigma jurídico do constitucionalimo" exige dos juristas, decisores e aplicadores da lei a aceitação da normatividade da Constituição e o desenvolvimento de uma teoria do direito e de uma "dogmática" a partir de um novo conceito de direito.

Do mesmo modo, essa conversão paradigmática exige que as práticas das autoridades encarregadas da interpretação e da aplicação do direito, bem como os programas de ação e os códigos de conduta dos órgãos e das instituições encarregadas de sua aplicação, nas diversas esferas do Poder Público, não podem mais permanecer estacionários dos paradigmas do direito do Estado liberal ou do Estado autoritário intervencionista. O (neo) constitucionalismo não se limita a "fixar as regras do jogo", mas condiciona as decisões coletivas futuras no que diz respeito às políticas econômicas e sociais. A Constituição constitui um amplo programa normativo e tem função transformadora[37].

Do ponto de vista metodológico, os princípios constitucionais e os direitos fundamentais constituem a ponte entre o direito e a moral, que guardam entre si uma conexão necessária, donde se pode afirmar a existência de uma moral positiva no Estado Constitucional de Direito (positivação constitucional de princípios morais), o que invalida o positivismo jurídico metodológico[38].

Essa concepção, do mesmo modo que a compreensão dialógica da razão (Karl Otto Apel), constitui um apelo à substituição da ética da intencionalidade por uma ética da responsabilidade. Os critérios de correção e validez da ação pública passam a medir-se não só pelas ações das autoridades públicas pela sua estrita legalidade, mas por suas consequências sociais e por sua aptidão para viabilizar o "projeto de sociedade" conformado na Constituição brasileira. E, ainda mais, as escolhas entre diversas alternativas possíveis por parte da autoridade pública no ato da interpretação e aplicação do direito comportam uma dimensão ética indeclinável.

Essa perspectiva implica um compromisso imediato com o princípio da dignidade da pessoa humana como categoria central da Constituição, em relação à qual todas as demais instituições do direito guardam relação de dependência.

---

do pensamento constitucional brasileiro que — em sua maior parte, dentre eles: José A. Silva, Carlos R. S. Castro, P. Bonavides, Eduardo S. Fagundes, Dalmo de Abreu Dallari, Joaquim A. Falcão Neto, tidos como representantes de um constitucionalismo comunitário — "estabelecem uma espécie de ruptura no seio desta cultura jurídica positivista e privatista, buscando, contra o positivismo, um fundamento ético para ordem jurídica, e contra o privatismo, a efetividade do amplo sistema de direitos assegurado pela nova Constituição".

(37) SANCHIS, Luis Prieto. Neoconstitucionalismo y ponderación judicial. In: CARBONELL, Miguel. Neoconstitucionalismo(s). Madrid: Trotta, 2003. p. 123-158.
(38) COMANDUCI, Paolo. Formas de (neo) constitucionalismo: un análisis metateórico. In: CARBONELL, Neoconstitucionalismo(s), 2003.

A positivação do princípio moral da dignidade humana converte para o direito anteriores mandatos heterônomos provenientes da metafísica ou da religião para afirmar a autonomia do ser humano que constitui a condição subjetiva em "virtud de la cual os hombres reconocem su própria grandeza, sienten respeto ante si mesmos". Disso resulta:

> Esta unión de razón legisladora y sentimiento de respeto se traducen en la vida moral, jurídica y política en el termo valorativo "dignidad". Cualquer fin que un hombre pretenda puede ser sustituido por otro objeto que satisfaga el mismo deseo; en esse caso decimos del objeto que tiene un "precio" porque puede intercambiarse por un equivalente. Sólo de un ser puede decirse que tiene dignidad y no precio: de aquel que no puede concebirse como objeto de un deseo, como valioso por satisfacer una aspiración, sino que es en si valioso por tener en su razón la marca de lo incondicionado; es fin en si mesmo, fin de la creación. Si queremos organizar humanamente la vida política y económica, todo debe estar a servicio como un medio y él no puede utilizarse como médio para ningún outro fin.[39]

Essa perspectiva instaura um paradoxo paradigmático entre o programa emancipatório inscrito na Constituição e a compreensão liberal-individual-positivista-normativista do direito que operam os juristas, decisores e aplicadores da ordem jurídica brasileira. Estes, ao professarem uma ética de intenção erigida com base na razão instrumental solipsista, descuram os contextos de realidade e as consequências sociais da ação pública.

Os fundamentos da democracia integral já se encontram, implícita e explicitamente, inseridos na Constituição brasileira: "todo o poder emana do povo, que o exerce por meio de representantes eleitos ou diretamente, nos termos desta Constituição" (art. 1º, parágrafo único). A análise dos termos "desta Constituição" precisa levar em conta não somente que a "soberania popular será exercida pelo sufrágio universal e pelo voto direto e secreto, com valor igual para todos, e, nos termos, da lei", por intermédio de mecanismos clássicos de democracia semidireta (art. 14), mas também que os fundamentos do Estado Democrático de Direito, que constituem, agora, o paradigma de organização da sociedade brasileira: a soberania, os valores sociais do trabalho e da livre-iniciativa, o pluralismo político, a cidadania e a dignidade da pessoa humana (art. 1º, *caput*).

O *preâmbulo*[40] da Constituição sintetiza o "projeto de vida" da sociedade brasileira, cujo Estado Democrático de Direito está destinado a assegurar o *exercício*

---
(39) CORTINA, *Razon comunicativa y responsabilidad solidária*, 1985. p. 162.
(40) O Constitucionalismo liberal não emprestava valor normativo aos preâmbulos, porque adotava critérios interpretativos formal-positivista, chegando a ponto de excluir a função normativa de tais textos

dos direitos sociais e individuais, a liberdade, a segurança, o bem-estar, o desenvolvimento, a igualdade e a justiça como valores supremos da sociedade, que tem entre seus fundamentos a harmonia social e a *solução pacífica das controvérsias*. Trata-se de uma democracia de *valores e princípios.*

No preâmbulo, "diretriz normativa e espiritual da unidade da Constituição"[(41)], apresentam-se a valores, em termos absolutos e irrefragáveis que hão de reger o ordenamento jurídico como um todo, sua interpretação e sua aplicação, bem como o *modus operandi* e os códigos de conduta das instituições do Poder Público.

Solidariedade e *desenvolvimento* são objetivos intercomplementares, conquanto não se reconhece desenvolvimento onde há predominância da exclusão social, nem é possível a promoção da inclusão social e a implementação do direito ao trabalho e dos direitos sociais sem desenvolvimento.

A hipertrofia de qualquer dessas variáveis interdependentes resulta em desequilíbrio das condições necessárias ao cumprimento dos objetivos da nação brasileira.

O sistema Ninter só pode ser apreendido em seu significado mais profundo e na ampla dimensão de suas funções institucionais a partir da ideia da democracia integral.

1.2. OS PRESSUPOSTOS EPISTEMOLÓGICOS

Na Modernidade, pretendeu-se um *conhecimento absolutamente fundado*, e sua questão fundamental foi encontrar o começo absoluto do conhecimento (o *grau zero do conhecimento,* ou *ponto arquimediano*[(42)] do conhecimento). Partiu-

---

tão somente por questões tópicas e por não assumirem a forma clássica das normas jurídicas (comandos). O constitucionalismo contemporâneo nos Estados Democráticos de Direito, contudo, empresta valor normativo incomensurável aos preâmbulos constitucionais, não lhes emprestando, de forma alguma, função meramente de declaração política ou poética. Nestes, os preâmbulos são dotados de valor jurídico e de uma função política. "Esta nueva cultura democrática suele tener en los preámbulos constitucionales un privilegiado reflejo. No en vano éstos son, sin mengua de su especial valor normativo, piezas retórias muy valiosas en las que se dan cita los valores y los ideales que motivan la redacción de sus respectivos textos constitucionales articulados." E ainda mais, "Los enunciados preambulares son disposiciones. Ello es claro dado que son enunciados lingüísticos con significado. Y son disposiciones que, aun formuladas en lenguaje descriptivo, forman parte del texto normativo, y como tal tienen una finalidad prescriptiva". Os preâmbulos têm, ainda, em conformidade com o paradigma do Estado Democrático de Direito, uma função interpretativa: "Si se atribuye al Preámbulo el carácter de elemento interpretativo vinculante se está diciendo que las disposiciones articuladas sólo pueden ser entendidas en el sentido que de él se desprende". MORAL, Antonio Torres del; TEJADA, Javier Tajadura (orgs.). *Los preámbulos constitucionales en iberoamérica.* MADRID: Centro de Estudios Políticos e Constitucionales, 2001. p. 10, 17 e 21.
(41) BONAVIDES. *Teoria constitucional na democracia participativa*, 2001. p. 40.
(42) Expressão de Ivan Domingues.

-se de um *princípio de fundamentação suficiente do conhecimento*, da ideia de que o discurso da ciência se constitui a partir de uma cadeia argumentativa que retroage a um certo ponto, a um *axioma* (evidência da razão) ou a um princípio empírico (evidência da experiência) que tem a função de fundar, "dar razão" ao conhecimento. São esses os pilares do conhecimento predominantes desde a modernidade até a instalação definitiva da crise da ciência e da filosofia modernas no mundo conemporâneo e da exigência de novos paradigmas[43].

A convergência do racionalismo e do cientificismo da modernidade se verifica tanto na conformação da estrutura do estado moderno e de suas instituições como na concepção e na prática do direito.

A recuperação dessa trajetória permite a localização da crise do modelo de racionalidade jurídica, fundado no paradigma da filosofia da consciência, o qual, aliado às premissas do método científico, constituiu os fundamentos do jus--positivismo, e produziu um profundo distanciamento entre o direito e a realidade.

Ela é também o ponto de partida para a compreensão da exigência da substituição da razão legisladora solipsista kantiana (Filosofia da Consciência) por uma razão dialógica e situada (Filosofia da Linguagem), capaz de restabelecer a conexão incindível entre o sujeito e o objeto, entre o pensamento e a realidade, entre a teoria e a práxis. Essa inversão paradigmática significa também um reproximação entre o direito e a realidade, e entre o Estado e a sociedade.

A ciência e a prática jurídica estão profundamente mergulhadas ora no paradigma epistemológico da filosofia da consciência, ora no paradigma redutor e objetivista da ciência moderna, conforme a concepção de direito que se venha a tomar como ponto de partida para a compreensão do fazer jurídico. Compreende--se que a explicitação da crise deste paradigma e dos paradigmas emergentes que fundamentam o exercício da ação pública e da ação coletiva com base no diálogo social e na concertação social institucionalizados no sistema Ninter é indispensável à apreensão do princípio de democracia que orienta as práticas jurídicas cujas consequências abrangem o âmbito de representação dos respectivos sindicatos.

---

(43) DOMINGUES, Ivan. *O grau zero do conhecimento* — o problema da fundamentação das ciências humanas. 2. ed. São Paulo: Loyola, 1999. p. 46. A racionalidade da ciência moderna emergiu a partir da revolução científica do século XVI, decorrente da teoria heliocêntrica (Copérnico), das leis sobre as órbitas planetárias (Kepler), da lei da queda dos corpos (Galileu), da grande síntese newtoniana e da consciência filosófica que Bacon e Descartes lhe conferiram. O empirismo da ciência moderna elegeu a indução como método próprio e, de plano, incorreu num paradoxo: ao tentar separar o sujeito do objeto, partiu da pressuposição *não empírica* de que a indução revela a verdade das coisas e da natureza para afastar-se de qualquer conhecimento não empírico. Além do mais ao afirmar que o mundo é regido por leis estritas assenhorou-se de uma proposição metafísica, que somente mais tarde veio a ser desautorizada por Karl Popper e Thomas Kuhn. (Cf. POPPER, Karl. *A lógica da pesquisa científica*. Trad. Leônidas Hegenberg e Octanny Silveira da Mota. São Paulo: Cultrix, 2000. p. 271. KUHN, Thomas S. *A estrutura das revoluções científicas*. São Paulo: Perspectiva, 2003. *passim*).

Por isso, o aprofundamento nesta questão é decisivo para explicitação da função social do sistema Ninter e de sua capacidade para a democratização da organização do trabalho a partir da reconstrução do sentido do princípio da democracia com base em novos paradigmas epistemológicos[44].

1.2.1. O DISCURSO FILOSÓFICO

O processo pelo qual o sujeito conhece a realidade constitui um dos problemas fundamentais da ciência e da filosofia. Esses problemas dizem respeito:

a) à própria possibilidade de acesso à realidade pelo conhecimento;

b) à compreensão do modo como, por meio do conhecimento, o homem estabelece sua relação com a realidade (relação sujeito — objeto);

c) à existência, ou não, de interferência do sujeito nos resultados do conhecimento considerado "objetivo";

d) à fundamentação da atividade cognitiva na subjetividade individual (solipsismo) ou intersubjetividade (razão dialógica); e

e) à possibilidade, ou não, de um fundamento último do ato conhecimento.

Coube a Descartes a primeira tentativa de enquadrar o homem no modelo de racionalidade da ciência moderna — portanto, de fundar no homem o conhecimento, emancipando-o da necessidade da busca externa de um fundamento do conhecer. A partir do cartesianismo, a decisão sobre a certeza e incerteza do conhecimento é decidida pelo próprio sujeito. O *index* da verdade, ou de sua medida, é uma evidência do pensamento, e não da coisa (*cogito ergo sum*). Considera-se sólido o conhecimento fundado em *ideias claras e distintas,*

> Grau zero do ser e do conhecer, o fundamento permite a Descartes e a Leibniz dar ao princípio de pensamento o valor de um princípio de

---

(44) O problema da fundamentação do conhecimento é tão antigo quanto a existência do homem e pode-se dizer que sua origem "contemporânea" ocorre com advento do *logos* grego. Se na Antiguidade grega (Platão, Aristóteles) a indagação se direcionou à questão da verdade e da origem do conhecimento, na Modernidade indaga-se sobre a sua certeza e o seu método de justificação. O problema do conhecimento relaciona-se diretamente com o problema da autocompreensão do homem. Vem desde o *mito* primitivo, passando pela filosofia da Antiguidade clássica e pela *teologia* medieval, instalando-se hoje no âmago do pensamento e da ciência modernos. Para os gregos, o conhecimento absoluto é próprio dos deuses e fundamenta-se na intuição. Por isso, já para Aristóteles o conhecimento se dá por aproximação, dada a indeterminação do ser e o coeficiente de *incerteza* do saber. O homem é a medida do conhecimento, que se encontra no interior de si mesmo, sendo-lhe desnecessário uma fundamentação. (DOMINGUES. *O grau zero do conhecimento...*, 1999. p. 45 e ss.)

realidade e autoriza o projeto de fundamentação absoluta do conhecimento, marcada pela necessidade legítima de encontrar uma forma de predicação universal absolutamente legítima que nos dê a um tempo a determinação completa da coisa e confira suficiência lógica ao **corpus** de proposições.[45]

O deslocamento do fundamento do conhecimento para o interior do sujeito cognoscente, realizado por Descartes, abriu fendas definitivas no pensamento ocidental, que desde então deambulou entre o realismo e o idealismo, ora centrando a origem do conhecimento ora no sujeito ora no objeto. Descartes procedeu a uma cisão no homem, cujas fissuras permaneceram incuradas, nas quais emergiu a luta entre os sistemas filosóficos que se sucederam pela hegemonia da compreensão do mundo e aqueles que se sucederam pela direção da ação humana e da história, com repercussões radicais na ciência, no direito e na política.

A dissociação entre o sujeito e o objeto produziu, conforme as classificações de Hosle[46], concepções antagônicas acerca do *fundamento do conhecimento*. As *correntes racionalistas*, reconhecendo a razão como fonte de todo conhecimento, debatiam-se em torno da questão: Essa fonte residia na própria razão de modo *aprioristico* ou era originária da própria realidade, da experiência. Ou, mais radicalmente, em torno da própria existência da realidade, o que abriu ensanchas ao *idealismo*.

A forma mais radical de *idealismo* é designada por Hosle como *idealismo objetivo*, que se pauta pela negação da própria realidade, considerada "ilusória", em favor da ideia, da qual as coisas e a realidade são mera aparência. Em Hegel, esse idealismo significa que as ideias são a própria realidade. Trata-se de uma síntese entre o realismo e o idealismo subjetivo, uma vez que acima da "realidade objetiva" e da consciência existem verdades aprioristicas absolutas. Ambas — realidade e consciência — compõem o ser absoluto (ideia), que se afirma e reafirma dialeticamente. A razão é objetiva, e dela participam o espírito humano e a natureza. Assim, as ideias têm realidade objetiva. Trata-se de uma totalidade "solipsista", que só conhece a si mesma, e a razão humana cumpre, deterministicamente, um papel histórico na realização do Ser (Ideia).

De outro lado, posicionaram-se *as correntes realistas,* para as quais a realidade é algo independente da consciência, sobretudo a realidade experimental. A consciência é parte da realidade, com a função específica de reproduzi-la. A ideia não existe. O que existe é a realidade reproduzida na mente do homem. O conhecimento é a adequação da consciência à realidade que lhe é dada e perante

---

(45) DOMINGUES. *O grau zero do conhecimento...*, 1999. p. 47.
(46) OLIVEIRA, Manfred Araújo de. *Reviravolta linguístico-pragmática na filosofia contemporânea*. 2. ed. São Paulo: Loyola, 2001. p. 374-381.

a qual se comporta, receptiva e passivamente, não cabendo ao sujeito qualquer interferência na formulação do conteúdo do conhecimento. Nesse sentido, o empirismo destrói qualquer expectativa racional quanto ao futuro. O homem não "interfere" na realidade.

A fissura cartesiana abriu os caminhos para a *vertente subjetivista racionalista,* que teve sua culminância no pensamento de Kant. Para ela, as atividades espontâneas da consciência têm uma função constitutiva. A razão possui um *conhecimento a priori hipotético,* sob a forma de teoria resultante da criatividade humana desautorizável pela experiência (Karl Popper). O conhecimento é sempre oriundo da espontaneidade da razão. Por não conter verdade absoluta, conduz a teorias distintas, conforme são distintos os critérios de confirmação (pluralismo e relativismo).

Em kant, o *conhecimento a priori* é por si mesmo verdadeiro, enquanto lei do pensamento, embora a realidade seja em princípio incognoscível. O "pensamento transcedental" estabelece as condições de validade do conhecimento da experiência, pelo que razão e realidade relacionam-se, de certo modo, na produção do conhecimento. As condições de possibilidade de qualquer conhecimento são estruturas e categorias da subjetividade que tornam possível a objetividade, ressurgindo assim um princípio de reconciliação entre subjetividade e objetividade, que se encaminha para superação da cisão cartesiana.

A experiência só tem sentido na subjetividade, uma vez que é captada na rede das categorias *a priori*. Mas a subjetividade é controlada pelas leis da lógica (Sócrates, Kant, Fichte, Herssel)[47]. A fundamentação do conhecimento assenta-se na consciência do sujeito solipsista.

Importante que, no caso da ética, Kant renunciou a qualquer fundamentação, porque nela não é possível um fundamentação segundo este modelo, uma vez que trata das relações de dever ser entre sujeitos solipsistas capazes de descobrir a verdade por si mesmos. Kant entregou ao sujeito a aptidão para conceber a partir de suas próprias ações aquelas que poderiam ser universalizáveis e cujas consequências seriam aceitas por todos os homens. Porém a ética kantiana é individualista, centrada no sujeito solipsista — *num sujeito capaz de conceber verdades válidas para todos.*

O *ceticismo* busca suas fontes no empirismo. Põe tudo em questão e destrói qualquer experiência racional a respeito do futuro, uma vez que, se a experiência é a fonte de todo conhecimento, este é sempre relativo e contingente. O acesso à verdade é impossível, prevalecendo apenas a própria subjetividade. A vontade,

---

(47) OLIVEIRA. *Reviravolta linguístico-pragmática na filosofia contemporânea*, 2001. p. 378.

e não a razão, é que decide sobre a verdade e sobre os valores, o que dá lugar ao relativismo e ao niilismo.

Todas essas distinções são de suma importância para a compreensão da prática jurídica e do direito, na medida em que o viés empirista, racionalista ou idealista de uma determinada opção filosófico-epistemológica é determinante do modo de compreensão da atividade jurídica, de sua execução e do direito.

Uma opção de cunho racionalista ou idealista se baseará na concepção de que a mera existência e a aplicação das normas cumprem os ideais de justiça. A atividade de conhecimento do direito não passa de uma operação lógico-racional *intencionalista,* que prescinde da realidade e de qualquer contextualização da norma, não se ocupando das consequências sociais da aplicação da norma (ética da intenção).

Uma concepção realista do direito não atribui ao direito qualquer função transformadora ou não lhe concede qualquer fundamento ético, uma vez que nada mais é do que uma manifestação da realidade social em que ele exsurge. Nesse sentido, o direito não seria contrafactual. Essa postura enseja uma posição de conformidade das instituições e dos juristas práticas com a função "fabuladora" ou "simbólica" a que o jogo de interesses e de poder reduz o direito.

Em Kant, a razão converte-se em fato para si mesma. Por meio da consciência do *imperativo categórico,* a razão revela a si mesma a sua natureza. O conhecimento reside na razão do sujeito individual cognoscente (solipsismo), que extrai da sua própria razão o "conhecimento universal". Mas Kant recusa o problema da prova e da garantia da verdade. No processo do conhecimento, "não é o sujeito que gira em torno do objeto, mas o objeto em torno do sujeito", do mesmo modo que a verdade não é adequação externa da representação ao objeto ou ao sujeito, mas a adequação interna das representações entre si no interior do conhecimento ou do discurso. A única certeza possível é a certeza de que "eu devo fazer do imperativo categórico", o que autoriza uma "fundamentação prático-transcendental da verdade". Partindo-se de um fato da experiência, numa operação regressiva do pensamento, descobrem-se as condições de possibilidade deste fato. A prática torna, ela própria, o *a priori* que a torna possível: a razão[48].

Esse conjunto de possibilidades de compreensão da função do direito e de sua operação é regido pelo paradigma da *filosofia* da consciência e tem sua plena consolidação no pensamento kantiano[49].

---

(48) DOMINGUES. *O grau zero do conhecimento...*, 1999. p. 297-298.
(49) KANT, E. *Crítica da razão pura.* 9. ed. Trad. J. Rodrigues de Mereje. Rio de Janeiro: Ediouro, (19—). p. 39. A "coisa em si" é inacessível, pois sua natureza é infinita. Uma teoria do conhecimento só é possível se se busca compreender o entendimento considerado somente em relação aos seus conhecimentos *a*

O alívio da clivagem sujeito — objeto em Kant não eliminou a dicotomia que se instalou e permanece na teoria do conhecimento do pensamento ocidental, baseada na filosofia da consciência, que pretendeu resolvê-la pelo deslocamento do processo de fundamentação do conhecimento para o interior do sujeito[50].

A origem de parte do conhecimento está no próprio sujeito. No entanto, Kant atribuiu um papel decisivo à *práxis* no conhecimento, de sorte que a inscrição do homem no universo prático é determinante. O conhecimento passa a fundar-se no próprio sujeito, ao preço da "morte de Deus" (revolução copernicana).

A fundação absoluta do conhecimento que se reporta ao ser em si e metafísico não é mais problema. O problema passa a ser o da fundação transcendental do conhecimento (na razão, na consciência humana), que pergunta pelas condições de possibilidade do conhecimento. Essas condições se referem-se exclusivamente ao sujeito transcendental, solipsisita. A partir de Kant, o entendimento jamais pôde sair de si, porque os conceitos de Deus, alma e mundo são sempre subjetivos, e não uma substância que habita o mundo das coisas.

A razão pura não dá certeza do conhecimento. A única que pode dá-la é a razão prática, segundo o imperativo categórico do "eu devo fazer", mas nada dá garantia da moralidade de um ato, nem mesmo a consciência de que o sujeito tem de si mesmo e do seu dever. Contudo, pela razão prática, o indivíduo pode se dar um mundo moral e constituir-se como legislador e sujeito, tornando-se Deus ("o imperativo categórico é a voz de Deus", Nietzche). O transcendente recai no plano da ação[51].

A partir da conotação intersubjetivista kantiana, oriunda da concepção do conhecimento com base na *práxis,* a epistemologia adianta-se, já com Niklas Luhmann, a uma concepção intersubjetivista plena do conhecimento. Na teoria sistêmica, considera-se uma ficção a ideia de um sujeito soberano no plano do conhecimento[52].

O sujeito que conhece já é socializado. Niklas Luhmann promove a re-inscrição do humano num contexto global, social, natural, histórico, irredutível e transcende ao idealismo, objetivo presente na filosofia alemã, uma vez que o conhecimento

---

priori. Não se trata do conhecimento da realidade, mas do conhecimento dos princípios da razão pura. "O conhecimento humano tem duas origens, e talvez ambas procedam de uma comum raiz desconhecida para nós; estas são: a sensibilidade e o entendimento; pela primeira, os objetos nos são dados e pelo segundo, concebidos".

(50) Cf. AMADO, Juan Antonio Garcia. A sociedade e o direito na obra de Niklas Luhmann. *In:* ARNAUD, André-Jean; LOPES JR., Dalmir. *Niklas Luhmann:* do sistema social à sociologia jurídica. Trad. Dalmir Lopes Jr., Daniele Andreia da Silva Manão e Flávio Elias Riche. Rio de Janeiro: Lumen Juris, 2004. p. 354.
(51) DOMINGUES. *O grau zero do conhecimento...,* 1999. p. 355.
(52) AMADO. A sociedade.... *In:* ARNAUD; LOPES JR. *Niklas Luhmann...,* 2004. p. 346.

e a consciência não se concebem como uma relação sujeito/objeto, mas como elementos relacionados à adaptação ao meio em que tais "sistemas se inserem". Permanece, no entanto, o subjetivismo e o problema de múltiplas versões para explicação do mesmo objeto. Não se resolveu, portanto, o problema da relativização do conhecimento a despeito da busca do fundamento último com vistas à certeza e às verdades absolutas.

Os pressupostos epistemológicos da filosofia da consciência são postos em xeque e qualificados como *obstáculo epistemológico* (Bachelard), porque o conhecimento não é produto da atividade de um sujeito pelo princípio da atividade da consciência, mas uma manifestação do sistema a que pertence o indivíduo, por seu intermédio. O sujeito pensante é posto de lado para refletir a subjetividade como produto social[53].

O sujeito não é mais somente indivíduo. Niklas Luhmann transporta a teoria epistêmica da tradição alemã do âmbito do indivíduo para o do sistema. Como a sociedade é integrada por uma infinidade de sistemas, permanece infundado o conhecimento válido universalmente na mesma medida que assim se considera o solipsismo kantiano.

Com Georg Wilhelm Friedrich Hegel, o conhecimento se funda na historicidade do "real" (ideia), porque constitui o saber da realidade total, uma metafísica da história que faz do espírito sua *arché* (trata-se do *devir* do espírito). Nesse sentido, todo conhecimento é "histórico", a partir do qual se pode "dar razão" a toda uma massa de acontecimentos. Assim, deve-se buscar na história os argumentos que dão razão aos acontecimentos dos próprios acontecimentos (dialética hegeliana)[54].

Se em história o que está em jogo é o ponto móvel, o ponto fixo deve ser buscado em algo que não seja o dado ou a essência, mas em seu modo de ser — *ser-advento* —, avesso a tudo que é estático. É a busca de um ponto, ao mesmo tempo estático e dinâmico, que está na raiz do ser e do devir. O modo de ser das coisas, com a queda do ser no tempo, "é sempre dos pontos de fuga do devir e de um ser lacunar". O modo de conhecimento das coisas, sem recursão à "substância" ou ao "fenômeno", é "um conhecimento aberto e lacunar", sem qualquer ponto de ancoragem[55].

O homem então se enraíza na história e nela vai descobrir a origem absoluta de seu ser, emergente da história e que é também histórico. "*E a verdade, cujo metrón é o homem e cuja morada é a história, aparece como filha do tempo e obra do homem.*"

---

(53) AMADO. A sociedade.... *In:* ARNAUD; LOPES JR., *Niklas Luhmann...*, 2004. p. 352 e ss.
(54) AMADO. A sociedade.... *In:* ARNAUD; LOPES JR., *Niklas Luhmann...*, 2004. p. 357.
(55) AMADO. A sociedade.... *In:* ARNAUD; LOPES JR., *Niklas Luhmann...*, 2004. p. 358.

Com Karl Marx, Nietzche e Dilthey, em oposição ao positivismo e ao idealismo alemão, o conhecimento retorna ao homem-medida, procedendo-se à devolução da história ao homem. Assim, o conhecimento se funda na práxis (Karl Marx), na vontade de potência (Nietzche) e na vida (Dilthey). O conhecimento, porém, é uma "má metáfora". Nele perde-se a particularidade que é o que mais conta nas coisas (Nietzche). A rede interminável de mediações do conhecimento — conceitos, modelos, categorias — acarreta a perda da própria realidade (Karl Marx). Atinge-se o conhecimento de uma maneira imediata, sob *a forma de vida* e do vivido originário que o sujeito perde no seu esforço de conhecer as coisas (Dilthey). O conhecimento é impossível de ser levado a cabo na história[56].

Se os conceitos de *dado* e de *essência* nasceram da exigência de conceber o elemento fixo, pressuposto em todas essas concepções e que dá a cada coisa sua constância e sua unidade, e da necessidade de resolver o problema do conhecimento que supunha, por detrás de elementos instáveis e variantes, um elemento estável, ao qual aqueles se reportariam (Dilthey), tais conceitos deixaram de ser fundantes do conhecimento filosófico.

Nesta quadra da peregrinação da epistemologia, Deus não é mais a fonte do conhecimento, assim como não o é o homem, nem a história.

1.2.2. O DISCURSO CIENTÍFICO

Instalou-se na ciência uma nova forma de dogmatismo: o método das ciências empíricas, que se estendeu ao conjunto das demais ciências sociais, embora pretendesse romper com todas as formas de dogmatismo e de autoridade. Esse movimento teve seu ponto de culminância com o positivismo de Augusto Comte, segundo o qual a reorganização da sociedade somente poderia se dar por meio de uma completa reforma intelectual do homem em conformidade com o estado das ciências de seu tempo. Assim, uma sociologia investigativa das estruturas e dos processos de modificação da sociedade permitiria a reforma das instituições[57].

Elegem-se duas estratégias com que a ciência moderna procurou resolver o problema do conhecimento para captar o paradigma científico nela imperante.

Para a estratégia *essencialista,* a realidade se apresenta em dois níveis: o dos *fenômenos* e o das *essências.* Para explicar os primeiros (o "fundado"), é preciso conhecer as últimas (o "fundante"), mediante o conhecimento que se inscreve

---
(56) DOMINGUES. *O grau zero do conhecimento...*, 1999. p. 375.
(57) Cf. COMTE, A. *Discurso sobre o espírito positivo.* 2. ed. Trad. José Arthur Gionnotti. São Paulo: Abril, 1983. *passim;* COMTE, A. *Curso de filosofia positiva.* 2. ed. Trad. José Arthur Gionnotti. São Paulo: Abril, 1983. *passim.*

no quadro de uma ontologia dos princípios (essências) e de um matematismo (logicismo da *máthema*, ciência rigorosa fundada no *logos* demonstrativo).

A estratégia *fenomenista* despreza as essências, dando-as por inexistentes. O que existe são os fenômenos, cabendo ao conhecimento descrevê-los na sua positividade e nas suas correlações a partir da observação e da experiência: "verdade não é uma essência a desvelar, mas fatos a descrever".

A ciência moderna, baseando conhecimento na formulação de leis, tem como *pressuposto metateórico* a ideia de *ordem* e de *estabilidade do mundo*, a ideia de que o passado se repete, numa concepção mecanicista/determinista (segundo a ideia de um mundo-máquina) inspirada na física newtoniana.

Nas ciências sociais, esse horizonte cognitivo traduziu-se no positivismo. O prestígio de Newton e das leis simples, **redutoras da complexidade** da ordem cósmica, converteu a ciência moderna no "modelo de racionalidade hegemônica que pouco a pouco transbordou do estudo da natureza para o estudo da sociedade"[58].

O grave equívoco da ciência moderna foi o de pretender esgotar o conhecimento da realidade, apesar de seus paradigmas redutores, e de acreditar piamente nisso. Ao simplificar (*paradigma reducionista*), acreditou que, separando-se o **mundo complexo** em partes, encontrar-se-iam elementos simples (o que foi desmentido pela Física Quântica).

A necessidade de separar as partes para entender o todo (fragmentação da realidade), considerado como igual à soma das partes, justifica-se no princípio da especialização das ciências. Esse modelo de racionalidade conduziu a subespecializações dentro da especialização. O fracasso do método científico não está propriamente na especialização, mas na incompreensão do conjunto, do *complexus*, que não é simples.

No campo do direito, essa racionalidade conduz a teratologias, como a prevalecência da legislação infraconstitucional sobre a Constituição ou a incoerência dos princípios pressupostos na interpretação da lei com os princípios constitucionais.

Ao pressupor a estabilidade do mundo e a reversibilidade dos fenômenos (*paradigma determinista*), a ciência moderna acreditou que "o mundo já é", cabendo-lhe apenas decifrá-lo. A previsibilidade e a controlabilidade destes fenômenos foram axiomatizadas.

Ao aceitar o pressuposto da objetividade (*objetivismo*), a ciência moderna acreditou que "é possível conhecer o mundo objetivamente tal como ele é na

---

(58) SANTOS, Boaventura de Souza. *A crítica da razão indolente* — contra o desperdício da experiência. 4. ed. São Paulo: Cortez, 2002. p. 64-65.

realidade". A "objetividade" tornou-se uma exigência como critério de cientificidade. O sujeito foi então desprezado e expulso da ciência.

A ciência, então, encaminhou-se para o empirismo: se tudo o que conhecemos diz respeito a relações entre ideias ou relações entre fatos, conhecer matérias, de fato, significa conhecer suas causas e seus efeitos, e estas são descobertas "não pela razão, mas pela experiência"[59].

O quadro do paradigma tradicional de ciência refere-se, portanto, à simplicidade, estabilidade e objetividade[60]. Tais elementos conduzem às ideias de certeza, análise, verificação, redução, causa eficiente, quantificação, explicação, descrição, classificação, controle, neutralidade, observação, causalidade linear e observador.

Exsurge ainda no *imprinting* paradigmático da ciência moderna a exclusão do objeto do conhecimento de seus contextos, numa operação disjuntiva que separa o que está ligado com a consequente mutilação da realidade caracterizada pelo fenômeno da *atomização*. A isso segue-se a classificação dos objetos e ou fenômenos segundo categorias seletivas e reducionistas, que se excluem reciprocamente e compartimentalizam o objeto do conhecimento, fazendo-o enquadrar na teoria ou no paradigma cognitivo adotado.

> É dessa atitude simplificadora, analítica, fragmentadora, disjuntiva, reducionista, que resultam a compartimentação do saber, a fragmentação do conhecimento científico do universo em áreas ou disciplinas científicas — multidisciplinaridade ou pluridisciplinaridade —, a fragmentação das instituições científicas em departamentos.[61]

A **especialização** fatia a realidade, e o mesmo se aplica às instituições da política e do direito relativamente à "divisão social do trabalho", à divisão dos poderes e à distribuição de competências sobrepostas a uma realidade recortada abstratamente e distribuída em partes distintas para a atuação de poderes e órgãos distintos com especialidades distintas.

---

(59) HUME, David. *An inquiry concerning human understanding*. Nova York: The liberal Arts, 1968. p. 42. Bacon, procurando eliminar a "patologia do saber" (demônios) de sua época inaugurou o método indutivo como programa destinado a construir o discurso da ciência a partir dos fatos observados, contrariando o pensamento medieval que pretendia ampliar o conhecimento da natureza pela dedução. Para esse cientista, não existe coisa mais insidiosa que preconceitos, "pontos de partida que resultam não do exame da realidade, mas de nossas deformações mentais. Pela indução vai-se direto à fonte, aos fatos, por um caminho seguro à prova de erros.
(60) Cf. VASCONCELLOS, M. J. Esteves. *Pensamento sistêmico o novo paradigma da ciência*. Campinas: Papirus, 2002. p. 69.
(61) Cf. VASCONCELLOS, M. J. Esteves. *Pensamento sistêmico o novo paradigma da ciência*. Campinas: Papirus, 2002. p. 75.

A crença na cognicibilidade do mundo pela razão humana conduz à prevalência da abordagem racional (racionalista) do mundo, com a exigência da coerência lógica das teorias científicas, princípio da não contradição, que dá lugar a uma concepção de mundo lógica-analítica-racional. A contradição não faz parte da realidade assim *imaginada*.

Além da explicação, por meio da experimentação, ao cientista incumbe fazer a previsão dos fenômenos, visando ao seu controle, dado que são determináveis e reversíveis.

Os *princípios lógicos da causalidade, da identidade e da não contradição* complementaram o quadro discursivo da ciência moderna, que, em muitos casos, elevou a lógica ao paroxismo (o *logicismo*).

Exatamente nesse contexto é que a racionalidade moral-prática do direito submeteu-se à racionalidade cognitivo-instrumental da ciência (positivismo), tornando-se isomorfa a ela[62].

Conforme denuncia Streck, esse modelo de racionalidade jurídica é predominante em nossa cultura jurídica. Racionaliza a relação sujeito-objeto nos conceitos e matematiza a sua aplicação, pinçando na realidade os fatos que se amoldem às hipóteses factuais contidas na norma jurídica.

Seguindo esse paradigma, as ciências sociais, apesar de reivindicarem, ao longo do tempo, um *status* epistemológico próprio, permaneceram subsidiárias do modelo de racionalidade das ciências naturais e, com elas, o direito.

O paradoxo das ciências humanas, ao adotar o modelo simplificador e redutor das ciências da natureza, reside no fato de que o homem é, ao mesmo tempo, sujeito e objeto do conhecimento. Por isso, para fazer jus ao novo modelo de racionalidade, elas tiveram que ignorar sua característica de sujeito conhecedor e tratá-lo como objeto. O estudo do homem passou a ser fracionado.

As filosofias da ciência moderna engendradas por Karl Popper e por Thomas Khun acabaram por desautorizar o paradigma clássico da ciência moderna, tornando o seu conhecimento relativo, provisório e falível, o que marcou a desistência do fundamento último do conhecimento no campo das ciências empíricas.

O método científico empírico não resistiu à análise lógica popperiana do seu procedimento. Com Karl Popper, o trabalho do cientista foi reduzido à tarefa de elaborar teorias e de pô-las à prova. A Metafísica (mas uma metafísica indeterminista[63]) foi reintroduzida na metodologia da ciência, com todo o seu relativismo, no sentido de que na base de todo conhecimento científico foi inserida a "decisão", no lugar do fundamento último. Todo enunciado científico tornou-se suscetível ao falseamento.

---

(62) SANTOS. *A crítica da razão indolente...*, 2002. p. 52.
(63) POPPER. *A lógica da pesquisa científica*, 2000. p. 274.

A objetividade foi reinterpretada em termos de *intersubjetividade*. As teorias passaram a ser compreendidas como "redes, lançadas para capturar aquilo que denominamos "o mundo": para racionalizá-lo, explicá-lo, dominá-lo"[64]. Mas o teste de uma teoria depende de enunciados básicos, cuja aceitação ou rejeição dependem de nossas *decisões*.

> O velho ideal científico de episteme — conhecimento absolutamente demonstrável — não passa de ilusão; a exigência de objetividade da ciência torna o enunciado científico perenemente provisório. "Apenas em nossas experiências subjetivas de convicção, em nossa **fé subjetiva**, podemos estar 'absolutamente certos'."[65] (grifo póstumo)

A intersubjetividade do processo de conhecimento passou a depender do compartilhamento de paradigmas de conhecimento por uma comunidade de pesquisadores. E a pertença a dois mundos paradigmáticos distintos obriga os interlocutores a "reconhecerem-se uns aos outros como membros de diferentes comunidades de linguagem e a partir daí tornarem-se tradutores"[66].

O conhecimento científico tornou-se relativizado e minado por uma dupla incerteza: a que emerge no interior de uma mesma teoria e a que emerge do *paralelismo de teorias* elaboradas a propósito de um mesmo objeto de estudo. Neste caso, "os defensores de teorias diferentes são como membros de comunidades de cultura e linguagem diferentes. Reconhecer este paralelismo sugere, em certo sentido, que ambos os grupos podem estar certos"[67].

A percepção da mesma situação de maneira diversa por dois homens utilizando o mesmo vocabulário implica que utilizam as mesmas palavras com sentido distinto. A aceitação desta premissa introduz definitivamente o problema da linguagem na ciência e na filosofia[68].

---

(64) POPPER. *A lógica da pesquisa científica*, 2000. p. 61.
(65) POPPER. *A lógica da pesquisa científica*, 2000. p. 308.
(66) KUHN. *A estrutura das revoluções científicas*, 2003. p. 248.
(67) KUHN. *A estrutura das revoluções científicas*, 2003. p. 251.
(68) Seguiram-se sucessivos golpes sofridos pelo paradigma da ciência moderna: o princípio da incerteza de Heisemberg (teoria quântica da dependência subjetiva na observação do comportamento — trajetória — de partículas subatômicas), que pôs fim à pretensão da ciência de estabelecer uma divisão nítida entre sujeito e objeto; os desdobramentos da teoria ondulatória de De Broglie, realizados por Schrödinger, que alcançou os mesmos resultados de Heisemberg relativamente à mecânica ondulatória dos elétrons; a "lei da entropia" — segunda lei da termodinâmica, de Clausius, introduzindo na ciência o conceito de *irreversibilidade*; e a descrição da teoria da antimatéria por Paul Dirac, pela qual uma partícula de antimatéria, é idêntica à sua partícula de matéria correspondente. A Física, a matriz da ciência moderna, deixou de ser regida exclusivamente por "leis científicas", e não se pode mais dizer que "a Física é o mundo e as leis que o regulam", ou "falar dela é falar de tudo", como ensaiou Cherman (cf. CHERMAN, Alexandre. *Sobre os ombros de gigantes* — uma história da física. Rio de Janeiro: Jorge Zahar, 2004. p. 10).

No lugar do fundamento último e dos axiomas da ciência moderna, instalaram-se a incerteza, a probabilidade, a provisoriedade, a falseabilidade, a falibilidade, a imprevisibilidade, a relatividade e a (inter)subjetividade.

Esta ciência, que depositou na experiência o seu fundamento, passa, no entanto, por uma transição paradigmática metodológica e societal profunda.

O agravamento dos problemas ecológico, bélico e alimentar, recorrentemente tomados por Karl-Otto Apel, põe em evidência os problemas gerados pelo tecnicismo em que culminaram os avanços da ciência.

1.2.3. O PRIMEIRO PRESSUPOSTO: A RAZÃO É DIALÓGICA

As pontuações acerca da trajetória da episteme moderna demonstrou o fim da metafísica que se propunha a um saber total da realidade, um saber fundamental, fundante e autofundado, tanto em sua versão positivista como na idealista[69]. A ciência esbarrou-se na incerteza; a filosofia na necessidade do abandono do *princípio da fundamentação última,* a desistência da ancoragem do conhecimento num ponto último.

No lugar da fundamentação última, ressurge um conhecimento disposto à escuta do ser e a perscrutar o seu significado existencial para muito além do que simplesmente vê-lo ou contemplá-lo[70].

1.2.3.1. A "VIRAGEM LINGUÍSTICA"

A Filosofia da Linguagem a partir da "viragem linguística" introduziu a linguagem como novo paradigma do conhecimento humano[71]. Essa concepção dialógica da razão teve seu ápice em Karl-Otto Apel, cujo pensamento procedeu a uma transformação na estrutura teórica da própria filosofia enquanto tal.

A presente abordagem pretende fornecer apenas pistas da trajetória pela qual a Filosofia desistiu de um fundamento último do conhecimento e o reduziu a

---

(69) DOMINGUES. *O grau zero do conhecimento...*, 1999. p. 379.
(70) DOMINGUES. *O grau zero do conhecimento...*, 1999. p. 379.
(71) A forma e o objeto do conhecimento variam conforme as diferentes configurações do homem e da reflexão antropológica. A assertiva significa que a abordagem epistemológica está intimamente ligada à antropologia e depende da resposta dada à pergunta. "Quem é o homem?". Essa correlação se afirma a cada mudança paradigmática, assim como a Cosmologia na Antiguidade clássica, a Teologia na Idade Média, a Matemática, a Física, a Biologia e a História na Modernidade ditaram a reflexão antropológica ao longo da trajetória do pensamento ocidental.

um procedimento discursivo sem qualquer conteúdo material concebido *a priori* (Jürgen Habermas)[72]. A abordagem é necessária, contudo, apenas para estabelecer as novas bases paradigmáticas sob as quais se assenta o sentido da democracia com o qual se edificam os conceitos fundamentais desta investigação.

A filosofia ocidental começou como uma crítica da linguagem, mas esta somente passou a ter centralidade no pensamento filosófico contemporâneo a partir do pensamento de Karl-Otto Apel e de Jürgen Habermas.

A "crítica da linguagem" — iniciada por Platão — procura responder a uma questão inicial que se põe inauguralmente sobre qualquer significação linguística: "Por meio de que uma expressão adquire sua significação?". E ainda: "O anexo entre as palavras e as coisas se dá por natureza ou por convenção?". Trata-se de saber qual é o estatuto da linguagem e a natureza do nexo que liga as palavras às coisas.

A opção entre atribuir à linguagem uma significação *arbitrária* (convencionalismo: a significação das palavras é fruto de uma convenção social, de um pacto entre os homens com o objetivo de se fazerem entender — cultura) ou uma significação natural (naturalismo: a conexão entre as palavras se dá por natureza; o sentido das palavras é suscitado pelas coisas mesmas — natureza) depende da função que se atribui a ela. Tomar uma posição significa conferir a ela uma função meramente *instrumental* ou uma função *constitutiva da experiência humana do real*[73].

A opção por reconhecer na linguagem um caráter meramente instrumental restringe-a a uma função meramente *designativa,* procedendo-se assim a uma separação radical entre o *pensamento* e a *linguagem*.

Se a teoria platônica da linguagem afirma a *correspondência* entre a linguagem e o ser, essa correspondência entre as palavras e os seres não é natural (no sentido de que cada coisa não tem seu nome "por natureza"). A linguagem é, então, um mero instrumento de comunicação, desde que os falantes usam as palavras no mesmo sentido e as normas de uso são constantes.

A tese central de Platão consiste em que na linguagem não se atinge a verdadeira realidade e em que o real só é conhecido em si, sem palavras (contemplação), sem mediação linguística[74]. Essa concepção platônica tornou-se a concepção (ins-

---

(72) HABERMAS, Jürgen. *Pensamento pós-metafísico*. 2. ed. Rio de Janeiro: Tempo Brasileiro, 2002; HABERMAS, Jürgen. *Consciência moral e agir comunicativo*. Trad. Guido Antônio de Almeida. Rio de Janeiro: Tempo Brasileiro, 1989.
(73) Para a compreensão da repercussão dos pressupostos epistemológicos da filosofia da linguagem na democratização da ação do Poder Público e da aplicação do direito pelas autoridades estatais (prática jurídica), consultar 3.6.2, especialmente a distinção conceitual entre "linguagem de base" e "linguagem contextual".
(74) DOMINGUES. *O grau zero do conhecimento...*, 1999. p. 130. Platão contrapõe, afinal, ao signo-natureza, ao signo-convenção e ao signo-arbitrário o *signo-representação*, opondo às teses da naturalidade,

trumental) fundamental da linguagem no Ocidente, da qual, com "muito esforço, estamos nos libertando"[75].

Platão deixou aberta outra vertente de reflexão, da qual ele próprio abdicou, assim como todo o pensamento ocidental até bem recentemente. As coisas têm qualidades objetivas, relações e diferenças entre si mesmas. Ao lidar com as coisas, temos de agir de acordo com a natureza delas. Desse modo, *falar sobre coisas é também uma ação*. Daí que devemos nos deixar regrar pelas essência das coisas e não agir arbitrariamente[76]. Essa vertente da percepção da linguagem como ação, abandonada por Platão, constitui uma das teses fundamentais da linguística atual (teoria dos atos de fala).

Até a semântica do primeiro Wittgenstein[77], a linguagem seguiu cumprindo essa função instrumental e tornou-se objeto de reflexão de todas as ciências em busca da verdadeira correspondência das diversas linguagens aos respectivos objetos (correspondência linguagem-ser), desde a característica de Leibniz, da gramática pura do primeiro Hurssel.

No *modelo lógico-metafísico do conhecimento,* a linguagem assumiu uma dimensão lógica e metafísica. O saber será forma de predicação somente válida ou legítima se esta for conforme as normas do pensamento (sologismo, princípio da identidade e do terceiro excluído, dentre outras) — a lógica. Por outro lado, o conhecimento é discurso sobre o ser que se cumpre quando *oferece a substância do ser*.

Mas como explicar a mudança de sentido sem a mudança do referente? Como explicar o erro se as palavras se vinculam diretamente às coisas? Como explicar os falsos juízos?

O projeto da episteme do século XVII de uma *mathesis universalis*[78], cuja pretensão foi a associação da Metafísica à Matemática, reivindicava que a *verdade do discurso* nascesse do jogo dos conceitos no interior dos discursos e nele encontrasse a prova demonstrativa da verdade. O signo-representação constitui o elemento próprio da *mathesis,* enquanto o regime dos signos tornou-se uma espécie de álgebra das representações.

---

da convencionalidade e da arbitrariedade a *tese da instrumentalidade, ou da linguagem-instrumento*. Rejeita qualquer vínculo entre as palavras e as coisas. O nexo entre elas se dá por meio de um "rodeio": a representação, ideia, que é marca não da coisa, mas do pensamento. O signo é um instrumento de que serve o espírito para conhecer as coisas.
(75) OLIVEIRA. *Reviravolta linguístico-pragmática na filosofia contemporânea*, 2001. p. 18.
(76) OLIVEIRA. *Reviravolta linguístico-pragmática na filosofia contemporânea*, 2001. p. 19.
(77) Cf. WITTGEINSTEIN. *Investigações filosóficas*, 2005. passim.
(78) Esse ideal de conhecimento estendeu-se ao campo das ciências das coisas materiais com Descartes (Física dos Princípios), às ciências formas com Leibniz (Característica) e às ciências humanas com Espinosa (Ethica More Gemetrico Demonstrata), ao direito em especial com Kelsen (*Teoria Pura do Direito*).

Trata-se de instalar um discurso absoluto, um saber total da realidade total, marcado pela necessidade, do lado da ontologia dos princípios, de nos dar a determinação completa da coisa; do lado do matematismo, de conferir suficiência "lógica" a seu **corpus** de proposições.[79]

A *Gramática Geral*, de Port-Royal, postulou que, para além dos elementos exteriores, da zona opaca e arbitrária do sistema linguístico, há nas línguas uma ordem profunda, reconstituível com toda a clareza ao se investigar "a razão dos usos" (Foucault). Seu objetivo é definir a ordem imanente de uma língua qualquer[80]. Há uma ordem imanente à arte natural de falar em sua espontaneidade, assim como uma outra gramática que se constitui como descrição, análise e explicação — a teoria — desta ordem natural. E este é o duplo sentido da gramática. Há, portanto, o saber que dá razão aos usos e o saber prescritivo, que dá normas (regras de bom uso) — uma Gramática Geral e Racional.

A gramática se inscreveu nos quadros de uma *metalíngua universal* (a razão), que, em sua idealidade, encontra-se dissociada das línguas concretas vivas e protegida da ação contingente e extrínseca de fatores que, embora não sejam propriamente linguísticos, agem sobre ela. Assim, **a gramática geral não hesitou em sacrificar o próprio referente** "para se encerrar no céu platônico da razão"[81]. A linguagem foi reduzida ao pensamento.

A *Gramática Geral* perseguia o caminho da apofântica de Aristóteles, para além da apofântica de Platão, no sentido de que "a linguagem é a coisa mesma", como procuraram fazer, mais tarde, Bertrand Russel e o primeiro Wittgenstein, porém com as mesmas dificuldades, ambiguidades, assintonias entre os referentes e os designativos de sentido, polissemias e um conjunto de perturbações instaladas no rastro do *hiatus* uso/razão e signo/ideia, tal como nas gramáticas particulares, que vão comprometer o projeto da gramática geral[82].

Se fatores extrínsecos à linguagem são determinantes do seu sentido, não há um saber absoluto que a determina. Esse saber é dependente dos usos que dela se faz. Mais que um instrumento de comunicação, a própria linguagem então é constitutiva do ser. A razão é dialógica.

1.2.3.2. KARL-OTTO APEL: "SOMOS UM DIÁLOGO"

A conversão da razão instrumental subjetivista solipsista, que atribui à linguagem uma função instrumental em razão dialógica, tem seu ponto de partida

---

(79) DOMINGUES. *O grau zero do conhecimento...*, 1999. p. 61.
(80) DOMINGUES. *O grau zero do conhecimento...*, 1999. p. 155.
(81) DOMINGUES. *O grau zero do conhecimento...*, 1999. p. 155.
(82) DOMINGUES. *O grau zero do conhecimento...*, 1999. p. 154.

no pensamento do segundo Wittgenstein, que procedeu a uma crítica radical à tradição filosófica ocidental da linguagem[83]. O filósofo desistiu do ideal de uma linguagem perfeita "capaz de reproduzir com absoluta exatidão a estrutura ontológica do mundo"[84].

O dilema está em que a linguagem é privada e seu uso, intersubjetivo.

Nesse sentido, Wittgenstein, com Martin Heidegger e além dele, situou o homem e seu conhecimento no processo de interação social, produzindo uma conexão entre ação, linguagem e práxis humana.

A comunidade humana passa a exercer um papel explícito na constituição do conhecimento e da linguagem humana. A razão humana não tem acesso direto à realidade pela representação linguística. Ao contrário, todo conhecimento é linguisticamente mediado. Portanto não há um mundo independente da linguagem a ser copiado por ela[85], e Kant já havia anotado a incognoscibilidade do mundo em si.

Wittgenstein antecipa a transcentalidade da linguagem humana levada às suas últimas consequências na pragmática transcendental de Karl-Otto Apel, conforme converge Manfredo A. Oliveira:

> "A linguagem não é um puro instrumento de comunicação de um conhecimento já realizado; é, antes, condição de possibilidade para a própria constituição do conhecimento enquanto tal."[86]

Não há consciência sem linguagem! E a pergunta sobre a possibilidade do conhecimento não pode ser respondida sem referência a uma teoria acerca da linguagem humana.

A pretensão de uma linguagem exata, que não passa de mito filosófico. A significação das palavras somente é apreendida nos contextos *sociopráticos,* conforme conclui o próprio Wittgenstein[87]. Porque os conceitos são sempre abertos à possibilidade de se ampliar o leque de sua aplicação. Dada essa **essencial vaguidade** da linguagem, os textos e os conceitos são sempre abertos (*open texture*).

A vivência, a atividade humana, nas suas múltiplas "formas de vida" (contextos de ação), é que dá sentidos distintos à linguagem, os quais compõem múltiplos "jogos de linguagem", cada qual compreendendo a seu modo a realidade "objetiva".

---

(83) Cf. WITTGEINSTEIN. *Investigações filosóficas*, 2005.
(84) OLIVEIRA. *Reviravolta linguístico-pragmática na filosofia contemporânea*, 2001. p. 121.
(85) WITTGENSTEIN. *Investigações metafísicas*, 2005. p. 379, 384 — "Primeiro, reconheço-o com isto; e recordo-me de como é chamado. — Pondere: Em que casos pode-se dizer isso com razão?", "Você aprendeu o conceito de "dor" com linguagem".
(86) OLIVEIRA. *Reviravolta linguístico-pragmática na filosofia contemporânea*, 2001. p. 28.
(87) OLIVEIRA. *Reviravolta linguístico-pragmática na filosofia contemporânea*, 2001. p. 131.

O sentido das palavras se dá pelo seu uso, pelas "regras de uso". Por isso, viver é conhecer, e conhecimento é ação[88].

Não há, portanto, uma razão pura, mas uma "razão situada", contextualizada.

O reconhecimento da *inacessibilidade da realidade* anunciada por Kant é agora complementado pelo reconhecimento da *inacessibilidade a um mundo ideal universal racionalmente construído*, uma vez que, quer se considere a linguagem como mero instrumento ou como constitutiva do conhecimento, ela é sempre relativa aos contextos.

Toda pretensão a uma verdade universal e incondicional é, portanto, autoritária. Não há possibilidade de se conceber a democracia à margem dessa reflexão sobre a linguagem humana e a função que desempenha no processo do conhecimento humano.

Austin[89], seguindo e para além de Wittgenstein, compreende o "caminho linguístico-fenomenológico" como base para considerar a linguagem, com rejeição de qualquer postura prévia. Não é possível captar a linguagem humana independentemente da "situação de fala". **Investigar a linguagem é tematizar o contexto de sociabilidade em que ela se insere. Por isso, não há mais a dicotomia radical entre linguagem e realidade.** A linguagem se transforma em meio *heurístico* indispensável para o conhecimento da realidade.

No campo da *filosofia da linguagem,* os contextos **sociais e históricos são pressupostos possibilitadores dos atos de fala**, que ela procura entender. Nesse sentido, seu objeto coincide com o da *hermenêutica*, no aspecto em que ambas explicam o contexto intersubjetivo que gera o sentido.

Com efeito, a referência a um objeto em um ato de fala pode não conter a "identificação" completa desse mesmo objeto por falha no momento da "exteriorização". Isso explica por que duas exteriorizações da mesma expressão possam se relacionar a objetos distintos, como anota John R. Searle[90]. A referência ("identificação do objeto"), de que tem domínio o locutor e que pode não estar contida na exteriorização, independe da força ilocucionária do ato de fala. Mas a predicação passa a depender exatamente do ato ilocucionário no qual ocorre a predicação, porque a esta pretende transmitir o conteúdo ilocucionário de um ato de fala.

---

(88) MATURANA, H.; VARELA, Francisco J. *A árvore do conhecimento* — as bases biológicas da compreensão humana. Trad. Humberto Mariotti e Lia Diskin. São Paulo: Palas Athena, 2004. *passim.*
(89) AUSTIN, J. L. *Quando dizer é fazer* — palavras e ação. Trad. Danilo Marcondes de Sousa Filho. Porto Alegre: Artes Médicas, 1990. *passim.*
(90) SEARLE, J. R. *Sprechakte. Ein sprachphilophischer essay,* Fankfurt am Main. p. 11 ss., *apud* OLIVEIRA, *Reviravolta linguístico-pragmática na filosofia contemporânea*, 2001. p. 171 e ss.

Depois disso, só resta a transformação do ser na própria linguagem, como na ontologia hermenêutica de Martin Heidegger[91], e dar-lhe a historicidade que lhe é constitutiva. O homem caído no tempo é carregado para a história e não tem mais essência; é dono de sua história, que se constrói na linguagem. Assim,

> [...] a constituição de sentido não é obra de uma subjetividade isolada e separada da história mas só é explicável a partir de nossa pertença à tradição: eis-aí-ser não pode superar sua própria facticidade, daí sua vinculação a costumes e tradições que codeterminam sua experiência no mundo.[92]

Dessa reflexão resulta um aspecto fundamental para a compreensão do processo linguístico e do mundo na linguagem: há uma "estrutura pré-conceitual em toda compreensão". Em Gadamer, a compreensão assume, pois, a função de desvelar a mediação histórica tanto do objeto da compreensão como da situação de quem compreende. A historicidade é o verdadeiro transcedental, e a exigência de uma instância fundadora última é ilusória.

> A compreensão nunca é captação de um **estado de coisas** isolado, objetivado simplesmente por meio de determinado sujeito, mas é resultado de um pertencer a uma tradição que se aprofunda, isto é, a um diálogo a partir do qual o dito recebe sentido. Compreender é participar num sentido, numa tradição, numa conversa.[93]

Em Gadamer, a linguagem é também tradição, pois a carrega consigo e a transmite. Não é, portanto, algo que restou do passado. A significação hermenêutica também se desvela na linguagem escrita, que é onde o passado se encontra com o presente (transcendência da escrita). Por isso, compreensão e linguagem nunca são somente objeto, porque abrangem tudo que pode ser objeto *para nós*. A linguicidade de nossa experiência é anterior a tudo o que é conhecido e reconhecido no ser.

O aspecto fundamental a ser tratado e a ser levantado como premissa da democracia refere-se ao problema da validade (legitimação do sentido), enfrentado na pragmática universal de Jürgen Habermas e na pragmática transcendental de Karl-Otto Apel, em cujo pensamento a filosofia retoma a tarefa de fundamentação do pensar e do agir humano[94].

---

(91) HEIDEGGER, Martin. *Ser e tempo*. Partes I e II. Trad. Márcia Sá Cavalcanti Schuback. Petrópolis: Vozes, 2002. *passim*.
(92) OLIVEIRA. *Reviravolta linguístico-pragmática na filosofia contemporânea*, 2001 p. 230.
(93) OLIVEIRA. *Reviravolta linguístico-pragmática na filosofia contemporânea*, 2001. p. 235.
(94) Por isso, muitos consideraram que a filosofia da linguagem significou a ressurreição da filosofia, negada a partir do segundo Wittgenstein.

Na nova ontologia, "a linguagem não é um projeto de mundo da subjetividade: ela é menos linguagem do homem do que linguagem das coisas, pois nela acontece a correspondência entre subjetividade e objetividade"[95].

Os elementos colhidos da filosofia da linguagem, tal como expostos antes, já permitem antecipar que a razão é dialógica e que, de resto, "somos um diálogo"[96]. Esse imperativo põe em xeque o paradigma de conhecimento no qual se conduziu o mundo ocidental por quase dois mil anos[97].

1.2.3.3. O FUNDAMENTO BIOLÓGICO

A dialogicidade da razão foi demonstrada biologicamente por Humberto Maturana, que, numa das mais importantes investigações da biologia contemporânea, constituiu a "biologia da cognição"[98].

A primeira conclusão a que, biologicamente, chegou Humberto Maturana foi a de que o sistema nervoso não é solipsista, assim como também não é representacionista, porque em cada interação é o seu estado estrutural que especifica quais perturbações são possíveis e que mudanças elas podem desencadear em sua dinâmica dos estados. É, portanto, um erro considerar o sistema nervoso como tendo entradas e saídas, no sentido tradicional, assim como ocorre no computador[99].

O ser humano nasce da comunicação ontogênica: "toda vez que há um fenômeno social, há um acoplamento estrutural entre indivíduos"[100]. O cultural é um fenômeno que se viabiliza como um caso particular de comportamento comunicativo[101]. Daí resulta que a autopoiese é resultado da interação de dois organismos nas respectivas ontogêneses. Por isso, o que o observador vê não é determinante

---

(95) OLIVEIRA. *Reviravolta linguístico-pragmática na filosofia contemporânea*, 2001. p. 244.
(96) APEL, Karl-Otto. *Transformação da filosofia*. São Paulo: Loyola, 2000.
(97) Por outro lado, a filosofia da linguagem promoveu uma *viragem* paradigmática no pensamento humano contemporâneo. Sua dimensão equivale às ocorridas em períodos históricos de mudanças de rumo do entendimento humano, como o surgimento da reflexão filosófica grega, a "cristianização" da metafísica (cujo ápice considera-se o tomismo) e a revolução "copernicana" promovida por Kant, que rompeu com a metafísica teológica. Se as raízes da filosofia da linguagem tal como hoje se lhe compreende já foram tisnadas e abandonadas no pensamento platônico, pode-se atribuir a Wittgenstein sua inauguração, na medida em que plantou seus alicerces, mas negou qualquer *status* à filosofia e deixou a ética, a política e o direito à deriva dos "jogos de linguagem" incomensuráveis.
(98) Teve consequências incomensuráveis nos mais diversos setores do saber. Começou por demonstrar que o sistema nervoso humano mantém uma correlação filogênica e autopoiética entre o núcleo geniculado do tálamo e o córtex, agindo da mesma forma em relação ao mundo exterior.
(99) MATURANA; VARELA. *A árvore do conhecimento...*, 2004. p. 188.
(100) MATURANA; VARELA. *A árvore do conhecimento...*, 2004. p. 214.
(101) MATURANA; VARELA. *A árvore do conhecimento...*, 2004. p. 223.

da coordenação comportamental, mas o acoplamento estrutural dos participantes. Isso significa que os comportamentos linguísticos humanos ocorrem num domínio de acoplamento estrutural ontogênico, que mantemos como resultado de nossas ontogenias coletivas. Assim,

> quando descrevemos as palavras como designadoras de objetos ou situações no mundo, fazemos como observadores uma descrição de um acoplamento estrutural que não reflete o funcionamento do sistema nervoso, pois este não funciona com representações de mundo.[102]

A ideia de que o mundo é pré-dado é hoje predominante, mais por motivos filosóficos, políticos e econômicos do que por descobertas científicas de laboratório. Segundo esta teoria, o cérebro recebe passivamente informações vindas já prontas de fora. A objetividade é privilegiada e a subjetividade é descartada: "mente é o espelho da natureza" (representacionismo). As consequências práticas e éticas dessa visão, que vê o mundo como um "objeto a ser explorado pelo homem em busca de benefícios (cultura *extrativista*) e que se estendeu às relações entre pessoas, resultaram no uso e na exploração do ser humano, na exclusão social, com graves distorções comportamentais em relação ao ambiente e à alteridade (ao outro). Para Humberto Maturana, o mundo não é anterior à nossa experiência; ao contrário, nossa trajetória de vida nos faz construir nosso conhecimento do mundo. Construímos o mundo ao mesmo tempo em que somos construídos por ele, e esta construção é necessária e biologicamente compartilhada.

> Para mentes condicionadas como as nossas não é nada fácil aceitar esse ponto de vista, porque ele nos obriga a sair do conforto e da passividade de receber informações vindas de um mundo já pronto e acabado — tal como um produto recém-saído de uma linha de montagem industrial e oferecido ao consumo. Pelo contrário, a ideia de que o mundo é construído por nós, num processo incessante e interativo, é um convite à participação ativa nessa construção. Mais ainda, é um convite à assunção das responsabilidades que ela implica.[103]

Resta ainda tomar de Humberto Maturana como premissa de que a linguagem não foi inventada por um indivíduo sozinho na apreensão do mundo externo, e por isso ela não pode ser "usada" como ferramenta para a revelação deste mundo. Ao contrário, "é dentro da própria linguagem que o ato de conhecer, na coordenação comportamental que é a linguagem, faz surgir um mundo"[104].

---

(102) MATURANA; VARELA. *A árvore do conhecimento...*, 2004. p. 229.
(103) Cf. MATURANA; VARELA. *A árvore do conhecimento...*, 2004, p.11.
(104) MATURANA; VARELA. *A árvore do conhecimento...*, 2004. p. 257.

A linguagem nasceu da necessidade de constante cooperação e coordenação comportamental do homem primitivo. Dentre as finalidades da linguagem está a de constituir a dinâmica reflexiva do acoplamento estrutural social, que conduz o ato de ver sob uma perspectiva mais ampla. Como seres humanos, só temos o mundo que construímos com os outros. A ampliação desse domínio cognitivo reflexivo — experiência nova — pelo raciocínio ou pelo amor, é que nos *leva a ver o outro como igual*. Eis, para Humberto Maturana, o *fundamento biológico do amor*.

Pode-se então acreditar que a sociedade se constitui pelo amor, não pela guerra (*bellum omnes contra omnis*), como sugeriu Hobbes. Se, como anunciou Karl Popper, os pressupostos da teoria decorrem da fé, pode-se também ter fé em que o diálogo pode substituir a competição, a opressão e o autoritarismo.

Não interessa aqui os demais desdobramentos das descobertas de Humberto Maturana, a não ser a conclusão de que também do ponto de vista biológico o *representacionismo* do paradigma da filosofia da consciência (do sujeito congnoscente solipsista) está desautorizado.

1.2.3.4. O FUNDAMENTO FILOSÓFICO

A teoria do discurso desenvolvida por Karl-Otto Apel e Jürgen Harbemas fundamenta a natureza dialógica da razão.

A *linguistic turn* mudou o estatuto da filosofia, e foi pela mente de Karl-Otto Apel que a linguagem transformou-se no húmus remanescente em que a reflexão filosófica recuperou sua condição de fundadora do agir humano.

Apesar da convergência entre Apel e Kant no sentido de que a razão humana se revela a si mesma através dos fatos, o ponto de partida da sua pragmática transcendental apeliana é fato linguístico da argumentação, que é o fato *empírico da razão*. A tomada deste fato empírico é relevante, porque não há um *a priori* tomado como ponto de partida.

A argumentação é um fato intersubjetivo irredutível, porque quem argumenta o faz em função de um interlocutor. Não se argumenta sozinho. Então a tarefa da filosofia é explicitar as condições de possibilidade e validade de toda e qualquer argumentação.

Uma comunidade de argumentação pressupõe a igualdade de direitos e o mútuo reconhecimento dos parceiros argumentantes. Essa exigência originária constitui o fundamento da ética: a ética do discurso. O único caminho possível da fundamentação última para uma ética humana é o do apagógico[105].

---

(105) Demonstração de uma tese pela mediação da falsidade da proposição antitética.

A fundamentação é reflexiva. Aquele que argumenta tem como premissa a ideia de que existe verdade, do mesmo modo que aceita a possibilidade de seu interlocutor apreendê-la. Por isso, a argumentação exige a existência de uma comunidade dialogante. Só é possível negar o fato da argumentação para si mesmo, uma vez que no momento que se o faz no diálogo já se está na argumentação. Contudo, o solilóquio do indivíduo ocorre por antecipação dialógica com uma potencial *comunidade de argumentação*.

Logo, a afirmação da irredutibilidade da argumentação se dá apagogicamente:

> Ora, numa comunidade de argumentação se pressupõe o mútuo reconhecimento de todos os membros como parceiros da discussão com iguais direitos, ou seja, condição de possibilidade de toda argumentação é o reconhecimento de pessoas enquanto sujeitos da argumentação lógica.[106]

Assim, a filosofia alcança, e não mais que isto, os pressupostos universais irrefutáveis do discurso humano, pela transcendência das fontes relativizáveis das formas de vida histórico-contigentes.

O fato da argumentação é o imperativo categórico de Karl-Otto Apel, que constitui a natureza dialógica da razão. A força motriz do mundo passa agora da luta para o entendimento. Resta agora à humanidade compreender esse novo salto de qualidade do pensamento ocidental.

1.2.3.5. A ÉTICA DA RESPONSABILIDADE, AÇÃO PÚBLICA E NINTER

É essa a questão central de que se ocupa a evocação de uma reflexão acerca da linguagem nesta investigação. A construção do sentido que se atribui ao princípio de democracia no sistema Núcleos Intersindicais de Conciliação Trabalhista tem como fundamento epistemológico o diálogo, tal como resulta dos desenvolvimentos da filosofia da linguagem.

Já se constatou que as relações de poder levadas a efeito pelas instituições públicas e suas autoridades, seus códigos de conduta e seu *modus operandi* estabelecem-se seguindo o paradigma da filosofia da consciência, em contradição com o paradigma do Estado Democrático de Direito, com os princípios da dignidade humana e da cidadania inscritos na constituição brasileira como fundamento do Estado.

Ora, o reconhecimento de todos os homens como pessoas (dignas) e a exigência da participação dos afetados nos processos de tomada de decisão

---

(106) OLIVEIRA. *Reviravolta linguístico-pragmática na filosofia contemporânea*, 2001. p. 281.

constituem o princípio de uma ética solidária, em convergência com os fundamentos da ontologia da cognição (Humberto Maturana), fundada na empatia da ontogênese recíproca entre os participantes da comunidade de seres que integram uma "rede de coordenação de ações num domínio de aceitação mútua".

Ora, numa comunidade que reconhece a igualdade a todos os seus cidadãos (art. 1º, I, CF/88), a concreção desta igualdade consiste em se reconhecer-lhes dignidade, cidania e autonomia.

Os homens são diferentes. Porém, ainda assim, ao ingressarem num diálogo tendente a um acordo, se lhes deve assegurar iguais direitos de proposta, de argumentação e de réplica. E, num diálogo que pretenda determinar a correção de normas (éticas, jurídicas) — em discursos práticos —, afrontar estas condições de igualdade no discurso, em relação aos afetados, é trancar as portas para a correção do agir.

Não basta elucidar o correto, mas é preciso considerar todos os afetados pela decisão como pessoas, como seres que têm necessidades e interesses que podem ser argumentativamente defendidos e que têm o direito de serem ouvidos[107].

A razão dialógica, por tudo isso, renega o absolutismo, o decisionismo instrutivo, e assume um critério compartilhado de discernimento, não deixando assuntos morais em mãos de dogmáticos e decisores solipsistas.

A razão dialógica implica, além disso, uma ética do discurso, porque a decisão extraída de argumentos compartidos "ganha foros de universalismo" como atitude ética, não só porque se dirige aos argumentantes, mas porque, se estes pretendem agir racionalmente, a nova ética obriga todos a se responsabilizarem por todas as necessidades humanas que podem ser argumentativamente defendidas[108].

Mas a ação comunicativa não é um embate de seres argumentativos puramente racionais; ela ocorre num domínio de ações constituído, a cada momento, por alguma emoção ou algum estado de espírito, às quais o ser humano não está imune e que significam "disposições corporais dinâmicas para as ações", as quais envolvem o sistema nervoso. A cultura ocidental deprecia as emoções, e isso constitui uma cegueira que limita a compreensão do fenômeno social[109]. Essa empatia ontogênica, portanto, é determinante da cooperatividade e da solidariedade entre os homens e permite, por outra via, uma fundamentação biológica para uma ética de responsabilidade que nasce espontaneamente no discurso autêntico.

---

(107) CORTINA. *Razon comunicativa y responsabilidad solidária*, 1985. p. 170.
(108) CORTINA. *Razon comunicativa y responsabilidad solidária*, 1985. p. 174.
(109) MATURANA. *Ontologia da realidade*, 2002. p. 275-276.

Trata-se, portanto, de uma ética de responsabilidade solidária. Solidária também porque, sendo a razão dialógica, ela implica o reconhecimento intersubjetivo das respectivas perspectivas e das necessidades recíprocas. O reconhecimento da legitimidade das normas cujas consequências possam ser racionalmente aceitas por todos os afetados responsabiliza igualmente a todos.

Esta perspectiva implica, como consequência do diálogo social, a introdução de uma ética de responsabilidade na ação pública.

A reconstrução dos fundamentos da democracia através da teoria discursiva do direito com suporte numa "teoria consensual da verdade" em substituição à "teoria ontológica da verdade" promovida por Jürgen Habermas resulta do abandono do projeto de fundar o conhecimento e a verdade, pela via transcendental[110]. A razão passa a ser uma razão situada que levanta pretensões de validade dependentes dos contextos do mundo da vida e, ao mesmo tempo, transcendentes.

O princípio do discurso tem duplo sentido: a) cognitivo: seleção de temas, argumentos e informações, de modo a dar-lhes aceitabilidade racional e legitimidade ao direito; e b) prático: produzir relações de entendimento (consenso). Em tais procedimentos discursivos, o direito e a política se cruzam no processo de *normatização discursiva do direito e formação comunicativa do poder.*

Os pressupostos de comunicação institucionalizados juridicamente asseguram a racionalidade da criação e aplicação do direito, e conferem legitimidade ao direito criado oriunda do fato de que os destinatários passam a ser tratados como membros livres e iguais de uma comunidade de sujeitos de direito[111].

Porém, se os discursos de fundamentação da norma de direito submetem-se ao princípio da universalização, os de aplicação sujeitam-se a um princípio de adequação[112]. Esta atividade orientada pelo paradigma racional-subjevista-solipsista torna delicado o problema da legitimidade (aceitação racional) nesse campo da prática jurídica. E o problema decorre, no plano teórico, da natural indeterminação

---

(110) Cf. HABERMAS, Jürgen. *A lógica das ciências sociais*. Trad. Manuel Jiménez Redondo. Madrid: Tecnos, 1988. *passim:* "1) Uma teoria "crítica" (autorreflexiva) da sociedade não pode apoiar-se em tornar conscientes pressupostos implícitos à compreensão: exige uma teoria da ação comunicativa (análise das condições de êxito dos atos da fala). 2) *a Teoria da Ação Comunicativa tem um status similar à Teoria do Conhecimento.* 3) Teoria da Comunicação corresponde exatamente às condições objetivas de conhecimento. 4) Estas considerações põem de cabeça para baixo a relação habitual entre metodologia e teoria experimental entre metodologia e teoria experimental. 5) A *Teoria da Ação Comunicativa* é empírica na medida em que expõe o saber pré-teórico dos sujeitos capazes de linguagem e ação, tendo, porém, um imediato significado metodológico".
(111) HABERMAS, Jürgen. *Direito e democracia* — entre facticidade e validade. Rio de Janeiro: Tempo Brasileiro, 1997a. v. I, p. 153.
(112) Cf. GUNTHER. *The sense of appropriateness*, 1993.

das normas diante de situações concretas de realidade, que se verifica mesmo em relação àquelas normas de conteúdo restrito e muito bem escritas (de fácil aplicação). Com efeito,

> em discursos de aplicação, não se trata da validade e sim da relação adequada da norma à situação. Uma vez que toda a norma abrange apenas determinados aspectos de um caso singular, situado no mundo da vida, é preciso examinar quais descrições de estados de coisas são significativas para a interpretação da situação de um caso controverso e qual das normas válidas *priva facie* é adequada à situação, apreendida em todas as possíveis características significantes.[113]

No modelo monológico de racionalidade jurídica (juspositivismo), o exercício do Poder Público realiza-se pela apropriação da linguagem pública e do seu sentido pelos agentes do Poder Público. Essa apropriação se dá, unilateral e solipsisticamente, sem considerar a participação dos destinatários (afetados) dos respectivos atos de autoridade na formulação do sentido atribuível à linguagem instrumentalizada segundo critérios e preferências individuais e, consequentemente, à ação dela consequente.

Ocorre que a autoridade pública se coloca no lugar do observador que tem acesso privilegiado à realidade objetiva, independentemente das percepções dos afetados e de suas "afirmações cognitivas" (atos de autoridade baseados em cognição individual-solipsista da lei e da realidade), o que implica dupla *petição de obediência*: ao ato cognitivo individual (que se afirma como argumento definitivo); e ao ato de autoridade. O ato cognitivo realizado unilteralmente implica a negação da contribuição cognitiva dos destinatários afetados pela ação pública. Deslegitimado o ato cognitivo, segue-se a deslegitimação do próprio ato de autoridade, que passa a ser rejeitado enquanto tal e, com isso, desprovido de poder performativo de condutas. Nesse caso, o destinatário da ação pública sucumbe-se à petição de obediência, embora não aceite o ato de autoridade como tal.

A deslegitimação do ato de autoridade constitui uma poderosa reação à falta de uma interlocução social (diálogo e concertação social) na qual se possa dar azo à consideração do melhor argumento quanto ao modo mais adequado de compreender e aplicar a lei, em face de contextos de realidade específicos (razão jurídica situada).

A aceitação da intersubjetividade como fonte de produção do conhecimento e de verdades contextualizada como pressuposto que dá fundamento ao sistema Núcleos Intersindicais de Conciliação Trabalhista obriga à democratização dos processos de produção do conhecimento, especialmente o conhecimento das

---

(113) HABERMAS. *Direito e democracia...*, 1997a. v. I, p. 270-271.

realidades locais, que dá suporte às decisões e à ação das instituições do trabalho (ação pública e ação sindical). Trata-se de condição de possibilidade da compreensão e da prática da democracia no Estado Democrático de Direito contemporâneo.

Isso porque a ausência da intersubjetividade — agentes do Poder Público e destinatários da ação pública —, resultante do racionalismo cientificista, restringe duplamente o processo democrático de apreensão de sentido da realidade e das consequências da norma a ser aplicada: o paradigma simplificador e reducionista da ciência clássica que informa o saber e a técnica procede a uma fragmentação da realidade, a tal ponto que, em casos de relevância social, não se pode perceber nos procedimentos administrativos e judiciais a dimensão coletiva e/ou os resultados sociais da ação decisória nem, muito menos, avaliar reflexivamente as consequências sociais da ação pública e o cumprimento dos princípios e valores decorrentes previstos na ordem constitucional.

Daí resultam dois problemas fundamentais: a exclusão dos destinatários da ação pública nos processos de formação da opinião e da vontade e a fragmentação e o isolamento da atuação das instituições do Poder Público. Estes constituem os aspectos em que se situam causa e consequência da crise do modelo de racionalidade e de funcionalidade do sistema de organização do trabalho.

A perspectiva adotada na compreensão do princípio de democracia imanente ao sistema Ninter dá um passo além da "teoria discursiva do direito", no sentido da ampliação da teoria discursiva do direito construída por Jürge Habermas para o momento de sua aplicação, tanto na esfera *administrativa* como na esfera *judicial.*

O sistema Núcleos Intersindicais de Conciliação Trabalhista, ao institucionalizar o diálogo social e criar a possibilidade de diagnósticos compartilhados e proporcionar o conhecimento dos contextos de realidade sobre os quais incide a ação das instituições do trabalho, a partir de enfoque multiversáticas e intercomplementares, busca transcender às "deficiências" do paradigma individual-solipsista do modelo clássico de racionaldade.

Por essa razão, no que se refere aos processos cognitivos das autoridades do Poder Público e às relações entre as instituições do trabalho e os sindicatos constituintes dos Núcleos Intersindicais de Conciliação Trabalhista, o instituto da ação pública comunicativa constitui-se no instrumento por meio do qual essas instituições promovem a democratização da organização do trabalho (cf. 2.5) mediante o reconhecimento da indispensável participação dos destinatários da ação do Poder Público nos procedimentos decisórios.

No caso específico do exercício do Poder Público no âmbito da jurisdição, os procedimentos processuais concebidos segundo o paradigma liberal individualista, que leva em conta o indivíduo atomizado, também não conseguem municiar os juízes de elementos contextuais que lhes permitam avaliar as consequências sociais de sua decisão.

1.2.4. O SEGUNDO PRESSUPOSTO: O PRINCÍPIO DA COMPLEXIDADE

Os desenvolvimentos realizados até aqui, quer sejam acerca no plano empírico-pragmático, quer sejam aqueles concernentes à crise epistemológica da ciência e da filosofia, apontaram para a insuficiência do paradigma que constitui o *imprinting* cultural com que operam os juristas de ofício e autoridades decisórias do sistema de organização do trabalho. Sob o prisma de uma ética da responsabilidade, os aspectos empírico-pragmáticos levantados na experiência concreta submetida à crítica e exaustivamente estudada na primeira parte desta investigação, especialmente no caso exemplar considerado no estudo de caso difícil (*hard case*) "Irmãos Okubo" revelam dramaticamente a crise do modelo de organização do trabalho e, dentro dela, uma crise interna não menos desprezível, que é a paradigmática. O reducionismo, a fragmentação e a simplificação da realidade para fins de controle jurídico mutilam a compreensão unilateral das instituições do trabalho dos contextos de realidade em sua singularidade irrepetível, e o resultado é um mosaico disforme e agonístico entre os diversos sistemas que operam na organização do trabalho.

As indagações que se impõem, no enfoque paradigmático do princípio da complexidade, são:

> a) Como podem as instituições do trabalho desvencilhar-se da "cegueira" da realidade em que elas operam e conseguir detectar ou prevenir resultados sociais alarmantes que se verificam em decorrência de uma visão fragmentada da realidade e da completa desarticulação entre as ações dos diversos atores (instituições do trabalho e seus agentes) que agem, contraditoriamente, num mesmo contexto, numa mesma realidade, num mesmo cenário de relações laborais?
>
> b) Como evitar que a atividade de aplicação da legislação com a intenção (ética da intenção — intencionalismo) de produzir justiça e efetividade dos direitos sociais possa se transformar em um fator de agravamento das condições sociais dos destinatários desta ação, produzindo resíduos de injustiça em lugar de promovê-las?
>
> c) Concretamente, como exsurge do caso "Irmãos Okubo", como evitar que a ação (desordenada) das instituições do trabalho possa resultar na extinção súbita de uma atividade, no desemprego de milhares de trabalhadores e na involução socioeconômica de uma região ou de um setor

de atividade, sem deixar meios compensatórios de tais perdas, principalmente por parte dos trabalhadores a quem tanto se quis proteger?

Na visão do *direito meramente funcional,* como a de Niklas Luhmann, que lhe atribui a função de estabilizar expectativas e manter em equilíbrio a "convivência" entre sistemas, o direito é um redutor de complexidade que restringe a relação entre a lei e a realidade ao código binário (licíto/ilícito), sem qualquer possibilidade de dirigir os demais sistemas. De outro lado, a perspectiva que confere ao *direito uma função integradora da sociedade,* constituída sob princípios (Ronald Dworkin) vinculados a uma Constituição normativa, e que dá suporte ao sistema Núcleos Intersindicais de Conciliação Trabalhista (que busca principalmente a efetividade dos direitos sociais) é a de que a aplicação do direito requer uma ampliação cognitiva da realidade por parte das autoridades decisoras. Esta última é a que guarda coerência com o paradigma do Estado Democrático de Direito e com os ideais do neoconstituiconalismo abraçado pela Constituição Federal. Sem embargo, ela é determinante para a introdução do pensamento complexo na gestão da organização do trabalho e na administração da justiça, uma vez que o modelo de racionalidade juspositivista, ao contrário, atua numa perspectiva deducionista e fragmentadora de tais contextos de realidade.

A elaboração de diagnósticos de realidade mais amplos da questão trabalhista presente numa situação particularizada de aplicação da lei e a apreensão dos respectivos contextos de realidade requerem a eleição de um paradigma condizente com este propósito.

Klaus Guther traduz o processo hermenêutico da aplicação de normas como "cruzamento entre descrição da situação e concretização da norma geral", o que equivale à necessidade de uma descrição o mais pormenorizada possível dos elementos significantes característicos da situação indigitada.

Ora, de fato, como bem revela o *caso* "Mitsuro Okubo", a ampla gama de variáveis e situações contextuais de alta significação jurídico-hermenêutica e a adoção de uma ética de resultados por parte de decisores socialmente comprometidos impõem a assunção da complexidade como inerente à realidade e o princípio da complexidade como norteador de sua atuação, em lugar do paradigma redutor, simplificador e fragmentador, que não dá conta da complexidade do real, que ignora consequências sociais da ação pública e que gera resíduos de injustiça contrários aos fins sociais da lei.

A impossibilidade da exigência das competências do "juiz hércules"[114] em cada agente público (autoridades do trabalho) importa a aceitação do princípio

---

(114) DWORKIN, Ronald. *O império do direito.* Trad. Jefferson Luiz Camargo. São Paulo: Martins Fontes, 1999. *passim.*

de complexidade como subconceito do *princípio de democracia,* que instrui o sistema Núcleos Intersindicais de Conciliação Trabalhista para dar corpo à ação pública comunicativa.

A comunidade dos decisores e dos afetados, em procedimentos discursivos institucionalizados, decodificará a realidade circundante sujeita à ação das instituições do trabalho, mediante diagnósticos interinstitucionais reveladores das questões de fundo, por sua vez, reveladoras de questões trabalhistas de relevante interesse público ou social, das quais qualquer ator/decisor do mundo do trabalho não pode deixar de dar conta.

Essa perspectiva evidencia o fato de que legitimidade não pode ser confundida com eficiência e de que a função do direito e suas instituições não são o mesmo que reduzir a complexidade, mas, antes, de mergulhar nela o máximo possível para, compreendendo a realidade, buscar o modo mais adequado de compreender e aplicar a norma do direito.

Com efeito, o ato de aplicação do direito não é um ato regulado por regras[115], e nesse espaço de anomia é que se instala a ética da responsabilidade e solidariedade a ser assumida por autoridades comprometidas com a ideia de justiça construída dialogicamente.

Ocorre que um estado de coisas simplificado e desconectado da realidade e dos contextos que lhe dão sentido, assim mutilado, pode atrair a "subsunção" de norma inadequada ao cumprimento da função do direito e gerar resultados que negam o sentido da própria norma.

Na perspectiva do sistema Núcleos Intersindicais de Conciliação Trabalhista, esta mudança paradigmática se orienta pelo *princípio* da *complexidade*[116], que aqui ganha *status* de paradigma.

---

(115) "A hermenêutica jurídica teve o mérito de contrapor ao modelo convencional, que vê a decisão jurídica como uma subsunção do caso sob uma regra correspondente, a ideia aristotélica de que nenhuma norma pode regular sua própria aplicação (Ronald Dworkin). Um estado de coisas conforme a regras só se constitui a partir do momento em que é descrito em conceitos de uma norma a ele aplicada, ao passo que o significado da norma é concretizado pelo fato de ela encontrar aplicação num estado de coisas especificado por regras. Uma situação complexa do mundo da vida, sob o aspecto da relevância, ao passo que o estado de coisas por ela constituído jamais esgota o vago conteúdo significativo de uma norma geral, uma vez que também o faz valer de modo seletivo. Esta descrição circular caracteriza um problema metodológico, a ser esclarecido por toda teoria do direito." Cf. HABERMAS. *Direito e democracia* — entre..., 1997a. v. I,. p. 247.

(116) O pensamento da complexidade veio sendo construído ao longo de muitos estágios. Em sua base estão as três teorias (informação, cibernética e sistema). O segundo estágio agrega a teoria da auto-organização e o terceiro a que Morin se atribui a inserção dos princípios complementares (dialógico, de recursão e hologramático). Cf. MORIN, Edgar. *Introdução ao pensamento complexo.* Trad. Eliane Lisboa. Porto Alegre: Sulina, 2005. *passim.*

Edgar Morin considera a inteligência "cega" como a "patologia do saber". É aquela que não conhece os contextos, as totalidades, os conjuntos. O paradigma de conhecimento ocidental formulado por Descartes, no momento em que separou o sujeito pensante (*eco cogitans*) da coisa entendida (*rex extensa*), inseriu como princípio de verdade as ideias claras e distintas, e instituiu o *pensamento disjuntivo*. O tecido complexo da realidade passou a ser despedaçado, fragmentado, por uma hiperespecialização que procede a um corte arbitrário e faz crer que a parte separada é o real[117].

O pensamento complexo reconhece a incerteza[118] do conhecimento, trata com a incerteza e concebe sua organização: capaz de reunir, contextualizar e globalizar, ao mesmo tempo em que reconhece o singular, o individual, o concreto (*complexus* é aquilo que é tecido conjuntamente). Antes que um paradigma, pode-se dizer que se trata de um modo de pensar, de um *pensamento complexo*.

Não se trata de abandonar os princípios de ordem, de separabilidade e de lógica, mas de integrá-los numa concepção mais rica. Utiliza-se da lógica clássica, dos princípios de identidade, de não contradição, de dedução e de indução, mas conhece seus limites e sabe que em certos casos é preciso transgredi-los[119] para resgatar a coerência entre as partes e o todo, o particular e o geral, o múltiplo e o uno. Se o paradigma simplificador cartesiano impõe disjuntar e reduzir, o paradigma da complexidade determina juntar tudo e distinguir.

Paradigma da complexidade não equivale a paradigma sistêmico, porque ele não anula o particular, o unitário — o sistêmico é unificador e perde a diversidade. Se o pensamento simplificador perde a unidade, ambos não têm acesso ao real. A complexidade procura equilibrar esses processos de explicação. Assim, "o todo é mais que as partes", "o todo é menos que as partes", "o todo é mais que o todo" (porque retroage sobre as partes, e estas sobre o todo, que é mais que uma realidade global, estática, estrutura sistema e é um dinamismo organizacional)[120].

---

(117) MORIN. *Introdução ao pensamento complexo*, 2005. p. 11-12.
(118) "Como conceber a criatividade humana ou como pensar a ética num mundo determinista? Esta questão traduz uma tensão profunda no interior de nossa tradição... A democracia e as ciências modernas são ambas herdeiras da mesma história, mas essa história levaria a uma contradição se as ciências fizessem triunfar uma concepção determinista da natureza, ao passo que a democracia encarna o ideal de uma sociedade livre. Considerarmo-nos estrangeiros à natureza implica um dualismo estranho à ventura das ciências, assim como à paixão de inteligibilidade própria do mundo ocidental. Esta paixão consiste, segundo Richard Tarnas, em 'reencontrar sua unidade com as raízes de seu ser'. Pensamos situar-nos hoje num ponto crucial dessa aventura, no ponto de partida de uma nova racionalidade que não mais identifica ciência e certeza, probabilidade e ignorância" (Cf. PRIGOGINE, Ilya. *O fim das certezas* — tempo, caos e as leis da natureza. Trad. Roberto Leal Ferreira. São Paulo: Unesp, 1996).
(119) MORIN, Edgar; MOIGNE, Jean-Louis Le. *A inteligência da complexidade*. Trad. Nurimar Maria Falci. 2. ed São Paulo: Petrópolis, 2000.
(120) MORIN, Edgar. *Ciência com consciência*. 2003. p. 261.

Uma epistemologia da complexidade importa uma razão aberta. A racionalidade contemporânea revela que a razão é evolutiva e que é preciso desmitificá-la. É simplesmente dialógica. A razão se torna mais modesta porque inclui a incerteza no conhecimento, a desordem na ordem, o contraditório no lógico. O método da complexidade pede para pensarmos nos conceitos sem dá-los por construídos, para pensarmos na singularidade com a localidade. Dá atenção singular sem deprezar o conjunto. Com efeito, "Perhaps we need to embrace an understanding of complex phenomena, hardly possible without recourse to the pradigm of complexity"[121].

Qual a utilidade das tão decantadas certeza e segurança jurídicas que se pretende à custa da redução, do desprezo e da fragmentação da realidade em contextos cada vez mais complexos, ao se pretender resolver com fórmulas simples situações complexas? A ideia de clareza e simplicidade no paradigma da racionalidade clássica corresponde à ideia de um universo simples, governado pelo determinismo e por uma ordem programada. Para reter o conhecimento da realidade na mente, ter-se-ia que acreditar num plano mecanicista governando o universo. O acesso às leis que governam este arranjo ou o algoritmo que comanda a sequência dos eventos tal como acontecem seria suficiente para a ordem correta das coisas.

Ao assumir a perspectiva do paradigma da compexidade, o sistema Núcleos Intersindicais de Conciliação Trabalhista tem o diálogo e a concertação social como estratégia de aproximação da realidade complexa. A elaboração de diagnósticos multifacetários e a construção interinstitucional de projetos de ação retiram do sujeito individual-solipsista o impossível encargo de dar conta do real e de responder solitariamente pelas consequências de sua ação. O espaço do institucionalizado do Conselho Tripartite/Conselho Interinstitucional de cada Núcleo Intersindical de Conciliação Trabalhista é o *locus* em que se reconstrói, pelo diálogo social, o todo complexo da realidade a partir da "parte" que cada participante dela conseguiu lograr apreender (cf. 2.1.3.2).

Não só a realidade é complexa, mas, e sobretudo, o procedimento de escolha da norma aplicável a tais contextos, seu sentido e o modo mais adequado de sua aplicação. Todos esses aspectos são multiversáteis e só podem ser equitativamente concatenados a partir de uma visão abrangente dos contextos e levando em conta as pretensões de validade de todos os participantes do discurso. A busca de soluções deve pautar-se pela persecução da concreção do "ideal" de uma verdade consensualmente estabelecida entre decisores e destinatários/afetados pela decisão.

---

(121) "Talvez tenhamos que compreender os fenômenos em sua complexidade, o que dificilmente seria possível sem recorrermos ao paradigma da complexidade" (Tradução livre). Cf. ARNAUD, André-Jean. Preliminary remarks on complexity and socio-legal studies. *In:* ARNAUD, André-Jean; OLGIATI, Vittorio. *On complexity and socio-legal studies:* some european examples....): Oñati International Institute for the Sociology of Law, 1993, v. 14. p. 9-11. (Cópia xerografada).

1.2.5. O Ninter e a concepção construtivo-discursiva do direito

"O pensamento jurídico está vivendo uma exaustão paradigmática" que impõe um "despertar do sono da dogmática" e o desafio de reflexões inéditas a ser enfrentado[122].

Os desafios são maiores, uma vez que não há paradigmas alternativos consolidados, o que "implica repensar epistemologicamente toda a Ciência do Direito e colocar em novos termos a sua interface, quer com a teoria social, quer com a economia política"[123]. A tradução desta proposição no âmbito do sistema Ninter equivale a conferir centralidade aos princípios constitucionais da dignidade da pessoa humana, da valorização social do trabalho e da livre-iniciativa na gestão da organização do trabalho e na administração da justiça, na medida em que o diálogo e a concertação social são compreendidos como técnicas viáveis de adequação da legislação do trabalho a contextos e situações que o exigem para o atendimento aos princípios, direitos constitucionais fundamentais, incluído o direito social. A institucionalização de procedimentos discursivos que asseguram a participação dos afetados na elaboração de diagnósticos multifacetários nos processos cognitivos concernentes às realidades concretas permite a permanente reconstrução do sentido da norma e dos fatos, bem como a sua permanente adequação, de modo a assegurar os objetivos e os fins sociais a que ela se destina.

Apontar para a raiz paradigmática da atividade jurídica e propugnar pela substituição da razão instrumental que lhe dá sustentação pela razão dialógica é o móvel desse esforço para a sua conceituação, posto que a crítica não propositiva deve ser rechaçada.

Considera-se que a assimilação deste paradigma, como uma das condições da democracia, da reafirmação emancipatória do Direito do Trabalho (que aqui interessa) e da legitimação da ação pública, é tão necessária quanto a reposição de equipamento tecnológico que, por obsoleto e inadequado às novas condições socioprodutivas de um determinado empreendimento, põe em risco todo o sistema de produção.

A cultura jurídica ainda é estacionária do modelo de racionalidade da filosofia da consciência. O monopólio do Estado na produção e aplicação do direito atingiu seu ponto culminante com o positivismo no sentido do fetichismo da lei escrita e da negação do sujeito na elaboração do conhecimento jurídico e com o neopositivismo na transposição das ciências naturais para o Direito.

---

(122) FARIA, José Eduardo. *O direito na economia globalizada*. São Paulo: Malheiros, 1999. p. 331.
(123) FARIA. *O direito na economia globalizada*, 1999. p. 331.

A transposição do paradigma da consciência, que se encontra acriticamente instalado na prática jurídica, reflete-se na busca da construção do conhecimento jurídico e do conhecimento da "realidade" (racionalizada) a partir de categorias racionais *a priori* (razão jurídica solipsista).

O *positivismo* pretendeu executar a reabilitação da coisa em si como acessível ao conhecimento e vencer toda relatividade e toda incerteza, fundando o conhecimento na coisa. O "afastamento" metódico da ciência de qualquer juízo de valor para ater-se, exclusivamente, aos juízos de fato, em busca de um *conhecimento puramente objetivo da realidade*, fundado numa concepção mecanicista do mundo, transpôs-se para as ciências sociais e para o direito.

Sua repercussão mais importante no campo do direito se revela, de um lado, pela pretensão do afastamento do sujeito na busca do sentido da norma e da realidade em que se opera a "subsunção" jurídica, o qual foi mantido numa posição de "neutralidade", e, de outro, pela mutilação redutora da realidade, que recorta determinados fatos de seus contextos para limitar sua interpretação à análise de sua adequação à descrição normativa.

O neopositivismo, que corresponde à vertente epistemológica objetivista do direito, promoveu, em definitivo, a consolidação desse modelo de racionalidade. Ingressou na teoria jurídica pela chamada *filosofia analítica*, que tinha o projeto de construção de uma linguagem rigorosa para a ciência, e foi adaptada ao direito por Hans Kelsen (*Teoria Pura do Direito*) e Norberto Bobbio (*Ciência do Direito e Análise da Linguagem*). Nesse sentido, não se confunde com o *positivismo legalista*, que faz distinção entre *lei* e *direito*.

Esse "racionalismo jurídico" resulta das concepções filosófico-jurídicas do iluminismo[124] e ainda é predominante na cultura jurídica nacional. As consequências do racionalismo na jurisdição bem se traduzem no pensamento de Siéyès, que, ao argumentar em favor da codificação do direito, prelecionou que o procedimento judiciário — acrescente-se, dos demais decisores e aplicadores do direto — consistiria somente de um *juízo de fato* (ou seja, assegurar que fossem verificados os fatos previstos pela lei), já que a *questio juris* (a determinação da norma jurídica a ser aplicada no caso em exame) não apresentaria dificuldades, por sua clareza, e as questões que exigiam intervenção de técnicos do direito era resultado exclusivamente da multiplicidade e da complicação irracional das leis[125].

Dessarte, o *leitmotiv* do direito é a ideia de que um legislador universal — que dita normas válidas para todos os tempos e lugares — e de um direito *simples*

---

(124) BOBBIO, Norberto. *O positivismo jurídico* — lições de filosofia do direito. Trad. Márcio Pugliesi. São Paulo: Ícone, 1995. p. 64.
(125) BOBBIO. *O positivismo jurídico...*, 1995. p. 67.

e unitário. Trata-se de um retorno à "natureza", bem ao gosto iluminista, que considerava que o direito histórico era "fenomênico".

Além do direito histórico, havia o verdadeiro direito ditado pela *ciência do legislador,* "uma ciência nova que, *interrogando a natureza do homem, estabeleceria quais eram as leis universais e imutáveis que deveriam regular a conduta do homem*" (grifo póstumo)[126]. A essência da realidade é simples e suas leis são harmônicas. Por isso, o verdadeiro direito, fundado na natureza, podia e devia ser simples.

O positivismo (Kelsen) consolidou o ingresso da metodologia da ciência moderna na prática jurídica. Sob a inspiração do primeiro Wittgenstein[127], o neopositivismo buscou a "verificação das significações com o rigor técnico expressional só peculiar às ciências mesmas"[128].

Kelsen, ao filiar-se à tradição da *teoria do conhecimento,* assume a inevitável *complexidade do mundo em si.* Abandona-o à sua própria sorte ao assumir que o cientista do direito deve desprezar todos os demais aspectos dessa complexidade: políticos, éticos, religiosos, psicológicos e históricos. Procura a construção de um objeto analítico próprio ao direito, distinto dessas influências. Na teoria pura, a norma deixou de ser um esquema de interpretação do mundo (metalinguagem). Vale dizer, um fato só é jurídico se for conteúdo de uma norma, como condição de significação normativa. Passou a ser uma linguagem-objeto, da qual a ciência jurídica passou a ser metalinguagem. Nesta não há a intenção prescritiva que dinamiza o direito; apenas se procura descrever de forma neutra o conteúdo das normas jurídicas. A norma jurídica, metalinguagem do ser, não pode ser qualificada como verdadeira ou falsa; simplesmente pode ser válida ou inválida, segundo critérios de hierarquia.

1.2.5.1. A RELAÇÃO RECURSIVA E RECIPROCAMENTE CONSTITUTIVA DE SENTIDO ENTRE O FATO (REALIDADE) E A NORMA JURÍDICA

O modelo racionalista de operar o direito consumado com o positivismo cuida das normas e dá ínfima atenção aos fatos, como se estes fossem conceitos evidentes. A compreensão do "caso" pressupõe o entendimento do seu sentido e do valor que se lhe dá: *"la comprensión del caso consiste, por tanto, en esta*

---

(126) BOBBIO. *O positivismo jurídico...,* 1995. p. 65.
(127) WITTGENSTEIN, L. *Tractatus lógico-philosophicus.* Trad. Luiz Henrique Lopes dos Santos. São Paulo: Edusp, 1994: "3.203 O nome significa o objeto. O objeto é seu significado ("A" é o mesmo sinal que "A") (...) "4.01 A proposição é uma figuração da realidade. A proposição é um modelo de realidade tal como pensamos que seja." (...) "6.124 As proposições lógicas descrevem a armação do mundo, ou melhor, representam-na." "3 A figuração lógica dos fatos é o pensamento".
(128) REALE, Miguel. *Filosofia do direito.* São Paulo: Saraiva, 2001. p. 22.

categorización de sentido y de valor. Esto permite entender por qué puede hablarse de solución adecuada al caso" (grifo póstumo). As categorias de sentido e de valor de que disponha o intérprete são determinantes para a construção do sentido e do valor dado aos fatos. E essa categorização do caso à luz das categorias de sentido do intérprete/decisor "indicará así en qué direcciones y en vista de qué resultados deberá buscarse en el ordenamiento la regla idónea para ser aplicada"[129].

A dimensão fática, que no paradigma jus-racionalista tem importância secundária, reveste-se de extraordinária importância na aplicação da norma trabalhista, dada a multicomplexidade dos contextos e a característica agonística das relações sociais do trabalho.

Além disso, a autoridade pública não se apresenta diante dos fatos como mero observador, tal como se configurou na metódica (alquebrada) da ciência moderna.

O direito positivo só pode controlar parcialmente os critérios de categorização do sentido e do valor que se deve atribuir aos fatos. Se os valores podem ser positivados mediante normas de princípio, o mesmo não ocorre com os fatos, uma vez que estamos, inclusive o legislador, todos imersos no universo de sentido dos fatos, cujo contexto é pressuposto, sendo raras as vezes em que o direito positivo impõe uma determinada compreensão do seu sentido.

As presunções não constituem, de modo algum, a regra definidora de sentido e de valor aos fatos. "El derecho positivo presupone, pero no puede imponer, una comprensión de sentido", e, por isto "el derecho no puede separarse del ambiente cultural en que se halla inmerso y erigirse como sistema normativo independiente y autosuficiente"[130].

Com efeito, os fatos não são predestinados às normas, mas são seletivamente eleitos como enquadráveis em determinada norma, prevalecendo a mesma margem de discricionariedade na situação inversa da eleição da norma:

> "Situações de facto particulares não esperam por nós já separadas umas das outras e com etiquetas apostas como casos de aplicação da regra geral, cuja aplicação está em causa; nem a regra em si pode avançar e reclamar os seus próprios casos de aplicação."[131]

Nesses termos, o ato de aplicação (que já pressupõe o ato de interpretação) comporta tríplice escolha por parte do decisor jurídico:

a) da norma aplicável;

---

(129) ZAGREBELSKY. *El derecho dúctil*, 2005. p. 136.
(130) ZAGREBELSKY. *El derecho dúctil*, 2005. p. 138.
(131) HART, Herbert L. A. *O conceito de direito*. 2. ed. Trad. A. Ribeiro Mendes. Lisboa: Calouste Gulbenkian, 1994. p. 139.

b) do sentido que se vai atribuir à norma no ato de sua concreção; e

c) do sentido e do valor que se atribuem à situação de fato sobre a qual incide a norma.

O *formalismo,* ou o *conceitualismo* jurídico, é o modo pelo qual a tradição jurídica, inspirada no positivismo, procura disfarçar a inelutabilidade desta escolha.

Ao fixar o sentido da regra de modo que seus termos gerais devam ter o mesmo significado em caso diferentes, as peculiaridades de cada caso, muitas vezes, decisivas para o alcance de uma decisão "correta" em termos de princípios, são, em regra, desconsideradas. A pragmática jurídica, na sua vertente positivista, simplesmente liga-se a "certos aspectos" presentes no caso simples pontuado, segundo uma metódica reducionista, qualificando-os como "necessários e suficientes para trazer algo que os retém no âmbito da regra, sejam quais forem os outros aspectos que possam ter ou que lhes possam faltar, e sejam quais forem as consequências sociais derivadas da aplicação da regra dessa maneira"[132].

Não é por acaso que as teorias da argumentação jurídica formuladas nas últimas décadas não deem atenção à argumentação relativa a fatos.

No campo judiciário, a matéria tem merecido menor atenção, uma vez que o princípio do duplo grau de jurisdição dá preferência à reconsideração da aplicação da norma.

Contudo, o princípio da livre convicção não significa que o juiz tenha plena liberdade para estabelecer o que considera ou não como um fato provado. A obrigação de motivar os fatos diz respeito ao dever do juiz de justificar racionalmente por que considera um determinado fato como provado[133].

A compreensão da atividade motivadora do juiz é como um "estatuto essencialmente cognoscitivo, único que puede conferir a la decisión judicial legitimidad política y validez desde el punto de vista epistemológico y jurídico"[134]. A construção de ficções fáticas na aplicação da lei constitui enorme fonte de deslegitimação da atividade judicial, especialmente em relação a "casos difíceis".

Tais ficções decorrem de *argumentos ad ignorantiam* (motivações baseadas na insuficiência da prova, que equivalem a afirmar a inexistência do fato jurígeno a existência jurídica de fato fictício), do princípio da *nulidade da prova ilícita* (o que para o detetive é prova inequívoca da existência do fato para o juiz é inexistente) e de julgamentos por *abdução* (conclusões imperfeitas apenas plausíveis e inferências

---

(132) HART. *O conceito de direito*, 1994. p. 142.
(133) Esta questão é particularmente grave relativamente ao Direito Penal, em que a argumentação sobre fatos é eminentemente sobre fatos.
(134) ATIENZA. *Cuestiones judiciales*, 2004. p. 29-31.

acerca do desconhecido a partir de elementos conhecidos), a par das limitações decorrentes do contexto institucional do juiz[135].

Quer se conceda à motivação a que se vincula o juiz e, de resto, qualquer autoridade encarregada da aplicação do direito, um caráter meramente descritivo (individualização do percurso "lógico jurídico" conducente à decisão) ou um caráter justificativo (como racionalização *a posteriori* da decisão previamente tomada)[136], o problema epistemológico é sempre persistente e põe em xeque o *racionalismo solipsista*, que orienta os procedimentos de tomadas de decisões das autoridades públicas.

O "caso difícil" estudado no capítulo 3 desta tese apresenta-se como um eloquente exemplo das questões fáticas e jurídicas levantadas nessas considerações acima e demonstra a insuficiência da concepção monológica da aplicação do direito e os desastrosos efeitos sociais do solipsismo epistemológico presentes no modelo de aplicação do direito predominante, que, no caso concreto, gerou fortes resíduos de injustiça, consumados na eliminação de todo um setor de atividade econômica e de milhares de postos de trabalho, além de piorar a situação dos trabalhadores remanescentes do setor.

De tudo isso resulta que os fatos também são passíveis de cognição e interpretação, sujeitas à intervenção decisiva do "observador" (autoridade encarregada da aplicação da lei).

Essa constatação revela a importância da elucidação dos pressupostos epistemológicos com que trabalha a autoridade pública na operação cognitiva de apreensão da realidade e a necessidade de seu encaminhamento para uma *racionalidade contextual* que leve em conta a realidade, ditada pelo reconhecimento da textura aberta (*open texture*) da instituição jurídica, cuja importância ressaltou Herbert L. A. Hart:

> Nada pode eliminar esta dualidade de um núcleo de certeza e de uma penumbra de dúvida, quando nos empenhamos em colocar situações concretas sob as regras gerais. Tal atribui a todas as regras uma orla de imprecisão, ou uma "textura aberta", e isto pode afectar a regra de reconhecimento que especifica os critérios últimos usados na identificação do direito, tanto como duma lei concreta. Sustenta-se frequentemente que este aspecto do direito demonstra que qualquer elucidação do conceito de direito em termos de regras resulta equívoca. Insistir nela perante as realidades de cada situação é, muitas vezes, estigmatizado como "conceptualismo" ou formalismo.[137]

---

(135) ATIENZA. *Cuestiones judiciales*, 2004. p. 29-31.
(136) ATIENZA. *Cuestiones judiciales*, 2004. p. 29-31.
(137) Cf. HART. *O conceito de direito*, 1994. p. 134-135.

Se os "infinitos" modos de ver a vida tornaram-se filosoficamente irreconciliáveis e se a ciência plurívoca acerca de um único objeto teve que recorrer ao voluntarismo de uma comunidade de cientistas para eleger seus paradigmas, ainda que provisórios e restritos a uma determinada comunidade concreta de cientistas[138], a ação humana é, então, fruto da decisão (decisionismo), e não do conhecimento, do saber? Então, para que regras se basta a autoridade?

A questão que se impõe é: a correção e as pretensões de justiça das decisões jurídicas são uma *falácia*, tal como assim se designou a *falácia naturalista* de séculos passados? Se quase nenhum operador jurídico se assume explicitamente *positivista*, nesta quadra devemos então nos contentar com a premissa de que o direito e as normas servem para se produzir decisões jurídicas?

Paradoxalmente, deve-se contentar com o fato de que, à frente de uma Constituição dirigente como a nossa, a decisão jurídica possa ser vista tão somente como modo de solução de conflitos, e não como um dos meios de realização do projeto constitucional da sociedade à luz dos princípios e valores positivados? A Constituição brasileira deverá cumprir um papel apenas "simbólico"? E, se assim for, serão os juristas de ofício, todos, cúmplices dessa degeneração geradora do esgarçamento cada vez mais profundo do "tecido social", cuja integração a aplicação da norma constitucional deveria promover, considerando que a Constituição é o resultado do consenso político que torna viável a sobrevivência da sociedade?

Na expressão de Leonel Severo Rocha:

> Através de sua epistemologia positivista, a teoria jurídica dominante efetua uma ruptura entre teoria e práxis, constituindo, assim, um saber epistemologicamente superado. No entanto, esta desvinculação cumpre importantes funções políticas: por um lado, procura gerar a ideia de que somente a teoria é criticável, sendo esta a função dos juristas (teóricos), e, por outro lado, que a práxis é apenas uma técnica procedimental, tarefa jurisdicional utilizada pelos juristas de ofício. Com isso, não se negam explicitamente os aspectos políticos do direito, nem a questão de sua legitimidade. O que se evita discutir é a função social da lei (enquanto práxis), reduzida a um ritual processual privado, separado dos conflitos maiores da sociedade.[139]

Se a crise do direito encontra-se sobretudo na falta de efetividade das normas existentes — devendo-se mencionar com mais ênfase a existência potencializada desta patologia no campo do Direito do Trabalho —, revela-se necessário promover a detecção e o enfrentamento desta crise em todas as suas dimensões, especial-

---

(138) KUHN. *A estrutura das revoluções científicas*, 2003. passim.
(139) ROCHA. Leonel. *Epistemologia jurídica e democracia*, 2005. p. 58.

mente em relação à dimensão interna ao próprio direito (elementos endógenos à crise da organização do trabalho), enquanto sistema. Impõe-se, especificamente, o enfrentamento da questão epistemológica, com vista à superação do paradigma simplicador, reducionista, da razão individualista (solipsismo decisionista) no âmbito do conhecimento e da interpretação dos fatos, do conhecimento, da interpretação e da aplicação da norma.

Assumem grande importância no quadro do atual constitucionalismo brasileiro teorias construtivistas do direito, como a de Ronald Dworkin[140], que, entre duas das principais teorias da exegese jurídica — a que entende o direito como aquilo que as convenções determinam numa certa comunidade (convencionalismo) e a que entende a prática jurídica como um instrumento para a sociedade atingir seus objetivos (pragmatismo) —, sustenta que a função principal do direito é "atender à necessidade de que uma comunidade política atue de forma coerente com seus princípios estabelecidos"[141].

Sem embargo, os fatos, as normas e os conceitos jurídicos podem ser interpretados e o seu sentido pode ser permanentemente redefinido segundos *as singularidades de um dado contexto social, econômico, político e cultural*, sem incursão em arbítrio ou situação de anomia. Tais critérios implicam a "sociologização" (sem incursão no risco do *sociologismo*) da interpretação e da aplicação das leis[142], de modo a se levar em conta contextos de realidade em sua singularidade, irrepetibilidade e permanente mutação.

A teoria dos sistemas, apesar do seu prestígio, também não pode servir a esse escopo, porque não atribui ao direito uma função transformadora nem instrutiva da sociedade; apenas estabiliza expectativas. Em Niklas Luhmann, o jurista, ou o juiz, não pensa como sujeito. O sistema é que pensa por intermédio dele. Essa concepção atraiçoa os objetivos do Estado Democrático de Direito e os princípios constitucionais que constituem o seu fundamento (CF/88).

A conjugação das teorias discursivas de Karl-Otto Apel e Jürgen Habermas com a teoria construtivista de Ronald Dworkin, que pressupõe já uma comunidade de princípios, autoriza a afirmação da existência do direito dos jurisdicionados/administrados à participação nos processos de formação da opinião e da vontade dos órgãos decisores e aplicadores da lei trabalhista, mediante os procedimentos de diálogo e a concertação social institucionalizados pelo sistema Núcleos Intersindicais de Conciliação Trabalhista. Essa conjugação de teorias, ao mesmo tempo que transcende à teoria discursiva do direito de Jürgem Habermas, limita a concepção procedimentalista aos campos da interpretação e da aplicação da norma jurídica,

---

(140) Cf. DWORKIN. *O império do direito*, 1999. passim.
(141) ROCHA, Leonel. *Epistemologia jurídica e democracia*, 2005. p. 182.
(142) ROCHA, Leonel. *Epistemologia jurídica e democracia*, 2005. p. 278.

não se admitindo a alteração do conteúdo da norma senão para compatibilizá-la com os princípios e regras superiores da Constituição.

Sem embargo, a teoria do discurso e da ação comunicativa tem função relevante nos procedimentos cognitivos de busca do sentido da norma jurídica e dos fatos (interpretação) e contextos sobre os quais ela incide. Mas tem como ponto de partida da argumentação o pré-dado pela Constituição.

1.3. PRESSUPOSTOS POLÍTICO-CONSTITUCIONAIS

O sistema Ninter toma como ponto de partida uma *teoria constitucional da democracia participativa*[143], apoiada nos princípios da dignidade da pessoa humana e da cidadania, que fundamentam o Estado (art. 1º, I e II, CF/88), e nos objetivos de garantia do desenvolvimento e da construção de uma sociedade livre, justa e solidária (art. 3º, CF/88). Do ponto de vista da dignidade humana, propugna pela efetividade dos direitos sociais e por um modelo de participação e "governança" em que haja efetiva participação dos cidadãos no exercício do Poder Público (relativo à organização do trabalho), mediante a institucionalização de formas participativas nas quais os afetados pela decisão pública possam tomar parte dela e apresentar, argumentativamente, suas pretensões de validade à consideração das autoridades públicas. Do ponto de vista da cidadania, propugna pelo direito de autodeterminação dos cidadãos, que, no caso da organização do trabalho, expressa-se no princípio constitucional da autonomia coletiva (art. 8º, III, CF/88). Dignidade humana e cidadania são fundamentos que guardam profunda conexão entre si. O exercício da autonomia é a expressão mais lídima da dignidade humana, porque significa garantia do direito do indivíduo e das coletividades de planejar e construir por si mesmo o próprio destino, cabendo ao Poder Público criar as condições para a sua plena realização. A Constituição, portanto, não coaduna com a ideia de um Estado paternalista e assistencialista, mas a de um Estado subsidiário garantidor de direitos. Sem esta perspectiva, a dignidade e a autonomia humanas tornam-se conceitos inócuos e vazios de sentido.

Essa perspectiva devolve às entidades sindicais e às instituições do Poder Público a responsabilidade de desenvolver suas práticas institucionais de modo a garantir o "exercício e a efetividade dos direitos sociais". A autonomia pública e a autonomia coletiva estão desafiadas a reconhecerem-se reciprocamente neste novo contexto político-ideológico e a promoverem uma "reforma" silenciosa de sua atuação e a reunião de seus esforços em busca da efetividade dos direitos sociais e da afirmação da autonomia sindical.

---

(143) BONAVIDES, Paulo. *Teoria constitucional na democracia participativa*. São Paulo: Malheiros, 2001. p. 32.

As atividades diretrizes resultantes do processo evolutivo de concertação e de aprimoramento do sistema Ninter é que dão concreção aos princípios de "governança" e da subsidiariedade ativa. Referem-se, sinteticamente,

>a) ao uso da negociação coletiva como instrumento normativo e vinculativo dos sindicatos a programas de gestão cooperativa da organização do trabalho local e de programas consensuais estabelecidos entre eles e as instituições do trabalho, com vistas à persecução da efetividade de direitos sociais fundamentais, objetivo de lesão massiva na região;
>
>b) ao incremento do uso da negociação coletiva como instrumento de adequação de normas legais a situações específicas locais;
>
>c) à institucionalização de procedimentos discursivos abertos destinados ao conhecimento abrangente dos problemas trabalhistas locais/setoriais;
>
>d) à elaboração de diagnósticos cooperativos e interinstitucionais acerca das suas causas e das suas consequências sociais;
>
>e) à troca de informação e de experiências e ao conhecimento dos princípios e dos programas de ação, códigos de conduta e políticas institucionais adotados pelas diversas instituições do trabalho relativamente à questão trabalhista local;
>
>f) à consolidação de espaço (institucional) de "diálogo social" e da "concertação social" entre todos os atores coletivos, públicos e sociais responsáveis pela organização do trabalho rural local (sindicatos fundadores do Núcleo Intersindical de Conciliação Trabalhista e as instituições/autoridades do trabalho locais) orientados para a busca de soluções para questões trabalhistas de relevante interesse público, coletivo e social;
>
>g) à participação dos sindicatos nos procedimentos cognitivos das instituições/autoridades do trabalho como forma de participação dos destinatários/afetados nos processos decisórios do Poder Público e na sua solução e dos problemas locais;
>
>h) à formulação de programas consensuais/interinstitucionais de ação conjunta diante de problemas que envolvam interesses coletivo, social e público; e
>
>i) à institucionalização e à implantação de formas preventivas e de meios não judiciais de resolução de conflitos (a conciliação, a mediação e a arbitragem) pelos sindicatos, com o apoio e a cooperação das instituições/autoridades do trabalho.

As funções institucionalizadas para o alcance desse escopo compreendem-se pela assimilação dos princípios político-constitucionais da "governança" e da subsidiariedade ativa. Referem-se, aos primeiros, aquelas insertas nas alíneas "d", "e", "f", "g", "h", "i", e aos segundos, as referidas nas alíneas "a", "b" e "c".

1.3.1. O PRINCÍPIO DA "GOVERNANÇA"

O esvaziamento da ideia da *participação* e as indefinições quanto ao alcance do que se compreende por democracia participativa justificam o uso da expressão "governança" nesta investigação, adotando a respectiva teoria como marco teórico da compreensão das funções concernentes às alíneas "d", "e", "f", "g", "h", "i", descritas no introito do item 6.3.

Como assinalam Talmant e Calame, o conceito de *participação*, antes muito em voga, está contaminado por um vício congênito e não corresponde ao sentido de um diálogo verdadeiro, nem da elaboração de um projeto comum a partir da percepção que os afetados ("simples cidadãos") têm de sua realidade cotidiana. Ao contrário, carrega o sentido de condução dos cidadãos "até o terreno da administração fazê-los aderir ou participar na realização de projetos definidos pela administração com suas próprias palavras e com suas próprias categorias". O sentido da participação que se elabora por intermédio do conceito de "governança" é o de um efetivo engajamento dos destinatários da ação pública em procedimentos discursivos preparatórios destas ações, não cabendo, portanto, na noção degenerada do termo "participação".

A ideia de "governança" que orienta o sistema Núcleos Intersindicais de Conciliação Trabalhista constitui uma consequência inevitável da aceitação dos paradigmas da razão dialógica e da complexidade como paradigmas complementares ao da filosofia da consciência e diz respeito à adoção de práticas institucionais coerentes com as premissas de uma gestão pública compartida entre sindicatos e instituições do trabalho em âmbitos locais e setoriais. A aceitação da complexidade do real implica desde logo reconhecer as diferenças e a irrepetibilidade das situações concretas e, por isso mesmo, sua irredutibilidade a padrões abstratos de intelecção. O fundo epistemológico desta concepção está na ideia de que a democratização da ação pública somente será possível se as autoridades do trabalho tiverem acesso ao conhecimento acerca da realidade dos destinatários de sua ação, em seus contextos singulares, complexos e irrepetíveis.

O modelo de racionalidade da filosofia da consciência que instrui a organização do trabalho respondeu por uma visão formal-positivista do direito e por seu modo de operar, de um lado, e, de outro, presidiu o modelo de organização das instituições do trabalho, seus programas de ação e seus códigos de conduta, tudo conforme as ideias consentâneas ao pensamento político da época, no auge de sua versão cientificista. Já se demonstrou que a persistência desse paradigma na base da organização do trabalho e da ação das instituições que lhe servem (públicas e sindicais) constitui um dos elementos "endógenos" da crise do sistema de relações de trabalho (cf. 6.1).

Por isso, a questão fundamental que subjaz aos desenvolvimentos desta investigação tem fundo epistemológico e pretende assentar as bases de um pensamento filosófico-constitucional que possa dar consistência à compreensão das atividades dos Núcleos Intersindicais de Conciliação Trabalhista como concretização da ideia de democracia integral assentada na razão dialógica, nos princípios da complexidade e na ideia de cidadania ativa, os quais exigem nas relações Estado e sociedade uma maior densificação do princípio da dignidade humana, fundamento do Estado Democrático de Direito.

As contradições do modelo de racionalidade em que se baseia a organização social (exclusão 'irreversível de um número cada vez mais elevado de pessoas, violência), econômica (aumento desocupação e da pobreza) e política (corrupção e incapacidade de legitimação de programas consistentes de concretização do projeto constitucional), bem como a insuficiência do modelo clássico de democracia, já se tornam visíveis ao cidadão comum que deslegitima cada vez mais a ação do Poder Público.

Dessa tendência também não se afasta o "microcosmo" da organização do trabalho, em que se denota insatisfação com sua incapacidade de conformar condutas e de reverter a função preponderantemente "simbólica", que vem sendo cumprida pela ordem jurídica e pelas instituições do trabalho.

Do ponto de vista da operacionalidade do sistema jurídico e de suas instituições, a questão epistemológica tem enorme participação para a consumação deste estado de coisas, afetando profundamente a legitimidade e a "autoridade" das agentes públicos.

A ideia de "governança" alcança todas as dimensões do exercício do Poder Público, mas a dimensão que se põe em evidência nesta investigação é a da interpretação e da aplicação da norma jurídica, bem como dos demais procedimentos cognitivos acoplados a tais atos. Entre esses, aponta-se, especificamente, o ato de autoridade definidor do aspecto da realidade e dos fatos que serão considerados significativos para a aplicação da norma.

Com efeito, a teoria discursiva confere à ação pública seus fundamentos epistemológicos e a teoria da "governança", o modo com que alcança na prática a concreção dos fundamentos político-constitucionais os valores éticos que fundamentam a República (art. 1º, CF/88) e a busca da efetividade dos direitos sociais. Ambas se compatibilizam na prática do conhecimento e da interpretação, quer seja dos fatos, quer seja da norma jurídica (cf. 1.2.3.3).

A crise dos pressupostos epistemológicos em que se sustentam as práticas jurídicas e institucionais, a incontornável relativização dos critérios de escolha entre alternativas plausíveis e o reconhecimento da interferência do sujeito cognoscente no objeto de conhecimento não passam mais ao largo dos atos cognitivos praticados pelas autoridades públicas, cujo *status*, por si só, já não mais assegura a inquestionabilidade de suas escolhas individuais. Em relação a tais escolhas, já não são mais suficientes os princípios de uma ética intencionalista cuja inconsequência tem sido determinante do surgimento de referências éticas fundadas numa ética de responsabilidade.

Dessarte, a democratização a que se referem os procedimentos institucionalizados no sistema Núcleos Intersindicais de Conciliação Trabalhista não se prende à participação sindical em procedimentos relativos à *escolha de tomada de decisão política por instâncias governamentais* cujo exemplo mais significativo de transformação das práticas democráticas de governo é o orçamento participativo, mas ao momento subsequente à decisão constitutiva do direito, no que se refere à sua interpretação e aplicação da norma jurídica, em quaisquer das instâncias do poder estatal, sempre em consideração aos contextos particulares, locais/setoriais, de sua aplicação.

A reversão paradigmática tem em vista, prioritariamente, a constatação da existência de um elevado grau de não efetividade da legislação trabalhista; as distorções dos fins sociais da legislação e as contradições verificadas na sua aplicação em virtude das práticas contraditórias das diversas instituições do trabalho incidentes sobre uma mesma realidade; o conhecimento insuficiente da realidade em função de diagnósticos fragmentados, díspares e unilaterais dos contextos de aplicação; a ausência de participação dos trabalhadores e empresários nos processos cognitivos das autoridades públicas; e a contradição dos resultados da ação do Poder Público (das instituições do trabalho) com os objetivos da ordem jurídica e a inadequação da legislação do trabalho às particularidades da realidade local.

A ideia de "governança" (cf. 1.1.4), acoplada ao conjunto dos princípios que orientam a instituição e o funcionamento do sistema Núcleos Intersindicais de Conciliação Trabalhista, tal como compreendida por Calame & Talmant[144], é a que melhor explicita a dimensão pragmática da gestão da organização do trabalho e da administração da justiça, concebidas sob o enfoque dos paradigmas emergentes

---

(144) Cf. CALAME, Pierre; TALMANT, André. *A questão do estado no coração do futuro*. Trad. Ephraim Ferreira Alves. Petrópolis: Vozes, 2001.

da razão dialógica e da complexidade. Estes paradigmas, conforme os desenvolvimentos teóricos realizados em torno da indissociabilidade entre democracia e a epistemologia (cf. 1.2), refletem nas práticas administrativas e jurisdicionais, e estes reflexos constituem o conteúdo e sentido com que se emprega, nesta investigação, o termo *governança*.

Os modelos de participação sindical em procedimentos governamentais e todas as formas legalmente previstas de representação sindical em tais procedimentos não contemplam de modo algum a participação dos atores locais nestes processos de tomadas de decisão — na condição de seus destinatários —, nos níveis em que se realiza a interface entre ação pública e as realidades locais, na sua concretitude.

Na tradição da democracia formal, os procedimentos dialógicos se operam nas instâncias que ocupam as cúpulas governamentais e sindicais, que, do "alto", traçam concertações que resultam em direcionamentos centralizados, abstratos e uniformes, a serem observados pelas instâncias inferiores, na forma de regulamentação ou de outros atos performativos das práticas nos níveis inferiores, pretensamente legitimados pela interação artificial entre as cúpulas governamental e sindical, restritas ao âmbito do Poder Executivo.

Em termos de uma epistemologia fundada no princípio da complexidade e da razão dialógica, esta estrutura persiste ainda autoritária e antidemocrática porque segue o padrão racionalista de abstração e de "representação". Com efeito, são os pressupostos neoparadigmáticos de uma concepção integral e substantiva da democracia que guardam coerência com os fundamentos da organização da sociedade brasileira presentes na Constituição de 1988.

A assimilação dos paradigmas emergentes impõe a assertiva de que somente é possível conceber como democrática uma organização do trabalho na qual os destinatários da ação pública tenham participação efetiva nos processos cognitivos teóricos e práticos nos quais as autoridades decisoras baseiam suas decisões, segundo um princípio de complexidade que reconhece a complexidade dos contextos de aplicação e do ato construtivo da *eleição* dos fatos e das normas sujeitos à intepretação, com os quais se opera a *subsunção*.

Os espaços institucionais — processos judiciais e administrativos — hoje existentes são insuficientes para gerar uma efetiva democratização dessas relações. Primeiramente, tais procedimentos são formais e operam segundo o paradigma simplificador, fragmentador e reducionista da realidade, não permitindo, de modo algum, uma compreensão abrangente dos contextos em que se verificam as situações em relação às quais se encetam as decisões públicas. Ao depois, o paradigma da filosofia da consciência é que dá sustentação à ideia presumida de que as autoridades públicas, como sujeito "cognoscente", solipsisticamente consideradas, têm condições de acesso privilegiado à realidade, à verdade e à correção normativa de distorções.

Os procedimentos institucionais burocrático-formais e o processo judicial acabam por privilegiar as relações individuais, vistas de modo descontextualizado e abstraído de uma visão totalizadora de seus contextos. Por isso, são incoerentes com a ideia de uma democracia substantiva fundada nos pressupostos da intersubjetividade e da complexidade, quer seja do ponto de vista do procedimento, quer seja do ponto de vista da efetividade dos direitos.

1.3.1.1. A ESSENCIALIDADE DA FUNÇÃO EMANCIPATÓRIA DA DEMOCRACIA

No plano da filosofia política, várias são as correntes contemporâneas que convergem para uma nova abordagem da democracia de modo a transcender a perspectiva epistemológica iluminista-essencialista, que não mais responde positivamente pelos grandes problemas contemporâneos. Os projetos liberal e socialista e todas as suas formas de expressão política não afastaram os espectros sombrios de uma desagregação da sociedade humana numa perspectiva histórica futura, a exemplo das questões cruciais apontadas por Karl-Otto Apel concernentes às questões bélica, alimentar e ecológica. Não se trata de um determinismo trágico, mas de um realismo motivador de novas posturas e de uma ética global e local de responsabilidade e solidariedade.

O modelo universalista de racionalidade faz com que tais questões não sejam percebidas como uma questão de cada um, porque ela se entrega a uma "mente" iluminada (seja instituição ou seja qualquer fonte de poder, institucionalizada ou não) baseada no subjetivismo solipsista capaz de emanar verdades universais. E, por isso mesmo, os demais viventes se acomodam a uma atitude alienante impeditiva da assunção de um papel reflexivo, ativo e responsável, diante das circunstâncias imediatamente dependentes da ação de cada um.

Esta epistemologia trata o sujeito unitário como fonte última de inteligibilidade e afirma a validade abstrata universal de todo conhecimento. Ocorre que "em todas as afirmações de universalidade se esconde uma negação do particular e uma recusa à especificidade"[145].

A ideia de uma "cidadania universal" é especificamente moderna e depende de se definir acerca da necessária opção ética de saber se *os homens nascem livres e iguais ou se são naturalmente iguais.* Nasce da concepção de que todos os indivíduos nascem livres e iguais. Porém "nenhum indivíduo está naturalmente subordinado a qualquer outro", de modo que "todos devem ter uma posição pública de cidadãos que suporte o seu estatuto de autonomia"[146].

---
(145) MOUFFE. *O regresso do político*, 1996. p. 26.
(146) MOUFFE. *O regresso do político*, 1996. p. 26.

Para o racionalismo universalista individualista subjetivista o "indivíduo" é, paradoxalmente, uma categoria universal; mas, ao contrário, o indivíduo é um homem.

Uma democracia formal, conceitual, fundada nesta abstração importa em perene submissão incondicionada dos indivíduos ao poder e, portanto, uma submissão deslegitimada, do ponto de vista de uma compreensão não falaciosa da ideia fundante de que "todo o poder emana do povo"[147].

A epistemologia oriunda do subjetivismo solipsista da filosofia da consciência é que foi capaz de conceber a ideia de "povo" enquanto totalidade possuidor de um "corpo unitário" e dotado de uma "vontade unitária".

O ponto fundamental a ser destacado, em coro com o pensamento de Friedrich Muller[148], é que a teoria jurídica da democracia baseada no modelo universalizante encobre a distinção entre retórica ideológica e democracia efetiva. O tratamento do conceito de povo como bloco abstrato, ocultando o sujeito (cidadania) como categoria inalienável, foi a fonte de totalitarismos de um número considerável de regimes políticos.

Esse artifício racionalista não resiste à reflexão crítica pós-metafísica engendrada depois do renascimento da filosofia, que tem como ponto de partida a linguagem humana inaugurada por Karl-Otto Apel. O homem, dotado de linguagem, vive na linguagem e se constrói juntamente com os outros na linguagem. Nenhum indivíduo é por si mesmo, não se alienando no outro. É somente a partir do outro que ele toma consciência de si mesmo. A razão é naturalmente dialógica, e a linguagem antecede à consciência, porque lhe fornece seus primeiros conteúdos. Não há pensamento vazio, bem como não existem ideias ambulantes despregadas do sujeito.

Por isso, não é possível mais hoje falar em democracia que tenha por fundamento a dignidade da pessoa humana sem fundamentá-la na filosofia da linguagem. O abstracionismo oriundo da filosofia da consciência produziu a democracia clássica formal, que teve função emancipadora de extraordinária importância para a história da humanidade, rompendo grilhões do absolutismo e da sociedade de castas. No entanto essa emancipação restringiu-se a um segmento social — precisamente, a burguesia, cujos princípios de igualdade, na prática, não lograram impedir que sob seus valores liberais convivessem durante mais de um século com a escravidão, sem que este fato, de modo algum, tenha desencadeado nenhuma reação revolucionária.

No contexto do mundo contemporâneo, a *democracia formal* não pode mais cumprir uma função emancipatória, mas tão somente uma função ideológica, na

---

(147) MOUFFE. *O regresso do político*, 1996. p. 26.
(148) MÜLLER, Freiderich. *Quem é o povo?* Trad. Peter Naumann. São Paulo: Max Limonad, 2000. *passim*.

qual se encontra toda forma de dominação e de apropriação privada do público, tudo em nome do "público". A forma mais cínica deste modelo é a exacerbação da corrupção.

A retórica ideológica da democracia se reproduz no sistema jurídico, na medida em que se lhe confere uma função não emancipatória, mas tão somente de manutenção do *status quo*, mediante a estabilização de expectativas. Esse modelo se reproduz, naturalmente, no campo específico desta reflexão, o da organização do trabalho, em que o acentuado déficit de efetividade denuncia a função meramente retórica e ideológica dos direitos. A compreensão da lei e do sistema de organização do trabalho, da função social das instituições e do papel social dos agentes do Poder Público, abstratamente assim compreendidos, não cumpre mais que uma função "fabuladora"[149], segundo os parâmetros de racionalidade da filosofia da consciência.

1.3.1.2. A BUSCA DO FUNDAMENTO DA "GOVERNANÇA" NA FILOSOFIA DA LINGUAGEM

A assunção da perspectiva epistemológica da razão dialógica, com assento nas premissas da filosofia da linguagem e da complexidade como critério de observação e detecção do real, importa uma nova dimensão da democracia em todos os sentidos, para abranger a participação do cidadão em quaisquer práticas de poder das quais seja ele destinatário, na condição de sujeito que suporta as consequências da ação pública.

No plano político-constitucional, significa compreender o conceito de povo como povo ativo e povo destinatário, atendendo-se aos princípios basilares do Estado Democrático de Direito, no qual a necessidade da legitimação democrática se estende a todo detentor do Poder Público de qualquer de suas esferas, dado que o paradigma da razão dialógica não autoriza nem legitima a razão de um ou de alguns poucos transformar-se em razão universal em relação aos muitos e aos destinatários de sua ação.

Do ponto de vista epistemológico, a compreensão do sentido da "governança" não se pode dar segundo os pressupostos filosóficos e epistemológicos metafísicos de fundamentação e do exercício do Poder Público, mas segundo os parâmetros da filosofia da linguagem, que compreende a linguagem como constitutiva da realidade e das relações intersubjetivas. Compreende-se a racionalidade comunicativa "como

---

(149) ROOS, Alf. *Twards a realistc jurisprudence (a criticismo of the dualism in law)*. Darmstadt:Scientia Verlag Aalen,1989. *passim*. ROOS, Alf. *Direito e justiça*. Bauru: Edipro, 2003.

a estabelecida por sujeitos linguísticos (Estado *versus* cidadão) envolvidos numa prática linguística cujo único objetivo é o entendimento/consenso"[150].

A democracia representativa, ou participativa institucional, é incapaz de dar respostas públicas satisfatórias ao tema da participação popular na administração pública, principalmente em razão da inexistência de qualquer espaço institucional de comunicação entre a sociedade e o Poder Público, inclusivamente o Poder Judiciário.

O sentido epistemológico de "governança" compreende a gestão pública em termos comunicativos, na qual se assegura aos destinatários da ação pública — em qualquer de seus níveis e esferas de Poder Público — o direito de deduzir em procedimentos discursivos e diante da autoridade pública local suas pretensões de verdade.

No paradigma do exercício comunicativo do poder, o imperativo categórico kantiano não mais prevalece como pressuposto da ação dos titulares do Poder Público, uma vez que a validez de seus fundamentos, motivos e argumentos passa a ser posta à prova em procedimentos discursivo-argumentativos, nos quais as pretensões de validade de cada um dos participantes e interessados concorrem para a busca do melhor argumento que possa fundamentar a celebração de racionais que sirvam de referência para as práticas institucionais (sindicatos e instituições públicas do trabalho)[151].

De certo modo, essa visão compatibiliza-se com o pensamento de Boaventura de Souza Santos, na medida em que reintroduz o senso comum na ciência e no âmbito da ação do Poder Público, rompendo com a tradicional distinção proveniente do que o sociólogo designa como *primeira ruptura epistemológica* promovida pela ciência e que corresponde ao banimento do senso comum, do conhecimento científico da modernidade, com o mais completo esquecimento de que ambos, ciência e senso comum, são interdependentes[152]. Alterando-se um dos termos do dígito conceitual, é cabível a afirmação de que ambos, ciência jurídica e senso comum, são interdependentes.

A extensão dos efeitos desta nova racionalidade às atividades de interpretação de normas e fatos e à atividade de definição do modo mais adequado de aplicação da norma em situações dotadas de elevado grau de complexidade e de interesse público e/ou coletivo (contextualizados), por se tratar de atividades eminentemente cognitivas, é um dos corolários desta inversão paradigmática.

---

(150) LEAL, Rogério Gesta. Os pressupostos epistemológicos e filosóficos da gestão de políticas públicas no estado democrático de direito. *In:* LEAL, Rogério Gesta (org.). *Direitos sociais & políticas públicas* — desafios contemporâneos. Santa Cruz do Sul: EDUNISC, 2001. t. 3, p. 42.
(151) LEAL. Os pressupostos epistemológicos e filosóficos.... *In:* LEAL. *Direitos sociais & políticas públicas...*, 2001, t. 3. p. 845.
(152) SANTOS. *A crítica da razão indolente...*, 2002. p. 107.

A participação dos destinatários da ação pública nos procedimentos cognitivos teóricos decorre da circunstância de que fato e norma interagem, recíproca e consequentemente, no ato de atribuição de sentido ou de escolha entre alternativas de sentido por parte da autoridade decisora (teoria e práxis se constroem reciprocamente), não havendo, de modo algum, fundamento para a exclusão dos órgãos judiciais locais dos procedimentos discursivos e informais levados a efeito no Conselho Interinstitucional dos Núcleos Intersindicais de Conciliação Trabalhista.

A concepção instauradora da ideia do exercício comunicativo do poder elimina, também, a concepção fragmentadora e reducionista da distinção entre espaço público e espaço privado[153].

1.3.1.3. O EXERCÍCIO COMUNICATIVO DO PODER E O PRINCÍPIO DA AUTORIDADE

Aparentemente, a ideia do exercício comunicativo do poder mediado pelo sistema Ninter destitui do Poder Público as instituições e as autoridades públicas. Esta questão é por demais importante para a compreensão do sentido do exercício comunicativo do poder, o que requer, desde logo, uma distinção decisiva.

Não se trata de sujeição do Poder Público à autonomia coletiva ou privada, como se poderia objetar. Trata-se, em função da assimilação de novos paradigmas, da busca da verdade e da correção da aplicação do direito, o que implica uma interlocução cotidiana entre os atores sociais envolvidos na organização das relações de trabalho por setor de atividade ou região, com vistas à produção de melhores decisões públicas.

A ideia da abdicação pura e simples do poder em favor de consensos entre as autoridades públicas e os destinatários de sua atuação não é de modo algum sustentável. Trata-se da busca, em procedimentos de discursivos (diálogo social), do melhor argumento relativo ao modo mais adequado de aplicação da lei a contextos locais, singulares, complexos de realidade, bem como da formulação consensual de programas interinstitucionais de ação com vistas à efetividade do sistema jurídico. Refere-se, portanto, à busca da convergência das vontades pública e coletiva quanto aos diagnósticos, pressupostos, programas de ação e atuação das respectivas instituições, sem comprometimento dos atos de autoridade próprios às competências próprias de cada instituição pública participante do diálogo social.

O princípio de democracia integral, compreendido a partir do pressuposto da natureza dialógica da razão, requer, insubstituivelmente, a participação dos afetados, para se caracterizar a prática da democracia substancial, integral e promotora da cidadania. O exercício fundamentado da vontade que orienta a decisão pública

---

(153) LEAL. Os pressupostos epistemológicos e filosóficos.... In: LEAL. *Direitos Sociais & políticas públicas...*, 2001, t. 3. p. 44.

torna-o indissociável dos atos cognoscitivos nos quais se baseia. Ora, toda cognição monológica antecedente aos atos de decisão é ilegítima e antidemocrática, porque é realizada por um único indivíduo — à diferença de que ocupa um posto de autoridade —, segundo o modelo de racionalidade da filosofia da consciência. Esse artifício somente é possível perante a ficção racionalista, que personifica o Estado num ato de abstração que o distingue do sujeito que age em seu nome, mas toma como seus os atos deste. A decisão monológica, como expressão da "soberania", somente é legítima se acionada em razão do descumprimento de posições assumidas no diálogo e na concertação social, ou da recusa ao diálogo e ao cumprimento da lei.

Essa compreensão do princípio de democracia refere-se, prioritariamente, à participação dos afetados nos processos cognitivos precedentes à prática de qualquer ato de autoridade, especialmente o conhecimento da realidade sobre a qual recairão os efeitos de suas decisões, além do diálogo e da concertação social acerca do modo mais adequado de se cumprir a legislação diante de contextos locais/setoriais, singulares, complexos e irrepetíveis.

Em termos pragmáticos, o princípio da "governança" na gestão local/intercategorial do sistema de relações do trabalho e da administração da justiça implica:

    a) o compartilhamento de responsabilidades sociais;

    b) a necessidade da adaptação dos serviços públicos às necessidades de uma sociedade em movimento;

    c) a necessidade de adequação dos procedimentos destinados à inteligibilidade da realidade aos paradigmas da complexidade e da razão dialógica;

    d) o compartilhamento das diferentes concepções e dos diagnósticos provenientes dos diversos segmentos e dos atores da organização do trabalho, nos níveis locais e/ou setoriais; e

    e) a necessidade da superação das incoerências entre as ações das diversas instituições do trabalho decorrentes do fracionamento da realidade a partir da especialização de competências institucionais, cuja atuação incida sobre uma mesma situação-problema ou sobre um mesmo contexto de realidade.

Em suma, o Conselho Triparte do Ninter é o espaço institucionalizado onde se realiza o diálogo social entre os sindicatos e as instituições do trabalho acerca de questões ou problemas pertinentes ao respectivo campo de atuação, afetas à organização do trabalho, à aplicação da legislação trabalhista e à administração da justiça, com o escopo de promover a efetividade dos direitos.

O diálogo e a concertação interinstitucionais destinam-se ao conhecimento e ao tratamento adequado das especificidades e dos contextos de realidade concernentes a cada setor de atividade. Por meio desse diálogo indentificam-se e definem-se as questões e problemas cujo interesse público, social e/ou coletivo a elas inerentes, justifique a comunhão de esforços e a atuação conjunta das instituições do trabalho no seu enfrentamento.

Por outro lado, o diálogo social assim realizado, tem uma profunda e indispensável dimensão cognitiva. O conhecimento da realidade, a partir de uma perspectiva multifacetária, passa a ser compartilhado e apropriado pelo conjunto das instituições do trabalho envolvidas a orientar sua atuação.

Porém, no exercício das funções institucionais de cada ente participante público ou coletivo — isto é, no exercício unilateral e autônomo do poder público ou da representação coletiva — estes não se sujeitarão a restrições, de qualquer ordem — nem mesmo por autolimitação — à sua liberdade de atuação[154].

1.3.1.4. "GOVERNANÇA" LOCAL E O PRINCÍPIO DA COMPLEXIDADE

Essa perspectiva enfatiza o "local" onde se verificam as relações de trabalho e as questões trabalhistas a serem enfrentadas pelas instituições do trabalho e as autoridades diretamente implicadas na sua resolução, ao lado dos atores locais destinatários da ação pública. Na mesma medida em que se verifica a ascensão das questões a serem resolvidas até os escalões intermediários ou superiores da organização pública do trabalho, também se vai desaparecendo a percepção da realidade na sua dinâmica e complexidade, de tal modo que o processo decisório se torna cada vez mais distante dos contextos de realidade e, por isso mesmo, artificial e abstrato, elementos agravantes das consequências sociais da ação pública. A introdução do *pensamento complexo* na gestão pública reconhece a influência dos contextos de realidade, em sua especificidade, na formulação do conhecimento que orienta a ação pública (e a ação coletiva), a partir da relação reciprocamente construtiva entre o Poder Público e a sociedade. A apreensão de tais contextos pela identificação, o mais possível, do conjunto das variáveis que os compõem explicita a necessidade do reconhecimento da possibilidade de se alcançar os fins sociais da lei por múltiplos caminhos, no roteiro de uma permanente adequação da ação pública aos contextos locais. O pensamento complexo não prioriza a abstração e as formas, mas articula-as com as realidades locais de modo a considerar suas singularidades e as exigências de reconstrução conjunta, coerente e criativa da ação pública proveniente das diversas instituições cuja atuação lhes repercuta.

Em consequência, o sistema de relações de trabalho passa a implicar a necessidade da destinação de um espaço institucional apto a abrigar o diálogo e a concertação social entre os sindicatos e as instituições do trabalho, que não podem

---

(154) VASCONCELOS, Antônio G. *O sistema núcleo intersindical de conciliação trabalhista* — do fato social ao instituto jurídico: uma transição neoparadigmática do modelo de organização do trabalho e da administração da justiça. São Paulo: LTr, 2014. cap. V, 5.1.

ser rotulados no âmbito da dicotomia público/privado ou púbico/coletivo, sendo nesta perspectiva que o sistema Ninter se apresenta também como um instrumento da "governança" local.

Essas considerações fundamentam a inclusão da administração da justiça como objeto do diálogo e da concertação social, que caracterizam o conceito de "governança", uma vez que a resolução dos conflitos é compreendida e promovida nos contextos singulares das realidades locais. A questão da justiça não se resume, assim, ao exercício da jurisdição em sentido estrito se se admitir que no Estado Democrático de Direito o conjunto dos "poderes" públicos é corresponsável pelo alcance do projeto de sociedade estabelecido constitucionalmente. No campo dos conflitos sociais, a sociedade brasileira tem como *valores supremos* a harmonia social e a solução pacífica das controvérsias. A participação social do magistrado no exercício da cidadania, especialmente como um dos atores do diálogo e da concertação social, em colaboração com a gestão e o aprimoramento dos meios judiciais e não judiciais de resolução dos conflitos, tendente ao seu aprimoramento, à convivência e ao estabelecimento de uma relação de intercomplementaridade, segundo um princípio de coexistencialidade, é coerente com o exercício de um ativismo judicial moderado e com os princípios e valores que fundamentam o Estado brasileiro. A concepção de políticas jurisdicionais locais orientadas para a colaboração da Justiça na gestão de meios de resolução dos conflitos e na formulação de estratégias, para torná-los eficientes e eficazes na persecução da harmonia entre os atores sociais e da efetividade dos direitos sociais, confere à Justiça um relevante papel na edificação do projeto de sociedade estabelecido pelo povo brasileiro da Constituição[155]. A disponibilização, pelo sistema Núcleos Intersindicais de Conci-

---

(155) Os posicionamentos, tradicionalmente de vanguarda, vindos das políticas associativas de alguns segmentos do setor público ainda não lograram uma reflexão paradigmática acerca da crise da organização do trabalho. A Associação Nacional dos Magistrados do Trabalho, reiteradamente, tem proclamado as implicações políticas da atividade judicante e bem compreendido a necessidade de se repensar as funções do Estado, bem como ressaltado categoricamente a ação política dos juízes nas sua atuação profissional, inclusivamente na prática da jurisdição *stricto sensu*. Nem a jurisdição nem a militância associativa dos magistrados lograram ainda proceder à crítica do padrão de racionalidade da razão instrumental-solipsista e dele desvencilhar-se para estabelecer padrões emancipatórios concretos, efetivos e não fabulatórios de jurisdição. Seguem pretendendo ter uma relação instrutivo-paternalística em relação à sociedade, nem sempre conseguindo desvencilhar-se de propensões decorrentes de uma compreensão unilateral da questão do trabalho e dos problemas da sociedade, bem como do modo como resolvê-los em função de desideratos, consciente ou inconscientemente, corporativos. No momento em que o discurso em torno do diálogo e da aproximação entre a Justiça e a sociedade se transforma em estratégia de afirmação de um discurso não produzido dialogicamente, a magistratura acaba tendo que enfrentar a mesma desconfiança e reação deslegitimadora dos demais segmentos da sociedade, inclusive do setor político. Assim, a grandiosidade das ações e das pretensões políticas da magistratura assumem essa dimensão política apenas autorreferencialmente e com pouca ressonância interventiva e contributiva no enfrentamento dos problemas sociais que lhe dizem respeito. Cria-se para o interior do próprio sistema destas instituições um mundo imaginário, autopromocional, gigantesco, que sobrevive do êxito de certas políticas corporativas e da luta por "causas sociais nobres" que, no entanto, não conseguem refletir nos códigos de conduta e no *modus operandi* das práticas jurisdicionais.

liação Trabalhista, de meios não judiciais de resolução de conflitos a serviço das respectivas categorias faz emergir, inexoravelmente, a questão da compatibilização entre os meios judiciais e os não judiciais. A coexistencialidade entre estes conduz necessariamente à ideia de gestão compartida desses meios, a fim de se assegurar a coerência, a racionalidade e a harmonia entre as práticas respectivas.

A dimensão local da "governança" não perde, contudo, a dimensão da totalidade dos princípios e das regras constitucionais e infraconstitucionais concernentes à organização do trabalho; tão somente adequa os procedimentos cognitivos relativos à sua operacionalização aos paradigmas da razão dialógica e da complexidade (cf. 1.2.3 e 1.2.4). Trata-se da integração harmônica entre o todo e as partes, do equilíbrio entre a unidade e a diversidade, segundo o *slogan* anglo-saxão do "pensar globalmente, agir localmente".

1.3.1.5. ÉTICA DE INTELIGIBILIDADE

Uma nova ética de responsabilidade se coloca no lugar da ética intencionalista forjada no modelo da filosofia da consciência e no individualismo que descura as consequências sociais da ação humana (e da ação pública). A ideia de "governança" associa-se à ética de responsabilidade e procura dar conta das consequências da ação pública, por isso inclui nas suas práticas uma ética de inteligibilidade.

Por implicar o conhecimento da realidade local e das consequências da ação pública segundo uma ética de responsabilidade de todos os envolvidos, tem-se como aspecto decisivo, ou como *condição de possibilidade* da "governança", a *elucidação do real*. Essa elucidação do real inicia-se pela própria decodificação da burocracia das instituições, segundo um princípio de transparência e de ética da sinceridade basilares para um diálogo social profícuo, não marcado pela artificialidade e pela desconfiança oriunda de posturas defensivas adotadas pelo setor público, o que permitirá numa avaliação auto-heteroreflexiva dos aspectos institucionais geradores da *perversão burocrática* das regras a partir do confronto destas com a realidade e com os seus efeitos sociais.

O sentido dessa decodificação torna-se mais explícito quando se toma da teoria dos sistemas a metáfora da *black box* (caixa-preta) utilizada para enfatizar a "opacidade" dos sistemas sociais na relação de uns com os outros, de tal modo que cada sistema só conhece a si mesmo, uma vez que, ao "conhecer" exclusivamente com referência a pressupostos e códigos internos, torna-se uma incógnita para os demais. É assim que Niklas Luhmann entrega a construção do sentido da realidade a cada um dos sistemas integrantes da sociedade, o qual torna-se inacessível a todos os demais. E, mais do que isso, preconiza, *ipso facto*, a própria "incognoscibilidade da realidade em si"[156].

---

(156) AMADO. A sociedade.... *In:* ARNAUD; LOPES JR. *Niklas Luhmann:* do..., 2004. p. 324.

A ideia de "governança" condiz, no entanto, com o conceito de *sistema aberto*, desenvolvido por Edgar Morin, que aqui subsidia a compreensão deste conceito com a ideia de que "a inteligibilidade do sistema deve ser encontrada não apenas no próprio sistema, mas também na sua relação com o meio ambiente, e de que esta relação não é uma simples dependência; ela é constitutiva do sistema"[157]. Essa noção bem traduz a ampliação epistemológico-paradigmática adotada pelo sistema Núcleos Intersindicais de Conciliação Trabalhista e equivale a atribuir ao conceito de sistema aberto um valor paradigmático e a dispensar a noção de sistema fechado, porque na clausura sistêmica a concepção do objeto (realidade) implica "uma visão de mundo classificadora, analítica, reducionista, numa causalidade linear".

Do ponto de vista epistemológico, a prática da "governança" implica uma "ética da inteligibilidade"[158], a ser assumida pelos atores responsáveis pela edificação do sistema Ninter, que, nesse sentido, representa um lugar de intercâmbio, de liberdade e de invenção entre as instituições, elidindo a setorialização das questões trabalhistas e uma compreensão "míope" ou mais apropriadamente "autista"[159] da realidade. Trata-se, portanto, do compartilhamento das "diferentes leituras" da realidade feitas sob a óptica de cada "observador institucional". Este esforço comum de inteligibilidade é preliminar à capacidade de formulação de projetos interativos e da ação conjunta no enfrentamento das questões trabalhistas locais (ofensas coletivas a direitos sociais, conflitos individuais concernentes a direitos homogêneos violados, conflitos coletivos, inadequação normativa frente a questões locais específicas, ações institucionais contraditórias relativas a uma mesma situação e outras).

Essa perspectiva abandona a tese de um "Estado fiador da elucidação do real"[160] para transformá-lo em fiador de um diálogo autêntico, no exercício dos poderes que passaram a conferir-lhe o dever de dialogar com os cidadãos e com a sociedade. Os cidadãos agentes do Poder Público de carreira permanente assumem uma responsabilidade maior neste projeto de democracia integral, considerando-se o conjunto das informações de que passaram a dispor, a natureza das funções exercidas e o resíduo de legitimidade de que são depositários.

---

(157) MORIN. *Introdução ao pensamento complexo*, 2005. p. 22.
(158) CALAME; TALMAN. *A questão do estado no coração do futuro*, 2001. p. 62.
(159) Habermas define o "autismo" como a perda da capacidade de se comunicar entre os sistemas funcionais em virtude da criação códigos e semânticas próprias não traduzíveis entre si, o que limita os sistemas à observação mútua, permanecendo autorreferencialmente fechados em relação aos demais sistemas. Cf. HABERMAS. *Direito e democracia* — entre..., 1997a. v. I, p. 65. As instituições —, no caso, as do trabalho —, ao operarem e ao desenvolverem seus códigos e modos de operar próprios alheios aos da demais, incorrem neste enclausuramento e veem o mundo de seu modo, ignorando a situação dos destinatários de sua atuação e as consequências sociais de sua ação.
(160) HABERMAS. *Direito e democracia* — entre..., 1997a. v.I. p. 65.

1.3.2. O PRINCÍPIO DA SUBSIDIARIEDADE ATIVA

O princípio da subsidiariedade é, essencialmente, uma técnica de efetividade do princípio da dignidade humana. Assegura às comunidades menores o direito de fazer por si mesmas tudo o que estiver a seu alcance, cabendo às instâncias mais amplas e superiores da organização social exclusivamente aquilo que escapa à capacidade das primeiras.

No Estado de Direito, democrático e pluralista, organizado sob a égide dos princípio da dignidade humana, da cidadania e da autonomia coletiva, cabe aos sindicatos o direito-poder-dever de autogestão da organização do trabalho e da administração da justiça no respectivo âmbito representação e, do mesmo modo, de participação em todas as esferas de atuação do Poder Público.

Sem embargo, a trajetória da estrutura e da cultura sindicais, modeladas em conformidade com o paradigma autoritário-intervencionista-estatocêntrico do Estado Novo para uma conformação democrática, pluralista e participativa, requer, além da vontade deliberada das autoridades do Poder Público e dos sindicatos de promover esforços conjuntos nesta direção, a presença de uma instituição mediadora desse processo que seja apta a promover o diálogo e a concertação social, à qual o conjunto de todos os atores da organização do trabalho empreste reconhecimento, credibilidade e legitimidade.

Dessarte, Estado Democrático de Direito, ou Estado Democrático Constitucional, e Estado subsidiário são concepções de Estado que se harmonizam e se complementam na realização de um princípio de democracia integral, de sorte que uma noção pressupõe a outra.

Dentre os diversos enfoques de compreensão do *princípio da subsidiariedade*[161], elegeu-se aqui o da participação das organizações sociais na realização de objetivos e funções públicas, com o fim de prestigiar a dignidade humana e a cidadania, que se encontram na base do princípio.

O princípio da subsidiariedade ativa articula-se, no plano geral, com o princípio constitucional do pluralismo, para se afirmar a possibilidade da coexistência entre diversos modos de se alcançar o projeto constitucional da sociedade brasileira. A consideração da harmonia entre estes princípios, no campo específico da organização do trabalho, conduz ao necessário reconhecimento da possibilidade de se dar efetividade à legislação trabalhista de modos distintos e adequados às exigências dos contextos específicos de realidade:

---

(161) BARACHO, José Alfredo de Oliveira. *O princípio da subsidiariedade* — conceito e evolução. Rio de Janeiro: Forense, 1997. p. 7.

> As democracias de poder aberto não podem aceitar o entendimento schimitiano de que os interesses da sociedade colidem ou são incompatíveis com os interesses superiores do estado. A auto-organização da sociedade não exclui o princípio da unidade política, desde que a unidade que se procura, por meio do consenso, é a que efetiva a pluralidade. A unidade na diversidade não suprime a estrutura social muitas vezes antagônica. Os conceitos de consenso e pluralismo são categorias gerais necessárias ao discurso político e normativo. *A legitimidade do conflito decorre da integração dos corpos intermediários, através do consenso e da tolerância, propiciando o máximo de convivência comunitária.*[162] (grifo posterior)

E, mais adiante:

> O controle do Estado sobre as comunidades que existem no mesmo, nas diversas modalidades de seu exercício, não pode implicar formas de poder discricionário. Qualquer tipologia de controle implica, para a conciliação com o princípio da subsidiariedade, situações que propiciam colaborações entre o Estado, as comunidades menores e os organismos particulares, é um fenômeno inerente à aplicabilidade do princípio da subsidiariedade. O Estado não pode ser considerado como corpo estranho, no qual os cidadãos são vistos burocraticamente. Suas atividades precisam ser compreendidas, em relação às comunidades menores e aos particulares.[163]

Esta versão contemporânea do princípio da subsidiariedade, de elevado alcance administrativo e social, apreende as relações horizontais de distribuição de competências entre o Estado e os cidadãos, estabelecendo um novo equilíbrio entre o público e o privado. Essa concepção do papel do Estado se interpõe entre o liberalismo e o socialismo[164]. A subsidiariedade pressupõe o exercício da *cidadania ativa*[165] e importa na atuação ativa dos indivíduos e grupos sociais na organização do Estado e na execução das funções de interesse público, como forma de estabelecer uma relação construtiva e equilibrada entre a sociedade e o Estado.

Hodiernamente, o princípio da subsidiariedade põe em evidência a relação entre o Estado e os grupos sociais organizados, admitindo-se que "a ideia de subsidiariedade é utilizável em qualquer forma de exercício de autoridade, mesmo a mais simples"[166]. Entrementes, é em função do princípio da subsidiariedade que

---

(162) BARACHO. O *princípio da subsidiariedade...*, 1997. p. 6.
(163) BARACHO. O *princípio da subsidiariedade...*, 1997. p. 40.
(164) BARACHO. O *princípio da subsidiariedade...*, 1997. p. 6.p. 63.
(165) BARACHO. O *princípio da subsidiariedade...*, 1997. p. 63.
(166) BARACHO. O *princípio da subsidiariedade...*, 1997. p. 61.

o Estado entrega a instituições comuns a incumbência de realizar tarefas que elas podem desempenhar com mais eficiência[167].

O princípio da subsidiariedade, nesse ângulo de visada, converte-se, portanto, em princípio de operacionalização do princípio soberano da dignidade humana, um dos fundamentos da República Federativa do Brasil. A dignidade humana, como princípio informativo da organização do Estado brasileiro e na condição de norma constitucional superior, fundamenta o direito dos cidadãos/afetados/destinatários à participação nos processos decisórios das instituições/autoridades públicas, nos planos político e epistemológico (cf. 6.2). No âmbito da organização do trabalho, esta dimensão pragmática do princípio da dignidade humana exsurge com maior nitidez, na medida em que a autonomia coletiva constitui direito fundamental dos sindicatos para a promoção da defesa dos direitos e interesses coletivos das respectivas categorias.

O princípio de democracia inscrito na Constituição (art. 1º, parágrafo único, CF/88) tem configuração e aplicação específica no campo da organização do trabalho, quando, na sua compreensão, leva-se em conta os princípio da autonomia coletiva e o da dignidade humana. A conjugação desses princípios permite uma compreensão distinta e abrangente das relações coletivas e das relações entre os sindicatos e o Poder Público.

Proveniente da ética social cristã[168], o princípio da subsidiariedade ingressou na teoria política ao longo da evolução das formas de estado e de sua complexização.

David Held registra que a partir dos anos 1960 as teorias críticas da democracia emergentes denunciaram a sobrecarga dos governos democráticos e a crise de legitimação. O Estado de bem-estar assumiu incomensuráveis responsabilidades, decorrentes do aumento das expectativas de melhorais sociais, do declínio da deferência e do respeito pela autoridade e pelo *status*, do descumprimento das promessas sociais, das pressões sociais sobre os governos, das promessas políticas infundadas para a máxima obtenção de votos, da ineficiência do Estado ante o incremento dos gastos públicos e da inflação, e do avanço do Estado e posterior recuo da esfera individual. Além disso, o Estado passou a ter que decidir em favor de interesses econômicos e, ao mesmo tempo, parecer neutro perante os interesses de classe. Assumiu o encargo de organizar uma economia na qual se configura a apropriação privada de recursos socialmente produzidos. Passou, também, a sustentar a economia e a administrar os antagonismos de classe, assumindo responsabilidade por um contingente cada vez maior de setores da economia e da sociedade civil, expandindo progressivamente as suas estruturas administrativas (aumento do

---

(167) BARACHO. O *princípio da subsidiariedade...*, 1997. p. 72.
(168) HÖFFE, Otfried. *A democracia no mundo de hoje.* Trad. Tito Livio Romão. São Paulo: Martins Fontes, 2005. p. 142 e ss.

número de funcionários públicos), agravando sua complexidade interna. Tornou-se crescente a necessidade de melhorar a cooperação e de aumentar os orçamentos, o endividamento público e a cobrança de impostos. Tudo isso sem interferir no processo de acumulação de riqueza e sem ameaçar o crescimento econômico.

Tais paradoxos revelaram uma crise de racionalidade — detectada por Jürgen Habermas e Offe — ou uma crise de administração racional. Um governo de direita que vier a implantar políticas de redução drástica dos gastos corre o risco de um rompimento de larga escala (sindicatos e grupos de protestos). Um governo de esquerda, por seu turno, não pode minar a confiança nos negócios e enfraquecer a economia com políticas socialistas eficientes. A impossibilidade de atendimento dessas demandas, seguindo as alternativas disponíveis, pode conduzir o Estado a enfrentar uma "crise de legitimação e motivação".

Guardadas as devidas proporções, a organização do trabalho brasileira padece de muitos dos fatores de deslegitimação referenciados à crise do Estado como um todo e, em muitos casos, contribui consideravelmente para suas estatísticas[169]. Obriga-se a gastos extraordinários com uma estrutura que, ao mesmo tempo, não pode funcionar com plena eficácia, eficiência e efetividade. Exatamente porque, pelo menos em parte, os direitos sociais "não podem" alcançar níveis máximos de efetividade "desequilibrando" em favor de políticas sociais, aqueles parecem cumprir uma função "fabuladora" ou "simbólica", ao mesmo tempo em que as instituições do trabalho não operam eficazmente na sua garantia, o que descaracterizaria a função política de sua declaração meramente formal-normativa. Resta então alimentar o círculo vicioso cuja ilustração contundente é a figura metafórica do "cão que corre atrás da cauda". Para dar efetividade aos direitos trabalhistas, apregoa-se a necessidade de multiplicação do aparato estatal, pois, para dar conta da efetividade de uma legislação que se cumpre por força de coerção, e não pela consciência e pela solidariedade entre classes, resta somente a ação coercitiva estatal para forçar a conformação da conduta de seus destinatários. Como o discurso público da escassez dos recursos necessários ao agigantamento da "máquina estatal" tem forte apelo ilocucionário (performativo), nasce o dilema insolúvel: a efetividade dos direitos depende do aparelhamento do sistema público de organização do trabalho, mas os recursos serão sempre insuficientes e a sua dotação segue sempre atrasada e aquém das necessidades. Resta, contudo, estimar até quando o resíduo de legitimidade das instituições resistirá às pressões sociais por coerência do setor público no que diz respeito ao cumprimento de suas promessas e de seu modo de operar.

---

(169) Cf. ÁLVARES DA SILVA, Antônio. *Reforma do judiciário*. Belo Horizonte: Del Rey, 2004; ÁLVARES DA SILVA, Antônio. *Reforma da justiça do trabalho* — comentários à proposta da deputada Zulaiê Cobra. 2. ed. Belo Horizonte: RTM, 2000; ÁLVARES DA SILVA, Antônio. *Efetividade do processo do trabalho e a reforma de suas leis*. Belo Horizonte: RTM, 1997.

A lacuna das teorias da democracia "integral" e "radical" quanto aos aspectos pragmáticos e operacionais do Poder Público pode ser preenchida pela teoria da subsidiariedade ativa, enfatizando-se os aspectos relativos ao modo de concreção das democracias constitucionais.

Os estudos de Otfried Öffe abrem uma clareira para que se possa assumir a relevância deste princípio na teoria do Estado brasileiro. A ampla descrição histórica e argumentativa acerca dos seus múltiplos sentidos aponta para a necessidade da sua revalorização e demonstra a sua compatibilidade com a democracia participativa[170].

O princípio da subsidiariedade não só tem lugar como é necessário nas democracias sociais, que exigem dos Estados responsabilidades positivas crescentes e têm absorvido, de modo centralizador, a responsabilidade de executar as necessidades sociais institucionalizadas, exigindo, com o passar do tempo e com a multiplicação de demandas sociais, o sangramento financeiro dos setores sociais de onde emanam os recursos para fazer frente a tais promessas.

Como forma de viabilização do Estado e de suas promessas, a gestão subsidiária da sociedade deve ser estimulada, mediante a coordenação das atividades dos particulares em conformidade e em coexistência com as funções e com o interesse público. Torna-se necessário o chamamento das comunidades e dos grupos intermediários a cumprir tarefas para as quais estejam aptos a realizar, reforçando-se seu poder de "autoajuda", autodeterminação e o sentimento de autoestima e de dignidade humana, a partir do exercício ativo da cidadania.

A transposição desse princípio, conjugada com o princípio da participação e o do pluralismo, para o campo das relações sindicais implica o reconhecimento da possibilidade jurídica de os sindicatos instituírem, por si mesmos e até o limite de sua aptidão para fazê-lo, subsistemas de organização de trabalho adequados à realidade e ao contexto em que vivem as respectivas categorias, desde que com obediência aos princípios constitucionais concernentes ao princípio do solidarismo democrático.

É nessa perspectiva que se compreende que o princípio de subsidiariedade conecta-se, portanto, com o princípio de governança, que informa o sistema Núcleos Intersindicais de Conciliação Trabalhista, o qual permite a ampliação das funções sindicais propugnada por estas instituições nos limites estabelecidos na Constituição para o exercício da autonomia coletiva. Ao Estado incumbe, neste caso, agir, desde que sua atuação seja *necessária* e conforme a "cláusula do melhor" (desde que o Estado faça melhor) em relação à atuação sindical, segundo um imperativo da proporcionalidade, sem se resvalar para o *paternalismo:*

---

(170) OFFE, Claus. *Trabalho & sociedade* — problemas estruturais e perspectivas para o futuro da sociedade do trabalho. Rio de Janeiro: Tempo Brasileiro, 1991. p. 142-158.

Competências estatais são legítimas apenas naqueles casos e apenas à medida que indivíduos e unidades sociais pré-estatais carecem de ajuda. E no âmbito de um Estado hierarquizado, as competências devem ser abordadas tão mais na base quanto fizer bem à última instância legitimadora, os indivíduos.[171]

Dois aspectos merecem destaque nesta referência. A subsidiariedade opera também em relação às esferas internas do poder. A autoridade superior somente opera em caso de necessidade da ajuda por parte da autoridade local. Este aspecto ressalta a concepção de Canotilho, para quem o princípio da subsidiariedade assegura a participação das populações na defesa e a prossecução dos seus interesses, no sentido da *administração autônoma democrática*, que se conecta com o *princípio da desburocratização*[172].

Em outros termos e sob a óptica do solidarismo social garantista, o Estado preocupa-se com o "que deve ser feito" — portanto, com os seus fins. No Estado subsidiário, focaliza-se ainda a questão relativa a "quem se incumbirá de realizar" esses fins.

É precisamente nessa óptica que o princípio da subsidiariedade dá seu contributo para a compreensão das funções dos Conselhos Tripartites dos Núcleos Intersindicais de Conciliação Trabalhista, em cuja atuação sobressai a autonomia coletiva, além da integração e da interação entre os sindicatos e o Poder Público, sob as perspectivas da subsidiariedade e da participação.

1.3.2.1. O Estado democrático subsidiário

No horizonte político-filosófico aqui adotado, não há nenhuma possibilidade de se estabelecer uma correlação conceitual ou qualque forma de associação entre estado mínimo e estado subsidiário, na perspectiva reducionista do estado neoliberal. O conceito se relaciona ao princípio de democracia integral que orienta a presente investigação.

O principio da subsidiariedade é, em primeiro lugar, aquele que guarda correlação com vários temas[173]. Está relacionado ao tema do federalismo e ao da descentralização do poder dos governos centrais, em favor dos governos locais (*competências compartidas*), sendo este o aspecto em que apresenta aplicação mais visível e de fácil apreensão, ao se referir a uma "técnica" de distribuição do

---

(171) OFFE. *Trabalho & sociedade...*, 1991. p. 158.
(172) CANOTILHO, J. J. Gomes. *Direito constitucional e teoria da constituição*. 3. ed. Coimbra: Almedina, 1999. p. 346: "As comunidades ou esquemas organizatórios-políticos superiores só deverão assumir as funções que as comunidades menores não podem cumprir da mesma forma ou de forma mais eficiente".
(173) BARACHO. O princípio da subsidiariedade..., 1997. *In:* KONRAD-ADENAUER-STIFTUNG. 1995. p. 41.

poder governamental nos diversos níveis de governo: União, Estados, Municípios e Distrito Federal[174]. É nesta linha que se desenvolvem os estudos acerca do municipalismo[175].

O conceito tem como ideias básicas a noção de comunidade e a de eficiência. Suas origens mais consistentes remontam-se a Aristóteles e à doutrina social da Igreja, desenvolvida em torno do papel das instituições e do bem comum. Relaciona-se com a definição do "paradigma ordenador da sociedade civil, do estado social e da repartição de competência e a relação entre Estado e sociedade"[176].

A consideração filosófica subjacente ao tema é de cunho pluralista. Admite-se a possibilidade de uma diversidade de concepções individuais acerca da vida digna. As pessoas são diferentes entre si em todos os aspectos: suas aspirações, inclinações e modo de vida. Do mesmo modo, as comunidades constroem, no curso da história, identidades sociais diferentes umas em relação às outras e em relação a si mesmas. Demonstra-o o cotejo entre as tradições passadas e as concepções e formas de vida contemporâneas.

Portanto "não há razão para que haja uma única comunidade que sirva como ideal para todas as pessoas, e há muitas que pensam que essas nem chegam a existir".

E, mais que isso,

> Os princípios fundamentais ou básicos para uma melhor sociedade, na qual todos possam viver, nem sempre realizam concretamente um único tipo de comunidade aceitável por todos, desde que será impossível definir para todas as pessoas o exclusivo modo de vida e de viver.[177]

Percebe-se, portanto, que se o princípio da subsidiariedade leva em conta a diversidade entre indivíduos e comunidades, considerados na sua completitude, nas suas diversas dimensões de existência, ele comporta implicações em todos os níveis da ação humana: filosófico, político, jurídico, econômico e administrativo. E, por isso, comporta diversas possibilidades de aplicação[178].

---

(174) Também, não se deixa de mencionar que as entidades internacionais multinacionais — blocos regionais — organizam-se juridicamente sob a égide do princípio da subsidiariedade.
(175) Sobre matéria cf. MAGALHÃES, José Luiz Quadros. *Poder municipal:* paradigmas para o estado constitucional brasileiro. 2. ed. Belo Horizonte: Del Rey, 1999; MEIRELLES, Hely Lopes. *Direito municipal brasileiro.* 6. ed. São Paulo: Malheiros,1992.
(176) BARACHO. O princípio da subsidiariedade.... *In:* KONRAD-ADENAUER-STIFTUNG. 1995. p. 42.
(177) BARACHO. O princípio da subsidiariedade.... *In:* KONRAD-ADENAUER-STIFTUNG. 1995. p. 41.
(178) Nesta breve consideração adjacente sobre a matéria, inobstante sua importância para a conformação e compreensão do sistema Núcleos Intersindicais e dos respectivos Conselhos Tripartites numa dimensão mais profunda, não se abordará suas diversas formas de aplicação, mas tão somente naqueles aspectos em que é aplicável ao objeto de estudo deste trabalho.

Esse princípio, de grande profundidade democrática, que já vem sendo objeto de amplas discussões, "hoje, no Direito Alemão, no Direito Europeu e em alguns países da América Latina que passam a discutir a necessidade de uma revisão dos critérios da própria Federação"[179], tem suas raízes solidamente assentadas na doutrina social da Igreja Católica, cujos termos são imprescindíveis à compreensão da extensão de sua correlação com a democracia pluralista, por força da qual a subsidiariedade é remetida para além da mera relação entre os entes federativos vinculados ao Governo Federal e ao governo local. O princípio foi textualmente exposto por Pio XI, nos seguintes termos:

> Assim como é injusto subtrair aos indivíduos o que eles podem efetuar com a própria iniciativa e indústria, para confiar à coletividade, do mesmo modo passar para uma sociedade maior e mais elevada o que sociedades menores e inferiores podiam conseguir, é uma injustiça, um grave dano e perturbação da boa ordem social. O fim natural da sociedade e da sua ação é coadjuvar os seus membros, não destruí-los nem absorvê-los.
>
> Deixe, pois, a autoridade pública ao cuidado de associações inferiores aqueles negócios de menor importância, que a absorveriam demasiado; poderá então desempenhar mais livre enérgica e eficazmente o que só a ela compete, porque só ela o pode fazer [...] Persuadam-se todos os que governam: quanto mais perfeita ordem hierárquica reinar entre as várias agremiações, segundo este princípio da função 'supletiva' dos poderes púbicos, tanto maior influência e autoridade terão estes, tanto mais feliz e lisonjeiro será o estado nação.[180]

---

(179) BARACHO. O princípio da subsidiariedade... In: KONRAD-ADENAUER-STIFTUNG. *Subsidiariedade e fortalecimento do poder local.* São Paulo: Konrad-Adenauer-Stiftung, 1995, Debates, n. 6, 1995. p. 47.
(180) BARACHO. O princípio da subsidiariedade... In: FUNDAÇÃO KONRAD-ADENAUER-STIFTUNG. *Subsidiariedade e fortalecimento do poder local*, 1995, Debates, n. 6, 1995, p. 45. A Encíclica papal *Quadragésimo Anno*, de Pio XI, publicada em 1931, reflete um posicionamento social e político da Igreja Católica, antes entregue às questões do poder espiritual. A Carta papal combate as "pretensões injustas do capital", o "despotismo econômico" e a "luta de classes" (comunismo); apregoa a supremacia do político sobre o econômico; e defende que "a livre concorrência contida dentro de justos e razoáveis limites e mais ainda o poderio econômico devem estar efetivamente sujeitos à autoridade pública, em tudo o que é da sua alçada". Sua Santidade, com lucidez inusitada, já dava conta da complexização da vida social e propugnava por uma reforma das instituições tendo em vista, "sobretudo, o Estado". O vício do individualismo enfraquecera a vida social pluralista e rica em agremiações intermediárias. O liberalismo moderno, ao confrontar, de um lado, o indivíduo e, do outro, o Estado, promoveu a deformação do regime, extinguindo a *"vida social"*, em prejuízo dele próprio. Sobrecarregou-se ao assumir os serviços que as *"agremiações suprimidas"* realizavam de forma pulverizada, centralizando em si o *"peso de negócios e encargos quase infinitos"*. É de se observar que ditas considerações referem-se ao Estado liberal e que a assertiva anteviu o colapso do Estado Social, ao menos em relação à sua forma centralizadora e burocrática de operar. Por outro lado, entretanto, sugere-se que, nos tempos atuais, a introdução do sistema federativo, inspirado no princípio da subsidiariedade, não logrou eficiência no

A versão moderna do princípio da subsidiariedade comporta duas vertentes:

    a) à luz do princípio democrático, reconhece o direito à participação em respeito à autonomia e liberdade dos cidadãos; e

    b) vislumbra a participação da comunidade e de grupos sociais no exercício do poder.

"Subsidiário" deriva de *subsidiarius* ("que é de reserva", "que é de reforço")[181]. Na linguagem comum, significa aquilo que vem depois, em segundo lugar, secundário, não por ser qualitativamente inferior ao que vem primeiro, mas por resguardar-se para ser acionado por ocasião da constatação da insuficiência do que vem em primeiro lugar.

A ideia que norteia o princípio da subsidiariedade é a da reversão do centro do poder do ápice para a base. O Estado e o Poder Público passam a ser vistos como responsáveis pelo exercício de funções supletivas em relação aos grupos intermediários. Evoca a ideia de "suplência", e não de substituição à atuação das "comunidades menores" por parte do Estado. As autoridades do Poder Público são chamadas a suprir as deficiências não superadas pelos próprios atores sociais. A autoridade passa a ser:

    a) secundária — sua necessidade é extraída das atribuições de outra instância (grupos intermediários locais);

    b) supletiva — atua em espaço não suprido pelas instâncias sociais; e

    c) subsidiária — atua onde as instâncias sociais se revelem insuficientes.[182]

A *subsidiariedade* implica, portanto, um novo conceito de cidadania, que vai além da democracia meramente representativa, limitada à escolha dos dirigentes políticas, aspecto em que o *Estado subsidiário* transcende o tradicional conflito entre o sistema do *liberalismo* e o do *socialismo*. "A ideia de subsidiariedade aparece como solução intermediária entre o Estado-providência e o Estado liberal."[183]

Nessa perspectiva, compete ao Estado Social Democrático de Direito assegurar, material e simbolicamente, a unidade na diversidade por meio da Constituição, na qual o político e o jurídico se encontram e se harmonizam. A sociedade pode

---

efetivo cumprimento das políticas sociais estatais, nem na prestação dos serviços públicos de modo a torná-los acessíveis a todos os cidadãos. O mesmo pode ser dito a respeito do sistema de organização das relações do trabalho e das instituições encarregadas de operacionalizá-lo em relação ao alcance de seus objetivos promocionais.

(181) FARIA, Ernesto. *Dicionário escolar latino-português*. MEC, (s.l: s.n.), 1962.
(182) BARACHO. *O princípio da subsidiariedade...*, p. 69.
(183) BARACHO. *O princípio da subsidiariedade...*, p. 86.

realizar tudo que tiver ao seu alcance, numa participação ativa e conjugada com o Poder Público, visando à manutenção da unidade nacional, que se resolve no primado da Constituição. O papel proeminente a ser desempenhado pelo Estado é de coordenar os esforços e a ação dos grupos sociais intermediários, aos quais se reconhecem esferas de competências próprias.

Assim, as decisões (normativas, administrativas e as relativas à solução dos conflitos) devem, o máximo possível, ser tomadas no nível local, mais próximo da realidade objetiva, precisa e delimitada, sobre a qual incidirão que "[...] a sociedade moderna não pode aguentar um sistema administrativo supercarregado e desorganizado [...] Fala-se, comumente, em crise da gestão pública, apesar da variedade das estruturas institucionais e burocráticas"[184].

Denota-se a evolução da compreensão do princípio da subsidiariedade, cuja significação, na sua versão contemporânea[185], é a de um extravasamento das distribuições de competência para fora do próprio Estado, tornando seus titulares subsidiários dos grupos sociais, chegando-se à concepção de um *Estado subsidiário* que, "perseguindo seus objetivos, harmoniza a liberdade autonômica com a ordem social justa, com a finalidade de manter o desenvolvimento de uma sociedade formada de autoridades plurais e diversificadas, recusando o individualismo filosófico"[186].

O princípio da subsidiariedade, na perspectiva de Chantal-Millon-Delsol, comporta ainda uma profunda dimensão democrática, no sentido de que as autoridades e o Estado não podem impedir as pessoas e os grupos sociais de desenvolver suas próprias ações no interesse geral e particular, porque *"cada autoridade tem por missão incitar sustentar e finalmente suprir, quando necessário, os atores insuficientes"* (grifo posterior)[187].

É nessa dimensão de aplicabilidade do princípio da subsidiariedade, em absoluta sintonia com os fundamentos da República brasileira (dignidade da pessoa humana, cidadania e exercício direto da democracia ao lado da democracia representativa, pluralismo político e jurídico e o direito à participação), que se justifica a sua eleição como subconceito constitutivo da ideia de democracia, que constitui o fundamento teórico dos Núcleos Intersindicais de Conciliação Trabalhista.

---

(184) BARACHO. *O princípio da subsidiariedade...*, p. 4.
(185) No âmbito internacional, o princípio da subsidiariedade é que orienta a formação de organizações de caráter supranacional, como blocos regionais de países parceiros. A União Europeia é o exemplo mais eloquente da sua aplicação. Sua aplicabilidade, no caso, ganha contornos mais amplos do que aqueles que as tradicionais organizações internacionais com objetivos econômicos conseguiram engendrar. A integração europeia avança também para os campos político e jurídico. Por isso é que alguns já admitem qualificar a União Europeia como um "Estado Internacional Europeu".
(186) BARACHO. *O princípio da subsidiariedade...*, p. 88.
(187) BARACHO. *O princípio da subsidiariedade...*, p. 59-60.

1.3.2.2. FORMAS CONCRETAS DE MANIFESTAÇÃO DO PRINCÍPIO DA SUBSIDIARIEDADE

É expressão do *princípio da subsidiariedade* o conjunto de atividades do Ninter que são desenvolvidas num sentido de autodeterminação e de auto-organização coletivas, dentre as quais:

a) edição de normas coletivas, a partir de uma concepção ampla do papel da negociação coletiva[188]; e

b) resolução de conflitos, pela disponibilização de técnicas de conciliação, mediação e arbitragem, bem como de ações preventivas voltadas para a melhoria das condições de trabalho decorrentes de programas intersindicais nos quais não haja participação das instituições do trabalho.

Considera-se que o Direito Coletivo é um campo privilegiado para o exercício e para a aplicação do princípio da subsidiariedade em sua plenitude, quer seja considerado sob a óptica dos sindicatos, quer seja considerado sob a óptica das instituições públicas do trabalho. Aos primeiros cabe o pleno exercício da autonomia sindical e a absorção, no âmbito local, do máximo de atribuições possível dentre aquelas antes concentradas no âmbito de atuação exclusiva do Estado. Cabe aos agentes ou às instituições públicas reconhecer em favor dos sindicatos o máximo de competências possível, ora estimulando-os, ora atuando como catalisadores das organizações sindicais para agirem nessa direção.

> "O princípio da subsidiariedade é considerado como instrumento utilizável pelos governantes, na procura de equilíbrios necessários a redefinir as novas mudanças procuradas pela sociedade, na compreensão e efetivação de suas necessidades."[189]

A organização do trabalho será triplamente beneficiada pela absorção e concretização do princípio da subsidiariedade no sistema de organização do trabalho no Brasil: a) maior legitimação e fortalecimento dos sindicatos e, em consequência, seu maior amadurecimento e capacitação para cumprir suas prerrogativas constitucionais; b) integração participativa e democrática entre as instituições do trabalho e os sindicatos (Estado *versus* Sociedade); e c) redução do campo de atuação direta dos agentes públicos e, consequentemente, liberação destes para o desempenho de suas funções, com disponibilidade para um maior comprometimento e envolvimento social, além do aprofundamento nas questões sociais relacionadas a sua

---

(188) VASCONCELOS, Antônio G. *O sistema núcleo intersindical de conciliação trabalhista — do fato social ao instituto jurídico:* uma transição neoparadigmática do modelo de organização do trabalho e da administração da justiça. São Paulo: LTr, 2014. cap. 2, item 2.5.5.
(189) BARACHO. *O princípio da subsidiariedade...*, 1997.

atividade com uma consequente melhora na qualidade e maior agilidade e eficácia dos serviços prestados[190].

Por isso, o marco teórico que orienta a institucionalização e o desempenho do conjunto das atividades referidas nas alíneas "a", "b" e "c" pelo sistema Núcleos Intersindicais de Conciliação Trabalhista é o *princípio da subsidiariedade ativa,* cuja articulação, no plano político-constitucional, com os princípios que fundamentam o Estado brasileiro, constitui um dos subconceitos que conforma o princípio de democracia que orienta estas instituições.

O princípio da subsidiariedade ativa significa a assunção pelos próprios atores sociais (sindicatos) no exercício de sua autonomia e do poder de autodeterminação da responsabilidade pela resolução de seus próprios problemas ou questões trabalhistas e a restrição da ação estatal a uma função supletiva, quando o exercício da autonomia for insuficiente ou inapto para resolvê-los.

O quadro de referência com que se examina o princípio constitucional da autonomia coletiva é determinante das consequências que dele se extraem e da amplitude com que ele é visto para se compreender a ação dos sindicatos pela óptica de um princípio de subsidiariedade. As tendências centralizadoras ou autoritárias tenderão a restringir o campo de abrangência do referido princípio ao máximo possível, enquanto tendências interpretativas de cunho liberal tenderão a estender-lhe a amplitude, a ponto de sustentarem, indiscriminadamente, a prevalência das normas coletivas sobre a legislação positiva.

O histórico autoritário-corporativo e intervencionista da organização do trabalho, associado a uma concepção da ciência e da prática jurídica perfeitamente moldada, neste paradigma (neopositivismo), ainda predominante em nosso país, constitui-se no fator determinante de pré-compreensões que opõem sérias dificuldades a uma compreensão do *princípio da subsidiariedade ativa* que tenha nos princípios do Estado Democrático de Direito um quadro de referências conceitual--pragmáticas.

O estereótipo a partir do qual se impõem cuidados e restrições a um reconhecimento mais efetivo da autonomia sindical por parte dos juristas teóricos e de ofício tem o viés ideológico protecionista-corporativista. A "corporação" formada pelo conjunto dos agentes públicos encarregados da organização do trabalho elege--se como fonte exclusiva da "tutela" dos trabalhadores. Tais *imprintings* culturais constituem-se em poderoso entrave aos avanços da autonomia coletiva no senti-

---

(190) A mais importante aplicação do princípio da subsidiariedade no sistema brasileiro de organização das relações de trabalho verificou-se com a introdução dos meios alternativos de solução dos conflitos a serem mantidos pelos sindicatos. Quebrou-se o monopólio judicial na solução dos conflitos sociais e admitiu-se o fato de que a sociedade pode concorrer positivamente com o Estado na solução desses conflitos.

do de uma maior participação na organização do trabalho e na administração da justiça, aliado à inaptidão política, ética e cultural de setores do sindicalismo, nos quais se denota ausência de representatividade, inabilidade para o diálogo social e para a negociação, obsoletismo ideológico e, não raro, improbidade e corrupção.

Os desenvolvimentos teóricos em torno do princípio de subsidiariedade como princípio de organização do trabalho optam por uma compreensão não estigmatizada por pré-compreensões modeladas com vistas a essa vertente do sindicalismo.

Isso porque o sistema Ninter concebe na sua estrutura anteparos institucionais neutralizadores da ameaça concreta do ancoramento parasitário de tais fatores perturbadores do pleno exercício da autonomia sindical. Do mesmo modo, neutralizam-se, mediante a inclusão de normas estatutárias de procedimentos vedativos de expedientes que possam fazer jus às rotulações de viés puramente ideológico, explicitadas por caracterizações como "privatização da justiça", no caso da autodeterminação coletiva no campo dos meios não judiciais de resolução de conflitos ou da "desregulamentação" e/ou precarização de direitos laborais, no caso de negociações coletivas destinadas a promover a adequação da legislação à realidade.

Dessarte, o sistema Ninter preconiza a densificação da autonomia coletiva enquanto direito fundamental assegurado constitucionalmente. Assim compreendido, o princípio confere ampla liberdade de autodeterminação das categorias produtivas autonomamente organizadas ao entregar aos sindicatos a *defesa de seus interesses coletivos ou individuais,* questões administrativas e judiciais (art. 8, I — VIII, CF/88).

1.3.2.2.1. SUBSIDIARIEDADE E A RESOLUÇÃO DOS CONFLITOS

O povo brasileiro declara no preâmbulo da Constituição de 1988 a instituição de um Estado Democrático de Direito destinado a assegurar o desenvolvimento de uma sociedade *fraterna*, fundada na harmonia social e comprometida com a solução pacífica das controvérsias. Esses valores fundantes da ordem social brasileira já asseguram por si só a plena compatibilidade e necessidade da pluralização dos meios e dos atores responsáveis pela resolução dos conflitos sociais em nossa sociedade.

O discurso do meio jurídico a respeito da solução dos conflitos sociais elabora-se em um quadro de referência dos meios oficiais. Pressupõe que os conflitos sociais ancoram-se automaticamente no Poder Judiciário ou, no caso de se reconhecer a insuficiência deste, como devessem submeter-se sempre à autuação do Poder Judiciário. Não consideram que a maioria esmagadora dos conflitos de interesse resolve-se pela via do entendimento entre as próprias partes envolvidas, sem qualquer interveniência de terceiros. Assim é que para uma população economicamente ativa de aproximadamente 70 milhões de trabalhadores apenas dois milhões e meio, mais ou menos, acorrem à Justiça, os quais são suficientes para comprometer a eficiência do sistema judiciário. Não se pode, absolutamente, imaginar que o número dos conflitos formalizados esgote o de conflitos reais e possíveis em relação ao grandioso contingente de trabalhadores que não batem às portas da justiça.

O significado dessa assertiva está no reconhecimento do fato de que a maior parte das pendências e dos conflitos de interesses entre trabalhadores e tomadores de serviços é resolvida interpartes. Se há uma demanda contida freada por históricos obstáculos ao acesso à Justiça, esta nem de longe inclui o restante dos conflitos de interesses emergentes nas relações de trabalho. Com efeito, a maior parte deles é resolvida espontaneamente pelas próprias partes envolvidas.

A constatação de interesse desse quadro é a de que o princípio da subsidiariedade ativa já opera de modo extraordinariamente efetivo no seio das relações sociais, incluídas as relações de trabalho.

Os dados levantados no capítulo 3 concernentes ao impacto dos meios de prevenção e resolução de conflitos individuais do trabalho implementados pelo Núcleo Intersindical de Conciliação Trabalhista de Patrocínio revelam que há um enorme contingente de pendências e conflitos de interesses entre trabalhadores e empresários situados numa zona intermediária, que representa o conjunto daquelas situações em que a espontaneidade das partes não é suficiente para o desencadeamento do entendimento conducente à sua solução. Contudo, tais situações, em regra, não exigem de modo algum a movimentação do aparato estatal com todo o seu rigor formal-burocrático. Basta a presença de um terceiro habilitado para o exercício desta função supletiva de auxiliar as partes na persecução de uma solução satisfatória, consensual e autônoma.

É exatamente nesse espaço intermediário que cabe com bastante pertinência o seu preenchimento pelo exercício da autonomia coletiva, por cujo intermédio o sistema Núcleos Intersindicais de Conciliação Trabalhista disponibiliza às respectivas categorias técnicas convencionais de resolução não judicial de conflitos, dando concreção ao princípio da subsidiariedade ativa no campo da solução dos conflitos do trabalho.

A ampliação das alternativas de solução dos conflitos sociais posto à disposição dos cidadãos constitui-se numa das dimensões de concreção do princípio da *dignidade humana,* uma vez que aos cidadãos se garante o direito de eleger o modo mais adequado e conveniente de resolvê-los, mediante a eleição da alternativa que lhe parecer mais conveniente, com a certeza de que, diante do fracasso dessas vias, tem à sua disposição o Poder Judicial como último reduto, em condições, qualitativa e temporalmente, satisfatórias, bem diferentes daquelas que hoje se apresentam.

A reversão paulatina do resíduo antidemocrático cristalizado na cultura nacional parece depender de uma postura mais ativista do Poder Judicial e das demais instituições do trabalho, até mesmo como estratégia de enfrentamento do problema da sobrecarga dos meios estatais. Pois a persistência e o agravamento deste quadro retiram-lhe a agilidade e a capacidade para dar respostas satisfatórias às exigências de uma sociedade cada vez mais complexa, arrombando-lhe a credibilidade, a legitimidade e a aptidão para conformar condutas sociais. Ressalta-se, também, o enfrentamento dos argumentos que recursivamente se invocam para opor reserva ou resistência a uma maior determinação do setor público no sentido de incentivar, apoiar e, sobretudo, somar esforços na formulação de políticas institucionais abrangentes e planejadas em prol do incremento dos meios não judiciais de resolução dos conflitos do trabalho.

1.4. GOVERNANÇA E SUBSIDIARIEDADE ATIVA

A concepção de "governança democrática" aqui erigida mantém estreita vinculação com o princípio da subsidiariedade, cujos contornos teóricos foram desenvolvidos alhures[191].

A preservação das instituições do trabalho para uma atuação supletiva implica duas consequências, que se reforçam reciprocamente: a) o fortalecimento e a maior eficácia da atuação das instituições do trabalho; e b) o fortalecimento e a legitimação dos sindicatos carentes de uma nova identidade compatível com as transformações da sociedade contemporânea. As instituições do trabalho assumirão também, no diálogo interinstitucional realizado nos procedimentos discursivos perante o Conselho Interinstitucional (Conselho Tripartite), uma ação persuasiva e instigadora (fomento) dos sindicatos ao compartilhamento da responsabilidade pela realização de atividades de interesse público. Em relação aos sindicatos, a atividade estatal aponta para um caráter subsidiário (*subsidium,* ajuda), em substituição ao *paternalismo,* ao *assistencialismo* e ao clientelismo.

A histórica fusão entre o *patrimonialismo,* o *autoritarismo* e o *tecnocratismo* ensejou a consolidação de uma *tecnocracia estatal,* que "monopolizou o Estado" e excluiu a sociedade dos processos decisórios, sem concessões à participação social nos processos públicos. Estas marcas "indeléveis" da herança colonial da

---

[191] VASCONCELOS, Antônio G. *O sistema núcleo intersindical de conciliação trabalhista* — do fato social ao instituto jurídico: uma transição neoparadigmática do modelo de organização do trabalho e da administração da justiça. São Paulo: LTr, 2014. cap. 1, item 1.3.

centralização do poder na cúpula e do autoritarismo do Poder Público ainda permeiam o setor público nacional e correspondem a três espécies de patrimonialismo: o patrimonialismo tradicional, o burocrático e o político[192]. O Poder Judicial colonial atolado em seu burocratismo erigiu-se exatamente para manter-se submisso aos interesses alienígenas:

> A máquina estatal resistiu a todas as setas, a todas as investidas da voluptuosidade das índias, ao contrário de um desafio novo — manteve-se portuguesa, hipocritamente casta, duramente administrativa, aristocraticamente superior. Em lugar de renovação, o abraço lusitano produziu uma *social enormity*, segundo a qual velhos quadros e instituições anacrônicas frustram o florescimento do mundo virgem. Deitou-se remendo de pano novo em vestido velho, vinho nove em odres velhos, sem que o vestido se rompesse nem o odre rebentasse. O fermento contido, a rasgadura evitada gerou uma civilização marcada pela veleidade [...].[193]

A profunda análise histórico-sociológica de Faoro revela que "o estamento burocrático, fundado no sistema patrimonial do capitalismo politicamente orientado, adquiriu o conteúdo aristocrático, da nobreza da toga e do título"[194].

Isso mostra que, no rastro das marcas históricas da formação do Estado brasileiro, a participação da sociedade na administração da justiça e o implemento dos meios de resolução dos conflitos sociais constituem um processo tardio em nosso país. E essa circunstância representa um fator que traz dificuldades para a assimilação do princípio da subsidiariedade ativa no âmbito da administração da justiça.

Essa perspectiva devolve às instituições públicas uma concepção comunitária de sua ação e subverte enraizamentos históricos longevos segundo os quais os atores da cena pública desenvolveram sentimentos *de proprietários das instituições e do Poder Político,* transformando-as em instrumentos voltados para o atendimento de expectativas muito mais corporativas do que comunitárias[195].

---

(192) PAULA, Ana Paula Paes de. *Por uma nova gestão pública.* Rio de Janeiro: Getúlio Vargas, 2005. p. 106.
(193) FAORO, Raymundo. *Os donos do poder* — formação do patronato político brasileiro. 3. ed. rev. São Paulo: Globo, 2001. p. 837.
(194) FAORO. *Os donos do poder...*, 2001. p. 836.
(195) LEAL. Os pressupostos epistemológicos e filosóficos... *In:* LEAL. *Direitos sociais & políticas públicas...*, 2001. t. 3, p. 818-865.

Capítulo 2

Pragmática do Princípio de Democracia no Sistema Ninter: Conceitos Operacionais

> *"La deformación ideológica consiste en tomar por real un producto mental separado de la realidad social. Lo que, consciente o inconscientemente, se pretende es no tocar ese mundo real — esa sociedad así estructurada — sino reformar solamente poco más que a nivel de conceptos."*
>
> Elias Diaz[196]

2.1. A CONCREÇÃO DO PRINCÍPIO DE DEMOCRACIA

Nos desenvolvimentos teóricos realizados no capítulo 1, apresentaram-se os fundamentos pelos quais se adotam os pressupostos epistemológicos da *razão dialógica* (1.2.2 e 1.2.3) e da *complexidade* (1.2.4) como paradigmas complementares e ampliativos do âmbito de inteligibilidade dos problemas trabalhistas concretamente situados e do horizonte de atuação do conjunto das instituições do trabalho (instituições públicas e sindicatos), bem como suas consequências político-constitucionais.

Essa concreção emerge do fato de que o exercício dessa *razão realisticamente situada* torna-se possível e eficaz porque se realiza por setores de atividades coletivamente organizados cujos sindicatos tenham constituído um Núcleo Intersindical

---

(196) DIAZ, Elias. *Legalidad* — legitimidad en la sociedad democrática. Madrid: Civitas, 1978. p. 190.

de Conciliação Trabalhista para a implementação de políticas públicas e sindicais locais orientadas para a busca da efetividade dos direitos sociais e para a afirmação da autonomia coletiva na perspectiva do princípio da subsidiariedade ativa, utilizando-se do diálogo e da concertação social como estratégia de democratização da gestão da organização do trabalho e da administração da justiça locais.

A dimensão ética dos reflexos da introdução daqueles paradigmas na ação pública e na ação coletiva transborda os limites de uma ética de intenções para uma *ética de responsabilidade e solidariedade,* a qual exige que os atores que agem sob responsabilidade pública e/ou coletiva tenham a priorização das consequências sociais de suas ações.

Essa perspectiva dá ao princípio da dignidade humana e ao da cidadania a proeminência pragmática que lhes confere a Constituição Federal. Tais princípios implicam a superação, pelo "diálogo social" e pela "concertação social", da cisão Estado *versus* sociedade e a convergência de ambos a serviço do interesse público, uma vez que este transcende as perspectivas parciais de ambos.

No âmbito da organização do trabalho, focaliza-se o interesse público na busca da efetividade dos direitos sociais, a ser perseguida num contexto mais amplo de equilíbrio entre o desenvolvimento social e o econômico, compreendidos como fatores interdependentes. É nesse sentido que se atribui um significado concreto e emancipatório aos princípios da dignidade humana e da cidadania, descortinando-se as dimensões "fabulatória" e "simbólica" dos direitos sociais, e buscam-se, pela via do "diálogo social" e da "concertação social" entre a autonomia pública e a autonomia coletiva, novas formas e instrumentos de concretização daqueles direitos. Tais formas somente são possíveis de se realizar pela radical democratização[197] dos procedimentos institucionais e pela instauração de uma nova cultura, iluminada por novos paradigmas.

Com efeito, o reconhecimento da função cognitiva, do caráter constitutivo da **razão dialógica**, da função cognitiva do **princípio da complexidade,** da função democratizadora da "**governança**" e da função emancipatória do **princípio da subsidiariedade** é indutivo do *diálogo social,* da *concertação social* e da *autodeterminação coletiva* (negociação coletiva), como critérios cognitivos e de organização do trabalho. São, portanto, subconceitos (instrumentais) que se agregam para compor o sentido do princípio de democracia imanente ao sistema Núcleos Intersindicais de Conciliação Trabalhista.

A **razão dialógica** exige a inclusão de todos os participantes e afetados em diálogos e concertações sociais que passam a orientar a ação pública nos termos

---

(197) Cf. CORTINA. *Razon comunicativa y responsabilidad solidária,* 1985; MOUFFE, *O regresso do político,* 1996.

que serão estudados neste capítulo. A razão dialógica passa a substituir a razão instrumental, erigida segundo o paradigma da filosofia da consciência, que confere à autoridade pública um conhecimento estritamente subjetivo-solipsista na prática dos atos cognitivos que precedem os respectivos atos de decisão.

O **paradigma da complexidade**, como princípio informativo da realidade dinâmica e multifacetária em que é exercido o Poder Público, introduz no campo da ação pública o pensamento complexo, um modo de pensar não dogmático, nem estático, que procura apreender, tanto quanto possível, a realidade como uma totalidade dinâmica, e não como um "mosaico" estaticamente composto da soma de partes elementares fragmentariamente desveladas por um conhecimento especializado e individualmente elaborado.

O **princípio da "governança"** implica a adoção da cogestão da organização do trabalho e da administração da sugestão, bem como a participação dos sindicatos nos processos de formação da opinião e da vontade públicas.

O **princípio da subsidiariedade** fundamenta o engajamento dos agentes sociais (sindicatos) como copartícipes na realização e no cumprimento das funções estatais e o fomento à autodeterminação individual e coletiva dos cidadãos (ou dos membros das categorias organizados em sindicatos), reservando às instituições do trabalho uma função supletiva e complementar naquilo em que a ação sindical for insuficiente ou inexistente.

2.2. *O exercício dialógico do Poder Público e da autonomia coletiva na construção social da realidade*

A adoção da perspectiva teórica que confere à linguagem e, portanto, aos discursos uma função constitutiva da realidade, e não exclusivamente uma função designativa e de instrumento da comunicação humana, insere a intersubjetividade e o diálogo no centro da ação humana, dado que linguagem é também ação. Disso resulta que o diálogo assume uma função constitutiva da realidade e do sentido da norma jurídica, que se elucida sempre em consideração a uma dada realidade concreta (cf. 1.2.2).

Os agentes públicos de carreira permanente socialmente comprometidos que fizerem opção pela "radicalização" da democracia, a partir da compreensão do sentido substantivo, e não meramente formal, dos fundamentos constitucionais do Estado brasileiro, poderão se sentir autorizados à adoção de condutas coerentes com esta concepção, mediante a democratização das suas práticas institucionais, a começar pela abertura das instituições do trabalho para o diálogo com os sindicatos e pela sujeição de seus programas de ação ou de seus códigos de conduta ao debate público. Além disso, poderão abrir espaço à participação e colaboração dos destinatários de suas ações, por intermédio dos sindicatos, na busca da concreção dos objetivos da autonomia pública, especialmente o da busca da efetividade dos direitos sociais.

Mas essa imbricação dialógica entre a autonomia pública e a autonomia coletiva, além da afirmação da identidade jurídico-institucional[198] e dos fundamentos filosóficos e político-constitucionais (cf. capítulo 1) do sistema Ninter, requer o desenvolvimento dos conceitos teórico-operacionais que dão concreção ao princípio de democracia imanente ao sistema como condição de possibilidade de sua realização. A dimensão transcendental-pragmática desses desenvolvimentos teóricos dá coerência à indissociável articulação e interdependência entre o conhecimento e a ação humana. Todo conhecimento que não se possa traduzir em ação é vazio e desprovido de sentido epistemológico e ético. Reconhecida a natureza dialógica da razão humana, impõe-se o reconhecimento da linguagem na função constitutiva da realidade e como *medium* por meio do qual se realiza a coordenação da ação humana.

Conhecimento e ação se fundem na linguagem e nenhum deles se constitui sem o outro (cf. 1.2.2).

O sentido comum com que se utilizou anteriormente as expressões "diálogo social" e "concertação social" não é mais suficiente quando se passa a adotá-las como elementos indispensáveis à técnica de gestão da organização do trabalho e da administração da justiça no espaço institucional que se lhes reserva no sistema Ninter.

A densificação do conteúdo dessas *técnicas* de gestão da organização do trabalho e da administração da justiça implica, primeiramente, a ampliação do seu sentido para além de uma relação meramente comunicacional conducente a compromissos informais não vinculativos. Seu conteúdo abrange quaisquer temas conexos ao objetivo geral da persecução da efetividade dos direitos sociais e da afirmação da autonomia coletiva. Envolve, precipuamente, a gestão racional (dialógica), em âmbito local/setorial, dos problemas e conflitos sociolaborais e a busca da adequação da aplicação da legislação trabalhista aos contextos de realidade na sua singularidade e complexidade irrepetíveis.

O diálogo social fundamenta-se a si mesmo na medida em que estabelece, preliminarmente, o conjunto dos princípios e conceitos (condições de possibilidade) que

---

(198) VASCONCELOS, Antônio G. *O sistema núcleo intersindical de conciliação trabalhista — do fato social ao instituto jurídico:* uma transição neoparadigmática do modelo de organização do trabalho e da administração da justiça. São Paulo: LTr, 2014. cap. 5.

regem a interatividade entre as diversas instituições do trabalho que movimentam e viabilizam as referidas técnicas. Vale dizer, a interatividade e a intercomplementaridade entre a autonomia pública e a autonomia coletiva somente são viáveis com a preservação das respectivas "autonomias", sem a atrofia (omissiva) ou a hipertrofia (interventiva) de qualquer uma delas em relação a outra. No diálogo, estabelecem os respectivos limites.

O diálogo social distingue-se da concertação social, porque esta contempla as consequências práticas do diálogo social, as quais possuem uma dupla dimensão: a da concepção e formulação de programas de ações interinstitucionais cooperativas e a da execução propriamente dita desses programas. Esta segunda dimensão (execução), por sua vez, retroalimenta-se pelo "diálogo social", que passa a atuar de modo recursivo e reflexivo, permanentemente. A "concertação social", enquanto execução de ações concretas, implica uma recursão ao "diálogo social", promovendo uma circularidade entre as práticas dialógicas e as ações interativas concertadas entre instituições locais do trabalho em relação a situações concretas de observância e aplicação da legislação trabalhista, inclusivamente no campo da prevenção e da resolução dos conflitos individuais e/ou coletivos do trabalho. E, nesse sentido, a concertação social se dilui novamente no diálogo social. Ela é, portanto, a própria ação que se desenvolve no diálogo. A concertação social é o diálogo social tendente ao estabelecimento de compromissos interinstitucionais de ação conjunta para o enfrentamento de problemas determinados e específicos. Nas relações intersindicais, tais compromissos se estabelecem normativamente; nas relações entre os sindicatos e as instituições do poder público, estes se firmam eticamente.

A centralidade assumida por essas técnicas na compreensão da relação poder público/sociedade (sindicatos), no enfoque do sistema NINTE, torna necessária a elucidação do sentido com que se passa a empregar ambas as expressões, dado o sentido plurívoco que assumiram na teoria.

2.2.1. A INSUFICIÊNCIA DA CONCEPÇÃO "NEOCORPORATIVISTA"

O diálogo social e a concertação social têm sido predominantemente compreendidos no quadro conceitual do *neocorporativismo,* que confere centralidade ao consenso, porém como método de legitimação de decisões e de viabilização da governabilidade.

Aplicados às práticas governamentais corporativistas, esses conceitos constituem um processo político, em virtude do qual as grandes organizações intervêm nos processos de tomada de decisão do governo, mediante contrapartidas mútuas, de modo a favorecer maior legitimidade e efetividade à função diretiva do Poder

Público[199]. O próprio corporativismo, à sua vez, comporta experiências governamentais multiversáteis, desde um sentido político-jurídico autoritário a um sentido político pluralista. O seu sentido autoritário está na raiz da organização do trabalho nacional[200], que coincide com a concepção jurídica correspondente ao chamado "Direito corporativo", que inclui o "Direito Corporativo do Trabalho"[201].

A compreensão neocorporativista é inadequada e insuficiente para abrigar o sentido que o "diálogo social" e a "concertação social" passam a assumir na perspectiva democratizadora (democracia integral) do sistema Ninter.

2.2.2. O SENTIDO DO "DIÁLOGO SOCIAL" E DA "CONCERTAÇÃO SOCIAL" NA PERSPECTIVA DA DEMOCRACIA INTEGRAL

A compreensão dos fundamentos político-epistemológicos do Estado Democrático brasileiro sob as luzes dos novos paradigmas explicitados nesta tese exige a reconstrução do aparato do sentido dos conceitos abstraídos das teorias tradicionais da democracia. As noções de "diálogo social" e de "concertação social", em seus sentidos convencionais, não atendem à nova perspectiva paradigmática. Neste tópico, procura-se elucidar o seu sentido enquanto técnica de gestão e de democratização das relações entre o Estado e a sociedade, naturalmente no ambiente restrito da organização do trabalho, que é o campo de que se ocupa a presente investigação.

Contudo é preciso ter em mente as observações de Claude Lefort da revolução democrática moderna, no sentido de que

> [...] não há poder ligado a um corpo. O poder aparece como um lugar vazio e aqueles que o exercem como simples mortais que só o ocupam temporariamente ou que não poderiam nele se instalar a não ser pela força ou pela astúcia; *não há lei que possa se fixar cujos enunciados não sejam contestáveis, cujos fundamentos não sejam suscetíveis de serem repostos em questão [...].*[202]

---

(199) Cf. PÉREZ, José Luis Monereo. *Concertación y diálogo social*. Valladolid: Lex Nova, 1999. p. 45.
(200) VASCONCELOS, Antônio G. *O sistema núcleo intersindical de conciliação trabalhista — do fato social ao instituto jurídico*: uma transição neoparadigmática do modelo de organização do trabalho e da administração da justiça. São Paulo: LTr, 2014. cap. 1, itens 1.1.2 e 1.1.3.
(201) Uma das obras inaugurais relativas à organização do direito do trabalho brasileiro intitula-se "Problemas de Direito Corporativo" (Oliveira Viana), que constitui uma elaboração doutrinária de institutos e de instituições de direito do trabalho, segundo o modelo corporativo, e que ainda hoje constitui o eixo matricial da organização atual e, de certo modo, da cultura laboral impregnada na tradição, embora entremeada pelas mudanças decorrentes do processo histórico.
(202) LEFORT, Claude. *A invenção democrática*: os limites da dominação totalitária. 2. ed. Trad. Isabel Maria Loureiro. São Paulo: Brasiliense, 1987. p. 118.

A ideia autoritária do exercício do poder assentada na imagem organicista (cf. 1.1.3.2), obscurecida nos recônditos do paradigma cultural político-jurídico da tradição brasileira, constitui, deveras, importante obstáculo à absorção do sentido substancial destas técnicas (diálogo social e concertação social) na consolidação de uma democracia discursiva, que eleva ao paroxismo o princípio da dignidade humana e o da cidadania.

A experiência prototípica e institucional do Núcleo Intersindical de Conciliação Trabalhista de Patrocínio nasceu do exercício informal dessas técnicas. O reconhecimento de sua importância pelos atores sociais conduziu à sua institucionalização. Elas contribuíram para a formação de "capital social"[203]. Se este não existisse, os resultados da ação local daquela instituição seriam inalcançáveis (cf. capítulo 3). Os procedimentos dialogais e a concertação permitiram a superação dos dilemas da ação coletiva e do oportunismo contraproducente, em regra, presentes nas ações grupais. Esses obstáculos são potencializados quando, além da gravidade e do potencial conflitivo dos problemas a serem enfrentados, a busca de soluções demanda a aproximação entre atores pertencentes a instituições que alimentam relações agonísticas (sindicatos) e atores, muitas vezes, colonizados pela burocracia e pelo ideologismo (setores públicos). Eis um dos aspectos decisivos para a institucionalização do diálogo social e da concertação social indispensáveis, quer seja no processo de constituição Ninter, quer seja para o seu funcionamento. Ela possibilita a consolidação dos laços de confiabilidade e a afirmação da autonomia dos participantes.

Na expressão singela e realística de Putnam:

> "[...] um grupo cujos membros demonstrem confiabilidade e que depositem ampla confiança uns nos outros é capaz de realizar muito mais do que outro grupo que careça de confiabilidade e confiança."[204]

Além do estabelecimento da confiança e da credibilidade entre cidadãos que exercem o Poder Público e os cidadãos destinatários da ação pública, o diálogo social permite a superação da descrença na capacidade das instituições de atender às necessidades das comunidades locais. A percepção recíproca dos atores do diálogo social da vontade de empenhar suas potencialidades no exercício de suas funções para o alcance de objetivos sociais relevantes e além dos limites convencionais das funções burocrático-formais das instituições é geradora de uma força social incomensurável e capaz de operar transformações sociais impensáveis se ela

---

(203) Cf. PUTNAM, Robert D. *Comunidade e democracia* — a experiência da Itália moderna. Trad. Luiz Alberto Monjardim. Rio de Janeiro: Fundação Getúlio Vargas, 1996. *passim*.
(204) PUTNAM. *Comunidade e democracia*, 1996. p. 177.

não existisse. A mera mudança de paradigma opera transformações que inúmeras reformas "legais e institucionais" jamais lograram alcançar.

O diálogo social é extremamente relevante para a construção de um novo espaço público a partir da movimentação de atores públicos e coletivos locais responsáveis pela organização do trabalho:

> Por óbvio que a abordagem sugerida não pode se dar com velhos e desgastados conceitos de administração pública — centrada no Estado —, tampouco fundada em pressupostos filosóficos e epistemológicos metafísicos de justificação e exercício do poder — como é o caso da filosofia da consciência — mas a partir de outros paradigmas, em especial, o de uma filosofia e epistemologia centradas numa racionalidade emancipatória e comunicativa, aqui entendida como a estabelecida por sujeitos linguísticos (Estado x Cidadão) envolvidos numa prática linguística cujo único objetivo é o entendimento/consenso, o que implica permanentes e tensionais pactos de civilidade, que, a despeito de provisórios, estão informados por alguns universais modernos, como os direitos humanos e fundamentais, a emancipação dos povos, o controle do poder político, o desenvolvimento autossustentável etc.[205]

A perspectiva de Gesta Leal precisa ser retificada para focalizar não a relação Estado *versus* cidadão, mas a relação *cidadão agente do Poder Público versus cidadão destinatário da ação pública,* porque ela, ainda que por mero uso vocabular próprio do paradigma da consciência, ainda trata o "Estado" como ente personificado e abstrato. E, ainda, para acrescer que o diálogo social não se restringe à administração pública em sentido restrito, porque, pelos mesmos motivos, a assertiva toma a divisão dos poderes em sentido radical e torna "inválidos" para o diálogo social os demais poderes, em especial o Poder Judiciário, em regra, contagiado por um pecaminoso "autismo institucional".

Em coerência com os paradigmas que informam esta investigação, a dimensão mais profunda do diálogo social a ser ressaltada é no sentido de que a adesão das instituições ao diálogo social expõe os *cidadãos agentes do Poder Público e da representação coletiva* a ter de justificar suas decisões e ações mediante argumentos que expressem o interesse público e coletivo, e não interesses meramente egoísticos ou corporativistas. De modo que as respectivas proposições assertóricas tornam-se válidas na medida em que possam ser aceitas no debate público realizado num espaço público em que todos possam ouvir e ser ouvidos, concordar ou discordar. Em outros termos:

---

(205) LEAL. Os pressupostos epistemológicos e filosóficos.... *In:* LEAL. *Direitos sociais & políticas públicas...,* 2001. p. 42.

"Uma decisão coletiva sobreviria tão somente a partir de sua justificação por meio de **razões públicas**, expostas ao tensionamento da crítica e do falseamento."[206]

Um aspecto final a ser introduzido diz respeito ao fato de o sucesso do "diálogo social" e da "concertação social" ter como condição de possibilidade compromissos éticos entre participantes, salvo quanto aos sindicatos nas suas relações negociais, em que tais compromissos podem se transformar em compromissos normativos. Porém, a par de motivos de natureza ideológica, psicológica ou quaisquer outros não reprováveis do ponto de vista ético-jurídico, outros motivos não declaráveis publicamente podem também concorrer para a recusa ao "diálogo social", como a mera acomodação e o contentamento com atuações que não excedem o limite formal-burocrático e ensejam a convicção do "dever cumprido". Sobreposição de interesses corporativos ao interesse público, colonização do *status quo* em benefício próprio e posturas reacionárias orientadas pelo interesse de perpetuação de situação de crise motivada por proveito particular são aspectos que podem nunca se tornar transparentes à comunidade.

O poder não é mais visto como sedimentado em um lugar personificado nas mãos de alguns, mas como algo fluido que se exerce comunicativamente a partir do concurso das vontades dos agentes públicos e dos afetados em cada ponto do universo em que ele se manifesta, no qual deve ser permanentemente reconstruído pelos sujeitos envolvidos no seu exercício, quer seja como seus agentes, quer seja como sujeito que sofre suas consequências.

2.2.2.1. O "DIÁLOGO SOCIAL"

O "diálogo social" que serve ao princípio de democracia integral comporta

> [...] la localización de puntos de encuentro entre los propios agentes sociales y un intercambio de informaciones, ideas y opiniones entre las partes sociales y asimismo un intento de búsqueda de posiciones convergentes sobre cuestiones de interés común, no necesariamente formalizadas mediante acuerdos sociales ou colectivos.[207]

O diálogo social, tal como assim compreendido, tem sentido amplo e decorre do entrelaçamento parcial da teoria de José Luis Monereo Pérez[208] e da ação

---

(206) BOHMAN, James. *Public deliberation*: pluralism, complexity, and democracy. Boston: Madison, 2002. p. 13 apud LEAL. *Direitos sociais & políticas públicas*..., 2001, t. 3. p. 834.
(207) PÉREZ. *Concertación y diálogo social*, 1999. p. 19.
(208) Cf. PÉREZ. *Concertación y diálogo social*, 1999. *passim*.

comunicativa de Jürgen Habermas[209]. A primeira é insuficiente e a segunda é por demais abrangente.

A "bricolagem" dessas duas posições atribui ao diálogo uma função epistemológica e, ao mesmo tempo, coordenadora de ações. Abarca, no primeiro sentido, todas as formas de intercâmbio dialógico entre interlocutores sociais entre si e entre estes e o próprio Poder Público organizado, em busca de uma compreensão racional de temas de interesse comum. Essa função epistemológica do "diálogo social" não implica necessariamente um acordo ou uma concertação como resultado final. Esse diálogo tem uma dimensão cognitiva da realidade em sua complexidade, numa perspectiva totalizante, alterando a compreensão dos atores sociais e dos atores do Poder Público acerca dos fatos de realidade, que passam a ser compreendidos em seus contextos mais amplos. O "diálogo social", visto no sentido profundo do cumprimento de uma função epistemológica, condiciona o desempenho da ação pública e da ação coletiva sob a perspectiva da "nova ética da responsabilidade", oriunda da teoria do discurso e legitimável segundo o imperativo categórico de escolha sob critérios da maior aproximação possível de suas consequências socioeconômicas dos princípios e valores constitucionais que fundamentam o Estado.

A construção intersubjetiva da abordagem fática da realidade na sua complexidade enseja o espaço e a oportunidade de tematização e inserção de aspectos focalizados pelos representantes de cada uma das instituições partícipes, num procedimento discursivo reconstrutivo da realidade, de tal modo que a cada qual se assegurará o direito de ver consideradas pelo conjunto dos atores institucionais do mundo do trabalho os aspectos fáticos e contextuais que entendam que devem ser levados em conta por todos os participantes. Isso, nos procedimentos de escolha da norma adequada e do modo mais adequado de sua aplicação ou na reconstrução de sentido da norma aplicável consentânea com os princípios superiores informativos da ordem constitucional e com exigências da realidade local.

O diálogo social passa a ter uma função epistemológica, porque funda o conhecimento que se tem como ponto de partida para o desempenho da ação pública (e da ação sindical), de modo geral, até mesmo para a aplicação da norma jurídica, porque

> Na pragmática de todo uso da linguagem está embutida a presunção de que existe um mundo objetivo compartilhado por todos. E os papéis dialogais, dados em toda situação de fala, forçam uma simetria de perspectivas dos participantes; eles não somente abrem a possibilidade de se assumir simultaneamente as perspectivas de Ego e Alter, mas

---

(209) HABERMAS, Jürgen. *Teoria da ação comunicativa*. (Ver passagem que explicita o diálogo como busca consensual da verdade).

também, de passar da perspectiva do participante para a do observador [...]. A partir da possibilidade do entendimento através da linguagem podemos chegar à conclusão de que existe um conceito de razão situada, que levanta sua voz através de pretensões de validez que são, ao mesmo tempo, contextuais e transcendentes: 'esta razão comunicativa é simultaneamente imanente, não podendo ser encontrada fora de jogos de linguagem, de instruções concretas, e transcendente — uma ideia regulativa, pela qual nos orientamos quando criticamos nossas atividades e organizações' [...]. De um lado, a validez exigida para as proposições e normas transcende espaços e tempos; de outro, porém, a pretensão é levantada sempre aqui e agora, em determinados contextos, sendo aceita ou rejeitada, e de sua aceitação ou rejeição resultam consequências fáticas para a ação.[210]

O "diálogo social", na sua indispensável função epistemológica, fundamenta-se na distinção entre discursos de fundamentação e aplicação[211] de normas pressupostas na lógica da argumentação. A jurisdição atual e qualquer dos modos de aplicação de normas jurídicas realizadas pelo Poder Público (Administração Pública), no paradigma do Estado Democrático de Direito, não lida somente com regras no ato de aplicação do direito (paradigma liberal-autoritário e formal-tecnicista de aplicação do direito), mas também com princípios. E poucas são as normas que podem encontrar aplicação e que, em caso de colisão, comportam decisão em termos de "tudo ou nada", sem dificuldades hermenêuticas. Quase todas as normas vigentes são naturalmente indeterminadas, mesmo aquelas que procuram explicitar minudentemente as condições de aplicação. Essa assertiva vale não somente em relação aos direitos fundamentais e aos princípios do Estado Democrático de Direito que justificam o sistema jurídico em sua totalidade, mas também em relação a normas comuns que seguem indeterminadas com relação à sua situação, necessitando de interligações *suplementares* no caso concreto[212].

O estabelecimento da relação adequada da norma à situação precisa, para ser imparcial, levar em conta os contextos de realidade em que se inserem os fatos aos quais a autoridade pública *decide* atribuir significação jurídica ou simplesmente desprezá-los como inexistentes. Mas, para fazê-lo imparcialmente, a autoridade pública precisa contar com uma descrição completa da situação e só então do

---

(210) HABERMAS. *Pensamento pós-metafísico*, 2002. p. 176.
(211) Nos discursos políticos de fundamentação da norma criada pelo legislador, prevalece o exercício da vontade nos processos de escolha do seu conteúdo; nos discursos de aplicação, atividade posterior à da criação da norma, prevalece (deve prevalecer) o exercício da função cognitiva na fixação do conteúdo da decisão, na adequação da norma à realidade e na seleção e significação dos fatos que, por ato de vontade, se quer subsumir à norma.
(212) HABERMAS. *Direito e democracia* — entre..., 1997a. v. I, p. 269.

conjunto de normas aplicáveis. Essa dimensão não é possível de ser alcançada em processos burocráticos, judiciais ou administrativos, por natureza, direcionados para a redução de complexidade e para o proferimento de uma decisão, sem se cogitar de suas possíveis consequências, comissiva ou omissivamente. O alcance desta dimensão somente é possível pelo "diálogo social", aberto e plural.

Doutro lado, se as instituições representativas dos destinatários da ação pública (sindicatos), na dinâmica dialogal instaurada no âmbito do Conselho Tripartite/Interinstitucional do Ninter, concorrem para o estabelecimento dessa dialética cognitivo-reflexiva, recursiva e circular, entre fato e norma, teoria e prática, pensamento e ação, e, de resto, nos atos de interpretação e aplicação da legislação trabalhista por parte das autoridades do trabalho, estas, por sua vez, são instadas a explicitar suas posições e os pressupostos que levam em consideração na escolha e na atribuição de sentido (interpretação) à norma, cuja aplicação consideram pertinentes aos fatos considerados, em vista do objetivo de promover a efetividade dos direitos sociais.

O acesso dos destinatários da ação pública às pautas "políticas", ideológicas e programáticas com que agem as instituições do trabalho constitui função do diálogo social que vai além de permitir a ampliação da visão de realidade por parte dos participantes e converge com o desempenho de uma função pedagógica.

Esse diálogo social travado entre as instituições do trabalho e os sindicatos realiza o encontro entre as razões públicas e a razão coletiva, convergindo-as em torno da atribuição de um sentido concreto, contextualizado e realístico ao projeto abstratamente inserido na ordem jurídico-constitucional, em torno do qual ambas empenharam seus esforços, concertadamente.

Assim, a dimensão do "diálogo social" e a da "concertação social", que se evidenciam na teoria do sistema Ninter, tematizam também os processos cognitivos conducentes à decisão da qual resulta a escolha da norma aplicável e o modo mais adequado de aplicá-la em situações concretas determinadas (contextos de realidade). Estas, por sua vez, são dependentes de serem configuradas dialogicamente (princípio da complexidade), quer seja quanto à escolha dos fatos juridicamente significativos, quer seja quanto à interpretação do sentido subsuntivo. A atribuição de tais sentidos no diálogo interinstitucional envolve a concorrência de argumentos que embasam as pretensões de validez de todos os participantes[213], que interagem em condições de "igual respeito e consideração"[214].

Nesse sentido, promove-se a democratização da organização do trabalho sob o enfoque epistemológico.

---

(213) Cf. HABERMAS. *Consciência moral e agir comunicativo*, 1989. *passim*.
(214) DWORKIN. *O império do direito*, 1999. *passim*.

Essa abordagem dispensa a problemática de uma fundamentação última do conhecimento jurídico, cujos princípios e regras de "dever ser" são dados previamente, porque elas próprias, as normas jurídicas, já são fundadas em procedimentos político-discursivos legitimadores dos processos originários de criação do direito.

2.2.2.2. A CONCERTAÇÃO SOCIAL E A COORDENAÇÃO DAS AÇÕES DAS INSTITUIÇÕES DO TRABALHO

A concertação, na perspectiva corporativista apontada por Pérez, constitui um método de adoção de decisões conjuntas ou cooperativas entre o Governo, ou Poder Público, e os agentes sociais, que se interferem e se limitam mutuamente. No campo do direito, integra novas formas de produção normativa, na medida em que significa a elaboração negociada de normas no campo do Direito Econômico e Social. Implica, portanto, o encontro e a negociação política entre o Poder Público e a autonomia coletiva[215].

A concertação social, na perspectiva do sistema Ninter, limita-se à concepção e à execução conjunta de programas interinstitucionais voltados para o "telos" da efetividade dos direitos sociais. É dizer, voltados para ações públicas conformadoras de condutas sociais relacionadas à observância, interpretação e aplicação da legislação do trabalho.

A concertação social, como consequência pragmática do diálogo social, pode se configurar das seguintes formas:

> a) deliberação do conjunto das instituições participantes acerca de medidas a serem adotadas diante de determinadas situações concretas;
>
> b) concepção, formulação e execução de programas de ação conjunta, mediante o esforço cooperativo das instituições do trabalho (tripartismo de base), no âmbito das respectivas competências, voltados para a busca da efetividade dos direitos sociais através da adoção de medidas ou modos de atuação intercomplementares frente a situações concretas singulares de reconhecido interesse público, social e coletivo; e
>
> c) implementação e o funcionamento de meios não judiciais de resolução dos conflitos, os quais passam a integrar a administração da justiça, em sentido amplo, passando a exigir uma gestão interinstitucional, concertada e discursiva, a fim de se assegurar a harmonia e a coexistencialidade entre a justiça e os demais meios de resolução de conflitos institucionalizados no sistema Ninter.

---

(215) PÉREZ. *Concertación y diálogo social*, 1999. p. 17.

Aqui, a concertação social deixa de se constituir em um método de tomada de decisões políticas ou de definição dos conteúdos de uma legislação a ser editada para restringir-se a procedimentos concernentes à aplicação da legislação, nos limites da competência das instituições envolvidas, salvo no que diz respeito à negociação coletiva, a qual, no entanto, não sofre ingerência contenudística das demais instituições envolvidas no diálogo interinstitucional. Contudo, a concertação social pressupõe diálogo social e é antecedida por ele.

Não existe, portanto, a possibilidade de cogitação de uma ingênua confusão conceitual entre os procedimentos democráticos deliberativos de tomada de decisões políticas prática da concertação social no plano das práticas jurídicas institucionais.

Aceitando-se que em toda ação (decisão) convergem elementos cognitivos e volitivos, com precedência dos primeiros sobre os segundos, numa perspectiva não *voluntarista* ou *decisionista*, e que nos paradigmas tradicionais a cognição se dá por intermédio de um sujeito racional, solipsista, solitário e, por isso mesmo, autoritário, a introjeção dos paradigmas da razão discursiva e da complexidade, que implicam a introdução do "diálogo social" e da "concertação social" como técnicas inerentes ao exercício do Poder Público, permite aos destinatários da ação pública o discernimento dos elementos cognitivos e voluntaristas que movem os decisores públicos e a sua participação na formação de suas convicções de ordem metajurídica, as quais são determinantes para as escolhas de ordem técnica, bem como para a formulação e o estabelecimento de suas formas de execução.

2.2.3. OS ADMINISTRADOS E OS JURISDICIONADOS SÃO SUJEITOS, E NÃO OBJETO DA AÇÃO PÚBLICA

A centralidade epistemológica e governativa ("governança") do "diálogo social", característica da transição paradigmática operada pelo sistema Núcleos Intersindicais de Conciliação Trabalhista e que passa a orientar a relação entre as instituições/autoridades do trabalho (Estado) e os sindicatos (corpo intermediários de representação da coletividade atingida pelas decisões públicas), põe em evidência o fato de que ela é uma relação elementar entre pessoas, entre cidadãos dotados de racionalidade, de vontade e de preferências pessoais não camufladas pela abstração e pelo artificialismo das ficções e presunções que alimentam a teoria clássica da democracia. Não se trata, portanto, de uma relação entre entes abstratos concebidos a partir da ideia de uma personificação das instituições cujos agentes não agem como sujeitos, mas como sua *longa manus*.

A "transubstanciação" de indivíduos em órgãos — categorias abstratas de pensamento — enseja a despersonificação dos primeiros e a criação de uma personalidade orgânica fictícia para os segundos, por cujo intermédio aqueles são transformados em mero "instrumento da atuação" do ente público, retirando deles a condição de cidadão, de indivíduo histórico, dotado de sensibilidade e de responsabilidade social no exercício do Poder Público. E, por isso, fica restrito, na sua ação individual, aos parâmetros de uma ética meramente intencionalista, na medida em que, ao reproduzir a "vontade do Estado", torna-se isento de reflexões e critérios consequencialistas na sua atuação. Neste caso, a intenção prevalece sobre as consequências e sobre os resultados.

De tal sorte, o Estado e seus órgãos, personificados e dotados de uma "razão" distinta da dos seus agentes, valem-se destes como instrumento, do mesmo modo que o cérebro age por meio do organismo e dos membros do corpo. A mera intenção de cumprir a vontade do Estado (ética de intenções) torna-se suficiente para conferir aos agentes estatais a sensação do dever cumprido tão somente pela "realização" autômata daquela vontade, negando a possibilidade de escolhas dependentes de atos de vontade próprios e de autodeterminação e corresponsabilidade na elaboração do conhecimento que sustenta a ação pública e a construção social da realidade.

Do ponto de vista ético, esse sentimento produz uma espécie de "síndrome de Pilatos" em relação às consequências sociais da ação, ocultando e desconhecendo o fato de que toda ação é resultado de escolhas ou de preferências consciente ou inconscientemente eleitas.

A perspectiva dialógica considera e reconhece a condição de sujeito, eticamente responsável, dos indivíduos cidadãos que ocupam tanto a posição de agentes do Poder Público como os que se encontram na posição de afetados — administrados/jurisdicionados.

A introdução de uma democracia consensual na dinâmica interna da gestão pública (sentido amplo) apresenta-se como complemento à democracia majoritária ante a insuficiência desta para a condução das sociedades complexas e plurais contemporâneas. Essas sociedades precisam de um regime de "governança" que estimule o consenso, que promova a inclusão no lugar da exclusão, em toda ação pública.

Sir Arthur Lewisê, prêmio Nobel de Economia, expressa com profundidade o principal pressuposto da democracia que se reconstrói contemporaneamente, que é princípio de que "todos aqueles afetados por uma decisão devem ter a oportunidade de participar do processo que a originou, quer diretamente, quer através de seus representantes escolhidos"[216].

---

(216) LIJPHART, Arend. *Modelos de democracia* — desempenho e padrões de governo em 36 países. Trad. Roberto Franco. Rio de Janeiro: Civilização Brasileira, 2003. p. 51.

A emancipação e a solidariedade, conforme os paradigmas emergentes, manifestam-se, sobretudo, na elevação dos integrantes das categorias representadas (trabalhador e empresário) à condição de sujeito, reconhecendo-os como capazes de, no exercício da autonomia coletiva, conceber e discernir acerca de seus próprios projetos de vida. A força da presença estatal, neste caso, mais vale pela garantia do exercício desta condição de sujeito.

Não se institui, contudo, no sistema Ninter uma nova ficção. Há uma dinâmica dialógica interna que se realiza no âmbito das relações entre os dirigentes sindicais e os membros das respectivas categorias. Do mesmo modo que o Ninter atende individualmente os trabalhadores no acertamento de suas pendências trabalhistas perante o empregador, o empresário também será atendido quando apresentar uma questão particular cuja solução possa comportar interesse, público, coletivo ou social, no âmbito de suas relações com o Poder Público. Assegura-se-lhe a oportunidade concreta de, por intermédio de seu sindicato, postular a inclusão de sua situação particular nas pautas do diálogo social para a consideração do conjunto das instituições do trabalho. Neste caso, o reconhecimento da situação--problema (trabalhista) como de interesse social, coletivo ou público poderá abrir espaço para autorizar o estabelecimento de concertação social específica em torno da adoção de *regime trabalhista especial temporário* ou "permanente", a partir do qual a empresa em questão possa recuperar as condições de sobrevivência e seguir cumprindo a função socioeconômica.

Ao instituir espaços de cidadania, o Conselho Tripartite (Interinstitucional), órgão do Ninter, afasta a ficção jurídica da personificação das instituições e põe em seu lugar sujeitos (cidadãos) detentores de funções pública e de representação coletiva capazes de realizar crítica e autocrítica. Também, eleva os destinatários da ação pública à condição de cidadãos, reconhecendo-os também capazes de crítica e autocrítica, retirando-os da condição de objeto e da passividade a que foram submetidos pelo padrão clássico de racionalidade, para torná-los corresponsáveis pela "construção social"[217] e solidária da própria realidade (da organização do trabalho).

2.3. A PRÁTICA DA GOVERNANÇA E A RECONSTRUÇÃO DO PRINCÍPIO DO TRIPARTISMO: O ACOPLAMENTO ESTRUTURAL DAS AUTONOMIAS PÚBLICA E COLETIVA

O princípio da "governança" (cf. 1.4) evoca a coparticipação dos administrados e jurisdicionados, por intermédio do sistema Ninter, nos processos cognitivos

---

(217) Cf. BERGER, L. Peter; LUCKMAN, Thomas. *A construção social da realidade.* 18. ed. Trad. Floriano de Souza Fernandes. Petrópolis: Vozes, 1999.

precedentes às decisões das autoridades/instituições do trabalho no exercício da ação pública. Mas evoca também a coparticipação do Poder Público nas ações da autonomia coletiva concernentes à autogestão da organização do trabalho no plano intercategorial decorrente da concreção do princípio da subsidiariedade (cf. 1.3). A "governança" implica que o "diálogo social" e a "concertação social" se verifiquem numa via dupla de afirmação harmônica e recíproca das autonomias pública e coletiva, ambas sobrepondo aos interesses parciais das respectivas instituições o interesse público, já que nem sempre as ações das instituições orientam-se para o alcance do interesse público propriamente dito. Muitas vezes, a ação do Poder Público é contrária ao interesse público e enseja consequências alheias a esse interesse[218].

A "governança" transcende as ideias de participação e de descentralização ou desconcentração de poder, porque ambas decorrem do exercício unilateral do Poder Público. Nela, opera-se a convergência da atuação das autonomias pública e coletiva. Tal convergência é consequência dos pressupostos epistemológicos emergentes (teorias do discurso e da complexidade). Por isso, a governança constitui-se em subconceito operacional do princípio de democracia na teoria do sistema Ninter e abrange a gestão compartida da organização do trabalho e a gestão da administração da justiça em âmbitos intercategoriais. Além disso, ela se situa a um nível acima dos conceitos instrumentais do "diálogo social" e da "concertação social", agregando-os como técnica de exercício simultâneo das autonomias pública e coletiva, em mútua autodeterminação em termos de um acoplamento estrutural reciprocamente ontogênico[219]. À coordenação dessas ações reciprocamente generativas corresponde a ideia de "governança".

O aspecto central da convergência de ambos os conceitos de "governança" e de tripartismo reside no campo prático-operacional, que se expressa na exigência de que os procedimentos discursivos em que se concretizam o "diálogo social" e a "concertação social" somente ganham validez e legitimidade quando são realizados na presença simultânea e indispensável das três partes interessadas: o Poder Público (instituições que o compõem), entidades de representação profissional e entidades de representação econômica. O tripartismo, restrito aos campos do diálogo social e

---

(218) VASCONCELOS, Antônio G. *O sistema núcleo intersindical de conciliação trabalhista* — do fato social ao instituto jurídico: uma transição neoparadigmática do modelo de organização do trabalho e da administração da justiça. São Paulo: LTr, 2014. cap. 3.

(219) "A ontogenia é a história de mudanças estruturais de uma unidade, sem que esta perca a sua organização". Quando esta ontogenia é proveniente de interações entre unidades autopoiéticas, mediante 'perturbações' recíprocas que desencadeiam modificações (embora não as determinem nem as informem) estruturais no interior de cada unidade autopoiética, verifica-se um acoplamento estrutural entre tais unidades. "O resultado será uma história de mudanças estruturais mútuas e concordantes", acrescenta-se, e permanentes. (cf. MATURANA, H.; VARELA, Francisco J. *A árvore do conhecimento* — as bases biológicas da compreensão humana. Trad. Humberto Mariotti e Lia Diskin. São Paulo: Palas Athena, 2004). Tais conceitos oriundos da "biologia da cognição" explicitam a ideia de um acoplamento estrutural entre as autonomias pública e coletiva no sistema Ninter.

da concertação social, repercute nas ações bipartites (intersindicais) que também se realizam no interior do Conselho Tripartite do Ninter, embora assumam um caráter meramente gerencial, de um lado, e, de outro, um caráter negocial-normativo por intermédio das convenções e dos acordos coletivos (cf. 2.3.1.2).

As interações que se verificam entre as próprias instituições públicas são de mera coordenação da ação pública para lhe conferir conerência, coerência, eficácia e eficiência na busca da efetividade da ordem jurídica.

Contudo, no tripartismo de base local, em que se procede a "governança", a ausência de qualquer dos partidos (de qualquer dos sindicatos ou instituições públicas participantes) implica três sérios riscos que o sistema Ninter preveniu: a) a manipulação dos resultados das técnicas de governança; b) a deslegitimação das deliberações; e c) a fragmentação epistemológica do conteúdo, do ponto de vista subjetivo (a privação do estabelecimento da dialética dialógica em torno dos distintos pontos de vista).

2.3.1. Tripartismo e governança

O tripartismo, como princípio de organização das relações de trabalho, tem suas origens no Direito Internacional do Trabalho. Originou-se da *Declaração da Filadélfia* (1944), realizada às vésperas do término da Segunda Guerra. Distingue a Organização Internacional do Trabalho (OIT) de todos os demais organismos da ONU, uma vez que tem nele uma regra "quase absoluta" de constituição dos seus órgãos colegiados, sempre constituídos por representantes do governo, de trabalhadores e de empregadores.

O sucesso das práticas tripartites levou à aprovação da Recomendação n. 113, visando ao incentivo das práticas tripartites no plano nacional, objetivando o fomento:

> da compreensão mútua e das boas relações entre as autoridades públicas e as organizações de empregadores e de trabalhadores, assim como entre as próprias organizações, a fim de desenvolver a economia em seu conjunto ou alguns de seus ramos, de melhorar as condições de trabalho e elevar o nível de vida (item 4).[220]

A Convenção n. 144, por sua vez, ampliou o leque de aplicação das práticas tripartites, visando à implementação de mecanismos tripartidos de consultas como subsídio à atividade normativa da OIT[221].

---

(220) SÜSSEKIND, Arnaldo. *Direito internacional do trabalho*. São Paulo: LTr, 1986. p. 143-147.
(221) SÜSSEKIND. *Direito internacional do trabalho*, 1986. p. 143-147.

O corporativismo, tal como concebido pelas concepções teóricas da democracia clássica que lhe dizem respeito, estabeleceu uma forma de governabilidade em que o sistema de representação de interesses se organiza em número limitado de categorias hierarquicamente ordenadas e funcionalmente diferentes — reconhecidas ou licenciadas pelo Estado —, dotadas de um monopólio de representação no âmbito das respectivas categorias, mas com exigências decorrentes do controle da seleção de líderes e da articulação de demandas e formas de apoio. O modelo do tripartismo clássico resultante desse regime de governo, epistemologicamente fundado na filosofia da consciência, ocorre sempre em níveis ascendentes de representação e despreza os níveis básicos, que se encontram, *face to face,* diante da realidade concreta. O diálogo se produz nas instâncias de cúpula alheias às realidades locais, e o processo deliberativo tem por pressuposto a razão instrumental, na qual os processos cognitivos e os consensos entre as cúpulas representativas das categorias e as instâncias hierárquicas de governo localizadas no topo da administração produzem decisões unilaterais imperativas, baseadas numa ética de intenção, em ações estratégicas bem elucidadas pela "teoria dos jogos". Nele, os partidos adotam posições estratégicas num processo copular e centralizador distante das realidades concretas. Essas relações tripartidas copulares são dirigidas, em última instância, pelo Estado, segundo uma estratégia de cooptação de forças políticas sociais para dentro dos programas político-governamentais, para resolver problemas econômicos e mediar crescentes demandas[222]. Além disso, ao se restringir a processos decisórios eminentemente políticos, não se ocupa da operacionalização do direito, que envolve o conhecimento e a interpretação dos fatos jurígenos e o conhecimento, a interpretação e a aplicação de normas jurídicas.

A esta espécie de tripartismo, em distinção àquela adotada pelo sistema Ninter, designa-se "tripartismo vertical".

2.3.1.1. TRIPARTISMO DE BASE LOCAL

O uso das técnicas do "diálogo social" e da "concertação social" próprias à ideia de "governança" ínsita ao Conselho Tripartite (Interinstitucional), órgão dos Núcleos Intersindicais de Conciliação Trabalhista, evoca a recuperação e a reconstrução da ideia do tripartismo e a questão prática de "onde", "como", "quando", "por quê" e com que "conteúdo" serão elas exercitadas. O *tripartismo de base* realiza o contraponto ao tripartismo copular clássico por instalar-se no âmbito de ação das instituições locais, as quais se situam como ponto de interseção entre a realidade e o direito, privilegiando o seu acesso direto a ela.

---

(222) HELD. *Modelos de democracia*, 1987. p. 194-196.

O tripartismo de base local, em consonância com os objetivos do sistema Ninter, está voltado para a ideia de coordenação das ações locais das instituições do trabalho e da formação discursiva do entendimento e da vontade. Assim, da noção clássica de tripartite aproveitam as ideias da reunião dialogal entre representantes do Poder Público e das classes produtivas (trabalhadores e empresariado). A noção clássica do tripartismo sofre, portanto, restrições e ampliações para tornar-se compatível com os pressupostos epistemológicos da razão dialógica e da complexidade, e com os demais aspectos do princípio de democracia que instrui aquelas instituições. As relações interinstitucionais tripartites restringem-se ao plano local, às bases, onde ocorrem as relações de trabalho, instituições de base que realizam a interface entre o Poder Público, a sociedade e os contextos de realidade locais na sua irrepetível singularidade, às quais os problemas se apresentam em sua imediatidade.

O conceito que especifica a expressão *tripartismo de base* (tripartismo local) condiz com a ideia de interações entre instituições do trabalho (do Poder Público) locais e os sindicatos instituidores do Núcleo Intersindical de Conciliação Trabalhista, nas áreas de convergência das respectivas ações institucionais. O exercício dessa técnica de governança diz respeito, objetiva e subjetivamente, às questões e aos problemas trabalhistas locais pertinentes ao setor de atividade representado pelos sindicatos, os quais são enfrentados mediante a busca compartilhada e cooperativa de soluções adequadas em procedimentos discursivos institucionalizados, tendo como principal escopo norteador a efetividade dos direitos sociais.

Sinteticamente, o *tripartismo de base* (tripartismo local) é a forma democrática de exercício compartilhado do Poder Público (autonomia pública) e do sindicato (autonomia coletiva). Pela via institucional do sistema Núcleos Intersindicais de Conciliação Trabalhista, o exercício do Poder Público se realiza no ponto de interseção entre a norma e a realidade apreendida em sua complexidade.

De outro lado, a ampliação (subjetiva) do sentido do tripartismo ocorre à medida que se qualificam como partícipes do diálogo e da concertação social promovida por intermédio do Conselho Tripartite (interinstitucional), envolvendo todas as instituições de trabalho cuja competência de ação coincida com base territorial de representação do Núcleo Intersindical de Conciliação Trabalhista. Além dos sindicatos e das instituições do Poder Público locais, podem participar das práticas dialógicas do Conselho Tripartite outras instituições cuja atuação tenha repercussão nas relações do trabalho e nas relações jurídicas entre o trabalhador e o empregador ou que, de qualquer modo, venham a tomar parte em programas resultantes da concertação social levada a efeito por intermédio do Ninter.

Nesse sentido, o *tripartismo de base* vem complementar o "tripartismo vertical", praticado pela OIT e pelos Estados nacionais. Faz estender até as bases da organização sindical e das instituições do trabalho a interação e a integração tripartite, de forma também institucionalizada. O verticalismo do tripartismo internacional e oficialmente adotado pelos Estados Nacionais passa a ser complementado por uma nova concepção horizontalizada das práticas tripartites, em termos da democracia integral preconizada pelo sistema Núcleos Intersindicais de Conciliação Trabalhista.

O objetivo geral do *tripartismo de base local* — a busca da efetividade dos direitos sociais segundo o princípio de adequação normativa aos contextos de realidade — desdobra-se em objetivos, dentre os quais se destacam:

> a) a integração e a interação entre as instituições do trabalho;
>
> b) a diagnosticação multifacetária da realidade; e
>
> c) a gestão intercategorial e tripartite da organização do trabalho e da administração da justiça.

A normalização de procedimentos relativos à gestão da administração da justiça se procede mediante *atos normativos de compromisso,* editados pelo Conselho Tripartite do Ninter, por meio dos quais os sindicatos se comprometem a observar regras e princípios assecuratórios da legalidade e da eticidade dos procedimentos e dos conteúdos dos atos não judiciais de resolução de conflitos implantados por aquele órgão. Essas normatizações originárias do diálogo e da concertação social entre os sindicatos e os órgãos locais da Justiça do Trabalho atendem ao objetivo de estabelecer uma relação de intercomplementaridade e de coexistencialidade entre os procedimentos do Ninter e os da Justiça do Trabalho.

Entrementes, as práticas concertadas sob inspiração do *tripartismo de base* (tripartismo local) poderão abranger diversos níveis de ação, como o planejamento e a execução de programas, visando à melhoria das relações de trabalho em todos os níveis (normativo, administrativo e jurisdicional).

Somente no sentido acima é que o *tripartismo* pode se harmonizar com o princípio de "governança" adotado pelo sistema Núcleos Intersindicais de Conciliação Trabalhista. Do contrário, manter-se-ia o *"espírito de geometria"*[223] — herdado da clássica divisão de poderes da Revolução Francesa —, calcado na rígida divisão do exercício do poder em *"blocos de competência"* centralizados em escalões, hierárquica e piramidalmente organizados, afastados dos contextos de realidade e das questões locais.

2.3.1.2. CONSELHO TRIPARTITE DO NINTER: LOCUS DA GOVERNANÇA

O Conselho Tripartite (Interinstitucional) integra a estrutura orgânica do sistema Ninter, com atribuições estatutárias que lhe conferem centralidade gestora,

---

(223) A expressão é *Calame e Talmant*.

normativa e coordenadora de todas as funções institucionais daquela instituição. A compreensão da multifuncionalidade de suas atribuições requer atenção para a sua composição e para a dinâmica e forma pela qual põe em movimento suas competências[224].

Essa multifuncionalidade se refere:

a) ao exercício da "governança";

b) à gestão local/setorial da organização do trabalho e da administração da justiça;

c) à prática do diálogo e da concertação social;

d) à negociação coletiva;

e) à gestão do sistema Ninter; e

f) ao regime trabalhista especial temporário.

O Conselho Tripartite é o *locus* do "diálogo social" institucionalizado na estrutura orgânica do Ninter, do qual depende o conjunto das demais funções do órgão. É ele o espaço de convergência entre a autonomia pública e a autonomia coletiva onde se realiza o princípio de "governança" e o tripartimo de base.

José Francisco Siqueira Neto, em lúcida abordagem sobre a necessidade de se promover mudanças no sistema de relações do trabalho, ao considerar as mudanças ocorridas no mundo, de modo geral, critica as discussões pontuais acerca do sistema vigente e o seu caráter periférico, para então constatar que "se não soubermos para onde estamos indo ou queremos ir com as nossas relações do trabalho, o resto fica difícil", admitindo que "é a concepção política conferida às Relações de Trabalho que vai influir nas instituições jurídicas, e não o contrário". O caminho vislumbrado pelo autor é o de uma "política ampla de conciliação social" e o da democratização das relações de trabalho. Mas apenas por meio de conjecturas, *de lege ferenda,* pôde responder a uma indagação crucial, por ele mesmo apresentada:

> Não adianta querer conversar com os empregados. Mas quando? Ou de que forma? No final de semana? No campo de futebol? Não. Deve haver locais e mecanismos apropriados para este mister. São as Comissões de Trabalhadores, organismos de representação dos empregados nos locais de trabalho. E deve haver também um aparato que consiga absorver

---

(224) Cf. VASCONCELOS, Antônio G. *O sistema núcleo intersindical de conciliação trabalhista* — do fato social ao instituto jurídico: uma transição neoparadigmática do modelo de organização do trabalho e da administração da justiça. São Paulo: LTr, 2014. cap. 5, item 5.6.2.

essa estrutura; e esse aparato pode ser tanto nas empresas quanto nas esferas administrativas do poder. Tudo isso faz com que amorteça a busca incessante e desesperada da Justiça do Trabalho como única forma de resolver todo tipo de problema trabalhista.[225]

De lege lata, o espaço institucional destinado a responder a todas essas indagações passa a existir desde o momento em que os sindicatos decidam pela criação do Núcleo Intersindical de Conciliação Trabalhista das respectivas categorias.

Contudo, é preciso também definir: "Quem deve conversar?" (delimitação subjetiva do discurso), "O que conversar?" (delimitação objetiva do discurso) e "Conversar em torno de que situações em concreto?" (delimitação contextual do discurso).

O Conselho Tripartite (Interinstitucional), na medida em que define os atores do diálogo social, estabelece seu conteúdo e seus objetivos, regula seus procedimentos, materializa e traduz em termos práticos o princípio de democracia imanente ao sistema Ninter. A compreensão da sua multifuncionalidade requer a distinção e a abstração dos diversos papéis a serem desempenhados. Ao cumprir funções de "governança", mediante a operacionalização dos conceitos instrumentais que lhe dão sustentação ("diálogo social", "concertação social" e tripartismo de base), não atua como órgão interno de gestão do Ninter ou de negociação coletiva, atividades previstas em estatuto e juridicamente vinculantes. Converte-se em *locus* do diálogo social e da concertação social, no qual os sindicatos se convertem em anfitriões das demais instituições participantes. Nesse caso, quaisquer deliberações entre os participantes se dá pela concertação que consuma o propósito moral de firmar compromissos em torno de objetivos definidos e que atendam, a um só tempo, como condição de possibilidade, interesses públicos e coletivos. Nele se criam compromissos norteadores das práticas e das relações interinstitucionais, de modo a dar-lhes coerência e efetividade, na medida em que se identificam convergências de entendimento e de posicionamentos capazes de dar sustentação a compromissos interinstitucionais de natureza moral, ainda que orientadas para a efetividade da ordem jurídica.

Em sua dimensão tripartite, o Conselho Tripartite (Interinstitucional) é acionável por qualquer das instituições interessadas na abertura do *diálogo social*, seja para a elaboração de diagnóstico, para a busca de solução de problemas tematizados e concernentes ao setor de atuação do Núcleo Intersindical de Conciliação Trabalhista, ou para a *concertação social* em torno de ações interins-

---

(225) PRADO, Ney (coord.). *Reforma trabalhista:* direito do trabalho ou direito ao trabalho? São Paulo: LTr, 2001. p. 165.

titucionais orientadas para o enfrentamento daqueles problemas. Essa dimensão tripartite do Conselho Interinstitucional, implica a inserção do princípio de democracia integral na organização do trabalho.

Esse mesmo espaço institucionalizado, contudo, é utilizado pelos sindicatos para o exercício de atividades de natureza paritária (bipartite) desempenhadas no cumprimento de prerrogativas e atribuições de sua competência privada. Tais atividades são imunes à *intervenção* das demais instituições/autoridades corresponsáveis pela organização do trabalho ou de terceiros estranhos ao quadro institucional do Ninter, embora os avanços alcançados pela consciência coletiva em consequência da interação tripartite repercutam, necessariamente, nas práticas sindicais. Incluem-se no conjunto das atividades privatísticas da ação sindical: gestão do Ninter (diretrizes de funcionamento, acompanhamento, controle e correção das atividades do Núcleo emanadas do Conselho Tripartite), negociação coletiva, atos normativos administrativos e normas coletivas reguladoras de condições de trabalho ou constitutivas de direitos trabalhistas. O critério decisivo é o da exclusão de "terceiros" da titularidade do poder decisório reservado à autonomia coletiva que, no entanto, se aproveita dos subsídios colhidos no "diálogo social" e nas "concertações" oriundos da troca de experiências, informações e consensos temáticos, os quais passam a servir de referência para o exercício da autonomia sindical.

Os aspectos pragmáticos essenciais da dinâmica do Conselho Tripartite, ao lado de outros secundariamente estipulados em estatuto, incluem as seguintes dimensões:

> a) Cada um dos sindicatos instituidores do Ninter, titulares dos poderes de gestão e organização da instituição em regime de paridade, detém a prerrogativa estatutária de provocar a realização de sessão extraordinária do Conselho Tripartite (na sua conformação paritária), além daquelas ordinariamente previstas no Estatuto.

> b) Criado o Ninter e estabelecido o consenso em torno da adesão das instituições locais ao "diálogo social" e à "concertação social" protagonizado por aquela instituição, qualquer das instituições participantes torna-se habilitada a propor a instauração de sessão do Conselho Tripartite (Interinstitucional) para o exercício do "diálogo social" e da "concertação social", nos termos do *princípio de democracia,* tal como compreendido nos desenvolvimentos teóricos realizados no capítulo 1.

> c) Todos os representantes das instituições participantes poderão indicar temas ou questões a serem incluídos nas pautas das sessões do Conselho Tripartite (Interinstitucional), cuja relevância social, coletiva e pública, deverá ser reconhecida pelo conjunto das instituições, como

condição de possibilidade de sua inclusão no roteiro do "diálogo social" e da "concertação social".[226]

Em coerência com o princípio de democracia integral e conforme o enfoque da abordagem, pontuam-se, exemplarmente, como funções do Conselho Tripartite:

- função catalisadora do "diálogo social" e da "concertação social";

- função democratizadora da organização do trabalho;

- função viabilizadora da "governança" local/setorial da organização do trabalho;

- função coordenadora da ação do Poder Público;

- função cognitiva;

- função de gestão local da administração da justiça;

- função integrativa;

- função interativa;

- função pedagógica;

- função de fomento e expansão da negociação coletiva;

- função legitimadora da ação pública comunicativa; e

- função promotora da autonomia coletiva.[227]

Os sindicatos ou qualquer uma das instituições do trabalho que atuam localmente podem propor o desencadeamento do diálogo social acerca de temas que julguem relevantes. As instituições e/ou os agentes do Poder Público local poderão encaminhar aos Núcleos Intersindicais de Conciliação Trabalhista existentes nas respectivas áreas de atuação a indicação de temas (questões ou problemas relativos à gestão da organização do trabalho, à aplicação da legislação trabalhista, à administração da justiça ou a qualquer outro tema considerado socialmente relevante) e a proposição de instauração do diálogo social sobre os mesmos.

---

(226) VASCONCELOS, Antônio G. *O sistema núcleo intersindical de conciliação trabalhista* — do fato social ao instituto jurídico: uma transição neoparadigmática do modelo de organização do trabalho e da administração da justiça. São Paulo: LTr, 2014. cap. 5, item 5.6.2.
(227) VASCONCELOS, Antônio Gomes de. *A função dos conselhos tripartites dos núcleos intersindicais de conciliação trabalhista*: a organização intercategorial das relações de trabalho (regulamentação, administração, prevenção e resolução dos conflitos) orientada pelo princípio da subsidiariedade ativa. Dissertação (mestrado) — Universidade Federal de Minas Gerais, Faculdade de Direito, 2002. p. 345-424.

2.4. Governança e acesso à justiça "coexistencial"[228]

A implantação dos meios não judiciais de resolução de conflitos do trabalho, inaugurada como política pública pela Lei n. 9.985/2000, seja por intermédio do modelo simples da conciliação prévia, seja pelo modelo abrangente (conciliação, mediação e arbitragem) do sistema Ninter desnudado nesta investigação, conclama os cidadãos ao exercício da cidadania ativa e a tornarem-se partícipes da construção social da realidade.

A deflagração desse movimento tardio em nosso país não pode ser compreendida a partir dos pressupostos da filosofia da consciência nem segundo os princípios e critérios do Estado autoritário-intervencionista-centralizador.

A maior parte das análises teóricas e pragmáticas relativas ao tema, mesmo por parte de seus defensores, não o compreende na perspectiva dos princípios constitucionais da dignidade humana e da cidadania. Veem-no, na perspectiva do "mal menor": é melhor "tolerar" as indesejáveis consequências do implemento desses instrumentos do que esperar a completa exaustão dos meios judiciais.

A cultura estatocêntrica firmou-se rigidamente também no campo da solução dos conflitos, especialmente no campo das relações de trabalho, no qual estes foram ideologicamente juridicizados para atender ao espírito corporativo com que se instalou a organização do trabalho[229] (cf. capítulo 1). Esse estímulo à juridicização e à formalização do conflito trabalhista, individual e coletivo, desestimulou a cultura do diálogo e da autocomposição, tornando a Justiça o único espaço de confrontação de interesses entre as partes, numa perspectiva contenciosa. A participação das partes na composição do conflito em que elas próprias estão envolvidas foi sempre pouco valorizada.

A composição do conflito tem sido vista, mormente, na perspectiva objetiva do cálculo dos direitos devidos a partir de tipificações legais, e não na perspectiva dos sujeitos envolvidos ou da natureza do conflito e na sua abrangência psíquico--sociológica, que, com efeito, transcende o seu tratamento do ponto de vista meramente jurídico. Esse enquadramento formal-tecnista do conflito em termos restritos da contabilização de direitos a partir da composição de fatos "típicos" controvertidos abstraídos de seu contexto torna-se cada vez mais inadequado para

---

(228) A despeito das divergências doutrinárias quanto ao sentido da "coexistencialidade" quanto aos meios não judiciais de resolução dos conflitos, como a que se verifica entre Vittorio Denti e Mauro Cappelletti. Contudo, o sentido com que se utiliza o termo refere-se à harmônica convivência entre os meios judiciais, em sentido amplo, e os meios judiciais de resolução de conflitos, para a inclusão de ambos no sentido amplo de administração da justiça que se submete à ideia de "governança".

(229) VASCONCELOS, Antônio G. *O sistema núcleo intersindical de conciliação trabalhista — do fato social ao instituto jurídico: uma transição neoparadigmática do modelo de organização do trabalho e da administração da justiça*. São Paulo: LTr, 2014. cap. 1.

um grande número de conflitos oriundos de situações que se tornam progressivamente mais complexas, vistas em sua singularidade irrepetível.

Os meios adversariais, impositivos, são uma alternativa insubstituível, cuja necessidade justifica a presença eficaz, eficiente e efetiva do poder judicial. Mas estes precisam ser aprimorados e resguardados e excepcionados como última alternativa e último reduto de garantia de direitos do cidadão (do trabalhador).

O incentivo à conciliação endoprocessual, a despeito de sua importância, é insuficiente para atender aos escopos de uma sociedade democrática como a nossa, porque ela ocorre após instaurada a demanda e, portanto, já no curso de um procedimento eminentemente adversarial, que se constitui num convite permanente à persistência na controversão.

A lide sociológica, contudo, é mais abrangente que a lide jurídica. Ela não se resolve, em regra, por via do método contencioso de solução de controvérsias, no que os meios não judiciais encerram vantagem social para situações conflitivas suscetíveis a tais procedimentos[230].

A massificação dos conflitos leva a procedimentos processuais cada vez mais desumanizados, os quais, por sua vez, apesar de proporcionar uma solução formal, têm como consequência o agravamento da lide sociológica e uma crescente insatisfação com os resultados da atuação dos mecanismos oficiais. Apesar da paulatina assimilação de meios não judiciais de resolução dos conflitos pela sociedade brasileira, estes ainda são insuficientes para contrabalançar a crise do Judiciário. O Poder Judiciário, percebido ainda por grande maioria da população como a única alternativa para a solução de seus conflitos, segue sob permanente pressão social pela melhoria não somente quantitativa, mas qualitativa dos seus serviços (pressão externa) e por agentes internos socialmente mais sensíveis à exigência de maior legitimação e credibilidade da função judicial (pressão interna).

Grieger[231] considera inacreditável "que os princípios da participação dos cidadãos na administração pública, da subsidiariedade e da autorregulação tenham atuado tão pouco no processo. O Estado se preocupa mais em armar os cidadãos para o duelo processual do que em conduzi-los ao entendimento para recompor o elo rompido".

A democratização do acesso à justiça só pode ser alcançada pela multiplicação de alternativas não judiciais de resolução dos conflitos. A implosão do monopólio judicial adveio de sua crônica impossibilidade de atender às demandas sociais. Todo obstáculo cultural, pragmático oposto pelo reformismo conservacionista,

---
(230) GRINOVER, Ada Pellegrini (coord.). *Processo e participação*. São Paulo: Revista dos Tribunais, 1988. p. 283.
(231) *Apud* ÁLVARES DA SILVA. *Reforma da justiça do trabalho...*, 2000. p. 60.

poderá ensejar alguma delonga e dificuldades na consolidação de uma nova cultura direcionada para a valorização das partes em conflito pelo reconhecimento de sua capacidade (princípio da dignidade humana e da cidadania) para resolver seus próprios problemas na perspectiva aberta pelo princípio da subsidiariedade.

A pluralização dos meios de resolução de conflitos sociais enseja às partes a alternativa de escolher o meio que considerarem mais adequado ao caso concreto. Os meios oficiais-burocrático-formais seguem indispensáveis para os casos em que o estado do conflito configura-se pela predisposição das partes à adversariedade (à disputa, à "negação do outro") ou à resistência a qualquer meio de solução não contenciosa do conflito.

A perspectiva com que se introduzem no sistema Ninter, com as necessárias adequações normativas e teóricas aos princípios tutelares do Direito do Trabalho, as técnicas da conciliação, da mediação e da arbitragem pressupõe, antes, a articulação entre os paradigmas epistemológicos da razão dialógica e da complexidade, e os princípios político-constitucionais da dignidade humana e da cidadania (art. 1º, I, CF/88), que convergem para o princípio pragmático-operacional da subsidiariedade ativa (cf. 1.3).

Compreende-se o concurso dos sindicatos na administração da justiça (*lato sensu*) — quer seja pela disponibilização de meios alternativos autônomos de prevenção e de resolução dos conflitos em favor de suas categorias, quer seja pela cogestão (gestão compartida entre o órgão judicial local e os sindicatos constituintes do Ninter) dos sistemas locais de resolução de conflitos, por intermédio do "diálogo social" e da "concertação social", realizados pelo Conselho Tripartite/Interinstitucional — como corolário do princípio de democracia imanente ao sistema Ninter, sob o enfoque e como expressão mais enfática do *princípio da subsidiariedade ativa*. Contribui, ao lado da ampliação e do pleno exercício da negociação coletiva (ação coletiva comunicativa), para a elevação do papel e da importância dos sindicatos na organização do trabalho às suas máximas potencialidades na promoção da autonomia coletiva.

A crescente disponibilização de meios não judiciais para a solução de conflitos em diversas áreas das relações sociais em que o direito tutela partes desiguais, como a das relações familiares e escolares[232], põe sob suspeita os argumentos de oposição à sua introdução no campo das relações do trabalho, com fundamento no princípio da proteção ao trabalhador.

A superação das clássicas dicotomias estado/sociedade e público/privado, quer seja do ponto de vista epistemológico, quer seja do ponto de vista político-constitu-

---

(232) Cf. GRINOVER, Ada Pellegrini. A conciliação extrajudicial. *In:* GRINOVER. *Processo e participação*, 1988. p. 277-295.

cional, confere à autonomia pública e à autonomia coletiva iguais responsabilidades no cumprimento do projeto constitucional da sociedade brasileira no sentido da construção de uma sociedade harmônica e da solução pacífica das controvérsias.

A institucionalização de gestão concertada dos meios judiciais e não judiciais segundo um princípio de coexistencialidade e intercomplementaridade previne o perigo de exaustão dos primeiros e de manipulação indevida dos segundos.

2.4.1. Os prejuízos sociais da contraposição maniqueísta entre os meios judiciais e não judiciais de resolução dos conflitos

As tendências conservacionistas revelaram-se demasiadamente condescendentes com os problemas e obstáculos que caracterizam o que se tem designado por crise da Justiça. Por outro lado, tratou-se com rigor e perfeccionismo inusitados as falhas das experiências inaugurais das Comissões de Conciliação Prévias que se seguiram à edição da Lei n. 9.958/2000, elevando ao paroxismo preocupações antes inexistentes (no sistema monopolístico), como a questão da obediência ao princípio da integridade dos direitos do trabalhador nas conciliações.

Com isso, a reação conservadora distanciou-se do processo histórico vivenciado pela sociedade brasileira, mediante a abdicação, por parte de seus atores, da condição de coautores das transformações sociais e a acomodação na posição de "observador neutral". Transformou em regra os desvirtuamentos, as distorções e os oportunismos que se ancoraram nas defecções da lei que introduziu a tentativa de conciliação prévia, sem qualquer levantamento ou estudo mais sério de dados ampliativos da "amostragem" (de fraudes e desvios denunciados em algumas práticas). Operou por simples indução a generalização qualificativa do conjunto de todas as demais experiências em curso e apressou-se em, sob o rótulo de aperfeiçoamento da lei, tomar a iniciativa da *contrarreforma* que ora apregoou a revogação da lei e a extinção da conciliação prévia, ora propugnou por reformas, na prática, inviabilizadoras dos meios não judiciais de resolução de conflitos trabalhistas.

Estranhamente, não se investigou acerca dos resultados positivos de outras experiências, como os que aqui se demonstram (cf. capítulo 3).

Esta posição põe em risco os avanços da sociedade brasileira no campo da administração da justiça. Comum em nosso país é a estratégia de normatizar por conta das exceções ou, mesmo, "extinguir" por conta das exceções. Tais desvirtuamentos chegaram a ser vistos como o fracasso da lei, que deveria ser então revogada. Ora, um tal posicionamento soa tão estranho quanto a proposta de extinção de instituições públicas em razão do desvio de conduta por parte de seus agentes.

A diversidade de abordagens resultantes da edição da Lei n. 9.958/2000[233], ora resistindo, ora alertando para os riscos, ora aclamando a adoção dos meios não judiciais de resolução de conflitos no direito laboral brasileiro, ilustradas na obra *Comissões de conciliação prévia: quando o direito enfrenta a realidade* (Luiz Octávio Linhares Renault & Márcio Túlio Viana, coordenadores)[234], revela a dessintonia entre interesses em jogo. A análise dos diversos "jogos de linguagem" (estratégicos ou não) emersos da multivocidade dessas abordagens revela, por vezes, o uso de argumentos semanticamente revestidos de fórmulas juspublicistas sem que se possa delas extrair conclusões que não ultrapassam o campo dos interesses corporativos ou setorizados convertidos em interesse público.

Pontuam-se, a partir da citada obra, os seguintes posicionamentos, que, de certa forma, retratam o direcionamento do debate travado nacionalmente sobre o tema nos últimos anos, por parte de setores público, sindical e da advocacia:

> a) O reconhecimento por parte de certos segmentos da magistratura trabalhista da necessidade do afastamento da "atuação danosa do Estado autoritário, nele incluído o Poder Judiciário ("crise do Judiciário") e da busca de "solução mais ágil dos conflitos surgidos das relações de trabalho".[235]
>
> b) Certa crença na existência de uma correlação entre o êxito dos meios não judiciais de resolução dos conflitos e o sucesso do movimento sindical em suas reivindicações políticas, de sorte que aqueles (meios não judiciais de solução de conflitos) só podem prosperar em um sindicalismo em ascensão. Desse modo, o enfraquecimento do sindicalismo decorrente da crise econômica, do desemprego e do descompromisso com os interesses dos trabalhadores e a *cooptação* das lideranças de setores do movimento sindical "retiram das organizações sindicais, consideradas no todo, a plena capacidade de interferir nos procedimentos de implantação das CCPs e de fiscalizar a execução das tentativas de conciliação".[236]
>
> c) Projeção incondicional das causas dos problemas da justiça para fora do sistema e a prática de políticas associativas desestimuladoras dos meios não judiciais de resolução dos conflitos sociais por setores da cúpula associativa da magistratura trabalhista, com a consequente

---

(233) Denominada lei das Comissões de Conciliação Prévia.
(234) Cf. RENAULT; VIANA. *Comissões de conciliação prévia...*, 2003.
(235) ALCÂNTARA, Orlando Tadeu de; PANDELOT, José N. F. Comissões de conciliação prévia: um convite à fraude. *In:* RENAULT; VIANA. *Comissões de conciliação prévia...*, 2003. p. 94.
(236) ALCÂNTARA; PANDELOT. Comissões de conciliação prévia... *In:* RENAULT; VIANA. *Comissões de conciliação prévia...*, 2003. p. 94-95.

desautorização de pautas políticas decididas, seguidamente, pelos magistrados trabalhistas brasileiros nas suas instâncias deliberativas próprias, em favor do seu incentivo. Essas medidas foram tomadas sem que nenhum de seus conclaves subsequentes tenha mudado o direcionamento anterior, e a despeito de se reconhecer que "as condições que determinaram a busca por alternativas [...] não desapareceram com o tempo [...] a dificuldade de acesso à Justiça, a demora na definição do direito postulado e a falta de efetividade da prestação jurisdicional *persistem como características gerais da Justiça do Trabalho brasileira*".[237]

d) Os sindicatos profissionais, que antes estavam ao lado do trabalhador para defendê-lo das "fraudes e renúncias de direitos (que) estavam sendo homologadas pela Justiça do Trabalho"[238], agora, instituída a conciliação não judicial, não mais lhes cabe este papel, uma vez que "a função do sindicato não é o (*sic*) de assumir o papel de pactuador da fraude, como o fez a Justiça do Trabalho, mas, sim, lutar para que tal fraude não ocorra em qualquer outro órgão". O mesmo sindicato que na Justiça é concebido como defensor contra as fraudes cometidas nos processos judiciais é agora apresentado como pactuador da fraude.

e) As comissões de conciliação prévia "se encaixam na mesma tendência precarizante que ataca em várias frentes [...]".[239]

f) A existência de evidente confronto entre a percepção de segmentos expressivos do sindicalismo nacional dos trabalhadores acerca dos meios não judiciais de resolução de conflitos trabalhistas e a percepção externada por segmentos oriundos do setor público e da advocacia. Esses trabalhadores deixaram explícito que a Justiça do Trabalho, tal como está, não lhes serve: "Não podemos fechar os olhos para a realidade que leva milhões de trabalhadores à Justiça do Trabalho, à mercê de uma estrutura que preserva interesses de diversos setores, menos os dos trabalhadores" ou "[...] em 60% dos casos o resultado da ação é a renúncia de mais de 50% dos direitos reclamados". A Central Única dos Trabalhadores em "Resolução da Executiva e orientação aos filiados"

---

(237) ALCÂNTARA; PANDELOT. Comissões de conciliação prévia... *In:* RENAULT; VIANA. *Comissões de conciliação prévia...*, 2003. p. 95. A proposta de anteprojeto de lei destinado à alteração da Lei n. 9.958/00 que resultou deste posicionamento impõe aos atores sociais sanções desiguais e discriminatórias em relação aos eventuais prejuízos advindos às partes do mau funcionamento da justiça, não cria mecanismos de suporte aos sindicatos e constitui grave desestímulo aos meios não judiciais.
(238) HAZAN, Ellen M. Ferras; PERTENCE, Marcelo L. Comissões de conciliação prévia: verdades e mentiras. *In:* RENAULT; VIANA. *Comissões de conciliação prévia...*, 2003. p. 94.
(239) VIANA, M. Túlio. Anotações gerais a respeito das comissões. *In:* RENAULT; VIANA. *Comissões de conciliação prévia...*, 2003. p. 88.

considerou que na instância não judicial o trabalhador "tem certeza de buscar suas reivindicações, enquanto empregado; antes ele só fazia isso como ex-empregado".[240]

g) A demora da solução do processo estimulou (e ainda estimula), direta ou indiretamente, a sonegação dos direitos trabalhistas. No entanto, a edição da Lei n. 9.958/2000 (regência da conciliação não judicial de conflitos trabalhistas) pode ter tido a contribuição de fatores exógenos, como a necessidade de adequação do modelo de resolução de conflitos trabalhistas norte-americano em função do projeto de constituição da ALCA.[241]

As disputas teóricas e ideológicas que envolvem a temática deixam de pontuar que a questão dos meios alternativos de resolução de conflitos está situada num contexto de uma efetiva *crise da Justiça* que grassa em todo o mundo e que se identifica na incapacidade desta para responder satisfatoriamente à demanda social. Esta, por sua vez, insere-se na crise geral da organização do trabalho[242] (cf. capítulos 1, 2 e 3).

Esse desprezo pelos contextos torna ingênua e ilusória a expectativa de que o Judiciário possa cumprir a tarefa de produzir soluções indefectíveis em procedimentos indefectíveis. Não há, pois, sentido no "fetiche" do monopólio da jurisdição[243].

Se, como assinala Freire Pimenta, é impossível resolver todos os litígios por sentença[244], admitindo-se o contrário, a proteção absoluta dos direitos indisponíveis continuaria impossível: pela limitação da prova produzida e de seu exame por parte do julgador. Esta constatação revela em toda a sua nudez a *"falácia naturalista"* transferida para os meios estatais de resolução dos conflitos para se lhes conferir caráter absoluto na distribuição dos direitos.

---

(240) VIANA, Anotações gerais..... *In:* RENAULT; VIANA. *Comissões de conciliação prévia...*, 2003. p. 80-82.
(241) RENAULT, Luis O. L. Das comissões de conciliação prévia: entre a penumbra e a luz. *In:* RENAULT; VIANA, *Comissões de conciliação prévia...*, 2003. p. 237, 252.
(242) VASCONCELOS, Antônio G. *O sistema núcleo intersindical de conciliação trabalhista — do fato social ao instituto jurídico:* uma transição neoparadigmática do modelo de organização do trabalho e da administração da justiça. São Paulo: LTr, 2014. Capítulos 1, 2 e 3.
(243) FREIRE PIMENTA, José Roberto. A constitucionalidade da exigência de tentativa de conciliação extrajudicial para ajuizamento da ação trabalhista e da eficácia liberatória geral do respectivo termo de conciliação (arts. 625-D e 625- parágrafo único da CLT). *In:* RENAULT; VIANA. *Comissões de conciliação prévia...*, 2003. p. 119 e ss.
(244) Álvares da Silva menciona que cerca de 80% dos processos trabalhistas terminam sem sentença, e destes 57% são conciliados. Considerando que as demandas, em esmagadora maioria, são simples e repetidas, conclui o autor que a reforma do sistema de resolução de conflitos deve constituir-se, basicamente, de dois itens: solução extrajudicial e simplificação do procedimento. Cf. ÁLVARES DA SILVA. *Reforma da justiça do trabalho...*, 2000. p. 37.

Em outros termos, o só fato de se recorrer à Justiça, de processar uma demanda ou de obter uma decisão judicial ou uma sentença homologatória de acordo produz, por um mecanismo de pura *racionalização*, efetividade dos direitos sociais. O duplo malefício resultante dessa racionalização se expressa no círculo vicioso do *demandismo* que produz o *saturamento* da Justiça, a sua ineficiência e a piora qualitativa dos seus serviços. Este "estado da arte", ao mesmo tempo, impede a pluralização dos meios de solução de conflitos como fator contributivo para a reversão desta lógica perversa e a quebra do círculo vicioso.

2.4.1.1. RACIONALIZAÇÃO "FABULADORA" DA CONCILIAÇÃO JUDICIAL

Os tempos atuais não convivem mais com monopólios, sejam eles econômicos ou jurídicos. Faltam ao Estado fôlego, recursos e argumentos convincentes para monopolizar os meios de resolução dos conflitos. "Ninguém garante que as partes, empregado e empregador, quando celebram a conciliação (transação judicial), saem da sala de audiência mais satisfeitos do que sairiam de outro órgão que detivesse competência para solucionar a demanda entre eles."[245] Linhares Renault chega a desafiar que uma enquete talvez pudesse revelar "a outra face do processo judicial que poderia assustar muitos que ainda acreditam que o Poder Judiciário, principalmente quando homologa os acordos de vontades das partes, esteja realmente fazendo mais justiça do que outros órgãos extrajudiciais"[246].

A crença em que o valor da Justiça está na solução de conflitos, próprio do sistema *racionalista* do direito, que acaba por equiparar o pensamento à realidade, a norma à realidade, constitui fator agravante do "desvio ideológico" da questão dos meios não judiciais de solução dos conflitos. "Os valores maiores não se obtêm solucionando conflitos, mas sim promovendo uma mudança social profunda, democrática e radical em nossa sociedade."[247] Essa racionalização não faz conta do fato de que a satisfação das necessidades sociais dos membros de uma sociedade se dá pela adoção de políticas sociais emancipatórias, e não mediante a solução de conflitos. O papel "fabulador" das leis, descrito por Alf Ross, transfere-se agora para as instituições, cuja mera existência torna-se sinônimo de realização da Justiça como valor.

Antônio Álvares da Silva replica em outros termos que esperar da Justiça do Trabalho, assim como das demais instituições do trabalho, a realização dos direitos

---

(245) RENAULT. Das comissões de conciliação prévia... *In:* RENAULT; VIANA. *Comissões de conciliação prévia...*, 2003. p. 280 e ss.
(246) RENAULT. Das comissões de conciliação prévia... *In:* RENAULT; VIANA. *Comissões de conciliação prévia...*, 2003. p. 280.
(247) ÁLVARES DA SILVA. *Reforma do judiciário*, 2004. p. 78.

sociais e a promoção da justiça social aos trabalhadores brasileiros, resolvendo conflitos, é o mesmo que esperar que "os sem-terra vão adquirir propriedade, os sem-terra vão adquirir moradia e os sem-instrução vão conseguir hospitais, e assim por diante", resolvendo seus conflitos. Isso significa que se a Justiça e os magistrados desejarem fazer mais pela sociedade do que fazem não será simplesmente resolvendo formalmente seus conflitos. A celeridade é fundamental; a lentidão é imoral. Mas a Justiça do Estado Democrático de Direito não se pode conformar com a fetichização da celeridade processual. E o "resto"? Há um "resto" a ser feito e que é o mais importante. A perspectiva dessa investigação inclui nesse resto a alteração dos pressupostos (paradigmas) do conhecimento e da ação pública, e do modo de operar das instituições, bem como a substituição dos parâmetros éticos intencionalistas por uma ética de responsabilidade e solidariedade, consequencialista.

A Justiça, portanto, não faz justiça; resolve como pode os conflitos sociais, nada mais. Outra dramática constatação do professor magistrado Álvares da Silva é que a maioria esmagadora das demandas trabalhistas é singela, contempla pedidos repetitivos apuráveis por meio de operações matemáticas simples e correlacionadas a um único fato, a dispensa. Pesquisa realizada no TRT de Minas Gerais por economista pesquisador revela a simplicidade das verbas objeto de demandas trabalhistas, das quais 65% referem-se a horas extras, 65% a 13º salário, 62% a aviso-prévio, 60% a férias e 30% a FGTS:

> Por isso é que a natureza deste conflito exige uma solução rápida e simples. Em vez de lançarmos as partes numa demanda cercada de formalidades, administrada por advogados, juízes, servidores públicos e outras aparatos, é muito mais racional dar-lhes mecanismos fáceis e funcionais para que realizem de modo rápido, funcional e justo o acerto final.[248]

Às objeções aos meios não judiciais de resolução dos conflitos trabalhistas (a referência às "objeções" tem lugar porque a mera tolerância à conciliação prévia não pode ser compreendida como aceitação da democratização da administração da justiça que pressupõe a aceitação da validade constitucional do princípio da subsidiariedade no estado democrático de direito brasileiro) deve-se ainda replicar outro aspecto fundamental. O desprezo a uma realidade inelutável e o silêncio quanto a ela põem sob suspeita de tendenciosidade a defesa do estatocentrismo ou de restrições à ampla adoção dos meios alternativos de resolução dos conflitos. Trata-se de uma realidade explicitada com rara sinceridade por Osiris Rocha, que aponta os vícios dos acordos judiciais, detectados há mais de uma década, quando ainda não se havia agudizado a crise da justiça, os quais estão "servindo para

---

(248) ÁLVARES DA SILVA. *Efetividade do processo do trabalho e a reforma de suas leis*, 1997. p. 35.

acobertar todo tipo de irregularidade praticada durante o contrato de trabalho". O empregador não cumpre inúmeras obrigações e, ao final, faz acordo judicial para sepultar o conjunto de todas as pendências acumuladas no curso do contrato. "E fica tudo praticamente sacramentado, inclusive do ponto de vista judicial, porque, feito o acordo, não há defesa e não há prova, sequer da fraude [...] o acordo incrustado na lei com motivação de concórdia social se transformou, na prática, em lamentável fator de deturpação. No mais das vezes, é sombra para a fraude de empregadores, ensina o empregado a mentir, ajuda os caça-níqueis e prejudica a Justiça do Trabalho."[249]

Essa realidade descortinada em toda a sua "nudez" na franca expressão do autor exige posturas intelectuais e éticas correspondentes à gravidade da questão.

2.4.1.2. A MENSAGEM CONTRADITÓRIA DO "MOVIMENTO NACIONAL PELA CONCILIAÇÃO" (ENDOPROCESSUAL)

Revela-se por demais curioso o agora intitulado "Movimento Nacional pela Conciliação". É plausível perscrutar que ele só pode ter como um de seus pressupostos o de que a magistratura trabalhista não esgota a sua capacidade de intermediar ou, mesmo, "induzir" soluções autocompositivas nos processos judiciais. Ocorre que a magistratura de primeira instância experiencia o auge dessa potencialidade no ano de 1985, logrando soluções conciliadas em 55,3% dos processos. Na década de 1990, esse índice sofreu regressão, em torno de 10%, experienciando no ano de 2004 o seu menor patamar no período de 1980 a 2005, quando chegou a 44,1% (Gráfico 1). A tendência vem se confirmando ao longo dos anos conforme revela o levantamento estatístico de 2012, quando os índices de conciliação total no conjunto das Varas do Trabalho brasileiras regrediram para 43,4% (Gráfico 1-A).

---

(249) ROCHA, Osíris. O acordo e a fraude no direito brasileiro do trabalho. *Revista LTr*, v. 34. p. 325-326 apud GIGLIO, Wagner D. *A conciliação nos dissídios individuais do trabalho.* 2. ed. Porto Alegre: Síntese, 1997. p. 41.

CONCILIAÇÕES NAS VARAS (1980-2005)

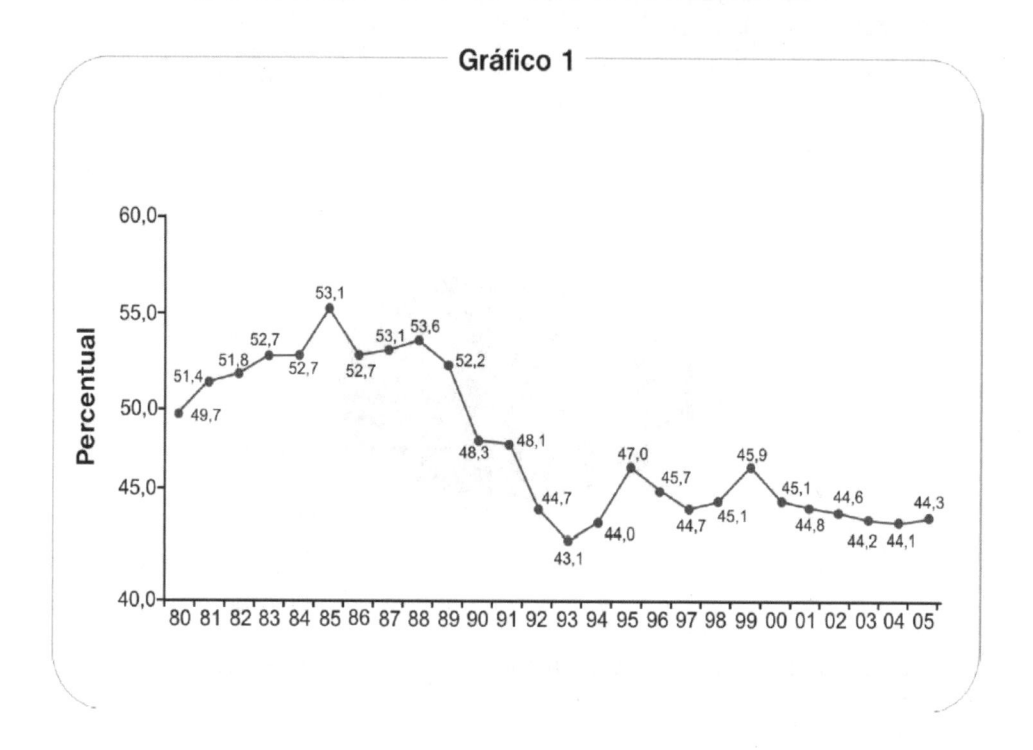

Gráfico 1

Percentual: 49,7 (80); 51,4 (81); 51,8 (82); 52,7 (83); 52,7 (84); 53,1 (85); 52,7 (86); 53,1 (87); 53,6 (88); 52,2 (89); 48,3 (90); 48,1 (91); 44,7 (92); 43,1 (93); 44,0 (94); 47,0 (95); 45,7 (96); 44,7 (97); 45,1 (98); 45,9 (99); 45,1 (00); 44,8 (01); 44,6 (02); 44,2 (03); 44,1 (04); 44,3 (05).

Fonte: Estatísticas do Tribunal Superior do Trabalho (Disponível em: <http://www.tst.gov.com.br> Acesso em: 8.6.2007).

GRÁFICO 1-A
CONCILIAÇÕES NAS VARAS EM 2012. TOTAL NO PAÍS: 2012

———————— CONSOLIDAÇÃO ESTATÍSTICA DA JUSTIÇA DO TRABALHO ————————

Processos de Conhecimento – Percentual das Decisões Proferidas sobre o total no País – Total. 2012.

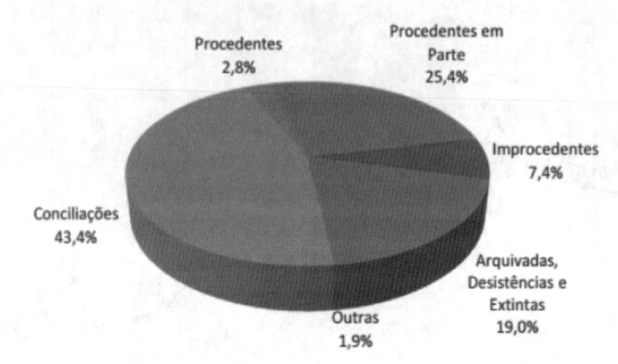

- Procedentes: 2,8%
- Procedentes em Parte: 25,4%
- Improcedentes: 7,4%
- Arquivadas, Desistências e Extintas: 19,0%
- Outras: 1,9%
- Conciliações: 43,4%

Processos de Conhecimento – Percentual das Decisões Proferidas sobre o total no País – Rito Sumaríssimo. 2012.

Fonte: Estatísticas do Tribunal Superior do Trabalho (Disponível em: <http://www.tst.gov.com.br> Acesso em: 1º.2.2014).

Os índices de conciliação judicial sofrem paulatina redução à medida que os conflitos se tornam mais complexos e os cidadãos mais esclarecidos de seus direitos.

Nesse contexto, o *Movimento Nacional pela Conciliação* inspira indagações e constatações que merecem reflexão detida:

> a) O alcance desses patamares conciliatórios advém de um esforço incomensurável da Magistratura que atua na primeira instância, que precisa manter tais índices nesses patamares para garantir, a par da crise sistêmica de que ele padece, um mínimo de legitimidade e credibilidade capaz de assegurar a viabilidade da Justiça do Trabalho como setor especializado do Poder Judiciário. O movimento pela conciliação espera que os juízes de primeira instância possam conseguir elevar de modo extraordinário os índices de conciliação, de modo a dar sentido a um movimento dessa natureza?

> b) A conciliação endoprocessual ao longo da existência da Justiça do Trabalho vem sofrendo críticas veementes, provenientes de vários segmentos da sociedade, a ponto de conferir-lhe a pecha de "justiça

menor", por compreenderam que nela se busca o acordo "a todo custo" e por, de outro lado, constituir amparo a um "bom negócio" para empresários descumpridores dos direitos trabalhistas, que jogam com a morosidade do processo e com a possibilidade de um acordo em valores muito aquém dos devidos. Por seu turno, o empenho dos magistrados do trabalho pela conciliação parece já ter atingido ao *paroxismo*, uma vez que esta característica sofre uma crônica crítica de determinados setores sociais que se queixam da "imposição" de acordos não desejados pelas partes. A transferência da responsabilidade pela plausibilidade, legalidade e eticidade do acordo para o magistrado, ainda que voluntariamente desejado pelo trabalhador, impõe-lhe um maior rigor e um maior dispêndio de tempo para averiguar as condições do acordo. Essa dupla exigência da melhora, quantitativa e qualitativa, dos acordos judiciais não instala um paradoxo na intenção de legitimar pela quantidade deslegitimando pela qualidade, que exige maior rigor e dispêndio de tempo e, por isso, aponta para uma redução desses índices?

c) O conteúdo das controvérsias vem se tornando cada vez mais complexo, por conta da complexização dos contextos dos conflitos sociais (fatores exógenos) e da caducidade do modelo de racionalidade que preside a organização do trabalho (fatores endógenos).

Se essa perspectiva aponta para a continuidade do declínio tendencial das conciliações, como demonstram as estatísticas mencionadas, a serventia de um movimento dessa natureza estaria em desacelerar tal tendência e garantir sobrevida à Justiça do Trabalho, agora com a responsabilidade agravada pelas novas competências e pela recente introdução da exigência constitucional de solução dos processos em tempo razoável? A eficiência quantitativa da conciliação judicial não implicará necessariamente o seu agravamento qualitativo e, em consequência, a legitimidade e credibilidade remanescentes?

A conclusão imediata que se impõe é que o *Movimento Nacional pela Conciliação* não poderá trazer nenhuma alteração no estado de crise de eficácia, eficiência e efetividade da Justiça do Trabalho, sendo motivo de séria preocupação a inércia das instituições e do movimento associativo no sentido de ampliar o conjunto de alternativas viáveis para a solução do problema, nelas incluindo o fomento à implantação dos meios não judiciais de resolução dos conflitos, com o envolvimento, a colaboração e a participação direta das instituições para o seu aperfeiçoamento e para a sua consolidação.

Em qualquer instância, judicial ou não judicial, parece incontornável a assertiva de que toda conciliação comporta um risco recíproco a ser suportado pelas partes: no caso do empregador, o de, eventualmente, pagar mais do que deve; no do empregado, de receber menos do que o que lhe é devido. Isso porque "muito raramente o acordo corresponderia, com exatidão, ao que determina a lei". E, ainda mais, a premissa de que "o justo é o que consta da lei" é falsa. Justo não é o mesmo que legal, e qualquer acordo entre as parte "pode, teoricamente, ser justo sem se amoldar aos termos da lei". A conciliação se lastreia em critérios de equidade que "correspondem ao justo para as circunstâncias do caso concreto, do ponto de vista subjetivo dos maiores interessados — as partes —, e não nos critérios abstratos de justiça contidos na norma legal"[250].

Descortina-se uma posição titubeante quanto à identidade da Justiça do Trabalho. Não está claro nas reflexões acerca da função social da instituição qual é a sua função social primordial. Análise feita a partir do paradigma em que ela própria atua revela uma contradição insuperável. A autocomposição implica necessariamente a prevalência de critérios pacificadores sobre critérios distributivos (técnicos). Importa a harmonização dos interesses, ainda que isso custe concessões e abdicações recíprocas. Além disso, o magistrado se vê privado de arbitrar a plausibilidade do acordo sem a instrução da controvérsia. As partes, por sua vez, ainda que se disponham à conciliação, raramente se desarmam de posições estratégicas na celebração do acordo (porque o desejam da forma mais vantajosa possível, e não segundo a consciência do equilíbrio de interesses a partir de concepções eticamente escorreitas). Nessas circunstâncias, a realização do acordo se dará, no mais das vezes, sempre em condições precárias de avaliação de sua juridicidade. E é exatamente essa precariedade que vem pondo em xeque a legitimidade das homologações judiciais[251].

Se se considerar que a Justiça Obreira, para legitimar-se, deve priorizar critérios técnicos nas homologações dos acordos, grande parte deles não poderá receber a chancela judicial nos moldes que hoje se realizam. A isso se somará o fato de que deverá diminuir a disparidade entre o tempo gasto nos procedimentos conciliatórios e aquele despendido nos procedimentos instrutórios. Ao optar por priorizar a qualidade dos acordos, a Justiça Obreira caminha para um novo paradoxo: o do saturamento de suas potencialidades por causa endógena.

Se, contudo, a Justiça Obreira vier a abandonar as preocupações com a artificialidade das situações de fato apresentadas e contentar-se com a indução de acordos a partir das alegações controvertidas, sem se preocupar com o mérito de sua pertinência e veracidade, a ação estratégica das partes fará com que o

---

(250) ROCHA, Osíris. O acordo e a fraude... *Revista LTr*, v. 34 apud GIGLIO. *A conciliação nos dissídios individuais do trabalho*, 1997. p. 43.
(251) Há casos em que os sindicatos envolvidos se veem enredados em multas pesadas, que lhes impõem por homologarem acordos com parcelamento de verbas rescisórias nas instâncias não judiciais, enquanto, diariamente, a Justiça do Trabalho homologa tais acordos.

controle do destino do processo permaneça em suas mãos destas últimas, dado que a artificialização das controvérsias perante o juiz se tornará princípio norteador de sua conduta das partes. Nesse caso, a função tutelar da Justiça excederá os limites da "ilusão" e adentrará a antessala da "injustiça".

O racionalismo das "verdades absolutas", baseado numa ética intenciolista, não pode prevalecer, porque os efeitos sociais de sua radicalidade acabam por se tornar insuportáveis para os destinatários da jurisdição, conforme já se demonstrou exemplarmente nos "fragmentos de realidade" apontados no capítulo 2 e no estudo de caso relatado no capítulo 3 de *O sistema Núcleo Intersindical de Conciliação Trabalhista,* deste autor[252].

Uma análise neoparadigmática (razão dialoga e complexidade) abandona a perspectiva perfeccionista e chama o conjunto das instituições do trabalho — públicas e sindicais — a um esforço incomensurável nos termos de uma "construção social" da realidade. Reconhece os limites das verdades e a sua natureza intersubjetiva e dialógica; o "outro" como merecedor de iguais direitos e consideração; a validade e a existência de múltiplos projetos de vida; que os próprios cidadãos podem ser capazes de escolher entre alternativas a mais adequada à sua situação de vida; e a democracia integral como um valor social a ser perseguida em todas as esferas da vida, inclusive na esfera pública. Por isso, vê no pleno desenvolvimento dos meios não judiciais, todos eles, a única viável e indispensável para o enfrentamento da crise da Justiça.

Talvez seja mais adequado que a Justiça siga sua vocação de solucionar os conflitos do ponto de vista técnico, preferivelmente, e que, embora priorize a tentativa de solução autônoma dos conflitos, esteja ciente de que quando as partes forem até ela foi porque tentaram de todas as formas possíveis e não lograram êxito, estando, portanto, dispostas a demandar. E nesse mister é que a Justiça precisa mostrar-se mais eficiente que na intermediação da autocomposição, legitimar-se por esta via e acumular, nesse aspecto, um capital simbólico que a faça respeitada e que seja, indiretamente, um estímulo ao uso das vias não judiciais. Esse círculo virtuoso fará com que sobre ela diminua a sobrecarga do demandismo e com que os magistrados tenham mais disponibilidade para atuar de modo qualitativamente muito melhor e, naturalmente, se prepararem, técnica e intelectualmente, em reciclagens permanentes para cumprir esse novo perfil. Evidentemente, as Escolas Judiciais priorizam a formação conteudística dos magistrados e dispensarão medidas inócuas, como o "Movimento Nacional pela Conciliação Judicial", as quais poderão, para não ficarem desperdiçadas, ser convertidas em "Movimento Nacional pelos Meios Não Judiciais de Resolução dos Conflitos Sociais".

---

(252) VASCONCELOS, Antônio G. *O sistema núcleo intersindical de conciliação trabalhista* — do fato social ao instituto jurídico: uma transição neoparadigmática do modelo de organização do trabalho e da administração da justiça. São Paulo: LTr, 2014. Capítulos 2 e 3.

De resto, o exercício da magistratura não pode hipertrofiar sua função conciliadora, embora esta seja prioritária e essencial para a sociedade. Ao magistrado incumbe compreender a sociedade de seu tempo e proferir decisões que sirvam de critério de convivência e de composição de interesses para as partes, em razão de seu conteúdo, de sua profundidade e de sua justiça. A finalidade de o processo dever compreendida para além de mero instrumento de terminação de demandas, na concepção que orienta o princípio de democracia integral. Esta função não pode ser absorvida e diluída pelo desespero da produtividade em busca da conciliação a todo custo. Essa não pode ser a nota distintiva da magistratura. Do contrário, seria melhor o recrutamento de conciliadores e mediadores natos por critérios outros que não o da demonstração de competência e de preparo intelectual e técnico. A Justiça, nessa perspectiva, precisa estar preservada para atuar em casos cuja natureza e grau de complexidade ou de litigiosidade não se adequam aos meios não judiciais e, além disso, para corrigir as distorções destes últimos, revogando ou retificando seus atos. Para tanto, dever-se-ia resguardar tempo e espaço para preparar seus juízes para cumprir essa missão, por meio de uma formação qualificada e à altura destes desafios, a qual, com toda a certeza, está muito além de meras reciclagens técnicas ou de palestras e seminários ocasionais de conteúdo inteiramente aleatório e assistemático descontextualizados de um projeto de formação com diretrizes ideológicas, principiológicas e pedagógicas previamente definidas.

Os resultados examinados no capítulo 3 desta investigação parecem induzir à consistência da ideia de que — para muito além de investir conservadoristicamente — na conciliação endoprocessual a ser desempenhada sob o crivo dos paradoxos acima pontuados a energia e a força laboral dos magistrados a serem empregadas para além do dever inarredável do proferimento de decisões (já que não há meios constritivos que possam obrigar o magistrado a realizar mais ou menos conciliações) pudessem ser a assunção do papel de mediador dos atores sociais na implementação e na multiplicação de meios alternativos de resolução de conflitos. É nesta direção que se desenvolve a teoria da ação pública comunicativa (jurisdição comunicativa), aqui tratada (cf. 2.5.1), além das demais possibilidades de exercício de uma jurisdição ativa e moderada que possa repercutir na prevenção coletiva de conflitos, na gestão da organização do trabalho e na efetividade dos direitos trabalhistas, em termos de um ativismo moderado (cf. 2.6 e 2.7).

2.4.1.3. CRÍTICA AO "REFORMISMO CONSERVACIONISTA"

As abordagens feitas até aqui e comumente evocadas pelos defensores dos meios não judiciais de resolução de conflitos têm em mira aspectos da crise da Justiça: sua inacessibilidade, morosidade e seu custo.

Ao propugnar pela racionalização da distribuição da justiça segundo critérios quantitativos, mas qualitativamente discriminatórios, a "Reforma conservadora" concebe uma espécie de "litigiosidade contida", composta de "pequenos litígios" inacessíveis à justiça formal, por inadequação da técnica processual. Crê que a mitigação de certos princípios formal-tecnicistas aplicáveis aos "grandes conflitos" poderia abrir as portas da Justiça para os "pequenos" ampliando o acesso à justiça.

Essa análise conservacionista em que se assentam as diretrizes da "Reforma conservadora" tende a menosprezar certa classe de litigiosos, qualificando-os exclusivamente por critérios quantitativos como "menores", "pequenos", de "pequeno valor", de "pequenas causas". Institui também um "subclasse de jurisdicionados", entregue a uma "jurisdição" de qualidade inferior. Mas não são os pobres e necessitados que reivindicam "pequenos direitos", pequenas quantias? Não são eles os mais carentes de uma justiça substantiva, capaz de atender com presteza e inteireza suas reivindicações? Acaso, não existem demandas de valores ínfimos imbrincadas em questões de alta complexidade ou demandas de elevado valor que discutem questões de singeleza ímpar?

A abordagem conservacionista soa bastante contraditória num Estado Democrático de Direito que tem na "dignidade humana" e na "cidadania" os princípios-fundamento da República. Essa rotulação reproduz paradigmas de estratificação de uma sociedade estamental. A valoração e a classificação de litígios pelo seu lado pecuniário excluem da justiça de "primeira classe" a maioria dos cidadãos. Nesse aspecto, é discriminatória.

Mesmo assim, as reformas conservadoras já procedidas experimentam um retumbante fracasso no seu intento de absorver a chamada "litigiosidade contida". Tal como antes, os juizados especiais e os de pequenas causas seguem abarrotados e "pequenos" problemas estão novamente submetidos a um sistema burocrático-formal e moroso, que também caminha para um estado de "eternização" intolerável.

Álvares da Silva anota que apenas 6,61% de pessoas vão ao Judiciário no universo de 185 milhões de pessoas, o que demonstra a existência de um *conflituosidade latente* de volume muitas vezes superior àquela formalizada nos processos judiciais, considerando-se as contradições sociais de um país como o nosso e que se resolve por si mesma.

O custo, a demora e a desilusão dos pobres, na maioria, impotentes diante das exigências e formalidades do pesado aparato judicial, são fatores de desestímulo ao acesso à Justiça. Esperar somente pela Justiça estatal a composição satisfatória de seus 12.234.000 demandas (ajuizadas em todo o Judiciário) em níveis comparativos, exemplificativamente, com os dos EUA implicariam gastos vultosos para o Estado, impossíveis de serem alcançados num país como o nosso. O citado jurista propõe a deformalização do conflito judicial, a redução de instâncias e de recursos, e a adoção de meios não judiciais de resolução de conflitos. Conclui que a proteção pelo Judiciário é mera retórica, sem reflexo no mundo da vida. "Há uma unanimidade nacional sobre um ponto: o Judiciário envelheceu e precisa de uma reforma profunda e radical", tendo como pontos centrais o problema do acesso ao Judiciário, a profundidade e eficiência à primeira instância, o excesso de recursos e o número de instâncias recursais[253].

A "falácia da litigiosidade contida" instala uma circularidade cuja irracionalidade é insuperável. A pretensão da Justiça estatal de absorção substitutiva da vontade das partes em quaisquer divergências instaladas entre os cidadãos, sem levar em conta a existência de maior ou menor grau de litigiosidade, leva à ideia de que o acesso à Justiça, em sua plenitude, ocorrerá no momento em que todas as divergências entre cidadãos vierem a ser, em sua totalidade, absorvidas pelos meios oficiais. Pelo critério quantitativo, haveria então um progressão dessa capacidade de absorção em escala descendente, na qual a Justiça dos ricos e dos poderosos absorveria cada vez mais os conflitos entre os pobres, de sorte que a sua universalização ocorreria quando o acesso à Justiça se estendesse aos miseráveis, os últimos da fila, num sistema de solução de conflitos em que todos seriam amparados pela Justiça estatal em todas as trivialidades da vida e em relação às mais comezinhas divergências.

Verifica-se que essa linha conservacionista de condução das reformas é antidemocrática e excludente, considerando-se que a Justiça estatal jamais logrará estar, eficazmente, eficientemente e efetivamente pronta para responder a essa demanda ficcionista. Além disso, ela não contribui de modo algum para a elevação espiritual, nem para o avanço de uma consciência social na direção pretendida pela Constituição Federal, no sentido da construção de uma sociedade harmoniosa e solidária. Ao contrário, esse posicionamento alimenta a conflituosidade.

As bandeiras do reformismo conservacionista, centradas exclusivamente na ampliação da estrutura judicial, com todos os seus custos e a permanente defasagem entre a sua evolução e o crescimento das demandas sociais, considera como "diretriz ótima" aquela que viesse a lograr um estado de otimização tal que para cada reação dos cidadãos a uma lesão de direito pudesse corresponder uma eficiente resposta estatal: para cada conflito uma demanda correspondente. Ainda que absurda, esta é a lógica que rege respostas simplistas, corporativas, que se pretendem dar à crise. Porém,

> Un sistema de resolución de conflictos es eficiente cuando cuenta con numerosas instituciones y procedimientos que permiten prevenir las controversias y resolverlas, en su mayor parte, con el menor costo posible, partiendo de las necesidades e intereses de las partes, sobre la

---

(253) ÁLVARES DA SILVA. *Reforma do judiciário*, 2004. p. 61-65.

> base del principio de subsidiaridad que se expresa así: 'las cuestiones deberán ser tratadas al más bajo nivel en la mayor media posible, en forma descentralizada; al más alto nivel solo se tratarán los conflictos en que ello sea absolutamente necesario'. Obvio es que, el más alto nivel está dado por el sistema judicial. Los tribunales no deben ser el lugar donde la resolución de disputas comienza. Ellos deben recibir el conflicto después de haberse intentado otros métodos de resolución, salvo que, por la índole del tema, por las partes involucradas o por otra razones el tratamiento subsidiario no sea aconsejable.[254]

A saída deste círculo vicioso se revela algo delicado e dependerá de uma trajetória histórica relativamente custosa para a sociedade brasileira, pelos menos para aqueles que participam do sistema oficial de solução dos conflitos somente na condição de usuários, já que aqueles outros que deles sobrevivem alimentam pouca disposição para despender suas energias em sentido reverso, haja vista o modo como as instituições oficiais vêm reagindo às primeiras experiências brasileiras de solução não judicial dos conflitos. Não se pode mesmo pôr em dúvida que a sanha corporativa de parcela de segmentos parasitários da crise e do atraso cultural continua em espreita, disposta a desconstruir os pequenos avanços já alcançados pela sociedade brasileira nos últimos anos.

A tendência generalizada à universalização do acesso à Justiça como ideal constitucionalmente instituído na maioria dos países democráticos, no entanto, somente pode ser alcançada com a disponibilização de múltiplos métodos de resolução de disputas e não pode concentrar-se exclusivamente em métodos de litigação patrocinados pelo sistema oficial, já que muitos problemas específicos requerem formas específicas para a sua resolução[255].

Ao lado do aprimoramento dos meios judiciais, é urgente e necessária a pluralização dos meios de resolução de conflitos a serem disponibilizados à livre escolha dos cidadãos. Essa parece ser a única perspectiva capaz de compatibilizar o sistema de resolução de conflitos com os princípios e os objetivos constitucionais da sociedade brasileira.

2.4.2. O PROBLEMA CULTURAL

O conflito social vem sendo amplamente estudado pelas ciências sociais, sob os enfoques inter e transdisciplinares. Esses estudos revelam que os conflitos são

---
(254) HIGHTON, Elena; ÁLVAREZ, S. Gladys. *Mediación para resolver conflictos*. Buenos Aires: AD-HOC SRL, 1998. p. 24.
(255) KOJIMA, Takeshi. *Perspectives on civil justice and ADR:* Japan and the USA. Tokyo: Chuo University, 1990. v. 18. Series of the Institute of Comparative Law in Japan. p. 77.

enfrentados de modos variados e que os métodos de sua resolução dependem de dados culturais presentes em cada sociedade[256]. Isso explica a relação entre a cultura autoritária historicamente determinante das relações de poder em nossa sociedade e do estatocentrismo e a resistência às formas não judiciais no campo da resolução dos conflitos sociais.

O sistema de resolução de conflitos trabalhista brasileiro nasceu de uma concepção negativa acerca do conflito social, visto como algo a ser extirpado da sociedade e da alçada das partes envolvidas, os quais foram institucionalmente absorvidos pelo Estado segundo um modelo monopolístico e autoritário.

Um primeiro resultado foi a ausência de qualquer incentivo aos cidadãos à oportunidade de desenvolver a própria capacidade de solução de suas controvérsias pelo diálogo e pelo entendimento.

A ausência de instâncias em que o diálogo informal possa exaurir todas as facetas e os motivos dos conflitos alimenta a patologia do sistema. Os modelos centralizadores e autoritários encerram, paternalisticamente, os conflitos e tendem a decisões prematuras e, por isso, à retroalimentação do conflito e ao adoecimento das relações sociais na maioria das demandas, que, em regra, são suscetíveis a soluções não impositivas. Contraditoriamente, um tal sistema que mantém a população em estágios primários de consciência e de convivência conduz ao demandismo, cujo paroxismo é o "vício da litigiosidade", donde por qualquer "me dê cá aquela palha" se vai ou se deixa ir à Justiça. Ao expor as partes em conflito a um *clima* adversarial, ainda que se logre a conciliação judicial, esta, em regra, será sempre estratégica e focaliza o objeto do litígio, e não os sujeitos do litígio.

Detecta-se assim o que Highton e Alvarez denominam "cultura do litígio", que preside o sistema estatal de resolução de conflitos estruturado para lidar com o "contencioso" por via de métodos adversariais de adjudicação. Como visto no estudo dos contextos de surgimento do Núcleo Intersindical de Conciliação Trabalhista de Patrocínio, ele acaba por retroalimentar situações de conflito[257].

Por outro lado, e pela mesma razão cultural, admite-se uma inequívoca correlação entre a pluralização dos meios de solução dos conflitos sociais e a democracia, no seu paradigma mais recente, que é o Estado Democrático de Direito.

A disponibilização de múltiplos meios (não judiciais) de resolução dos conflitos sociais fortalece a cidadania e o sentimento de solidariedade humana, uma vez que o reconhecimento das garantias fundamentais e dos direitos sociais dos trabalhadores em procedimentos dialógicos e autocompositivos estimulam o exercício e a concreção desses valores no seio da sociedade.

---

(256) HIGHTON; ÁLVAREZ. *Mediación para resolver conflictos*, 1998. p. 41.
(257) VASCONCELOS, Antônio G. *O sistema núcleo intersindical de conciliação trabalhista — do fato social ao instituto jurídico*: uma transição neoparadigmática do modelo de organização do trabalho e da administração da justiça. São Paulo: LTr, 2014. capítulo.

Os meios não judiciais, à medida que são utilizados pelas partes, ensejam um clima favorável a posturas menos estratégicas e com menor desgaste emocional e menor custo material e social para as partes e terceiros assistentes ou intervenientes, porque tornam-se livres do invólucro formal-burocrático-adversarial e não contagiados pelo espírito confrontativo próprio às técnicas e aos procedimentos que lhe são pertinentes e que tornam as partes mais hostis ao entendimento.

O conflito passa a ser visto como um fator de crescimento e desenvolvimento pessoal e social, na medida em que evita a "osificación del sistema social"[258], induz à criatividade, amplia pontos de vista e conduz ao autoconhecimento, porque obriga a sustentar, fundamentadamente, as posições divergentes.

A transformação cultural que hoje se exige promove, ainda, efeitos derivados, como a redução dos custos materiais e emocionais do processo judicial, o oferecimento à sociedade de formas mais efetivas de resolução dos conflitos e a participação da comunidade na administração da Justiça, que, na perspectiva do sistema Ninter, revelam-se tão relevantes quanto a mitigação da crise da justiça, aspecto em que situam os argumentos predominantes no campo jurídico.

À democracia integral, cujo foco é o da efetividade dos direitos, não interessa a introdução de formas alternativas por si só, mas de formas adequadas a compor positivamente os conflitos.

Com efeito, o sistema judicial continuará a ocupar o nível superior do sistema geral de composição dos conflitos sociais, como última instância corretiva.

2.4.2.1. AS TÉCNICAS NÃO JUDICIAIS DE RESOLUÇÃO DOS CONFLITOS E O PRINCÍPIO DA PROTEÇÃO AO TRABALHADOR

A democratização propugnada pelo sistema Ninter, no enfoque do princípio da subsidiariedade, que implica o exercício da autonomia sindical para a implantação de meios não judiciais de resolução de conflitos, condiciona-se à adequação desses meios às regras de proteção aos direitos do trabalhador.

Em sentido geral, as técnicas não judicias de resolução dos conflitos são inúmeras e variam com a ampla gama de criatividade, em conformidade com o seu grau de amadurecimento nas diversas sociedades. Exemplificativamente, a negociação efetiva, o *mini trial*, o juízo sumário por jurados, o *rent a judge*, o aconselhamento e a consulta a *expert* (esclarecedores de questões de fato). Tal variedade constitui-se a partir de políticas de justiça elaboradas com base em critérios de bem-estar social e, do ponto de vista interno, como base na disponibilização de formas interpesso-

---

[258] HIGHTON; ÁLVAREZ. *Mediación para resolver conflictos*, 1998. p. 47.

almente adequadas ao tratamento do conflito em sua singularidade, conforme as exigências de cada caso[259].

As formas não judiciais institucionalizadas no sistema Ninter restringem-se às que comumente são associadas a esta ideia, a *conciliação, a mediação e a arbitragem,* ainda assim dependendo da vontade política dos sindicatos de implementá-las apenas parcialmente ou paulatinamente conforme a evolução da consciência coletiva e da aptidão dos sindicatos para oferecê-las.

No âmbito trabalhista, a informalidade e o espírito dialogal e negocial que preside os procedimentos não judiciais caminham ao lado da necessidade da garantia da integridade dos direitos sociais, segundo as regras de proteção laboral. Essa circunstância traduz a peculiaridade da implementação desses meios alternativos neste campo, e é por isso que a sua institucionalização no Ninter cerca-se de princípios, regras e procedimentos complementares, além de reservar a titularidade de sua criação aos sindicatos.

A adoção de meios não judiciais de resolução de conflitos no sistema Núcleos Intersindicais de Conciliação Trabalhista não atende, exclusiva e prioritariamente, a reclamos de funcionalidade e eficiência do aparelho jurisdicional.

A possibilidade de resolução de controvérsias por meios não judiciais atende à necessidade do homem de encontrar sistemas mais humanizadores, que minimizem os desgastes pessoais daqueles que se inserem numa relação conflitiva[260].

Os meios não judiciais de resolução de conflitos conferem maior *dignidade* às partes envolvidas no processo, na medida em que elas próprias, ainda que auxiliadas por outrem e, mesmo, por assistente técnico voluntariamente chamado a prestar-se assistência, tornam-se os atores centrais do procedimento, do diálogo e da decisão acerca do destino que pretendam dar ao litígio. Ao contrário, a complexidade do processo judicial o coloca, mais vezes, à margem do procedimento, porquanto deambular nos labirintos do procedimento requer conhecimentos outros que colocam a parte litigante entre a opção de dar passos no escuro ou na contingência de, pela fé ou empatia, seguir passos cuja direção é ditada por outros atores do processo (juiz ou advogado). Ainda que se tenha em conta de consideração o sistema do *jus postulandi* presente no processo trabalhista, esta "maginalização" dos sujeitos do litígio ocorre necessariamente, com raríssimas exceções. Esta perspectiva é fundamental no enfoque democrático dos meios não judiciais de resolução dos conflitos.

Críticas mais ou menos comprometidas com a perspectiva da garantia de efetividade e integridade dos direitos sociais são apontadas em desfavor da im-

---

(259) HIGHTON; ÁLVAREZ. *Mediación para resolver conflictos,* 1998. p. 27.
(260) ALMEIDA, Mario de; ALMEIDA, Marial Alba Aiello. *La experiencia de la mediación.* Buenos Aires: República Argentina, 1996. p. 14.

plementação dos meios não judiciais de solução de conflitos na seara trabalhista, com maior veemência em relação à arbitragem de dissídios individuais. Tais críticas não podem prosperar quando baseadas numa postura maniqueísta: o estatal é vantajoso; o não estatal é desastroso. Importa, essencialmente, que os procedimentos adotados sejam capazes de espargir uma cultura de boa-fé entre as partes contendoras e assegurem que os atos de manifestação de vontade sejam realizados livres de quaisquer vícios de consentimento. Observados esses princípios, a instância onde realiza a conciliação torna-se irrelevante.

> Inexiste razão científica para distinguir a transação judicial da extrajudicial, quanto à validade. Em si mesma, a transação, numa e noutra hipótese, será tão benéfica ou tão prejudicial ao trabalhador quanto for a sua liberdade de escolha ou o seu constrangimento diante do fator econômico.[261]

Essa assertiva permite argumentar com Giglio e contra Giglio, que se manifestou desfavorável aos meios não judiciais de resolução de conflitos trabalhistas. De fato, ser judicial ou extrajudicial, por si só, não invalida a solução alcançada para o litígio. Por outro lado, ambos estão suscetíveis a riscos contra os quais se alerta.

A superação do espírito coorporativo e da "deformação ideológica" com que se vem tratando tema de tamanha relevância social, mediante a concertação de ações integradas entre os sindicatos e as instituições do trabalho na implantação e no acompanhamento do desenvolvimento de tais experiências, é decisiva para o seu êxito no seio da sociedade brasileira. A experiência absolutamente exitosa do Ninter-Patrocínio, demonstrada no levantamento de resultados (capítulo 3), revela a importância do envolvimento e apoio dos setores públicos nesta fase de profundas mudanças no tratamento dos conflitos sociais no Brasil. Isso implica uma interação cooperativa entre os sindicatos e as instituições do trabalho, especialmente os órgãos judiciais de primeira instância, na fixação de princípios e critérios de institucionalização e funcionamento, de modo a atender suficientemente às exigências da autonomia pública e aos interesses da autonomia coletiva que não incompatíveis.

Em tais sistemas a implementação da conciliação, da mediação e da arbitragem pelo sistema Ninter se faz de modo a atender aos princípios da indisponibilidade e da integridade dos direitos do trabalhador, conforme se reconheceu nas instâncias legitimadoras — compostas de todos os segmentos representativos da autonomia coletiva e da autonomia público no organização do trabalho — do Fórum Nacional do Trabalho, que integrou os preparativos da reforma trabalhista pretendida pelo Governo Federal.

O fundamento mais relevante da institucionalização dos meios não judiciais de resolução de conflitos é o da pacificação social, em atenção aos princípios

---

(261) GIGLIO. *A conciliação dos dissídios individuais do trabalho*, 1997. p. 110.

fundamentais da República (dignidade da pessoa humana e cidadania). Em contraste com os métodos adversariais que contemplam o passado, as técnicas não adversariais voltam-se para o futuro e afastam-se da cultura estatocêntrica de resolução dos conflitos.

A par da conciliação, o sistema Núcleos Intersindicais de Conciliação Trabalhista (art. 625-H) tem em sua estrutura a possibilidade de incorporar também as técnicas da mediação na busca de resolução dos dissídios individuais. Do mesmo modo abre a possibilidade da institucionalização da arbitragem no âmbito dos dissídios coletivos e intersindicais, conforme ordenação estatutária. O fundamento normativo da institucionalização de tais técnicas situa-se no campo da autonomia coletiva sindical, que, por via da negociação coletiva (convenções coletivas), estabelece as regras procedimentais e a adequação dos atos jurídicos resolutivos dos conflitos aos princípios de Direito do Trabalho.

Inconvenientes como o desequilíbrio nas relações dialogais entre as partes nas instâncias não judiciais, eventual falta de representação e assistência suficientes e a vulnerabilidade dos direitos indisponíveis dos trabalhadores são neutralizados pela interatividade de sua atuação com os órgãos de primeira instância da Justiça do Trabalho, orientada pela ideia de "governança".

Incumbe, entretanto, estabelecer diferenças conceituais entre as diversas técnicas em consideração aos princípios da dignidade humana e da cidadania. Especialmente no caso da conciliação e da mediação, esta abordagem se faz necessária, uma vez constatada a generalizada imprecisão com que se vem utilizando estas designações.

• CONCILIAÇÃO

Reserva-se à conciliação o pressuposto de um entendimento das partes envolvidas em relação a interesses contrapostos; é a harmonia que se estabelece entre duas ou mais posições antes dissidentes. Conciliar (*conciliare*) significa reunir, compor e ajustar ânimos opostos entre si, conformar duas ou mais proposições contrárias; convergir vontades acerca do bem jurídico em disputa; de resto, pacificar os contendentes. A conciliação, portanto, pode ser em juízo (intraprocessual) ou fora dele (extraprocessual ou extrajudicial). A conciliação prévia, ou preventiva, é anterior e visa evitar a formação do processo judicial e pode ser alcançada até mesmo por meio de órgãos não judiciais, com a intermediação de conciliadores, funcionários públicos ou não[262].

---

(262) HIGHTON; ÁLVAREZ. *Mediación para resolver conflictos*, 1998. p. 102-103.

As partes conflitantes, ao aceitarem o diálogo, logram chegar a uma autocomposição, podendo resultar em uma das seguintes hipóteses:

>a) o reclamante renuncia unilateralmente a sua pretensão, parcial ou integralmente;
>
>b) o reclamado renuncia unilateralmente sua resistência à pretensão do reclamante, parcial ou integralmente; e
>
>c) ambos os litigantes renunciam simultânea e reciprocamente parte de suas aspirações.

A conciliação é gênero; a transação é espécie. Aquela abrange a desistência; esta, o reconhecimento (sujeição do demandado)[263].

Mário de La Cueva e Tostes Malta atribuem ao conceito sentido ambivalente, ora para significar o procedimento destinado à obtenção do ajuste da questão litigiosa pelas partes, ora para designar o próprio acerto efetuado pelas partes[264]. Naturalmente, o enfoque acima adotado opta por este último sentido.

• *A MEDIAÇÃO*

A mediação é técnica não adversarial de resolução de conflitos em que um terceiro que não tem poder sobre as partes ajuda-as a encontrar, de forma cooperativa, o ponto de harmonia no conflito. O mediador ajuda as partes a localizar e a acomodar seus pontos de interesses aos da outra parte, auxiliando-as na sua comunicação e a realizar eleições voluntárias e informadas, num esforço para resolver seus conflitos. O mediador atua de modo a instar e a facilitar a discussão da controvérsia em todas as suas dimensões, e não exclusivamente na sua dimensão objetiva. Por isso, utiliza técnicas especiais e, sobretudo, ouve habilmente ambas as partes, interroga-as, ajuda a descortinar os diversos aspectos do problema, conduz as partes a descobrir a diferença entre aquilo que querem e aquilo que realmente necessitam, modifica as relações entre os contendores, enaltecendo e controlando a comunicação entre eles, altera suas percepções, equilibrando suas diferentes forças, e, o que é mais importante, encaminha-as no sentido de colocarem-se momentaneamente no lugar do outro[265].

---

(263) HIGHTON; ÁLVAREZ. *Mediación para resolver conflictos*, 1998. p. 102.
(264) GIGLIO. *A conciliação nos dissídios individuais do trabalho*, 1997. p. 31.
(265) Para visualização de uma abordagem detalhada sobre técnicas de mediação, papel do mediador, aspectos éticos, procedimentos e suas fases, atitude, postura e linguagem do mediador, responsabilidade do mediador, dinâmica e sessões em que se pode dividir a mediação, estruturação da discussão, intercâmbio de informações, identificação dos núcleos de conflitos entre as partes e questões éticas e ontológicas que envolvem a mediação, confira-se HIGHTON; ÁLVAREZ. *Mediación para resolver conflictos*, 1998. p. 193-393.

A mediação dá ênfase ao futuro, não se tratando de julgar sobre o passado, a fim de apurar quem está errado, e busca uma solução para o problema, de modo a preservar as relações. Essa técnica focaliza preponderadamente os aspectos subjetivos do conflito, visa resgatar a relação social perdida e busca preservar a continuidade de relações interpessoais históricas.

Ciente de que uma sociedade conflitiva tende à estagnação ou à involução de suas possibilidades de desenvolvimento em todos os níveis, o uso das técnicas da mediação assume uma dimensão política mais abrangente. Isso porque a perspectiva teórica que lhe dá sustentação vê a generalização do conflito social como um estímulo ao individualismo e ao esvaecimento do sentimento de solidariedade. O demandismo degenera o sentimento de agregação necessário à criatividade e ao desenvolvimento de qualquer empreendimento coletivo, cuja sustentação reside na soma de esforços, no vínculo societário e na fluidez das relações interpessoais.

A paroxização dos níveis de conflituosidade nas relações sociais é poderoso e invisível empecilho à prosperidade social e à democracia, de modo geral.

O mediador, consciente de seu papel social, torna-se um garante do ser, e não só do ter, das partes. Ele penetra diretamente no relacionamento das partes, fazendo com que possam restabelecer o respeito recíproco, a escuta, enfim, a harmonia entre elas. Dessarte

> Se o fato de que o diálogo (a negociação) direto entre as partes não é possível, porque não podem expressar cada uma sua identidade [...] será então necessário poder contar com alguém que, longe de querer tirar vantagem desse conflito, ou querer basear-se exclusivamente no conflito objetivo, se proponha a intervir entre os dois para respeitá-los, reconhecê-los e favorecer o mútuo respeito e reconhecimento [...]
>
> Restabelecer o equilíbrio de cada uma das partes e recompor o relacionamento entre elas significa escutar as mudanças e aceitá-las como parte da identidade de cada uma e as modificações que isso trará ao novo contrato, ao novo relacionamento [...]
>
> Isso só pode ser alcançado se o mediador respeita dando espaço à expressão de cada uma das partes e conduz cada uma delas a escutar e respeitar a outra [...].[266]

Esse é o papel social do mediador. A mediação assim compreendida é técnica de resolução de conflitos de grande valor social e a que mais benefícios pode trazer

---

(266) VEZZULA, Juan Carlos. *O papel do mediador na sociedade moderna*. I Congresso Brasileiro de Mediação e Arbitragem. Porto Alegre, (s.n.), 1995.

a ambas partes. Confere-lhes dignidade e reconhecimento recíproco; portanto, integra o sentido do princípio de democracia aqui explorado.

Jean-François Six distingue a mediação institucional da mediação cidadã. A primeira, vinculada a uma instituição, dá lugar aos mediadores institucionais; a segunda, é natural e espontânea. Os mediadores cidadãos encontram as *pessoas* envolvidas em uma situação de conflito e permitem que elas "possam encontrar por seus próprios meios uma saída para seus conflitos". Contam com o tempo e preocupa-se em afastar toda sorte de simplismo, de atalhos e de precipitações, aguçando o senso da duração e do recuo, da paciência e da distância[267].

Fala-se hoje em mediação judicial. Contudo, o uso da denominação não se faz acompanhar da essência desta técnica. Nas atuais circunstâncias, é quase impensável que esta pode ter seu uso ampliado nos meios judiciais, pois sequer logra-se alcançar, de modo escorreito, a prática da técnica mais simples, que é a da conciliação.

Observa-se que o emprego da mediação no sistema Ninter — técnica excepcional e que exige habilidades diferenciadas por parte do mediador — é, por isso, de uso restrito.

• A ARBITRAGEM

A arbitragem constitui-se em técnica de resolução heterônoma dos conflitos que confere às partes o poder de indicar os árbitros de sua preferência para decidir o litígio. É, pois,

> [...] uma técnica para solução de controvérsias através da intervenção de uma ou mais pessoas que recebem seus poderes de uma convenção privada, decidindo com base nesta convenção, sem intervenção do Estado, sendo a decisão destinada a assumir eficácia de sentença judicial.[268]

No Sistema Ninter, a institucionalização da arbitragem refere-se à solução de conflitos coletivos e intersindicais. Pelos fundamentos já expostos de modo exaustivo em outras publicações (VASCONCELOS, Antônio Gomes de. *Núcleos intersindicais de conciliação trabalhista...*, cit., capítulo 17: "A arbitragem nos dissídios individuais e coletivos do trabalho: constitucionalidade e adequação aos princípios laborais"), este autor entende possível o uso da arbitragem (exclusivamente a arbitragem de

---

(267) SIX, Jean François. *Dinâmica da mediação*. Trad. Águida Arruda Barabosa *et al*. Belo Horizonte: Del Rey, 2001. p. 34-35.
(268) CARMONA, Carlos Alberto. *A arbitragem no processo civil brasileiro*. São Paulo: Malheiros, 1993. *passim*.

direito e não a arbitragem por equidade, esta incompatível com o direito trabalhista) na solução de dissídios individuais.

Contudo, por razões culturais e sociais este autor modificou seu posicionamento no sentido de considerar não recomendável a institucionalização da arbitragem de dissídios individuais no Sistema Ninter. Ainda sobre o tema, reporta-se ao item 5.6.4 desta obra, relativo ao Conselho de Arbitragem, onde o leitor acederá a uma abordagem mais ampla da matéria.

2.4.2.2. A INTERCOMPLEMENTARIDADE E A COEXISTENCIALIDADE DAS AUTONOMIAS PÚBLICA E COLETIVA

A conjugação dos esforços comuns do Poder Público local e dos sindicatos de classe permite a supervisão, segundo o princípio de "governança", de todos os aspectos considerados indispensáveis à validade dos processos de resolução não judicial dos conflitos.

Ao contrário da versão conservacionista, a institucionalização de técnicas alternativas de resolução de conflitos trabalhistas é focalizada na perspectiva da democratização da organização do trabalho em todos os seus aspectos.

Reserva-se assim aos meios oficiais uma função supletiva e eficiente para atuar a partir do momento em que a ação autônoma se torna insuficiente ou impotente para resolvê-los. Trata-se, portanto, de esforço que soma potencialidades e resultados com o fortalecimento e legitimação das autonomias pública e coletiva, e não um esforço de "soma zero".

A análise do conflito social sob essa perspectiva aponta para um cenário de necessária coexistencialidade e intercomplementaridade (convivialidade), e não para uma relação de excludência recíproca entre meios oficiais e não oficiais de resolução destes conflitos, numa sociedade que elegeu como princípio de organização o pluralismo, a fraternidade, a harmonia social e a resolução pacífica das controvérsias.

Ao Poder Público incumbe não somente o estímulo, mas também a expressão de confiança na capacidade dos cidadãos de instituir e aprimorar tais procedimentos e, ainda mais, de envidar esforços no sentido de apoiar e auxiliar efetivamente tais iniciativas como parte do dever institucional e constitucional de contribuir para o alcance dos objetivos constitucionais da sociedade brasileira.

Nessa perspectiva, o princípio da subsidiariedade ativa realiza-se em torno do conceito de *ação coletiva comunicativa*, a qual, na sua interatividade com a ação pública comunicativa (intercomplementaridade), estabelece a conexão entre aquele princípio e o princípio de "governança" (cf. 1.4) pelos quais se realiza a administração da justiça local, estimulando implementação e o aprimoramento dos meios não judiciais de resolução dos conflitos e assegurando o estabelecimento de uma relação de coexistencialidade e intercomplementaridade entre eles.

O "ativismo judicial moderado" opera de modo especial e privilegiado no âmbito da administração da justiça local (cf. 2.7.2.1). Por sua importância social e por envolver os conflitos individuais e coletivos da categoria, a questão se situa umbilicalmente vinculada ao exercício da função jurisdicional, e dela precisa receber o estímulo, a participação e a cooperação necessários ao vicejamento dessas novas práticas.

Nesse aspecto, o exercício da jurisdição comunicativa (cf. 2.7.2.2) significa qualquer ação judicial relacionada à prevenção e à solução dos conflitos sociais considerados em qualquer de seus níveis, individual e/ou coletivo, por qualquer meio disponível.

2.4.2.3. AS COMISSÕES DE CONCILIAÇÃO PRÉVIA SÃO UM ESTÁGIO PREPARATÓRIO DA CRIAÇÃO DO NINTER

As Comissões de Conciliação Prévia, quando e se levadas a sério, podem se tornar um caminho preparatório e de amadurecimento dos sindicatos em direção à criação do NINTER, dado que

> [...] o ideal mesmo é que se transformassem (as CCPs) em núcleos intersindicais, que são mais completos e operacionais do que as próprias comissões, e já têm montadas as comissões de mediação e arbitragem, com representantes de ambos os lados, para decidir em caso de não haver acordo.[269]

As soluções dos conflitos são necessidades públicas que o Estado deve satisfazer do modo mais eficiente e adequado. A opção pelo público ou pelo privado não decorre mais da "natureza" da função em si mesma, pois qualquer atividade pode ser realizada pelo Estado ou pela iniciativa privada — no caso, pelos sindicatos. O Estado perdeu o monopólio no campo da solução dos conflitos pelas mesmas razões que o perdeu em outras: ineficiência, demora, custos e incapacidade na prestação[270].

> "A arbitragem e outros meios de solução extrajudicial — conciliação, mediação e qualquer meio informal de entendimento entre os litigantes — são uma tendência irreversível dos dias atuais."[271]

As sucessivas reformas do sistema de justiça intentadas, historicamente, jamais lograram alcançar seus objetivos porque se restringiram a mudanças artificiais e internas ao sistema. O inovador das reformas mais recentes inclui a participação da sociedade na administração da justiça, com o rompimento da cultura corporativa e monopolística das instituições do sistema de justiça.

---

(269) ÁLVARES DA SILVA. *Reforma do judiciário*, 2004, p.191.
(270) ÁLVARES DA SILVA. *Reforma do judiciário*, 2004. p. 207.
(271) ÁLVARES DA SILVA. *Reforma do judiciário*, 2004. p. 207.

Remete-se o leitor aos desenvolvimentos teóricos pertinentes à contundente distinção entre os institutos do Núcleo Intersindical de Conciliação Trabalhista e da Comissão de Conciliação Prévia[272].

2.5. Conceitos operacionais do princípio de democracia imanente ao sistema Ninter

A realização do princípio de democracia imanente ao sistema Núcleos Intersindicais de Conciliação Trabalhista, erigido a partir da inovação paradigmática preconizada nesta investigação, implica a interação entre as instituições do trabalho e os sindicatos nos procedimentos de gestão da organização do trabalho e da administração da justiça por setor de atividade econômica coletivamente organizada, segundo o conceito de "governança" local, tendo por objetivo último a busca da efetividade da legislação trabalhista.

No plano epistemológico, a introjeção dos paradigmas da razão intersubjetiva e da complexidade que se pode traduzir na ideia da simultânea interação, num só ato, entre sujeitos que conhecem (intersubjetividade) e entre estes e a realidade complexa, a democratização das relações entre as instituições do trabalho e os sindicatos implica o exercício compartido dos atos de conhecimento (dimensão cognitiva da ação pública) que precedem e dão suporte à decisão pública (dimensão volitiva da ação pública).

A democratização, substancialmente compreendida, implica necessariamente uma dimensão epistemológica. Toda ação implica um ato de cognição, cujo conteúdo é impossível de ser definido normativamente, porque cada norma editada implica o recomeço do mesmo processo, em sua interminável circularidade. Até mesmo a fixação do limite em que se bifurcam o interesse coletivo e o interesse público em relação a interesses individuais comporta elevado grau de relativização. Qualquer definição unilateral pela razão individual e solipsista da autoridade pública implica "petição de obediência", não uma prática democrática.

Essa dimensão alcança, inclusive, a gestão da administração da justiça, como dimensão epistemológico-discursiva concernente à harmonização e à intercomplementaridade entre os meios oficiais e não oficiais de solução dos conflitos (coexistencialidade). De maior relevância é o acesso da justiça, para além do processo, a procedimentos discursivo-cognitivos dos contextos de realidade em que se inserem as lides individuais que lhe são submetidas e sobre os quais a decisão judicial produzirá seus efeitos.

---

(272) VASCONCELOS, Antônio G. *O sistema núcleo intersindical de conciliação trabalhista — do fato social ao instituto jurídico: uma transição neoparadigmática do modelo de organização do trabalho e da administração da justiça*. São Paulo: LTr, 2014. Capítulo 5, item 5.2. ("Lapsos da doutrina da equiparação entre os institutos dos Núcleos Intersindicais de Conciliação Trabalhista e da Comissão de Conciliação Prévia").

A dimensão epistemológica da ação pública amplia-se, portanto, para considerar os atos cognitivos concernentes à escolha da norma aplicável e dos fatos nela subsumíveis, e, mais adiante, os atos de cognição (ou de escolha) relativos à atribuição de sentido às normas e aos fatos escolhidos e à definição do modo mais adequado da aplicação normativa, diante dos contextos de realidade considerados na sua complexidade e singularidade irrepetíveis. Tal operação cognitiva, em todos os seus estágios, em regra, defronta-se com o dilema da eleição da alternativa mais adequada num contexto de inúmeras possibilidades de escolha. Além disso, os processos cognitivos relacionados aos fatos não se restringem à multiversatilidade de sentido que se lhes pode atribuir, mas também ao levantamento de todos os fatos passíveis de serem selecionados pela autoridade pública e qualificados como fatos jurígenos. Num nível mais profundo, ditado pelo princípio da complexidade, a ação cognitiva diz respeito ainda ao conhecimento dos contextos de realidade nos quais se inserem tais fatos, também multiformes e polissêmicos.

Corolário do reconhecimento da natureza dialógica da razão e da complexidade da realidade, a democratização da ação pública requer, portanto, a participação dos afetados na construção do conhecimento em que se baseia a decisão pública.

No Estado Democrático de Direito, há um projeto de sociedade a ser realizado, e o Direito é posto a serviço deste projeto. Então, ele passa a ser um instrumento de transformação social, e não meramente um redutor de complexidades. A prática jurídica acoplada a toda decisão pública precisa levar em conta o concurso dos seus destinatários na elaboração do conhecimento que sobre ela se funda e na avaliação de sua correspondência com o projeto constitucional de sociedade, tendo em conta a visão dos cidadãos afetados pela decisão. Em coerência com os princípios de democracia integral, essa cognição que antecede a decisão não pode mais basear-se exclusivamente nos ditames da razão monológica, instrumental e solipsista. Além da supressão do estágio do diálogo e da concertação, a desconsideração das pretensões de verdade e de validade dos afetados pela decisão pública pode ensejar consequências sociais dramáticas, em razão do distanciamento da realidade por parte do Poder Público, o que acaba por conduzi-lo a laborar com uma visão fictícia do mundo e da realidade concreta.

No plano operacional, concernente à gestão da organização do trabalho, também não é possível, à luz dos novos paradigmas, dispensar a participação dos afetados na concepção e na execução de quaisquer planos de ação do Poder Público cujas consequências extrapolem o limite dos interesses dos indivíduos ou das empresas envolvidas.

A democratização, que se realiza por intermédio da afirmação da autonomia coletiva, amparada no princípio da subsidiariedade, envolve o fomento e a cooperação do Poder Público, que, nesse sentido, carece da assimilação de procedimentos conducentes à máxima absorção possível pelos sindicatos de práticas de autogestão coletiva e de autocomposição ou heterocomposição não judicial dos conflitos.

No contexto de tais desenvolvimentos teóricos, a trajetória evolutiva da elucidação do sentido do princípio de democracia implica a construção dos conceitos operacionais necessários à sua concretização nas suas múltiplas formas de manifestação explicitadas na teoria do sistema Ninter.

Uma vez estabelecidos os conceitos instrumentais do sistema ("governança", "subsidiariedade ativa", "diálogo social", "concertação social", "tripartismo de base" e "Conselho Tripartite"/Interinstitucional), tornam-se relevantes a elaboração e a reconstrução de conceitos operacionais por meio dos quais se concretizam as práticas democráticas referidas: os conceitos de ação pública comunicativa, de ação coletiva comunicativa, de programas interinstitucionais de excepcional interesse público, de negociação coletiva e de regime trabalhista especial.

2.5.1. A AÇÃO PÚBLICA COMUNICATIVA

O ponto de partida da ação pública comunicativa é a decisão das instituições/autoridades nela envolvidas de agirem, comunicativa e coordenadamente, mediante a constatação de que as respectivas ações repercutem no campo de ação de todas as demais e de que o conjunto de todas elas age sobre uma mesma realidade objetiva. A detecção da insuficiência da razão individual solipsista para o alcance de uma visão sistêmica da organização do trabalho e para o acesso à realidade, bem como às consequências sociais da atuação destas instituições, enseja o abandono da razão fechada[273] e a aceitação mútua da *razão aberta, complexa*. Ao se disporem à busca consensual e cooperativa da verdade e da correção, instaura-se um novo modo de relacionamento entre Estado/sociedade e sindicatos/instituições do trabalho, baseado na ação comunicativa voltada para a busca consensual da verdade e a correção em procedimentos discursivos de formação da opinião e da vontade, sem prejuízo da autonomia das instituições.

O conceito de *ação pública comunicativa* abrange o conjunto dos elementos interdisciplinares articulados nesta investigação com o objetivo de explicitar a ideia de democracia integral. Sendo um conceito operacional, ele direciona toda a prática interativa do sistema, razão pela qual nele se convergem todos os demais subconceitos que compõem aquela ideia.

A conjugação das teorias epistêmicas (razão dialógica e complexidade) e político-constitucionais (dignidade, cidadania e subsidiariedade), associadas às

---

(273) Cf. MORIN. *Ciência com consciência*, 2003. p. 167: A razão fechada perde e deixa de ter acesso a múltiplos aspectos da realidade, não admite a relação sujeito-objeto no conhecimento, ignora a desordem e o acaso, o singular, o individual, esmagando-os pela generalidade abstrata. A razão aberta e complexa se reconhece evolutiva, não estacionária, relativa e, por isto, dialoga com o diferente, singular, específico, reconhece a relação intrínseca sujeito-objeto, entre ordem-desordem, no ato do conhecimento, compreende-se a si mesma como não racionalizável, admite a complementaridade entre inteligência e afetividade (conhecimento e vontade), entre razão e desrazão. Por isso, é dialógica. Nem por isso desprestigia a racionalidade, que fica resguardada para a atitude crítica e autocrítica permanente.

técnicas do "diálogo social" e da "concertação social", responde aprioristicamente às perguntas: "O que justifica a inserção do conceito de *ação pública comunicativa* no sistema Ninter?" e "Qual é o seu significado para a construção do sentido do *princípio de democracia integral* (Adela Cortina) que se erige com base nas teorias do discurso de Karl-Otto Apel e da ação comunicativa de Jürgen Habermas?"

Mais que um conceito de ação pública comunicativa, os desenvolvimentos que se seguem procuram especificar, do ponto de vista pragmático, seus modos de expressão, dado o destaque à sua função pragmática (operacional). É um conceito operacional, porque no lugar de se referir ao conteúdo da ação refere-se ao seu modo de exercício.

O conceito e a práxis da ação pública comunicativa aplicam-se às relações entre as instituições/autoridades do trabalho entre si e entre estas e os sindicatos responsáveis pela criação do Ninter, tendo em vista o exercício da autonomia pública. A ela corresponde o conceito correlato de ação coletiva comunicativa que se insere nas relações entre os sindicatos entre si e entre estes e as instituições do trabalho, tendo em vista o exercício da autonomia coletiva (cf. 2.5.2). Contudo, ambas são "comunicativas", porque são exercidas em um espaço comunicativo institucionalizado e segundo os princípios do tripartismo de base (cf. 2.3.1.1). Envolvem, portanto, as relações interinstitucionais travadas no âmbito do Conselho Tripartite (Interinstitucional), que integra a estrutura orgânica do Ninter. A técnica por meio das quais ela se viabiliza é a do "diálogo social" e a da "concertação social". Esta ação não se caracteriza fora desta estrutura, porque ela se torna desprovida de sentido e desamparada dos princípios institucionais que regem os seus procedimentos e conteúdo, e que viabiliza e torna compatível o exercício compartilhado das ações pública e coletivas. Os sujeitos concretos do diálogo são os representantes sindicais e as autoridades do trabalho cuja competência de ação coincida na mesma área de atuação e, consequentemente, repercuta no âmbito de representação e na base territorial dos sindicatos signatários.

O pluralismo e a complexização das sociedades modernas tornaram impossível a sobrevivência de figuras do pensamento, como a de uma *sociedade* composta de *indivíduos* centrada no *Estado*. A filosofia da consciência tornou-se incapaz de fornecer um pretensa fundamentação racional para o direito. A teoria dos sistemas (Luhamann) e a filosofia da história reduziram, respectivamente, a razão prática à relatividade da autopoiese de sistemas dirigidos autorreferencialmente e à racionalidade de processos históricos escolhidos arbitrariamente a partir de conceitos teleológicos[274].

A filosofia da linguagem, enfim, determinou a "implosão" de qualquer pretensão a um conhecimento absoluto e verdadeiro, universalmente válido. A filosofia

---

(274) HABERMAS. *Direito e democracia* — entre..., 1997a. v. I, p. 18.

do direito reconhece afinal a impossibilidade de fundamentar racionalmente (inviabilidade de um "direito racional") os conteúdos do normativo. Por isso, toda pretensão instrutiva de verdade ou de correção absolutas vindas de um sujeito individual solipsista é, portanto, autoritária e decisionista.

Assim, a desautorização dos pressupostos do *objetivismo jurídico* e do *empirismo* (origem empírica do conhecimento), pelo descrédito da razão instrumento como fonte de verdade e de certeza de correção, põe sob suspeita toda afirmação unilateral originária de um sujeito único que despreza a alteridade e a possibilidade de diferentes perspectivas tão habilitadas quanto a sua própria a submeter-se em igualdade de condições a critérios de reconhecimento e validação de pretensões de correção e verdade.

Ocorre que a realidade é mais ampla e mais complexa que o seccionamento dos fatos realizados na prática subjuntiva correspondente ao "encaixe fato-norma" segundo o paradigma lógico-formal-normativista de aplicação do direito.

Por outro lado, a realidade concebida na interação autoridade pública e os destinatários de sua ação num contexto de relações individuais (controvertidas no caso do processo judicial) e em situações cujos fatos sejam considerados na perspectiva do(s) indivíduo(s) envolvido(s), admitido o princípio epistemológico da complexidade, não é suficiente, por si só, para o fornecimento de um diagnóstico amplo e multifacetário capaz de dirigir a ação pública em direção ao atendimento dos interesses social, coletivo e público envolvidos, em consideração a uma necessária antevisão das consequências socioeconômicas do ato de autoridade em questão, na perspectiva da ética de responsabilidade.

Os processos judiciais e os procedimentos administrativos muito menos podem assegurar um conhecimento imparcial apto a embasar a ação pública. A limitação subjetiva (partes individuais em posição agonística) e objetiva (matéria controvertida) desses procedimentos não permite uma visualização abrangente e "complexa" da realidade e do interesse público.

A compreensão dos contextos de realidade em sua "máxima totalidade" que incumbe a toda autoridade pública somente é possível pelo diálogo social (princípio da razão dialógica), mediante procedimentos discursivos abertos à participação dos destinatários-interessados dos quais tomem parte os representantes, coletivamente legitimados, dos sindicatos de classe de cada categoria considerada.

A *viragem linguística* revela que todas as tentativas fracassadas de destrancendentalização da razão somente são superadas pelo *paradigma do entendimento*. Realiza-se a conexão entre o pensamento e a ação, a teoria e a prática, as quais passaram a depender do entendimento.

> Sujeitos capazes de fala e de ação, que ante o pano de fundo de um mundo comum da vida entendem-se mutuamente sobre algo no mundo [...] De um lado, os sujeitos encontram-se sempre num mundo aberto e estruturado linguisticamente e se nutrem de sentido gramaticalmente pré-moldados [...] De outro lado, o mundo da vida, aberto e estruturado linguisticamente, encontra o seu ponto de apoio somente na prática de entendimento de uma comunidade de linguagem.[275]

A convergência de pontos de vista e a consequente coordenação das ações de uma comunidade linguística orientam-se pelo entendimento recíproco como única alternativa viável; está-se diante de uma *teoria consensual da verdade* que permite o estabelecimento de compromissos interinstitucionais. A busca da verdade consensual precisa assentar-se em pressupostos aceitos por todos os falantes, e tais pressupostos são as condições de validade do discurso gerador de uma *racionalidade* diretiva da convicção que, por sua vez, é oriunda do argumento mais convincente extraído dos proferimentos dos diversos participantes de uma situação de fala:

> Os atores participantes tentam definir cooperativamente seus planos de ação, levando em conta uns aos outros, no horizonte de um mundo da vida compartilhado e na base de interpretações comuns da situação. Além disto, eles estão dispostos a atingir esses objetivos mediatos da **definição da situação e da escolha dos fins** assumindo o papel de falantes e ouvintes, que falam e ouvem através de possessos de entendimento.[276] (grifo posterior)

A ação pública comunicativa produz-se na linguagem, ou seja, nos processos de entendimento em que as autoridades públicas passam a levar em conta, sinceramente, a perspectiva dos destinatários/afetados, assegurando-se o "direito" de serem ouvidos nas suas pretensões de validez a serem consideradas nos processos decisórios.

O acesso à realidade somente é possível pela interação discursiva entre os observadores envolvidos na ação pública — a autoridade pública e os destinatários/afetados — nela inseridos. Administradores e administrados, decisores e jurisdicionados buscam o consenso em torno de proposições assertóricas consensuais legitimadas pelo reconhecimento de sua validade por parte de todos os participantes capazes de traduzir linguisticamente a realidade considerada.

A tarefa da busca do consenso interinstitucional acerca de questões relevantes relacionadas à aplicação de normas nos termos postos acima afeta a autocompreensão e a compreensão do mundo dos participantes. Nos procedimentos discursivos,

---

(275) HABERMAS. *Pensamento pós-metafísico*, 2002. p. 52l.
(276) HABERMAS. *Pensamento pós-metafísico*, 2002. p. 72.

entrecruzam-se as diferentes percepções de cada participante do discurso envolvido numa situação de aplicação de normas, acerta de estados de coisas postos em discussão. Por isso, a coerência das interpretações construtivas do direito é alheia a argumentações interpretativas de caráter meramente semântico e aponta para "pressupostos pragmáticos de argumentação"[277]. É dizer, pressupostos situacionais que, na perspectiva de uma razão comunicativamente situada nos contextos de realidade, devem ser discursivamente consensuados. A aproximação dialógica entre o Estado e a sociedade (instituições do trabalho e sindicatos) desencadeia um processo recíproco e contínuo de transformação e de evolução de ambos ante à dinâmica das transformações dos contextos de realidade.

A legitimidade dos atos de interpretação e de aplicação da norma jurídica na dimensão volitiva (que faz parelha à dimensão cognitiva amplamente explorada até aqui) do ato de autoridade não se mede *apenas* pela atividade construtiva do intérprete segundo princípios (constitucionais) norteadores da "jurisdição" administrativa ou judicial, mas também pela relevância, pertinência e escolha das informações; enfim, pela adequação das interpretações da situação em questão e pelas colocações dos problemas.

A busca consensual da verdade e da correção de pretensões de validade expostas à argumentação das autoridades públicas e dos agentes sociais representantes dos destinatários da ação pública requer a definição de regras do discurso presentes no estatuto do Ninter. Elas têm o objetivo de assegurar aos participantes o direito de fazer a indicação de temática, de propor a instauração de procedimento discursivo, apresentando motivos relevantes, de formular propostas e de tomar conhecimento dos motivos e dos fundamentos pelos quais se considera válido um posicionamento que invoca a si o reconhecimento do interesse público e/ou coletivo pelo conjunto das instituições participantes do diálogo social.

A pragmática de argumentação pressupõe:

    a) o direito de participação nos discursos de todo "sujeito capaz de falar e de agir";

    b) o direito à problematização de qualquer asserção;

    c) o direito de introduzir no discurso qualquer asserção;

    d) o direito de manifestação de atitudes, desejos e necessidades; e

    e) o reconhecimento da ilicitude de qualquer coerção interna ou externa impeditiva do exercício de tais direitos.[278]

---

(277) HABERMAS. *Direito e democracia* — entre..., 1997a. v. I, p. 284.
(278) Cf. HABERMAS. *Consciência moral e agir comunicativo*, 1989. p. 112.

Em outros termos, a racionalidade do discurso é garantida por condições comunicativas a serem observadas para impedir a "quebra imotivada da argumentação", a "liberdade de escolha de temas e a inclusão das melhores informações e argumentos", uma vez assegurado o acesso de todos os participantes, em igualdade de condições, à argumentação em condições simétricas, admitindo-se como uma única coerção possível a "busca cooperativa da verdade"[279].

Tais considerações abrem espaço para um conceito operacional da ação pública comunicativa correspondente à dimensão pragmática do princípio de democracia integral imanente ao sistema Ninter no sentido de que:

• compreende o tratamento dialógico de questões do trabalho específicas emergentes da dinâmica e da complexidade da realidade em permanente mutação, buscando modos específicos, inovadores de aplicação da legislação trabalhista, em conformidade com as exigências de cada situação e mediante o consenso dos atores institucionais envolvidos;

• está fundada na ética da responsabilidade e de solidariedade e prioriza a ação suasória compartida sobre a ação sancionatória unilateral e exclusiva como estratégia de alcance da efetividade da ordem jurídica trabalhista;

• é sempre local e envolve as instituições e autoridades cuja ação interfere diretamente na realidade local, situando-se, portanto, no espaço de encontro entre a norma trabalhista e a realidade, entre as instituições do trabalho e esta mesma realidade, entre a autoridade pública e o destinatário de sua atuação;

• confere aos atores locais autonomia e o poder de autodeterminação da organização das instituições do trabalho locais (sindicatos e instituições públicas), apoiados na razão prática, dialógica e situada, para encontrar, segundo os princípios do tripartismo de base e mediante consensos interinstitucionais, o sentido e o modo mais adequado para a aplicação local da ordem trabalhista;

• inclui nos seus objetivos o de promover a gestão pública compartilhada da organização do trabalho local/setorial, mediante a formulação e execução conjunta ou cooperativa de programas destinados a promover a efetividade da legislação trabalhista em situação de relevante interesse

---

(279) Cf. HABERMAS. *Direito e democracia* — entre..., 1997a. v. I, p. 286.

público ou coletivo, reconhecidas consensualmente como tais e que exigem um esforço extraordinário do conjunto das instituições locais;

• pode destinar-se à instauração de procedimentos cognitivos em busca de consenso a respeito do modo mais adequado de aplicação da legislação trabalhista em atenção às exigências específicas dos contextos de realidade local. A validez de quaisquer medidas de adequação condiciona-se a argumentos consensuais fundamentados nos fins sociais da lei e, prioritariamente, nos fundamentos e objetivos da organização social e econômica, e nos demais princípios que regem a aplicação dos direitos sociais, estabelecidos na Constituição;

• pressupõe o levantamento de diagnósticos cooperativos, consensuais e multifacetários das questões trabalhistas de interesse público, coletivo e social, bem como o conhecimento dos contextos da realidade local em que emergem os fatos a serem considerados juridicamente relevantes em procedimentos discursivos dos quais tomam parte os agentes do Poder Público representantes das instituições do trabalho locais e os dirigentes dos sindicatos responsáveis pela criação do Ninter, representantes dos destinatários (afetados) pela ação do Poder Público, mediante o uso das técnicas do "diálogo social" e da "concertação social";

• abrange a formulação de *programas de atuação conjunta entre as instituições do trabalho locais e os sindicatos signatários do* Núcleos Intersindicais de Conciliação Trabalhista, para a busca de soluções de questões trabalhistas locais cujas consequências socioeconômicas lhes confiram interesse público e/ou coletivo especiais;

• realiza a coordenação da execução de programas setoriais/locais de ação cooperativa entre as instituições envolvidas, orientados para a efetividade dos direitos sociais em âmbito coletivo ou setorial;

• requer a manifestação dos destinatários da ação do Poder Público na valoração, atribuição e escolha do sentido dos fatos e das normas de direito aplicáveis a situações problemas de interesse público ou coletivo (procedimentos cognitivos da decisão pública), mediante a ampliação das variáveis a serem consideradas pelos agentes públicos na atividade de interpretação e aplicação da norma jurídica;

• permite aos sindicatos a compreensão dos fundamentos metajurídicos (determinantes de escolhas entre diversas alternativas possíveis de atribuição de sentido aos fatos e às normas) e dos discursos de aplicação da legislação trabalhista adotados pelas instituições públicas;

• permite aos agentes do Poder Público a compreensão dos diagnósticos preparatórios da negociação coletiva e dos discursos de justificação, *de lege ferenda*, das normas coletivas editadas pelos sindicatos signatários do Núcleo Intersindical de Conciliação Trabalhista;

• estabelece as condições de possibilidade da "concertação social", cuja função é promover a formalização da integração, do intercâmbio, da harmonização e da união de esforços das diversas instituições públicas e dos sindicatos signatários do Núcleo Intersindical de Conciliação Trabalhista para a realização de programas de ação relacionados a questões trabalhistas locais, percebida consensualmente como uma situação-problema a ser enfrentada pela atuação do conjunto das instituições locais;

• promove a coordenação das ações das diversas instituições do trabalho na área de representação no setor de atividades representado pelos sindicatos fundadores do Núcleo Intersindical;

• estimula negociações coletivas de compromisso entre os sindicatos de mútua cooperação na execução de programas direcionados à gestão da organização do trabalho e da administração da justiça desencadeados pelas instituições do trabalho e concertados no Conselho Tripartite (Interinstitucional);

• pode ser evocada e instaurada mediante a proposição das instituições do Poder Público, seguindo procedimentos discursivos suasórios, como instrumento de interação com os sindicatos de classe para a obtenção do apoio e cooperação destas instituições na execução e repercussão de programas locais orientados para a busca da efetividade dos direitos sociais; e

• não se perde no universo indefinido das relações de trabalho locais, tendo abrangência espacial, setorial e subjetiva, determinada, e corresponde ao alcance da ação dos sindicatos constituintes do Núcleo Intersindical de Conciliação Trabalhista.

2.5.1.1. AÇÃO PÚBLICA COMUNICATIVA COGNITIVA E SUASÓRIA E AÇÃO PÚBLICA COERCITIVA

As ações públicas comunicativas levadas a efeito no Ninter classificam-se em *cognitivas* e *suasórias*. As ações comunicativas cognitivas, desenvolvidas no item anterior, restringem-se ao cumprimento da função epistemológica.

A ação comunicativa suasória corresponde à situação em que as instituições do Poder Público procuram gerir argumentativamente a organização do trabalho local, buscando a persuasão dos sindicatos no sentido da aceitação e cooperação na formulação e execução de programas de ação destinados a dar efetividade aos direitos sociais em situações de ofensa massiva ou de risco à integridade física e moral do trabalhador ou ofensa de direitos coletivos, homogêneos ou difusos, no âmbito das categorias representadas pelo Núcleo Intersindical de Conciliação Trabalhista.

A ação pública comunicativa tem um caráter prioritariamente *suasório*, mesmo em relação a deliberações consumadas em procedimentos dialógicos tripartites em que uma das categorias (em geral, a empresarial) apresente-se recalcitrante ou em relação à execução de programas resultantes da concertação social, sempre que esteja em jogo o interesse público.

A ação comunicativa suasória, nestes termos, deve sempre preceder à ação executiva, unilateral e impositiva do Poder Público. Segue-se, portanto, que às decisões anulatórias de normas coletivas editadas com fundamento na autonomia coletiva e à anulação de atos jurídicos autônomos intersindicais realizados pelo Ninter devem preferir a ação pública comunicativa suasória por via dos Conselhos Tripartites/Interinstitucionais dos Núcleos Intersindicais de Conciliação Trabalhista.

A autonomia pública, ao aderir às práticas concernentes ao princípio de governança, não sofre restrições ao seu pleno exercício. O exercício unilateral de ações executivas e impositivas tem lugar sempre que os agentes sociais abandonarem compromissos entabulados discursivamente ou não lograrem o proferimento de argumentos racionalmente aceitáveis (melhor argumento) diante dos quais aqueles apresentados pelas autoridades do trabalho possam ceder em nome do interesse público e persistirem recalcitrantes aos pronunciamentos suasórios do Poder Público.

Tal forma de radicalização, como recurso último, implica, portanto, o encolhimento das instituições do trabalho para o âmbito restrito da ação pública unilateral.

2.5.2. Ação coletiva comunicativa

Os princípios da autonomia coletiva e da subsidiariedade ativa reforçam-se e complementam-se reciprocamente para convergir, do ponto de vista pragmático, numa mesma direção, que é a da assunção, pelos sindicatos, do máximo de atribuições possíveis direcionadas para a resolução dos problemas trabalhistas situados no respectivo âmbito de representação.

Nesse sentido, os princípios da autonomia coletiva e o princípio da subsidiariedade são intercomplementares. Autonomia a autoafirmação se realizam à medida que os próprios sujeitos coletivos tornam-se autores e atores dos seus "projetos de vida", sob a condição de se harmonizá-los com o "projeto de vida" de toda a sociedade.

Logo, é no campo da autonomia coletiva que mais se exige o emprego do diálogo social entre os sindicatos e as instituições do Poder Público (razão discursiva) para o conhecimento recíproco das possibilidades inerentes à autonomia coletiva e de sua harmonização com os princípios da autonomia pública. É dizer, para a definição consensual do ponto de interseção entre uma e outra, em que se fixam relações de intercomplementaridade entre as respectivas atuações, bem como as recíprocas limitações.

A ação coletiva comunicativa, pelos mesmos fundamentos da ação pública comunicativa, direciona-se para o alcance de consensos interinstitucionais no que diz respeito à regulação autônoma de situações, além de quaisquer outras formas de manifestação e de autodeterminação da autonomia coletiva.

A ação coletiva comunicativa envolve as seguintes possibilidades práticas:

> a) Delimitação e distribuição de competências entre a autonomia coletiva e a autonomia pública locais, segundo o princípio da subsidiariedade ativa, como forma de delimitação harmônica e coerente com o sistema jurídico do campo de ação dos sindicatos no exercício de seu poder de autodeterminação nos campos da organização do trabalho e da instituição de técnicas não judiciais de resolução de conflitos.

> b) Solicitação de instauração de procedimentos discursivos tripartites para a implementação de *regime trabalhista especial* em situações excepcionais de interesse público e coletivo.

> c) A formalização de consensos interinstitucionais acerca de critérios e requisitos de aferição da licitude e eticidade dos procedimentos e técnicas não judiciais de resolução dos conflitos individuais e coletivos instituídos pelo Núcleo Intersindical de Conciliação Trabalhista, de modo a promover o seu aprimoramento constante e conferir-lhes a necessária credibilidade perante os seus usuários e as instituições públicas.

> d) A realização periódica de procedimentos discursivos interinstitucionais destinados *ao monitoramento* e à *avaliação dos procedimentos, do modus operandi e dos atos jurídicos relativos às técnicas não judiciais de resolução de conflitos praticados no Núcleo Intersindical de Conciliação Trabalhista*. Tais procedimentos visam a promover a coexistencialidade

entre os meios judiciais e não judiciais de resolução dos conflitos sociais, mediante a adoção *de medidas preventivas e corretivas de eventuais distorções e ilegalidades identificadas e apontadas* pelos representantes sindicais ou por qualquer autoridade pública, segundo critérios de legitimidade, de legalidade, de moralidade e de credibilidade dos usuários.

e) *Adequação da legislação trabalhista instrumental mediante negociação coletiva precedida de procedimentos discursivos interinstitucionais, em contextos específicos de fato e de direito pertinentes ao âmbito de atuação do Ninter, para instituir normas coletivas* capazes de questões ou problemas locais de interesse público ou coletivo específicos, assim reconhecidos nos procedimentos discursivos interinstitucionais entabulados no Conselho Tripartite.

2.5.3. PROGRAMAS INTERINSTITUCIONAIS DE ESPECIAL INTERESSE PÚBLICO

É de grande importância social a articulação concertada e espontânea do conjunto das instituições do trabalho locais (públicas e sindicais) integradas em torno de programas específicos destinados ao enfrentamento de problemas e questões trabalhistas locais crônicos detectados em diagnósticos interativos, cujos reflexos, sociais ou coletivos (âmbito das categorias representadas pelos sindicatos fundadores do Ninter), conferirem-lhe a relevância de questão de interesse público, social e coletivo. Inclui-se nesta classe de problemas a ausência generalizada de efetividade das normas de proteção à saúde e à segurança do trabalhador num determinado segmento de atividade, de empresas ou, mesmo, de uma única empresa; de normas relativas à formalização do contrato de trabalho (falta de anotação da CTPS); e, mesmo, de efetividade generalizada de normas instrumentais, considerada como fonte multiplicadora de conflitos do trabalho[280].

A compreensão da dimensão das possibilidades práticas dessas atuações institucionais desenvolvidas em conformidade com o princípio de "governança" (cf. 1.4) torna-se mais efetiva a partir da análise de programas locais entabulados pelo Núcleo Intersindical de Conciliação Trabalhista de Patrocínio e de seus resultados concretos. Nesse sentido destacam-se: o Projeto Piloto, o Procedimento Voluntário Comprobatório e o Programa de Combate aos Efeitos da Aplicação de Agrotóxicos, concebidos e realizados nos termos da ação pública comunicativa aqui teorizada (cf. capítulo 3).

---

(280) VASCONCELOS, Antônio G. *O sistema núcleo intersindical de conciliação trabalhista* — do fato social ao instituto jurídico: uma transição neoparadigmática do modelo de organização do trabalho e da administração da justiça. São Paulo: LTr, 2014. cap. 2, item 2.1.3.2 e Capítulo 3, desta obra.

2.5.4. Regime trabalhista especial temporário ou "permanente"

A superação do paradigma da consciência (cf. capítulo 1) importa a renúncia à racionalização (abstração) por via de abstrações desconectadas da realidade e ao logicismo neopositivista, que desconsidera o singular, o particular. Isso porque a racionalização das práticas jurídico-institucionais conduz à concepção de que a aplicação da mesma norma a uma série "infinita" de fatos produz o mesmo efeito. Ela elege seletivamente alguns aspectos dos fatos ou da realidade e um determinado sentido da norma (entre os muitos possíveis) e crê numa isoformia fato-norma, criando para tanto um outro mundo, o "mundo das racionalizações", absolutamente alheio ao "mundo da vida", ao mundo dos problemas reais, ao mundo dos fatos contextualizados.

Esse "estado da arte", com muita frequência, gera efeitos contrários ao "telos" da norma aplicada, aos princípios fundamentais e ao escopo dos direitos sociais, o que contraria os princípios de uma ética de responsabilidade que atenta para os efeitos sociais da aplicação do direito.

O paradigma monológico, racional-subjetivista[281], que informa a cultura das relações Estado/sociedade em nosso país e, *ipso facto*, das relações entre as instituições do trabalho e os destinatários de sua atuação — trabalhador e empregador[282] —, torna-se um empecilho insuperável a que os entes estatais possam ter acesso aos contextos de realidades em que atuam. Pelo anverso, constitui um empecilho a que os atores sociais tenham acesso aos entes estatais, para que possam, por via do diálogo social, exercer o direito democrático de participação e de cooperar na construção das representações de realidade com que operam os agentes públicos.

A ação meramente formal-burocrática da maquinaria estatal, seguindo o modelo epistemológico racionalista-positivista, pode produzir efeitos sociais devastadores, como aqueles amplamente estudados nos capítulos introdutórios de *O Sistema Núcleo Intersindical de Conciliação Trabalhista — Do fato social ao instituto jurídico: uma transição neoparadigmática do modelo de organização do trabalho e da administração da justiça*.

A assimilação dos novos paradigmas epistemológicos e a institucionalização de procedimentos discursivos no Conselho Tripartite (Interinstitucional) visa a um processo democrático que possa proporcionar o encontro entre as instituições/

---

(281) VASCONCELOS, Antônio G. *O sistema núcleo intersindical de conciliação trabalhista — do fato social ao instituto jurídico: uma transição neoparadigmática do modelo de organização do trabalho e da administração da justiça*. São Paulo: LTr, 2014. cap. 1.

(282) Refere-se às relações entre o Estado e os corpos intermediários de representação dos trabalhadores e dos empresários (sindicatos), dotados dos poderes constitucionais de representação coletiva.

autoridades do trabalho, *face to face*, e os contextos de realidade singulares, complexos e irrepetíveis.

No caso do *regime trabalhista especial,* o uso das técnicas do diálogo e da concertação social como instrumentos de gestão democrática da organização do trabalho permite a compreensão, a antevisão e a concertação interinstitucional de medidas-salvaguarda capazes de evitar que a ação rotineira, inercial e burocrático-formal dos sindicatos e das instituições do trabalho possa ter resultados contundentemente opostos aos desejados pela ordem constitucional e pelos princípios de proteção aos direitos sociais compreendidos à luz dos princípios constitucionais superiores.

O conceito que traduz, do ponto de vista pragmático-operacional, o sentido profundo da atuação do princípio de democracia nesta defecção abstracionista do modelo racionalista de gestão e de aplicação do direito é o que corresponde ao *regime trabalhista especial temporário ou permanente.* Ele quer significar a possibilidade da tematização de situações singulares vivenciadas por empresas, ou segmentos de empresas que requeiram tratamento específico das instituições do trabalho (sindicatos e instituições do Poder Público), no sentido da adequação da organização do trabalho e de procedimentos institucionais, bem como a adequação da legislação instrumental por intermédio da negociação coletiva concertada. Busca-se atender às exigências de racionalidade e coerência do sistema em relação a características singulares das atividades desenvolvidas ou de determinada situação não abarcável pela generalidade e abstração da norma, a fim de assegurar a efetividade dos direitos sociais e viabilizar a continuidade das atividades empresariais e a oferta de postos de trabalho, atendendo-se assim a princípios constitucionais superiores de justiça social e de desenvolvimento econômico local.

Trata-se de *regime* que se estabelece em favor de empresas de boa-fé em situação de crise provenientes de fatores conjunturais cuja atividade seja reconhecida pelo conjunto das instituições do trabalho partícipes do diálogo social como de interesse público, social e coletivo relevantes, nos casos em que a comunhão de esforços institucionais puder prevenir o encerramento de suas atividades e o desemprego massivo de trabalhadores. Eis uma das possibilidades mais enfáticas de concreção dos referidos paradigmas e do cumprimento dos fins sociais da legislação trabalhista, bem como de expressão de respeito aos princípios constitucionais superiores da dignidade humana, da cidadania, da valorização do trabalho e da livre-iniciativa e da busca do (pleno) emprego.

O exercício da ação pública comunicativa no caso do regime especial trabalhista instaura-se mediante a iniciativa dos sindicatos Ninter, e nela se levantam, analisam e submetem-se à "deliberação" (concertação) das instituições participantes tanto os critérios de classificação do caso singular como de interesse público ou coletivo quanto o enquadramento do caso específico aos referidos critérios. Além disso, superada a primeira etapa da admissibilidade do caso como um caso de relevante interesse público, submetem-se à apreciação dos participantes as providências gerais a serem adotadas pelas instituições do trabalho na situação particular sob exame, as quais devem preservar a integridade e a incolumidade dos direitos sociais.

A conformação desse conceito operacional na teoria dos Núcleos Intersindicais de Conciliação Trabalhista faz desdobrar para dentro das categorias sindicais os efeitos do princípio de democracia integral. Com efeito, ele exige a democratização das relações internas entre a direção dos sindicatos e os membros da categoria representada, fazendo-os abrir as portas para conhecer seus problemas específicos e encaminhar soluções viáveis para cada caso concreto perante as demais instituições do trabalho. O ponto de partida é o reconhecimento dos sindicatos dos trabalhadores e dos empregadores do enquadramento da situação em questão nos critérios necessários à instauração do *regime especial trabalhista*. Cabe aos sindicatos, conjuntamente, a iniciativa de provocar a instauração do diálogo social com as instituições do trabalho locais acerca da adoção do regime excepcional que se justifica com maior força quando se tratar do resgate de um conjunto de empresas ou de um setor de atividade.

Reconhecida, por todos os participantes, dada situação concreta como de interesse público, sucede-se a sua inclusão na pauta do Conselho para que se instaurem, a seu propósito, os procedimentos de "diálogo social" e de "concertação social". Nesta fase, poder-se-ão então vislumbrar a oportunidade, o cabimento e a necessidade de tratamento específico para que se possa atender aos princípios constitucionais e aos fins sociais da lei mediante regime trabalhista especial, assegurando-se a continuação da atividade empresarial e a continuidade dos contratos de trabalho.

Nesses termos, as autoridades do trabalho locais e os sindicatos, num exercício de autodeterminação, de emancipação e de cidadania, sentem-se capazes de discernir modos adequados, eficazes e efetivos de aplicação das normas trabalhistas, a fim de preservar a harmonia entre os princípios superiores de valorização do trabalho e de garantia dos direitos sociais e o princípio de ordem econômica. Somente o equilíbrio e a concreção simultânea são capazes de promover, na prática, o binômio desenvolvimento social/desenvolvimento econômico. Trata-se da persecução criativa, nos limites da ordem jurídica, de novas formas de assegurar ao trabalhador condições dignas e garantias sociais melhores ou, no mínimo, equivalentes àquelas que logram proporcionar no âmbito do modelo tradicional formal. Para tanto, é necessária a ousadia dos agentes locais no sentido da autodeterminação e do exercício das competências públicas em sua plenitude. Ao lograrem formas mais adequadas e socialmente mais favoráveis de organização das relações de trabalho locais, obedecem ao tríplice critério de legitimação, que as tornam inarredáveis:

    a) o atendimento do espírito de proteção trabalhista que informa a ordem jurídica;

    b) a satisfação dos setores envolvidos e os ganhos sociais das medidas; e

    c) ausência prejuízo às partes, à autonomia coletiva e à autonomia pública.

O regime trabalhista especial, nos termos aqui postos, significa a busca de caminhos distintos e viáveis para o alcance do mesmo objetivo: os fins sociais da lei. Esta concepção é sustentável à luz dos paradigmas emergentes, não tendo lugar se o modelo de racionalidade sustentar-se no paradigma lógico-formal-tecnicista-positivista, que trata igualmente situações absolutamente díspares desprezando as diferenças, condição de possibilidade de sua perpetuação.

O *regime trabalhista especial temporário ou permanente* submete-se aos seguintes fatores de legitimação:

    a) o fato de o regime especial resultar do consenso e de uma concertação social do conjunto das instituições do trabalho, com a participação ativa dos destinatários da medida;

    b) harmonia e intercomplementaridade entre o princípio da autonomia pública e o princípio da autonomia coletiva;

    c) garantia da incolumidade e integridade dos direitos sociais;

    e) o reconhecimento por parte do conjunto das instituições do trabalho locais da existência de interesse público, coletivo e social na busca de solução excepcional para o caso concreto considerado;

    f) o amplo conhecimento público e a transparência dos motivos, do conteúdo e dos fundamentos do regime trabalhista especial; e

    g) a exigência da participação de representantes das instituições guardiãs da ordem jurídica trabalhista por intermédio de magistrado, de auditor fiscal e de procurador do trabalho competentes para atuar no setor de atividade em que se atua o Ninter, no diálogo social instaurado para este fim.

O *regime especial trabalhista em sentido estrito* tem alcance reduzido e diz respeito à adoção de critérios específicos de interpretação e de aplicação da legislação trabalhista na persecução da efetividade dos direitos sociais em uma dada situação específica, compreendida à luz dos contextos de realidade em que se insere uma ou um conjunto de empresas do setor de atividade representado pelos sindicatos proponentes. O *regime trabalhista especial em sentido amplo* diz respeito à definição do regime jurídico de relações de trabalho de complexa qualificação jurídica — "zonas grises" —, de modo a minimizar o grau de discricionaridade da autoridade pública e proporcionar às partes segurança quanto à sua qualificação jurídica.

O esforço da Justiça do Trabalho de Minas Gerais nesta direção pode ser percebido no tratamento especial em processos de execução massiva contra entidades que cumprem relevante função social, como é o caso das numerosas demandas em curso contra o hospital Santa Casa de Misericórdia. Do mesmo modo, mencione-se a tratamento especial conferido à empresa Clube Atlético Mineiro relativamente às execuções trabalhistas correntes contra o clube capazes de reduzi-la à insolvência e tornar inviáveis suas atividades. Ambos os exemplos constituem fatos notórios que prescindem de pesquisa específica.

O caso da empresa Irmãos Okubo[283] se constituiria em caso típico suscetível ao regime trabalhista especial aqui explicitado. Situações de realidade como essa, classificáveis como "casos difíceis" (Ronald Dworkin) e portadoras de excepcional interesse público ou coletivo, poderão ser objeto de ação coletiva comunicativa. Tais regimes norteiam-se pela ideia da promoção do equilíbrio entre o desenvolvimento econômico e o social de determinada empresa ou setor de atividade, de modo a permitir a continuidade do empreendimento e a observância dos direitos sociais dos trabalhadores.

A absoluta pertinência e exemplaridade do caso reside no fato de que, antes do ocaso da atividade empresarial e do desaparecimento de cerca de cinco mil postos de trabalho, a questão social poderia ter sido submetida ao diálogo social e à concertação social perante o Ninter local, que hoje já existe. A questão é daquelas que comportariam o estudo e a definição de um regime trabalhista especial em sentido amplo, dado que a controvérsia que nele se instala reside em "zona grise" e complexa, suscetível de qualificação jurídica como típica relação empregatícia ou como típica relação de parceria rural[284]. O regime especial emergente desta situação se encaminharia no sentido de adequar, por meio de um consenso interinstitucional, qualquer uma das vias eleitas a um contexto de garantia dos direitos fundamentais dos trabalhadores (dignidade, cidadania e valorização do trabalho) e do desenvolvimento econômico e da livre-iniciativa, preservando-se

---

(283) VASCONCELOS, Antônio G. *O sistema núcleo intersindical de conciliação trabalhista — do fato social ao instituto jurídico*: uma transição neoparadigmática do modelo de organização do trabalho e da administração da justiça. São Paulo: LTr, 2014. cap. 3.
(284) *Ibidem*, item 3.3.1.2.1.

os direitos sociais (vinculo de emprego) ou as vantagens socioeconômicas equivalentes a tais direitos (parceria rural). Nesse caso, o exercício criativo da autonomia coletiva enraizada no diálogo social poderia implantar normas compensatórias e assecuratórias de direitos fundamentais inalienáveis do trabalhador no âmbito da parceria rural em questão.

Essa perspectiva implica o abandono da lógica do "tudo ou nada", que prevaleceu no caso Mitsuro Okubo e que redundou nas desastrosas consequências socioeconômicas para a comunidade local.

Embora a iniciativa da proposição do "diálogo social" destinado à concertação do *regime trabalhista especial* seja natural à ação coletiva comunicativa, as autoridades do trabalho poderão também tomar a iniciativa de propor ao Conselho Tripartite/Interinstitucional a instauração do "diálogo social" acerca de questões de relevância social, coletiva ou pública apreendidas a partir do exercício de suas funções institucionais, dentre as quais a detecção de lesão massiva de direitos fundamentais em determinados setores (empresa ou grupo de empresas) para a busca de soluções adequadas, coerentes e preventivas de conflitos.

Nessa perspectiva, a democratização da organização do trabalho propugnada pelo sistema Ninter se realiza pela atenção a cada situação, a cada contexto, a cada cidadão, cuja problemática possa ser assumida como portadora de interesse social, coletivo e público. Uma vez mais, o princípio dialógico e paradigmático da complexidade introduz novo modo de se visualizar a relação indivíduo *versus* sociedade e a relação sociedade *versus* Estado. Nesse caso, o princípio democrático reconhece que o indivíduo e a sociedade, a sociedade e o Estado, constituem-se reciprocamente e de modo interdependente. É por isso que uma situação específica e singular passa a ter relevância desde que ela encerre um interesse público ou coletivo. A existência de uma empresa cumpre uma função social porque produz bens e serviços, proporciona ocupação a trabalhadores e contribui para o desenvolvimento socioeconômico da comunidade local. Por isso, quando em crise e age de boa-fé, é objeto de atenção dos sindicatos e do Poder Público, segundo os princípios da ética de responsabilidade.

Essa dimensão eleva ao paroxismo o princípio democrático quando reconhece que a dignidade de um único cidadão cuja ação reverte em benefício da sociedade não é menos valiosa do que a dignidade abstratamente reconhecida a todos os cidadãos, seja ele empregado ou empregador.

2.5.5. A NEGOCIAÇÃO COLETIVA

A interação entre as instituições do trabalho e os sindicatos movidos pela ideia de organização local do trabalho segundo o princípio de democracia integral concebido a partir dos princípios de "governança" e da subsidiariedade ativa implica uma conexão pragmática entre as ações comunicativas (pública e coletiva) e a negociação coletiva.

O ato de criação do Ninter constitui um compromisso estatutário dos sindicatos signatários que inaugura um estado permanente de negociação coletiva — desburocratizada e "informal". O pleno exercício da autonomia coletiva, mediante a ampliação dos horizontes de negociação pelo diálogo social celebrado entre o conjunto das instituições de trabalho que atuam e vivenciam os problemas do trabalho do respectivo setor de atividade, permite aos respectivos sindicatos a edificação de um "estatuto coletivo autônomo" adequado às especificidades do setor de atividade a que pertencem.

Esse "estatuto coletivo autônomo" configura-se: a) pela criação de normas coletivas inéditas, pela correção de antinomias e pelo suprimento de anomias oriundas de ausências normativas deixadas pelo legislador; e b) pela edição de normas coletivas interpretativas de normas legais, visando à adequação[285] destas aos contextos de realidade concretamente considerados em sua complexidade e singularidade irrepetíveis. A concreção do princípio da adequação constitui relevante instrumento de efetivação do princípio de democracia que orienta o sistema Núcleos Intersindicais de Conciliação Trabalhista, na medida em que reconhece, promove e exercita a descentralização dos centros de atribuição de sentido às normas legais, promovendo-lhes a coerência, a aplicabilidade e a efetividade em contextos de realidade complexos, singulares e irrepetíveis.

Se a situação de aplicação de qualquer norma jurídica reclama da autoridade pública responsável um juízo de adequação, esse juízo, em conformidade com os princípios de uma democracia integral, passa a ser elaborado em procedimentos discursivos garantes do diálogo social, tal como compreendido na teoria do Ninter, em situações de elevado interesse público, social e coletivo. Com efeito:

> A aplicação imparcial de uma norma fecha a lacuna que ficara aberta quando da sua fundamentação imparcial, devido à imprevisibilidade das situações futuras. Em discursos de aplicação, não se trata da validade, e sim da relação adequada da norma à situação. Uma vez que toda norma abrange apenas determinados aspectos de um caso singular, situado no mundo da vida, é preciso examinar quais descrições de estados de coisas são significativos para a interpretação da situação de um caso controverso e qual das normas válidas *prima facie* é adequada à situação, apreendida em todas as possíveis características significantes [...]. O processo hermenêutico da aplicação de normas pode ser entendido

---

(285) GUNTHER. *The sense of appropriateness*, 1993.

como cruzamento entre descrição da situação e concretização da norma geral; em última instância, a equivalência de significado decide entre a descrição do estado de coisas, que é um elemento da interpretação da situação, e a descrição do estado de coisas, que fixa os componentes descritvos, portanto as condições de aplicação da norma. K. Gunther traduz esse conjunto complexo para a fórmula simples segundo a qual a justificação de um juízo singular tem que apoiar-se na quantidade dos respectivos argumentos normativos, relevantes no âmbito de uma interpretação completa da situação.[286]

A dinâmica e a emergência dos contextos socioeconomicos exige, por vezes, adequações normativas de urgência. Por essa razão, o Conselho Tripartite (Interinstitucional) é autorizado, na sua conformação bipartite/paritária, mediante disposição estatutária aprovadas pelas assembleias das categorias representadas pelos sindicatos fundadores da instituição, a permanecer em *estado de negociação coletiva permanente* e a editar *atos normativos internos* (ANI) com *status* de convenção ou acordo coletivo. Essa dinamicidade e a flexibilidade que se atribui aos procedimentos da negociação coletiva são coerentes com os paradigmas que instruem o princípio de democracia imanente ao sistema. Os sindicatos são autorizados a reagir perante situações de "emergência" e a desencadear reações positivas e imediatas sem os entraves da burocracia e da demora dos procedimentos tradicionais. Por intermédio de tais atos normativos, os sindicatos antecipam-se às datas-bases e produzem normatizações coletivas destinadas ao suprimento de "lacunas normativas", à adequação da legislação trabalhista ou à correção de antinomias, segundo consensos interinstitucionais obtidos em procedimentos dialogais perante o Conselho Tripartite. A peculiaridade é que tais normas, de modo similar às medidas provisórias editadas pelo Poder Executivo da República, estão sujeitas ao *referendum* da assembleia da categoria a cada data-base. Em outros termos, as normas coletivas editadas por ANIs sujeitam-se à rerratificação da categoria na data-base imediatamente subsequente à sua edição.

Nesse caso, a instauração do "diálogo social" tem a função de prevenir eventuais conflitos entre a autonomia coletiva e a autonomia pública. A intensificação do uso multifuncional das convenções e dos acordos coletivos torna mais complexos os processos negociais coletivos, o que aumenta a importância de possíveis consensos interinstitucionais prévios quanto à juridicidade/constitucionalidade de normas coletivas cujo conteúdo seja controvertido.

---

(286) GUNTHER, K. Universalistische normbegründung und normanwendung. *In:* HEBERGER, M. *et al.* (eds.). *Generalisierung und Individualisierung im Rechtsdenken,* Cad. Supl. de ARSP, n. 45, 1991, *apud* HABERMAS, Jürgen. *Direito de democracia* — entre facticidade e validade. Rio de Janeiro: Tempo Brasileiro, 1997b. v. II, p. 270-271.

A abertura desses procedimentos dialógicos prévios constitui estímulo da negociação coletiva como meio de enfrentamento de questões trabalhistas locais, bem como de prevenção e resolução de conflitos coletivos e individuais do trabalho relativos ao setor de atividade a que se refere o Núcleo Intersindical de Conciliação Trabalhista. E, ainda mais, permitem o aproveitamento da experiência dos setores públicos pelos sindicatos na preparação da negociação coletiva e na pontuação dos problemas (e suas causas) a serem enfrentados. Assim, contribuem decisivamente para o aprofundamento da compreensão da questão trabalhista, do mesmo modo e ao mesmo tempo em que a experiência destes é disponibilizada em favor das instituições/autoridades do trabalho, que, ao assimilá-la, tomam-na como referência nos processos cognitivos que servem de suporte à decisão pública.

O poder normativo inerente à autonomia coletiva sindical é, portanto, poderoso instrumento de democratização da organização do trabalho na perspectiva da *ação pública comunicativa* e da *governança,* as quais pressupõem o compartilhamento não somente do exercício do Poder Público, mas, sobretudo, de responsabilidades.

Compreendeu-se a importância da centralidade da negociação coletiva e do seu desprendimento de aspectos burocráticos inadequados à atual dinâmica das relações de trabalho. E considerou-se que as sessões concernentes ao diálogo social e à concertação social são fontes indispensáveis de subsídios a serem considerados pelos sindicatos nas pautas das respectivas negociações coletivas. Assim, a implementação de um estado e de um espaço permanente de negociação coletiva foi concebida como importante instrumento de prevenção dos conflitos coletivos, de gestão intercategorial da organização do trabalho, de adequação da legislação e do suprimento de lacunas normativas.

2.5.5.1. Negociações coletivas "concertadas"?

A extraordinária ampliação da função da negociação coletiva remete à ideia de "negociações coletivas concertadas".

Além das funções já mencionadas, a negociação coletiva passa a ser compreendida e praticada como instrumento de gestão da organização do trabalho e da administração da justiça em todos os casos em que os sindicatos entendam pertinente a normalização de compromissos firmados entre si resultantes de sua adesão a concertações e programas interinstitucionais entabulados perante o Conselho Tripartite. Como é claro, tais normas coletivas são vinculantes apenas dos sindicatos signatários.

Os procedimentos cognitivos e as deliberações oriundas do "diálogo social" e da "concertação social" desenvolvidos nas ações comunicativas (pública ou coletiva) convertem-se em procedimentos preparatórios da negociação coletiva realizada a propósito da normalização de questões consequentes daquelas deliberações. Os diagnósticos das questões de reconhecida relevância pública tematizadas nas sessões tripartites, a pontuação e contextualização dos aspectos da realidade tomados como ponto de referência e a antecipação crítica dos resultados sociais supostos e desejados consensualmente transformam-se em subsídios indispensáveis a esta espécie de negociação coletiva.

A negociação coletiva pode, por vezes, assumir o *status* de instrumento de "governança" incorporando a dupla dimensão de materializar e juridicizar os programas de ação decorrentes dos "diálogos sociais" e de "concertações sociais" concernentes às ações comunicativas (pública e coletiva), além de suas funções convencionais.

Essa constatação tem sido determinante para a configuração da tendência de se conferir às negociações coletivas um lugar estratégico para o enfrentamento de conjunturas econômicas mutantes e complexas[287]. Vale dizer, "como instrumento de gestão e direção da sociedade", assim como o direito como um todo[288].

Incumbe, com efeito, à negociação coletiva as seguintes funções: produzir normas mais "abertas, mais dinâmicas, mais adaptáveis", promover a pacificação das relações coletivas de trabalho e assumir, no campo de atividade econômica em que atua o Ninter, a condição de instrumento de equilíbrio entre o desenvolvimento econômico e o desenvolvimento social, comportando:

> a) uma função gestional, administrativa, executiva, integrativa e complementar, além de regulamentar;
>
> b) a condição de instrumento de viabilidade do funcionamento concreto da empresa, levando em consideração a situação "global da economia" e a situação da empresa;
>
> c) instrumento de elevação do nível de competitividade das empresas; e
>
> d) instrumento de "ajuste e adaptação do salário" conforme a conveniência e as necessidades singularmente consideradas.[289]

O catedrático espanhol do Instituto de *Estúdios Sociales Sargadoy Bengoechea* assinala que:

---

(287) ROBORTELLA, Luiz C. Amorim. Prevalência da negociação coletiva sobre a lei. *Revista LTr.* São Paulo, n. 10, v. 64, p. 1237-1243, out. 2000.
(288) ROBORTELLA, Luiz C. Amorim. *O moderno direito do trabalho.* São Paulo: LTr, 1994. p. 37.
(289) VASCONCELOS. *A função dos conselhos*, 2002. p. 612.

> De cualquier modo, hoy es cada vez más frecuente la intervención del Estado en las negociaciones, a través de técnicas diversas y que luego examinaremos. Por ello el llamado tripartismo fusiona la técnica legislativa y la técnica negociadora, lo cual es un fenómeno importante. De ahí que al hablar de negociación colectiva tengamos que referirnos a un proceso más amplio y complejo de lo que, en los usos jurídicos, denominamos convenios. Es cierto que el Derecho del Trabajo moderno nace en el momento en que la Ley favorece la negociación colectiva, en que toma en consideración el peso de los dos poderes que se enfrentan. [...]
>
> Se está operando un tránsito, como afirma R. Aron, de la monocracia o imperio de la ley en la tradición democrática, a la telocracia o imperio de los fines y objetivos.[290]

A assertiva confere ao Poder Público um papel instrutivo na negociação coletiva, o qual, neste aspecto, não converge com a ideia de democracia integral. Essa recíproca influenciação entre sindicatos e o Poder Público se verifica a partir de uma relação discursiva simétrica e do ponto de vista preponderantemente *epistêmico*. A ação pública comunicativa *suasória* (cf. 2.5.1), que não tem função coercitiva, restringe-se a discursos relativos à observância dos direitos sociais e limita-se ao raio de ação do "diálogo social" e da "concertação social". Ela se apresenta como uma estratégia anterior à execução de ações públicas coercitivas unilaterais, não discursivas, reservadas às competências institucionais e prerrogativas das instituições do trabalho.

A negociação coletiva que se coloca a serviço da "governança" passa a ser também um instrumento de enfrentamento de crises econômicas ou, mesmo, de restauração da governabilidade em situações excepcionais (entenda-se aqui como a recuperação da credibilidade e legitimidade das instituições do trabalho), conforme os desenvolvimentos teóricos em estudos realizados por Miguel Rodriguez-Piñero e Sargadoy Bengoechea, e, no Brasil, por Luiz Carlos Amorim Robortella[291], revelam-se pertinentes as observações de Amauri Mascaro do Nascimento:

> Precisamos construir um terceiro caminho para o Direito do Trabalho sem as polarizações que hoje existem, distinguindo as esferas da negociação e da legislação, porque tanto é indispensável a legislação como a negociação. [...]
>
> O tripartismo me parece ser uma das portas para um terceiro caminho do Direito do Trabalho. Mais que o tripartismo, a ideia central deve ser a

---

(290) BENGOECHEA. 1980. p. 6.
(291) ROBORTELLA, Luiz Carlos Amorim. Sindicato, desenvolvimento econômico e direitos sociais. Curitiba: *Revista de Direito do trabalho*, n. 57, 1997.

realização não dos interesses de classes, mas do bem comum. Em outras palavras, não é coordenador dos interesses entre o capital e o trabalho um Direito do Trabalho voltado invariavelmente para o atendimento exclusivo das necessidades do trabalhador, como também inviável seria se fosse voltado para a realização das possibilidades econômicas do empregador.[292]

2.5.5.2. UM BREVE ESFORÇO HERMENÊUTICO EM PROL DA AUTONOMIA COLETIVA

O ingresso da autonomia coletiva em campos inusitados e em zonas de interseção entre as autonomias públicas e privadas é corolário do princípio constitucional da autonomia coletiva. O princípio tem caráter normativo e não meramente programático[293].

A definição da abrangência da negociação coletiva no Brasil apresenta:

a) a questão ideológica dos decisores que reduzem a importância da autonomia coletiva no Direito brasileiro em rota de colisão com o princípio da autonomia coletiva e os princípios gerais do Estado Democrático de Direito inscritos na Constituição;

b) a questão de ordem econômico-social, que induziu um movimento de ampliação de formas de autonomia coletiva, equiparando a modernização das relações de trabalho aos avanços obtidos nas negociações coletivas.

A teoria que embasa o sistema Ninter, quanto à extensão da negociação coletiva, estabelece uma posição de equilíbrio ante o paradoxo instalado pelas tendências antagônicas. Todavia, as novas orientações da Constituição de 1988 impõem a superação das interpretações de cunho *dogmático-lógico--formal-intervencionista-positivista,* por absoluta incoerência com os paradigmas

---

(292) NASCIMENTO, Amauri Mascaro do. A reforma vista pelos juristas do trabalho: no âmbito da justiça do trabalho. *In:* PRADO. *Reforma trabalhista...*, 2001. p. 265.
(293) A compreensão do direito "por princípios", compartilhada pelas mais importantes teorias do direito contemporâneas, perfilhadas por Konrad Hesse, Robert Alexy, Friedrich Miller, Klaus Gunther, Laurence Tribe, Ronald Dworkin, Canotilho, Paulo Bonavides e José Alfredo de Oliveira Baracho, atribui aos princípios função normativa distintamente dos valores, que são meros "mandados de otimização": "os princípios são também normas jurídicas, muito embora não apresentem essa estrutura. Operam ativamente no ordenamento ao condicionarem a leitura das regras, suas contextualizações e interrelações, e ao possibilitarem a integração construtiva da decisão adequada de um *hard case*". CARVALHO NETTO, Menelick. Requisitos pragmáticos da interpretação jurídica sob o paradigma do estado democrático de direito. *Revista de Direito Comparado* (UFMG), Belo Horizonte, v. 3, p. 473-486, (19—).

político-constitucionais-epistemológicos, para os quais a autonomia coletiva tem por limite:

> a) as normas constitucionais instituidoras dos direitos fundamentais do trabalhador;
>
> b) as leis constitucionais regulamentadoras de direitos estabelecidos na constituição; e
>
> c) a legislação ordinária destinada a preservar os direitos concernentes à proteção da dignidade, da integridade física e moral do trabalhador, da saúde e segurança do trabalhador e do trabalho do menor.

As demais normas presentes na legislação infraconstitucional têm, portanto, função meramente dispositiva e são suscetíveis à derrogação por norma coletiva autônoma. As normas de caráter meramente burocrático ou instrumental sujeitam-se à ampla interferência da negociação coletiva para modificar seu conteúdo e melhor adequá-las à realidade local ou setorial.

2.6. AGENTES DO PODER PÚBLICO DE CARREIRA PERMANENTE (ÉTICA DE RESPONSABILIDADE)

A condição e a responsabilidade dos *agentes do Poder Público de carreira permanente* constitui um "capítulo" especial na teorização do processo de democratização das relações de trabalho segundo o ideal da democracia integral que informa o sistema Ninter. Mais precisamente, a condição de, no exercício do Poder Público, esses agentes defrontarem-se diuturnamente com o dilema da escolha, individual e não regida por normas, entre múltiplas alternativas, sob "responsabilidade" e compromisso com suas próprias preferências ou antipatias pessoais diante de contextos normativos e contextos de realidade multiversáteis. Esta condição de escolha mediante preferências individuais, ainda que clandestinizadas, postas sob critérios técnico-formais aparentemente "neutros", apresenta-se já na origem das atividades cognitivo-volitivas determinantes do conteúdo e do *modus operandi* da ação pública: a escolha consciente ou inconsciente entre paradigmas de conhecimento e de ação, segundo a disposição e preferências pessoais de cada agente do Poder Público.

Ainda que o paradigma político do Estado Democrático de Direito inscrito na Constituição brasileira "imponha" a todo agente público deonticamente o dever constitucional de eleger paradigmas e pressupostos jus-filosóficos coerentes com os seus princípios, não há nenhuma possibilidade senão no campo da ética de se impor e aferir padrões de interpretação da realidade e do direito. No caso brasileiro, admitida a assimilação pela Constituição Federal dos princípios e fundamentos oriundos do neoconstitucionalismo, impõe-se uma ética de responsabilidade no lugar de uma ética de intenções.

2.6.1. Aspectos metajurídicos da *transformação paradigmática na ação pública*

A mudança do paradigma de organização do Estado brasileiro (1988) e esta nova perspectiva ética implicam uma profunda alteração dos programas de atuação das instituições, dos códigos de conduta e do *modus operandi* das autoridades públicas, que somente ocorrerá paulatinamente, à medida que novos padrões de cultura jurídica forem introjetados, a partir do ingresso de novos quadros formados em uma cultura acadêmica que ainda depende do porvir, ou à medida que ocorrerem a conversão e a reciclagem dos quadros atuais, ventura ainda mais desafiadora.

Despontam, embrionariamente, nesse sentido, as escolas da magistratura. As escolas de formação inicial e continuada da magistratura trabalhista, hoje em voga, poderão promover reflexões em níveis paradigmáticos a partir de conteúdos programáticos voltados para esse desiderato. Apesar de essa formação apresentar ensaios de interdisciplinaridade, é necessário o afastamento dos padrões de "amestramento institucional"[294] e o encaminhamento da formação para níveis críticos e para uma prática jurídica não estacionária do paradigma da filosofia da consciência. Sem embargo, qualquer avanço passa a depender da existência de "vontade boa", para que então haja disposição para uma reflexão no campo dos paradigmas da operacionalização do direito em busca do redirecionamento de pressupostos epistemológicos e éticos socialmente responsáveis (ética de respon-

---

(294) A ampla pesquisa realizada com os juízes de direito fluminenses traz elementos e conclusões comunicáveis ao restante da Magistratura. Os pesquisadores detectaram no universo pesquisado uma forte presença do *legalismo* aprendido nas faculdades de direito a partir de uma abordagem notadamente kelseniana, que se resume à leitura dos códigos vigentes e a uma leitura acrítica de seus artigos. Grande parte dos magistrados considera que a sua função não vai além de aplicar a lei e resolver conflitos individualizados. Não se percebem responsáveis pela resolução problemas coletivos. Nem quanto ao fato de empurrar a função de resolver conflitos coletivos para outra arena afirmam o "esgotamento" do sistema judicial, vez que suas decisões passam a ser desafiadas pela situação de fato, que torna ineficaz uma sentença fundamentada em uma apreciação individualizada de um conflito coletivo (cf. FARIA, José Eduardo. El poder judicial frente a los conflictos colectivos. *El otro derecho*. Bogotá, v. 5, p. 5-34, mar. 1990). Detectou-se que a tendência à rotinização ao longo da carreira pelo exercício diurtuno das mesmas questões jurídicas leva o juiz a deixar de perceber cada caso como único. O amestramento dos novos juízes à cultura organizacional do Poder Judiciário e o sentido de hierarquia estreitamente ligado à política de promoção por mérito funcionam como poderoso obstáculo à renovação da jurisprudência (JUNQUEIRA, Eliane B.; VIEIRA, José R.; FOSENCA, Maria G. P. *Juízes*: retrato em branco e preto. Rio de Janeiro: Letra Capital, 1997. *passim*.

sabilidade). Trata-se, portanto, de uma transformação cultural que comporta uma dimensão **reflexiva, emancipatória, decisionista e ética.**

Na *dimensão reflexiva,* o exercício da autonomia pública envolve, inequivocamente, uma disposição de seus titulares para uma autoformação (inclusive intelectual) capaz de submeter à crítica e à autocrítica permanente e paradigmática a própria ideia do exercício da autonomia pública e as práticas consequentes da sua compreensão, de modo que o regresso reflexivo ao paradigma em que esta compreensão se sustenta não é, de modo algum, desprezível.

Entrementes, o cientificismo moderno, que se resvalou para o campo jurídico, somente agora começa a ser abalado, principalmente pela filosofia do direito e pela sociologia do direito, com ressonâncias ainda embrionárias no campo da prática jurídica.

A ideia (atraente por sua profundidade e pelo sucesso auferido em todas as áreas da ação) de que o "sistema" jurídico deve ser compreendido nos moldes da teoria dos sistemas atribui ao direito e às suas instituições o papel de mera *redução de complexidades* e de "estabilização contrafática de expectativas de comportamento" diante dos demais sistemas da sociedade. O sistema jurídico (e sua organização, especialmente a do trabalho, visto de modo estacionário) torna-se instrumento de manutenção do *status quo,* abandonando definitivamente sua função emancipatória.

No campo da organização do trabalho, cabe uma indagação desafiadora: Seguirão as instituições do trabalho e seus agentes cumprindo a agenda hoje ilusória do Estado social que não traz nenhuma contribuição para modificar a distribuição de renda entre o capital e o trabalho e que, apesar dos inegáveis progressos nas condições do trabalho, não elimina as causas das necessidades dos trabalhadores, mas apenas as compensa parcialmente?

A forma burocrática e profissional com que o Estado presta seus serviços de "proteção" as trabalhadores é cada vez mais criticada como fonte de sua própria ineficiência. A burocracia absorve cada mais recursos e presta cada vez menos serviços do que outras estruturas democráticas e descentralizadas poderiam fazer[295], conforme comprovam os resultados da atuação do Núcleo Intersindical de Conciliação Trabalhista de Patrocínio (cf. capítulo 2). No Estado Democrático de Direito, os agentes do Poder Público de carreira permanente não podem contentar-se com o fato de o sistema de organização do trabalho cumprir apenas uma função político-ideológica de controle social. O patamar mínimo que se pode esperar das instituições é que sejam capazes de conformar condutas sociais e assegurar a efetividade dos direitos formalmente garantidos aos trabalhadores. A alteração cultural

---

(295) Cf. OFFE. *Trabalho & sociedade...*, 1991. p. 122 e ss., v. II.

dos elementos endógenos à crise da organização do trabalho já representa um grande passo no sentido da emancipação, que, no caso do trabalhador brasileiro, significa o cumprimento da promessa formal dos direitos sociais.

A *dimensão emancipatória* emerge a partir desse processo voluntário de reconscientização, cuja expressão empírica se traduz na recusa à autoalienação nos processos de construção e de transformação social da realidade. Assim também, na recusa a um estado de alienação do sentimento de cidadania e à subserviência a petições de obediência científica, hierárquica e moral a pessoas ou instituições alçadas à condição de instância última de verdade. Ou seja, de sucumbência da cidadania à burocracia institucional, às "premiações" ao "alinhamento" promovidas *interna coporis,* ao *imprinting* cultural das instituições e às regras impostas por uma ética individual-intencionalista que prioriza os projetos de carreira funcional sobre a função social das instituições.

A emancipação envolve o sentimento de pertença à comunidade inteira, à sociedade inteira, de tal modo que cada ação passe a ser vista como promotora do desenvolvimento social, não se restringido a respostas em termos de lícito/ilícito/sanção. É responder à pergunta: A quem cabe a construção do melhor dos mundos?

Uma legião de agentes do Poder Público de carreira permanente socialmente comprometida com a busca da efetividade dos direitos sociais, a partir do "diálogo" e da "concertação social", a começar pela interatividade entre as instituições públicas, pode promover uma emancipação a começar do próprio "sistema".

A *dimensão decisionista* decorre da afirmação de que o exercício do poder por parte da autoridade pública implica sempre escolha (*poder discricionário*) entre alternativas possíveis. Insere-se nesta margem de discricionaridade a adoção de paradigmas a partir dos quais se norteiam a compreensão e ação. Tal escolha passa a ser arbitrária (e não somente discricionária), na medida em que se torna suscetível ou se baseia em preferências individuais do agente público. Quando o auditor fiscal, diante de um fato de realidade, decide por não classificá-lo como infração trabalhista sujeita à sanção por qualquer elemento que lhe influencie o espírito — ciente de que ao fazer isso está abandonando a valoração de outros elementos que, se eleitos como referência de atuação, ensejariam conclusão oposta — ou, quando, inversamente, despreza elementos desonerativos da responsabilidade da empresa, elegendo outros elementos com consequências também opostas, ingressa, então, na zona de ação sujeita a uma reserva discricionária de decisão (*decisionismo*). O mesmo ocorre em relação às demais instituições, até mesmo no âmbito da jurisdição em que a presença desses elementos se verifica de modo extremamente sofiscado.

Uma opção pela orientação da ação pública pelos princípios da democracia integral conduz ao exercício da função pública segundo os ideais de "governança" e mediante as técnicas do diálogo social e da concertação social. Portanto, mediante a prática da argumentação, que exige de todo participante a assunção da perspectiva do outro, como uma decorrência da aceitação do princípio da complexidade e o reconhecimento da linguagem como único modo possível de acesso ao outro e a um mundo intersubjetivamente compartilhado, bem como de coordenação de ações, sem exceção da ação pública.

O *aspecto decisionista* da assunção da perspectiva da democracia integral está em que esta é uma opção possível e elegível por todo aquele que detém o poder de autoridade, sem qualquer ruptura com a ordem constituída ou com a tradição.

A *dimensão ética* se apresenta como corolário das anteriores. O conteúdo decisionista das escolhas entre alternativas a que se expõem cotidianamente as autoridades públicas induz a um conteúdo ético de elevada significação em toda ação pública. Uma ética de intenção baseada na vontade e nas preferências individuais do agente público não se ocupa das circunstâncias em que a norma jurídica exige cumprimento, além de não se ocupar das consequências de sua aplicação. O jargão *dura lex, sed lex* é a expressão máxima desta postura ética. Ela leva a crer que a lei é "semovente", independentemente da vontade do aplicador, que não passaria de instrumento de sua atuação.

2.6.2. Os agentes do Poder Público e o problema do diálogo transparadigmático

Toda ação, individual ou coletiva, implica, nesse estado de consciência, uma ética de responsabilidade solidária, que passa a dar conta de suas consequências para a vida social, em comparação com o projeto de vida da sociedade.

A inacessibilidade à complexidade do real e a imposição do abandono de pretensões sectárias de universalização de projetos parciais de vida produzem o imperativo da busca compartida de verdade e da correção das ações.

Somente a partir da interação linguística sujeito-sujeito, o sujeito-realidade é possível coordenar consensualmente ações cujas consequências possam ser assumidas por todos os envolvidos. Esse ponto de vista conduz à constatação de que "lei" e "autoridade" — com todo o peso dessas expressões — não se excluem da contingência de somente poderem ser compreendidos e eivados de sentido a partir de um paradigma qualquer dentre uma infinidade deles que prevaleceram e sucumbiram ao longo da história do direito e do Estado, bem como a partir de vivências, valores e demais pré-compreensões do intérprete da norma e dos fatos, sendo impossíveis pretensões de validade únicas e absolutas.

A ação pública comunicativa, no âmbito do sistema Ninter, busca inserir a ação das instituições/autoridades do trabalho que nela venham a encontrar inspiração para a adoção de novas perspectivas de ação, no contexto de uma releitura paradigmática de seus códigos de conduta e *modus operandi* diante da ordem estabelecida, sempre em consonância com as "regras do jogo" fixadas na "moldura normativa" em que devem operar, num processo de evolução que, se convalidado, verifica-se a partir da tradição (instituições, lei, processos).

2.6.3. Agentes públicos de carreira permanente e responsabilidade social

O homem, o mundo e a linguagem são indissociáveis[296]. Nesse mundo, sujeito e objeto constroem-se recíproca e perenemente, e a realidade é socialmente construída. Nesse contexto paradigmático, o agir humano não se pode conduzir por um mero intencionalismo que despreza outras cosmovisões que não seja a própria (autoritarismo) ou por um ceticismo regido por um "vale tudo", em que cada qual age do seu modo (decisionismo) e em que a ética não tem mais lugar. Portanto, admitir que este mundo em que estamos não é o "melhor dos mundos possíveis" e que ele não é dado, mas é construído, implica, inexoravelmente, uma escolha epistemológica e uma escolha ética condizente com a sua transformação. A primeira implica o reconhecimento da natureza dialógica da razão; a segunda, o comprometimento da ação com uma ética de responsabilidade e solidariedade sociais.

No entanto, aos agentes do Poder Público não se admitem escolhas pessoais e se impõe a aceitação da escolha materializada no projeto de sociedade inscrito na Constituição Federal, que se fundamenta na dignidade humana, na cidadania, nos valores do trabalho e da livre-iniciativa e no pluralismo na persecução de uma sociedade livre, justa e solidária, do desenvolvimento nacional, da erradicação da pobreza e da redução das desigualdades. Os agentes de poder operam numa comunidade que se afirma como uma comunidade de princípios fundada na ideia de "igual respeito e consideração" por seus membros (Ronald Dworkin).

Ora, desmistificada a razão instrumental como fonte de verdade e correção últimas, os agentes do poder são sujeitos, e não mais *longa manus* dos órgãos públicos, cuja responsabilidade se dilui no ente abstrato (órgão público) a que serve. Não são mais instrumentos, mas sujeitos da ação pública.

---

(296) Não há nenhum relato mítico, religioso, científico ou filosófico em que na origem da humanidade tenha existido um único ser humano. A versão cristã da gênese do mundo não dá notícia de qualquer ação individual de Adão antes que lhe fosse apresentada a companheira Eva.

Se o projeto de sociedade (Constituição) a ser executado por intermédio da ação pública já está dado, ele se submete, no entanto, a uma recriação permanente na práxis social e na práxis pública, uma vez que as cosmovisões são sempre relativas a pessoas e a contextos de realidade.

As novas dimensões *paradigmática, epistemológica* e *ética*, na recriação praxiológica do projeto constitucional realizada diuturnamente por autoridades e juristas de ofício, somente serão corretas e legítimas se a ação pública se realizar a partir do "diálogo social" e da "concertação social", numa perspectiva reconstruída a partir das cosmovisões dos atores públicos e dos atores sociais dos destinatários/afetados, e toda pretensão instrutiva exige "obediência", não reconhecendo, portanto, dignidade ao "outro".

Uma parcela maior de responsabilidade não pode, portanto, deixar de ser atribuída ao conjunto dos agentes públicos de carreira permanente na consecução deste projeto de sociedade brasileira.

Num mundo instável e de poucas oportunidades, marcado por uma colossal desigualdade e exclusão social, pelo desemprego e pela falta de realização profissional de uma legião de cidadãos, o Estado Democrático de Direito garante aos agentes do Poder Público vitaliciedade, remuneração digna e um tanto de garantias e prerrogativas — vistas pela sociedade, muitas vezes, como privilégio — necessárias ao exercício de um Poder Público que precisa legitimar-se pelos resultados de sua ação, e não somente por sua mera existência ou pela intenção de seus agentes.

Os agentes públicos de carreira permanente portadores de parcela do Poder Público estão, nestas circunstâncias, chamados a corresponder à esperança da sociedade brasileira de uma transformação do atual "estado da arte" para dar efetividade à ordem jurídica. Cada gesto e cada ato comunicativo tem efeito perlocucionário, e não é possível, ética e juridicamente, "deixar de agir".

Porém a decisão não se legitima mais independentemente de seu conteúdo, nem a ação ocorre independentemente de suas consequências para a sociedade. A concepção neutra e passiva do exercício da autoridade, inclusivamente no administrativo e no judicial, condiz com paradigma do modelo liberal e desmantela os fins e os objetivos do Estado Democrático de Direito.

Nesse sentido, são aplicáveis as considerações de Georg Wilhelm Friedrich Hegel, absolutamente apropriadas, ao Estado Democrático de Direito, embora não tenha sido externadas a propósito deste. Um servidor não pode estar ligado ao seu serviço por uma carência a que não correspondesse um dever e um direito. "O serviço do Estado exige o sacrifício das satisfações individuais, e arbitrárias, das finalidades subjetivas, mas reconhece o direito de, no cumprimento do dever, e só nele, obter tais satisfações"⁽²⁹⁷⁾. Sendo a Constituição a expressão da existência do Estado e de um princípio político comum dotado de autoridade própria e não sendo ele uma entidade abstrata ficticiamente dotada de personalidade, como fez crer a teoria racionalista do Estado, cumpre ao corpo dos agentes do poder "manter firme o interesse geral do Estado"⁽²⁹⁸⁾.

Neste paradigma, a autoridade, para ser coerente com o projeto de sociedade inscrito na Constituição, não pode desonerar-se de agir e tomar decisões voltadas para o futuro, e não para o passado, enredado na ficção de uma *mens legis* ou *mens legislatoris*.

Essa convergência com a importância aqui concedida ao desenvolvimento da filosofia da linguagem e de sua expressão máxima, com Karl-Otto Apel e Jürgen Habermas para a compreensão do sistema Ninter como forma de se colocar a <u>realidade</u> diante das autoridades públicas do trabalho, *face to face*, significa dar espaço à ação na linguagem (discursivamente) e ao reconhecimento de que na "construção social da realidade" (Peter L. Berger e Thomas Luckmann) todos os cidadãos (autoridades públicas/destinatários da ação pública) são sujeitos ativos. Abandona-se a ilusão "de 'operar' diretamente sobre a realidade"⁽²⁹⁹⁾ apenas falando dela por meio de "racionalizações"⁽³⁰⁰⁾.

---

(297) HEGEL, Georg Wilhelm Friedrich. *Princípios de filosofia do direito*. São Paulo: Martins Fontes, 1997. p. 269-271.

(298) FIORAVANTI, Maurizio. *La constitución de la antigüedad a nuestros dias*. Madrid: Trotta, 2001. p. 137.

(299) Vicente de Paula Maciel Júnior, ao discorrer sobre a "irrealidade" do conceito de ação, destaca a necessidade de se "empregar novos procedimentos e instrumentos, livre de antigas servidões", ao ressaltar, com apoio em *Orestano*, o obsoletismo do ontologismo tradicional, da lógica substancialista e classificatória, inócuas sob o ponto de vista prático. Suas observações alcançam todo o universo jurídico, a dogmática e a prática jurídica baseada numa lógica subsuntiva dos fatos ao direito, e não no acoplamento ontogênico de ambos. O fenômeno produzido pelo paradigma da razão individual solipsista, no campo do direito, vem muito bem traduzido nas palavras do magistrado: "No lugar da realidade encontramos certo número de palavras que se tornam instrumento e objeto do discurso. Portanto, a racionalização da ciência não incide diretamente sobre a realidade, mas sobre essas representações simbólicas das suas concepções, seus conceitos (...). Desse discurso fazem parte os materiais por ela própria criados, ou seja, o conjunto de palavras que constituem o seu vocabulário e seu objeto (...). O fascínio por essa lógica nos parece correspondentes a formas universais e eternas que também transformaram em normas, com seus enunciados, a estrutura da nossa linguagem. Por isso, a grande dificuldade de sair desses esquemas, que condicionam a nossa expressão, nosso pensamento, e ao qual devemos recorrer, mesmo no momento em que queremos sair dele" (cf. MACIEL JR., Vicente de Paula. *Teoria das ações coletivas* — as ações coletivas como ações temáticas. São Paulo: LTr, 2006. p. 106-107.

(300) *Ratio*, originalmente, significa cálculo; *razão*. Portanto, é um método de conhecimento baseado no calculo e na lógica. Como derivados de *razão*, *racionalidade*, é o estabelecimento de adequação entre uma coerência lógica, descritiva ou explicativa, e uma realidade empírica; *racionalismo* refere-se a uma visão de mundo que afirma a concordância perfeita entre o racional (coerência) e a realidade do universo; *racionalização* é a "construção de uma visão coerente, totalizante do universo, a partir dos dados parciais, de uma visão parcial, ou de um princípio único" (Cf. MORIN. *Ciência com consciência*, 2003. p. 157). A redução do homem à *razão* produziu, então, o "déspota esclarecido" e toda sorte de

Esta dimensão — substituição da razão solipsista instrumental pela razão dialógica e coletiva (democracia cognitiva[301]) — amplia os horizontes de atuação da autoridade pública.

A democratização da organização do trabalho, na perspectiva de uma democracia integral, está parcialmente nas mãos das autoridades do trabalho que por opção política venham a assumir posturas ativas no processo de mudanças de que tanto se necessita, sendo a principal delas a mudança cultural[302], e, sobretudo, a aliviar os efeitos deletérios nos campos social e econômico resultantes de práticas públicas realizadas conforme pressupostos paradigmáticos que não dão conta da construção intersubjetiva do conhecimento e da ação, nem da realidade complexa e de suas singularidades irrepetíveis.

Ao optarem por uma ética de responsabilidade e pelo "diálogo social", terão no sistema Ninter um fértil campo de atuação para

>a) acolher, institucionalmente, a disposição de *agentes do Poder Público de carreira permanente* (em especial, juízes do trabalho, auditores fiscais do trabalho e procuradores do trabalho);

>b) promover o diálogo entre as respectivas instituições e entre estas e os sindicatos; e

>c) construir uma rede de interações institucionais socialmente comprometida e, à luz dos paradigmas emergentes, orientada para o enfrentamento dos problemas trabalhistas de interesse público ou coletivo que estiverem ao seu alcance e para a reflexão, diálogo, diagnósticos e programas de ação a serem concebidos e realizados conjuntamente, numa perspectiva emancipatória e solidária, já a partir das possibilidades existentes.

O legislador produz a norma. Ele não pode produzir o modo de compreendê-la e de operacionalizá-la. Quando pretende fazê-lo, incorre em círculo vicioso incontornável. É exatamente neste ponto de interseção não normatizado entre a norma

---

autoritarismo intelectual: o "déspota" é razão dos súditos insuficientemente racionalizados. Mas a figura do homem racional também permitiu a democracia e a liberdade, expressão da *razão coletiva*. Mas uma nova crítica interna surge no interior da racionalidade: "A crise moderna da racionalidade é a detecção e a revelação da desrrazão dentro da razão". MORIN. *Ciência com consciência,* 2003. p. 179-180.

(301) MORIN, Edgar. *Cabeça bem feita* — repensar a reforma, reformar o pensamento. 11. ed. Trad. Eloá Jacobina. Rio de Janeiro: Bertrand Brasil, 2005. p. 19.

(302) Cada autoridade pública tem o seu próprio *universo cognitivo* compondo sua estrutura cultural a partir de um *sistema de referências* (que aqui designamos por "paradigma"), a partir do qual compõe o seu conjunto ordenado de conhecimentos, que condiciona o seu conhecimento da realidade. Cf. TELLES JR., Godofredo. *Direito quântico* — ensaio sobre o fundamento da ordem jurídica. 7. ed. rev. São Paulo: Juarez de Oliveira, 2003. p. 217.

e a realidade que há um poder oculto a ser descortinado e explicitado do ponto de vista epistemológico e ético. Dado que o legislador não impõe paradigmas, a escolha pessoal, individual e voluntarista daquele que norteará a ação pública por parte do agente público de carreira permanente faz a grande diferença.

Sobrecarregada e agravada pela enorme perda qualitativa e de legitimidade dos atos e das decisões públicas, em consequência de práticas baseadas numa ética intencionalista, e pela incapacidade de conformar condutas sociais massivas e de tornar satisfatoriamente efetivos os direitos sociais, a ação publica poderá encontrar na autocrítica e no enfrentamento da questão paradigmática uma fonte de legitimação e de alívio da sobrecarga: a ação pública comunicativa.

Na prática, o exercício cooperativo e comunicativo do Poder Público poderá partir de programas espontâneos de autoridades provenientes das diversas instituições do trabalho capazes de formular políticas de ação conjunta e dispostas a alterar os respectivos paradigmas de ação e, sobretudo, traçar estratégias coerentes e constitucionalmente amparadas de atuação e de aproximação dos agentes sociais e fazer emergir daí a institucionalização de espaços de diálogo e concertação social.

São, portanto, os agentes públicos de carreira permanente os atores sociais detentores de maior potencial transformador e de liderança de amplo processo de transformação das relações de trabalho e aprimoramento do sistema de organização do trabalho, sem qualquer modificação estrutural dessa organização.

Tudo dependerá de iniciativas corajosas oriundas do exercício público da cidadania, porque toda alteração paradigmática desmitifica enormes "evidências", atinge enormes interesses e suscita enormes resistências.

Como toda revolução, uma revolução paradigmática ataca enormes evidências, lesa enormes interesses, suscita enormes resistências. As doutrinas suscitadas por um paradigma são os cães de guarda que atacam com fúria tudo o que ameaça o seu dono. Uma doutrina mortalmente ferida pode ser substituída por outra doutrina capaz de salvar o paradigma ameaçado. A resistência ao paradigma é a mais teimosa de todas, pois se confunde, para os que lhe estão submetidos, com a evidência lógica e empírica. 'Negar a luta de classes é negar o sol em pleno meio-dia', exclamava uma exaltada cuja metáfora revelava o caráter de evidência empírica emanada do paradigma. Todas as teorias, ideias ou opiniões incompatíveis com o paradigma aparecem, evidentemente, como contrárias à lógica, imbecis, delirantes, absurdas.

> A revolução paradigmática ameaça não apenas conceitos, ideias e teorias, mas também o estatuto, o prestígio, a carreira de todos os que vivem material e psiquicamente da crença estabelecida. Os pioneiros têm de enfrentar não somente censuras e interdições, mas o ódio. Primeiro

desviante e rejeitada, a ideia nova precisa construir-se um primeiro, antes de poder fortalecer-se, tornar-se uma tendência reconhecida, e, finalmente, triunfar como ortodoxia intocável". De Copérnico a (1473-1543) a Kepler (1571-1630) e Galileu (1564-1642), a revolução levou quase um século para efetivar-se.[303]

O sistema Núcleos Intersindicais de Conciliação Trabalhista, ao institucionalizar a "ação pública comunicativa", faz coro com o processo crescente de construção de mecanismos institucionais de participação social perante o Estado.

Coerentemente com o princípio da razão dialógica, esse instituto jurídico disponível coloca a sociedade (e os sindicatos) em posição de espera do convite das autoridades públicas do trabalho para instaurar o "diálogo social", nos respectivos campos de atuação. Isso, às vezes, pode desanimar. No entanto, tudo haverá de começar do começo: do próprio ato de criação de cada Ninter em cada setor de atividade coletivamente organizado. Além de permanecer incólume à imparcialidade e à integridade moral de cada agente público, ela precisa ser percebida, para que então possa também discernir e se aliar a atores sociais com igual disposição. Os resultados, porém, são legitimadores e gratificantes.

2.7. O ATIVISMO JUDICIAL MODERADO E PRUDENTE: ENTRE O CONTENCIONISMO E O ATIVISMO RADICAL

A jurisdição, em razão da função social simbólica e referencial que exerce perante o conjunto da sociedade, é a atividade em que a exaustão paradigmática e seus efeitos sociais mais se fazem ressentir. Ação pública específica e norteadora do conjunto de todas as demais, com o seu exercício a partir dos paradigmas emergentes da razão dialógica e da complexidade, tem consequências profundas nos códigos de conduta e nos *modus operandi* do Poder Judicial. Esses paradigmas implicam uma mitigação da ideia clássica da rígida partição dos poderes públicos. A concepção da organização do trabalho nos moldes de um sistema aberto e a necessidade de uma visão de conjunto e, ao mesmo tempo, singular, capaz de abranger o abstrato e o concreto, o geral e o específico, o todo e as partes, as partes e o todo, os contextos e as situações de fato específicas e irrepetíveis, implicam que o conhecimento e a ação (jurisdição) tenham em referência todas essas dimensões em sua complexidade. O inexorável acoplamento entre o sujeito e a realidade põe em xeque os procedimentos cognitivos reducionistas da jurisdição clássica.

---

(303) MORIN. *O método 4 —...*, 2001. p. 285-286.

As ideias de "governança", subsidiariedade ativa, "diálogo social", "concertação social" e ação pública comunicativa, conceitos operacionais do princípio de democracia, implicam considerações relevantes acerca da jurisdição trabalhista.

Os pressupostos epistemológicos em que se assenta a ação pública comunicativa pressupõem a formação discursiva (*razão dialógica*) da opinião e da vontade da autoridade pública. Consideram que, ainda que o observador e a realidade observada se interpenetrem na construção de teorias explicativas da realidade (indissociabilidade entre da teoria e da *praxis*), essa construção intersubjetiva da realidade não se dá num círculo fechado de uma comunidade de cientistas ou de *experts*. Dá-se, em verdade, na perspectiva democratizadora de uma comunidade indefinida ("ilimitada") de participantes-afetados, representados por seus corpos intermediários de representação legítima (sindicatos) de seus interesses e de suas pretensões de validade em procedimentos discursivos ("diálogo social"). Operam em instituições/autoridades públicas e destinatários (afetados) da decisão ou ação públicas que sejam copartícipes dos processos cognitivos em que se baseiam tais atos de poder, quer seja com relação à realidade em sua complexidade, quer seja na antecipação reflexiva dos efeitos sociais das alternativas de decisão ou ação possíveis de serem adotadas no quadro do sistema jurídico (valores, princípios e normas constitucionais, legislação infraconstitucional).

Esta perspectiva convida o magistrado ao exercício da própria cidadania funcional antes de buscar promover a cidadania dos jurisdicionados. E ela necessita da relativização da influência da força dos "argumentos de autoridade científica" e de sua complementação com "argumentos pessoais (do magistrado) de autoridade" com elementos extraídos do "diálogo social" celebrado localmente, de modo a promover a articulação indissociável entre teoria e realidade, nos respectivos procedimentos cognitivos.

Uma vez mais, a interdependência entre a autonomia pública (jurisdição) e a autonomia coletiva converge para a ideia de "governança", no que diz respeito:

a) aos procedimentos cognitivos (de fato e de direito) ampliativos das pré-compreensões do magistrado;

b) aos regimes trabalhistas especiais;

c) à ação pública comunicativa (jurisdição comunicativa);

d) à ação coletiva comunicativa;

e) à jurisdição em sentido amplo (ativismo moderado);

f) à gestão da organização do trabalho;

g) à administração da justiça — acesso à justiça (a conjugação dos esforços de ambas as autonomias na implementação, na coexistencialidade e na intercomplementaridade dos meios judiciais e não judiciais de resolução dos conflitos sociais); e

h) ao "diálogo social" e à "concertação social" entre a Justiça local e a sociedade.

Todos os desenvolvimentos teóricos realizados até aqui dizem respeito à ação pública em geral. Essa abordagem específica dedicada à jurisdição comunicativa visa ao esclarecimento dos principais aspectos referentes aos princípios e práticas que regem o intercâmbio entre a Justiça e o Ninter, e entre a Justiça e a sociedade (Conselhos de Administração de Justiça), levando em conta a especificidade da atividade jurisdicional.

A adesão da magistratura ao "diálogo social" e à "concertação social", nos termos da teoria da *ação comunicativa* (cf. 2.4.1), parece indispensável à consolidação da *práxis* dos meios não judiciais de resolução dos conflitos do trabalho de forma escorreita e obediente, sobretudo aos princípios da legalidade e do amplo acesso à Justiça, além de contribuir, em cada jurisdição, para uma maior aproximação entre a Justiça e a sociedade. O apoio e a 'presença' do juiz do trabalho legitima e dá credibilidade ao processo.

Mas outras dimensões de igual ou maior importância parecem justificar a indispensável coparticipação da Justiça no "diálogo social" e na "concertação social", tal como concebido na teoria do sistema Ninter, e, na falta destes, nos Conselhos de Administração de Justiça, cuja criação junto ao órgão judicial constitui ato de vontade do magistrado. Estes espaços de interação entre o juiz e a sociedade colocam o magistrado numa posição irrelevável de agente ativo de transformação da realidade no sentido da concreção do projeto social inscrito na Constituição Federal, sem a perda da imparcialidade, sem a descaracterização da função jurisdicional (*stricto sensu*) e sem a intervenção indevida na autonomia coletiva e na administração (funções do Poder Executivo na gestão da organização do trabalho).

O magistrado pode valer-se do espaço interinstitucional de "diálogo e concertação social" criado no Núcleo Intersindical de Conciliação Trabalhista, para, mediante o uso de expedientes discursivos e persuasivos, propugnar por maior efetividade da legislação trabalhista em sua área de jurisdição (o que, na perspectiva do *princípio de democracia integral,* não deixa de ser "jurisdição" em sentido amplo). Ao mesmo tempo, excepcionalmente, a comunidade poderá se valer de sua vivência e experiência, acolhendo-o como mediador social em questões complexas de elevado grau de interesses social, coletivo e público para a comunidade onde exerce sua jurisdição.

De outro lado, o juiz poderá extrair desse intercâmbio interinstitucional e social levado a efeito por intermédio dos Conselhos Tripartites dos Núcleos Intersindicais de Conciliação Trabalhista uma compreensão mais ampla dos substratos sociais e dos contextos mais complexos de realidade performativos da ideia de justiça norteadora dos constructos hermenêuticos e jurisprudenciais de que se valerá no exercício da jurisdição (*stricto sensu*). Poderá ainda interagir com as demais instituições ou os agentes públicos militantes em sua área de jurisdição, a propósito de contribuir para a busca de solução dos problemas concretos da comunidade local. O referido espaço institucional poderá se converter no local onde o juiz possa efetivamente exercitar sua cidadania e converter-se no "juiz cidadão", figura simbólica construída no V CONAMAT[304] e que, desde então, passou a compor o "pano de fundo" das utopias presentes na cultura coletiva da magistratura trabalhista.

Parece não haver um obstáculo intransponível ao se cogitar da inserção social da magistratura por via dos Núcleos Intersindicais de Conciliação Trabalhista em grandes centros urbanos. Basta que se faça a opção por fazê-lo para se encontrar "saídas" criativas para a operacionalização das relações institucionais pela via da representação[305].

Por fim, crê-se que esta é uma das vertentes do fortalecimento social e político da magistratura trabalhista, que poderá advir como consequência do encampamento efetivo do projeto do Sistema Ninter-Cenear, por parte do associativismo, sobretudo porque se trata de um projeto gestado no seio da própria magistratura.

2.7.1. O DIÁLOGO DE QUE NECESSITA A SOCIEDADE AINDA NÃO É O DIÁLOGO QUE A JUSTIÇA SE DISPÕE A OFERECER

O "diálogo social", que dá suporte ao exercício da jurisdição comunicativa não se confunde com o diálogo cientificista-congressualista, não disposto a submeter à crítica os paradigmas tradicionais do direito, realizado *inter partes,* em que juristas teóricos e juristas de ofício procuram convencer a si mesmos, e uns aos outros.

Contenta-se com uma função reprodutora de um conceito abstrato de "justiça" de uma *intelligentsia* jurídica nacional construída segundo o modelo de racionali-

---

(304) Congresso Nacional da Magistratura Trabalhista.
(305) Um grupo, uma equipe. Alguns juízes, dotados de legitimidade interna, poderão atuar externamente em nome do foro trabalhista local. Essa legitimidade interna poder-lhes-á ser conferida a partir de iniciativas do associativismo ou institucionais, a modo da experiência altamente profícua promovida por tribunais como o Tribunal de Justiça do Estado de Minas Gerais ou o Tribunal de Justiça do Estado de Goiás, no campo do fomento às soluções extrajudiciais de conflitos sociais. Este último, por sua abrangência e ousadia no incentivo à disseminação da conciliação, da mediação e da arbitragem, mereceria estudo à parte.

dade da filosofia da consciência (nos seus diversos matizes), sem, no entanto, nem de longe, traduzir em ação o que há de "essencial" em enfáticos discursos "antiliberais" e, portanto, uma noção não realística do sentido da efetividade daqueles pautados por uma ética intencionalista que não faz referência às consequências sociais da ação pública. Os paradigmas são tomados como *dados* imutáveis, e o *unidisciplinarismo* segue imperante, sem que se questionem as raízes das contradições sistêmicas do modelo de organização do trabalho, os códigos de conduta e o *modus operandi* das instituições. A ciência jurídica racionalista, hegemônica, que se desenvolve com base em "argumentos de autoridade", afasta-se, "por princípio", da realidade concreta. Essa ciência jurídica não tem como fazer evoluir uma mentalidade formal-tecnicista-burocrática condutora do ofício profissional do direito, absorvida pela cultura e pelo *habitus* das instituições, as quais se encarregam, mediante procedimentos diversos e "hierarquicamente poderosos", de estagná-la em definitivo. E é por isso que a falta de efetividade, qualitativa e quantitativa, de grande parte dos direitos sociais é, sem dúvida, o maior problema e o maior desafio a ser enfrentado pelas instituições do trabalho, hoje.

Esse tipo de cultura produz, como corolário, uma concepção artificializada do diálogo entre a Justiça e a sociedade, e da figura do juiz cidadão. A atuação do juiz restringe-se aos limites "intramuros" das salas de audiências, de seu gabinete e do processo? Aproximar, dialogar, participar e colaborar com a sociedade fazem parte de um conjunto de ações destinadas a fortalecer a credibilidade e a legitimidade da justiça. Que conteúdos, que problemas devem constituir o *mote* dessa aproximação? O elemento de aproximação será a busca da compreensão dos problemas do Judiciário pela sociedade ou a busca da compreensão dos problemas da sociedade pelo Judiciário? Ou ambos? Se o afastamento da sociedade deslegitima a justiça e a distância da realidade, como, quando e onde se daria uma aproximação legitimadora e capaz de preservar a imparcialidade e o dever de abstenção de pré-julgamentos acerca de controvérsias suscetíveis de serem processadas na Justiça? Não são os sindicatos os atores legitimados a participar deste diálogo pelo lado das categorias profissionais e econômicas? Que transformações ou resultados poderão ser esperados das práticas jurisdicionais e das práticas sindicais como consequência do diálogo, do intercâmbio e/ou da interação entre a Justiça e os sindicatos de classe? Como preservar as prerrogativas e a autonomia institucionais na relação dialógica e participativa entre a Justiça e os sindicatos de classe? Como os juízes poderão participar e interferir, extraprocessualmente, na realidade, a partir de uma relação de igualdade, não hierárquica, com os demais atores do mundo do trabalho? Como conciliar as posições de divergentes das diversas instituições do trabalho atuantes numa mesma área de jurisdição?

O conjunto das questões postas e tantas outras revelam o quão complexa é na prática a aproximação entre a Justiça *e a* sociedade, entre os juízes *e a* sociedade. Não é por outra razão que essa aproximação e participação social dos juízes é confundida com aspectos não profissionais da vida social dos juízes: ações filantrópicas, inserções e ocupação de espaço na mídia, quer seja pelo juiz individualmente considerado, quer seja por intermédio de suas associações de classe, pela divulgação de estatísticas, pela formulação de propostas de alteração legislativa e por via de atividades acadêmico-congressuais.

Nenhum desses aspectos, fundados nos paradigmas clássicos do conhecimento, pode atingir o núcleo do problema do afastamento do juiz da sociedade e da realidade, porque não o coloca de frente com os efeitos de suas escolhas ideológicas e hermenêuticas na realidade sobre a qual recai sua atuação. Não o faz refletir sobre sua corresponsabilidade na aplicação de leis que eventualmente considere injustas, como consequência de suas escolhas ideológicas, teórico-doutrinárias e hermenêuticas. Além disso, tais modalidades oblíquas de "participação" na sociedade não dão possibilidade ao juiz de posicionar-se enquanto cidadão, nem de sugerir e propor soluções para problemas sociais reais e concretos, para o exame dos atores sociais que o circundam e com os quais poderia interagir. Tais formas de participação, embora louváveis e recomendáveis, não lhe permitem, porém, externalizar e compartilhar com os demais atores sociais responsáveis pela organização do trabalho a vasta experiência acumulada na lida processual com os problemas da comunidade em que exerce jurisdição.

O "diálogo social" entre a Justiça e a sociedade, orientado pela ética do discurso, não pode restringir-se a discursos autorreferenciais e unilaterais em que a magistratura se compreende como possuidora do conhecimento e de verdades últimas a serem aplicados instrutivamente em todos os espaços de comunicação possíveis, midiáticos congressuais, buscando comprovar, a todo custo, sua indispensabilidade social, sobretudo em situações de crises mais agudas de legitimidade.

A comunicação na forma de "diálogo social" e de "concertação social", por outra via, resulta em ações concretas — *ação pública comunicativa* —, eivadas de legitimidade e de credibilidade sociais. Ela produz, efetivamente, uma transformação da imagem social do Poder Judiciário, que não fica à mercê de esforços midiáticos performativos que se esvaecem à medida que a sociedade percebe sua inocuidade e sua artificialidade.

2.7.2. Jurisdição e "governança"

A jurisdição e o princípio de democracia aqui desenvolvido inserem o "diálogo social" no âmago da prática jurisdicional. Ela deixa de se ocupar exclusivamente do conflito ilhado no processo, formalizado e racionalizado por uma razão jurídica cujo paradigma fracassa na "representação" da realidade e nos resultados esperados (conformação de condutas sociais e efetividade dos direitos).

A participação do juiz no "diálogo social" e na "concertação social" requer a criação de espaços institucionais (não burocratizados) destinados a esse fim, por todas as razões deduzidas ao longo desta investigação.

O órgão de jurisdição local deixa de ser para a sociedade o que Niklas Luhmann caracterizou como *black box* (caixa preta), cuja "lógica" de ação e decisão seria inacessível à sociedade (ou aos demais sistemas sociais).

O cidadão, que no Estado Democrático de Direito tem direito de "participação" (no sentido de "governança" cf. 1.4) política, também tem o direito de "participação" na administração da justiça. O órgão judicial passa a atuar comunicativamente (cf. ação pública comunicativa, 2.4.1) naquilo que lhe for pertinente. Sendo a administração da justiça, conforme ensina José Alfredo de Oliveira Baracho, apoiado no pensamento de Ernesto Pedraz Penalva, uma das mais significativas atividades, não pode ela estar imune à participação dos cidadãos:

> [...] el juez aunque desde presupuestos jurídico-formales, constituye la realidad jurídico-material de similar manera que el legislador, si bien con diverso nível general y particular pese que la jurisprudência puede tener, y de hecho tiene, importancia constituyente social como la legislativa.[306]

A construção social que se refere ao magistrado e à jurisdição, segundo o paradigma da razão dialógica e da complexidade, somente é possível de se realizar a partir do "diálogo social" e da "concertação social". Ela, também, não se restringe, definitivamente, aos limites estreitos da jurisdição realizada, *estrito sensu* e para o passado, no processo individual. A jurisdição passa a ser vista sob um ângulo de visada mais abrangente e definitivamente mais comprometido com o projeto constitucional da sociedade brasileira, com a ética de responsabilidade e de solidariedade e com o princípio de democracia compreendido que emerge dos pressupostos da razão dialógica e da complexidade (cf. capítulo 1, especialmente 1.2.3 e 1.2.4).

A adoção das práticas de "governança" na administração da justiça local, concretizadas mediante o conceito operacional da ação pública comunicativa ("jurisdição comunicativa), pode, à primeira vista, apresentar-se um tanto quanto paradoxal. Habituada a pensar exclusivamente no "conflito" abstraído do mundo da vida e numa divisão racional do trabalho assentada do *imprinting* cultural do Estado Moderno, desde Montesquieu, a jurisdição compreendida no padrão da filosofia da consciência não consegue, regra geral, ver-se como um elo decisivo dotado de forte "capital simbólico" no seio da sociedade para desencasular-se do

---

(306) PENALVA, Ernesto Pedraz. Constitución, jurisdición y proceso. Madrid: Akal, 1990. p. 170 *apud* BARACHO, José Alfredo de Oliveira. *Teoria geral da cidadania* — a plenitude da cidadania e as garantias constitucionais e processuais. São Paulo: Saraiva, 1995. p. 12-13.

microcosmos do processo judicial, para elaborar uma visão contextualizada destes conflitos e para assumir atitudes proativas diante de situações cuja gravidade ou interesse público leva à assunção de posturas propositivas, participativas e interativas com os demais atores do Poder Público e da sociedade (por seus corpos intermediários de representação dos jurisdicionados).

2.7.2.1. UM ATIVISMO JUDICIAL MODERADO E PRUDENTE

Há muito, a neutralidade foi considerada pela própria magistratura trabalhista um mito, tanto que passou-se a considerar imperativa a necessidade da aproximação entre a Justiça e a sociedade; do exercício da cidadania pelo magistrado, por intermédio de sua participação ativa na sociedade e do enraizamento social, contribuindo para a busca de solução para seus problemas; e da abertura para a participação da sociedade na administração da justiça, do "diálogo social"[307].

No Estado Democrático de Direito, exige-se grande esforço do juiz para atuar em coerência com a função emancipatória do direito e os princípios e valores fundamentais estabelecidos na Constituição. A jurisdição se legitima quando as decisões e a atividade judicial se amparam em tais princípios e valores, e correspondem às aspirações da comunidade, plasmadas no ordenamento constitucional e legal[308]. O novo juiz, afirma Scarpelli, deve ser fiel à Constituição e aos seus valores políticos, de modo que no silêncio ou na insuficiência da lei deve realizar a aplicação direta de um princípio jurisprudencial constitucional[309].

Sob duplo aspecto, a necessidade dessa inserção social da magistratura impõe-se — na perspectiva epistemológica — pela assimilação dos paradigmas emergentes e, na perspectiva da "governança", pelo pleno exercício da cidadania, no sentido da participação na resolução dos problemas sociais afetos à jurisdição.

O exercício comunicativo da jurisdição ("jurisdição em sentido amplo") e da cidadania configurará um novo papel e um novo lugar para o juiz no cenário das relações sociais de trabalho. Trata-se de uma atuação segura que identifica os limites do exercício da jurisdição orientado por um ativismo moderado e prudente, segundo os ideais da *democracia integral* e dos subconceitos que lhe dão sustentação ("governança", subsidiariedade ativa, ação pública comunicativa, "diálogo social" e "concertação social"). Essa perspectiva *ativista e moderada* situa-se entre o *contencionismo judicial* e o *ativismo radical,* que carrega o risco da ação não orientada por

---

(307) Cf. Anais do V Congresso Nacional da Magistratura Trabalhista (1995).
(308) BARACHO, José Alfredo de Oliveira. *Novas lições de jurisdição constitucional e processo constitucional*. Rio de Janeiro: Forense, 2007, no prelo. p. 27-28.
(309) BARACHO. *Novas lições de jurisdição constitucional e processo constitucional*, 2007, no prelo. p. 28.

princípios, mas pela concepção individual-subjetivista do magistrado, assumindo, portanto, os mesmos vícios do modelo clássico de racionalidade para portar uma feição *decisionista* altamente comprometedora da democracia integral. O contencionismo assume uma posição estática e passiva diante da realidade, favorecendo e dando sustentação ao *status quo*, rigidamente atrelado ao modelo de racionalidade da ciência moderna (superado pelos avanços da própria ciência), fragmentário, divisionista, formalista e cientificista, que cultua o saber dos *experts*. Ainda que desconectado da realidade, baseia-se numa ética de intenções e distancia-se de uma *ética de responsabilidade e solidariedade social*. Tendo cumprido bem o seu papel ideológico por cerca de quase três séculos, o contencionismo, em sua forma extremada, encontra-se hoje extenuado por um déficit de legitimidade que não pode ser ignorado e pela exigência de uma jurisdição socialmente consequente e coerente com um projeto constitucional na sociedade brasileira.

O *ativismo moderado* aqui propugnado é autolimitador e não avança em direção ao uso alternativo do direito[310], porque não renega normas em vigor e não cria normas para o caso concreto com base na razão individual solipsista do magistrado. Orienta-se pelos princípios constitucionais e assume uma concepção construtivista da jurisprudência legitimada pelo diálogo social. Aceita, porém, as exigências do uso criativo e alternativo da jurisprudência, assume a responsabilidade subjetiva e indeclinável do magistrado na busca do sentido que ele atribui aos fatos e às normas com que opera e, além disso, preocupa-se com as consequências sociais de suas decisões e da prática jurisdicional em geral, substituindo a ética das intenções por uma *ética de responsabilidade e de solidariedade.* Isso porque dá conta de que o modelo cientificista (formal-positivista-liberal-conservacionista) de jurisdição acaba por negar os fundamentos da República brasileira — *dignidade da pessoa humana, cidadania, valor social do trabalho e da livre-iniciativa, pluralismo.* Esta é uma dimensão de cidadania reivindicada e esperada pela sociedade, o que não diminui a importância daquela outra em que o juiz é participativo no tocante a eventos sociais festivos, lúdicos e comemorativos, e a campanhas de toda ordem, além da participação, promoção e realização de seminários, congressos, fóruns, inserções midiáticas, criação de organizações de classe e redes internacionais em defesa de prerrogativas e garantias. Esse tipo de participação, no entanto, reduzido a tais dimensões, não mata a sede da sociedade de ter o juiz ao seu lado no enfrentamento de seus problemas. Anseia-se pelo uso das prerrogativas e garantias da magistratura para contribuir, segundo um princípio de "governança" local, para o enfrentamento construtivo e ativo de *problemas locais* de alta relevância coletiva, social e pública, tal como se apresentam sob os olhos de cada autoridade local para que se possa desvelar modos de interpretação e aplicação da lei em consonância com o projeto da sociedade brasileira. Este deixa de cumprir um papel simbólico

---

(310) A versão desta tendência tem sido designada como "Direito Alternativo".

e "fabulador" para transformar-se numa *utopia* erigida na Constituição e dirigente da atuação das instituições.

O magistrado, aliado aos demais agentes públicos de carreira permanente de cada localidade, concretamente considerada, e à sociedade como um todo, é chamado a contribuir para a busca de sentido para aquele projeto no plano das realidades locais, de modo a traduzi-lo em um modo de ação compartida e transformadora na solução dos problemas locais.

No exercício da jurisdição, o magistrado, ao detectar questões sociais de relevante interesse público, enquanto cidadão participante da comunidade e interessado em colaborar na solução de seus problemas, poderá propor a instauração de procedimento discursivo perante o Conselho Tripartite/Interinstitucional do Núcleo Intersindical de Conciliação Trabalhista e/ou perante o Conselho de Administração de Justiça do respectivo órgão judicial (cf. 2.6.3) para a tematização da questão ou problema social que considere relevante. Nesse caso, sua participação no diálogo social oferecendo sugestões e colaborando na construção de programas de ações conjuntas para o enfrentamento do problema é indispensável.

Dentre questões desse jaez, percebidas como "pano de fundo" dos conflitos judiciais e que transcendem aos interesses individuais das partes envolvidas na demanda, enquadram-se, exemplarmente, a lesão coletiva à dignidade ou quaisquer outros direitos fundamentais dos trabalhadores e a ameaça coletiva à saúde ou à segurança dos trabalhadores, o desequilíbrio socioeconômico local proveniente de crise econômica em setor de atividade socialmente relevante (iminência de desemprego massivo). Ao antever lesões massivas de direito ou crises econômicas de efeitos sociais relevantes e o agravamento do conflito social, poderá o magistrado contribuir nos diagnósticos e na busca de solução de questões (crises) trabalhistas de relevante interesse público e coletivo, e aliviar a sociedade da agudização de seus impactos sociais.

Essa presença social efetiva do magistrado é profundamente significativa e mobilizadora, considerando-se o "simbolismo" da função judicial. Agrega credibilidade e respeito sociais, que, em regra, os magistrados angariariam pessoalmente perante as comunidades em que atuam, além de atribuir extraordinária legitimidade (aceitação social) aos atos jurisdicionais, transformando o magistrado em agente de transformação social[311].

O efeito catalisador desse "ativismo moderado", equilibrado, democrático e auscultador potencializa os efeitos sociais da atividade jurisdicional, que, então, passa a assumir uma dimensão mais abrangente, uma vez que permite ao magistrado vislumbrar novas formas de persecução da efetividade dos direitos sociais e de exercício de uma jurisdição preventiva dos conflitos sociais.

---

(311) Autorreferência construída no V Congresso Nacional da Magistratura Trabalhista (1995).

Essa perspectiva precisa ser compreendida muito além do que uma atuação destinada a simplesmente desonerar o órgão judicial de uma eventual sobrecarga litigiosa. Trata-se de um enfoque mais abrangente, que prioriza o problema social sob cuja orientação compreende o problema da justiça.

Dessarte, o exercício da jurisdição ampla exige do magistrado um esforço além do burocrático-formal necessário ao proferimento de decisões processuais.

2.7.2.2. JURISDIÇÃO COMUNICATIVA

É no âmbito da jurisdição que a indissociável vinculação entre a democracia e a epistemologia se revela em toda a sua complexidade. Os aspectos epistemológicos dessa correlação já foram amplamente investigados, restando considerações do ponto de vista político-constitucional que podem ser arregimentadas na fundamentação da democratização da administração da justiça, sob o ângulo da própria jurisdição.

2.7.2.2.1. LIMITES DA LIVRE CONVICÇÃO: JURISDIÇÃO INCONSTITUCIONAL

No Estado Democrático de Direito, a *livre convicção* não é ilimitada. A obrigação de fundamentar não se cumpre pela exaração de qualquer fundamento, mas tão somente quanto a fundamentos dirigidos para o cumprimento dos princípios e valores eleitos constitucionalmente pela comunidade de parceiros de direito (sociedade juridicamente organizada). É nesse sentido que se poderá falar numa *jurisdição inconstitucional,* quer seja quanto à interpretação da norma, quer seja quanto à dos fatos, na medida em que as consequências das decisões ensejam resíduos de injustiça não toleráveis pela Constituição, por incompatibilidade com os objetivos nela traçados. A passagem de uma teoria da escolha racional para a teoria do discurso, para o incremento da ideia de democracia integral, desanuvia o vácuo de legitimidade existente nas decisões de autoridade apoiadas em preferências não justificáveis discursivamente, cujas consequências não podem ser aceitas à luz dos princípios e valores constitucionais. Não se nega o resquício de vontade inerente a todo ato humano e, por óbvio, a todo ato de autoridade. No entanto, segundo os postulados de uma ética da responsabilidade, a vontade do agente público deve ter como "telos" permanente o projeto constituinte, somente sendo válido se puder ser compreendida nesta dimensão.

Jürgen Habermas, apoiado nas ideias de Klauss Gunther, dá maior clarividência a esta dimensão, afirmando que

[...] numa **aplicação** de normas, sensível ao contexto, a imparcialidade do juízo não está garantida pelo simples fato de perguntarmos acerca daquilo que todos poderiam querer, e sim pelo fato de levarmos adequadamente em conta todos os aspectos relevantes de uma situação dada. Por isso, a fim de decidir quais normas podem ser aplicadas a determinado caso, é preciso esclarecer se a descrição da situação é completa e adequada, englobando todos os interesses afetados. Klaus Gunther demonstrou que a razão prática se faz valer, em contextos de fundamentação de normas, através de um exame da possibilidade de universalização de interesses, e em contextos de aplicação de normas, através da apreensão **adequada e completa de** contextos relevantes à luz de regras concorrentes. Por conseguinte, os processos jurídicos destinados a institucionalizar a imparcialidade da jurisdição têm que fazer jus a essa ideia reguladora.[312]

O magistrado, ao adotar políticas jurisdicionais inclusivas do "diálogo social" e da "concertação social" entre a Justiça local e as entidades de representação da sociedade civil na prática judiciária (cf. 2.4.1), passa a praticar o que aqui se designa por "jurisdição comunicativa".

Esse redirecionamento paradigmático da jurisdição reconhece a insuficiência da cognição dialético-formal do processo judicial. O processo (dialético) de conhecimento judicial jamais pode suprir insuficiência epistemológica do modelo individual solipsista de racionalidade. Mesmo as ações de alcance coletivo, as *coletivas* e as *civis públicas* mantêm-se na perspectiva individualista do processo judicial, porque apenas ampliam o alcance subjetivo da lide, mantendo o tratamento da matéria objeto do litígio de modo fragmentário e abstraído de contextos mais amplos e de considerações mais abrangentes acerca das implicações sociais das decisões. Dois são os fatores incontornáveis: a restrição objetiva e a unilateralidade das visões agonísticas das partes. A percepção fragmentária e individual-solipsista da racionalidade cientificista não se desfaz tão somente pelo fato de se tratar de uma lide que envolve interesses coletivos ou difusos.

A realidade fragmentada e apreendida a partir de critérios epistemológicos unilaterais e seletivos com que atuam as partes em qualquer espécie de ação e a postura adversarial da relação interpartes procedem a uma distorção estratégica dos fatos da realidade em prol de suas causas sem qualquer concessão a outras perspectivas mais amplas de atendimento ao interesse público. Isso porque, na perspectiva da democracia integral, a compreensão do que seja o interesse público, mesmo nos discursos de aplicação, não pode ser mais objeto de apropriação

---

(312) HABERMAS. *Direito e democracia* — entre..., 1997a. v. I, p. 246.

solipsista e monológica por parte da autoridade pública. O momento da decisão, nesse caso, não passa do exercício monológico da razão jurídica solipsista; a dialética processual de modo algum é garantia de atendimento ao princípio da complexidade.

A insuficiência dos atos cognitivos processuais em relação aos contextos de realidade e à perspectiva dos interesses coletivos decorre do fato de que as "ordens processuais" regulam estreitamente a tomada de provas no desenrolar da ação judicial, possibilitando às parte uma conduta preponderantemente estratégica no trato com o direito e com os fatos. Por outro lado, o discurso jurídico dos tribunais se desenvolve num "vácuo do direito processual", de modo que a produção do juízo fica entregue *unicamente* à "competência profissional do juiz". E, "sobre o resultado da tomada de provas, o Tribunal decide segundo seu convencimento livre, formulado a partir da síntese do litígio"[313], sem obrigação de justificar a própria escolha dos fundamentos com os quais profere suas decisões.

2.7.2.2.2. A JURISDIÇÃO COMUNICATIVA COMO EXPRESSÃO DO PRINCÍPIO DE DEMOCRACIA INTEGRAL NA ADMINISTRAÇÃO DA JUSTIÇA

Instâncias dialógicas abertas e não adversariais livres das amarras e restrições do processo judicial nas quais se promova o encontro entre a autonomia pública e a autonomia coletiva (ou privada) é que poderão oferecer ao magistrado uma "cosmovisão" ampliada, capaz de permitir a ampliação do sentido dos fins sociais da lei e da concreta tradução do projeto de sociedade constitucionalmente estabelecido a partir de diagnósticos que levam em conta a perspectiva coletiva e, até mesmo, a das demais instituições do trabalho que atuam localmente.

Tais pré-compreensões são determinantes para a seleção, dentre múltiplas alternativas possíveis, dos fatos e das normas jurídicas e do sentido que se lhes atribuirá no "subsuntivo", bem como da escolha dos referenciais de atribuição de sentido a ambos.

Nesse sentido é que Jürgen Habermas ressalta o fato da insuperável indeterminação do direito e põe em xeque duas ficções incrustradas na cultura jurídica, a da *certeza* e a da *segurança jurídica*. Uma vez que os discursos de aplicação não são passíveis de regulamentação, não é possível normatizar o conteúdo da fundamentação das decisões nem regulamentar acerca da validez dos argumentos de decisão.

A redução dessa discricionariedade intrínseca a todo ato de decisão e a toda ação pública e que se encontra a meio caminho do arbítrio insere-se no escopo do *princípio de democracia* instrutivo do sistema Ninter.

---

(313) LARENZ *apud* HABERMAS. *Direito e democracia* — entre..., 1997a. v. I, p. 295.

No caso específico da jurisdição (sentido amplo), por intermédio da ação pública comunicativa, o magistrado passa a ter acesso às reivindicações de justiça dos sujeitos sociais destinatários da jurisdição, elaboradas com fundamento nos contextos de realidade considerados em sua complexidade e singularidade irrepetíveis.

Nesse sentido, instado a uma maior inserção social por via de instâncias institucionalizadas, desburocratizadas, de "diálogo social", o magistrado amplia os processos cognitivos dos contextos de realidade em que exerce a jurisdição e passa a incluir no substrato das pré-compreensões que ele constrói casuisticamente a ideia de justiça com que profere suas decisões ou executa atos jurisdicionais, por ter acesso a argumentos de justiça e de realidade plausivelmente expostos pelos destinatários/afetados pela ação pública nos procedimentos discursivos.

Contudo, a abertura político-epistemológica do órgão judicial carece de espaços institucionalizados que estabeleçam, normativamente, as condições de possibilidade e as regras de acesso e de procedimentos, além da explicitação das condições de possibilidade e da garantia de transparência e publicidade necessárias à sua eficácia, legitimação e credibilidade.

Além do Conselho Tripartite (Interinstitucional) dos Núcleos Intersindicais de Conciliação Trabalhista, a inexistência desta instituição pode ser parcialmente suprida pela instituição do Conselho de Administração de Justiça. Se no sistema Núcleos Intersindicais de Conciliação Trabalhista os sindicatos são os anfitriões do "diálogo social", nos Conselhos de Administração de Justiça o anfitrião é o órgão judicial, o magistrado que responde por ele.

O uso desses espaços institucionais, que concretizam a ideia de "governança" (princípio de democracia integral) em relação à administração da justiça, é de importância fundamental. Embora a existência dessas instituições não seja condição *sine qua non* para o exercício do "diálogo social" entre a Justiça e a sociedade, a institucionalização desse diálogo, com o estabelecimento das "regras do jogo", estatutariamente, alivia o magistrado de uma exposição ao diálogo público sem explicitação dos princípios e dos procedimentos necessariamente seletivos quanto ao conteúdo, às condições de possibilidade do diálogo, aos sujeitos participantes (legitimados), à função e aos limites da ação pública comunicativa.

Além disso, esses mecanismos institucionalizados (Conselho Tripartite ou Conselho de Administração de Justiça) preservam a necessária imagem de imparcialidade do magistrado, além de prevenir a instrumentação de seus discursos e de sua presença em *locus* não institucionalizados de diálogo social e de concertação social.

Dessa perspectiva resulta que a participação dos juízes do trabalho nos procedimentos discursivos interinstitucionais realizados nos Conselhos Interinstitucionais dos Núcleos Intersindicais de Conciliação Trabalhista ou nos Conselhos de Administração de Justiça é indispensável à democratização da jurisdição (mesmo em seu sentido estrito). Para ter acesso aos contextos de realidade e às pretensões de validade dos destinatários de suas decisões quanto a questões de elevado interesse públicas, coletivas e sociais, representadas legitimamente pelos dirigentes sindicais, e na perspectiva de uma ética de responsabilidade, bem como às condições não processuais de gênese democrática da interpretação e aplicação da lei, o juiz precisa substituir ou acrescer às suas pré-compreensões da realidade (culturais, ideológicas e de sentido da norma a aplicar) a perspectiva dos jurisdicionados.

Nesse sentido, a perspectiva clássica da separação dos poderes perde consistência, dado que autonomia privada e/ou coletiva passa também a ser ameaçada pelas preferências solipsistas, isoladas e subjetivamente concebidas sem observância dos direitos de participação e comunicação dos cidadãos, porque

> A justificativa da existência do Estado não reside primariamente na **proteção de direitos subjetivos iguais**, e sim na garantia de um processo inclusivo de formação da opinião e da vontade, dentro do qual civis livres e iguais se entendem sobre quais normas e fins estão no interesse comum de todos.[314]

Do mesmo modo, num âmbito mais restrito de atuação, a razão comunicativa precisa se estender, se se pretende ser democrática, aos procedimentos de interpretação e aplicação da lei.

Os Conselhos de Administração de Justiça, contudo, não são dotados da capacidade operacional do sistema Núcleos Intersindicais de Conciliação Trabalhista, cujos Conselhos Tripartites (interinstitucionais) devem ser preferidos sempre que estas instituições existirem, porque nestes se realiza, a um só tempo, a harmonia entre a autonomia coletiva e a pública, e abre-se a alternativa da ação sindical comunicativa. Esses Conselhos são, portanto, instâncias suplementares da jurisdição comunicativa.

O acesso dos cidadãos ao órgão judicial, por suas entidades de representação local, pela via do "diálogo social" perante os Conselhos Tripartites/interinstitucionais do Núcleos Intersindicais de Conciliação Trabalhista ou os Conselhos de Administração de Justiça, poderá também permitir àquelas entidades a tematização de situações e contextos de realidade complexos, singulares e irrepetíveis, de alta relevância social e de elevado interesse público, que exijam soluções a partir do exercício criativo da hermenêutica jurídica, configurando contextos de realidade,

---

(314) MICHELMAN apud HABERMAS. *Direito e democracia* — entre..., 1997a. v. I, p. 335.

em relação aos quais o tratamento pelas vias institucionais-burocráticas ordinárias não responde às exigências de razoabilidade, equidade e justiça[315].

Ao dispor desses espaços institucionalizados de "diálogo social" e de "concertação social", o magistrado que se encontre diante de questões sociais desse jaez tem a possibilidade de, no exercício da jurisdição comunicativa, promover a mobilização das autoridades locais e das entidades de representação social para a instauração do diálogo e da negociação, que, na prática, podem se consumar até mesmo na adoção excepcional de *regime trabalhista especial* (cf. 2.4.4).

2.7.3. O Conselho de Administração de Justiça

Para atuar comunicativamente (jurisdição comunicativa) com os setores não organizados coletivamente ou que não tenham constituído os respectivos Núcleos Intersindicais de Conciliação Trabalhista, o magistrado do trabalho titular de órgão judicial de primeira instância, precisa estar disposto a atuar em sintonia com os paradigmas epistemológicos da razão dialógica e da complexidade.

---

(315) A *Indústria de Móveis Fama Ltda.*, na jurisdição de Patrocínio/MG, responsável pela oferta de cerca de 200 empregos em um município de pequeno porte, atingiu estado pré-falimentar, com o encerramento provisório de suas atividades, por conta do desequilíbrio na gestão da questão trabalhista. Respondendo por inúmeras demandas já em fase de execução, teve, afinal, penhorada a sede da empresa, depois de esgotados quase todos os demais bens suscetíveis de garantir a quitação passivo trabalhista, em torno de R$ 600.000,00. A execução individualizada das demandas remanescentes, além de ensejar múltiplas habilitações à penhora do único imóvel, levou à constatação de que, além da alienação em hasta pública por preço muito inferior (R$ 350.000,00) ao valor de mercado do imóvel (estimado em aproximadamente R$ 750.000,00), a execução fragmentada e a hasta pública convencional gerariam a quebra da empresa, o não pagamento de cerca de 50% do passivo trabalhista e impediria a venda da empresa a outros investidores dispostos a reequilibrar suas finanças, dar sequência à atividade fabril e manter empregados os cerca de 200 homens e mulheres que tinham no emprego a fonte de sustentação familiar. Em procedimento discursivo anterior à existência do Núcleo Intersindical de Conciliação Trabalhista do Comércio e da Indústria local, que chegou a existir, mas prenunciativo das funções do Conselho Interinstitucional do Ninter, mediante provocação do magistrado do trabalho local, envolveram-se os agentes sociais interessados numa solução jurídica e socialmente razoável. Os atores sociais, representados por entidades de classe e da sociedade civil, além do Poder Público municipal, que não se furtou à sua responsabilidade. Ao interagirem com as partes interessadas, afiançaram o empenho e o apoio na busca de solução da questão trabalhista, mantendo com isto o interesse de empresários na aquisição do empreendimento, enquanto o órgão local de Justiça do Trabalho atuou de forma a dar solução unitária, ágil e coerente a todas as demandas em curso. A hasta pública, dirigida pelo próprio magistrado, foi amplamente divulgada e, acionados todos os profissionais da área do comércio imobiliário local, logrou-se a participação de muitos interessados na arrematação do imóvel, que, afinal, foi judicialmente alienado pelo preço de mercado (R$ 700.000,00). Consequências sociais: a dívida trabalhista foi integralmente quitada sem consumir todo o passivo da empresa; a empresa, adquirida por outros empresários, manteve empregados os trabalhadores que haviam perdido seus empregos; o caos processual decorrente da multiplicidade de demandas sujeito a uma avalanche de recursos e a uma incalculável demora na solução final das demandas foi, enfim, prevenido em benefício de todos os setores envolvidos.

Essa disposição implica assumir seus reflexos pragmático-operacionais ao se dar concreção aos princípios erigidos na Constituição como fundamento da República (destacadamente, o princípio da dignidade humana e o da cidadania) e aos demais princípios informativos do Estado Democrático de Direito. Nesse sentido é que no exercício do poder jurisdicional (em sentido amplo) parece haver espaço para a instituição do Conselho de Administração de Justiça[316], ente organizado a altere, que, embora obviamente não se vincule à estrutura do órgão judicial, constitui-se num poderoso instrumento de inserção social do magistrado.

O Conselho de Administração de Justiça é destinado a: implementar na área de jurisdição do órgão judicante de primeira instância as políticas jurisdicionais adotadas pelo magistrado; formalizar sua disposição para o "diálogo social" e para a "concertação social"; promover a participação da comunidade dos jurisdicionados por meio de entidades de representação de interesses profissionais e econômicos e de outros segmentos sociais convergente com as questões trabalhistas locais; estabelecer interações entre as demais instituições do Poder Público encarregadas da organização do trabalho que atuam localmente; e constituir um espaço de participação e inserção social do magistrado.

Por intermédio do Conselho de Administração de Justiça, o magistrado trabalhista dá ensejo ao exercício, por parte do conjunto das instituições do Poder Público locais encarregadas da organização do trabalho, de implementar práticas concernentes ao princípio de "governança", na dimensão em que ele se refere à *ação pública comunicativa*, viabilizando práticas públicas locais comprometidas com o princípio de democracia integral. Os Conselhos de Administração de Justiça cumprem em parte os objetivos do Conselho Tripartite/Interinstitucional do Ninter. A ação dos Conselhos de Administração de Justiça tem, contudo, um campo mais estrito de manifestação, já que não pode contar complemente com a força normativa da ação coletiva comunicativa para a afirmação de compromissos intersindicais de coerência e de ação diante das soluções projetadas[317].

---

(316) A referência concerne à experiência inovadora de Conselho de Administração de Justiça da Vara do Trabalho de Araguari, instituído em 26 de julho de 2003, integrado por trinta e duas entidades da sociedade civil daquela área de jurisdição. Entre elas, todos os sindicatos de classe, instituições do trabalho, órgãos do Poder constituído municipal, como poderoso canal de acesso do magistrado à realidade local. A este seguiu-se a instituição do Conselho de Administração da 5ª Justiça da Vara do Trabalho de Belo Horizonte. Cf. Ato Constitutivo dos Conselhos de Administração de Justiça da Vara de Araguari e da 5ª Vara do Trabalho de Belo Horizonte — ANEXO A.

(317) A ata de reunião do Conselho de Administração de Justiça da Vara do Trabalho de Araguari realizada em 31 de agosto de 2004, com a presença dos sindicatos profissional e econômico do setor da indústria alimentícia, de um representante do Ministério Público do Trabalho, de representante da Subdelegacia Regional do Trabalho, do procurador de créditos trabalhistas do INSS e do chefe da Agência do INSS naquele município, das partes e seus advogados, além do juiz titular daquela Vara, também registra importante atuação daquele Conselho. O sindicato da empresa Frigorífico Santa Lúcia acionou o Conselho de Administração de Justiça para trazer ao conhecimento das autoridades do trabalho e

2.8. O SISTEMA NINTER E A REFORMA TRABALHISTA

A reflexão que aqui se propõe não se insere nas questões relacionadas ao fracasso da reforma trabalhista almejada com a criação do Fórum Nacional do Trabalho instituído pelo Governo Federal, em 2002, que se realizou sob a coordenação do Ministério do Trabalho e Emprego, incumbido de promover a "negociação entre os representantes dos trabalhadores, empregadores e Governo Federal sobre a reforma sindical e trabalhista no Brasil" (RIFNT, art. 1º). Atém-se aos aspectos relacionados às premissas epistemológicas subjacentes ao movimento reformista então instaurado. Entretanto, deve ser recordado que o Fórum teve composição tripartite e agregou representantes dos trabalhadores, do governo e dos empregadores com os seguintes objetivos:

> a) promover a democratização das relações de trabalho, mediante a "adoção de *novas regras de organização sindical, negociação coletiva e solução de conflitos*" e de um modelo de organização sindical baseado em liberdade e autonomia;
>
> b) formular propostas de atualização da legislação do trabalho de modo a "torná-la mais compatível com as novas exigências do desenvolvimento nacional e da realidade do mundo do trabalho, de maneira a criar um ambiente propício à geração de emprego e renda";
>
> c) "modernizar as instituições de regulação do trabalho, especialmente a Justiça do Trabalho e o Ministério do Trabalho";

---

previdenciárias locais: a recente reestruturação administrativa, os elevados investimentos com a construção de estação de tratamento e preservação do meio ambiente, exigida pelo Poder Público, e a execução de créditos previdenciários de valor elevado, o que vinha sendo discutido judicialmente havia cerca de dez anos. A coincidência das três vertentes de gastos pôs em risco a atividade empresarial e o emprego de centenas de trabalhadores, ante a comprovação da impossibilidade econômico-financeira da empresa de suportar a exigência simultânea da totalidade das dívidas referenciadas. Reivindicava o estudo da possibilidade de suspensão da execução ou o parcelamento dos débitos previdenciários, mediante os fundamentos expostos em documento por escrito. O caso foi considerado de manifesto interesse público e coletivo, em razão da questão social subjacente, mediante consenso insterinstitucional (os sindicatos do setor, todos os representantes das instituições públicas presentes e o próprio representante do INSS), justificando atuação concertada das instituições do trabalho local, a fim de contribuir para a solução da questão, evitando assim o fechamento de suas atividades, o estímulo ao abate clandestino de animais e o desemprego em massa. O encaminhamento inicial do problema consistiu nas seguintes deliberações, fruto do consenso de todos os participantes: a) instauração de uma diligência fiscal do INSS na empresa; e b) encaminhamento, por intermédio do represente do INSS integrante do Conselho, de pedido de autorização superior para solicitar a aceitação da proposta da empresa de parcelamento imediato do débito, de forma adequada às suas atuais condições. Os dados disponíveis à análise de conteúdo não contemplam o desfecho do procedimento discursivo instaurado, e por isso não se menciona acerca do resultado final da ação pública comunicativa levada a efeito.

d) estimular o diálogo e o tripartismo como base para a consolidação de um novo padrão de relacionamento trabalhista; e

e) *assegurar a justiça social no âmbito das leis trabalhistas, da solução de conflitos trabalhistas e das garantias sindicais."*[318] (grifo posterior)

O padrão de racionalidade com que o Fórum Nacional do Trabalho foi constituído e operou é tributário do modelo de racionalidade da filosofia da consciência (capítulo 1). A ausência de uma reflexão anterior acerca dos paradigmas políticos e epistêmicos que presidem a organização tradicional e daqueles que presidiram a reforma intentada pelo governo parece autorizar a conclusão de que se admitiu como axiomático o modelo de racionalidade instrumental que crê na construção de um sistema de inteligibilidade ainda baseado num racionalismo que alimenta a clássica dicotomia sujeito-objeto, razão-realidade, público-privado, autonomia pública-autonomia privada[319]. Ao mesmo tempo em que avançou propostas democratizadoras no sentido da ampliação do diálogo social, este se manteve nos níveis das cúpulas representativas dos segmentos econômicos e profissionais, distantes das realidades locais. Do mesmo modo, o modelo de reacionalidade permaneceu o mesmo, e a cognição seguiu estacionária do paradigma reducionista e fragmentador da realidade.

A concepção sistêmica, conforme se extrai dos primeiros passos da Reforma, limitou-se, portanto, ao campo normativo e se prendeu a pressupostos da teoria sistêmica clássica, ainda que o sentido conferido à expressão *sistema* também não tenha sido elucidado pelos reformadores[320].

---

(318) Disponível em: <www.mte.gov.br> Acesso em: 12.6.2007. A reforma de *lege ferenda* (primeira etapa) está consubstanciada no anteprojeto de lei que cria o Conselho Nacional de Relações do Trabalho (CNRT), na Proposta de Emenda à Constituição — PEC n. 369/05 e no Anteprojeto de Lei de Relações Sindicais. Visa fazer frente à constatação da existência de uma crise da organização do trabalho, do esgotamento do modelo de organização sindical "herdeiro de uma tradição autoritária e corporativa", do anacronismo da legislação trabalhista e da insuficiência do sistema judicial para a resolução dos conflitos sociais, por parte do conjunto dos setores representativos do governo, do conjunto das instituições do trabalho e da sociedade no Fórum. A incontestável abertura ao diálogo e à participação das representações econômicas e profissionais nos processos de diagnosticação e de discussão orientada para a busca de consensos explicita a abertura para uma concepção democratizadora na condução dos processos preparatórios da Reforma. Destacam-se os avanços na adoção do diálogo e do tripartismo, e a preocupação da coordenação dos trabalhos com uma compreensão sistêmica dos problemas e das soluções propostas.
(319) VASCONCELOS, Antônio G. *O sistema núcleo intersindical de conciliação trabalhista* — do fato social ao instituto jurídico: uma transição neoparadigmática do modelo de organização do trabalho e da administração da justiça. São Paulo: LTr, 2014. cap. 1, item 1.1 e Capítulo 1, item 1.4, desta obra.
(320) A proposta traduz uma compreensão fechada de "sistema" (cf. 5.4.1), integrada pelos diversos subsistemas da organização do trabalho, que continuarão atuando de forma isolada, com códigos próprios de conduta e de operacionalidade, mediante subsistemas estaticamente conformados por justaposição, segundo critérios de uma divisão racional do trabalho entre aqueles que compõem o mosaico institucional

2.8.1. As premissas da democratização adotadas na Reforma

A abordagem neoparadigmática que conduz a presente investigação distingue entre processos cognitivos destinados à formação da opinião e da vontade política nos processos político-deliberativos e aqueles destinados à formação da opinião política e da "vontade jurídica" no plano da aplicação do direito.

Os processos deliberativos de formação da vontade política que se materializa no ato da criação do direito que regerá o sistema da organização do trabalho precisam, para serem democráticos, imiscuir-se também na dinâmica da organização do sistema, nos processos de formação da opinião e da vontade na aplicação do direito criado (cf. capítulo 1). Significa reiterar que os atos de aplicação da lei próprios a quaisquer atos de autoridade constituem-se no processo de formação da opinião e da vontade num segundo estágio posterior ao da criação do direito (da legislação), que é o estágio de aplicação, sujeito aos mesmos percalços da formação da opinião e da vontade nas deliberações políticas concernentes à criação do direito, embora seu alcance seja limitado aos problemas da escolha e da interpretação da norma, bem como dos fatos de realidade a serem levados em conta pelos atos de autoridade.

A base da Reforma intentada não cogitou dessa perspectiva, mas apontou em direção a ela, na medida em que abriu horizontes incomensuráveis à medida que tomou como ponto de partida os princípios do Estado Democrático de Direito, portanto, para além de uma concepção meramente formal do processo democrático, considerando que preconizou a necessidade da adequação do sistema às situações singulares para tornar possíveis a justiça social (ainda que aqui se compreenda a efetividade dos direitos sociais) e o desenvolvimento econômico, vislumbrando, além disso, a necessidade da instituição de diversos níveis de negociação, desde o nível da empresa individual ao nível do contrato social.

Com efeito, o enfrentamento da complexidade, a dinâmica das relações socio-econômicas e as contínuas e cada vez mais amiúde transformações da sociedade nacional contemporânea devem ser realizados pelo diálogo e pelo entendimento. Porém, se as deficiências do paradigma tradicional assim o determinam, não há como deixar de admitir a sua existência nas práticas institucionais de gestão da organização do trabalho e de aplicação do direito, impondo-se democraticamente uma revisão paradigmática dos códigos de conduta e do *modus operandi* das instituições.

---

da organização do trabalho: os subsistemas de produção normativa (legislação, normas coletivas), os subsistemas de gestão (administração) da organização do trabalho e os subsistemas de resolução dos conflitos.

O modelo tradicional do *tripartismo* reproduzido na dinâmica do Fórum Nacional do Trabalho não foi nem será capaz de promover uma democracia substancial baseada na composição de forças do conjunto dos cidadãos na construção da sociedade. Esse modelo teria tido, no máximo, uma função, preponderantemente, de *cooptação* da opinião e da vontade para, em torno de um consenso fictício, neutralizar as oposições (cf. 2.3.1). É sobretudo interessante denotar que em inúmeras ocasiões a representação dos trabalhadores omitiu-se de manifestar-se em temas de grande responsabilidade e repercussão, por inexistência de posicionamento ou por ausência de consenso entre os membros integrantes de sua bancada.

2.8.2. Ninter: com a Reforma e além da Reforma

A democratização (diálogo e tripartismo) dos processos de formação da opinião e da vontade, com base nas premissas da reforma, limitou-se ao momento político da criação do direito. A concepção democrática que está na base do sistema Ninter refere-se à democratização das práticas institucionais pela via do diálogo social e da concertação social, no plano das realidades locais, no momento da aplicação do direito.

O sistema Ninter é uma experiência concreta e já em andamento que se encontra em inequívoca consonância e coerência com o novo sistema de organização do trabalho que se delineia. Avança com e para além do que a reforma foi capaz de cogitar. Contudo, ao orientar-se por novos pressupostos epistemológicos, a partir dos quais densifica o sentido dos princípios político-constitucionais que fundamentam a República (dignidade humana e cidadania), conferindo um sentido consistente, material e substantivo ao princípio de democracia, bem como ao criar formas institucionalizadas de concretizá-los. No sistema Ninter, o desenvolvimento da autonomia coletiva e da autonomia pública se verifica em termos dos princípios e conceitos de "governança", subsidiariedade ativa, ação pública comunicativa, ação coletiva comunicativa, regime trabalhista especial, jurisdição comunicativa, gestão compartilhada da administração da justiça, tripartismo de base e diálogo social e de concertação social, os quais se estendem a todas as esferas de poder e a todos os agentes sociais que atuam na gestão da organização do trabalho e na administração da justiça no plano local[321].

Ao não lograr transcender o modelo clássico de racionalidade (razão instrumental individual solipsista), a reforma depositou no instituto da representação da democracia clássica, em níveis hierarquicamente superiores, a fonte de legitimação

---

(321) Com isso, confere-se aos atos cognitivos (do direito e da realidade) e às práticas locais uma concepção sistêmica aberta (cf. Capítulo 6).

das decisões, hoje questionada pelo conjunto das doutrinas democráticas assentadas numa ética de responsabilidade e no reconhecimento do sujeito como sujeito da história e como corresponsável pela construção social da realidade. Os discursos cupulares não podem apreender os contextos complexos, singulares e irrepetíveis de realidade, bem como não podem levar em conta a perspectiva dos afetados, mediante interação direta com estes ou em um primeiro nível de representação.

2.8.2.1. JUSTIÇA SOCIAL

Qual é o sentido de justiça social tomado como uma das diretrizes centrais da Reforma Trabalhista?

O movimento reformista intentado por intermédio do Fórum Nacional do Trabalho não estabeleceu diretrizes sobre o que deveria ser considerado "justiça social" no plano material e concreto. Não se tomaram por pressuposto de justiça social sequer os direitos sociais vigentes. Referiu-se a conceito vazio e desprovido de conteúdo, que, apesar de não ter sido tomado como significante de nenhum significado, enlevado como fundamento da pretendida Reforma. Tudo ficou em aberto, permitindo entrever que o sentido da justiça social (conceito central do movimento reformista) seria construído a partir do diálogo social e do tripartismo, já que o Governo Federal compreendeu que estimular o "diálogo e o tripartismo" seria a metódica definidora do conteúdo da Reforma a partir de consensos mínimos[322].

Fosse qual fosse a resposta da Reforma para o problema da justiça social e do desenvolvimento econômico, o problema fundamental do direito do trabalho e das instituições continuaria sendo, como desde sempre, a falta de efetividade desses direitos.

Na perspectiva dos desenvolvimentos teóricos realizados nesta investigação, apesar de sua importância e indispensabilidade, é preciso ter em consideração, em qualquer iniciativa de reforma, incluída a do judiciário que se processa contem-

---

(322) Se admitir que a manutenção dos direitos sociais vigentes desatende a critérios de justiça, o Fórum precisará reduzi-los, se entender que geram resíduo de injustiça segundo o critério complexo (composto de elementos que congregam interesses díspares) de consideração da justiça social — equilíbrio entre o desenvolvimento econômico e o social. Ao contrário, precisará aumentá-los ou, no mínimo, mantê-los como estão se compreender que a insuficiência das garantias e dos direitos sociais é que responde pela injustiça das relações de trabalho. A redução dos patamares mínimos estabelecidos pela Constituição parece inviável, considerando a reação de amplos segmentos da sociedade e a disposição do governo para mantê-los. A ampliação parece agora também inviável ante o discurso dos segmentos econômicos no sentido da insuportabilidade do agravamento dos custos sociais e tributários dos empreendimentos econômicos. Ambas as hipóteses poderão desdobrar-se em dissensos comprometedores da governabilidade.

poraneamente, o mero aparelhamento burocrático-instrumental das instituições do trabalho não logrará conformação de condutas sociais, de modo geral, no sentido de promover a efetividade dos direitos trabalhistas em níveis socialmente toleráveis.

A inadequação da legislação trabalhista (não se refere aqui aos direitos sociais e, muito menos, à sua flexibilização ou desregulação, mas à legislação instrumental-procedimental por meio da qual se busca realizar tais direitos) concorre para a sua deslegitimação social, cuja consequência é seu elevado déficit de efetividade diante do qual as instituições seguem impotentes, dado que não é possível imaginar uma atuação panóptica do Estado sobre todas as situações de irregularidade no cumprimento da legislação trabalhista. A adequação promovida por instâncias da realidade não leva em conta, até mesmo pelo desconhecimento, os contextos de realidade em complexidade e singularidade irrepetível. Ainda que assim fosse, a Reforma seria feita a partir da compreensão de um determinado *status quo* e de uma visão estática construída a partir dele, sem dar conta da extrema dinamicidade dos fatores socioeconômicos. Com uma brevidade muito maior que o desgaste do sistema atual, o resultado da Reforma se tornaria novamente obsoleto e inadequado aos novos contextos que se sucedem.

Por outro lado, a Reforma adotou como premissa a compreensão de que a negociação coletiva se constitui como o mais importante instrumento de solução dos conflitos. O sistema Ninter, por sua vez, compreende como um instrumento multifuncional de regulação e de suporte à "governança" e à gestão da organização do trabalho e da administração da justiça, no que diz respeito ao envolvimento dos sindicatos nesta tarefa, sob os auspícios do princípio da subsidiariedade. A negociação coletiva permite a consideração das situações específicas em sua singularidade e devolve aos sindicatos a responsabilidade pela sua organização.

A falta de efetividade dos direitos sociais vigentes, como o principal problema de "justiça social" a ser enfrentado no plano jurídico-institucional, constitui o ponto de partida para, de *lege lata,* a eleição do sentido de justiça social com que trabalha o sistema Ninter.

A Reforma, no ponto em que logrou êxito, procurou corrigir o número distorcido de sindicatos fictícios e desprovidos de representação com a centralização da estrutura sindical em torno de entidades de cúpula. Mas essa forma de solução do problema implica o afastamento das instâncias decisórias das realidades locais e um retrocesso das práticas democráticas por ela preconizadas. Por seu turno, o sistema Ninter desloca para o plano local a instância preponderante na solução dos problemas que se situam no ponto de interseção entre o direito e a realidade, onde as instituições realizam a interface com a realidade e seus atores.

2.8.2.2. Tripartismo e diálogo social

Com efeito, umas diretrizes da Reforma seriam o estímulo ao diálogo social e ao tripartismo. Coerentemente com essas diretrizes, o Governo adiantou a instituição do Conselho Nacional de Relações de Trabalho, por intermédio da MP n. 294/2006, que, no entanto, foi rejeitada pela Câmara Federal, em 4.9.2006. A proposta persiste na forma de Anteprojeto de Lei. De enorme importância social e de grande significado democrático, a proposta padeceu das deficiências do paradigma da razão instrumental, contentava-se com uma concepção formal da democracia, baseando-se exclusivamente no princípio da representação e restringindo-se ao campo das deliberações políticas.

Por outro lado, o anteprojeto de Reforma Sindical restringiu o diálogo social e o tripartismo às cúpulas sindicais, uma vez que "o diálogo social e as negociações tripartites serão conduzidos pelas centrais sindicais e pelas entidades sindicais de empregadores, conforme a natureza dos interesses envolvidos" (art. 93, parágrafo único, Anteprojeto de Lei de Relações Sindicais). Caberia às cúpulas sindicais a participação no diálogo social e nas negociações tripartes nos assuntos de interesse geral. Desse modo, a Reforma não cogitou do diálogo social nas bases, nos locais onde se dá o encontro das instituições com a realidade. Não cogitou também do diálogo social e do entendimento entre os atores locais do trabalho (públicos e coletivos) no que diz respeito à aplicação da lei e de todas as ações destinadas à busca da efetividade da legislação trabalhista no plano das ações coletivas. Alimentou-as a crença de que, uma vez reconstituídas as instituições e suas regras, e produzido o direito a ser aplicado, ele deveria ser entregue novamente à razão solipsista, discricionária e determinada pelas preferências ou condicionantes inconscientes da consciência de um único sujeito investido de autoridade pública encarregado de sua aplicação.

O tripartismo e o diálogo social da Reforma foram concebidos em limites estritos, quanto à matéria e quanto aos sujeitos envolvidos, não se podendo de modo algum vislumbrar que neles se pudesse compreender que os destinatários/afetados pela ação pública teriam voz ativa nos processos de formação da opinião e da vontade concernentes a decisões que lhes disse sem respeito. Nessa perspectiva, o diálogo social e as práticas tripartites de que participariam os atores sindicais ainda se limitariam à participação nos processos políticos de formação de opinião e da vontade relativos a decisões governamentais. Essa perspectiva dialógica da Reforma sequer se aproxima do conceito de "governança" aqui desenvolvido.

Ocorre que os processos cognitivos concernentes à formação da opinião e da vontade públicas no âmbito da gestão da organização do trabalho e da administração da justiça, bem como no âmbito da aplicação da legislação, estão sujeitos aos mesmos fatores relativizantes da ração instrumental solipsista da autoridade pública. Desse modo, o tripartismo, o diálogo social e a concertação social somente aprofundam o processo democrático se reproduzidos em processos de "governança", e não processos sedentários residentes na cúpula, de modo a atender às exigências de contextos de realidade complexos, singulares, irrepetíveis e suscetíveis de serem decifrados somente nos processos discursivos locais, mediante a interação entre as instituições e as autoridades também locais.

Se forem coerentes com os paradigmas da razão dialógica e da complexidade, as premissas com as quais o Fórum Nacional do Trabalho formulou suas propostas de reforma da legislação trabalhista consideraram a necessidade "[...] de uma ampla adequação de seus dispositivos às condições de trabalho, de produção e de relacionamento entre trabalhadores e empregadores e seus respectivos representantes coletivos, sem prejuízo dos princípios e valores universais e fundamentais do Direito do Trabalho e da cidadania"[323].

A Reforma se viu diante de uma dificuldade insuperável: Como estabelecer princípios e valores universais numa legislação geral e abstrata cuja natureza não pode atender às condições de trabalho, de produção e de relacionamento entre trabalhadores, na sua complexidade e singularidade irrepetíveis?

Se se admitir que o problema não é reduzir complexidades, como se procede-se à luz dos paradigmas que se nutrem do racionalismo cientificista com que se aborda o problema epistemológico — quer seja na produção do conhecimento que orienta a ação, quer seja na concepção da própria ação pública —, mas de apreender ao máximo possível a dimensão complexa dos problemas sociais e da realidade sobre a qual incide a legislação e de levar em conta os pontos de vista de todos os envolvidos (decisores e afetados), o problema se desloca para a gestão da organização do trabalho e da administração da justiça em níveis locais e na órbita de ação dos atores locais. Do contrário, a Reforma não poderia realizar a democratização efetiva da organização do trabalho; perder-se-ia numa "circularidade tautológica" ao ditar soluções genéricas e abstratas para atender a premissas em que ocorre a singularização (adequação das peculiaridades regionais/locais) da gestão da organização do trabalho.

É, portanto, no sentido de superar as limitações residentes no conjunto das premissas com que se intentou realizar a reforma trabalhista por intermédio do Fórum Nacional do Trabalho, que o sistema Ninter poderá contribuir com a reforma democrática da organização e do sistema de relações de trabalho. O sistema Ninter vai além da reforma em questão ao institucionalizar o diálogo e a concertação social em âmbitos locais e nos planos da escolha, da interpretação e da aplicação

---

(323) *Relatório 4ª Reunião do GT sobre Legislação do Trabalho de 16 de dezembro de 2004.* (Disponível em: <www.mte.gov.br> Acesso em: 12.6.2007).

da normas existentes, bem como no plano da escolha e da interpretação dos fatos locais, num processo de integração realístico e cognitivo que serve de base para a formação da opinião e da vontade dos órgãos decisores. Dessarte, no plano paradigmático, o sistema Ninter opera, articula e conjuga múltiplos conceitos e as práticas que lhe são correlatas para que a ação pública e a ação sindical possam conjugar os princípios e as regras abstratas com a realidade concreta em sua singularidade complexa e irrepetível, una e múltipla, universal e singular.

Por outro lado, ao delimitar, objetiva, subjetiva e geograficamente, o diálogo social e a concertação social, o sistema Ninter, cujas premissas emancipatórias estão a um passo adiante dela, atende, operacionalmente, ao sentido da Reforma. Quem pode o mais pode o menos.

2.8.2.3. CONCEPÇÃO SISTÊMICA

A Reforma almejou ainda conferir tratamento sistêmico, coerente e harmônico entre todas as vertentes normativas da organização do trabalho: relações sindicais, legislação do trabalho (direitos individuais e tutelares do trabalho, saúde e segurança do trabalho e legislações especiais do trabalho), administração do trabalho e legislação do processual do trabalho. Sinteticamente, a Reforma pretendia construir uma concepção sistêmica da gestão da organização do trabalho (sentido amplo) e da administração da justiça. Mas sua "visão sistêmica" se ateve, contudo, ao "mundo normativo". Uma vez mais, despreza-se a realidade, abandonando-se, nesse aspecto, a perspectiva sistêmica, como se o modo como se apreende a realidade não fosse decisivo na prática jurídica.

A premissa é de grande importância, mas, ao mesmo tempo, insuficiente, uma vez que a sistematicidade desejada permanece tão somente no plano jurídico e parece contentar-se com uma reforma limitada ao plano normativo, segundo uma crença já desautorizada pelas consequências resultantes da operacionalização do sistema jurídico tradicional: a de que as normas produzem justiça social e a alteração do sistema jurídico por si só produz a alteração da realidade. Esta é a razão pela qual, sendo a legislação social brasileira uma das mais avançadas do mundo, convive com o paroxismo da desigualdade social e da ausência de efetividade dos direitos sociais. Portanto, uma legislação que vem cumprindo uma função "fabuladora".

A Reforma não chegou sequer a cogitar de uma concepção sistêmica da atuação das instituições do trabalho, de modo a articular a atuação das diversas instituições que atuam no cenário da organização do trabalho (públicas ou coletivas) e a superar o seu isolamento operacional e a ausência de diálogo interinstitucional entre instituições que atuam num mesmo contexto de realidade a propósito de um mesmo problema.

O sistema Ninter, ao promover a interação das diversas instituições no plano local, pela via do tripartismo de base, do diálogo social e da concertação social, convergindo-os em torno da técnica de "governança", adota as mesmas premissas que a Reforma adota quanto à normatização trabalhista e as amplia para dar sistematicidade à ação pública no momento da concretização da aplicação da legislação trabalhista. Cria com isso um segundo nível de democratização, em que a posição dos afetados é levada em conta na construção do conhecimento dos fatos e das normas considerados no momento da decisão e da ação pública, bem como na formulação de programas de ação capazes de, mediante consenso interinstitucional, convergir os esforços do conjunto das instituições do trabalho na sua execução. Essas instituições, ao se situarem na base, estabelecem o elo entre o vértice da organização do trabalho e a realidade concreta, pelo que são instituições complementares indispensáveis ao prosseguimento do processo de democratização da organização do trabalho.

2.8.2.4. A NEGOCIAÇÃO COLETIVA

Ao detectar o abstracionismo e o detalhismo da legislação como um dos fatores da crise da organização do trabalho, a Reforma empenhou todo o esforço possível na valorização da negociação coletiva, ao lado do diálogo social. Com efeito, o diálogo e a negociação coletiva evidenciam a importância da autonomia coletiva e uma profunda mudança de direção em relação ao centralismo e ao legicentrismo, característicos da organização do trabalho, desde a sua constituição até o presente.

A Reforma, no entanto, incorreu em considerável contradição quando, sob a alegação da existência de uma "dispersão da negociação coletiva", propugnou por um processo de centralização da representação sindical e, de certo modo, pela centralização da normatização autônoma. Essa tendência apenas procede a um deslocamento dos centros de decisão e de normatização do poder estatal para as cúpulas do poder sindical. Cabe então uma indagação contundente: "Se a centralização da gestão da organização do trabalho é um 'valor' a ser preservado, que razões justificam as transferências dos poderes político, decisório e normativo do poder estatal para as cúpulas sindicais com todas as suas defecções?".

O equívoco está no estabelecimento de uma associação indevida da "dispersão da negociação coletiva" com as defecções do sindicalismo (especialmente a falta de representatividade e os sindicatos de fachada). Ocorre que este problema não é do sistema de negociação coletiva, intrínseco ao modelo de organização sindical adotado historicamente, do qual o artificialismo da negociação coletiva é uma das consequências, e não sua causa. Ao contrário, conforme demonstram os estudos de caso realizados nesta investigação[324], a adequação da legislação trabalhista às realidades setoriais/locais e o suprimento das "ausências normativas" em relação aos contextos singulares, complexos e irrepetíveis de realidade são uma função específica da negociação coletiva a ser desempenhada pelos sujeitos coletivos locais (sindicatos). Nesse caso, a centralização implica um pernicioso distanciamento das realidades locais.

O deslocamento e a concentração da negociação coletiva para instâncias superiores, no todo ou em parte, significam uma nova forma de tutela castradora da autonomia coletiva, em que ela precisa ser plenamente desenvolvida. Se o fortalecimento dos sindicatos é condição de possibilidade da negociação coletiva autêntica, ela precisa ser fomentada nas bases do sindicalismo, nos planos locais — jamais transferida para a cúpula sindical, num processo de amortecimento das lideranças locais ou do surgimento de outras. Este foi um dos efeitos devastadores do autoritarismo-corporativista-intervencionista que informou a estrutura do sindicalismo nacional. Exatamente esta que agora se quer reformar. Contudo, qualquer que seja o modelo de organização sindical, a importância da negociação coletiva é indeclinável.

O sistema Ninter, também no que tange à negociação coletiva, compatibiliza-se com as diretrizes gerais da Reforma; avança, porém, nos pontos em que a negociação coletiva passa a ter função ampliada para alcançar a normatização das relações locais/setoriais (adequando ou suprindo "ausências normativas"), a gestão intercategorial setorial/local da organização do trabalho e a administração da justiça (cf. 2.5.5). Mas vai além dela, por não se desprender dos contextos de realidade em sua singularidade e complexidade irrepetíveis.

2.8.2.5. Resolução dos conflitos

A Reforma anunciou a modernização da legislação processual trabalhista e das instituições. Embora este seja um dos pontos decisivos da mudança, é insuficiente, porque pressupõe que a atualização, a deformalização da legislação processual e a modernização das instituições sejam suficientes para atender à demanda e para melhorar, quantitativa e qualitativamente, os serviços da justiça. Por mais que se proceda ao aumento da estrutura material e humana, e à aplicação de recursos tecnológicos, como a informatização, os processos judiciais têm uma

---

(324) VASCONCELOS, Antônio G. *O sistema núcleo intersindical de conciliação trabalhista — do fato social ao instituto jurídico: uma transição neoparadigmática do modelo de organização do trabalho e da administração da justiça*. São Paulo: LTr, 2014. Capítulos 3 e 4.

dimensão procedimental-temporal irredutível, porque, para além da burocracia, o princípio da oralidade é cada vez mais caro e prestigiado na técnica processual. São momentos do processo não mecanizáveis, não redutíveis a "bites", assim como o é a decisão judicial, casos em que a tecnologia é mero elemento coadjuvante, e não substitutivo da ação humana.

Ao lado de institutos processuais de grande significado direcionados para a defesa coletiva dos direitos trabalhistas, coletivos, individuais homogêneos e individuais, como o da ação coletiva, a Reforma propugnou a substituição das Comissões de Conciliação Prévia — mas manteve-se silente quanto ao sistema Ninter, transferindo suas atribuições à representação dos trabalhadores na empresa. A representação sindical seria realizada, portanto, por um ente sindical regulado pelo Regimento aprovado pela Assembleia dos trabalhadores[325].

Ocorre, no entanto, que a maior parte dos empregos ofertados é proveniente das micro e pequenas empresas. A dependência da representação dos empregados da anuência empresarial, na prática, significaria a quase inviabilidade da institucionalização da representação neste segmento, do qual emerge a maior parte da clientela da Justiça do Trabalho. Como a maior parte das demandas é ajuizada por ex-empregados, a representação dos trabalhadores em atividade não poderá contar com muitos recursos suasórios para lograr uma conciliação em termos mais favoráveis ao trabalhador do que aqueles alcançados na Justiça.

Culturalmente, não é de se esperar que no curso de uma única geração empresarial os empresários, de modo geral, consintam maciçamente na constituição de representações dos trabalhadores em seus estabelecimentos.

Os trabalhadores dessas empresas, aqueles desprovidos de representação coletiva e aqueles cujos sindicatos ou os 20% dos trabalhadores locais não se interessem pela constituição da representação sindical estarão desamparados de instâncias não judiciais de resolução de conflito.

---

(325) A representação dos trabalhadores, definida em assembleia e integrada ao sistema sindical, a ser instituída nos locais de trabalho, visa ao entendimento dos trabalhadores diretamente com a empresa para prevenir, mediar e conciliar os conflitos individuais do trabalho e, de resto, "buscar soluções para os conflitos decorrentes da relação de trabalho de forma rápida e eficaz, visando à efetiva aplicação das normas legais e contratuais", dentre outras atribuições. A representação será instalada pelo sindicato ou por solicitação de 20% dos trabalhadores da empresa com mais de seis meses no emprego. Fato curioso é que esse procedimento seria válido para empresas a partir de trinta empregados. Para aquelas que empregam número inferior, a representação poderá ser criada por intermédio de contrato coletivo, que se constituiria como "negócio jurídico por meio do qual se estabelecem condições de trabalho e as relações obrigacionais entre os atores coletivos" (art. 96, III, Anteprojeto de Lei da Reforma Sindical). Existindo a representação dos trabalhadores, caberia a ela promover a tentativa de conciliação de dissídios individuais entre o trabalhador e a empresa, acompanhada pelo sindicato da categoria.

É preciso ainda atentar, por exemplo, para a situação dos trabalhadores do meio rural, especialmente as atividades que empregam milhares de trabalhadores sazonais provenientes de outras regiões[326].

A Reforma, ao propor avançado instrumento de democratização das relações de trabalho (representação dos trabalhadores), mas sem maior impacto nos setores que mais sofrem as consequências do problema da Justiça como único possível, fecha, por outra via, as portas para a democratização da administração da Justiça em sentido amplo (cf. 2.4.2). Do mesmo modo, assim o faz ao restringir à via autônoma a mera tentativa conciliatória, quando a democratização do acesso à Justiça implica a disponibilização de todos os meios possíveis de resolução de conflitos e a desconcentração destes meios na Justiça estatal.

O sistema Ninter, em sintonia com a introdução de meios autônomos de composição dos conflitos, transcende as diretrizes da Reforma para ampliar as possibilidades do sindicato de disponibilizar outros meios de resolução de conflitos sob seus auspícios e sua responsabilidade, como resultado da concreção do princípio da subsidiariedade.

Considera-se que o mais salutar e adequado à sociedade brasileira é a coexistência entre os múltiplos sistemas de resolução dos conflitos sociais: aqueles disponibilizados pelos sindicatos e a tentativa conciliatória a ser realizada pela representação dos trabalhadores na empresa quando e onde houver.

Há razões pelas quais se considera profundamente necessário o descortinamento do silêncio obsequioso do Fórum nacional sobre a implementação de técnicas não judiciais de resolução dos conflitos do trabalho, inclusivamente outras (mediação e arbitragem) além da mera tentativa conciliatória, salvo no momento em que aprovou, na Conferência do FNT em Minas Gerais, por unanimidade, o sistema Ninter. Tais procedimentos, porém, não são um "mal" em si mesmos; dependem da forma como se institucionalizam. Alimentar na sociedade brasileira uma vez mais a ilusão de uma justiça rápida e qualitativamente preparada para enfrentar a complexidade das demandas do mundo contemporâneo com o monopólio da jurisdição constitui uma grave ambiguidade.

Do ponto de vista da Justiça, parece não lhe ser conveniente absorver e concentrar corporativamente tamanha responsabilidade quando importantes segmentos dos trabalhadores põem em xeque sua capacidade de atender às suas necessidades. Desde que assim o faça, fica a dever à sociedade brasileira decisões mais céleres, mais coerentes e mais capacitadas a dar as respostas às necessidades e às expectativas da sociedade, especialmente dos trabalhadores.

---

(326) VASCONCELOS, Antônio G. *O sistema núcleo intersindical de conciliação trabalhista — do fato social ao instituto jurídico*: uma transição neoparadigmática do modelo de organização do trabalho e da administração da justiça. São Paulo: LTr, 2014. cap.2.

A conclusão que se impõe é a de que o sistema Ninter se encaminha na mesma direção da principiológica Reforma, mas a transcende do ponto de vista epistemológico e do ponto de vista da concretização do princípio de democracia imanente ao Estado Democrático de Direito. Este compreende a assunção pelos sindicatos da responsabilidade por disponibilizar mecanismos diversos de resolução não judicial dos conflitos, um modo de afirmação da autonomia coletiva e de concreção do princípio da subsidiariedade.

Os resultados alcançados por práticas empíricas e historicamente demonstradas pelo Núcleo Intersindical de Conciliação Trabalhista de Patrocínio (cf. capítulo 3) revelam a sua importância social.

A experiência mostra que tais sistemas não padecem dos percalços das Comissões de Conciliação Prévia. Se estas correm o risco de revogação por descrédito, os sistemas dos Núcleos Intersindicais de Conciliação Trabalhista seguirão incólumes, já que a sua criação não se fundamenta na Lei n. 9.958/2000, mas nos princípios da autonomia coletiva e da livre associação, inscritos na Constituição Federal, bem como nas regras pertinentes à constituição das pessoas jurídicas.

CAPÍTULO 3

RESULTADOS CONCRETOS DA EXPERIÊNCIA TRANSFORMADORA DO NÚCLEO INTERSINDICAL DE CONCILIAÇÃO TRABALHISTA DE PATROCÍNIO (1994-2013)

"Todos os órgãos relacionados ao meio rural estão tendo um grande avanço na área de informação, devido ao trabalhador já conhecer todos os seus direitos e também seus deveres. A gente aqui não trabalha só os direitos, mas os deveres do trabalhador rural. Então, não há mais como o patrão enrolar. Hoje, um trabalhador rural não assina mais uma rescisão em branco como assinava no passado, não assina mais recibo de pagamento, não assina mais recibo de férias, como há oito, dez anos atrás era normal acontecer em todas as propriedades. Hoje, não vou falar que não existe, mas se acaso existir tá muito secreto. A gente não tem conhecimento."

Presidente do Sindicato dos Trabalhadores Rurais de Patrocínio[327]

A teoria e a dogmática anteriormente desenvolvidas erigiram os fundamentos jusfilosóficos e político-constitucionais do princípio de democracia integral

---

[327] Manifestação do presidente do Sindicato dos Trabalhadores Rurais de Patrocínio/MG, em entrevista concedida ao pesquisador Nélio Borges Peres, em 16.11.2003 (Cf. PERES, Nélio Borges. *Modernização das relações de trabalho:* a propósito da criação do núcleo intersindical de conciliação trabalhista de Patrocínio/MG. (1988/2000). Dissertação (mestrado) — Departamento de História, Universidade Estadual Paulista — UNESP, 2003).

que inspira o sistema Ninter, reafirmando-o como uma instituição social e como um instituto jurídico autônomo. Em termos de uma pragmática transcendental, procedeu-se à desvinculação e à abstração dos elementos característicos e essenciais da experiência concreta e protípica do Núcleo Intersindical de Conciliação Trabalhista de Patrocínio, a fim de se definir as características gerais e abstratas configurativas das categorias jurídico-institucionais do instituto.

A dimensão mais significativa desta fundamentação reside, ao fim e ao cabo, na persecução da efetividade dos direitos sociais por critérios de eficiência e de eficácia da ação das instituições do trabalho, elaborados com base em uma nova conformação paradigmática da ação pública e da ação coletiva. Nela, a teoria somente se afirma na sua "concretitude", no sentido de que a sua sustentação, sob os auspícios de uma ética de responsabilidade, não prescinde da dimensão empírica. Isso porque tem como corolário da alteração paradigmática pronunciada o abandono da cisão sujeito-objeto nos processos de conhecimento e da cisão conhecimento-ação operadas no modelo clássico. Conhecimento e ação, sujeito e objeto constituem-se numa relação de mútua interdependência.

A teoria carece da prática para ser "real". A prática, para ser inovadora, carece da teoria. Contudo, nenhuma prática esgota a teoria e nenhuma teoria dá conta de todas as práticas[328]. Uma, no entanto, não sobrevive sem a outra. Em coerência com os paradigmas eleitos, teoria e prática renovam-se recíproca e recursivamente.

Essa circularidade foi aqui utilizada para detectar a reflexão da crise da teoria nas práticas institucionais da organização do trabalho. Tais práticas, no entanto, cederam lugar a novas práticas, que foram institucionalizadas no Núcleo Intersindical de Conciliação Trabalhista de Patrocínio. A teoria que se expôs precedentemente (capítulos 6 e 7) — teorização, em parte, *pós-factum* — é a que serve de fundamento às novas práticas.

Mais do que a mera sistematização teórica realizada precedentemente, a experiência concreta realizada pelo Núcleo Intersindical de Conciliação Trabalhista de Patrocínio inspirou a construção de conceitos operacionais de extrema relevância para a concreção do princípio de democracia integral, concebido a partir da conversão paradigmática propugnada nesta investigação.

A abordagem do problema da democratização da organização do trabalho referiu-se, na sua quase totalidade, a questões metódicas, organizacionais e operacionais dessa experiência protípica.

Constatou-se, por outro lado, a insuficiência do paradigma epistemológico, em que se sustentam a organização do trabalho e a crise de racionalidade do sistema,

---

(328) DEMO. *Pesquisa e construção de conhecimento...*, 1994. p. 28.

a partir de minucioso levantamento e exame de situações (especialmente o estudo do caso "Mitsuro Okubo") concretas em que ela se manifesta.

Reafirmou-se a autonomia do sistema Ninter como instituto jurídico e como instituição orientada para a busca da efetividade de legislação trabalhista.

Ao redor do *princípio de democracia* construído ao longo desta investigação, elaboraram-se os conceitos de ação pública comunicativa, de governança e de regime trabalhista especial, como dimensão concreta da absorção desses novos quadros de referência.

Conferiu-se um sentido ampliado à negociação coletiva e ao princípio da autonomia sindical. Situaram-se institucionalmente as práticas do "diálogo social" e da "concertação social" por intermédio do Conselho Tripartite/Interinstitucional.

O conjunto das ações das instituições envolvidas foi concebido sob o enfoque de uma ética de responsabilidade em lugar da ética de intenções condizente com o paradigma tradicional de ação.

Na sequência evolutiva da investigação, a inclusão do levantamento dos resultados concretos das ações sociais de alta significação realizadas pelo Núcleo Intersindical de Conciliação Trabalhista de Patrocínio é indispensável para dar coerência e consistência ao sentido da democratização propugnada pela teoria exposta nos capítulos anteriores, uma vez que se reconhece como uma das dimensões substanciais do princípio da dignidade humana e da cidadania a efetividade (concreção) dos direitos sociais.

Ao lado do parâmetro da *efetividade dos direitos sociais,* tomado como critério de seleção e pontuação desses resultados, inclui-se o parâmetro da *prevenção e resolução dos conflitos do trabalho*.

Nesse sentido, elegem-se o campo da efetividade do diálogo e da concertação social (programas interinstitucionais), o da negociação coletiva (ampliação e densificação), o da efetividade de direitos sociais (índice de formalização dos contratos de trabalho), o da prevenção e da solução não judicial dos conflitos trabalhistas (ampliação do acesso à justiça, redução de demandas judiciais), o do fortalecimento da ação sindical e o da credibilidade dos sindicatos (número de afiliados) como objeto de investigação, em atenção à maior disponibilidade das fontes primárias ou diretas de pesquisa.

Os resultados analisados referem-se a atividades continuadas, temporárias ou pontuais levantadas no período de doze anos, compreendido no interregno entre outubro/1994 e dezembro/2006.

Não se podem deixar de mencionar, no entanto, outros resultados incomensuráveis, como: distensão das relações de trabalho cotidianas, reconhecimento social, legitimidade e melhoria qualitativa da atuação das instituições do trabalho, fortalecimento político do sindicato dos trabalhadores, estímulo às atividades econômicas rurais e manutenção de postos de trabalho em risco de extinção. Estes não serão objeto de investigação.

3.1. A PESQUISA DE CAMPO DO "PROGRAMA GESTÃO PÚBLICA E CIDADANIA" (FGV/SP)

Premiado pelo Programa "Gestão Pública e Cidadania"[329], de responsabilidade da Fundação Getúlio Vargas e da Fundação Ford[330], o Núcleo Intersindical de Conciliação Trabalhista de Patrocínio foi reconhecido como experiência inovadora de gestão pública e, ainda, como uma experiência que ensejou melhoria na qualidade de vida da população. O Programa concluiu que a experiência pode ser reproduzida e que contribui para a ampliação da cidadania por meio da democratização do acesso a bens e serviços públicos no âmbito da organização do trabalho.

A pesquisa, coordenada por técnicos especializados da Fundação Getúlio Vargas, responsáveis pelo "Programa Gestão Pública e Cidadania", realizou-se em três etapas: a) aplicação de amplo questionário a atores sociais locais; b) remessa de documentos para análise do corpo técnico da entidade (pré-seleção); e c) pesquisa de campo, *in locu,* realizada por técnico indicado pela entidade[331].

A visão constante do relatório de pesquisa de responsabilidade do técnico pesquisador do Programa, Lorenzo Zanetti, acaba sendo de grande valia para a avaliação dos resultados da ação do Ninter na região de Patrocínio. Trata-se de observador externo (distanciamento), que se dedicou a minuciosa pesquisa de campo (familiarização). O relatório aponta o fato de que, embora a grande maioria dos trabalhadores rurais da região seja constituída de trabalhadores temporários, esta situação ajuda a compreender a implantação daquela instituição, "mas não pode ser considerada a única e nem a mais importante justificativa para a sua existência". Considera que o ponto de partida para a criação do Ninter "foi o agravamento dos problemas trabalhistas locais". Não se trata de um "juizado de pequenas causas trabalhistas", nem de "transferir prerrogativa exclusiva dos sindicatos obreiros", como mencionaram alguns sindicatos do Paraná.

---

(329) O referido programa, de caráter pluralista, pretende estimular e divulgar experiências de gestão pública e cidadania.
(330) FUJIWARA; ALESSIO; FARAH. *20 experiências...*, 1999, p.123-130.
(331) O técnico responsável pela pesquisa de campo foi o prof. Lorenzo Zanetti, mestre em Educação pelo IESAE – FGVRJ e coordenador do Serviço de Análise e Assessoria de Projetos do FAAP da FASE. Cf. LORENZO. Núcleo intersindical de conciliação trabalhista de Patrocínio/MG. *In:* FUJIWARA, Luis Mario; ALESSIO, Nelson Luiz Nouvel; FARAH, Marta Ferreira Santos (orgs.). *20 experiências de gestão pública e cidadania.* São Paulo: Programa Gestão Pública e Cidadania, 1999. p. 123-130.

"Na realidade, o Ninter é o mecanismo que dá aos sindicatos condições de serem atores de um processo de mudança mais amplo, que não se restringe ao tratamento e à solução de causas inerentes às relações individuais de trabalho."[332]

O Relatório de Pesquisa considerou a existência de diferentes níveis de resultados das atividades do Ninter, sem pretensão de esgotá-la nem de atribuir-lhe uma ordem valorativa:

a) A própria composição orgânica (Conselho Tripartite, Seção Intersindical e Conselho de Arbitragem e demais órgãos de execução de atividades burocráticas) pode ser vista como um resultado relevante, dada a inexistência de remuneração pelas funções exercidas por seus integrantes[333] e a garantia de uma "representação igualitária das partes envolvidas".

Com efeito, o próprio processo de entendimento e negociação entre os sindicatos, e entre estes e as instituições do Poder Público, implica o desencadeamento de um "diálogo social" e de "concertação social" de ampla dimensão, bem como a disposição para um diálogo de tal intensidade e a exigência de um procedimento voltado para a intercompreensão, a interação e a concertação acerca das atividades, dos objetivos e do funcionamento da instituição, num processo pedagógico-social de profunda significação para democratização das relações intersindicais e interinstitucionais (entre o conjunto das instituições do trabalho locais).

b) O relatório de pesquisa destacou o "clima que se conseguiu criar em Patrocínio no que diz respeito às relações entre o sindicato patronal e o sindicato dos trabalhadores, fruto da ação educativa com os trabalhadores e patrões"[334], para superar as condutas geradoras de desconfiança recíproca e a ruptura da lógica do ganho a qualquer custo.

Esse resultado decorre da repercussão da função pedagógica do Conselho Tripartite, que, em razão de seu papel decisivo na superação de obstáculos culturais opostos ao "diálogo social", acabou por institucionalizar-se na estrutura orgânica do Ninter, no qual a função interativa e dialógica destaca-se entre as demais funções daquele órgão. A

---

(332) FUJIWARA; ALESSIO; FARAH. *20 experiências...*, 1999. p. 124.
(333) Ressalva-se a hipótese em que o Conselho Tripartite venha a contratar como empregados os conciliadores e um funcionário administrativo para o desempenho de funções burocráticas com o objetivo de profissionalizar as atividades de atendimento aos trabalhadores e empregadores relativas à prevenção e à resolução de conflitos.
(334) FUJIWARA; ALESSIO; FARAH. *20 experiências...*, 1999. p. 126.

pesquisa de campo revelou ainda que "o trabalho do Conselho Tripartite é fundamental para criar e manter o clima de confiança entre as partes e para aprofundar e preparar a negociação na convenção coletiva"[335].

c) Outro resultado considerado foi a melhoria significativa das condições de trabalho, "ganho este possível graças à criação pelo Núcleo de programas internos especiais"[336]: 1) PVC (Procedimento Voluntário Comprobatório), destinado a solucionar problemas que se arrastam há muito tempo; 2) Projeto Piloto — que busca a racionalização das ações fiscais do Ministério do Trabalho; e 3) PPRA (Programa de Prevenção de Riscos Ambientais), racionalização das regras de proteção à saúde do trabalhador.

Dado o significado social de tais programas, serão eles investigados com maior nível de detalhamento nos itens subsequentes. A referência a tais programas no Relatório de Pesquisa comprova a importância do Núcleo Intersindical de Conciliação Trabalhista de Patrocínio para a efetivação massiva de direitos sociais alcançada pela ação interativa e pela capacidade de articulação das instituições nos moldes da teoria da *ação pública comunicativa* e da *ação coletiva* comunicativa (cf. 6.4 e 7.5). O empenho das instituições participantes desvelou a possibilidade da "concertação social" em torno de questões e problemas trabalhistas crônicos na região para introduzir *regimes trabalhistas especiais* (cf. 7.5.4) diversos, o que tornou possível a observância da legislação trabalhista, antes obstaculizados por inadequação de normas instrumentais à realidade local.

d) O relatório apontou ainda como resultados no Ninter: "o aumento da consistência, credibilidade e exequibilidade das convenções coletivas; a formalização do contrato de trabalho, com carteira assinada em 85% dos casos (antes do Núcleo, eram 20%); a redução dos processos judiciais em 96%; a redução do tempo para a homologação da rescisão do contrato, que no Núcleo não passa de três dias; e a diminuição do ritmo de mecanização da colheita (processo irreversível que vinha em ritmo acelerado para que os empregadores pudessem livrar-se do pesadelo das causas trabalhistas)".[337]

A negociação coletiva transformou-se paulatinamente num poderoso instrumento de gestão da organização do trabalho local, quer seja na sua

---

(335) FUJIWARA; ALESSIO; FARAH. *20 experiências...*, 1999. p. 126.
(336) FUJIWARA; ALESSIO; FARAH. *20 experiências...*, 1999. p. 126.
(337) FUJIWARA; ALESSIO; FARAH. *20 experiências...*, 1999. p. 126.

função normativa exercida perante o Conselho Tripartite na sua conformação paritária (bipartite), quer seja na sua função de concatenação de ações interinstitucionais capazes de gerar todos esses resultados e de sublinhar o compromisso recíproco dos Sindicatos dos Trabalhadores e Patronal em torno de tais ações.

e) "A novidade não está nos ganhos já previstos em leis, mas no fato de as leis serem aplicadas, na forma como são abordados os problemas e no papel de cada um dos atores em seu enfrentamento e solução."[338]

Essa observação resulta da *práxis* que inspira a elaboração dos conceitos de ação pública comunicativa e de negociação coletiva concertada (cf. 7.5.1 e 7.5.5) que dão operacionalidade ao princípio de democracia integral imanente ao sistema Ninter.

A pesquisa de campo anotou as condições de possibilidade indispensáveis para o alcance desses resultados ora explicitado no campo da resolução dos conflitos: "todos ganham" (o trabalhador, o empregador e o Poder Público); os custos são pequenos[339] e o Ninter é quase autossustentável com a cobrança de taxas de manutenção tão somente do empregador, assegurada da gratuidade dos serviços para o trabalhador; garantia de que a conciliação não represente renúncia de direitos, cabendo à Seção Intersindical de Conciliação promover a negociação somente em casos controvertidos; a ampliação da consciência dos trabalhadores e dos empregadores sobre os direitos de cada um e a consequente capacitação para identificá-los; a homologação das rescisões contratuais com duração da relação empregatícia inferior a um ano; e a existência de um grande consenso social sobre a importância do Núcleo Intersindical de Conciliação Trabalhista de Patrocínio[340].

Registram-se, ainda, por sua importância, os seguintes aspectos abordados na pesquisa:

---

(338) FUJIWARA; ALESSIO; FARAH. *20 experiências...*, 1999. p. 127.
(339) Pesquisa realizada nos controles internos do Ninter-Patrocínio, cuja documentação foi gentilmente disponibilizada. Denota-se que no mês de jul. 3006 foram atendidos 800 casos com pendências trabalhistas a serem resolvidas. Destas, 793 lograram êxito. No mesmo mês, a contabilidade da instituição registra os seguintes gastos: Funcionários = R$ 2.147,40; Impostos = R$ 1.152,61; Contador = R$ 140,00; Água = R$ 40,00; Energia = R$ 30,00; Telefone = R$ 250,00; = Limpeza = R$80,00; Mat. Expediente = R$ 80,00; Desp. Eventuais R$ 80,00. TOTAL = R$ 4.000,01. *O custo operacional para o atendimento de cada caso foi de R$ 5,00.* Considerando que é vedada a arrecadação com fins lucrativos, tem-se como ideal a equiparação receita/despesas, a fim de se evitar o acionado de norma interna expressa nos seguintes termos em ata de reunião do Conselho Tripartite do Ninter-Patrocínio datada de 6.12.1994: "Ficou definido também que caso as receitas apuradas pelo Núcleo não sejam suficientes para cobrir as despesas, a diferença seja ratiada (sic) para os 2 sindicatos, quanto ao valor arrecadado até esta data o sindicato rural, prestará conta dos gastos e a sobra será revertida ao Núcleo, caso o STRP repasse também ao núcleo o mesmo valor".
(340) FUJIWARA; ALESSIO; FARAH. *20 experiências...*, 1999. p. 127.

> • O relatório põe em relevo a observação de que a sustentabilidade do Núcleo Intersindical de Conciliação Trabalhista de Patrocínio (a pesquisa realizou-se em 1998) "ainda depende muito, em termos de sua filosofia e do seu conteúdo", do juiz presidente da então Junta de Conciliação e Julgamento de Patrocínio, que teve e "continua tendo um papel fundamental na manutenção do clima construtivo nas relações entre o Sindicato Patronal e o Sindicato dos Trabalhadores".[341]

Contudo, o curso do tempo e o acúmulo de experiências foram determinantes para a consolidação do Ninter-Patrocínio. Nesse sentido, os depoimentos testemunhais[342] de várias pessoas envolvidas no processo revelam que desde cedo já se compreendia que os próprios integrantes do Ninter tinham condições de levar avante a instituição, autonomamente. Outros magistrados tornaram-se titulares da Vara do Trabalho de Patrocínio, desde o ano de 2000, sendo que alguns mantiveram convicção distinta, não adotando na relação Vara do Trabalho e Núcleo Intersindical de Conciliação Trabalhista o *ativismo moderado* (cf. 2.7), anteriormente adotado pelo órgão judicial local. Logo, se o apoio e a orientação do magistrado ou de outra autoridade revestem-se de enorme importância para a implantação do Ninter, o passar do tempo consolida a instituição, que passa a caminhar por si mesma.

A assertiva revela a força do princípio da subsidiariedade tomado em sério. A descrença na capacidade dos agentes sociais para resolver a grande maioria de seus problemas é histórica e tem função ideológica mitificadora de sua incapacidade, o que faz paralelo com uma espécie de *tutelismo paternalista "fabulador"*.

> • A proposta do Ninter não prejudica a luta sindical, uma vez que "o Núcleo é um espaço de influência do sindicato e um instrumento de trabalho".[343]

A essa observação cabe associar experiência concreta do mais alto valor simbólico, uma vez que preserva a autonomia e as prerrogativas das instituições envolvidas, especialmente em relação aos trabalhadores[344].

---

(341) FUJIWARA; ALESSIO; FARAH. *20 experiências...*, 1999. p. 128.
(342) São privilegiados por maior acesso a informações e relatos sobre os fatos investigados; são ideais os testemunhos capazes de realizar uma síntese de das percepções obtidas anteriormente pelo observador. Cf. GUSTIN, Miracy B. S.; DIAS, Maria Teresa F. *(Re)pensando a pesquisa jurídica*. 2. ed. rev. amp. e atual. Belo Horizonte: Del Rey, 2006. p. 182.
(343) FUJIWARA; ALESSIO; FARAH. *20 experiências...*, 1999. p. 129.
(344) Em ata de sessão do Conselho Tripartite do Núcleo Intersindical de Conciliação Trabalhista de Patrocínio realizada em 1999 encontra-se o registro de divergência política contundente entre os sindicatos relativamente a questão efervescente à época. Tratava-se do registro do apoio do sindicato patronal a recém-criadas Cooperativa de Mão de Obra pelo prazo de um ano e a título de experimentação, enquanto o sindicato dos trabalhadores ratificou sua firme posição em contrário, demonstrada em ampla campanha desencadeada para a conscientização da categoria contra esse expediente, que considerava lesivo aos interesses dos trabalhadores.

Do ponto de vista teórico, a independência das ações sindicais realizadas fora das premissas constitutivas do sistema Núcleos Intersindicais de Conciliação Trabalhista foi aqui descrita e qualificada como *sindicalismo unilateral* (cf. 4.2.3).

• Enfim, concluiu o Relatório de Pesquisa que a experiência do Núcleo Intersindical de Conciliação Trabalhista pode ser reproduzida em outros lugares, com a observância dos princípios constitutivos da entidade.

3.2. DESENVOLVIMENTO DA NEGOCIAÇÃO COLETIVA

O exame das normas resultantes da negociação coletiva editadas pelo Sindicato dos Trabalhadores e pelo sindicato dos Empregadores Rurais fundadores do Núcleo Intersindical de Conciliação Trabalhista de Patrocínio revela que antes da existência dessa entidade a autorregulação tinha importância reduzida nesse segmento de atividade. A primeira convenção coletiva da categoria, celebrada em 1993, seguiu modelo mais ou menos padronizado de outras regiões e em grande parte se limitava a repetir normas legais sem efetividade.

A troca de conhecimentos, informações e concepções, mais a exposição das pretensões de validez aos procedimentos discursivos entabulados no Conselho Tripartite/Interinstitucional — "diálogo social" e "concertação social" (cf. 2.2) — proporcionaram um amadurecimento e uma inédita ampliação da consciência dos problemas locais e das possibilidades de atuação em busca de soluções. Esse avanço qualitativo tornou-se evidente no campo da negociação coletiva que foi enriquecida pelo "diálogo social" e pela intensa interatividade entre as instituições locais. Os efeitos desta atuação demonstram que este é um aspecto central para a compreensão da questão trabalhista local, da qual depende em grande parte a compreensão dos problemas adjacentes, e para democratização integral da gestão do sistema de relações do trabalho.

Os tópicos subsequentes, que incluem o estudo de "casos específicos" de exercício da "governança" e de aplicação do princípio da subsidiariedade ativa na gestão da organização do trabalho, permitem a visualização da aplicação empírica dos conceitos operacionais do princípio de democracia integral desenvolvidos nesta investigação, entre os quais os conceitos de ação pública comunicativa, ação coletiva comunicativa, "governança" (gestão compartida) e subsidiariedade ativa (estado subsidiário), regime especial trabalhista, jurisdição comunicativa, tripartismo de base local e "negociação coletiva concertada".

3.2.1. Alteração performativa da negociação e das normas coletivas: aspectos qualitativos e quantitativos

O estímulo do Ninter-Patrocínio ao enfrentamento construtivo dos problemas e das questões trabalhistas locais foi determinante para o extraordinário avanço, quantitativo e qualitativo, dos instrumentos normativos das respectivas categorias. Várias normas autônomas destinadas ao suprimento de "ausências legais" e à adequação da legislação instrumental à realidade local e às especificidades da prestação de serviços na safra cafeeira — a conferir maior efetividade a direitos sociais, à criação de direitos para o trabalhador e à formalização do compromisso entre os sindicatos para a execução de programas de ação oriundos da concertação social (normas "coletivas concertadas", cf. 2.5.5) entre as instituições do trabalho — foram editadas pelos sindicatos no exercício das competências da composição paritária do Conselho Tripartite do Núcleo Intersindical de Conciliação Trabalhista de Patrocínio. Tal amadurecimento significou também uma maior efetividade dos direitos sociais na região e das próprias políticas sindicais, que passaram a pautar-se pelo diálogo e pela negociação, com a paulatina priorização do modelo negocial sobre o modelo adversarial de relações coletivas.

A evolução da consistência das convenções coletivas segundo a quantidade de matérias regulamentadas pode ser apreendida a partir do exame da tabela 1:

Tabela 1
Evolução quantitativa das normas coletivas rurais a partir da criação do Ninter-Patrocínio/MG

1993*	1994*	1995*	1996*	1997*	1999**	2001**
23	38	60	70	74	80	110

2003**	2005**	2007**	2009**	2011**	2013**
113	112	111	118	115	112

Fonte: Convenções coletivas vigentes no período de 1993 a 2013.
Obs.: * Convenções coletivas com vigência anual.
** Convenções coletivas com vigência bienal.
*** 1994: data da criação do Núcleo Intersindical de Conciliação Trabalhista de Patrocínio/MG.

No período investigado (1994-2013), outros 95 novos temas foram considerados pelos sindicatos como merecedores de regulação autônoma. A par disso, a distensão e a estabilização das relações sindicais, somadas à prevenção e à redução dos conflitos individuais e coletivos no respectivo setor de atividade, determinaram a ampliação da periodicidade das negociações em datas-bases, bienalmente.

Do ponto de vista qualitativo, o processo paulatino de densificação da normatização coletiva do setor rural, impulsionado pelo "diálogo social" e, indiretamente, pela "concertação social", acabou por produzir um estatuto consistente de direitos e obrigações trabalhistas, cuja evolução se pretende sinalizar a partir de **amostragem intencional** (do tipo *intencional puro*[345]) — normas de *garantia* (G), de *proteção contra a fraude trabalhista* (FT), de *segurança* (S), de *proteção à saúde* (PS), de *fomento à efetividade de direitos sociais* (DS), de *compromissos intersindicais com programas interinstitucionais de "governança"* (CIG), de *adequação da lei às especificidades locais* (AL), de suprimento de *ausências normativas* (AN), de criação de *novos direitos* (ND), de reconhecimento da *dignidade do trabalhador* (DT), de *fortalecimento do sindicato dos trabalhadores* (FS) e de *administração da justiça* (AJ), sem, contudo, atribuir aos conteúdos selecionados, extraídos dos respectivos contextos sistêmicos, prioridade hierárquico-valorativa em relação ao conjunto das normas pertinentes a cada instrumento normativo.

QUADRO 1
AMOSTRAGEM INTENCIONAL DA EVOLUÇÃO QUALITATIVA DAS CCTs CELEBRADAS
ENTRE O STRP E SRP NO PERÍODO DE 1994-2007

CCT — ANO	CONTEÚDO
1994*	Vedação de intermediação de mão de obra (FT); Garantia de salário em dia não trabalhado por obstáculo da natureza (G); Fornecimento de moradia e alojamento sem natureza salarial (DT); Primeiros socorros (S); Água potável (S); Obrigatoriedade de abrigo contra intempérie durante a jornada (DT); Garantia do salário mínimo na remuneração por produção (DS); Pagamento de 13º e férias no término do contrato safra (DS); Garantia de contratação de trabalhadores munícipes (FS); Garantia de homologação rescisória para contratos de duração inferior a 12 meses (ND);

---

(345) Segundo critérios de interesse do pesquisador Cf. GUSTIN; DIAS. *(Re)pensando a pesquisa jurídica*, 2006. p. 95.

1994*	Acesso do Sindicato dos Trabalhadores ao local de trabalho (FS); Estatuto do Ninter integra a Convenção Coletiva (FS), (DS), (FS), (AJ) e (CIG); Recomendação da tentativa de solução não judicial dos conflitos trabalhistas (AJ).
1995	Retorno à remuneração anterior para o trabalhador permanente que atuou na safra (AL); Contratos de safra distintos para atividades distintas (ND); Prazo de cinco dias para anotação da carteira de trabalho (AL); "Validade" perante a Justiça do Trabalho das declarações das partes emitidas no Ninter nas tentativas de resolução não judicial de conflitos (AJ); Quitação somente de direitos conciliados perante o Ninter e não de todo o contrato (AJ).
1996	Obrigatoriedade do uso de EPI (S); Acertos comprobatórios art. 233, CF/88 (DS); Refeitórios e sanitários nos alojamentos (DT); Educação do trabalhador: corresponsabilidade pelos danos causados (AL) sanitários e ao alojamento (NA).
1997	Incorporação do Projeto Piloto e do Conselho de Segurança do Trabalho Rural à Convenção Coletiva (CIG);
1999	Regulamentação do banco de horas (AL); Dispensa do exame demissional em contratos de duração inferior a 180 dias (AL); Prazo de seis dias para anotação da carteira de trabalho (AL); Obrigatoriedade de alojamento, nas lavouras, com piso de cimento (proibição do piso de chão batido, paredes de alvenaria, cobertura de telha e janela); Iluminação a gás ou similar onde não houver energia elétrica (DT). Proibição do uso de fogareiro (S); Prazo de seis dias para anotação da carteira de trabalho (AL); Proibição de moradias nos alojamentos (DT); Obrigatoriedade de sanitários com gabinetes com portas e fechos, permitido o uso de bacias turcas com descargas (DT); Obrigatoriedade de a fonte de água potável obedecer distância de 30 metros das fossas (S), (PS) e (DT); Substituição do salário mínimo por piso da categoria (ND).
2001	Especificação de unidade de medida da produtividade — colheita de batatas: saca 55 kg a 60kg, feijão/cenoura/tomate: caixa padrão da região, café: saca ou latão de 60 ou 20 litros, respectivamente (ND); Implantação do comprovante de produção diária obrigatório a ser entregue ao trabalhador (AN); Obrigatoriedade de "homologação" dos acertos de compensação de horas extras no Ninter (G); Regulação do término do contrato em caso de encerramento escalonado da colheita (ND);

2001	Prazo de três dias para anotação da carteira de trabalho do empregado safrista (AL); Obrigação do empregador de manter conservado e limpo o alojamento coletivo, com pulverização periódica sob orientação da SUCAM, recolhimento diário de lixo e desinfecção das instalações sanitárias (DT); Creches, mediante convênio com órgãos municipais para abrigar filhos das trabalhadoras rurais (DT) e (ND); Acesso do sindicato dos trabalhadores aos locais de trabalho e ação conjunta de ambos os sindicatos (de empregados e de empregadores) para averiguação e solução de questões graves ou emergenciais ((FS) e (AJ)).
2003	Implantação de regimento interno nas propriedades rurais a ser observado pelos empregados e pelo empregador (FS) e (AN).
2005	Contrato de safra com duração de 6 meses renovável por igual período com direito ao recebimento do acerto rescisório inclusive quanto ao contrato originário (AL) e (ND); Vedação da manipulação de agrotóxicos por menores de 18 e maiores de 60 anos e gestantes (S) e (PS).
2007	Fixação de piso salarial para trabalhadores com remuneração variável apurada conforme a produtividade (DS); Garantia de reajuste mínimo para trabalhadores com remuneração superior ao piso da categoria (G); Fixação da média de produção como base de cálculo para pagamento de feriados e descanso semanal em caso de remuneração por produtividade) (G); Discriminação obrigatória do montante da produtividade, dos valores pagos e dos descontos efetuados nos comprovantes de pagamento dos trabalhadores safristas (FT); Fixação do limite de 90 (noventa) dias como período máximo para a compensação de horas extras (ND); Possibilidade de dispensa do trabalho nos sábados mediante acréscimo compensatório da jornada de trabalho nos demais dias úteis (compensação) (ND); Intervalo intrajornada de no mínimo 3 (três) horas para trabalhos intermitentes (DT, G, PS); Proibição do transporte de ferramentas nos espaços destinado ao transporte de pessoas (S); Medidas de segurança para o deslocamento interno de trabalhadores dentro da propriedade do empregador (S); Direito ao recebimento do salário referente aos dias em que não houver trabalho em virtude de condições climáticas ou falta de transporte, quando o empregado tiver comparecido ao ponto de embarque (G, ND, AL, DT); Garantia de boas condições de habitação, segurança e higiene para alojamentos coletivos e moradias (G, PS); Garantia de informação aos trabalhadores sobre as precauções e os riscos dos agentes químicos presentes nas lavouras (PS, S);

2007	Proibição de dormitórios em locais destinados ao armazenamento de produto químico (ND, PS,S); Proibição de trabalho sem uso de calçado fechado (S); Vedação de serviços contratados através de intermediários e "gatos" (DT, FT);
2007 (continuação)	Ninter relativamente a quaisquer contratos de trabalho, incluídos os contratos com duração inferior a um ano ou sem anotação CTPS (ND, DS, AJ,CIG); Garantia do prazo máximo de 10 (dez) dias para a efetivação das rescisões perante o Ninter de Patrocínio (G, DT, DS, AJ,CIG); Possibilidade de reconhecimento, pelo Ninter, de rescisões decorrentes de abandono de emprego, desde que o empregado esteja de acordo com as faltas apuradas (AJ, FS, AL);
2009	Melhora no transporte de trabalhadores (G, S); Arbitramento do número de horas *in itinere* cumpridas mensalmente pelo trabalhador com estabelecimento do salário mínimo como base de cálculo (DT, G, AL); Possibilidade de compensação das horas *in itinere* diárias dentro da jornada normal de trabalho (AL, DS) Vedação do comércio de produtos de consumo pessoal dentro da propriedade (FT, DT, ND).
2011	Pagamento das horas *in itinere* até o limite de 20 horas mensais, calculadas sobre o salário nominal (salário por hora normal), acrescidas do adicional de 50% (cinquenta por cento) (G, AL); Proibição de compensação das horas *in itinere* no caso de remuneração por produção. Obrigatoriedade do pagamento das mesmas como trabalho extraordinário, acrescidas do adicional de 50% (G, AL,ND); Ampliação da duração do intervalo intrajornada em relação ao trabalho intermitente, resguardado o intervalo intrajornada de uma hora (ND, AL); Obrigatoriedade da instrução dos trabalhadores acerca das precauções e dos inerentes aos agentes químicos utilizados na lavoura (S, PS); Reconhecimento e regulação do contrato de parceria, sem vínculo empregatício, entre o produtor e trabalhador rural, desde que observada a legislação vigente quanto a tais contratos (G, AL); Redução do prazo para homologação da rescisão contratual de trabalhadores safristas para 48 (quarenta e oito) horas, podendo o prazo ser elastecido por mais 5 (cinco) dias em razão do grande número de trabalhadores contratados (DS, DT, AL); Garantia de gratuidade dos serviços do Ninter em relação aos trabalhadores nos assistidos pela instituição, inclusive quanto aos serviços de prevenção e resolução de conflitos (AJ, DT); Restrição da possibilidade de ampliação da jornada por necessidade imperiosa aos casos de força maior ou de conclusão de serviços inadiáveis ou que possam acarretar prejuízo (DT,PS, DS); Obrigatoriedade da assinatura diária dos trabalhadores nos holerites (controle de produção) (G, DT, FT, ND, AL);

	Obrigatoriedade do fornecimento de abrigo contra chuvas e outras intempéries para trabalhadores que não possuem alojamento na propriedade (PS, DT,ND).
2013	Aviso-prévio de 30 (trinta) dias nos contratos por prazo indeterminado, independentemente do tempo trabalhado (G, AL); Obrigatoriedade do fornecimento gratuito dos instrumentos de trabalho (G, DS).

Fonte: CCTs celebradas entre o STRP e SRP, vigentes no período de 1994-2013.

A observação da evolução qualitativa do conteúdo das normas coletivas editadas pelos sindicatos a partir da constituição do Núcleo Intersindical de Conciliação Trabalhista de Patrocínio revela intensa presença de normas voltadas para a preservação da dignidade do trabalhador, especialmente aquelas relativas à habitação e à preservação da sua segurança e da sua saúde.

A valorização, o fortalecimento e o respeito à ação dos sindicatos dos trabalhadores é também ponto de relevância a ser considerado, assim como normas exemplares constitutivas de novos direitos, aquelas voltadas para a adequação da legislação às particularidades da atividade desenvolvida, e as normas de garantia da efetividade dos direitos sociais.

O exame qualitativo do quadro evolutivo da negociação coletiva revela o uso da negociação sindical como instrumento de democratização da organização do trabalho, que pode ser avaliada sob o enfoque dos múltiplos elementos constitutivos do sentido que se atribui ao princípio de democracia imanente ao sistema Núcleos Intersindicais de Conciliação Trabalhista: a) pluralismo jurídico (autorregulação); b) fortalecimento da ação sindical; c) diálogo entre os sindicatos e as instituições do Poder Público com vistas à busca de subsídios para a negociação coletiva; d) maior efetividade dos direitos sociais; e e) acesso do sindicato dos trabalhadores às propriedades rurais para a resolução de questões trabalhistas graves.

3.2.1.1. *ATOS NORMATIVOS INTERNOS COM FORÇA DE NORMA COLETIVA*

Em sentido inverso ao da ampliação do interregno entre uma data-base e outra, em relação às negociações coletivas formais, os procedimentos de negociação coletiva, acionáveis a qualquer tempo por qualquer dos sindicatos signatários, tornaram-se ágeis e desburocratizados quando levados a efeito por intermédio do Conselho Tripartite do Ninter. Instituiu-se naquele órgão, especialmente nos primeiros anos da nova experiência, um "estado institucionalizado de permanente negociação", a fim de suprir as deficiências da negociação enrijecida nas datas-bases.

A necessidade imediata e imprevisível de negociações e de edição de normas coletivas emergenciais passou a ser atendida pela edição de Atos Normativos Internos do Conselho Tripartite, sujeitos a formalidades mínimas, estabelecidas em estatuto e válidos até sua rerratificação na data-base subsequente. Trata-se de outorga de poder normativo às diretorias sindicais — sujeito a ratificação posterior — pelas respectivas assembleias, sem especificação prévia do seu conteúdo para conferir presteza e dinamicidade à negociação coletiva, na ocorrência de evento ou fenômeno socioeconômico imprevistos.

Primeiramente, o Ato Normativo Interno, com força de norma coletiva, tem a função importante de regulamentar procedimentos necessários ao cumprimento de norma coletiva anterior cujo cumprimento dependa de maior detalhamento, sem que para tanto se tenha que aguardar as formalidades da convenção coletiva nas respectivas datas-bases ou mediante o aditamento[346].

Os ANIs servem ainda para normatizar o comprometimento dos sindicatos entre si em torno de programas interinstitucionais de atuação conjunta, estabelecendo direitos e obrigações trabalhistas recíprocas.

A qualquer momento, conforme regras procedimentais estabelecidas pelo Estatuto, qualquer dos sindicatos poderá instaurar procedimento negocial destinado a regulamentar matéria que exija tratamento emergencial, de tal modo que o Ninter inaugura, para os sindicatos signatários, um estado permanente de negociação coletiva.

---

(346) Amostragem dessa função dos ANIs encontra-se no Ato Normativo Interno n. 09, do Conselho Tripartite do Ninter-Patrocínio, o qual estabelece que o registro das horas extras compensáveis (banco de horas instituído em Convenção Coletiva) deverá ser efetuado em formulário padrão, conforme modelo em anexo, aprovado pelo Conselho Tripartite. O mesmo Ato Normativo instituiu a compensação de "jornada de dias não trabalhados", do qual consta curiosa norma: *Caso haja por parte dos empregados um número de 3 (três) reclamações, administrativas ou judiciais, com procedência, devidamente acompanhadas pelos Sindicatos e pelo jurídico da empresa, de que a compensação não ocorre de conformidade com esta cláusula, fica automaticamente revogada a Cláusula da Convenção como o presente Ato Normativo Interno* (ANI n. 9, 2.1.2000). No caso da regra acima, a urgência com que foi realizada a negociação coletiva que resultou na norma convencional e no correspondente Ato Normativo impossibilitou o exercício prévio da *ação coletiva comunicativa* e o estabelecimento do diálogo social sobre o tema em questão, razão pela qual se procedeu ao uso criativo da *norma de revisão*, a ser acionada no tempo nela previsto e após a instauração dos procedimentos discursivos, com o objetivo de tematizar o conteúdo da norma celebrada, conforme o interesse do sindicato em assegurar sua legitimação prévia perante o conjunto das demais instituições locais. O ANI n. 3, de 30.8.2006, regula a expedição do termo de comparecimento das partes à sessão conciliatória designada pela Seção Intersindical de Conciliação, para efeitos do art. 477/CLT, e de norma estatutária sobre a matéria. Do mesmo modo, o ANI n. 6, de 13.12.2006, aprovou modelos de documentos utilizados nos procedimentos conciliatórios do Ninter: Termo de Acertamento, Termo de Comparecimento, Termo de Compromisso e Termos de Encaminhamento Judicial (cf. documento pesquisado e xerocopiado do original cedido pela Secretaria do Ninter-Patrocínio ANI n. 9, de 2.1.2000).

3.2.2. Regime trabalhista especial

A negociação coletiva foi, em muitas ocasiões, instrumento de formalização de *regime especial trabalhista* (cf. 2.5.4) perante o Conselho Tripartite do Ninter-Patrocínio. Essa forma de adequação da lei à realidade foi inúmeras vezes acionada, mediante o estabelecimento de consensos interinstitucionais acerca de problemas ou questões pertinentes à atividade rural local. Os resultados convalidam a experiência.

Dentre os regimes especiais temporários ou permanentes levados a efeito destacam-se:

- O regime especial trabalhista que prorrogou o prazo legal (48 horas) exigido para a anotação da carteira do trabalho do empregado para 5 dias.[347]

O Conselho Tripartite não despendeu grande esforço para a obtenção do consenso de ambos os sindicatos e das autoridades do trabalho. Compreendeu-se que o prazo legal era impossível de ser atendido por proprietários rurais que contratavam grande contingente de trabalhadores (algum deles atingia mil ou mais contratações de empregados safristas no auge da colheita do café). Ante o fato incontestável da prática generalizada da contratação sem anotação da CTPS por parte dos empregadores, que se sentiam impossibilitados do cumprimento da norma, e diante dos riscos da fiscalização, acabavam por optar pela "regra" do descumprimento da norma legal (cf. 2.1.3.2), apostando na compensação de eventuais multas com a redução dos custos da contratação. O *regime trabalhista especial* foi sendo adotado ao longo do tempo, e o cumprimento da obrigação da contratação formal passou a atingir índices de efetividade jamais experimentados antes, os quais se elevaram do patamar de 20% para o patamar de 80% das contratações com anotação da CTPS (cf. 2.3.3.1)[348].

---

(347) Os exames das Convenções Coletivas celebradas nos anos de 1995, 1999 e 2001 revelam que o estabelecimento de *regime especial trabalhista* verificou-se em atenção ao fato de que empresas rurais com elevado número de contratações de trabalhadores safristas quedavam-se sem condições, nem estrutura para o cumprimento daquela obrigação no prazo legal. Trata-se de norma coletiva *contra legem* que estabeleceu o prazo de cinco dias, seis dias e três dias, conforme o maior ou menor número de empregados ocupados na atividade em cada um dos anos de referência acima, para a anotação da CTPS do empregado safrista, pelo empregador. Garantiu-se, contudo, a anotação do tempo de serviço integral, como também o regime de seguridade em todo o período trabalhado.
(348) VASCONCELOS, Antônio G. *O sistema núcleo intersindical de conciliação trabalhista – do fato social ao instituto jurídico*: uma transição neoparadigmática do modelo de organização do trabalho e da administração da justiça. São Paulo: LTr, 2014. Cap, 2, itens 2.1.3.2 e 2.3.3.1.

• Regime especial trabalhista que estabeleceu a exigência de apenas um atestado demissional no caso de contratos sucessivos de pequena duração num mesmo período de safra (CCT/99).[349]

A viabilização e o sucesso da regra no sentido da efetividade dos direitos instrumentais perseguidos em tais regimes especiais somente se tornaram possíveis a partir dos consensos interinstitucionais informalmente alcançados acerca da solução entabulada pelos sindicatos. O conhecimento por parte das autoridades públicas da realidade subjacente à norma proposta e dos argumentos aventados nos procedimentos discursivos precedentes à consumação da negociação coletiva gerou a consciência do cumprimento dos fins sociais da lei na forma propugnada pelos sindicatos nos procedimentos de "diálogo social" instaurados no Conselho Tripartite sobre a matéria.

A amostragem pragmática dessas situações revela contextos em que o *regime especial trabalhista* proporciona o surgimento de novas formas de se atingir os fins sociais da lei, mediante a correção de incongruências de regras específicas em relação a contextos de realidade em sua complexidade e singularidade irrepetíveis. A adequação do conteúdo da norma aos fins sociais por ele pretendidos pode exigir mesmo a alteração da norma legal considerada em sua literalidade, mantendo-se o sentido social perseguido pela norma modificada. O elasticimento do prazo para a anotação da CTPS estabelecido em regime trabalhista especial é emblemático: se o prazo reduzido de 48 horas concedido ao empregador tinha como objetivo evitar a contratação informal, no caso específico aqui estudado a extrema exiguidade do prazo operava como estímulo à informalidade e ao descumprimento da norma legal. A alteração do seu conteúdo para preservar os fins da lei legitima o exercício da autonomia coletiva em tais casos para adequá-la à realidade local.

O rigor formal-positivista ditado pelo paradigma cientifista e legalista fundado numa ética de intenções talvez não se excitasse em decretar a nulidade da cláusula convencional modificadora do prazo legal, com argumento da ofensa a texto literal de lei. Isso porque a ética intencionalista não vê a questão sob a óptica das consequências da alteração do conteúdo literal da norma, ao contrário da ética de responsabilidade, cujos critérios de validação priorizam as consequências sociais da ação.

---

(349) O curto período da prestação de serviços e a reiterada renovação da contratação não justificavam, em definitivo, a exigência desse documento, que acabava por se tornar excessivamente burocrática, onerosa e inócua do ponto de vista da preservação da saúde do trabalhador. Estabeleceu-se que na área de representação dos sindicatos rurais os exames demissionais somente seriam exigidos nos contratos de safra de duração superior a cento e oitenta dias. Os elevados custos do cumprimento desta obrigação em relação a centenas ou milhares de trabalhadores de uma mesma empresa ao término das safras acabavam por desestimular o cumprimento das obrigações trabalhistas.

Ocorre que a capacidade das normas indigitadas para atender às exigências de bom senso e de equidade das diversas instituições do trabalho locais (sindicatos e autoridades do trabalho) e para promover a efetividade dos direitos sociais é determinante para o reconhecimento de sua validade por parte das instituições públicas quando seus agentes têm a oportunidade de conhecer de modo aprofundado as razões pelas quais uma norma coletiva deste jaez foi negociada e editada pelos sindicatos. Essa é uma das funções primordiais da ação coletiva comunicativa (cf. 2.5.2).

3.2.3. PROCEDIMENTO VOLUNTÁRIO COMPROBATÓRIO DE OBRIGAÇÃO TRABALHISTA RURAL

De forma inédita e criativa, o sindicato dos trabalhadores e o dos empregadores rurais de Patrocínio, por intermédio do Ninter, parecem ter sido os únicos a ter dado efetividade à norma constitucional prevista no art. 233, CF/88, hoje revogada, que determinava a obrigatoriedade da comprovação quinquenal do cumprimento de obrigações trabalhistas por parte do empregador rural.

Instituído pelo ANI n. 1, de 30.8.06, essa norma coletiva propiciou aos empregados e ao empregador rurais com contratos de trabalho de longo prazo em vigor e em situação irregular ou com pendências trabalhistas crônicas a oportunidade de regularizar esses contratos por intermédio do *procedimento voluntário comprobatório*. Tais procedimentos são realizados com intensa interação entre o Ninter e a Vara do Trabalho na consumação do procedimento comprobatório, mediante ato jurídico complexo para o qual concorre dupla manifestação de vontade institucional[350].

---

(350) Trata-se de procedimento voluntário de regularização da situação trabalhista de contratos informais de trabalho rural de longa duração. Na primeira oportunidade, procede-se à regularização de todo o passado e, a partir de então, segue-se a renovação quinquenal do acerto corretivo de pendências contratuais remanescentes no quinquênio.
Grande número de relações empregatícias rurais de longa duração passaram pelo Ninter, e os trabalhadores tiveram reconhecidos e cumpridos direitos anteriormente frustrados, inclusive, e principalmente, a formalização da relação empregatícia pela anotação da CTPS. Em todos os casos investigados nos arquivos do Ninter, não houve rompimento do contrato de trabalho, tendo havido saudável distensão nas respectivas relações laborais, antes desgastadas pela desilusão do trabalhador e pelo temor do empregador ante a possibilidade de uma demanda trabalhista suscetível de reduzi-lo à insolvência. O procedimento espontâneo de acertamento das pendências contratuais, sem os traumas, as desavenças e os dissabores do litígio judicial, preveniu rupturas traumáticas de relações de trabalho rural de longa duração (vintenárias), como sói acontecer.
Realizado no Ninter, o procedimento, devidamente autuado, é encaminhado à Vara do Trabalho para a instauração de procedimento de jurisdição voluntário homologatório da comprovação do ato de acerto realizado. O procedimento é formalizado por meio de termo de acertamento específico, em que constam

Das fontes pesquisadas, esta é a que de modo mais evidente revela profunda interatividade e intercomplementaridade entre as ações do Ninter e do órgão judicial, em termos da teoria da *jurisdição comunicativa* e da *ação coletiva comunicativa,* as quais conferem a força, a legitimidade e a credibilidade necessárias a um procedimento de efeitos sociais tão marcantes quanto o foi o *procedimento comprobatório* voluntário[351].

Nele, entrecruzam-se, de modo mais eloquente, a concretitude operacional dos princípios e dos subconceitos subjacentes ao *princípio de democracia* imanente ao sistema Núcleo Intersindical de Conciliação Trabalhista: *princípio da dignidade humana* (elevação da autoestima do trabalhador e reconhecimento e cumprimento de seus direitos), *princípio da subsidiariedade* (prevenção e solução não judicial dos conflitos pelos próprios sindicatos), *princípio da "governança"* (concertação social entre a Vara do Trabalho e os sindicatos perante o Conselho Tripartite para a concepção do PVC) e *ação pública comunicativa* (intercâmbio entre os procedimentos judiciais e não judiciais para realização do PVC)[352].

Essa relação harmoniosa entre a autonomia pública e a autonomia sindical convergentes ao mesmo objetivo da persecução da efetividade dos direitos sociais dá pleno sentido pragmático ao princípio da coexistencialidade e da participação dos sindicatos na administração da justiça e ao *princípio de democracia* imanente ao sistema Núcleos Intersindicais de Conciliação Trabalhista.

---

o histórico da relação empregatícia, a memória de cálculo de parcelas trabalhistas devidas e a relação de outros direitos cumpridos, especialmente a anotação da CTPS e o recolhimento das contribuições devidas ao INSS e ao FGTS no período em que tais contribuições passaram a ser devidas pelo empregador rural. O procedimento comprobatório finda-se com a prolação da sentença homologatória subsequente ao protocolo do requerimento de homologação do termo quitatório, formalizado pelo próprio Ninter, que se verifica após a realização de audiência para o depoimento das partes ou a realização de instrução ou quaisquer outras diligências que o juiz entenda necessárias ao esclarecimento dos fatos, de modo a conferir ao procedimento a certeza e a segurança jurídica almejadas pelas partes.

Seguem-se, enfim, a expedição de Certificado de Regularidade de Situação Trabalhista (CRST) pelo Ninter-Patrocínio e a entrega do mesmo às partes envolvidas. Para maior apreensão do procedimento e todos os seus detalhes cf. VASCONCELOS, Antônio Gomes de. *Núcleos intersindicais de conciliação trabalhista* — fundamentos, princípios, criação, estrutura e funcionamento. São Paulo: LTr, 1999. p. 444-448.

(351) A título de amostragem, procedeu-se à análise do documento PVC n. 12/99, (Ninter), que regularizou a situação da trabalhadora rural Vilma Aparecida da Silva relativa ao trabalho prestado sem cumprimento e reconhecimento de seus direitos trabalhistas no período de 1º.3.1984 a 30.4.1998: recebeu integralmente todos os direitos trabalhistas relativos ao período, bem como foram cumpridas todas as obrigações previdenciárias, inclusivamente a anotação da carteira profissional, de acordo com o CRST n. 7/98 e conforme decisão judicial homologatória proferida nos autos do processo n. 01/00232/99 pela então Junta de Conciliação e Julgamento de Patrocínio. Feito o acerto, o contrato existente entre as partes seguiu vigorante. (Fonte: arquivos do Ninter-Patrocínio).

(352) Cf.1.3, 1.4, 2.4.2.2, 2.5.1, 2.5.2 e 2.7.2.2.

3.2.4. O "Programa de Prevenção de Riscos Ambientais da Cafeicultura de Patrocínio" e o "Projeto Piloto"

A amostragem da concreção do "diálogo social" e da "concertação social" em programa de coordenação e execução de ações interinstitucionais como resultado do pleno exercício da "governança" (cogestão setorial das relações do trabalho baseada no princípio da complexidade e da razão dialógica) e da prática da *ação pública comunicativa*, da *ação coletiva comunicativa* constitui o objetivo deste subtítulo, além da apreensão do seu significado profundo para a democratização da organização do trabalho, sempre compreendida, essencialmente, como dignidade da pessoa do trabalhador (imaterial) e efetividade dos direitos sociais (materiais, em regra).

Trata-se de situação concreta em que os destinatários da ação pública, por seus sindicatos, participaram ativamente do processo decisório e da execução de um programa de ação do Poder Público destinado à busca de efetividade de normas de preservação da segurança e da saúde dos trabalhadores, coletivamente.

3.2.4.1. Programa de prevenção de riscos ambientais da cafeicultura de Patrocínio

Depois de quatro anos da instalação do Núcleo Intersindical de Conciliação Trabalhista de Patrocínio e de contínuas práticas dialógicas e interativas promovidas pelo Conselho Tripartite daquela instituição em torno da consolidação da própria instituição e de atividades prioritárias como a prevenção e resolução não judicial dos conflitos rurais, tornou-se possível o desenvolvimento de programas de gestão concertada da organização do trabalho rural local, de abrangência coletiva e de longa duração.

A abertura e a adesão das instituições/autoridades do trabalho à proposta do Ninter, ao lado das profundas alterações nas relações sindicais, foram decisivas para o novo direcionamento da gestão do trabalho na região. As mudanças culturais e comportamentais decorrentes desse aprendizado coletivo alcançaram estágio de evolução suficiente para sustentar tais avanços. A democratização das relações sociais e a compreensão da importância do diálogo social foram-se incorporando às formas de vida e aos códigos de conduta e ao modo de operar das instituições.

A entidade alcançou nível geral de acreditação por parte das instituições e autoridades do trabalho local, a ponto de se tornar apoio e referência para muitas ações desencadeadas pela Subdelegacia Regional do Trabalho (MTE) e pela Fundacentro, esta última em relação a programas de proteção contra riscos à saúde do trabalhador.

Em março de 1998, os atores responsáveis pela criação do Núcleo firmaram, conjuntamente com a Subdelegacia Regional do Trabalho de Patos de Minas, o "Programa de Prevenção de Riscos Ambientais — PPRA" da cafeicultura. Este programa coletivo foi elaborado para ser implantado por 666 propriedades rurais agregadas à Associação dos Cafeicultores da Região de Patrocínio, entidade patronal cofundadora do Ninter-Patrocínio — e sediada em seis municípios correspondentes à base de atuação das entidades criadoras do Núcleo Intersindical de Conciliação Trabalhista de Patrocínio. O PPRA contemplou medidas de segurança à integridade e à saúde de trabalhadores determinadas em lei, mais adequadas à realidade local. A compreensão da densidade, do esforço e do significado deste programa interinstitucional de ação em busca da efetividade dos direitos sociais naquele setor somente é possível a partir da compreensão dos resultados da pesquisa descritiva relatada nesta investigação (cf. capítulo 2)[353].

Os autores do PPRA partiram da premissa de que ao desenvolvimento econômico da cafeicultura local deveria corresponder o desenvolvimento social no sentido do atendimento das exigências legais de segurança e proteção à saúde do trabalhador. Esse consenso inaugural foi de importância decisiva e marca, na visão do Ministério do Trabalho, o ponto de partida para o direcionamento de sua ação no sentido da *ação pública comunicativa suasória* (cf. 2.5.1). Trata-se da superação do sentimento de descompromisso enraizado na cultura do empresariado rural para com as condições de trabalho e de vida do trabalhador "boia-fria", por se entender que esta questão residia no âmbito exclusivo da autonomia do trabalhador. O passo foi decisivo para a aceitação e cooperação dos setores produtivos na implementação do plano.

A atitude de abertura, de aceitação do diálogo e de escuta por parte da autoridade fiscal do trabalho (democratização da gestão da organização do trabalho) permitiu-lhe tomar conhecimento da inocuidade de grande parte das normas regulamentadoras editadas pelo Ministério do Trabalho e Emprego para conformar condutas na área da cafeicultura. A amostragem aqui tomada eleva ao *paroxismo* incongruência da norma que exige a fixação de extintores de incêndio nas lavouras cafeeiras, enquanto o trabalhador ingere água insalubre, aloja-se em condições degradantes e se expõe às mais comezinhas e triviais ameaças à sua integridade física[354].

---

(353) O alcance das transformações aqui descritas depende da recuperação do fato de que cerca de cinco anos antes de ser firmado o Programa a cultura hegemônica era a da negação do cumprimento de qualquer direito trabalhista, especialmente o reconhecimento do vínculo laboral pela anotação da carteira profissional, cujo índice de cumprimento na região não chegava a 20% do total dos trabalhadores rurais em atividade. Dessarte, os direitos de segurança e saúde do trabalhador eram incogitáveis pelo empregador, numa região que vivenciava um enorme contingente de ações fiscais cumpridas pelos auditores do Ministério do Trabalho destinadas ao combate do denominado "trabalho escravo" (cf. Capítulo 2).
(354) O PPRA foi elaborado participativamente e com metodologia apropriada, de modo a conferir-lhe credibilidade, racionalidade e aceitação por parte de todos os participantes. Do grupo de planejamento

Em torno do objetivo geral de prevenir acidentes do trabalho próprio a esse tipo de Programa, estabeleceu-se o seguinte objetivo específico: reduzir os riscos ambientais, em conformidade com as exigências da NR-9 e, em consequência, o número de acidentes. Fixou-se, desde logo, a consciência de que "a cafeicultura (como todas as demais atividades produtivas, acrescenta-se) tem suas características próprias"[355].

Estabeleceram-se ainda o alcance coletivo do PPRA e o seu caráter normativo em relação às categorias envolvidas, além da concepção e elaboração conjunta do programa, que, do lado do Ministério do Trabalho, configurou-se pela cessão, por parte da Subdelegacia do Ministério do Trabalho, de um engenheiro de segurança para, em seu nome, compor o grupo de trabalho.

Destarte, os preparativos do PPRA revelam que à convenção coletiva se atribuiu o papel (gestão da organização do trabalho) abrangente de selar compromissos intersindicais e de materializar programas de ação conjunta entre sindicatos e instituições do trabalho — negociação coletiva concertada (cf. 2.5.5.1) — e, ainda, mediante a concertação de compromissos interinstitucionais, materializar o consenso da administração pública em torno da ação conjunta que será ao final concebida e planejada.

Estabelecidos os objetivos e composto o grupo de trabalho, seguiram-se as tarefas conjuntas e cooperativas (cognitivas) de *antecipação e reconhecimento dos riscos,* de estabelecimento de *prioridades,* de *metas* ("redução de 20% da frequência dos acidentes" para uma projeção de aumento da produção de 350 mil para 380 mil sacas de café e da ocupação de mão de obra de 20 mil trabalhadores para 25 mil), de estratégias de ação, de forma de registro, manutenção e divulgação de dados, de avaliação de resultados e sua periodicidade, de democratização das informações, ("anualmente todo o PPRA e as atividades envolvidas no mesmo serão avaliadas e seus dados divulgados para todos os produtores filiados à ACARPA, para o Sindicato Rural e para Ministério do Trabalho") e de *monitoramento da exposição aos riscos.*

---

fizeram parte pessoas, "com amplos conhecimentos das etapas e dos processos envolvidos na cafeicultura", o que possibilitou o levantamento qualitativo e a análise das instalações, métodos e processos de trabalho, com a identificação dos riscos aos quais o trabalhador estava efetivamente exposto. Referência textual do PPRA aponta que "foram consultados materiais didáticos disponíveis, estatísticas de acidentes do trabalho nos anos de 1996 e 1997 para identificar os pontos mais críticos e estabelecer as prioridades". Coerentemente com o paradigma epistemológico aqui propugnado, os levantamentos de realidade foram realizados cooperativamente e com a participação de todos os envolvidos. O reconhecimento da complexidade dos contextos conduziu à realização de escolhas racionais. Do ponto de vista da autoridade pública, a adesão a tais escolhas significou o abandono da aplicação incondicionada, "mecânica e matemática", das normas de segurança e a adoção de posição seletiva e racional, com assunção conjunta da responsabilidade pelas escolhas efetuadas. Escolhas pautadas, portanto, por uma ética de responsabilidade.

(355) ASSOCIAÇÃO DOS CAFEICULTORES. *Programa de prevenção de riscos ambientais...*, 1998. p. 2.

É de se notar que as práticas da "governança" e a *ação pública comunicativa* passam a ser concebidas com rigor metódico raramente perceptível na administração pública em geral. Dessa sorte, não se pode distinguir de que lado o aprendizado é maior: se do lado dos agentes sociais, que recebem das autoridades públicas informações, sugestões, avaliações, se do lado do Poder Público, que passa a conviver com formas mais eficientes e eficazes de atuar[356].

A autoridade pública, ao lançar sua assinatura no documento que oficializou o PPRA, reconheceu que toda autoridade realiza escolhas discricionárias e direcionadoras de sua ação. Ao definir prioridades, estabeleceu escala de valores compartilhada com todos os afetados por sua decisão. Assim, coerentemente com os paradigmas da razão dialógica e da complexidade, democratizou o procedimento público de tomada de decisões.

3.2.4.2. O "Projeto Piloto": PROGRAMA DE FOMENTO DO PPRA COLETIVO

O "Projeto Piloto"[357] constituiu-se em um amplo projeto de ação conjunta com vistas à observância dos direitos sociais e da legislação trabalhista em geral na região de Patrocínio e, de modo especial, à implantação nas 666 propriedades do PPRA coletivo, a partir da safra de 1997.

Instituiu-se o Conselho de Desenvolvimento de Higiene, Saúde e Segurança do Trabalhador para o alcance das metas estabelecidas no PPRA, com o apoio da Delegacia Regional do Trabalho de Minas Gerais e da Subdelegacia Regional de Patos de Minas, que assumiu a incumbência pela capacitação de agentes multiplicadores do Programa, mediante cursos e palestras.

As prioridades estabelecidas, por sua eloquência, são abaixo sintetizadas. O Projeto, além das normas que lhe são próprias, compilou o conteúdo de normas provenientes de diversas convenções coletivas, em especial a de 1997, que incorporou e conferiu natureza de norma coletiva ao conteúdo do "Projeto Piloto" e ao "Conselho de Desenvolvimento de Higiene, Saúde e Segurança do Trabalhador":

---

(356) O PPRA avançou na sua elaboração para a fase final de identificação e especificação das atividades de risco existentes na cafeicultura (transporte de trabalhadores, uso e transporte de ferramentas, operação de máquinas agrícolas e equipamentos, aplicação e contato com agrotóxicos, exercício de trabalho com risco de contato com energia elétrica, ataques de animais peçonhentos, execução de trabalho nas áreas de armazenagem de grãos, ingestão de água não potável). Para cada uma dessas atividades, seguiram-se: o levantamento dos riscos relativos a cada uma delas; a identificação das fontes geradoras dos riscos; os tipos de exposição do trabalhador a tais riscos; e o estabelecimento de medidas de controle a serem adotadas.

(357) Para acesso à versão completa, confira-se VASCONCELOS. *Núcleos intersindicais de conciliação...*, 1999. p. 462.

a) registro do contrato de trabalho na carteira de trabalho do trabalhador;

b) melhoria dos alojamentos, segundo definido em normas coletivas da categoria (piso de cimento, paredes de alvenaria, madeira ou cimento, cobertura de telha e com janela, iluminação a gás onde não houver energia), com proibição de piso de "chão batido", uso de palha ou lona, bem como do uso de fogareiro e da morada coletiva de famílias;

c) construção de instalações sanitárias nos locais de trabalho (com porta e fecho nos gabinetes, descarga, um gabinete por grupo de 20 trabalhadores, fossas à distância de 25 metros da fonte de coleta de água);

d) fornecimento gratuito de equipamentos de proteção individual ao trabalhador (calçado fechado, boné ou chapéu, luvas) e proibição do trabalho descalço, com chinelos tamancos ou sandálias;

e) água potável com proteção da fonte (vedado uso de embalagens de agrotóxicos como vasilhame);

f) adequação dos meios de transporte às condições de licenciamento exigidas pelo DER e vedação do transporte de produtos químicos e ferramentas ao lado de pessoas num mesmo veículo;

g) armazenamento de produtos químicos em locais adequados, procedendo-se ao enterro ou à incineração das embalagens;

h) padronização das regras relativas aos atestados de saúde ocupacional e uso de um único PCMSO para todas as propriedades rurais dedicadas à cafeicultura;

i) obrigatoriedade de manutenção de equipamentos de primeiros socorros em cada propriedade; e

j) obrigatoriedade da edificação de abrigos de proteção contra intempérie nas frentes de trabalho.

A substituição da ação meramente punitiva pela ação pública comunicativa por parte do Ministério do Trabalho ensejou profunda alteração nas condições de segurança e saúde no trabalho rural.

Conforme declarou em entrevista não direcionada concedida pela assessora jurídica do Sindicato dos Trabalhadores Rurais de Patrocínio, "hoje, todas as propriedades assimilaram uma nova cultura e têm o seu PPRA individualizado. O trabalhador passou a ser tratado como ser humano, e reduziram-se drasticamente as autuações do Ministério do Trabalho naquelas propriedades"[358].

Segundo a auditora fiscal do trabalho Miriam Terezinha Vasconcelos da Silveira, as condições de alojamento dos trabalhadores melhoraram de modo impressionante. Declarou-se "encantada" quando em atividade de inspeção verificou que o alojamento dos trabalhadores estava em melhores condições que as do hotel em que estava hospedada no período de duração da diligência fiscal. Encontrou no alojamento "paredes azulejadas, camas-beliche, construção em alvenaria, cantina e refeitório". Afirma ainda que "hoje o trabalho em condições degradantes é exceção e não a regra, como foi outrora. A consciência do empregador modificou-se"[359].

A profunda transformação da realidade de outrora, sem menoscabo do que ainda se tem por fazer, confere maior dignidade ao trabalhador e reforça a esperança de dias cada vez melhores[360].

Dado de extrema relevância consta do Relatório de Fiscalização da Região IV[361]. No conjunto das regiões fiscalizadas, foram encontrados 2.839 trabalhadores sem registro do contrato de trabalho na carteira. Contudo, na sub-região de Patos de Minas a fiscalização concentrou-se na região de Patrocínio, abrangida pela ação do Núcleo Intersindical de Conciliação Trabalhista de Patrocínio. O quadro resumo da fiscalização realizada na circunscrição de Patos de Minas aponta que na referida sub-região a ação fiscal alcançou vinte e nove empresas rurais, contemplando um universo de 653 trabalhadores. Na região (Patrocínio, Serra do Salitre e Coromandel), o número de trabalhadores "sem registro" encontrados foi de apenas e tão somente cinco trabalhadores[362]. Nas demais subdelegacias da região do Triângulo Mineiro contígua à região de Patrocínio, têm-se os seguintes dados: a) Subdelegacia de Uberlândia.

Dados comparativos com resultados da ação fiscal em subdelegacias circunvizinhas:

---

(358) Entrevista não dirigida concedida em 28 de março de 2007 pela doutora Gilma Gonçalves Xavier e Nunes, assessora jurídica do Sindicato dos Trabalhadores Rurais de Patrocínio.
(359) SILVEIRA, Miriam Terezinha Vasconcelos da. CIF 30314-3. Entrevista não dirigida concedida em 9.10.2006. (Auditora fiscal vinculada à Subdelegacia do Trabalho, em cuja área de atuação se localiza a região de Patrocínio).
(360) O trabalho é exaustivo por ser por produtividade. Eles desejam produzir para ganhar o suficiente para sobreviver no período da entressafra, sujeitando-se a um desgaste enorme. Por isso, dormem pouco e não usufruem de intervalo para refeições. Impulsionados por aquela motivação, permanecem por longo período longe da família.
(361) O relatório refere-se a diversas Subdelegacias Regionais do Ministério do Trabalho (Patos de Minas, Paracatu, Uberaba, Uberlândia), em cumprimento ao "Plano de Ação Fiscal do Ano 2000 da Região IV", com objetivos diversos, dentre os quais "efetuar a fiscalização no meio rural, abrangendo as culturas e priorizando as atividades consideradas problemáticas na Região IV".
(362) MINISTÉRIO DO TRABALHO. DELEGACIA REGIONAL DO TRABALHO DE MINAS GERAIS. *Relatório de fiscalização da Região IV — SDTE Patos de Minas, Uberaba, Uberlândia e Paracatu*. Patos de Minas: GRUPO IV, 6 de julho de 2000.

TABELA 2
AÇÃO FISCAL DO GRUPO IV — DELEGACIA REGIONAL DO TRABALHO DE MINAS GERAIS

Região	Propriedades fiscalizadas	Trabalhadores atingidos	Autuações por falta de registro da CTPS	Percentual
Patrocínio	29	653	5*	0,76%
Uberlândia	26	2.683	1.073**	40%
Uberaba	20	1.165	725***	62%
Todas as subdelegacias	141	11.472	2.839	24%

* Período 8 a 12.5.2000
**Período 5 a 9.6.2000
***Período 12 a 16.6.2000
Fonte: Ministério do Trabalho. Delegacia Regional do Trabalho de Minas Gerais. Relatório de Fiscalização da Região IV — SDTE Patos de Minas, Uberaba, Uberlândia e Paracatu.

Os dados acima revelam nítida disparidade positiva da região de Patrocínio em relação às demais em função dos efeitos da ação do Ninter-Patrocínio. Revela ainda a superioridade da eficácia da ação pública comunicativa sobre a ação repressora do Poder Público. Esta, embora indispensável, tem um universo muito reduzido, e por isso precisa contar com outros instrumentos de gestão mais eficazes, que tenham na ação repressora um mero suporte a ser utilizado em situações exemplares e pedagógicas, na busca de efetividade dos direitos sociais.

Indubitavelmente, os resultados alcançados convidam a uma reflexão profunda sobre a cultura e o modo de operar das instituições do trabalho.

As ilustrações a seguir permitem um paralelo convincente com aquelas representadas pelas figuras de 1 a 6, insertas no item 2.1.1.1, em *O Sistema Núcleo Intersindical de Conciliação Trabalhista...*[363]:

---

(363) VASCONCELOS, Antônio G. *O sistema núcleo intersindical de conciliação trabalhista — do fato social ao instituto jurídico: uma transição neoparadigmática do modelo de organização do trabalho e da administração da justiça*. São Paulo: LTr, 2014.

FIGURA 2
LAVOURA DE CAFÉ, REGIÃO DE PATROCÍNIO/MG

Fonte: FUNDACENTRO/MG — Fundação Jorge Duprat Figueiredo de Segurança e Medicina do Trabalho. Dados levantados pelo "Programa de Atividade para Levantamento das Condições de Saúde e Segurança do Trabalho na Cafeicultura do Cerrado" (1999-2004). Coordenadoria da Divisão de Segurança Rural.

FIGURA 3
COLHEITA MECANIZADA EM LAVOURA DE CAFÉ, REGIÃO DE PATROCÍNIO/MG

Fonte: FUNDACENTRO/MG — Fundação Jorge Duprat Figueiredo de Segurança e Medicina do Trabalho. Dados levantados pelo "Programa de Atividade para Levantamento das Condições de Saúde e Segurança do Trabalho na Cafeicultura do Cerrado" (1999-2004). Coordenadoria da Divisão de Segurança Rural.

FIGURA 4
CONDIÇÕES ATUAIS DE SEGURANÇA NO TRABALHO EM PROPRIEDADE CAFEICULTORA, REGIÃO DE PATROCÍNIO/MG (2004)

Fonte: FUNDACENTRO/MG — Fundação Jorge Duprat Figueiredo de Segurança e Medicina do Trabalho. Dados levantados pelo "Programa de Atividade para Levantamento das Condições de Saúde e Segurança do Trabalho na Cafeicultura do Cerrado" (1999-2004). Coordenadoria da Divisão de Segurança Rural.

FIGURA 5
CONDIÇÕES ATUAIS DE ALOJAMENTO DE TRABALHADORES EM PROPRIEDADE CAFEICULTORA, REGIÃO DE PATROCÍNIO/MG (2004)

Fonte: FUNDACENTRO/MG — Fundação Jorge Duprat Figueiredo de Segurança e Medicina do Trabalho. Dados levantados pelo "Programa de Atividade para Levantamento das Condições de Saúde e Segurança do Trabalho na Cafeicultura do Cerrado" (1999-2004). Coordenadoria da Divisão de Segurança Rural.

FIGURA 6
CONDIÇÕES ATUAIS DE ALOJAMENTO DE TRABALHADORES EM PROPRIEDADE CAFEICULTORA, REGIÃO DE PATROCÍNIO/MG (2004)

Fonte: FUNDACENTRO/MG — Fundação Jorge Duprat Figueiredo de Segurança e Medicina do Trabalho. Dados levantados pelo "Programa de Atividade para Levantamento das Condições de Saúde e Segurança do Trabalho na Cafeicultura do Cerrado" (1999-2004). Coordenadoria da Divisão de Segurança Rural.

FIGURA 7
CULTIVO DE HORTALIÇAS PARA COMPLEMENTAÇÃO ALIMENTAR DOS TRABALHADORES PRÓXIMO AO ALOJAMENTO EM PROPRIEDADE CAFEICULTORA, REGIÃO DE PATROCÍNIO/MG (2004)

Fonte: FUNDACENTRO/MG — Fundação Jorge Duprat Figueiredo de Segurança e Medicina do Trabalho. Dados levantados pelo "Programa de Atividade para Levantamento das Condições de Saúde e Segurança do Trabalho na Cafeicultura do Cerrado" (1999-2004). Coordenadoria da Divisão de Segurança Rural.

FIGURA 8
AMOSTRA DE UNIDADE DE ALOJAMENTO EM PROPRIEDADE CAFEICULTORA, REGIÃO DE PATROCÍNIO/MG (2004)

Fonte: FUNDACENTRO/MG — Fundação Jorge Duprat Figueiredo de Segurança e Medicina do Trabalho. Dados levantados pelo "Programa de Atividade para Levantamento das Condições de Saúde e Segurança do Trabalho na Cafeicultura do Cerrado" (1999-2004). Coordenadoria da Divisão de Segurança Rural.

FIGURA 9
AMOSTRA DE DORMITÓRIO DE ALOJAMENTO RURAL EM PROPRIEDADE CAFEICULTORA, REGIÃO DE PATROCÍNIO/MG (2004).
(*VIDE* FIG. 3 E 4 SOBRE CONDIÇÕES ANTERIORES)

Fonte: FUNDACENTRO/MG — Fundação Jorge Duprat Figueiredo de Segurança e Medicina do Trabalho. Dados levantados pelo "Programa de Atividade para Levantamento das Condições de Saúde e Segurança do Trabalho na Cafeicultura do Cerrado" (1999-2004). Coordenadoria da Divisão de Segurança Rural.

FIGURA 10
AMOSTRA DE INSTALAÇÃO SANITÁRIA DE ALOJAMENTO RURAL EM PROPRIEDADE CAFEICULTORA, REGIÃO DE PATROCÍNIO/MG (2004).
(*VIDE* FIG. 6 SOBRE CONDIÇÕES ANTERIORES)

Fonte: FUNDACENTRO/MG — Fundação Jorge Duprat Figueiredo de Segurança e Medicina do Trabalho. Dados levantados pelo "Programa de Atividade para Levantamento das Condições de Saúde e Segurança do Trabalho na Cafeicultura do Cerrado" (1999-2004). Coordenadoria da Divisão de Segurança Rural.

FIGURA 11
CAPELA EM ALOJAMENTO RURAL DE PROPRIEDADE CAFEICULTORA, REGIÃO DE PATROCÍNIO/MG (2004)

Fonte: FUNDACENTRO/MG — Fundação Jorge Duprat Figueiredo de Segurança e Medicina do Trabalho. Dados levantados pelo "Programa de Atividade para Levantamento das Condições de Saúde e Segurança do Trabalho na Cafeicultura do Cerrado" (1999-2004). Coordenadoria da Divisão de Segurança Rural.

FIGURA 12
CAPELA (INTERIOR) EM ALOJAMENTO RURAL DE PROPRIEDADE CAFEICULTORA, REGIÃO DE PATROCÍNIO/MG (2004)

Fonte: FUNDACENTRO/MG — Fundação Jorge Duprat Figueiredo de Segurança e Medicina do Trabalho. Dados levantados pelo "Programa de Atividade para Levantamento das Condições de Saúde e Segurança do Trabalho na Cafeicultura do Cerrado" (1999-2004). Coordenadoria da Divisão de Segurança Rural.

Por tais "razões de fato", a região de Patrocíno/MG polariza o movimento de certificação do café do cerrado em toda a região, que inclui cerca de 26 municípios (cf. 3.3).

Indubitavelmente, os resultados alcançados convidam a uma reflexão profunda sobre a cultura e o modo de operar das instituições do trabalho. A abertura para o diálogo social e para a concertação social, inspirada nos ideais de governança (participação dos destinatários/afetados no exercício do Poder Público) e da subsidiariedade ativa (aproveitamento do potencial de ação dos destinatários/afetados da ação pública), pode produzir resultados muito mais positivos que aqueles restritamente alcançados com base em ações públicas repressivas e unilaterais. O diálogo social, entretanto, deverá ser reciprocamente performativo; dele nasce, por exemplo, a disposição do Poder Público: a) para a construção dialógica do conhecimento em que se fundamentará a ação pública; b) para assumir e promover a adequação da legislação aos contextos de realidade, considerados na sua singularidade e complexidade irrepetíveis. Esse é o ponto de partida em que se baseia o princípio de democracia integral imanente ao sistema Ninter.

3.3. IMPACTOS DA AÇÃO DO NINTER-PATROCÍNIO NO ÂMBITO DA PREVENÇÃO E DA RESOLUÇÃO DOS CONFLITOS (1994-2013)

A gestão compartida da administração da Justiça local (sentido amplo), segundo os princípios de "governança" de "jurisdição comunicativa" e de "subsidiariedade ativa", permitiu a articulação interativa, a coexistencialidade e a coerência entre os procedimentos da Vara do Trabalho e os do Núcleo Intersindical de Conciliação Trabalhista de Patrocínio, por intermédio dos procedimentos discursivos mediados pelo Conselho Tripartite/Interinstitucional[364].

O levantamento dos resultados alcançados ao longo de duas décadas (1994-2014) do desempenho da experiência do Núcleo Intersindical de Conciliação Trabalhista de Patrocínio no campo da prevenção e da resolução dos conflitos do trabalho e na cogestão da administração da justiça local constitui-se em critério inquestionável de valoração crítica e de validez dos conceitos instrumentais norteadores das ações públicas e coletivas responsáveis pela sua efetivação[365]. Constitui-se, ainda, na perspectiva desta investigação, em critério de legitimação da ação pública comunicativa e, mais especificamente, em critério de legitimação das práticas orientadas pela teoria da "jurisdição comunicativa", neste aspecto (fomento e coparticipação na constituição de formas autônomas, coexistenciais de prevenção e resolução dos conflitos) mais restrito de seu alcance.

O estudo dos resultados no período mencionado revelam, dentre outros aspectos aqui desprezados:

• o impacto da atuação do Ninter no movimento e na atuação do órgão judicial local;

• a comprovação estatística dos índices de satisfação social com a atuação do Ninter no campo da solução não judicial dos conflitos;

• a ampliação do acesso à Justiça (em sentido amplo);

• a importância da inclusão dos meios judiciais no espectro abrangido pela administração da justiça local e sua sujeição ao modelo tripartite de gestão (diálogo e concertação social);

---

(364) VASCONCELOS, Antônio G. *O sistema núcleo intersindical de conciliação trabalhista — do fato social ao instituto jurídico: uma transição neoparadigmática do modelo de organização do trabalho e da administração da justiça*. São Paulo: LTr, 2014. cap. 4; itens 1.4, 1.3, 2.3, 2.4.2 e 2.7.2, nesta obra.
(365) Em termos de uma ética consequencialista (ética de responsabilidade e solidariedade, (cf. 6.2.3.2).

• a consistência e eficácia da ação preventiva de conflitos do Ninter; e

• a recuperação da capacidade da única Vara do Trabalho de Patrocínio para absorver a demanda social ao longo dos últimos doze anos em termos de celeridade e qualidade.

3.3.1. Levantamento estatístico e análise de dados

O levantamento dos dados foi procedido com rigor absoluto. As fontes estatísticas oficiais da Vara do Trabalho de Patrocínio alimentam os dados concernentes aos dados relativos ao número de processos. O inventário de casos atendidos pelo Ninter-Patrocínio desde a sua inauguração até o presente, constante de seus arquivos e fruto de balanços mensais de produtividade, alimenta os dados estatísticos não judiciais.

3.3.1.1. A criação do Ninter (1994): marco temporal inicial

O exame dos dados disponíveis autoriza as seguintes constatações:

Até 1994, ano da criação do Núcleo Intersindical de Conciliação Trabalhista de Patrocínio, o crescimento percentual de demandas na Vara do Trabalho de Patrocínio apresentava, a cada ano, crescimento acelerado e vertiginoso (444%) e apontava para a exaustão de sua capacidade para atender à demanda crescente. Constatou-se uma correlação direta entre a redução paulatina das demandas rurais no triênio subsequente a 1994, correspondente aos anos de 1995, 1996, 1997, na ordem aproximada de 55%, 73% e 77,5%[366], respectivamente (gráfico 1) e a criação do Ninter-Patrocínio, sendo que a maior parte das demandas ajuizadas na Vara do Trabalho provinha do setor rural (gráfico 2).

---

(366) Os dados acima ratificam índices anteriores divulgados sobre o percentual de redução de demandas rurais na Vara do Trabalho como resultado da ação do Núcleo Intersindical de Conciliação Trabalhista de Patrocínio. Os critérios anteriores levaram em conta a relação percentual entre o número de atendimentos sem solução do litígio e o número total de atendimentos realizados pelo Ninter. A comparação entre os dois termos, pressupondo que o total dos casos solucionados se converteria necessariamente em demandas trabalhistas sem a ação do Ninter, aponta para uma redução do número de ações em percentual superior a 98%. O critério aqui utilizado parte das estatísticas da própria Vara do Trabalho (comparação entre o ano de 1994 e o período duodenário subsequente), elimina a estimativa de que os casos solucionados no Ninter se referem a potenciais ações trabalhistas e afirma o percentual de 71,5% como índice de redução das demandas rurais na Vara do Trabalho de Patrocínio no período indigitado. A substituição do critério visa à eliminação de variáveis estimativas, com o intuito de eliminar controvérsias.

ESTATÍSTICA GERAL ANUAL DO NÚMERO DE DEMANDAS RURAIS AJUIZADAS NA VARA DO TRABALHO DE PATROCÍNIO NO PERÍODO DE 1991 A 2013

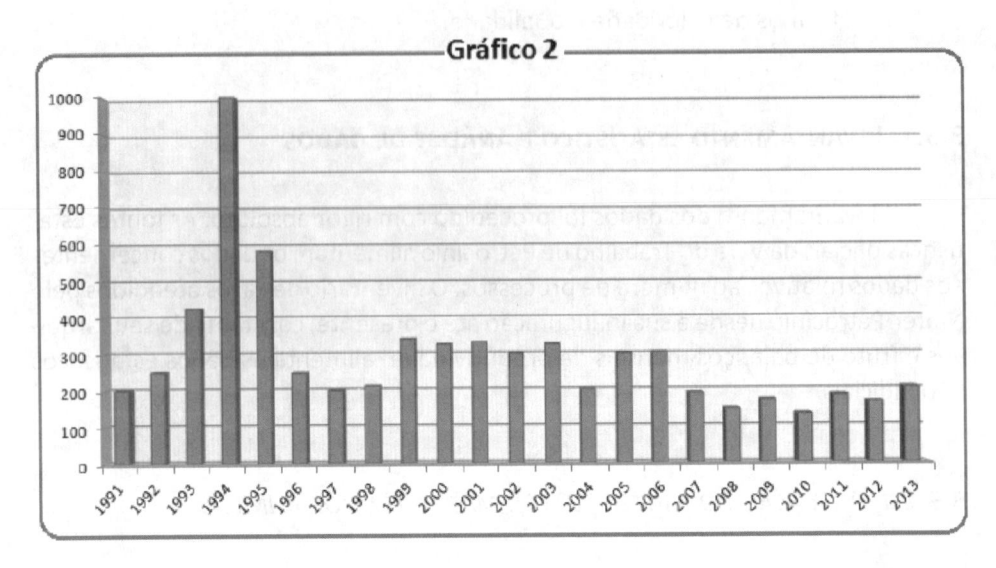

──── Gráfico 2 ────

Fonte: Dados extraídos da Estatística oficial da Vara do Trabalho de Patrocínio disponível naquele órgão.
Obs.: O Ninter foi criado em 1994.

Óbvio, no entanto, que a influência da ação do Ninter no movimento da Vara é muito maior, porquanto aqui se desprezou a variável do crescimento tendencial e geométrico anual apresentado pelo movimento estatístico da Vara nos anos anteriores à criação do Ninter: o aumento do número das demandas rurais no ano de 1992 em relação a 1991 foi de 21,5%; de 1993, em relação a 1992, foi de 66%; de 1994 em relação a 1993, foi de 219%; e, no conjunto, de 1994 em relação a 1991, foi de 444%. Inversamente, nos anos subsequentes de 1995, 1996, 1997, a redução das demandas rurais foi de 55%, 73% e 77,5% em relação ao ano de 1994; e, no conjunto, a redução do número de demandas rurais em 1997 em relação a 1994 foi de 223%. Em outros termos, no triênio anterior à criação do Ninter, o aumento acumulado de demandas trabalhistas rurais foi de 444%; no triênio posterior, a redução acumulada no número de demandas foi de 223%. Logo além do percentual nominalmente apurado de 71,5%, houve a redução significativa e real de demandas, que não está computada neste índice e que foi desprezada, dada a suficiência do critério nominal para comprovar a tese aqui afirmada.

MOVIMENTO GERAL DA VARA DO TRABALHO DE PATROCÍNIO (1994 — 2006) COM DISCRIMINAÇÃO DE DEMANDAS RURAIS

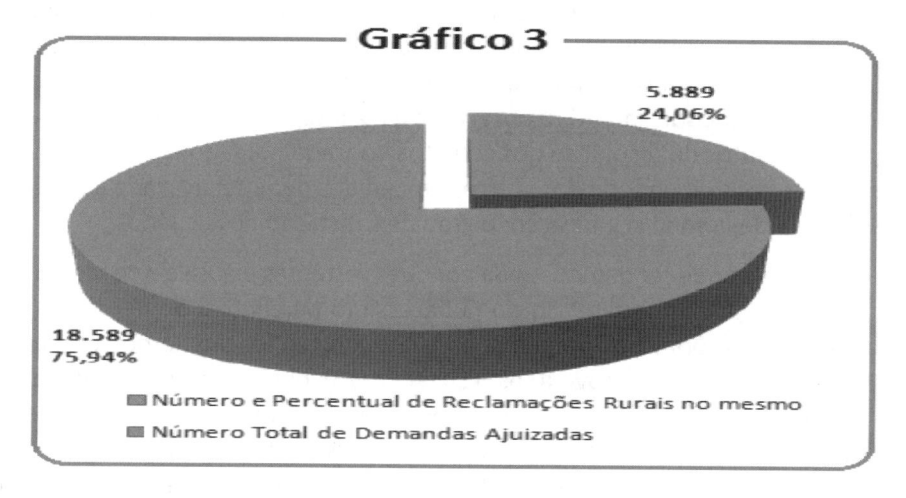

―― Gráfico 3 ――

5.889
24,06%

18.589
75,94%

■ Número e Percentual de Reclamações Rurais no mesmo
■ Número Total de Demandas Ajuizadas

Fonte: Dados estatísticos oficiais obtidos nos registros da Vara do Trabalho de Patrocínio.

MOVIMENTO ANUAL DA VARA DO TRABALHO DE PATROCÍNIO (1994-2006) COM DISCRIMINAÇÃO DE DEMANDAS RURAIS

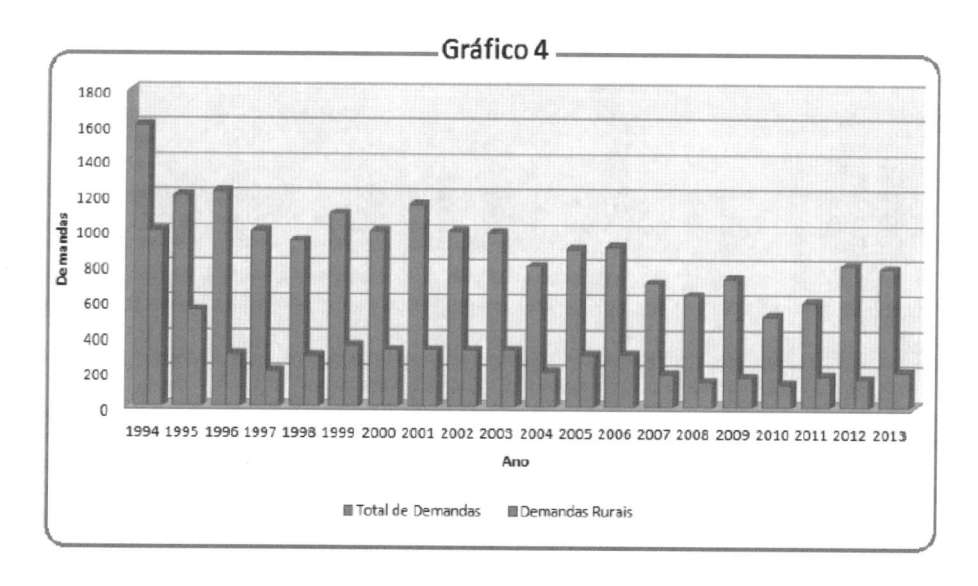

―― Gráfico 4 ――

■ Total de Demandas   ■ Demandas Rurais

Fonte: Dados estatísticos oficiais obtidos nos registros da Vara do Trabalho de Patrocínio.

3.3.1.2. A TRADUÇÃO ESTATÍSTICA DO GRAU DE SATISFAÇÃO DO USUÁRIO

O Gráfico 5 revela que no período estudado (1994-2013) apenas 1,24% de usuários (trabalhadores e empregadores) do Ninter-Patrocínio não logrou solução das pendências encaminhadas àquela entidade para tentativa de solução. Essa *performance* revela a insustentabilidade da proposição genérica de que somente o Poder Judiciário pode garantir a observância e a integridade dos direitos sociais nos procedimentos de resolução dos conflitos do trabalho. A qualidade do levantamento dos fatos jurígenos e dos acertos procedidos pode ser avaliada a partir de um indicador de grande significação: o grau de satisfação dos usuários.

A assertiva pode ser demonstrada por duas vertentes plausíveis de raciocínio. Por um lado, a paulatina redução do já baixíssimo percentual de insucesso nas tentativas conciliatórias nos primeiros anos até a estabilização no percentual de 1,24% no período de dezenove anos. Esta solidez evolutiva do sistema deve ser creditada ao fato de que as instituições podem atuar com base nos princípios da legalidade, da integridade e da boa-fé, e podem subsistir de forma tão bem-sucedida durante tanto tempo, sobretudo quando permanentemente submetidas à dialética da atenta conferência póstuma, tanto mais rigorosa quanto maiores as exigências da advocacia local[367] e quanto maior for a aptidão desses meios de também promoverem a justiça. Por outro lado, a comprovação da satisfação dos usuários do sistema de prevenção e de autocomposição adotado pelo Ninter-Patrocínio se conclui com a prova estatística da drástica redução das demandas provenientes do setor rural na Vara do Trabalho local.

---

(367) A diligente e rigorosa atuação e o profissionalismo predominantes da advocacia local foram fundamentais e decisivos para o equilíbrio de todo o sistema de administração da justiça local e para os resultados apresentados.

ESTATÍSTICA GERAL DO NINTER-PATROCÍNIO (1994 A 2013)

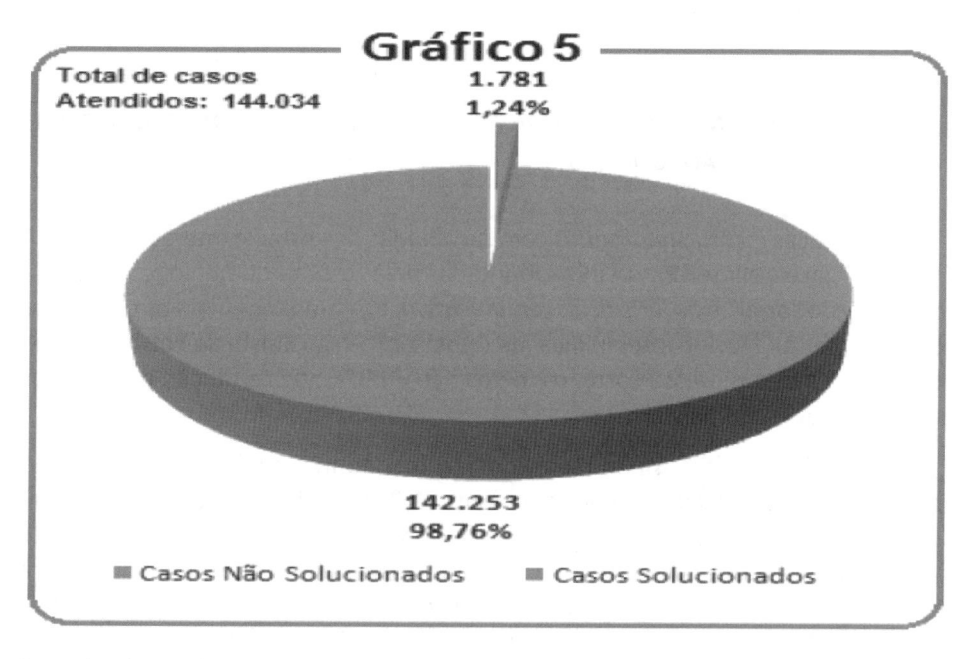

Gráfico 5

Total de casos Atendidos: 144.034

1.781 — 1,24%

142.253 — 98,76%

■ Casos Não Solucionados   ■ Casos Solucionados

Fonte: Arquivo geral e estatística do Ninter-Patrocínio/MG (disponíveis na instituição para estudiosos e pesquisadores).

3.3.1.3. A TRADUÇÃO ESTATÍSTICA DA LEGITIMAÇÃO DA INSTITUIÇÃO

Constata-se que, à medida que se reduziam paulatinamente as demandas rurais (gráfico 1) nos anos subsequentes à criação do Ninter, aumentava-se a capacidade de prevenir e solucionar conflitos por parte deste último (gráfico 5). O alto índice de aproveitamento dos atos jurídicos extrajudiciais foi se consolidando ao longo daqueles anos, reduzindo-se ainda mais os baixíssimos percentuais de insucesso na resolução das pendências trabalhistas submetidas à sua ação. Essa constatação revela que o bom ou o mau desempenho dos meios não judiciais de resolução de conflitos vão paulatinamente sendo observados e aferidos pela sociedade (usuários), os quais, como é o caso do Núcleo Intersindical de Conciliação Trabalhista de Patrocínio, após um período de amadurecimento, de aprimoramento e de conquista de credibilidade, ganham força, legitimidade e reconhecimento social e, no segundo caso, simplesmente deixam de existir. Segue-se a esta constatação a de que o processo de conversão cultural dos atores sociais, inclusivamente no que se refere à implementação de meios não judiciais de resolução de conflitos, não é açodado e precisa ser compreendido pelos agentes sociais empenhados nesta forma de concreção dos princípios constitucionais da dignidade humana, da cidadania e da subsidiariedade ativa[368].

3.3.1.4. A "GOVERNANÇA" É CONDIÇÃO DE POSSIBILIDADE DO SUCESSO DAS SOLUÇÕES NÃO JUDICIAIS

As práticas *institucionalizadas* compartilhadas de gestão e interações entre o órgão judicial e o Ninter-Patrocínio, orientadas pelas teorias do "diálogo social", da "concertação social" e da *jurisdição comunicativa,* tornaram possíveis os resultados concernentes ao Núcleo Intersindical de Conciliação Trabalhista de Patrocínio que aqui se apresentam. Dessa sorte, os meios não judiciais de resolução de conflitos não são inviáveis no país.

Além disso, os casos não resolvidos no Núcleo Intersindical de Conciliação Trabalhista de Patrocínio, que correspondem a 1,24% (1.781) dos casos de pendências entre trabalhadores e empregadores atendidas pelo Núcleo Intersindical de Conciliação Trabalhista de Patrocínio, são automaticamente encaminhados à Vara do Trabalho local, por intermédio da emissão do "Termo de encaminhamento", expedido pela Seção Intersindical de Conciliação do Ninter[369]. Este procedimento resulta da coexistencialidade e da intercomplementaridade estabelecidas entre os sistemas judiciais e os não judiciais locais. Alimenta a continuação do diálogo social e a constante renovação da concertação social concernente à administração da Justiça local. Esse dado deve ser correlacionado ao fato anteriormente estudado

---

(368) Neste particular, abre-se breve digressão para se considerar acerca do instituto das Comissões de Conciliação Prévia (radicalmente distintas do sistema Núcleos Intersindicais de Conciliação Trabalhista, cf. 5.2), que, a par da insuficiência normativa do instituto e dos desvios alimentados por tais deficiências, ostentam experiências que desautorizam a generalização dos juízos crítico-degenerativos, que, com extraordinária pré-maturidade, precipitaram-se após o transcurso do biênio subsequente à edição da Lei n. 9.958/2000. Em dois anos de prática do instituto, muitos decantavam o seu fracasso. Ora, embora a cultura não seja estática, mudanças profundas requerem transcurso razoável e suficiente para tanto. Contudo, não se pode deixar de observar que a singeleza que se pretendeu impingir à organização e ao funcionamento de tais comissões constituiu-se em obstáculo indesprezível ao seu reconhecimento e à boa vontade dos setores públicos para com as mesmas. Ao contrário do sistema Núcleos Intersindicais de Conciliação Trabalhista, tal como foi explicitado na teoria e nas práticas descritas ao longo desta tese, elas não são dotadas de meios institucionais e de conceitos instrumentais a partir dos quais a autonomia pública e a autonomia coletiva possam compartilhar esforços e responsabilidade para com o seu acompanhamento, aprimoramento e a sua avaliação.

(369) O Termo de Encaminhamento integra a lista dos documentos oficiais do Núcleo Intersindical de Conciliação Trabalhista de Patrocínio aprovada pelo Conselho Tripartite que é entregue ao trabalhador, que é esclarecido a levar sua situação à apreciação da Justiça. O documento contempla a síntese do litígio e o registro de fatos ou alegações consideradas relevantes, pelos conciliadores, para a solução da questão.

de que a Vara do Trabalho também promove o encaminhamento de casos referentes a processos em andamento, os quais, na sua quase totalidade, são resolvidos extrajudicialmente, interrompendo, assim, o procedimento adversarial e judicial (Gráfico 6).

ESTATÍSTICA ANUAL DO NINTER-PATROCÍNIO (1994 A 2013)

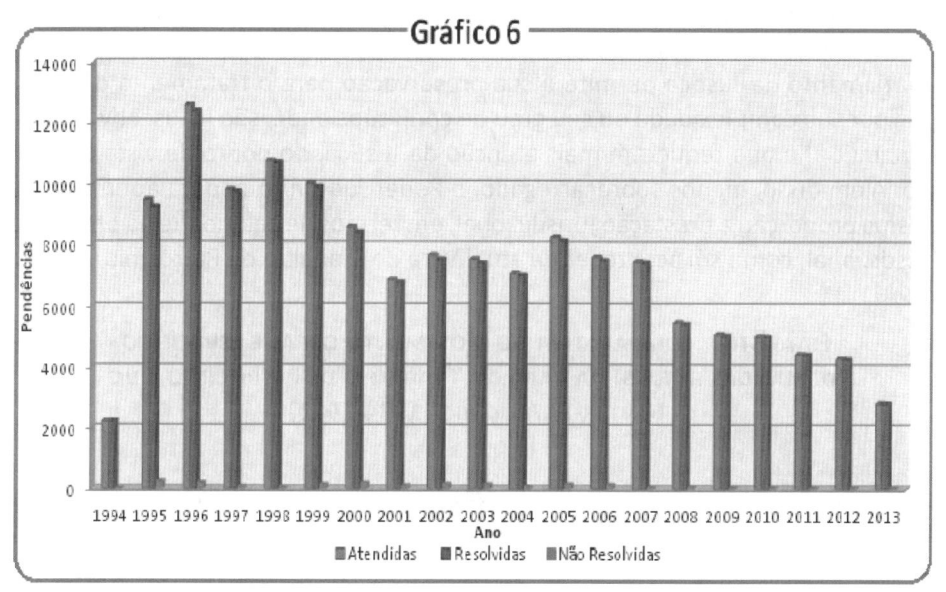

Gráfico 6

Fonte: Arquivo geral e estatística do Ninter-Patrocínio (disponíveis na instituição para estudiosos e pesquisadores).

3.3.1.5. A AMPLIAÇÃO DO ACESSO À JUSTIÇA

Os gráficos 7 e 8 revelam que a criação desta instituição ampliou extraordinariamente o acesso à Justiça na região. Compreende-se como "acesso à Justiça" o conjunto dos meios judiciais e não judiciais de resolução de conflitos, inclusivamente os meios de acertamento preventivo assistido pelos conciliadores do Ninter. O volume dos atendimentos realizados por esta instituição em todo o período investigado chega a ser, aproximadamente, oito vezes maior que aquele realizado pelo órgão judicial. Enquanto o Ninter documentou 142.253[370] pendências resolvidas entre 1994 e 2013, o órgão judicial conciliou ou julgou 18.589[371].

---

(370) Levantamento estatístico extraído dos livros de registro de casos atendidos, resolvidos e não resolvidos do Núcleo Intersindical de Conciliação Trabalhista de Patrocínio/MG, disponibilizado pela Coordenação do Ninter para pesquisa.
(371) Dados estatísticos fornecidos pelo diretor da Vara do Trabalho de Patrocínio/MG.

A conjugação dos esforços interinstitucionais, além de fortalecer e conferir maior legitimidade ao órgão judicial local e aos sindicatos, ampliou extraordinariamente o acesso à Justiça, especialmente em relação aos trabalhadores sazonais, que antes não tinham qualquer espaço institucional a que pudessem recorrer ou receber qualquer orientação. Com efeito, a média anual de demandas e de acertamentos realizados pelo Ninter-Patrocínio no interregno compreendido entre 1994 e 2013 (gráfico 8) demonstra que a grande maioria das pendências trabalhistas é suscetível de ser resolvida por meios não adversariais de resolução de conflitos e podem ser mais eficazmente resolvidas fora da instância judicial. A consequência no lugar do esvaziamento da Justiça permite a sua preservação para o tratamento de casos que, por sua complexidade ou seu grau de conflituosidade, são insuscetíveis à via extrajudicial e que requerem mais atenção da Justiça, do ponto de vista qualitativo. Além disso, menos sobrecarregado, o Poder Judiciário poderá aprimorar na mesma proporção a prestação jurisdicional, em termos de celeridade na prestação jurisdicional, como sói acontecer na atual Vara do Trabalho de Patrocínio/MG.

ESTATÍSTICA COMPARATIVA DO MOVIMENTO GERAL E ESPECÍFICO (DEMANDAS RURAIS) DA VARA DO TRABALHO DE PATROCÍNIO E DO NINTER-PATROCÍNIO (1994-2013)

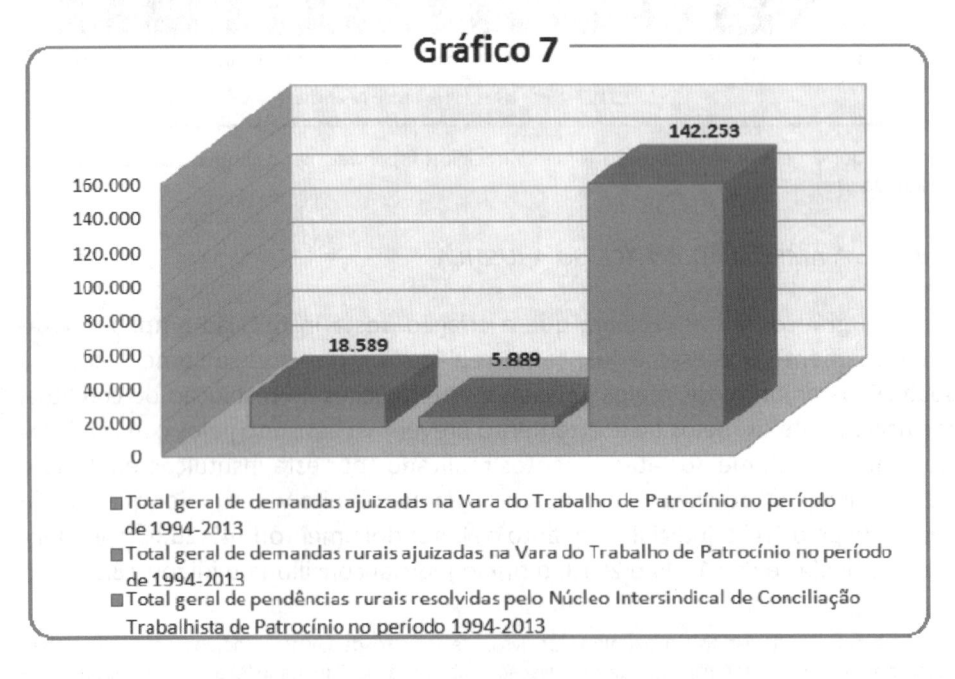

Gráfico 7

- Total geral de demandas ajuizadas na Vara do Trabalho de Patrocínio no período de 1994-2013: 18.589
- Total geral de demandas rurais ajuizadas na Vara do Trabalho de Patrocínio no período de 1994-2013: 5.889
- Total geral de pendências rurais resolvidas pelo Núcleo Intersindical de Conciliação Trabalhista de Patrocínio no período 1994-2013: 142.253

Fonte: Dados extraídos da Estatística oficial da Vara do Trabalho e do Ninter-Patrocínio (disponíveis nestas instituições).

3.3.1.6. A DRÁSTICA REDUÇÃO DOS PROCESSOS JUDICIAIS

Os gráficos 7 e 8 revelam ainda que, transposto o triênio de afirmação e consolidação do Ninter-Patrocínio, o número de demandas rurais na Vara do Trabalho de Patrocínio manteve-se no patamar médio de 200 nos oito anos subsequentes (1998 a 2013), o que significa que nesse período o movimento das demandas manteve-se reduzido na ordem de, aproximadamente, 80,16% em relação ao registrado no ano da criação do Ninter-Patrocínio (1994), no qual se registraram 1008 ajuizamentos de demandas rurais.

ESTATÍSTICA COMPARATIVA DO MOVIMENTO ANUAL GERAL E ESPECÍFICO (DEMANDAS RURAIS) DA VARA DO TRABALHO DE PATROCÍNIO E DO NINTER-PATROCÍNIO (1994-2013)

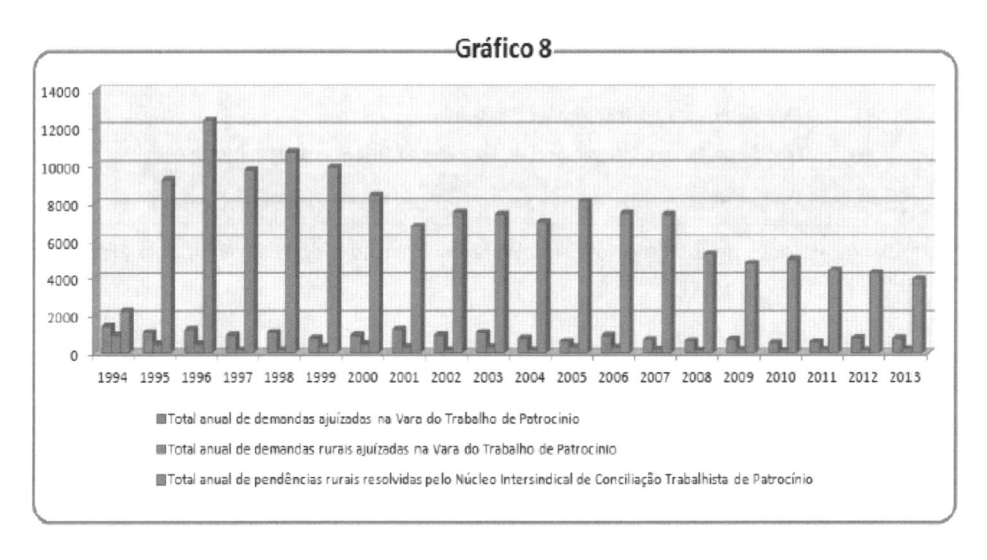

―――Gráfico 8―――

■ Total anual de demandas ajuizadas na Vara do Trabalho de Patrocínio
■ Total anual de demandas rurais ajuizadas na Vara do Trabalho de Patrocínio
■ Total anual de pendências rurais resolvidas pelo Núcleo Intersindical de Conciliação Trabalhista de Patrocínio

Fonte: Dados extraídos da estatística oficial da Vara do Trabalho e do Ninter-Patrocínio (disponíveis nestas instituições).

MOVIMENTO MÉDIO ANUAL DE PENDÊNCIAS RURAIS DA VARA DO TRABALHO E DO NINTER-PATROCÍNIO (1995-2013)

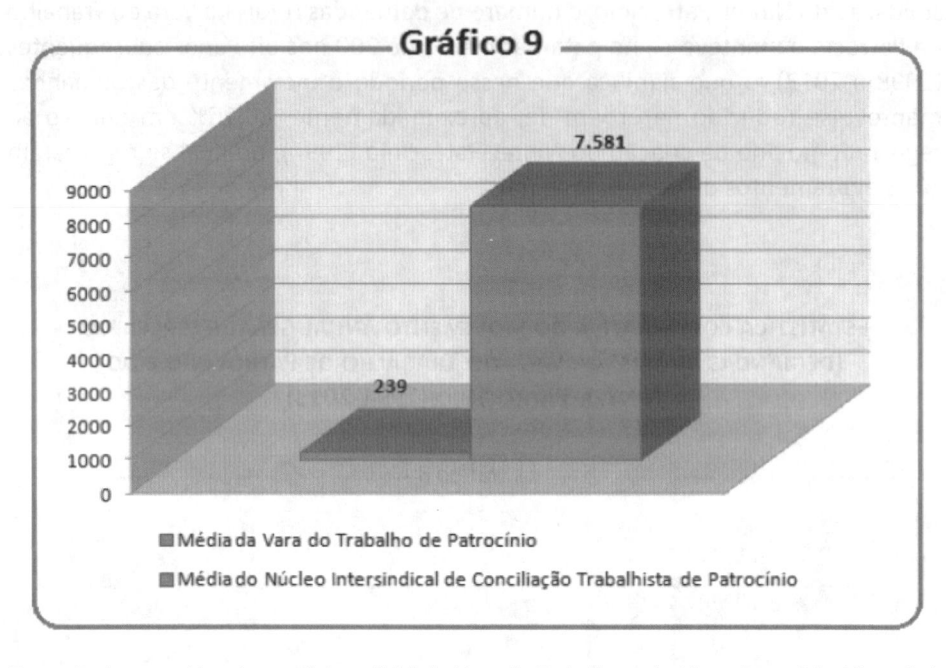

Gráfico 9

- Média da Vara do Trabalho de Patrocínio: 239
- Média do Núcleo Intersindical de Conciliação Trabalhista de Patrocínio: 7.581

Fonte: Dados extraídos da estatística oficial da Vara do Trabalho e do Ninter-Patrocínio (disponíveis nestas instituições).

MOVIMENTO GERAL DA VARA DO TRABALHO (DEMANDAS RURAIS) E DO NINTER 1994-2013

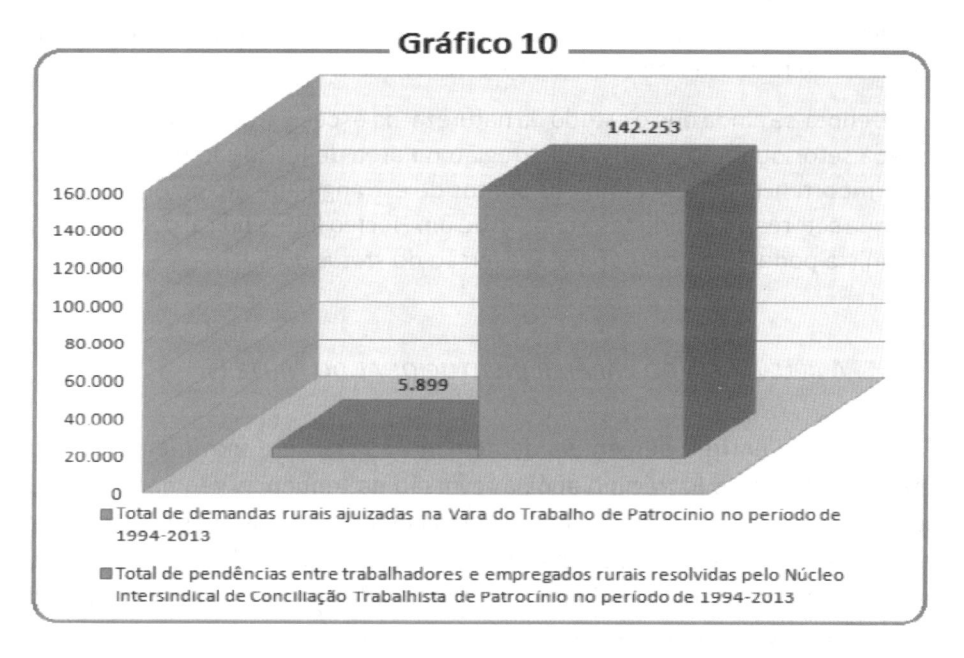

Gráfico 10

- 142.253
- 5.899

■ Total de demandas rurais ajuizadas na Vara do Trabalho de Patrocínio no período de 1994-2013

■ Total de pendências entre trabalhadores e empregados rurais resolvidas pelo Núcleo Intersindical de Conciliação Trabalhista de Patrocínio no período de 1994-2013

Fonte: Dados extraídos da estatística oficial da Vara do Trabalho e do Ninter-Patrocínio (disponíveis nestas instituições).

Considerando que os atos jurídicos praticados perante o Ninter são públicos e que as partes podem submetê-lo à crítica técnica por intermédio de seus advogados e da própria Justiça local, tem-se que o baixíssimo nível de encaminhamento, pelo Ninter, de pendências não resolvidas à Vara do Trabalho, aliado à drástica redução de demandas judiciais provenientes do meio rural, revela inequívoca satisfação da população usuária dos meios não judiciais com seus procedimentos e resultado (gráficos 4 e 7).

A redução do número de demandas rurais para a média anual de 18,84% (200) do número registrado em 1994 (1008) no curso dos dezenove anos estudados foi considerada apenas em termos nominais. Matemática e estatisticamente, é indesprezível o fato de que houve uma reversão do crescimento tendencial e geométrico do número de demandas no período de 1991 a 1994 (1,2% em 1992, 66% em 1993 e 119%, em relação ao ano anterior), antes do funcionamento do Núcleo Intersindical de Conciliação Trabalhista de Patrocínio (gráficos 3). Dessarte, a repercussão da atuação do Ninter no movimento de demandas da Vara do

Trabalho significou, portanto, não só a estabilização da redução do patamar de demandas atingidos em 1994 (1008) para a média de 200 nos últimos dezenove anos estudados como também a reversão da tendência ao crescimento geométrico referido. Deixa-se de se avançar, por desnecessário, a cálculos matemáticos mais complexos para se constatar a contundência do impacto positivo da pluralização dos meios de resolução de conflitos decorrentes da criação do Ninter.

Denota-se ainda que o estudo da natureza, da espécie e do perfil dos conflitos de cada setor ou ramo de atividade, região ou área de jurisdição (gráfico 3) é de suma importância para se definir os pontos de estrangulamento do órgão judicial e em que setores de atividades a criação de um Núcleo Intersindical de Conciliação Trabalhista poderá contribuir para a reversão do *status quo*.

3.3.1.7. A RELEVÂNCIA DO CARÁTER INSTITUCIONAL DO NINTER

A relação entre o percentual de demandas rurais e o movimento geral da Vara do Trabalho de Patrocínio após a reversão da tendência geométrica de aumento daquelas demandas seguida da queda de 80,16% nos anos subsequentes em comparação ao ano de 1994 manteve-se estável (gráfico 3). Essa circunstância revela que a qualidade do trabalho, a credibilidade conquistada e a capacidade de responder satisfatoriamente às exigências dos usuários dos serviços realizados pelo Ninter foram os elementos que conferiram à instituição a capacidade de resistir às contundentes reações oriundas de setores conservacionistas dos mais diversos segmentos, sejam elas movidas por interesses corporativos específicos ou por qualquer espécie de "ideologismos"[372]. E, mais profundamente, revela ainda que o arcabouço institucional e orgânico com que foi instituído o Ninter tornou-o invulnerável, em relação ao período aqui estudado, aos elementos de fragilização que desacreditaram parte das comissões de conciliação prévia (não institucionalizadas).

---

(372) A expressão popularesca mais interessante desse reacionarismo "ideológico" encontra-se na afirmação de certo debatedor quando asseverou que "a implementação dos meios não judiciais no meio trabalhista equivale a 'pôr o lobo dentro do galinheiro'" (I Seminário de Patrocínio para Modernização das Relações de Trabalho). Uma forma mais sofisticada de *ideologismo* jocoso pode-se encontrar na crítica pejorativa no sentido de que o sistema Núcleos Intersindicais de Conciliação Trabalhista "fundo ideológico facista", em proposital e ingênua contradição com as práticas do "diálogo social" e da "concertação", que lhe dão razão de ser e fundam suas raízes no princípio de democracia estudado nesta investigação. Mais sincera, no entanto, foi a objeção da entidade de representação de classe dos juízes classistas de Minas Gerais, que, ao empenhar todo o seu esforço na desestabilização do Ninter-Patrocínio, transpareceu de modo claro e direto o seu mote quando o presidente daquela entidade, chamando à luta seus pares da Vara do Trabalho de Patrocínio, vaticinou-lhes que "o êxito da experiência de Patrocínio será o fim da representação classista" (cf. *Ata de reunião do Conselho Tripartite* realizado em mar. 1995).

3.3.1.8. A CELERIDADE E A QUALIDADE DA JURISDIÇÃO COM CRITÉRIOS DE LEGITIMAÇÃO SOCIAL

O conjunto dos dados analisados permite concluir que a Vara do Trabalho de Patrocínio, desonerada de uma desnecessária carga de processos, muitas vezes, superior à sua capacidade de absorção e de responder satisfatoriamente à demanda, apresentou nos últimos dezenove anos uma média de demandas em torno de 700 processos anuais, o que equivale a uma média aproximada de 58 processos mensais (gráfico 1). O ano de 2013 exibiu uma média mensal de 65 processos, contra uma média de 143 processos mensais em 1994. Sinteticamente:

TABELA 3
MÉDIA MENSAL DE PROCESSOS NA VARA DE PATROCÍNIO EM 1994 E 2013

	1994	2013
Média mensal de ações ajuizadas	143	65

Fonte: Registros estatísticos da Vara do Trabalho em Patrocínio.

A Vara do Trabalho passou a ter condições, portanto, de conceber e de cumprir políticas jurisdicionais norteadoras de todo o sistema local de resolução de conflitos, a serem compartilhadas com o Núcleo Intersindical de Conciliação Trabalhista de Patrocínio, por intermédio do "diálogo social" e da "concertação social", os quais tornam possível a construção de um sistema democrático e participativo de administração de justiça, com inúmeras vantagens para a sociedade, para a jurisdição local e, de modo geral, para o Poder Público encarregado da organização do trabalho local.

A rapidez e a qualidade na solução dos conflitos alcançados pela Vara do Trabalho tornaram-se fatores decisivos para o alto grau de credibilidade e de legitimação social da justiça local.

3.3.2. CRÍTICA AOS ARGUMENTOS *JURÍDICO* E *CULTURAL* QUE ALIMENTAM A MÁ VONTADE EM RELAÇÃO AOS MEIOS NÃO JUDICIAIS DE RESOLUÇÃO DE CONFLITOS

Os resultados encontrados como consequência da atuação do Núcleo Intersindical de Conciliação Trabalhista de Patrocínio no âmbito da prevenção e da resolução dos conflitos contrastam seriamente com o conjunto dos argumentos que se apresentam como objeção à perseverança e ao fomento dos meios não judiciais de resolução dos conflitos do trabalho em nosso país.

O argumento *jurídico* da indisponibilidade dos direitos trabalhistas tem frequentemente sido invocado. Tal argumento confunde a técnica jurídica aplicada nos atos de resolução dos conflitos com os próprios sujeitos que o realizam, com a pretensão de estabelecer uma relação indissociável entre um e outro. Assim, um direito é indisponível porque sua aplicação é realizada por uma instituição, um órgão ou um agente público. Ora, se determinados direitos do trabalhador são irrenunciáveis, basta que os meios não judiciais de resolução dos conflitos estabeleçam o alcance e os limites de sua atuação, bem como as condições de validade dos seus atos para garantia de sua integridade. E a Justiça do Trabalho segue existindo eficientemente como última salvaguarda da incolumidade de tais direitos.

Ocorre que, há muito, vem lembrando Álvares da Silva, em mais de uma de suas obras[373], a simplicidade da grande maioria dos conflitos trabalhistas — diversas parcelas que decorrem de um único fato, como a rescisão do contrato de trabalho ou o cumprimento de horas extras, cuja solução depende de algumas operações aritméticas quando a busca de solução for norteada por boa-fé. A mesma fonte reporta-se à pesquisa do economista José Márcio Camargo, que pelo método da amostragem revelou que em processos que tramitam no TRT da Terceira Região 65% das verbas reclamadas eram horas extras; outros 65%, 13º salário; 62%, aviso-prévio; 60%, férias; e 30%, FGTS[374].

O argumento jurídico encontra-se facilmente superado pelas regras constantes do Estatuto do Núcleo Intersindical de Conciliação Trabalhista de Patrocínio e do estatuto-referência aprovado na Conferência Estadual do Trabalho de Minas Gerais como subsídio aos debates do Fórum Nacional do Trabalho, de maneira singela: obrigatoriedade do pagamento da integridade das parcelas trabalhistas decorrentes de fato incontroverso; proibição da renúncia de direitos; e vedação da atuação do Ninter em questões de maior complexidade fática e jurídica: negativa de vínculo de emprego, justa causa, estabilidade no emprego e outras questões que os sindicatos deliberarem como sujeitas a tais limites, quando controvertidas.

Cabe à ação interativa entre o Ninter e a Vara do Trabalho ou instâncias representativas da Justiça do Trabalho em foros compostos de vários órgãos (*ação pública comunicativa*) estabelecer critérios consensuais, que resguardem o interesse público, a serem adotados na autocomposição assistida, judicial ou extrajudicialmente, numa relação de intercomplementaridade. O mesmo vale para a

---

(373) Cf. ÁLVARES DA SILVA. *Efetividade do processo do trabalho e a reforma de suas leis*, 1997.
(374) ÁLVARES DA SILVA. *Efetividade do processo do trabalho e a reforma de suas leis*, 1997. p. 34-35.

arbitragem dos dissídios individuais, que, embora ainda de pouca assimilação, deve ser resguardada como possibilidade, estabelecendo-lhe os mesmos limites de sua atuação no campo trabalhista e cabendo à ação anulatória da sentença arbitral a função depurativa de seus excessos.

À Justiça reserva-se uma função subsidiária, de modo que possa atuar eficientemente, eficazmente e efetivamente nos casos que esta restar para as partes como última ou única alternativa, bem como na correção de desvios legais praticados em procedimentos não judiciais. O minucioso estudo estatístico realizado comprova que os meios não judiciais da forma como disponibilizados pelo sistema Ninter são aptos a satisfazer às demandas qualitativas. Nesse caso, o critério da satisfação social é hegemônico em relação a quaisquer outros critérios parciais, corporativos, ideológicos ou simplesmente decisionistas. Essa perspectiva não pode ser desconsiderada, mesmo quando o critério de análise ancorar-se na ideia de se resgatar o tanto de credibilidade e legitimidade perdidas pelo Poder Judiciário por conta dos crônicos problemas da morosidade e da deficiência de *outputs* adequados às exigências da sociedade contemporânea.

O que aqui se designará como argumento *político* diz respeito à equiparação do legal ao estatal. Esse argumento confere exclusividade ao Poder Judicial na resolução dos conflitos trabalhistas, visto como única instância capaz de promover a proteção do trabalhador hipossuficiente. Mas o argumento é movido por uma *ética de intenções,* sem se dar conta dos resultados da ação pública sob o enfoque de *ética de responsabilidade*. E é por isso que, sem fazer qualquer contabilização das relações custo social-benefício social, vê como saída para a *crise da justiça* a ampliação *ad infinitum* da "maquinaria estatal".

O argumento também exime o sistema judicial de qualquer autocrítica no sentido de que, muitas vezes, os vícios apontados nos meios extrajudiciais de solução de conflitos estão instalados no próprio sistema judicial que não averiguar qualitativamente as centenas de milhares de acordos homologados sem exame do mérito de seu conteúdo.

O argumento simplifica e exime de responsabilidades o próprio Judiciário, que, na perspectiva desta investigação, logrará maior legitimidade social, conduzindo-se por um *ativismo moderado e constitucionalmente autolimitado* do que por um contencionismo sobre o qual não resta senão lamentar, pela ausência de políticas judiciárias mais consistentes por parte do Governo e do Parlamento.

Por outro lado, os argumentos da escassez dos recursos e da priorização de outras políticas tidas como mais relevantes justificam a perpetuação de uma "circularidade tautológica" do debate e dos discursos reformistas: a eficiência do Poder Judiciário depende de dotações orçamentárias condizentes, mas, no sopesamento das demais necessidades da sociedade (segurança, saúde, infraestrutura), estas têm sempre prioridade sobre aquelas que, por sua vez, são sempre insatisfatórias. Esse "estado da arte" garante, *ad eternum,* o uso do argumento da falta de aparelhamento do Poder Judiciário para fazer frente à sobrecarga da demanda social.

Por isso, a defesa do estatocentrismo e do monopólio judicial como paradigma incrustado na cultura jurídica brasileira é altamente perniciosa aos trabalhadores, aos empregadores e a toda a sociedade brasileira.

O argumento *cultural* é determinístico e parte do princípio de que as coisas são como são e que a tradição cultural de um país não sofre metamorfoses — portanto, não é histórica. O diálogo transparadigmático intentado nos desenvolvimentos teóricos realizados nesta investigação (capítulo 1) conduz a uma constatação importante: toda afirmação com pretensões de validade deve ser contextualizada e submetida a regras do discurso, com a participação de todos os interessados, para, então, ser desmascarada, quando for portadora de pretensão à universalização de interesses contrários, lesivos ou divorciados dos interesses público e social.

O desmascaramento cumpre função relevantíssima para uma introjeção "cultural" do *princípio de democracia*, para o qual é essencial que a interpretação dos fatos não seja objeto de colonização por interesses restritos encobertos por uma sombra insustentável de cientificidade fraudadora da inteligência e dos interesses gerais da população, além de ofensiva aos princípios de *dignidade humana* e de *cidadania.*

Nem nas ciências da natureza, nem nas ciências sociais, há muito, o determinismo científico já não é mais sustentável, assim como não o é qualquer pretensão à universalização de um único projeto de vida tido como válido a partir de um último e único. Assim, diante da sustentação de um ou outro desses *thematas,* impõe desde logo o desmascaramento do que se encontra subjacente à *petição de obediência* (antidemocratizadora) desse jaez. A estratificação do cultural esconde a pretensão de hegemonia de ideias e de posições que se quer imutáveis e, por isso mesmo, a preservação de privilégios ou do *status quo*. Mas essa "racionalização" do cultural é insustentável: é muito razoável supor que a defesa explícita e pública da escravidão física (mais "eloquente") é hoje condenada publicamente como uma insanidade por muitos. Se o cultural estaticamente concebido deve ser tomado como empecilho à mudança, seria razoável opor-se ao fim da escravidão, por ter sido durante séculos considerados, muito além de um fato cultural, um fato natural. A afirmação, portanto, não constitui um saber norteado por um *princípio de democracia.* E, mais: "se a ciência não fala em leis universais e extra-históricas e fala em leis sociais, temporais e locais, conclui-se que não existe um meio de falar em algo real que está por trás da ciência e que esta apenas reflete"[375].

---

(375) PRIGOGINE, em prefácio à obra de COVENEY, Peter; HIHGFIELD, Roger. *A flecha do tempo.* Trad. J. E. Smith Caldas. São Paulo: Siciliano, 1993. p. 12.

O argumento cultural, em oposição ao desenvolvimento dos meios não judiciais de resolução dos conflitos, encerra considerável gravidade por seu conteúdo autoritário, por negar a dinamicidade do real e por renegar o próprio real quando trata como mera possibilidade o que já é fato, conforme demonstram os dados apresentados. A falácia do argumento está em que ele não questiona o modo como os meios judiciais (no caso do sistema Ninter) foram institucionalizados e postos em prática — nem dá conta de seus resultados, mas questiona os próprios meios em si mesmo considerados, independentemente do modo como se realizam e dos resultados que apresentam, que é mais grave do ponto de vista do interesse público e da democracia. Parece não ser por outra razão que se vem perpetuando a insustentável equiparação do sistema Ninter com as Comissões de Conciliação Prévia. A confusão conceitual parece cumprir, ao mesmo tempo, a mesma finalidade de ofuscar o real, a função de proceder a generalização e a associação dos resultados negativos e das práticas espúrias de algumas Comissões de Conciliação Prévia segundo os pressupostos abstracionistas do modelo clássico de racionalidades que despreza as particularidades e as exceções em nome da produção de universais insustentáveis. O peso desta abstração está em na pré-suposição de que os resultados da prática dos meios não judiciais de resolução dos conflitos serão deterministicamente os mesmos em relação a todo e qualquer meio não judicial de resolução de conflitos[376].

O argumento cultural, entretanto, não consegue sobreviver seriamente aos fatos apresentados. Nesse sentido, não há como negar validade à administração da justiça alcançada na região de Patrocínio por obra do "diálogo social" e da "concertação social", tal como institucionalizadas e praticadas no sistema do Núcleo Intersindical de Conciliação Trabalhista de Patrocínio e organizadas sob as bases teóricas aqui apresentadas quando se tem diante dos olhos os seguintes fatos imediatos: solução não judicial, pelo Ninter, de pendências trabalhistas no prazo de três a cinco dias, com garantia normativa[377] da integridade do pagamento de

---

[376] VASCONCELOS, Antônio G. *O sistema núcleo intersindical de conciliação trabalhista* — do fato social ao instituto jurídico: uma transição neoparadigmática do modelo de organização do trabalho e da administração da justiça. São Paulo: LTr, 2014. Cap. 5, item 5.2.

[377] O sentido que se confere à "garantia normativa" decorre do fato de que a da concertação social que resultou na criação do Núcleo Intersindical de Conciliação Trabalhista de Patrocínio estabeleceu o compromisso de que os meios não judiciais de solução de conflitos então institucionalizados deveriam, todos eles, assegurar a integridade dos direitos dos trabalhadores e que a negociação (transação) se limitaria a direitos reclamados com base em fatos controvertidos. E, ainda, que a quitação se limitaria aos direitos efetivamente acertados perante o Ninter e, mais, que a qualificação jurídica de situações controvertidas complexas (existência ou não de vínculo de emprego, dispensa por justa causa, estabilidade no emprego, e outras constantes do estatuto) não poderiam ser resolvidas pelos meios não judiciais de resolução de conflitos, mas tão-somente encaminhados à Justiça do Trabalho. A estas garantias essenciais alinham outras que, juntamente com as primeiras, foram regulamentadas no Estatuto do Núcleo Intersindical de Conciliação Trabalhista de Patrocínio, que, por isso mesmo, recebeu o endosso do conjunto das instituições participantes, bem como das assembleias das respectivas categorias, devidamente assistidas

direitos incontroversos (vedada a renúncia); redução das demandas rurais na Vara do Trabalho na ordem de 80% em relação ao período em que não havia o concurso de meios não judiciais e transformação do monopólio da função de resolução dos conflitos trabalhistas pela Vara do Trabalho por uma função apenas *subsidiária* e supletiva dos meios não judiciais, conferindo maior eficiência, eficácia e efetividade aos atos jurisdicionais (e, por isso, maior legitimidade e credibilidade ao Poder Judiciário local) e aos direitos sociais, ampliação do acesso à justiça[378] (em sentido amplo).

O argumento cultural, na sua forma radical, não pode seriamente ser posto como obstáculo à mudança, porque contém o seguinte paradoxo: ele não pode negar a historicidade da tradição e da cultura e que ambos são fruto do acúmulo de experiências históricas de uma coletividade (desde as comunidades menores à sociedade considerada como um todo); ao mesmo tempo, considera que essa cultura, em seu estágio atual, é estática e imutável, não admitindo que ela própria é, por natureza, eivada de dinamicidade. A radicalização do argumento conduz necessariamente à indagação: que tipo de interesses ou de privilégios pretendem deter em seu favor o curso da cultura, mediante reducionismos e autoritarismos dissimilados por uma cientificidade há muito em crise e já posta em xeque? Mesmo que um tal reacionarismo tenha de persistir à custa de uma transubstanciação da experiência concreta em ficção e desta em "realidade"?

O questionamento é decisivo porque o argumento da cultura pretende se sustentar à custa do sacrifício dos principais atores de toda a organização do trabalho: trabalhadores e empregadores.

A questão fundamental, na perspectiva de um *ética de inteligibilidade*, precisa ser: "De que modo a conciliação, a mediação e a arbitragem podem ser introduzidas no mundo do trabalho, com a preservação da integridade dos direitos sociais?" ou "A quais atores sociais e sob que princípios e regras deve ser dada a responsabilidade de promover a introdução dessas técnicas no campo das relações de trabalho?".

O sistema Núcleos Intersindicais de Conciliação Trabalhista procura responder a essas indagações de acordo com os princípios e com a normatização que o caracteriza como instituto jurídico e como instituição, entregando essa responsabilidade aos atores responsáveis pela organização do trabalho (sindicatos e instituições do

---

elas assessorias jurídicas próprias e das respectivas entidades de representação sindical de segundo e terceiro graus (federações e confederações).

(378) A Vara do Trabalho, após a criação do Núcleo Intersindical de Conciliação Trabalhista de Patrocínio, passou a receber uma média de 300 reclamações trabalhistas rurais nos últimos doze anos (1995 a 2006). O Núcleo Intersindical de Conciliação Trabalhista de Patrocínio atendeu e solucionou no mesmo período 104.572 casos de um total 106.113. Portanto, o Núcleo Intersindical de Conciliação Trabalhista de Patrocínio atendeu nesse período a uma média anual de 8.742 pendências trabalhistas e solucionou uma média anual de 8.714.

Poder Público). Além disso, apresenta os resultados alcançados em mais de uma década para a avaliação das potencialidades do instituto e, assim, colaborar na reconstrução e na democratização da organização do trabalho.

3.4. A priorização da efetividade dos direitos sociais no Programa de Certificação do Café do Cerrado, em andamento na região de Patrocínio/MG

No processo de reconstrução da organização do trabalho e da administração da justiça desencadeado na região de Patrocínio, a partir da criação do Ninter, chama a atenção o movimento que acabou por resultar no Programa de Certificação do Café do Cerrado, no sentido de conferir credibilidade, aceitabilidade internacional e sustentabilidade social à cadeia de produção do café na região. A segurança alimentar, o modelo de produção do café e sua vinculação a causas sociais, como a ambiental, ou o cumprimento da legislação social, são elementos que se acoplam às exigências contemporâneas do mercado. Em consequência, a rastreabilidade dos processos utilizados na cadeia produtiva e o estudo do modelo de produção adotado fizeram com que as certificações assumissem importância cada vez maior[379].

Os avanços do sistema de relações de trabalho, especialmente nos campos da prevenção e da resolução não judicial dos conflitos, e o consequente fortalecimento das instituições do trabalho — Vara do Trabalho local, sindicatos e entidades de representação social —, pelo exercício do diálogo e da concertação social, foram determinantes para a legitimidade e aceitação social dessas instituições e, sobretudo, para a crença dos agentes econômicos na capacidade de bem enfrentar a questão trabalhista, de modo a assegurar o equilíbrio entre o desenvolvimento social e o econômico da região. Os resultados experimentados no primeiro quinquênio de funcionamento do Ninter e a capacidade deste de "abrir portas" para o diálogo social e para a concertação social permitiram a celebração de novas parcerias decisivas para o avanço das condições de trabalho na região.

O coordenador da Divisão de Segurança Rural da Fundação Jorge Duprat Figueiredo de Segurança e Medicina do Trabalho, vinculada ao Ministério do Trabalho e Emprego, Antônio Ítalo Dias, engenheiro de segurança do trabalho, em depoimento revelador, atesta que presenciou, naquele período, uma extraordinária transformação nas condições de trabalho rural na região. Constatou o abandono do

---

(379) Cf. Fundação DE DESENVOLVIMENTO DO CAFÉ DO CERRADO & CONSELHO DAS ASSOCIAÇÕES DOS CAFEICULTORES DO CERRADO. *Programa de Certificação do Café do Cerrado*. Patrocínio: FUNDACACCER & CACCER, 2005.

estado de "cegueira" quanto ao cumprimento da legislação trabalhista, especialmente em relação às normas de segurança e medicina do trabalho, e comprovou de perto o extraordinário avanço da cultura dos produtores rurais quanto à prática dos direitos trabalhistas que vêm se tornando cada vez mais efetivos, inclusivamente nas áreas de Medicina e Segurança do Trabalho[380].

Com efeito, o número de acidentes do trabalho notificados e que integram as estatísticas previdenciárias retrata somente 0,1% daqueles que ocorreram ao longo dos anos. A consulta aos atendimentos ambulatoriais e hospitalares revela que tais estatísticas estão brutalmente subnotificadas e que, na verdade, o custo social dos acidentes do trabalho na região era muito superior às aparências estatísticas. Estudos técnicos realizados revelam que, para um número oficial de 90 notificações, estimavam-se cerca de 15 mil acidentes não notificados[381].

O ambiente de interações institucionais criado pelo Ninter e o estímulo decorrente dos resultados de programas implementados por esta instituição (cf. 3.2.3 e 3.2.4) permitiram o vislumbramento de avanços mais significativos no enfrentamento deste dramático capítulo da questão trabalhista local.

Demanda apresentada pelo Sindicato dos Trabalhadores e atendida pela Fundacentro, mediante a realização do curso "Saúde do Trabalhador Rural", desencadeou a realização de um acordo tripartite celebrado entre o Ninter, a Acarpa e o Garcafé (entidades associativas patronais não sindicais), a Emater e o município de Patrocínio, além de outros órgãos da sociedade local, que resultou na implantação do "Projeto de Atividade da Fundacentro para Levantamento das Condições de Saúde e Segurança do Trabalho na Cafeicultura do Cerrado", no interregno de 1999 até 2004, a partir do estabelecimento de inúmeras parcerias locais, regionais e nacionais, com a participação das entidades sindicais profissionais e patronais superiores de instâncias estadual e nacional. Procedeu-se ao levantamento da tecnologia de aplicação de agrotóxicos, das condições de trabalho de operados de máquinas agrícolas e, em caráter preliminar, das condições de saúde e segurança do trabalho na cafeicultura local.

Na visão do coordenador do projeto, dada a penetração social da instituição, o Ninter cumpriu o papel indispensável de viabilizar o diálogo social e a concertação social, além de subsidiar o projeto com dados necessários à sua realização, que ainda está em curso. Além disso, na visão do pesquisador, o desenvolvimento da negociação coletiva a partir da atuação do Ninter e a incorporação de novas temáticas nas convenções e nos acordos coletivos dos sindicatos signatários do Ninter,

---

(380) Cf. Entrevista não dirigida concedida, em 30.11.2007, pelo coordenador da Divisão de Segurança Rural da Fundacentro — Minas Gerias, doutor Antônio Ítalo Dias, engenheiro de segurança do trabalho, engenheiro agrônomo e zootecnista.
(381) Cf. Entrevista referida na nota anterior.

inclusivamente no que diz respeito à proteção e à saúde do trabalhador, tornaram tais instrumentos normativos os mais avançados de todo o Estado de Minas Gerais.

Em conformidade com as planilhas de campo relativas ao levantamento de dados preliminares do referido projeto, verificou-se a presença de doenças persistentes e generalizadas, relacionáveis à ocupação de trabalhadores na cafeicultura, tomando-se como exemplo problemas relacionados à coluna e outros.

A associação de interesses profissionais e empresariais nesse contexto passou a ter lugar, na medida em que o Sindicato dos Trabalhadores almeja a melhoria das condições de saúde e segurança no trabalho, o que não se incompatibiliza com o desiderato patronal no sentido da obtenção da certificação do café do cerrado produzido na região e a obtenção do "selo" de sustentabilidade social e ambiental.

O setor patronal vislumbrou, a partir dos avanços até então alcançados e do amadurecimento do diálogo social e da concertação social experimentada pelo Ninter, a possibilidade de alcançar a certificação do café local, considerando-se que, além do atendimento a critérios ambientais, tecnológicos, produtivos e outros, a situação social e a alteração das condições de saúde e segurança dos trabalhadores constituem elementos indispensáveis à certificação.

É por essa razão que o "Programa de Certificação[382] do Café do Cerrado", concebido e implementado pelos setores empresariais a partir da concepção e viabilização dependente de um extraordinário entendimento tripartite para o qual a experiência e o suporte do Ninter foram indispensáveis, incluiu as seguintes cláusulas no "Código de Conduta da Propriedade Produtora de café do Cerrado":

> "8.2 Pleno atendimento da legislação trabalhista brasileira, contemplando aspectos de segurança laboral, medicina do trabalho e de promoção profissional dos funcionários."[383]

Deve-se destacar o fato extraordinário de que em qualquer dos quatro níveis de graduação da qualificação da conduta da propriedade produtora para fins de obtenção da certificação do café produzido, fizeram-se presentes as cláusulas

---

(382) A certificação na cafeicultura sofreu evoluções. As normas para Certificação Socioambiental Agrícola do Café (IMAFLORA-SAN) criadas em 2002 definiram-se em torno dos seguintes princípios: conservação de ecossistemas, proteção da vida silvestre, tratamento justo e correto dos trabalhadores, relações comunitárias, manejo integrado de pragas e doenças, manejo integrado de resíduos, conservação dos recursos hídricos, conservação dos solos, planejamento e monitoramento. (Cf. CARTONI, Dimas. *Gestão da produção do café subsídios para saúde e segurança do trabalho no café na região de Guaxupé-MG*. Dissertação (Mestrado em Gestão Integrada em Saúde do Trabalho e Meio Ambiente) — São Paulo, Centro Universitário SENAC — Campus Santo Amaro, 2006).

(383) Cf. Fundação DE DESENVOLVIMENTO DO CAFÉ DO CERRADO & CONSELHO DAS ASSOCIAÇÕES DOS CAFEICULTORES DO CERRADO. *Programa de Certificação do Café do Cerrado*. Patrocínio: FUNDACACCER & CACCER, 2005. p. 16.

relativas a "saúde, segurança e bem-estar dos trabalhadores"[384]. Tais cláusulas contemplam:

• *registro obrigatório de todos os funcionários* (grifo póstumo);

• uso obrigatório de EPI;

• exigência de manutenção de registros de fornecimentos e respectivos recibos de EPIs emitidos pelo trabalhador;

• exigência de local adequado para a guarda dos EPIs;

• proibição do trabalho infantil;

• disponibilização de primeiros socorros em local de fácil acesso;

• exigência de treinamento e de formação dos funcionários para as aplicações agronômicas, bem como a utilização correta dos EPIs;

• exigência de treino específico para o trabalhador que aplica agrotóxicos;

• exames médicos periódicos específicos para esses trabalhadores;

• exigência de manutenção de água potável nas frentes de trabalho, devidamente acondicionada;

• adequação do sistema de transporte às exigências de lei;

• *exigência de cumprimento do contrato coletivo vigente na região* (grifo póstumo);

• exigência de treinamento específico para trabalhadores operadores de equipamentos complexos, com registro da data, do local e do instrutor;

• exigência de funcionário com treinamento específico em primeiros socorros, com registro da data, do local e instrutor;

• exigência de manutenção de cópia de certificados de realização de cursos pelos funcionários;

• exigência de limitação de fumo, bebida e alimentação em áreas de serviço ou durante a aplicação de agrotóxicos;

---

(384) Cf. Fundação DE DESENVOLVIMENTO DO CAFÉ DO CERRADO & CONSELHO DAS ASSOCIAÇÕES DOS CAFEICULTORES DO CERRADO. *Programa de Certificação do Café do Cerrado*. Patrócínio: FUNDACACCER & CACCER, 2005. p. 19-23.

- exigência de avisos evidentes quanto a situações de perigo;

- exigência de cartazes ou similares com orientação dos trabalhadores em caso de acidente;

- controle de pragas nos locais de habitação e de refeição dos trabalhadores;

- exigência de facilidades de transporte para a frequência escolar das crianças;

- exigência de acomodações confortáveis, com instalações básicas, como água encanada, chuveiro quente e eletricidade;

- exigência de um funcionário da propriedade responsável pelas questões de bem-estar dos trabalhadores na fazenda;

- exigência de remuneração dos trabalhadores em conformidade com as normas legais e convencionais;

- exigência de observância da legislação e das normas coletivas em relação a todas as questões trabalhistas;

- exigência de análise periódica, por laboratório adequado, da água potável utilizada pelos trabalhadores, com laudos de análise de acordo com os padrões nacionais de qualidade para a água potável;

- exigência de funcionários fixos uniformizados.

O aspecto relevante a ser observado é o extraordinário efeito da cultura do diálogo social e da concertação social inaugurado pelo Núcleo Intersindical de Conciliação Trabalhista de Patrocínio nas práticas das instituições locais. O fato notório desse papel histórico do Ninter não é posto em dúvida por nenhum dos atores sociais locais.

O fato mais significativo elucida-se a partir do cotejo das condicionantes sociolaborais para a certificação da propriedade rural no Programa Certificação do Café do Cerrado, inteiramente voltadas para a efetividade da legislação trabalhista. Trata-se de uma movimentação espontânea dos sindicatos e das entidades de representação de interesses de classe locais que, estimuladas pela participação e pelo incentivo do poder público nos procedimentos discursivos de diálogo social e concertação social, legitima o Ninter como entidade promotora da efetividade dos direitos sociais na região.

Atualmente, uma das maiores certificadoras nacionais, dentre as que mais atuam na região de Patrocínio, é *UTZ Certified*[385]. Segundo informações obtidas junto à empresa[386], o volume de empresas rurais certificadas na região de Patrocínio vem crescendo com maior intensidade nos últimos anos, sendo que 30% das empresas rurais locais já têm sua produção amparada pelo Programa Certificação do Café do Cerrado. Dentre os pontos a serem obrigatoriamente observados para a obtenção da certificação estão os direitos, a saúde e a segurança e o bem-estar dos trabalhadores, o que envolve dentre outros aspectos o cumprimento de normas relativas: gestão de riscos ambientais, treinamento dos trabalhadores quanto às regras de segurança e saúde, observância de procedimentos relativos à saúde e segurança no trabalho, assistência médica, normas de higiene e asseio, observância das Convenções Internacionais do Trabalho (especialmente as Convenções ns. 1, 87, 98, 100, 111, 29, 105, OIT). A certificação afere, portanto, o cumprimento da legislação trabalhista, a garantia do direito à liberdade de associação, a inexistência de trabalho forçado e do trabalho infantil, a não discriminação, o cumprimento das normas relativas à jornada de trabalho, cumprimento das regras relativas ao salário e aos contratos de trabalho, proteção à maternidade e à criança, tratamento digno aos trabalhadores, fornecimento de habitação, estímulo à educação, assistência médica, dentre outros, em conformidade com a legislação local.

A evolução da certificação na região tem no Ninter, inquestionavelmente, um instrumento de promoção das condições indispensáveis à sua efetivação. Capítulo importante desta evolução está no campo das relações coletivas que se pode observar na transcrição de norma coletiva instituída na Convenção Coletiva celebrada pelo Sindicato Rural de Patrocínio e o Sindicato dos Trabalhadores Rurais de Patrocínio, nos seguintes termos:

"CLÁUSULA TRIGÉSIMA SEGUNDA — ACESSO DA ENTIDADE SINDICAL:

Fica assegurado o acesso da Diretoria eleita do Sindicato dos Trabalhadores Rurais de Patrocínio e Região, devidamente acompanhando por representante da categoria econômica rural convenente, aos locais de trabalho, para busca em conjunto de soluções de conflitos, na execução e vigência da presente Convenção Coletiva de Trabalho, mediante prévio entendimento entre o produtor e a entidade profissional competente, quanto ao dia e hora da visita."[387]

---

(385) A UTZ CERTIFIED é um programa mundial de certificação que estabelece o padrão para a produção e o fornecimento responsáveis de café. Adota o Código de Conduta UTZ CERTIFIED *Good Inside* que é um conjunto de critérios, internacionalmente reconhecido, para a produção do café responsável do ponto de vista social e ambiental. Ele se baseia nas convenções internacionais da OIT e inclui os princípios das boas práticas agrícolas. As exigências do Código de Conduta UTZ CERTIFIED se aplicam a todos os produtores que produzem e vendem café como sendo UTZ CERTIFIED.
(386) Entrevista realizada com o funcionário Lucas Negri, em 27.1.14.
(387) Convenção Coletiva de Trabalho 2013/2015, Sindicato Rural de Patrocínio e o Sindicato dos Trabalhadores Rurais de Patrocínio, celebrada em 6.8.2013.

Estas constatações revelam ainda que o caminho mais viável para que o sistema de organização do trabalho e de administração de justiça possa cumprir sua função político-constitucional é o da democratização integral das relações entre as instituições do trabalho e a sociedade. Nesse passo, a experiência e o projeto aqui relatados comprovam a aptidão do sistema Ninter para contribuir para a democratização da organização do trabalho e da administração da justiça.

3.5. Outros resultados incomensuráveis a serem estudados

• Distensão nas relações empregado/empregador e sindicatos profissional/patronal.

• Parceria com a Fundacentro/MG para a erradicação dos riscos provenientes da utilização de agrotóxicos nos locais de trabalho.

• Extensão da assistência rescisória para toda e qualquer rescisão contratual para incluir as relativas aos contratos de duração inferior a um ano (note-se que nas safras cerca de 15 a 25 mil trabalhadores celebram contratos de safras, os quais não estão legalmente sujeitos a tal procedimento). Tal medida teve impacto social de enorme importância. Trabalhadores passaram a receber imediatamente após a cessação da safra seus direitos rescisórios, com assistência sindical, feita no Núcleo. Isso não impressiona, primeiro, porque está previsto no Estatuto; e segundo, porque os sindicatos reconhecem como intransigíveis as verbas rescisórias que devem ser pagas integralmente (ata Conselho Tripartite). O sindicato dos trabalhadores não deixou de prestar a assistência rescisória; apenas dela passou a participar o sindicato patronal, por força de norma coletiva. Aqui, não se aplica a vedação da assistência rescisória infligida às Comissões de Conciliação Prévia, por mais de um motivo: a) o estatuto do Ninter, calcado na autonomia coletiva, assim estabeleceu, com observância da integridade dos direitos e paridade dos procedimentos assistenciais — por isso uma tal vedação é inconstitucional e ofensiva àquele princípio; e b) a assistência aqui mencionada não é exigência legal, uma vez que esta se limita a contratos de duração superior a um ano, que não é o caso do contrato de safra. Deixar de reconhecer esta situação é, portanto, contrassenso inusitado e significa propugnar pela continuidade da lesão dos direitos sociais exatamente como no sistema anterior. Tais casos não estavam sujeitos a qualquer tipo de conferência ou assistência institucional. Deixar de proceder ao acerto rescisório era, outrora, parte da cultura local. O pequeno contingente de trabalhadores que se dispunha a ajuizar demandas para o recebimento de verbas rescisórias, além da demora, via-se no estado de coerção e coação irresistível (estado de urgência e miserabilidade) de receber, em média, 1/3 ou menos de seus direitos rescisórios, afora as despesas do processo. No Ninter, passou a recebê-las em três dias, na sua integralidade.

• Fortalecimento do Sindicato dos Trabalhadores Rurais perante a categoria e contínuo crescimento do número de seus associados.

• Maior aderência social, legitimidade e credibilidade da Vara do Trabalho.

• Maior penetração social, melhor conhecimento da realidade local e reconhecimento social por parte do juiz do trabalho.

• Redução das consequências sociais advindas dos problemas trabalhistas anteriores à criação do Ninter: retirada de centenas e centenas de trabalhadores migrantes safristas das ruas que aguardavam — dormindo nas calçadas, sobrevivendo, por vezes, da indigna condição de mendicância, praticando pequenos delitos famélicos — o dia de uma audiência inaugural (três ou quatro meses após o término das safras), para então, sem outra alternativa, aceitar qualquer acordo rescisório — em relação ao qual a Vara do Trabalho se tornava impotente para impedi-lo, na medida em que a falta da homologação geraria problema social de maior proporção — e então receber algum dinheiro para retornarem às suas origens (norte do Paraná, sul da Bahia e outros lugares).

3.6. O SISTEMA NINTER-CENEAR (SNC)[388] E O PROGRAMA UNIVERSITÁRIO DE APOIO ÀS RELAÇÕES DE TRABALHO

A demanda nacional por informações acerca do Ninter-Patrocínio, as preocupações com os desvios de objetivos e finalidades do sistema e a visualização da importância de um ente imparcial com funções meramente técnicas, e não vincula-

---

(388) Trata-se de sistema concebido e proposto pelos atores protagonistas do sistema Núcleos Intersindicais de Conciliação Trabalhista. Convidada a participar da Conferência do Fórum Nacional do Trabalho de Minas Gerais (FNT-CMG), a Fundação Cenear logrou a aprovação e o endosso da proposta de constituição do Sistema Ninter-Cenear (conjunto dos Núcleos Intersindicais de Conciliação Trabalhista existentes e futuros agregados em torno da Fundação Cenear), aprovada por CONSENSO dos representantes de todos os segmentos do setor público e sindical oficialmente integrantes do evento. A proposta integra uma das dimensões de sua participação no movimento social que instituiu o Núcleo Intersindical de Conciliação Trabalhista de Patrocínio. A Fundação Cenear editou documento oficial que sintetiza o estágio de evolução do instituto dos Núcleos Intersindicais de Conciliação Trabalhista e contém um anteprojeto de lei de fomento do sistema Ninter aprovado pela Conferência do Fórum Nacional do Trabalho em Minas Gerais.

do a um segmento específico de apoio aos Ninters, levaram o Núcleo Intersindical de Conciliação Trabalhista de Patrocínio, com o apoio de inúmeras entidades de representação da sociedade civil e do Poder Público, a instituir a Fundação Cenear[389]. Um ente dessa natureza poderia tornar-se capaz de: a) catalisar a organização dos Núcleos Intersindicais de Conciliação Trabalhista nos planos regional e nacional; b) dar suporte técnico na criação, organização e no funcionamento de novas instituições; c) aproximar-se da universidade, com o objetivo de produzir conhecimento que sirva de suporte às atividades do Ninter; d) promover o aprimoramento científico e prático, bem como a troca de experiências; e e) velar pelos princípios e valores éticos do sistema Ninter. Concretamente, poderia dedicar-se

---

(389) Cf. Ata de reunião do Conselho Tripartite do Núcleo Intersindical de Conciliação Trabalhista de Patrocínio/MG realizada em 31.12.1996, que aprovou a criação da entidade e os inícios dos trabalhos de elaboração dos respectivos estatutos. A Fundação Centro Nacional de Estudos e Aperfeiçoamento das Relações de Trabalho e da Cidadania (Fundação Cenear) foi constituída em 1997, na região do Triângulo Mineiro (Patrocínio, Araguari e Uberlândia), pelo Ninter-Patrocínio/MG e por inúmeras instituições públicas e representativas da sociedade civil. A escolha do regime fundacional visava evidenciar o caráter não lucrativo, imparcial e independente do ente então criado. A despeito da consciência das imensas dificuldades de afirmação de um ente desta natureza, vislumbrou-se a importância de uma *utopia*, começando por erigir uma referência simbólica que servisse de orientação da ação, um alerta para os riscos da ausência de instâncias certificadoras e legitimadoras do sistema e dedicada à disseminação dos princípios éticos e jurídicos que movem o sistema. Conforme o **Estatuto** da instituição: "Art. 3º A Fundação tem por objetivos principais e permanentes: I — Proporcionar qualificação técnico-jurídica ao quadro funcional do Ninter e das lideranças das categorias a ele vinculadas ou não; II — Estudar, analisar e avaliar criticamente a legislação trabalhista e sua adequação às peculiaridades locais e regionais através de programas e critérios previamente direcionados ao alcance desse objetivo; III — Dedicar-se à pesquisa de campo para levantamento de dados e informações na área trabalhista, de modo a fornecer subsídios às negociações coletivas dos Sindicatos filiados ao Ninter, bem como à atividade legislativa; IV — Orientar e informar os trabalhadores e empregadores, integrantes das categorias filiadas ao Ninter, acerca de seus direitos e obrigações trabalhistas, bem como atuar no sentido de buscar a transformação das relações de trabalho, segundo as necessidades locais e regionais, através da disseminação dos princípios e procedimentos adotados pelo Ninter; V — Organizar e coordenar a criação, funcionamento e aperfeiçoamento dos sistemas dos Núcleos, existentes e a serem criados em todo o território Nacional; VI — Velar pela preservação e aperfeiçoamento dos princípios e procedimentos informadores dos Núcleos Intersindicais; VII — Dedicar-se ao ensino alternativo ministrando cursos acerca de matérias direta ou indiretamente vinculadas aos princípios e objetivos do Ninter, acessíveis a quaisquer interessados integrantes dos segmentos influentes nas relações de trabalho, através de ação própria e/ou de convênios com entidades, públicas ou privadas, dedicadas a atividades afins; VIII — Promover eventos (encontros, seminários, palestras, congressos, etc...) relacionados ao alcance dos objetivos do Ninter e da Fundação; IX — Celebrar convênios com Universidades e outras instituições de ensino, buscando a colaboração das mesmas para o alcance dos objetivos do Ninter, bem como proporcionar a elas campo de estudo, de pesquisas e atividades de extensão, além da efetivação de outros programas, integrados aos respectivos currículos; X — Realizar promoções socioculturais, abertas a todos os segmentos sociais, destinadas à conscientização e incentivo ao exercício da cidadania; XI — Acompanhar a evolução da legislação, jurisprudência e doutrina pertinentes ao Direito do Trabalho, refletindo-a à luz dos princípios que norteiam o sistema Ninter-Cemear, velando pela atualização de todos os agentes nele envolvidos, através de cursos, periódicos e dos expedientes indicados no item VI; XII — Promover intercâmbio técnico-científico entre os Núcleos Intersindicais do Brasil; XIII — Celebrar parcerias com outras entidades, públicas ou privadas, com vistas à realização de eventos, direta ou indiretamente, relacionados aos objetivos da Fundação ou que encerrem interesse comunitário ou de grupos cujas ações reflitam interesse social".

à preparação dos novos *staffs* do Ninter e dos futuros dirigentes dos sindicatos signatários, à preservação dos princípios e regras característicos da instituição, ao aprimoramento de sua estrutura e do seu funcionamento, à defesa da fidelidade das práticas do sistema ao princípio de legalidade, à permanente busca da efetividade dos direitos sociais e à celebração de convênios com estabelecimentos de ensino superior da região para o desenvolvimento de projetos acadêmicos de iniciação científica, de pesquisa e de extensão cujas linhas de pesquisa se orientarão para o apoio às atividades do Ninter.

Sobretudo, a Fundação significa a institucionalização de um espaço dialógico e interativo também entre órgãos e instituições superiores, públicas e sindicais. Destina-se a apoiar e a propor diretrizes coerentes e racionais para todo o sistema. Com efeito, a interação e o diálogo social se verificarão também no plano vertical, por intermédio de canais institucionalizados de interlocução entre as instâncias superiores (entidades de representação geral ou órgãos superiores dos poderes estatais) e as instâncias locais.

A *utopia* do Sistema Ninter-Cenear "concretiza-se", materializa-se e personifica-se na Fundação, que, assim, assumiu como causa fundacional colaborar na democratização do sistema de relações do trabalho em nosso país, compreendida segundo os princípios da democracia integral, do diálogo social e da ética da responsabilidade e solidariedade.

A concepção da Fundação Cenear e do Sistema Ninter-Cenear e o Programa Universitário de Apoio às Relações de Trabalho são consequências da evolução, dos resultados apresentados pelo Ninter-Patrocínio e da necessidade de prevenir distorções. O sistema encontra-se paralisado em suas atividades institucionais, dada a inexistência de Núcleos Intersindicais autênticos em número suficiente para a sua mobilização. Uma vez entendida esta condição, o sistema poderá cumprir o papel decisivo de viabilizar interações e entendimentos no plano das representações superiores do sindicalismo e das instituições do trabalho, ao preconizar, nesse nível, um espaço institucional do qual possam emergir diretrizes, harmônicas e concertadas, para a condução e o funcionamento do conjunto dos Núcleos Intersindicais de Conciliação Trabalhista que vierem a ser constituídos no país[390].

A adoção de um estatuto-referência para ser utilizado pelos sindicatos como ponto de partida e orientação na elaboração dos estatutos dos respectivos Ninters foi uma de suas atividades de suporte de enorme significado. Essa espécie de

---

(390) O equívoco concernente à equiparação conceitual entre o Instituto dos Núcleos Intersindicais e o das Comissões de Conciliação Prévia, instalado após o advento da Lei n. 9.958/2000 fez com que grande parte dos sindicatos, embora inspirados no Sistema Ninter e nos resultados apresentados pela instituição matricial desse sistema, tenham constituído Comissões de Conciliação Prévia em estado de erro. Consequentemente, o número de Ninters autênticas existentes, ainda não é suficiente para a atuação da Fundação, cujas atividades encontram-se hibernadas à espera do momento em que a sua reativação for compreendida como indispensável à organização do Sistema Ninter, seja o formato fundacional ou outro que melhor convier aos sindicatos envolvidos, para realizar o projeto fundacional aqui exposto.

minuta contém os elementos jurídico-organizacionais indispensáveis à existência e à configuração do Ninter como instituição e como instituto jurídico: principiologia, formato institucional e regras básicas de garantia da legalidade de sua atuação, sobretudo no que tange à resolução dos conflitos. Essa coordenação do sistema não invade o espaço próprio à autonomia e à negociação coletivas dos sindicatos responsáveis por sua criação quanto à deliberação acerca da adequação da instituição ao perfil, às necessidades e às exigências locais[391].

O Sistema Ninter-Cenear seria composto com o conjunto dos Núcleos Intersindicais de Conciliação Trabalhista organizados em torno da Fundação. Pretende constituir-se numa estrutura democrática de organização, de autogestão e de coordenação participativa dos Núcleos Intersindicais de Conciliação Trabalhista nacional e de integração das instituições do trabalho (entidades sindicais e instituições do Poder Público).

O sistema contaria ainda com o apoio e a cooperação de instituições de ensino superior conveniadas, proclamando os seguintes objetivos:

> • Contribuir para a organização das relações de trabalho segundo o paradigma do Estado Democrático de Direito, com fundamento no princípio de "governança" e no da subsidiariedade ativa, bem como nos conceitos instrumentais que lhe são correlatos, de modo especial o "diálogo social" e a "concertação social", para promover a efetiva participação dos sindicatos na gestão pública das relações de trabalho e a aproximação entre as instituições, as autoridades do trabalho e os sindicatos, com vistas à elaboração de diagnósticos fidedignos dos problemas trabalhistas e à busca de soluções concertadas e consensuais para os mesmos;
>
> • Constituir e institucionalizar um Conselho Superior Tripartite, espaço dialógico-interativo entre entidades de representação superior dos trabalhadores e empregadores e órgãos superiores do Poder Público, e entre estes e as instâncias de representação nacional dos Núcleos Intersindicais de Conciliação Trabalhista, para promover o "diálogo social" e a "concertação social" entre as cúpulas das instituições do trabalho dos setores públicos[392] e sindicais, a fim de estabelecer, tanto quanto

---

(391) Cf. Fundação Cenear. *O sistema Ninter-Cenear*. Araguari: Sincopel, 2003. p. 97. ANEXO I — Estatuto-referência do Ninter. Dada a impossibilidade de tratamento de matéria tão específica neste espaço, remete-se o leitor interessado à bibliografia editada pela Fundação Cenear que contém em seus anexos o Estatuto-referência dos Núcleos Intersindicais de Conciliação Trabalhista, bem como o Estatuto da própria Fundação. O opúsculo atualiza as posições da Fundação com os resultados do debate e da aprovação do Sistema Ninter pelo Fórum Nacional do Trabalho — MG, no qual foi aprovado por CONSENSO pelas representações sindicais, patronais e profissionais, governamentais e das instituições do trabalho.

(392) Considera-se que seria medida de grande penetração social o ingresso de representação da Anamatra e demais associações do trabalho no Conselho Superior Tripartite, emprestando-lhe sua credibilidade

possível, diretrizes nacionais para o sistema Núcleos Intersindicais de Conciliação Trabalhista, por intermédio de fóruns nacionais periódicos;

• Contribuir para a implantação paulatina, segura e adequada à cultura nacional dos mecanismos não judiciais de resolução dos conflitos trabalhistas, com observância dos princípios e das normas de Direito do Trabalho e em harmonia com a Justiça pública, a qual deverá ser resguardada para atuar nas questões mais complexas e socialmente relevantes, com celeridade e eficiência;

• Instituir um centro nacional de pesquisas trabalhistas (segundo métodos de pesquisa socialmente comprometidos — *pesquisa-ação, pesquisa de campo, pesquisa avaliativa*), mediante a celebração de convênios com instituições de ensino superior do país destinados à implantação de Programas Universitários de Apoio às Relações de Trabalho orientados para a implantação de linhas de pesquisa — iniciação científica ou o desenvolvimento de projetos mais avançados de pesquisa — e de atividades de extensão universitárias de apoio aos Núcleos Intersindicais de Conciliação Trabalhista;

• Oferecer suporte técnico-operacional na constituição e no funcionamento dos Núcleos Intersindicais de Conciliação Trabalhista; e

• Organizar nacionalmente os Núcleos Intersindicais de Conciliação Trabalhista.

3.6.1. O ANTEPROJETO DE LEI DO SISTEMA NINTER-CENEAR[393]

O anteprojeto "dispõe sobre os Núcleos Intersindicais de Conciliação Trabalhista, institui o sistema Ninter-Cenear e dá outras providências"[394]. Reconhece, portanto, o papel fundamental da Fundação Centro Nacional de Estudos e Aperfeiçoamento das Relações do Trabalho e da Cidadania (Fundação Cenear) na organização nacional dos Núcleos Intersindicais de Conciliação Trabalhista.

---

e capacidade de articulação à causa fundacional e, de fato, absorver a condição de um dos líderes do sistema, de modo a interferir decisivamente no seu destino e consolidar a marca da magistratura trabalhista nesta transformação paulatina e sólida da organização das relações de trabalho.

(393) Trata-se de anteprojeto de lei, e não de projeto (como consta da obra referida na nota anterior), no sentido técnico do termo.

(394) O anteprojeto foi concebido e proposto por este pesquisador à Fundação Cenear, que o acolheu, aprimorou e assumiu-o como proposta oficial da instituição. Cf. FUNDAÇÃO CENEAR. *O sistema Ninter--Cenear*. Araguari: Sincopel, 2003. p. 61.

A Fundação Cenear, coerentemente com a deliberação da Conferência Estadual de Minas Gerais do Fórum Nacional do Trabalho-MG sobre a necessidade de discernimento entre o sistema dos Ninter e o das CCPs e de legislação autônoma, de caráter pedagógico e de fomento, elaborou o referido projeto de lei, que também logrou aprovação unânime (mediante consenso das bancadas dos trabalhadores, dos empregadores, do Governo e de representantes de entidades de classe de agentes do público e da sociedade civil) por parte daquela conferência. Em outros termos, o projeto visa converter em lei os princípios e as regras de constituição e funcionamento dos Ninter reconhecidos, aprimorados e aprovados naquele Fórum. Deve-se ser esclarecer que se trata de projeto de lei de fomento do qual não depende nem dependerá a existência e a criação dos Núcleos Intersindicais de Conciliação Trabalhista.

3.6.2. O "Programa Universitário de Apoio às Relações do Trabalho — Prunart": a contribuição da Universidade para a consolidação do Sistema Ninter-Cenear

O processo de transformação social decorrente da adoção do Estado Democrático de Direito pela Constituição de 1988 é indissociável das transformações culturais indispensáveis à sua implementação. Além dos obstáculos advindos de fatores externos ditados por "forças reais" de poder político e econômico neutralizadoras da realização do projeto constitucional de sociedade estabelecido pelo Poder Constituinte Nacional, a consolidação desse modelo de estado implica uma reconstrução teórica da função e do sentido das instituições jurídico-estatais concebidas para viabilizar modelos de estado anteriores e já superados pelo modelo atual. Esta perspectiva implica a busca de uma nova racionalidade científica acerca do direito e das instituições encarregadas de sua aplicação, fundada numa ética de responsabilidade e comprometida com a realização do projeto constitucional da sociedade brasileira a ser assumida por todos os atores públicos e sociais. Nesse aspecto, a universidade assume um papel decisivo que lhe impõe a responsabilidade de transformar-se a si mesma para se tornar apta a cumprir sua missão à altura da função social que o estado democrático de direito lhe reserva. A produção contextualizada de conhecimento jurídico-científico pode ser compreendida como uma das consequências da superação do modelo de racionalidade da ciência clássica. A aceitação dos reflexos desta concepção no campo da organização do trabalho conduz ao comprometimento da extensão e da pesquisa universitárias com a compreensão e com a transformação da realidade. Também neste campo, o "diálogo social" e a "concertação social" configuram-se como antecedentes cognitivos indispensáveis à transformação da ação sindical e da ação pública nos moldes preconizados pelo sistema Ninter.

Assim é que a Fundação Cenear contempla em sua estrutura um Conselho Universitário, o qual seria integrado por representantes das instituições de ensino superior, em convênio, com o objetivo de desenvolver projetos de pesquisa e extensão identificados com a causa desta Fundação e dos Núcleos Intersindicais de Conciliação Trabalhista[395]. Conforme o Estatuto da Fundação:

> Art. 49. Os convênios firmados entre a Fundação e as instituições de Ensino Superior, voltadas para a investigação científica coincidentes com as matérias norteadoras da sustentação científica do Sistema preconizado pelos Núcleos Intersindicais de Conciliação Trabalhista, contemplarão linhas de pesquisas que incluam nos seus resultados o oferecimento de subsídios aos agentes sociais interessados na implementação do referido sistema, e se desenvolvam, exclusivamente, sob a designação "Programa Universitário de Apoio às Relações de Trabalho e da Cidadania — Prunart".

Por intermédio dos Prunart, a Fundação Cenear visa ao desenvolvimento de projetos de pesquisas relacionados à problemática trabalhista local e/ou regional em que atua o Ninter. Em caso de sua inexistência, visa colaborar com os sindicatos na implantação e na consolidação de seu funcionamento[396].

Do ponto de vista das instituições de ensino superior (IES), tais programas promoveriam o intercâmbio entre as universidades, os sindicatos, outras entidades de classe representantes dos trabalhadores e das empresas, e instituições do Poder Público encarregadas da organização do trabalho. Visariam, também, à inserção de atividades acadêmicas nas áreas das disciplinas Direito do Trabalho e Direito Processual do Trabalho, com abordagem da problemática trabalhista local e o estabelecimento de correlação entre a teoria e a *práxis*, além da sua compreensão por meio de metodologias científicas condizentes com uma razão aberta e dialógica.

A contribuição da universidade, uma vez inserida nas questões trabalhistas locais, poderia se verificar no sentido: a) da produção de conhecimento e da formação de profissionais do Direito socialmente comprometidos; b) da atribuição de função social ao conhecimento produzido por intermédio de tais programas; c) do desenvolvimento de projetos de pesquisa e extensão pertinentes à área trabalhista, especialmente às questões trabalhistas locais; d) do estudo, desenvolvimento, apoio e incentivo dos meios não judiciais de resolução dos conflitos sociais; e) do oferecimento de programas de estágios na área trabalhista, conforme previsto nos estatutos da Fundação; e f) da disponibilização para os sindicatos e para os

---

(395) Cf. Estatuto da Fundação Cenear, art. 48. Cf. VASCONCELOS, Antônio Gomes de. *O sistema Ninter-Cenear (SNC)*. Araguari: Fundação Cenear, 2003, Série Ninter, v. 5, p. 127-164.

(396) Cf. VASCONCELOS, Antônio Gomes de. *Manual orientação do programa universitário de apoio as relações de trabalho — Sistema Ninter-Cenear*. Uberlândia: UNIT, 2001a. *passim*.

respectivos Núcleos Intersindicais de Conciliação Trabalhista dos resultados das atividades acadêmicas oriundas dos convênios celebrados, como contribuição para a compreensão dos problemas trabalhistas locais.

Por intermédio do Prunart, a IES conveniada tem em vista os seguintes *outputs,* a partir da integração universidade e comunidade, mediante parcerias interinstitucionais das quais possam resultar:

> • a produção de conhecimento científico, visando à transformação e ao desenvolvimento das relações de trabalho locais, na perspectiva do *princípio de democracia* imanente ao sistema Ninter;

> • programas de iniciação científica e formação profissional socialmente comprometida de estudantes afeitos à área trabalhista, a partir da problematização da questão trabalhista existente na realidade em que vivem e do direcionamento de esforços intelectuais, na busca de alternativas de solução e/ou enfrentamento dos desafios atuais da organização do trabalho no país; e

> • conexão de projetos de pesquisa e extensão com as atividades das instituições do trabalho, dos sindicatos e dos Núcleos Intersindicais de Conciliação Trabalhista cujos resultados possam servir-lhes de subsídios nas atividades institucionais cotidianas, especialmente em relação à negociação coletiva.

A busca da compreensão do sistema de resolução dos conflitos do trabalho, sob o enfoque da administração da justiça, conduziu a uma concepção mais ampla dos objetivos do Prunart. Conferiu-lhe um campo de atuação mais abrangente de modo a incluir a administração da justiça no campo de suas atividades acadêmicas, compreendendo-se porém que os problemas relacionados à administração da justiça não autorizam a compartimentalização da abordagem do problema da justiça ao campo sociolaboral.

Nesse sentido, a compreensão originária do Prunart-UNIT foi ampliada e aprofundada pela concepção que se encontra na base do Prunart-UFMG. Ambas de responsabilidade deste autor. O paralelo permite ainda vislumbrar que um programa desse jaez pode vislumbrar maior independência e condições de permanência a partir da universidade pública, cuja vocação para a pesquisa e para um maior comprometimento social da atividade acadêmica viabiliza as condições de possibilidade para o seu desenvolvimento. Nesse sentido é que se pretende situar o Prunart-UFMG como o programa aberto e capaz de atuar como catalisador das potencialidades latentes de IES privadas com objetivos convergentes com aqueles preconizados pelo Prunart.

3.6.3. O Programa Universitário de Apoio às Relações de Trabalho do Centro Universitário do Triângulo: o Prunart-UNIT[397]

No decurso de cinco anos, o Prunart-UNIT desenvolveu suas atividades na região do Triângulo Mineiro, conferindo ao Centro Universitário do Triângulo-Unit um papel relevante na transformação das relações de trabalho dos setores da construção civil e da agropecuária, em Uberlândia, Araguari e região. Desenvolveu inúmeros projetos de iniciação científica voltados para a questão trabalhista local, regional e nacional. Também colaborou na fundação do Núcleo Intersindical de Conciliação Trabalhista da Construção Civil de Uberlândia e do Núcleo Intersindical de Conciliação Trabalhista Rural de Araguari[398]. No desenvolvimento de suas atividades, o Prunart-UNIT entabulou parcerias com sindicatos e instituições do trabalho em Uberlândia/MG que envolveram 16 sindicatos profissionais e empresariais, a Subdelegacia do Trabalho, a FIEMG e o município de Uberlândia, o que foi de importância decisiva para a criação dos Núcleos Intersindicais de Conciliação Trabalhista acima referenciados[399].

Essa constatação põe em relevo a possibilidade da iniciativa por parte de IES dispostas a um engajamento social em torno da questão trabalhista de inserirem nas suas pautas atividades de pesquisa e extensão destinadas a ofertar suporte acadêmico e científico aos atores sociais do mundo do trabalho, na urgente e necessária transformação do modelo de organização do trabalho, dos pontos de vista sociocultural e jurídico.

A reciprocidade de interesses das instituições envolvidas revela-se na interseção das atividades universitárias com as necessidades dos agentes sociais (em especial, os sindicatos) de um conhecimento mais aprofundado, científica e metodicamente, produzido e organizado acerca dos problemas e da questão trabalhista local. Se, de um lado, as atividades de iniciação científica desenvolvidas pelos alunos pesquisadores são fonte de aprendizado e de contato inicial com o trabalho científico, os resultados destes, de outro lado, podem ser de grande valia

---

(397) A Fundação Cenear e o Centro Universitário do Triângulo celebraram importante convênio regional, pelo qual foi implantado o primeiro *Programa Universitário de Apoio às Relações de Trabalho (PRUNART-UNIT)*, que foi de fundamental importância para a constituição do Núcleo Intersindical de Conciliação Trabalhista da Construção Civil de Uberlândia e o do setor Rural de Araguari, bem como para o estudo do sistema Núcleos Intersindicais de Conciliação Trabalhista, por ocasião da *Semana Trabalho e Cidadania* (anual), instituída em 2001. Além disso, sob o patrocínio do *PRUNART-UNIT*, foram executados inúmeros projetos de iniciação à pesquisa científica acerca de problemas trabalhistas da região, cujos relatórios serviram de subsídios para a atuação dos Núcleos Intersindicais de Conciliação Trabalhista então existentes.
(398) Cf. VASCONCELOS. *Manual orientação do programa universitário...*, 2001a. passim.
(399) Cf. Ata de Reunião realizada em 3.7.1998 do Grupo Interativo para Implementação do PRUNART-UNIT, no Centro Universitário do Triângulo.

para os sindicatos e as instituições públicas envolvidas na consolidação do sistema Ninter-Cenear.

A ação do Prunart-UNIT organizou-se em torno de quatro aspectos diretores de suas atividades:

> • *Pesquisa:* Prunart — visa desenvolver em cada instituição conveniada linha de pesquisa destinada à iniciação científica de "alunos pesquisadores" socialmente engajados, colaborando com os sindicatos na compreensão dos problemas trabalhistas verificados no seu âmbito de atuação e, com isso, no desenvolvimento e amadurecimento da negociação coletiva, vista como um importante instrumento de transformação das relações de trabalho.
>
> • *Extensão:* Realização de eventos públicos abertos aos sindicatos e às instituições públicas influentes nas relações de trabalho para promover o intercâmbio e a troca de experiências entre os alunos pesquisadores e a comunidade, e para a divulgação das comunicações científicas resultantes dos projetos de pesquisa desenvolvidos.
>
> • *Estágios*: O Prunart busca a consolidação da Fundação Cenear, de modo a permitir, no futuro, que a referida Fundação possa oferecer ao longo do curso de graduação estágios diversos na área trabalhista aos alunos pesquisadores das diversas instituições universitárias conveniadas, até mesmo para atuar e colaborar na criação e no funcionamento dos Núcleos Intersindicais emergentes na cidade de Uberlândia e na região do Triângulo.
>
> • *Núcleos Intersindicais de Conciliação Trabalhista*: O estudo, o aperfeiçoamento, a divulgação, o debate e a avaliação do funcionamento e dos resultados dos Núcleos Intersindicais de Conciliação Trabalhista, além do apoio técnico-jurídico aos sindicatos e às demais instituições do trabalho interessadas na sua implantação, constituem-se na proposta concreta de transformação e aprimoramento das relações de trabalho por intermédio dos Programas Universitários de Apoio às Relações de Trabalho, que poderão ser implantados em cada universidade do território nacional interessada no desenvolvimento do Programa nas respectivas áreas do Direito e Processo do Trabalho.

A cada semestre, dezenas de alunos interessados em se aprofundar no estudo crítico e socialmente engajado das áreas do Direito e Processo do Trabalho candidataram-se à participação no processo seletivo para ingresso nas atividades de iniciação científica disponibilizadas pelo Prunart-UNIT. Vários estudos e pesquisas foram realizados por "estudantes-pesquisadores" que despertaram para a pesquisa científica e para a área trabalhista com a dupla orientação dos professores responsáveis pelo Prunart[400] e do Núcleo de Pesquisa do Centro Universitário do Triângulo. Este último respondendo pela orientação metodológica.

3.6.4. O Programa Universitário de Apoio às Relações de Trabalho e à Administração da Justiça da Universidade Federal de Minas Gerais: Prunart-UFMG

O ensino privado move-se, via de regra, pela equação custo-resultado-lucratividade. Ainda que se exclua da equação o elemento lucratividade, o mesmo se torna inviável se se verifica um desequilíbrio entre os elementos receita-despesa. Por isso, de certa maneira, torna-se subserviente ao princípio do mercado.

As limitações do Prunart-UNIT para se tornar centro irradiador do Sistema Ninter-Cenear tornaram-se explícitas com a necessidade de adequação do ensino privado às regras de mercado.

Esta constatação inspirou a convicção de que o espaço acadêmico apropriado aos objetivos do programa é o da universidade pública. O Prunart-UFMG, embora tributário do Prunart-UNIT outrora concebido e coordenado também por este autor (1998-2003), constitui-se de forma original no que diz respeito aos seus fundamentos, objetivos, pressupostos epistemológicos e à sua estruturação. Na UFMG, a experiência matricial do Prunart foi consolidada e ampliada. Naquela universidade foi constituída a teoria em que se sustenta o sistema em questão. Ao ampliar o seu objeto, o Prunart acolhe a premissa de que a abordagem dos meios de resolução dos conflitos sociolaborais remete necessariamente à temática da efetividade dos

---

(400) O *PRUNART-UNIT* foi concebido como um programa de iniciação científica destinado a dar oportunidade a alunos do Curso de Graduação em Direito do Centro Universitário do Triângulo — UNIT (Campus Uberlândia e Campus Araguari) interessados em aprofundar estudos nas áreas das disciplinas Direito do Trabalho, Direito Processual do Trabalho, Direito Sindical e Novas Formas de Solução de Conflitos. Definiram-se dentre os objetivos do Programa:
a) Promover a integração das atividades de ensino e extensão do Centro Universitário do Triângulo--UNIT com a atividade de iniciação científica por intermédio do estudo crítico de temas relevantes e mais estreitamente relacionados com o contexto das relações de trabalho na região do Triângulo Mineiro, buscando a integração da universidade com a sociedade e, em especial, com as instituições do trabalho (sindicatos e instituições públicas) para, em parceria com elas, oferecer contribuição acadêmica para a melhoria e a transformação das relações de trabalho da região;
b) Oferecer aos alunos integrados ao programa condições para desenvolver atividades voltadas para a iniciação científica, por intermédio do seguinte ciclo de iniciação científica: curso preparatório; elaboração de um anteprojeto de pesquisa; elaboração e execução de um projeto de pesquisa; e elaboração de uma monografia (inclusive a de "final de curso", quando este for o caso); e
c) Promover a aproximação e o intercâmbio entre a universidade e as entidades de representação dos diversos setores de atividades econômicas e profissionais locais em vista do alcance dos objetivos do Programa.

direitos e, esta, à da administração da justiça, que passaram a integrar o objeto de investigação do Prunart-UFMG. A aceitação da razão dialógica e do princípio da complexidade com a assunção de suas consequências metodológicas na tríade ensino-pesquisa-extensão como pressupostos epistemológicos complementam a originalidade do Prunart-UFMG, sem descaracterizar-lhe a condição de centro intelectual e irradiador do sistema Ninter-Cenear.

A visão panorâmica e breve que se apresenta a seguir reproduz, de forma sucinta e esparsa, elementos extraídos do documento constitutivo do Prunart--UFMG editado por este autor[400].

O Prunart-UFMG almeja contribuir para a realização/consolidação do projeto constitucional da sociedade brasileira no que diz respeito às relações de trabalho e à administração da Justiça, temáticas vinculadas à linha de pesquisa "Direitos Humanos e Estado Democrático de Direito: fundamentação, participação e efetividade", do Programa de Pós-Graduação da Faculdade de Direito da FDUF-MG. Compreende os fundamentos e princípios político-constitucionais do Estado Democrático de Direito (brasileiro) a partir de escolhas epistemológicas — intersubjetividade e a complexidade da realidade — que possam fundamentar a (re)construção do conhecimento, por intermédio da interação universidade-estado-sociedade. Se, de um lado, estampa uma perspectiva pluralista, de outro, tem na Constituição Federal o ponto de convergência de todos aqueles que, pessoal ou institucionalmente, nele estão ou estarão engajados.

O diálogo social, mais que um método, é concebido como elemento constitutivo do conhecimento e da ação, na correlação inarredável entre epistemologia e democracia. Assim, ao fundar o conhecimento e a ação, o diálogo inspira o ensino, a pesquisa e a extensão. Por isso, a proposta institui espaços de intercâmbio de conhecimento, dados da realidade e de experiências entre a universidade (pesquisadores e estudantes) e as instituições públicas e sociais envolvidas. Visa--se a intercâmbio de mão dupla *inputs* e *outputs* e à instauração de um processo recíproco de aprimoramento das respectivas atividades institucionais, a começar pela elaboração de diagnósticos de situações-problema de relevante interesse público e social afetas aos respectivos campos de atuação que possam servir de inspiração à pesquisa científica e ao engajamento social do programa pela via da extensão universitária. Assim, teoria e realidade se concebem como elementos que se constituem recíproca e simultaneamente.

O diálogo e a interação entre a universidade, as instituições (públicas) do trabalho e os atores sociais do mundo do trabalho buscam, portanto, a indispen-

---

(400) Para uma visão abrangente e completa remete-se à obra: VASCONCELOS, Antônio Gomes de. *Programa universitário de apoio às relações de trabalho e à administração da justiça*. Belo Horizonte: RTM, 2012.

sável "inserção da realidade" nos processos de conhecimento e a (re)construção compartilhada de conhecimento, a partir de diagnósticos multifacetários, abrangentes e sistêmicos de problemas e/ou questões relevantes nos planos jurídico e institucional, bem como contribuir para a respectiva solução.

Programa de Apoio às Relações de Trabalho e à Administração da Justiça envolve ainda a articulação das atividades de ensino, pesquisa e extensão, a partir da identificação de situações-problema de interesse público e social relacionadas à organização do trabalho e à administração da Justiça, extraídas do diálogo entre a universidade, as instituições públicas do trabalho integrantes do Poder Executivo e do Sistema de Justiça (*e. g.* MTe, MPT, Poder Judiciário e OAB) e as instituições intermediárias de representação social e ou coletiva (*e. g.* entidades de representação sindical).

O Programa enfatiza a função social da universidade, estabelecida a partir da Constituição Federal de 1988, e visa ao desenvolvimento das atividades acadêmicas vinculadas às linhas de pesquisa do Programa de Pós-Graduação Faculdade de Direito da Universidade Federal de Minas Gerais (UFMG) destinadas a contribuir para o enfrentamento dos desafios contemporâneos que se apresentam à organização das relações do trabalho e à administração da justiça relacionada à normatização, à aplicação do direito e à atuação das instituições do trabalho, de forma a contribuir para a busca da efetividade dos direitos e a realização do Estado Democrático de Direito e do projeto sociedade inscrito na Constituição Federal.

Situações-problema extraídas da realidade concreta, qualificadas como de interesse público e social de alta relevância para a consolidação do Estado Democrático de Direito, são a fonte de inspiração das atividades acadêmicas do Programa e implicam uma abordagem inter, multi e transdisciplinar. A participação do conjunto dos atores públicos e sociais envolvidos nas situações-problemas decorre da reorientação epistemológico-neoparadigmática (intersubjetividade e complexidade) que dão suporte jurídico-político-filosófico às práticas acadêmicas protagonizadas pelo Programa.

O Programa assume também uma função catalisadora de ações conjuntas e integrativas das instituições de ensino superior e das instituições do trabalho (públicas e sindicais) em torno do objetivo de contribuir para o aprimoramento da organização do trabalho e da administração da Justiça.

O projeto constitucional da sociedade brasileira relativo à ordem econômica requer a manutenção e a efetividade dos direitos sociais. A administração da Justiça brasileira, por sua vez, requer um compromisso com *a missão estratégica* de *realizar a justiça* (Plano Estratégico do Poder Judiciário Nacional). Assim, ao pôr em foco o problema da efetividade dos direitos fundamentais e da aptidão do Poder

Judiciário para conformar condutas sociais, é que o Prunart-UFMG traz à evidência o problema da administração da Justiça.

A abordagem neoparadigmática decorre da aceitação da premissa de que a insuficiência do modelo de racionalidade que preside a ciência moderna é insuficiente para dar conta dos problemas da sociedade contemporânea em conformidade com o paradigma do Estado Democrático de Direito. Nestes termos, parece legítimo postular e admitir que no Estado Democrático de Direito a construção do conhecimento científico, em especial o jurídico, implica um compromisso com os problemas sociais e a transformação da realidade em direção ao projeto *constitucional* de sociedade que o inspira.

É nesses dois campos de problematização acadêmica que o Programa elege seus objetivos.

Do mesmo modo, a exigência constitucional do equilíbrio entre o desenvolvimento social e o desenvolvimento econômico, bem como a primazia conferida aos valores sociais do trabalho, ao lado da livre-iniciativa, traduz, inequivocamente, o *status* conferido ao trabalho enquanto categoria elementar e estruturante da sociedade brasileira.

O Programa, com base nos princípios constitucionais da liberdade acadêmica, do pluralismo de ideias e concepções pedagógicas e da "indissociabilidade entre ensino, pesquisa e extensão"[401], elege como premissas diretoras de suas atividades:

> a) Compreender as práticas jurídico-institucionais e o próprio direito na perspectiva do constitucionalismo contemporâneo, erigido segundo as premissas do Estado Democrático de Direito. A Constituição, para além de suas funções clássicas, normatiza um projeto de sociedade com o qual se comprometem o direito, as instituições do Estado e toda a sociedade, incluída a universidade, *locus* privilegiado de reflexão, produção, reprodução e socialização do conhecimento que orienta a ação (das instituições do trabalho), em suas práticas jurídico-institucionais (interpretação e aplicação), em sua atuação e na prática jurídica daquelas instituições.
>
> b) Enfatizar que os valores sociais do trabalho e da livre-iniciativa têm status de fundamento da República brasileira, ao lado da cidadania, da dignidade da pessoa humana, do pluralismo político e da soberania. Do mesmo modo, o equilíbrio entre o desenvolvimento econômico e o desenvolvimento social, os direitos sociais alçados à condição de direitos fundamentais, o direito ao trabalho e o pleno emprego são princípios

---

(401) BRASIL. Constituição Federal de 1988 (arts. 206, II e III, 207).

(normas) constitucionais condicionantes da legitimidade e da validade da ordem infraconstitucional, orientando, consequentemente, a atuação do Estado, assim como de suas instituições nas diversas esferas e nos diversos níveis de exercício do Poder Público.

c) Reconhecer, em função de tais premissas, que o direito tem função social transformadora da realidade, emergindo daí que toda teoria, toda prática jurídica e, especialmente, o modelo de racionalidade (premissas epistemológicas) que as preside são suscetíveis a um juízo de legitimação constitucional, assim como as práticas jurídicas, os códigos de conduta e o *modus operandi* das instituições do trabalho.

d) Aceitar que esta perspectiva também vincula a universidade (pública) quanto a seus projetos pedagógicos, seus objetos e métodos de investigação e sua relação com a sociedade, adotando uma perspectiva reciprocamente transformadora na relação universidade *versus* sociedade.

e) Contribuir para a consolidação do projeto constitucional da sociedade brasileira no que tange às relações entre o capital e o trabalho, contribuindo para a redução da distância entre a Constituição normativa e a *realidade constitucional,* por intermédio da produção e da reconstrução do conhecimento, acadêmico e não acadêmico, e de seu compartilhamento com a sociedade. Suas atividades acadêmicas orientam a busca da efetividade dos direitos fundamentais do trabalhador, do desenvolvimento da autonomia coletiva, do aprimoramento da ordem infraconstitucional, da aplicação da legislação trabalhista e da atuação das instituições do trabalho, com vistas à realização do referido projeto, com inspiração nos valores sociais do trabalho e da livre-iniciativa, cidadania, participação e do pluralismo que fundamentam a República.

f) Direcionar suas atividades no sentido de promover a inserção dos contextos de realidade e das práticas institucionais pertinentes às relações entre capital e trabalho e à proteção do trabalho humano nos processos de ensino e pesquisa, mediante o estabelecimento de uma interação crítico-construtiva entre a teoria e a prática, entre o direito e a realidade.

g) Reconhecer que existe uma relação inexorável e de interdependência entre epistemologia e democracia e que a ciência comporta, inelultavelmente, escolhas discricionárias, especialmente do ponto de vista epistêmico-metodológico.

h) Admitir como compatíveis com os fundamentos e princípios do Estado Democrático de Direito o postulado da razão dialógica e, em consequência, a intersubjetividade como fonte de todo conhecimento, bem como o princípio da *complexidade* (do real).

i) Eleger uma perspectiva *ética consequencialista,* segundo a qual todo agente público ou social precisa dar conta das consequências sociais de sua ação e aferir sua coerência com os objetivos constitucionais da sociedade brasileira, mediante a abertura para o diálogo social.

j) Reconhecer a validade das múltiplas fontes do conhecimento, especialmente o conhecimento oriundo da prática cotidiana das instituições do trabalho e do senso comum dos diversos atores representativos do mundo do trabalho.

k) Institucionalizar o intercâmbio e a troca de experiências entre a universidade e as instituições do trabalho (públicas e coletivas) que vierem a perfilhar a proposta, mediante o estabelecimento de parcerias interinstitucionais, formalizadas por meio de "termos de cooperação acadêmica" e/ou convênios, vislumbrando, ainda, a possibilidade de futura celebração de parcerias com outras IES.

l) Vincular quaisquer de suas iniciativas acadêmicas à realidade concreta, na medida em que se defronta com situações-problema de interesse público e social relevantes, em relação às quais seja possível produzir, reconstruir e socializar conhecimento crítico (re)construtivo-propositivo, simultaneamente: *i)* relacionadas à organização do trabalho e/ou à administração da Justiça; *ii)* extraídas do diálogo entre as instituições signatárias e *iii)* resultado da problematização da atuação do Poder Público (nos campos normativo, administrativo e jurisdicional), envolvendo as instituições de representação sindical e a ordem jurídica nas dimensões teórica, normativa e prática (fundamentação e aplicação).

m) Perfilhar a política e as diretrizes do Plano Nacional de Extensão Universitária, definido pelo *Fórum de Pró-Reitores da Extensão,* compreendendo a extensão como "filosofia, ação vinculada, política, estratégia democratizante, metodologia, sinalizando para uma universidade voltada para os problemas sociais com o objetivo de encontrar soluções através das pesquisas básica e aplicada, visando realimentar o processo ensino-aprendizagem como um todo e intervindo na realidade concreta. A produção do conhecimento via extensão se faria com base na troca de saberes sistematizados, acadêmico e popular, tendo como consequência a democratização do conhecimento, a participação efetiva da comunidade na atuação da universidade e uma produção resultante do confronto com a realidade". Portanto, em seu sentido ambivalente de *i)* contribuir para a transformação da realidade a partir de situações-problema socialmente relevantes, identificadas por meio da institucionalização de espaço para diálogo entre a universidade e sociedade, e *ii)* contribuir para a transformação da própria universidade no sentido do desenvolvimento de uma *razão jurídica sociologicamente situada* (produção de conhecimento contributivo para a solução de problemas sociais a partir de uma base empírica de reflexão).

n) Promover a indispensável intermediação epistemológica entre a teoria e a prática, a norma e a realidade e a ativa inserção social da universidade como forma de legitimação sociocultural do conhecimento.

o) Abrir-se à participação e à contribuição de todo membro da comunidade docente e discente da FDUFMG cujas afinidades temáticas e político-ideológicas com os propósitos do Programa despertem o interesse em aprimorá-lo e desenvolvê-lo coletivamente, independentemente das fronteiras formais das disciplinas.

p) Estabelecer conexão e interação entre a graduação (Iniciação Científica, Ensino e Extensão) e o Programa de Pós-Graduação. Ao considerar a referida indissociabilidade entre a teoria e a prática e, mais que isso, ao reconhecer que estas se constituem reciprocamente, o Prunart-UFMG renuncia o estatuto de ciência social aplicada que se atribui ao Direito e à Administração Pública na clássica divisão das ciências, como se demonstrará nos apontamentos constantes da Introdução.

q) Contemplar, ainda, uma dimensão interventivo-propositiva e transformadora da realidade, com o objetivo de:

I) Disponibilizar o conhecimento teórico e empírico disponível acerca do sistema Ninter, bem como, assistir e apoiar os sindicatos interessados na criação e funcionamento de seus Ninters por meio de atividades de extensão universitária;

II) Promover estudos e pesquisas destinados a contribuir para a consolidação teórica, pragmática e operacional de experiências inovadoras de gestão judiciária e da administração da Justiça capazes de implementar as recentes políticas do Conselho Nacional de Justiça, especialmente a experiência do Sistema Integrado de Participação da Primeira Instância na Gestão Judiciária e na Administração da Justiça — SINGESPA-TRT3;

III) Cooperar tecnicamente para o desenvolvimento da Rede Nacional de Cooperação Judiciária, implantada pelo Conselho Nacional de Justiça, mediante a realização de estudos e pesquisas visando ao seu embasamento teórico e técnico-científico, bem como a apresentação de propostas e sugestões para regulação de suas atividades.

Dessarte o programa abre seus horizontes para o desenvolvimento e a construção de conhecimentos voltados para a consolidação teórico-pragmática das referidas experiências, buscando contribuir para que elas se concretizem como instrumentos de democratização da organização do trabalho e da administração da Justiça, de concretização dos princípios e valores do Estado Democrático de Direito presentes na Constituição Federal e de realização dos direitos sociolaborais, a partir da consolidação da FDUFMG como centro de referência de desenvolvimento acadêmico e de difusão do conhecimento acerca de tais experiências.

Nesse sentido, as atividades acadêmicas a serem desenvolvidas pelo Programa contemplam as seguintes dimensões:

I. Crítico-descritiva: que buscará estabelecer um paralelo entre a norma juslaboral e a realidade, construindo diagnósticos referentes a situações-problema oriundas da operacionalização dos direitos laborais e da atuação das instituições do trabalho (públicas e sindicais), tendo por critério para o seu levantamento a aptidão delas para garantir a efetividade dos direitos fundamentais (sociais), bem como para prevenir e solucionar os conflitos individuais e coletivos do trabalho;

II. Construtivo/propositiva: que buscará contribuir para a construção de alternativas no campo da teoria e das práticas jurídico-institucionais voltadas para a busca da efetividade dos direitos sociais e do equilíbrio entre o desenvolvimento social e o desenvolvimento econômico nas relações entre capital e trabalho;

III. Dialógico-interativa: que estabelecerá espaço de troca e intercâmbio de conhecimento entre as instituições signatárias dos termos de cooperação Prunart-UFMG;

IV. Cognitivo-comunicativa: que envolve a reconstrução sistematizadora e propositiva por pesquisadores do Prunart-UFMG do conhecimento proveniente da interação interinstitucional e a construção interinstitucional de conhecimento a partir de premissas e objetivos consensualmente estabelecidos entre as instituições parceiras;

V. Mediação social transformadora: refere-se à mediação por parte da universidade de ações interinstitucionais transformadoras da realidade, a partir dos diagnósticos oriundos de relatórios de pesquisa científica e do conhecimento reconstruído e socializado e de ações resultantes das dimensões anteriores que possam servir de subsídios à ação transformadora na perspectiva do projeto de sociedade inscrito na Constituição.

Considerações Finais

• Epistemologia e democracia

A abordagem teórica consumada ao longo desta investigação demonstrou a existência de uma correlação indissociável entre a democracia e a epistemologia. Esta define o modo como se compreende aquela. A teoria clássica da democracia contenta-se com uma pragmática meramente formal dos fundamentos político-constitucionais e jusfilosóficos da sociedade e dos direitos. Ela promove uma disjunção entre o conhecimento e a ação, ao fundar o primeiro na razão individual solipsista e, sobretudo, acredita que a mente reproduz a realidade "em si" sem qualquer interferência do sujeito. Daí a designação *racionalismo*. Em seu extremo, confunde a ideia com a realidade.

O método da ciência simplificador, fragmentador e redutor à procura de leis imutáveis produziu as especializações. Ao fazê-lo, perdeu a perspectiva do "todo", do conjunto. Também desprezou o papel do sujeito na produção do conhecimento.

No campo ação, o *racionalismo* e o *cientificismo* contentam-se com uma ética intencionalista (Weber), com o indagar sobre as intenções do sujeito que age. Desprezam-se, portanto, a realidade e as consequências da ação.

Demonstrou-se que a crise do modelo clássico de racionalidade da ciência moderna e da filosofia da consciência é um dos fatores (quiçá, o mais importante) determinantes da crise das instituições, mais especificamente daquelas que integram o sistema de relações do trabalho, as quais se vinculam ao objeto desta investigação.

A concepção do Estado moderno partiu da premissa de que a razão, e não a fé, é a fonte de todo conhecimento e de toda a concepção acerca da natureza humana (Antropologia). O Estado, tal como compreendido hoje, é filho desse racionalismo. Regimes totalitários e liberais, capitalistas e socialistas, assentados em premissas filosóficas diversas, foram todos postos a serviço da "democracia".

Por isso, a crise da democracia vem associada à crise da epistemologia moderna. Não há, hoje, nenhuma teoria que se possa tomar como apta a explicar todos os fenômenos e conduzir a política. Também não há mais uma grande ideologia que se constitua numa utopia capaz de convergir os povos e as sociedades, senão a "ausência" dela propugnada pelo pensamento liberal hegemônico.

Por isso, quando as instituições se colocam, em discursos *autorreferenciais*, como baluarte ou garantia da democracia, é preciso objetar-lhes a questão central acerca de "qual democracia?" e em "que quadro de referências" elas se baseiam? Possivelmente, mantidos os pressupostos epistemológicos do racionalismo, não poderão passar de referências próprias à democracia formal: sufrágio, maioria, leis, representação e existência de instituições, especialmente o Poder Judicial. Esse modelo de democracia transforma a maioria dos cidadãos comuns (excluídos do diálogo social) em vítima da desilusão das promessas sociais não cumpridas. Por meio dessas ficções conceituais, procede à "transubstanciação" de poderes de fato, minoritários, opostos ao "interesse geral", em "Poder Público", o qual, uma vez instalado, confere aos direitos e aos instrumentos normativos, institucionais e emancipatórios dos cidadãos uma função meramente "simbólica", no mesmo sentido que Marcelo Neves emprega o termo. A falta de efetividade dos direitos sociais — âncora (jurídica) remanescente da emancipação dos trabalhadores politicamente neutralizados em sua ação emancipatória, apesar da profusão de normas, do crescente avanço desses direitos no plano normativo e da gigantesca estrutura da "maquinaria pública" e do conjunto das instituições que compõem o sistema de relações do trabalho — não é hoje a causa mais profunda do elevado déficit de legitimidade das instituições do trabalho?

A questão epistemológica é aí decisiva: fazer passar por "realidade" o que cumpre função meramente "ficcional".

O modelo de racionalidade, baseado na razão instrumental forjada pela filosofia da consciência e pela ciência moderna, que fundamentam a democracia clássica, não mais consegue legitimá-la, porque não dá conta da complexidade dos problemas contemporâneos, uma vez que ignora, por princípio, as consequências sociais dos avanços da ciência e da tecnologia. O *racionalismo*, que informa a ciência e a filosofia modernas, oscila entre extremos, ora para desprestigiar a realidade e hipertrofiar o sujeito, ora para hipertrofiar a realidade e anular o sujeito. Nenhuma dessas fórmulas cumpriu suas promessas nem mesmo em termos de balanço entre custos-benefícios. Baseia-se numa ética de intenções e na razão estratégica do sujeito individual, cujas ações são orientadas pelo sucesso pessoal. Esse modelo de racionalidade atingiu em cheio o direito moderno, a partir de Kelsen e do neopositivismo, e constitui o *imprinting cultural* da produção do conhecimento e da prática jurídica em nosso país.

A par da pouca tradição democrática, as transformações e a complexização do conjunto de variáveis socioeconômicas com que se depara hodiernamente esse sistema de organização do trabalho vêm aguçando cada vez mais a tensão entre a "constituição real" (que se constitui das velhas práticas e da reunião de consideráveis forças conservadoras) e a "constituição ideal" (projeto constitucional de reorganização da sociedade brasileira segundo os princípios e valores do Estado Democrático de Direito).

Em Direito, esse paradigma, esse modo determinado de ver as coisas e de dar-lhes sentido, leva a inúmeras consequências. Dentre elas: a de se tomar como realização da Justiça a simples existência de princípios ideais, normas, instituições e uma burocracia estatal incumbida de sua realização; a função "fabuladora" dos direitos como agudamente detectado por Alf Ross; e o exercício do Poder Público (prática jurídica) orientado por uma ética de intenções despreocupada com as consequências sociais da ação pública, como perspicazmente denunciou Max Weber. A consequência mais eloquente é o desprezo pela efetividade dos direitos por parte dos que o produzem, "reproduzem" e aplicam, porque a realidade não é levada em conta na produção do conhecimento, que é produzido mediante operações lógico-formais. Isso não significa que ela não se faça presente nos discursos. O mais grave é que esses discursos consideram-na por alcançada a partir de juízos de razão, e não a partir de juízos de realidade. No direito moderno, operou-se profunda absorção da cisão entre teoria e realidade, entre conhecimento e práxis, entre pensamento e ação, cristalizado no modelo racional-cientificista, do mesmo modo que as ciências físicas se apararataram da filosofia e desacreditaram-na. Por isso, a tecnologia desconhece a ética.

A expressão concreta desta cisão no direito e sua opção pelo racionalismo está no fato de que a produção do conhecimento jurídico e da prática jurídica não estabelece a necessária conexão entre a teoria e a prática entre o mundo da razão e o mundo da vida. Esse conhecimento não pesquisa a realidade, os efeitos sociais dos "institutos jurídicos"; privilegia a "dogmática" e, se não, não extrapola o campo da abstração. Não indaga pelas consequências do conhecimento e da prática jurídicas; apenas por sua origem, por seus fundamentos, por seus princípios. Se se admite que a ética e o direito não se distinguem, aquela permanece estacionária da consciência, da intenção, quando não resvala para o decisionismo ou para os caprichos do sujeito individual-solipsista, cujas consequências se agravam se o sujeito ocupa o lugar de autoridade. Não faz "balanço de resultados", porque não confronta os "fins sociais da lei" com os resultados do conhecimento e da prática jurídica. Neste modelo não há espaço para uma ética consequencialista, uma ética de responsabilidade e solidariedade humana.

A concepção cientificista do direito acaba por restringi-lo a um "fato de razão", ou "um fato da realidade". Cogita tão somente da "escolha" dos fatos subsumíveis à norma. O discurso finalístico restringe-se a operações internas ao próprio direito, visto como sistema autossuficiente e fechado.

A tradução dessa abordagem para o campo da organização do trabalho e da administração da justiça defronta-se com a tendência a se reconhecer não só o fato da existência de garantias constitucionais mínimas (direitos sociais), de muitas leis trabalhistas e de instituições encarregadas de sua aplicação, um sinônimo de justiça. Apesar disso, o problema da efetividade desses direitos sociais se constitui, ao lado da crescente inaptidão das instituições para conformar condutas sociais, no problema mais grave a ser enfrentado pelas instituições do trabalho e por qualquer reforma do sistema de relações do trabalho. Contudo, o problema da efetividade, curiosamente, é simplesmente ignorado para efeito de alteração dos códigos de conduta e do *modus operandi* das instituições. Tal como os discursos contra a desregulamentação, contra a precarização e outras palavras de ordem, o discurso da efetividade pretende-se instalar de modo puramente instrutivo (dizer o que "os outros devem fazer", e não "por onde vamos começar"). O discurso da efetividade desconectado da sociedade e da realidade também se produz de modo tenazmente sofisticado: em propostas periféricas e pontuais de reforma que acaba por assumir tônus de um *"reformismo conservacionista"*. Esta é uma dimensão importante da epistemologia racionalista incrustada na razão jurídica, cuja nota é o desprezo pelo real, porque pretende combater a falta de efetividade dos direitos sem aprofundar o debate multidisciplinar sobre as suas causas e sem tematizar os pressupostos e o *modus operandi* das instituições.

Os fundamentos do Estado Democrático de Direito inscrito na Constituição Federal — de forma especial a dignidade humana e a cidadania — requerem um sentido denso e profundo de democracia. Requerem ainda o desmascaramento de discursos simbólicos e "fabuladores" acerca dos princípios constitucionais e dos direitos sociais como forma de reverter o estado de desencanto dos cidadãos, bem como de conferir credibilidade e legitimidade às instituições, vistas, cada vez mais, como "correia de transmissão", encarregadas de cumprir a função "ideológica" de fazer passar por realidade "fabulações" acerca da função social do direito e das instituições. A reprodução do *inprinting* cultural de tendências reprodutivas do paradigma autoritário-solipsista oculta-se em discursos e práticas que buscam legitimar-se pelo uso de argumentos que somente se sustentam no quadro paradigmático político-epistêmico da democracia formal.

No que se refere, particularmente, à crise da organização do trabalho no Brasil, soma-se à crise epistemológica a constatação da existência de um paradoxo contemporâneo entre o paradigma de organização política da sociedade inscrito na Constituição Federal (o do Estado Democrático de Direito) e aquele sob cuja inspiração a regulamentação, a estrutura e o conjunto das instituições que compõem o modelo de organização do trabalho (o do Estado Corporativo, autoritário e intervencionista) foram concebidos. Esta estrutura manteve intacto o *imprinting cultural* subliminarmente inscrito e inercialmente persistente no modo como as instituições operam (códigos de conduta) e se organizam, cada qual com seu viés específico, decorrente da especialização e da "divisão racional do trabalho" na composição do sistema de relações do trabalho.

De um lado, um modo de ver as coisas enraizado no modelo de organização caracterizado pelo *legicentrismo*, pelo *estatocentrismo*, pelo *burocratismo*, pelo *autoritarismo* e pelo *paternalismo* oriundos do Estado autoritário-liberal-intervencionista; de outro, um estado constitucional democrático de direito estabelecido pela Constituição como paradigma de organização da sociedade, que normatiza o *pluralismo*, a *cidadania*, a *dignidade de pessoa e os valores sociais do trabalho e da livre-iniciativa* como princípios e valores fundantes da sociedade.

É aparentemente curioso o fato de que as *mesmas práticas,* a *mesma autocompreensão* e os *mesmos discursos* de outrora sejam invocados a cumprir a função ideológica de "garantia da democracia", sem dar conta da ausência da reflexão transparadigmática necessária à reorientação da prática, dos discursos e da teoria no sentido das profundas transformações dos *paradigmas* — no sentido com que Edgar Morin emprega o termo — que estruturam o Estado brasileiro. Tais paradigmas, inscritos numa *constituição normativa* (sentido normativo, e não "simbólico", dos princípios e valores do Estado democrático "neoconstitucional"), *devem* implicar mudanças culturais e praxiológicas também profundas.

A exigência de uma reflexão paradigmática no âmbito da epistemologia é ainda mais emergente. O modelo kantiano de racionalidade, da razão individual solipsista, dos imperativos categóricos, das verdades absolutas e da ética das intenções requer complemento neoparadigmático importante. É necessário incluir a realidade e o outro na produção do conhecimento e coordenação das ações (no caso desta investigação, da ação pública). A ciência e a filosofia, elas próprias, demonstraram que o modelo solipsista é excludente do "outro" (o sujeito é posto na condição de objeto) e de toda a realidade que está fora do campo de visada do sujeito cognoscente. A "incerteza" científica instalou-se com igual peso ao lado da certeza de outrora, assim como "desordem" ao lado da "ordem". O fundamento último, o argumento coercitivo perseguido pela filosofia nos últimos séculos, frustrou-se, quer seja pela estratégia essencialista (a que admite que o objeto do conhecimento é dotado de uma essência a desvelar-se pela razão humana), quer seja pela estratégia fenomenista (a que admite que o objeto do conhecimento constitui a mera descrição dos fatos aos quais se tem acesso pela observação e pela experiência), quer seja pela estratégia historicista-estruturalista (a que admite que o objeto do conhecimento constitui a apreensão dos princípios estático e dinâmico, determinantes da fixidez do ser e da fluidez do seu devir, em que o conhecimento passa a ser obra do homem e do tempo). Desde que, no atual estágio do conhecimento, operou-se a "queda do ser no tempo", o conhecimento e o saber tornaram-se inexoravelmente relativos. Crer na democracia não é mais "fazer por" (outrem), mas "fazer com" (o outro). Toda pretensão epistemologicamente instrutiva é autoritária, implica "petição de obediência" e decisionismos. A crença na inviabilidade da coparticipação dos destinatários da ação pública na condução das coisas do Estado implica o abandono dos fundamentos da República e a negação da cidadania, da dignidade humana e da função normativa da Constituição. Contudo, esta pode não ser a perspectiva mais viável, mas o que não é mais de modo algum possível é a ausência de fundamento, a ação sem explicação. Fica-se então obrigado a explicitar os pressupostos da ação, que podem mesmo situar-se no modelo clássico de racionalidade e justificar o *status quo*, ao risco da falta de legitimidade que, este sim, dele não se pode esquivar.

A razão jurídica hegemônica na teoria e na prática jurídica (inclusivamente a jurisprudência) brasileiras é tributária do positivismo jurídico ou do neopositivismo. Trata as normas e os fatos como "fenômenos observáveis", aplicando-se-lhes o método da simplificação (reducionismo) e o da fragmentação no levantamento dos dados manipuláveis na operação e na aplicação do direito, submetendo-os ao raciocínio lógico-formal da razão individual solipsista, com o fim último de proferir decisões ou aplicar sanções.

Esse alheamento das instituições e da prática jurídica da realidade atinge o paroxismo diante dos problemas contemporâneos emergentes de uma realidade cada vez mais complexa e dinâmica, deslegitimando-as e, sobretudo, ensejando consequências sociais opostas e incoerentes com o projeto de sociedade inscrito na Constituição e com os fins sociais da lei tal como declarados.

Demonstrou-se que essa perspectiva é particularmente eloquente no campo da organização das relações do trabalho, cujas consequências sociais podem assumir contornos dramáticos (cf. especialmente o "estudo de caso" ínsito ao capítulo 3).

A descrição crítica e exemplar da crise da organização do trabalho e dos seus reflexos em contextos de realidade específicos na região de Patrocínio e no caso da empresa Irmãos Okubo comprova o exaurimento deste paradigma naqueles contextos de realidade, em relação tanto à administração quanto à jurisdição, além de enfatizar os efeitos sociais deletérios da ação isolada e descoordenada das instituições do trabalho, expressiva de uma autocompreensão própria aos "sistemas fechados", para se tomar da teoria dos sistemas esta referência conceitual.

Nesta investigação, conjugaram-se elementos da teoria do discurso e da teoria da complexidade — aceitação da natureza dialógica e da complexidade do real e dos processos cognitivos, com os quais se buscou superar os dilemas do racionalismo cientificista. Esta perspectiva implica o reconhecimento do outro como parte do "eu" e a afirmação do sujeito na alteridade. A inscrição da intersubjetividade na subjetividade é promissora de uma nova ética da responsabilidade e da solidariedade entre os homens, com uma função deontológica, e não meramente intencional.

A relatividade (sempre dependente de uma referência) de Einstein, a incerteza de Heisenberg, a complexidade tal como compreendida na teoria de Morin e a "desordem" de Ylia Prigogine instalam-se no âmago da epistemologia como integrantes do ser e da razão, *ipso facto*, de todo objeto de conhecimento, ao lado da certeza, do atomismo reducionista e da ordem determinística do pensamento clássico. Tornaram-se elementos inexoráveis a serem levados em conta em quaisquer processos cognitivos inerentes à ação humana e, consequentemente, a toda ação pública não autoritária.

Em consequência do destronamento da filosofia pela ciência moderna, as ciências humanas passaram a se inspirar nas matrizes epistemológicas das ciências "exatas", primeiro, da lógica e da matemática (*mathesis universalis*), substituída pela física newtoniana; depois, pela biologia. O direito tornou-se então tributário do positivismo (lógico), e nele permanece. Agora, com o atraso próprio das ciências conservadoras, resta-lhe encaminhar-se para o modelo de racionalidade inaugurado pela linguística e pela filosofia da linguagem, novas esperanças de uma utopia global. A linguagem vem se convertendo em nova matriz epistemológica do século XXI. Operou-se a *viragem linguística* no campo do conhecimento e da ação humana. É o aspecto mais sério e mais profundo desta viragem no ápice de sua evolução: o sujeito e a realidade se constituem na linguagem. Nada é absoluto e tudo só e identificável em seus respectivos contextos, inclusive a reflexão e prática jurídica. Toda proposição jurídica é inócua fora de um contexto. E o que muda nem tanto é o direito, mas o modo de vê-lo e de praticá-lo, os quais se submetem aos contornos de uma ética de responsabilidade.

O fim das certezas e a impossibilidade de eleição de um grande relato filosófico como fundamento da ação humana remetem à busca da verdade e do fundamento da ação no consenso dialógico. O único ponto de partida é o reconhecimento de todos os participantes e afetados pelo discurso e suas consequências como sujeitos com iguais direitos e deveres de fala e de escuta.

Reconheceu-se que a teoria do discurso é hoje a única capaz de fundamentar a democracia, de revigorar sua prática e de realimentar esperanças. Por pressupor o diálogo e por identificar o cidadão como autor e destinatário da ordem social (e, por isso, também da ordem jurídica), é a única capaz de tornar efetivo o princípio da dignidade humana e da cidadania.

Nesse sentido, somente pode haver democracia quando os cidadãos destinatários do direito e da ação do Poder Público puderem participar dos processos cognitivos anteriores à decisão, com vistas à apreensão da realidade e ao alcance do sentido e do modo mais adequado de aplicação da norma, tendo em consideração os contextos de realidade, em sua complexidade e singularidade irrepetíveis, uma vez que a aplicação significa a recriação da norma para sua adequação ao caso concreto, aos contextos.

A ação pública somente pode ser considerada democrática em termos integrais, substantivos, e não meramente formais, se orientada por um princípio de realidade instituído pelo paradigma da complexidade. O reconhecimento da inacessibilidade e da inesgotabilidade do real, bem como da relatividade do que se toma como real, implica necessariamente que se leve em conta a percepção da realidade dos destinatários afetados pela ação pública, na conformação dos diagnósticos dos problemas que norteiam a administração da organização do trabalho e a concepção de justiça que orientará a decisão judicial.

Ao lado da reconstrução da compreensão epistemológica do princípio democrático, foi preciso reconstruí-lo também na sua dimensão política para conformá-lo aos princípios da dignidade humana e da cidadania como princípios que fundamentam a República, os quais implicam a exigência da efetividade dos direitos sociais como dimensão substancial concretizadora desta nova compreensão da ordem jurídica e das práticas institucionais, segundo a ideia de democracia integral.

Vislumbrou-se que a democratização substancial das instituições e da organização do trabalho implica a substituição do "estatocentrismo" por um "sociocentrismo" que densifica e concretiza o pleno exercício da autonomia privada e da autonomia coletiva, a partir de uma concepção subsidiária e supletiva da ação estatal.

Assim, aos cidadãos, com os respectivos entes de representação coletiva, e às comunidades menores e locais incumbem realizar tudo aquilo que puderem, segundo seus recursos, potencialidades e possibilidades, para fazê-lo, de modo que a função subsidiária do Estado prevaleça sobre o paternalismo e o protecionismo estatais mutiladores da autoestima e do sentimento de realização substanciais a todo ser humano, considerado individualmente ou coletivamente organizado.

Ao se fomentar o exercício da cidadania ativa e fazer despertar o sentimento de dignidade e de autorrealização na comunidade nos grupos sociais e nos indivíduos, no pleno exercício de suas competências, desonera-se o Poder Público da sobrecarga e das consequências da acentuada perda da legitimidade, recuperando-se, dessa forma, a força e a consistência da ação pública subsidiária.

Os princípios político-constitucionais da cidadania e da coparticipação da sociedade no exercício do Poder Público só podem ser compreendidos em conexão com os fundamentos do Estado Democrático de Direito (dignidade humana e cidadania), se vistos sob a óptica do paradigma da intersubjetividade (dialogicidade), que "impõe" como condição da democracia integral o reconhecimento do outro.

Uma visão não poética deste pressuposto conduz à inserção do diálogo social e da concertação social como essenciais ao exercício do poder público em todas as suas dimensões. Estes, por sua vez, dão sustentação ao princípio de "governança", em torno do qual se articulam os demais conceitos (ação pública comunicativa e ação coletiva comunicativa) oriundos da assimilação do pressuposto da razão dialógica nos termos da teoria do discurso ("diálogo social" e "concertação social").

Constata-se, *post scriptum,* que o mais importante motivo desta abordagem epistemológico-paradigmática é que uma transformação "cultural" consistente na abertura das instituições públicas e dos sindicatos para a assimilação de novos paradigmas (da razão dialógica e da complexidade) poderá constituir a mais grandiosa reforma do sistema de gestão da organização do trabalho e da administração da justiça que se possa imaginar possível. Trata-se, antes de tudo, de uma reforma imaterial que poderá operar prodígios, sem qualquer reforma normativa, administrativa ou material das instituições. Basta — e isto não é pouco; ao contrário, constitui o maior desafio a ser enfrentado por qualquer pretensão inovadora por menor que seja — uma *viragem paradigmática,* que, em outros termos, significa alterar os *pressupostos* a partir dos quais se compreende o sistema de organização do trabalho, a função social das instituições e a aplicação do direito. A minuciosa descrição da origem e do desenvolvimento da experiência do Núcleo Intersindical de Conciliação Trabalhista de Patrocínio até a sua definitiva institucionalização, ainda que se trate de um fenômeno pontual, revela a dimensão deste desafio.

Por tudo isso, o instituto dos Núcleos Intersindicais de Conciliação Trabalhista, ao introduzir os paradigmas da razão dialógica e da complexidade como pressupostos epistemológicos da ação pública e da ação coletiva na gestão da organização do trabalho e da administração da justiça, dá consistência, na prática das instituições do trabalho, aos princípios da dignidade humana e da cidadania em que se fundamenta o Estado brasileiro.

Essa reversão exigiu uma reaproximação recursiva entre o sujeito e o objeto, entre a teoria e a prática, entre razão e emoção, entre as partes e o todo, entre o conhecimento e a ação, e entre a ação e suas consequências (ética de responsabilidade).

No plano político, os valores da dignidade humana, da cidadania, do trabalho, da livre-iniciativa e do pluralismo foram alçados à categoria de normas-princípios orientadores de todo conhecimento, de toda ação e critério de avaliação de resultados. Esses princípios não mais se coadunam com uma ética de simples intenções; exigem, antes, uma ética de responsabilidade, que antecipa e avalia as consequências de toda ação.

Na construção da "teoria epistemológica", na qual se baseia o sistema Ninter, consideraram-se, particularmente, os processos cognoscitivos (eleição, dentre outras suscetíveis de escolha, da norma aplicável; interpretação e construção do sentido que se atribui à norma escolhida entre inúmeras possibilidades; eleição dos fatos e desprezo de outros subsumíveis à norma escolhida; e interpretação e atribuição de sentido aos fatos eleitos, entre alternativas multiversáteis de sentido) concernente à prática das decisões jurídicas, nos âmbitos administrativo e jurisdicional, e às práticas sindicais. Estas passaram a ser vistas pelo crivo da dialógica e do pensamento complexo da ação pública e da ação coletiva.

Nesse sistema, contudo, a *Constituição Normativa* (neoconstitucionalismo) — fundamento último proveniente da política — passa a assumir o lugar do fundamento último do conhecimento, o qual, no entanto, passa a ser compreendido discursivamente, como condição *sine qua non* da democracia integral, de sorte que o uso da razão dialógica na gestão e na administração da justiça permanece protegido contra qualquer sorte de ceticismo ou relativismo jurídico.

A questão fundamental de que se ocupou esta tese foi a do significado dessa reversão paradigmática, no seu sentido teórico e pragmático do princípio de democracia dela resultante, na esfera da gestão da organização do trabalho e da administração da justiça, tal como compreendido na teoria do sistema Ninter.

Uma vez mais, a democracia e a epistemologia se entrecruzam no âmago do sistema de relações do trabalho para alcançar no sistema Ninter um de seus pontos de interseção, transformando-o num instrumento de concreção dos princípios de democracia compreendidos por uma democracia integral, tanto no aspecto procedimental como no aspecto substantivo (efetividade dos direitos sociais e autodeterminação coletiva), mediante a institucionalização de um conjunto de funções e de atividades orientadas para esse fim.

A conclusão que se impõe é a de que no plano teórico-político-filosófico o sistema Ninter promove a democracia integral, porque reconhece o outro (o destinatário/afetado pela ação pública) nos processos cognitivos de toda ação pública, concedendo ao Poder Publico e ao cidadão que sofre as consequências de sua ação iguais direitos de fala e de escuta. Sai, no entanto, da abstração, na medida em que institucionaliza um espaço de diálogo e de concertação social entre a autonomia pública e a autonomia coletiva.

• *RAZÃO (DIALÓGICA) E REALIDADE (COMPLEXA)*

Se a questão epistemológica não constitui a única fonte da crise do sistema de organização do trabalho, não há dúvida de que ela concorre indispensavelmente para o seu desencadeamento. Isso porque, uma vez arrefecidas a capacidade das instituições de conformarem condutas sociais e a legitimidade social de sua atuação, os fatores externos jamais se adaptam às instituições. Muito antes ao contrário, as instituições são postas na contingência de se reformarem para corresponderem às novas exigências, como condição de possibilidade de sobrevivência. Se as instituições pretendem dirigir a sociedade, tendo, portanto, uma função instrutiva, esta, por sua vez, determina-lhes o modo de operar e os respectivos códigos de conduta.

A aptidão do sistema Núcleos Intersindicais de Conciliação Trabalhista para promover a democratização da organização do trabalho revela-se, primeiramente, na adoção da teoria do discurso em que se sustentam o "diálogo social" e a "concertação social" como técnicas de "governança". Constitui-se como *locus* deste diálogo e, ao submeter a ação pública e a ação coletiva ao princípio do discurso, passa a cumprir uma função epistemológica indispensável, por cujo intermédio as instituições do trabalho conhecem a realidade local (diagnósticos interinstitucionais). Significa dizer: realizam, por seu intermédio, a escolha dos fatos a serem considerados significativos e estabelecem, dialogicamente, o sentido que lhes será atribuído, bem como os respectivos contextos de realidade. Assim também em relação às escolhas das normas, do seu sentido e do modo mais adequado de sua aplicação.

Ao aceitar a complexidade da realidade e a natureza intersubjetiva de todo conhecimento, o sistema Ninter submete ao "diálogo social" e à "concertação social" a solução dos problemas locais de relevante interesse público, mediante a participação de todo agente público e de representação social (sindical) que se dispuser tomar parte desses procedimentos dialógicos abertos.

O sistema mitiga os inconvenientes da representação ao transferir para o plano das relações institucionais locais a centralidade dos diagnósticos e das ações (concertadas), na busca do enfrentamento dos problemas trabalhistas locais. Os atores locais, em contato direto com a realidade, são os sujeitos do diálogo social, quebrando-se a cadeia de intermediários que se interpõem entre a realidade e as cúpulas decisórias.

O tratamento das questões locais se dá por meio de procedimentos discursivos, dos quais tomam parte os atores influentes na realidade local, privilegiando-se as autoridades públicas locais das diversas instituições do trabalho e os sindicatos de classe em cujo âmbito de atuação se localizem os problemas a serem considerados. Esta dimensão democratizadora do sistema privilegia o poder e a autonomia coletiva local. Reforça a responsabilidade, a dignidade, a autodeterminação e a autoestima de todos os atores locais.

A dignidade humana e a cidadania não se compreendem unilateralmente, nem apenas do ponto de vista do trabalhador tutelado, mas também do ponto de vista do empregador e do empresário tomador de sua mão de obra, assim como do ponto de vista do agente do Poder Público socialmente engajado. Essa tríplice dimensão do diálogo social revigora os sentimentos de dignidade e de coparticipação de cada um dos atores do discurso social. É assegurada a oportunidade de instauração e de acesso ao "diálogo social" a todos os legitimados, segundo as regras institucionais do discurso.

A inclusão da realidade compreendida sob o ponto de vista da complexidade dos procedimentos cognitivos focaliza, localmente, as relações laborais pertinentes a cada setor de atividade coletivamente organizado, de tal modo que o aprofundamento no conhecimento destas realidades específicas atinge sua máxima possibilidade, aumentando assim o grau de adequação das normas e das decisões a tais contextos específicos.

Esse duplo enfoque epistemológico, intersubjetivo e *complexo* proporciona às ações coletivas e à ação pública uma compreensão sistêmica e a possibilidade da concertação de ações cooperativas, transcendendo-se com isso, além do solipsismo epistemológico, a desarticulação e a desarmonia das ações públicas provenientes das diversas instituições do trabalho incidentes sobre uma mesma realidade. As decisões e as ações públicas passam a ser concebidas, definidas e implementadas segundo as técnicas do diálogo social e da concertação social em consonância com uma ampla compreensão da realidade local, guiada pelo interesse público e coletivo. Nessa perspectiva, o *locus* de convergência entre as diversas instituições (sindicatos e instituições do Poder Públicos) dá ensejo à coerência e à articulação, numa relação construtiva e de intercomplementaridade recíprocas, das respectivas ações sempre que houver convergência de princípios e/ou objetivos de atuação.

A partir de uma compreensão sistêmico-aberta da realidade e, ao mesmo tempo, dos respectivos contextos em sua complexidade e singularidade irrepetíveis, as instituições do trabalho (sindicatos e instituições do trabalho) estabelecem um intercâmbio e uma circularidade entre os contextos particulares de realidade e a realidade geral e abstrata contida na norma jurídica, promovendo a adequação de uma a outra.

O conhecimento que antecede e possibilita a negociação coletiva (sindicatos) e as decisões da autoridade pública no exercício de suas competências institucionais torna-se, portanto, produto da participação de todos os envolvidos decisores e destinatários das normas coletivas (decisão) sindical e da decisão do Poder Público e do conjunto das percepções de todos os envolvidos acerca de um mesmo problema, de uma mesma situação de realidade. As múltiplas versões sobre um mesmo tema ou problema proporcionam a todos os participantes uma visão abrangente e crítica da totalidade da temática levantada, da realidade focalizada e da questão controvertida a ser resolvida. A soma das contribuições de todos os participantes permite a emergência de um argumento consensual e consistente assumido por todos.

O consenso entre autoridades envolvidas implica o reconhecimento da juridicidade do argumento, posto que dos demais não se espera competência jurídica. Porém o consenso de todos descortina o sentimento comunitário de justiça e de concreção dos princípios e valores constitucionais em relação a cada situação concreta tematizada. Esse resultado libera o conjunto das instituições para a ação sustentada na relação de compromisso e de coerência mútuas, nas respectivas práticas institucionais autônomas, em relação às diretrizes extraídas do consenso interinstitucional. O "diálogo social" proporciona, assim, o ajuste da ação de cada participante ao melhor argumento e a projeção das chances de reconhecimento, legitimidade e êxito de ações futuras inspiradas na concertação alcançada. Subsequentemente, pode evoluir para a articulação de ações conjuntas, na forma de "concertação social", com a qual se comprometem todos os participantes. O estudo minucioso da história, das práticas e dos resultados da ação do Ninter-Patrocínio permitiu a comprovação dessas assertivas e de suas condições de possibilidade.

No plano epistêmico, portanto, os Núcleos Intersindicais de Conciliação Trabalhista revelam-se como instituições democratizadores dos procedimentos cognitivos antecedentes da decisão e da ação do Poder Público e dão concreção aos valores constitucionais da dignidade, da cidadania, do trabalho e pluralismo, que são os fundamentos da república (art. 1º, CF/88).

Outro aspecto da democratização reside no ato de criação da instituição do Núcleo Intersindical de Conciliação Trabalhista, que traduz a disposição dos atores sociais locais para aderir ao "diálogo social" e à "concertação social" como forma privilegiada de gestão da organização do trabalho e da administração da justiça.

A própria ação coletiva torna-se mais democrática à medida que se substituem as "estratégias coercitivas" e a disputa fundada em adversariais, pela institucionalização de um estado de negociação permanente. As relações coletivas passam a se orientar, em princípio, pelo entendimento, e não por pretensões impositivas de posições unilaterais. Sem o ato de institucionalização que dá forma e torna viável, na prática, a interação construtiva entre as diversas instituições do trabalho, todas estas perspectivas não passariam de pura abstração. Criar um Núcleo Intersindical de Conciliação Trabalhista já é, por si só, um processo democrático de profunda significação simbólica e realística.

Um dos aspectos decisivos e fundamentais para o sistema Núcleos Intersindicais de Conciliação Trabalhista é a inclusão da realidade (princípios da complexidade) e da intersubjetividade (razão dialógica) na epistemologia jurídica, por intermédio de conceitos e procedimentos institucionalizados e teoricamente harmônicos com o sistema do direito e com a estrutura da organização do trabalho.

A teoria aqui desenvolvida reforça a prática, na medida em que estabelece o espectro conceitual por meio do qual se opera pragmaticamente o princípio de democracia imanente ao sistema Núcleos Intersindicais de Conciliação Trabalhista.

• O SISTEMA NÚCLEOS INTERSINDICAIS DE CONCILIAÇÃO TRABALHISTA DEMOCRATIZA[402] A ORGANIZAÇÃO DO TRABALHO

A constatação da dimensão espistemológico-paradigmática da crise da organização do trabalho e o levantamento concreto e realístico de suas consequências sociais revelam a existência de uma ampla frente de atuação das instituições do trabalho para a reversão, ainda que parcial (embora indesprezível), do *status quo*. Nessa dimensão, a alteração desse quadro depende da disposição dos agentes públicos e dos agentes sindicais para a alteração dos paradigmas de atuação e, consequentemente, dos códigos de conduta e do modo de operar das respectivas instituições.

A decisão pela compreensão da realidade e da função social das instituições segundo a perspectiva dos paradigmas da razão dialógica e da complexidade por parte dos agentes públicos e coletivos conduz a uma profunda alteração na relação entre a autonomia coletiva e a autonomia pública. Ambas se compreendem inseridas e absorvidas por um contexto ideológico mais abrangente que as torna corresponsáveis pela construção do projeto de sociedade estabelecido na Constituição, em circunstâncias de cooperação mútua e de soma de esforços institucionais orientados para o mesmo fim.

A atuação das instituições compromete-se com uma visão totalizadora da realidade e integradora de suas ações, em lugar da compartimentalização e do isolamento oriundo do princípio simplificador e fragmentador da racionalidade clássica.

Nesse aspecto, os Núcleos Intersindicais de Conciliação Trabalhista apresentam-se, no cenário das instituições do trabalho, como a única instituição apta a promover a interação das demais instituições do trabalho a partir de uma institucionalização de segundo nível, que permite a aproximação não vinculativa, mas dialógica, cooperativa, coconstrutiva, da realidade entre as instituições que atuam localmente, segundo parâmetros de uma ética de responsabilidade.

A primeira dimensão profunda da democratização que o sistema Núcleos Intersindicais de Conciliação Trabalhista está apto a promover é, portanto, o

---

(402) O uso da expressão *democracia* e de suas derivações pressupõe o sentido conferido ao princípio de democracia no capítulo 6 e aos conceitos operacionais norteadores da ação pública e da ação coletiva nele inspiradas.

cumprimento do papel intermediário e instrumental de materializar uma estrutura capaz de integrar e viabilizar o "diálogo social" e a "concertação social", bem como de possibilitar ações articuladas a partir de uma compreensão totalizadora dos problemas trabalhistas sobre os quais incidem essas ações, identificados e pontuados a partir do esforço cooperativo do conjunto das instituições diretamente envolvidas em cada contexto.

Demonstrou-se, para tanto, que os Núcleos Intersindicais de Conciliação Trabalhista constituem-se como instituições e como instituto jurídico autônomos preexistentes às Comissões de Conciliação Prévia, das quais prescindiram e prescindirão para continuar existindo.

A criação dos Núcleos Intersindicais de Conciliação Trabalhista depende exclusivamente da iniciativa dos sindicatos de cada setor de atividade coletivamente organizado no exercício de suas prerrogativas constitucionais de defesa de interesses e direitos das respectivas categorias e do direito à livre associação para fins lícitos. O sistema haure seu fundamento jurídico diretamente da Constituição Federal, em razão da pronta vigência dos direitos fundamentais.

A reforma da CLT que se avizinha por intermédio do Projeto de Lei de 1987, em tramitação no Congresso Nacional, que dentre outros revoga o art. 625-H, em nada altera a situação jurídica do instituto dos Núcleos Intersindicais de Conciliação Trabalhista. Do mesmo modo que antes da edição da Lei n. 9.958/2000 que o recepcionou, por intermédio daquela norma de fomento, aquelas instituições poderão ser instituídas pelos sindicatos que se julgarem aptos a constituí-las. Trata-se de instituto jurídico cuja existência independe de normatização infraconstitucional.

O "diálogo social" inaugural, do qual resulta a deliberação para a sua criação, também sela o compromisso do conjunto das instituições locais de se ouvirem reciprocamente e, ao mesmo tempo, de se comprometerem a contribuir para a construção de sentido dos elementos de fato e de direito a serem considerados nas respectivas práticas institucionais. Além disso, afirmam o compromisso e a disposição de contribuir para a gestão da organização do trabalho e da administração da justiça no âmbito de atuação e representação do Núcleo Intersindical de Conciliação Trabalhista. Sobretudo, dispõe-se a diagnosticar e a conhecer os problemas trabalhistas e os respectivos contextos locais, em sua complexidade e singularidade, tomando como ponto de partida um quadro de referência realístico comum, mediante o estabelecimento consensual do seu sentido. Estabelecem, ainda, o compromisso de empenhar esforços cooperativos na persecução da efetividade da legislação trabalhista por intermédio da concepção e execução de programas interinstitucionais de correção de lesões massivas de direitos dos trabalhadores. De resto, comprometem-se com uma atuação dirigida pela ética de responsabilidade e solidariedade, mediante a assunção da corresponsabilidade pelas consequências sociais da ação pública e da ação coletiva.

O princípio democrático opera então numa perspectiva ao mesmo tempo totalizadora e individualizadora, e integra o uno e o múltiplo, o geral e o particular, estabelecendo entre a abstração normativa e os contextos singulares, complexos e irrepetíveis de realidade uma dupla relação, reflexiva e recursiva, que se interpenetram permanentemente. O exercício da autonomia pública passa a levar em conta as particularidades locais exibidas e apresentadas pela autonomia coletiva, e esta se exerce sempre em atenção às exigências de coerência do sistema com o interesse geral, representado pela autonomia pública e pela ordem jurídica.

Tudo isso ocorre numa perspectiva neoparadigmática e de institucionalização da interação das instituições do trabalho para a gestão compartida da organização do trabalho e da administração da justiça, por setor de atividade, que, corroborando a hipótese investigada, afirma, conclusivamente, a aptidão do sistema Núcleos Intersindicais de Conciliação Trabalhista para promover a democratização da organização do trabalho, nos seguintes termos:

> 1. A teoria e a dogmática do instituto Núcleos Intersindicais de Conciliação Trabalhista se constitui a partir de uma abstração reconstrutiva (pragmática transcendental) dos elementos constitutivos da experiência originária e prototípica do Núcleo Intersindical de Conciliação Trabalhista de Patrocínio, que se reconhece como instituição social e como instituto jurídico autônomo e que se encontra fundamentado na Constituição Federal.

> 2. A estrutura orgânica, as atividades institucionais e o funcionamento do sistema Núcleos Intersindicais de Conciliação Trabalhista são coerentes com o princípio de democracia a ser erigido a partir dos fundamentos do Estado Democrático de Direito inscrito na Constituição Federal, reconstruído teoricamente segundo a ideia de uma democracia integral e substantiva concebida com base nos pressupostos epistemológicos da razão dialógica e da complexidade, cuja expressão pragmática contempla: a) a orientação da ação pública pela ética de responsabilidade e solidariedade (Adela Cortina); b) a participação, orientada pelo princípio de "governança" (Calame & Talmant), dos destinatários/afetados (por intermédio das entidades de representação profissional e econômica) pela ação pública, na gestão da organização do trabalho (administração) e da administração da justiça (jurisdição); e c) a participação dos destinatários/afetados (por intermédio das entidades de representação profissional e econômica) nos procedimentos cognitivos (de fato e de direito) inerentes à formação da opinião e da vontade do Poder Público nos atos de aplicação da legislação trabalhista.

> 3. A institucionalização do diálogo social e da concertação social entre as instituições do trabalho é o *medium* a partir do qual o sistema

Núcleos Intersindicais de Conciliação Trabalhista realiza o princípio de democracia na gestão da organização do trabalho e do sistema de resolução dos conflitos individuais e coletivos do trabalho no respectivo âmbito de atuação.

4. A autodeterminação dos sindicatos na gestão da organização do trabalho e na resolução autônoma dos conflitos do trabalho é expressão do princípio da subsidiariedade ativa, compreendido como uma das dimensões de concretização da dignidade humana e da cidadania.

5. O processo dialógico e histórico da criação do Núcleo Intersindical de Conciliação Trabalhista de Patrocínio constitui, ele próprio, uma dimensão pragmática do princípio de democracia a ser reconstruído, *a posteriori,* na teoria do sistema Núcleos Intersindicais de Conciliação Trabalhista em que se sustenta a averiguação da presente hipótese.

6. A promoção da efetividade dos direitos sociais no respectivo âmbito de atuação constitui a dimensão material/substancial do princípio de democracia imanente ao sistema Núcleos Intersindicais de Conciliação Trabalhista. Essa dimensão material, nos termos da nova ética de responsabilidade que orienta o sistema, constitui-se em critério de legitimação do conjunto das práticas e dos procedimentos nele institucionalizados (dimensão formal/operacional).

7. Nessa dupla dimensão em que se expressa o princípio de democracia, a teoria e a prática se equivalem e se pressupõem reciprocamente e os procedimentos adotados pelo Poder Público somente ganham sentido a partir de uma ética de responsabilidade que contempla as consequências sociais da ação pública (efetividade dos direitos sociais), sendo que esta díade se inclui como elemento indispensável ao processo de democratização.

8. A aceitação e a percepção do sistema de organização do trabalho a partir dos pressupostos epistemológicos da "razão dialógica" ("diálogo social"), do "princípio da complexidade" e, por consequência, da teoria dos sistemas abertos conduzem à abertura das instituições do trabalho (sindicatos e instituições públicas) para uma maior interação e articulação de suas atividades relativas a uma mesma realidade de fato. Proporciona ao conjunto destas instituições a oportunidade de acesso (compreensão) mais amplo à realidade e aos contextos locais, por via de diagnósticos multifacetários e consensuais, alcançados nos procedimentos discursivos dos Conselhos Tripartite/Interinstitucionais dos Núcleos Intersindicais de Conciliação Trabalhista. Superam-se, assim,

as incoerências sistêmicas advindas de *outputs* distintos e contraditórios provenientes das ações isoladas das diversas instituições.

9. Institucionaliza-se um espaço de "governança" que reúne as autoridades públicas locais encarregadas da aplicação da legislação trabalhista e os sindicatos signatários em processos deliberativos acerca de programas locais de gestão da organização do trabalho e da administração da justiça de abrangência coletiva. Tem por objetivo promover a efetividade da legislação trabalhista, sua adequação ao contexto específico do respectivo setor de atividade, além de deliberar sobre situações que, embora singulares e exemplares, comporta interesse público, social e coletivo, e se enquadra no conceito operacional de *regime trabalhista especial*. A perspectiva pobre e não planejada de ação pública improvisada ou aleatória cede lugar à ação planejada e concertada (cf. 2.3), visando ao alcance de objetivos abrangentes e de alto alcance social. A ação pública comunicativa, nas suas modalidades — "dialógica" ou "suasória" (cf. 2.5.1) —, procede de iniciativa das instituições do trabalho e é destinada à concertação de programas de ação direcionados à solução de questões trabalhistas de interesse social, coletivo e público, ou de situações de lesão massiva ou coletiva de direitos sociais — de modo particular, de direitos da personalidade do trabalhador. Ações planejadas, concertadas e de abrangência coletiva ensejam a potencialização da ação pública para muito além de suas possibilidades de ação isolada e coercitiva. Essa perspectiva revela que, num contexto em que a mais aguda manifestação da crise do sistema de organização do trabalho é a ausência de efetividade dos direitos sociais, tem forte conteúdo democrático a atuação dos Núcleos Intersindicais de Conciliação Trabalhista ao criar condições institucionais para a busca concertada desses objetivos.

10. Estabelece-se um espaço ("institucionalizado") de diálogo interinstitucional local e intercategorial destinado à comunicação oficial e institucional entre a autonomia pública e a coletiva, e de viabilização da *ação pública comunicativa e da ação coletiva comunicativa*, mediante a interação e a cooperação recíprocas no cumprimento dos respectivos objetivos, especialmente para a busca da efetividade da legislação trabalhista e de legitimação da atuação das instituições do Poder Público encarregadas da tal aplicação e do pleno exercício da autonomia coletiva.

11. Cria-se um espaço institucional de acesso e participação da autonomia coletiva (sindicatos) na autonomia pública (instituições do trabalho), em âmbito local, possibilitando-lhes, por intermédio das técnicas do "diálogo social" e de "concertação social", tomar parte em situações de

relevante interesse público e/ou coletivo, nos processos de conhecimento determinantes da eleição e da construção do sentido dos fatos e da norma, bem como da definição do modo mais adequado de sua aplicação (*appropriateness*), considerando-se os contextos de realidade, em sua complexidade e singularidade irrepetíveis. Dessa maneira, a atuação do Poder Público em relação a situações de relevante interesse público e de ampla repercussão social pode ser precedida de diagnósticos elaborados de modo cooperativo e interativo em procedimentos dialógicos realizados no Conselho Tripartite/Interinstitucional do Núcleo Intersindical de Conciliação Trabalhista, instaurado por iniciativa das autoridades públicas ou dos sindicatos (*ação pública comunicativa cognitiva*).

12. O processo de criação do Núcleo Intersindical de Conciliação Trabalhista é profundamente democrático. As interações, o diálogo informal e as deliberações precedentes à sua criação, quanto aos aspectos performativos da instituição e à sua conformação estatutária, constituem já o exercício inaugural do diálogo social e da concertação social, e implica o reconhecimento recíproco e do direito de fala e escuta, como condição de possibilidade da existência da própria instituição.

13. As autoridades locais do Ministério do Trabalho ou os sindicatos signatários do Núcleo Intersindical de Conciliação Trabalhista podem tomar a iniciativa da instauração de procedimentos discursivos destinados à realização de diagnósticos interativos acerca de questões coletivas relacionadas à inspeção do trabalho. Podem também submeter à participação dos sindicatos a concepção e a execução de programas de ação destinados a dar suporte às atividades de inspeção e à busca da melhoria das condições de trabalho no respectivo setor de atividade quando estas justificarem, por sua abrangência e gravidade, a atuação concertada do conjunto das instituições do trabalho locais, mediante nos termos do conceito operacional de *ação pública comunicativa suasória*, com o objetivo de apreender, tanto quanto possível, os contextos de realidade em sua totalidade e conceber formas próprias e adequadas de aplicação da legislação trabalhista que levem em conta a perspectiva dos destinatários da ação pública e a harmonia entre o interesse coletivo e o interesse público.

14. As autoridades locais do Ministério Público do Trabalho poderão submeter aos procedimentos discursivos interinstitucionais questões de interesse público e coletivo concernentes à observância da ordem pública constitucional e infraconstitucional antes da instauração de procedimentos investigatórios preparatórios de ações civis públicas

ou anulatórias de cláusulas convencionais, com o objetivo de considerar a perspectiva dos sindicatos envolvidos e vislumbrar o alcance de soluções adequadas e a compatibilização entre a autonomia pública e a autonomia coletiva, por meio das técnicas do "diálogo social" e da "concertação social".

15. O conjunto das instituições do trabalho locais (sindicatos e instituições do Poder Público), diante de situações locais de excepcional interesse público e de ampla repercussão social, podem instaurar procedimentos de diálogo e concertação social específicos para a realização de diagnósticos abrangentes e desencadear programas de ação concertada e cooperativa, a serem executados conjuntamente, observadas as competências e a autonomia de cada uma das instituições envolvidas.

16. Os sindicatos signatários, no exercício da autonomia coletiva, especialmente em relação à utilização da negociação coletiva como instrumento de adequação da legislação trabalhista às especificidades locais/setoriais ou à complementação da legislação trabalhista (suprimento de "ausências normativas"), submetem voluntariamente ao juízo crítico prévio do conjunto das autoridades do Poder Público as premissas em que se basearam para propor a derrogação de normas legais "disponíveis" ou a sua complementação. A ação sindical comunicativa, nesse caso, tem como objetivo a obtenção do "reconhecimento" da norma coletiva editada e preventivo de futuros conflitos entre a autonomia pública e a autonomia coletiva (ação coletiva comunicativa). À medida que o exercício da autonomia coletiva se desenvolve de modo coerente com o interesse geral, promove-se a democratização da ação sindical, atendendo-se ao interesse de toda a sociedade e assegurando-se que o interesse coletivo não prevaleça sobre o interesse público.

17. Os sindicatos signatários realizam o pleno exercício da autonomia coletiva, conferindo-lhe uma dimensão multifuncional e utilizando-se dela como: a) *instrumento de autodeterminação coletiva*: na deliberação sobre a criação, regulamentação e funcionamento do Núcleo Intersindical de Conciliação Trabalhista, na adequação da legislação trabalhista e na constituição de um estatuto normativo autônomo das categorias envolvidas destinado à prevenção de conflitos, ao suprimento de "ausências normativas" e à constituição de direitos e obrigações trabalhistas específicas; b) *instrumento de materialização e regulação (da ação sindical) dos atos interinstitucionais de "governança"*: na regulação de *regimes trabalhistas especiais,* na formalização de compromissos intersindicais de coparticipação e cooperação e na execução de progra-

mas resultantes do "diálogo social" e da "concertação social" entre as instituições do trabalho locais; c) *instrumento de gestão*: na administração e na gestão do sistema Núcleos Intersindicais de Conciliação Trabalhista; *d) instrumento de equilíbrio entre desenvolvimento econômico e o social*, de modo a preservar um e outro, na sua insuperável interdependência em contextos locais singulares que requeiram tratamento excepcional das instituições, de modo a preservar princípios e valores constitucionais fundamentais, e na regulação e materialização de *regimes trabalhistas especiais; e* e) *instrumento de formalização de políticas interinstitucionais para o tratamento de questões trabalhistas singulares e próprias ao setor de atividade dos sindicatos signatários*: na regulação e materialização de projetos e planos de ação interinstitucionais provenientes da "concertação social" ("negociação coletiva concertada").

18. O estímulo, o apoio e a cooperação das instituições/autoridades do trabalho cumprem um papel catalisador e mediador dos sindicatos no sentido do exercício da autonomia e da autodeterminação coletiva, incentivando-os a atuarem cada vez mais por si mesmos na busca de solução dos problemas trabalhistas pertinentes às respectivas áreas de representação e de formas criativas e contextualizadas de resolvê-los (princípio da subsidiariedade ativa). A outra face desse princípio está na melhora da eficácia, eficiência e efetividade da ação pública, mediante a sua desoneração de funções para cujo desempenho os sindicatos estejam aptos.

19. O sistema Núcleos Intersindicais de Conciliação Trabalhista adota procedimentos preventivos de conflitos do trabalho e institucionaliza formas autônomas (princípio da subsidiariedade ativa) de resolução não judicial dos conflitos individuais e coletivos do trabalho a serem paulatinamente implementadas, conforme a aptidão e o grau de amadurecimento dos sindicatos: conciliação de dissídios individuais, mediação de dissídios individuais, arbitragem de dissídios individuais e negociação e arbitragem de dissídios coletivos.

20. Os sindicatos signatários e as Varas do Trabalho cuja jurisdição abranja a área de atuação do Núcleo Intersindical de Conciliação Trabalhista poderão instaurar procedimentos de "diálogo social" e de "concertação social" destinados à gestão da administração da justiça local orientada para a coexistencialidade e intercomplementaridade entre os meios judiciais e os não judiciais de resolução dos conflitos. Poderão também assegurar a credibilidade e a legitimidade destes últimos, observando-se

especialmente a gratuidade dos serviços em relação ao trabalhador, a legalidade dos procedimentos, a integridade dos direitos dos trabalhadores, a observância do princípio da paridade e a garantia da assistência advocatícia (*ativismo moderado, jurisdição comunicativa* e *ação sindical comunicativa*). A administração da justiça, orientada pelos princípios de "governança" e de subsidiariedade, trata a solução dos conflitos sociais (trabalhistas) de modo sistêmico, considerando que os mecanismos de solução de conflitos, autônomos (não judicial) ou heterônomos (judicial), realizam-se em torno do mesmo objetivo: pacificar controvérsias e tornar efetivos os direitos sociais.

21. Disponibilizam-se meios e técnicas variadas de resolução dos conflitos individuais e coletivos (conciliação, mediação e arbitragem), gradativamente, conforme a aptidão e a competência dos sindicatos instituidores do Ninter, permitindo-se aos cidadãos a escolha do meio mais adequado à natureza do conflito e ao grau de litigiosidade, conferindo maior concreção aos valores constitucionais da dignidade humana e da cidadania. Os mecanismos informais e não adversariais de resolução dos conflitos, tal como institucionalizados no sistema Ninter, ampliam o acesso à Justiça e disponibilizam alternativas para o exercício da cidadania e da autodeterminação dos cidadãos.

22. Os magistrados do trabalho poderão propor a instauração de "diálogo social" e de "concertação social" para o tratamento de questões sociais de interesse público ou coletivo relevante detectadas no exercício da jurisdição (*stricto sensu*) e que justifiquem a reunião de esforços interinstitucionais na elaboração de diagnósticos, na busca de soluções e na concepção de programas de ação preventivos ou corretivos de alcance coletivo (*ativismo moderado* e *jurisdição comunicativa*).

23. As instituições do Poder Público encarregadas da aplicação da legislação trabalhista e da organização do trabalho no setor de atividades em que atuam os sindicatos signatários poderão articular as respectivas ações, de modo a conferir-lhes coerência e razoabilidade e formular programas de atuação do Poder Público em relação aos problemas afetos a cada setor de atividade cujos sindicatos tenham constituído o respectivo Núcleo Intersindical de Conciliação Trabalhista (*tripartismo de base local*).

24. Os sindicatos e as instituições do trabalho poderão valer-se do "diálogo social" para solicitar ou expor ao conjunto das demais instituições os pressupostos e os contextos de realidade conducentes à edição de

normas coletivas cuja validez pretendam ver reconhecida, *a priori*, pelo conjunto das instituições e autoridades do trabalho competentes para atuar na respectiva base territorial.

25. O princípio dialógico (dignidade e cidadania) implica a desconstituição do duplo artifício racionalista nos seguintes termos: a) superação da personificação fictícia do ente público, para estabelecer que o exercício do poder é ato subjetivo individual de cada cidadão investido na condição de agente do poder público; e b) corolário do anterior, a ação pública deixa de se pautar por uma ética de intenções, passando a orientar-se por uma ética de responsabilidade e solidariedade, que passa a considerar as consequências sociais da ação pública, que é sempre proveniente de escolhas individuais da autoridade pública, dentre alternativas diversas. Ao se considerar que a realidade se constitui na linguagem, o princípio do diálogo envolve a todos os participantes do discurso como corresponsáveis consequências sociais das respectivas ações, individual e conjuntamente consideradas. O princípio da "governança" revoga a ficção da personificação do "ente" público, deposita responsabilidades sobre os ombros do sujeito (cidadão, autoridade) que age e compartilha as responsabilidades públicas entre decisores e destinatários. Essa responsabilização nasce do encontro entre cidadãos que detêm responsabilidade pública e coletiva e destinatários (afetados) da ação pública, *face to face*, para, em conjunto, compreender a realidade, construir o sentido da ação, agir de forma conjunta e coerentemente e traduzir o sentido concreto e contextualizado dos fins sociais e constitucionais da organização do trabalho, situada no tempo e no espaço de atuação de cada um desses atores. Esta dimensão da ação democratizadora é abrangente e milita em favor da sociedade, porque toda a coletividade que não se restringe às categorias representadas será atingida positivamente pelos resultados da ação pública e coletiva responsáveis.

26. Os cidadãos podem, "individualmente", reivindicar a atenção das instituições do trabalho para a consideração e adoção de *regime especial trabalhista* em relação à situação específica em que se encontra, mediante a apresentação de argumentos convincentes ao Conselho Tripartite/Interinstitucional de que a questão, embora individual, contempla interesse público, social e coletivo (cf. *regime trabalhista especial*). Essa dimensão eleva ao paroxismo o princípio democrático quando o sistema Ninter reconhece que a dignidade de um único cidadão, cuja ação reverte em benefício da sociedade, não é menos valiosa do que a dignidade abstratamente reconhecida a todos os cidadãos.

27. O sistema Núcleos Intersindicais de Conciliação Trabalhista contribui para a *transformação das relações de trabalho* (econômicas) *em relações sociais*. As relações de trabalho deixam de ser meros "acordos de produção" nos quais o produto, e não os seres humanos que o produzem, é que detém posição de centralidade. Promove-se a afirmação do humano nas relações de trabalho e para que nelas o *ser humano trabalhador* não seja uma impertinência, para evocar a eloquente expressão de Humberto Maturana.

As assertivas anteriores conduzem à confirmação da hipótese geral que afirma a aptidão do sistema Núcleos Intersindicais de Conciliação Trabalhista para contribuir para a democratização das relações de trabalho em âmbito intercategorial, segundo o paradigma do princípio de democracia integral.

Com efeito, o sistema Ninter constitui o aparato institucional e conceitual que torna viável o exercício de todas essas possibilidades de ação e de interação entre a autonomia pública e a autonomia coletiva. O princípio de democracia, que orienta o sistema, eleva os princípios da dignidade humana e da cidadania à plenitude, densificando-os nos conceitos substanciais de "governança" e de "subsidiariedade ativa", e nos conceitos operacionais desenvolvidos ao longo desta tese: "diálogo social", "concertação social", ação pública comunicativa, ação coletiva comunicativa, jurisdição comunicativa, negociação coletiva concertada e regime trabalhista especial, sem os quais o sentido da democratização torna-se inócuo e vazio.

Por isso, o sistema Núcleos Intersindicais de Conciliação Trabalhista, além de atender e antecipar-se às premissas da Reforma Trabalhista em curso (*de lege ferenda*), transcende-a substancialmente na perspectiva do tripartismo de base local e abrangente do conjunto das instituições do trabalho. O sistema fortalece e valoriza a autonomia coletiva, transformando-a numa das colunas de sustentação da organização do trabalho. Além disso, promove a prática do "diálogo social" e da "concertação social" entre as instituições do trabalho — nas quais se opera interface direta entre o sistema de organização do trabalho e a realidade em seus contextos singulares, complexos e irrepetíveis — ao mesmo tempo em que busca a *efetividade da ordem constituída* pela gestão compartida da organização do trabalho e da administração da justiça. O sistema, portanto, democratiza na base e no momento da realização do direito, enquanto a Reforma pretende a democratização pelo vértice e restringe-se ao momento das deliberações políticas (Conselho Nacional de Relações de Trabalho). Há uma distinção qualitativa, *ratione temporis et loci,* entre a *democratização* almejada pela Reforma e a que se opera pelo sistema Ninter. Mais do que o reconhecimento da existência de coerência entre as respectivas premissas, contata-se a existência de uma necessária relação de intercomplementaridade. O projeto de *democracia integral* necessita de ambas.

Muitas são as frentes de investigação que se descortinam a partir do veio aberto por esta investigação. Considera-se a principal delas a forma de participação e de representação das instituições públicas do trabalho nas áreas de jurisdição em que atuam número plural de instituições públicas de base e número plural de agentes públicos que atuam "autonomamente". Vislumbra-se que a própria movimentação colegiada dos atores plurais que atuam na mesma base e em níveis primários de competência é que poderá produzir soluções adequadas e factíveis no sentido de definir a forma de representação de cada segmento público no "diálogo social" e na "concertação social".

Enfim, a vontade política e o comprometimento dos agentes do Poder Público de carreira permanente com uma transformação paradigmática de seus códigos de conduta e do modo de operar das respectivas instituições e com as diretrizes de uma nova ética de responsabilidade constitui-se no principal e, quiçá, único caminho por meio do qual a multiplicação destas instituições possa transformá-las num importante suporte para democratização da organização do trabalho, em seu conjunto. Numa sociedade instável, na qual salientam-se a incerteza e a mobilidade dos sujeitos e cidadãos que ocupam posições potencialmente transformadoras da realidade — os agentes do Poder Público de carreira permanente — são eles, justamente, os únicos portadores do conjunto das prerrogativas necessárias ao enfrentamento de desafios como estes. São tais prerrogativas, talvez, que lhes conferem exatamente para dotá-los das condições pessoais necessárias para o empenho e para a promoção de mudanças sociais de tal envergadura e, por isso, para radicalizar o sentido profundo da inclusão social (dignidade, cidadania, participação e efetividade dos direitos sociais) pretendida no projeto de sociedade estabelecido na Constituição: vitaliciedade, irredutibilidade de vencimentos, condições de vida material e espiritual digna e o *exercício de parcela do poder público.*

• *POR UM ATIVISMO JUDICIAL MODERADO E PRUDENTE*

Uma palavra final sobre a legitimidade da magistratura para "liderar" pequeninos movimentos locais de transformação social a partir da opção não neutra, por um *ativismo moderado, prudente e promotor da cidadania*. O instituto jurídico dos Núcleos Intersindicais de Conciliação Trabalhista e suas correspondentes instituições sociais representam, conforme se comprovou nesta tese, uma destas alternativas, uma via pela qual se poderá ampliar o exercício de uma jurisdição transformadora a partir de uma efetiva inserção social do magistrado.

Apesar da desmitificação do Poder Judicial, oriunda de múltiplos fatores, negativos e positivos (a elevação da consciência dos cidadãos como exemplo destes), a figura do magistrado íntegro, imparcial e altruísta, além de não egoísta e laborioso na sociedade, ainda faz uma grande diferença. Sua conduta, sua atuação e seu discurso têm ainda efeito perlocucionário extraordinário. Este capital de legitimidade e de credibilidade poderá ser fator de profundas transformações.

A descrição realizada nos capítulos 2, 3 e 4, com destaque para este último, foi movida pelo desejo de compartilhar um dos modos pelos quais se apresenta possível a inserção social do magistrado, ao lado do desenvolvimento das teorias da "governança" e da "jurisdição comunicativa", e de sua aplicação na administração da Justiça local. Cada área de competência jurisdicional passa a ser vista como uma "unidade de administração da justiça", que pode ser subdividida em vários subsistemas de gestão correspondentes a cada um dos Núcleos Intersindicais de Conciliação Trabalhista nela constituídos (cf. 7.7.2).

Os setores desprovidos de tais instituições poderão ser atingidos pela "jurisdição comunicativa", por intermédio dos "Conselhos de Administração de Justiça" (cf. 7.7.3), instituídos pelos juízes titulares dos órgãos jurisdicionais de primeira instância. Neles se poderão entabular, até mesmo, os "diálogos sociais" inaugurais do movimento dos setores coletivamente organizados tendentes à criação dos respectivos Núcleos Intersindicais de Conciliação Trabalhista.

O diálogo entre a Justiça do Trabalho e a sociedade tem profunda significação na democratização da organização do trabalho como um todo. Mas até hoje há grande incógnita acerca do modo como ele deve se dar e do seu conteúdo, dadas as características peculiares da instituição. Até agora o "diálogo" praticado pela iniciativa da própria Justiça tem sido "autorreferencial", e por isso não surte efeitos epistêmicos a serem absorvidos por esses dois atores (Justiça e sociedade) nem tem sido visto na perspectiva de uma "influenciação" recíproca e construtiva. Por sua complexidade e "riscos", ele não passa de um "monólogo" com pretensões instrutivas da sociedade, com feições *tecnicistas*, temática seletiva e alheia aos problemas cruciais do sistema.

A ausência de canais de comunicação efetiva entre ambos recrudesce o estranhamento — uma relação de dependência e hostilidade — existente na sociedade em relação ao Judiciário, que acaba por se transformar numa *black box* (Niklas Luhmann) no imaginário dos cidadãos. A consciência social e dos contextos de realidade da magistratura acaba por sucumbir na estreiteza dos horizontes do processo judicial e nas distorções que uma reflexão tecnicista sobre os problemas sociais pode gerar. A recursividade e a circularidade desta relação com seu potencial retroalimentador acabam por proporcionar um certo *autismo* judicial. A sobrecarga de demandas obriga a métodos de julgamentos cada vez mais incrementados por um formalismo e um tecnicismo dotados de alta dose de distanciamento da realidade.

Ao promover espaço de abertura dialogal entre o conjunto das instituições do trabalho e a Justiça, o sistema Ninter dá seu passo mais ousado na democratização da organização do trabalho. Encurta a distância entre o juiz e a sociedade. Mais que nenhum outro agente público, a Magistratura, independentemente da imagem da Justiça enquanto instituição, carrega o uso destacado da função performativa da linguagem. O temor da perda da independência, pelo uso estratégico do diálogo por atores não comprometidos com uma ética de responsabilidade e solidariedade, é desfeito pela transparência, publicidade, institucionalidade, universalidade (participação do conjunto das instituições do trabalho) e normatividade com que se realiza o "diálogo social" institucionalizado — principalmente pela integridade, pela imparcialidade e pela dimensão pública dos interesses com os quais o magistrado comparece ao diálogo.

A inserção social do magistrado assim concebida e estruturada permite-lhe assumir o papel de mediador social. Esta é uma das dimensões relevantes para a democratização da organização do trabalho nas suas múltiplas dimensões, fazendo-o avançar em relação ao clássico recatamento ditado pelo contencionismo judicial concebido na origem da história moderna do Poder Judiciário como mais genuína tradução do pensamento liberal e no modelo clássico de racionalidade na sua mais forte pureza ideológica.

O exercício de uma jurisdição comunicativa faz avançar uma concepção contemporânea da função judicial condizente com o paradigma do Estado Democrático de Direito que desafia ao conjunto dos agentes do Poder Público a somar esforços na realização do projeto constitucional da sociedade brasileira segundo as diretrizes do novo constitucionalismo. Contudo, a democratização da jurisdição, na perspectiva do diálogo social e da concertação social, propugna por ações positivas de cada juiz em seu posto de autoridade. Esse ativismo democrático não se resvala, pois, para a contradição do uso alternativo do direito ou para o horizonte das teorias do direito livre. No paradigma do Estado Democrático de Direito não é dado ao magistrado agir conforme preferências pessoais. Muito menos pretende atribuir ao juiz a função de gerente da sociedade condizente com as atribuições de governo e da administração pública. A referência à democratização da jurisdição requer sempre reiterada recursão a tais limites.

O sistema Ninter democratiza a jurisdição porque retira o magistrado da solidão institucional e o introduz no diálogo social, com o devido cuidado de preservar-lhe o que confere ao seu discurso a força performativa de ser sempre ouvido com distinção: a imparcialidade, a integridade, a moralidade, a dignidade, a parcimônia, a moderação, a honradez e a probidade enquanto expectativa social depositada no símbolo do cargo e enquanto correspondência do ocupante da função a tais atributos. Ao propiciar o exercício da cidadania por parte do magistrado, o sistema Ninter democratiza a jurisdição. O compartilhamento das perspectivas cognitivas oriundas de contextos e ângulos de visada variados permite ao magistrado extrair dos discursos elementos de pré-compreensão contextualizados, a partir dos quais reconstruirá permanentemente sua consciência do justo segundo uma razão dialógica e situada.

Tais elementos concorrem para a busca do sentido mais adequado para os fatos e para a norma jurídica transformada em ato. Determinam critérios de escolha dos fatos e da norma aplicável, bem como da sua interpretação e valoração. O diálogo social democratiza a jurisdição, na medida em que se torna o elo de interseção entre os princípios e as normas, na sua generalidade e abstração, e a realidade concreta, irrepetível e inacessível ao legislador e à razão subjetiva-individual-solipsista do magistrado. Essa inserção social do magistrado altera o seu sentido profundo da jurisdição e torna-o mais sensível para os problemas sociais na complexidade e sutileza inacessíveis aos estreitos limites do processo judicial que limita subjetiva e objetivamente, os contextos dos litígios e permite-lhe uma visão fragmentária e extremamente pobre da realidade circundante. Sobretudo, retira dele a possibilidade de distinguir sua função social para além de uma compreensão comutativa de justiça nas relações sociais individuais, porque, muitas vezes, a solução "justa" para o caso concreto, individual, é injusta e gera desequilíbrio social profundo no plano da coletividade ou atinge negativamente um número incomensurável de cidadãos trabalhadores.

O sistema Ninter promove ainda a democratização da jurisdição — agora, concebida em sentido amplo, na medida em que o magistrado pode atuar propositivamente na solução de problemas trabalhistas de alta relevância, coletiva, social e pública, quer seja colaborando com as demais instituições na busca de soluções, quer seja distinguindo no manancial de demandas que se lhes apresentam aquelas que, tal como a ponta de um *iceberg*, mais que um conflito individual, é reflexão de uma questão trabalhista de profunda relevância social. Guiado por sua sensibilidade social, o magistrado pode, a qualquer momento, solicitar a instauração do diálogo social perante o Conselho Interinstitucional para a tematização da questão social por ele vislumbrada como relevante e justificadora da mobilização das instituições. Esse diálogo social pode evoluir para a concertação social e desencadear a atuação do conjunto das instituições congregando-lhes os esforços.

Concretamente, pode o juiz atuar ativamente no sentido de desencadear ações interinstitucionais diante de lesões coletivas de direitos sociais ou ofensivas à dignidade, à saúde, à liberdade e à integridade do trabalhador ou do empregador, em lugar de permanecer à espera de ações individuais reparatórias que consomem sua energia sem resultados sociais significativos para a reversão de tais situações. Do mesmo modo, o apoio e a participação ativa do magistrado na avaliação de regimes especiais trabalhistas, externando seus pontos de vista e suas opiniões, e encorajando os sindicatos a atuar mais efetivamente em questões individuais de relevância social, coletiva ou pública. Nesse sentido é que a inserção da jurisdição no âmbito da teoria da ação comunicativa (capítulo 7), para dar lugar à jurisdição comunicativa, robustece o sentido do *princípio de democracia* imanente ao sistema Núcleos Intersindicais de Conciliação Trabalhista.

Uma vez aceitas as premissas epistemológicas e político-constitucionais sustentadas na presente obra, as considerações especialmente dedicadas à Magistratura podem se estender, igualmente, a todos os atores públicos de todas as instituições que atuam no mundo do trabalho. Porém tudo está a depender da evolução da consciência sindical, aos quais incumbe a titularidade da iniciativa da constituição do Ninter.

Referências

ADORNO, W. Theodor; HORKHEIMER, Max. *Dialética do esclarecimento*. Trad. Guido Antonio de Almeida. Rio de Janeiro: Jorge Zahar, 1985.

ALBERT, Hans. Ética e metaética. *Cuadernos Teorema*, Valencia, p. 45, 1978.

ALMEIDA, Mario de; ALMEIDA, Marial Alba Aiello. *La experiencia de la mediación*. Buenos Aires: República Argentina, 1996.

ÁLVARES DA SILVA, Antônio. *Efetividade do processo do trabalho e a reforma de suas leis*. Belo Horizonte: RTM, 1997.

_____ . *Reforma da justiça do trabalho* — comentários à proposta da deputada Zulaiê Cobra. 2. ed. Belo Horizonte: RTM, 2000.

_____ . *Reforma do judiciário*. Belo Horizonte: Del Rey, 2004.

ALVES, Rubem. *Filosofia da ciência* — introdução ao jogo e suas regras. São Paulo: Loyola, 2003.

AMADO, Janaína. História e região: reconhecendo e construindo espaços. *In*: SILVA, Marcos A. da (coord.). *República em migalhas:* história regional e local. São Paulo: Marco Zero, 1990.

AMADO, Juan Antonio Garcia. A sociedade e o direito na obra de Niklas Luhmann. *In:* ARNAUD, André-Jean; LOPES JR., Dalmir. *Niklas Luhmann:* do sistema social à sociologia jurídica. Trad. Dalmir Lopes Jr., Daniele Andreia da Silva Manão e Flávio Elias Riche. Rio de Janeiro: Lumens Juris, 2004.

ANDLER, Daniel; FAGOT-LARGEAULT, Anne; SAINT-SERNIN, Bertrand. *Filosofia da ciência*. Trad. Paula Glenadel *et al*. Rio de Janeiro: Atlântica, 2005.

APEL, Karl-Otto. *Transformação da filosofia*. São Paulo: Loyola, 2000.

_____ ; OLIVERIA, Manfredo. ARAÚJO; Luiz Moreira. *Com Habermas, contra Habermas* — direito, discurso e democracia. São Paulo: Landy, 2004.

ARISTÓTELES. *A política*. 3. ed. Trad. Mário da Gama Kury. Brasília: UnB, 1997.

ARIZA, Santiago Sastre. La ciencia jurídica ante el neoconstitucionalismo. *In:* CARBONELL, Miguel. *Neoconstitucionalismo(s)*. Madrid: Trotta, 2003.

AROUCA, José Carlos. *Repensando o sindicato*. São Paulo: LTr, 1998.

ARRUDA, Hélio Mário de; DIONÍSIO, Sônia das Dores. *A conciliação extrajudicial prévia*. Belo Horizonte: Líder, 2002.

ASSOCIAÇÃO DOS CAFEICULTORES DA REGIÃO DO CERRADO — ACARPA. *Programa de prevenção de riscos ambientais* — documento base Portaria n. 3.214/78 NR-9. Patrocínio: ACARPA, 1998. (Documento que edita o Programa de Prevenção de Riscos Ambientais resultante do Projeto Piloto concebido e implementado pelo Sindicato dos Trabalhadores Rurais, pelo Sindicato Rural de Patrocínio e pelo Ministério do Trabalho — SDT Patos de Minas, por intermédio do Núcleo Intersindical de Conciliação Trabalhista de Patrocínio/MG).

ASSOCIAÇÃO NACIONAL DOS MAGISTRADOS TRABALHISTAS. *Anteprojeto de lei* — comissão de conciliação prévia. Brasília: ANAMATRA, 2002.

_____ . *Revista Trabalhista — Direito e Processo*, Rio de Janeiro: Forense, 2002.

ATIENZA, Manuel. *Cuestiones judiciales*. 1. reimp. México: Fontamara, 2004.

AUSTIN, J. L. *Quando dizer é fazer* — palavras e ação. Trad. Danilo Marcondes de Sousa Filho. Porto Alegre: Artes Médicas, 1990.

AZAVEDO, Plauto Faraco de. *Aplicação do direito e contexto social*. São Paulo: Revista dos Tribunais, 2000.

BARACHO, José Alfredo de Oliveira. *Teoria geral da cidadania* — a plenitude da cidadania e as garantias constitucionais e processuais. São Paulo: Saraiva, 1995.

_____ . *O princípio da subsidiariedade* — conceito e evolução. Rio de Janeiro: Forense, 1997.

_____ . *Novas lições de jurisdição constitucional e processo constitucional*. Rio de Janeiro: Forense, 2007, no prelo.

BASTOS, Guilherme Augusto Caputo. Arbitragem no direito do trabalho. *Revista LTr*, v. 63, p. 1462 *et seq*, nov. 1999.

BAUMAN, Zygmunt. *Modernidade líquida*. Trad. Plínio Dentzein. Rio de Janeiro: Jorge Zahar, 2000.

BERGER, L. Peter; LUCKMAN, Thomas. *A construção social da realidade*. 18. ed. Trad. Floriano de Souza Fernandes. Petrópolis: Vozes, 1999.

BERTALANFFY, Ludwig Von. *Teoria geral dos sistemas*. Trad. Francisco M. Guimarães. Petrópolis: Vozes, 1973.

BOBBIO, Norberto. *O positivismo jurídico* — lições de filosofia do direito. Trad. Márcio Pugliesi. São Paulo: Ícone, 1995.

_____ . *Teoria do ordenamento jurídico*. 10. ed. Trad. Maria C. C. Leite Santos. Brasília: UnB, 1999.

BOHMAN, James. *Public deliberation:* pluralism, complexity, and democracy. Boston: Madison, 2002.

BONAVIDES, Paulo. *Teoria constitucional na democracia participativa*. São Paulo: Malheiros, 2001.

BRASIL. Ministério do Trabalho (subdelegacia do trabalho). *Relatório da operação 'boia-fria'* — Patrocínio-MG, Carmo do Paranaíba-MG. Patos de Minas: SDT, 1993.

_____ . Ministério do Trabalho. *Núcleo intersindical de conciliação trabalhista (Ninter)*: manual básico. Brasília: SRT, 2000.

_____ . Ministério do Trabalho e Emprego. *Relatórios dos grupos temáticos da conferência estadual do trabalho em Minas Gerais* — Grupo temático "sistema de composição de conflitos". Belo Horizonte: DRT/MG, set. 2003.

_____ . Ministério do Trabalho. *Inspeção do trabalho no Brasil*. Brasília: SIT, 2005.

CALAME, Pierre; TALMANT, André. *A questão do estado no coração do futuro*. Trad. Ephraim Ferreira Alves. Petrópolis: Vozes, 2001.

CAMANDUCCI, Paolo. Formas de (neo)constitucionalismo: um análises metateórico. *In*: CARBONELL, Miguel. *Neoconstitucionalismo(s)*. Madrid: Trotta, 2003.

CANOTILHO, J. J. Gomes. *Direito constitucional e teoria da constituição*. 3. ed. Coimbra: Almedina, 1999.

CAPPELLETTI, Mauro; GARTH, Bryant. *Acesso à justiça*. Trad. e rev. Ellen Gracie Northfleet. Porto Alegre: Sergio Antonio Fabris, 2002.

CARMONA, Carlos Alberto. *A arbitragem no processo civil brasileiro*. São Paulo: Malheiros, 1993.

CARTONI, Dimas. *Gestão da produção do café subsídios para saúde e segurança do trabalho no café na região de Guaxupé-MG*. Dissertação (Mestrado em Gestão Integrada em Saúde do Trabalho e Meio Ambiente). São Paulo: Centro Universitário SENAC — Campus Santo Amaro, 2006.

CARVALHO NETTO, Menelick. Requisitos pragmáticos da interpretação jurídica sob o paradigma do estado democrático de direito. *Revista de Direito Comparado* (UFMG), Belo Horizonte, v. 3, p. 473-486, [19—].

CARVALHO, Patrícia Vieira Nunes de. Comissões de conciliação prévia x núcleos intersindicais de conciliação trabalhista: uma análise comparativa diante da reforma sindical. *In*: VIANA, Márcio Tulio (coord.). *A reforma sindical no âmbito da nova competência trabalhista*. Belo Horizonte: Mandamentos, 2005.

CHERMAN, Alexandre. *Sobre os ombros de gigantes* — uma história da física. Rio de Janeiro: Jorge Zahar, 2004.

CITTADINO, Gisele. *Pluralismo, direito e justiça distributiva* — elementos de filosofia constitucional contemporânea. Rio de Janeiro: Lumen Juris, 1999.

COELHO, José Washington. *Conciliação prévia*: função de natureza pública exercida por instituição privada. São Paulo: LTr, 2000.

COELHO, Luiz Fernando. *Lógica jurídica e interpretação das leis*. 2. ed. rev. Rio de Janeiro: Forense, 1981.

COMTE, A. *Curso de Filosofia positiva*. 2. ed. Trad. José Arthur Gionnotti. São Paulo: Abril, 1983.

_____ . *Discurso sobre o espírito positivo*. 2. ed. Trad. José Arthur Gionnotti. São Paulo: Abril, 1983.

CORSI, Giancarlo; ESPOSITO, Elena; BARALDI, Claudio. *Closario sobre la teoría social de Niklas Luhmann*. Trad. Javier Torres Nafarrate (coord.); Miguel Romero Pérez y Carlos Villablobos. Mexico: Instituto Tecnológico y de Estudios Superiores de Occidente (ITESO) e Antrophos, 1996.

CORSI, Francisco Luiz. *Estado novo:* política externa e projeto nacional. São Paulo: Unesp, 2000.

CORTINA, Adela. *Razón comunicativa y responsabilidad solidaria*. Salamanca: Sígueme, 1985.

COUTO MACIEL, José Alberto. Comentários à Lei n. 9.958, de 12 de janeiro de 2000. *Revista LTr,* São Paulo: LTr, v. 2, p. 178-183, fev. 2000.

COVENEY, Peter; HIHGFIELD, Roger. *A flecha do tempo*. Trad. J. E. Smith Caldas. São Paulo: Siciliano, 1993.

D'AMBROSIO, Ubiratan. A transdisciplinaridade como acesso a uma história holística. *In:* WEIL, Pierre *et al*. *Ruma à nova transdisciplinaridade* — sistemas abertos de conhecimento. 5. ed. São Paulo: Summus, 1993.

DAVID, René. *Os grandes sistemas do direito contemporâneo*. 2. ed. Trad. Hermínio A. Carvalho. Lisboa: Meridiano, [19—].

DEMO, Pedro. *Pesquisa e construção de conhecimento* — pesquisa científica no caminho de Habermas. Rio de Janeiro: Tempo Brasileiro, 1994.

DEMO, Pedro. *Metodologia científica em ciências sociais*. 3. ed. São Paulo: Atlas, 1995.

DIAZ, Elias. *Estado de derecho y sociedad democrática*. Madrid: Edicusa, 1975.

_____ . *Legalidad* — legitimidad en la sociedad democrática. Madrid: Civitas, 1978.

DINIZ, Bismarck Duarte. *Organização sindical brasileira.* Cuiabá: EdUFMT, 1995.

DOMINGUES, Ivan. *O grau zero do conhecimento* — o problema da fundamentação das ciências humanas. 2. ed. São Paulo: Loyola, 1999.

DWORKIN, Ronald. *O império do direito*. Trad. Jefferson Luiz Camargo. São Paulo: Martins Fontes, 1999.

FAORO, Raymundo. *Os donos do poder* — formação do patronato político brasileiro. 3. ed. rev. São Paulo: Globo, 2001.

FARIA, Ernesto. *Dicionário escolar latino-português*. MEC, [s.l: s.n.], 1962.

FARIA, José Eduardo. *Os novos desafios da justiça do trabalho*. São Paulo: LTr, 1995.

FARIA, José Eduardo (org.). *Direito e justiça* — função social do judiciário. São Paulo: Ática, 1997.

_____. (org.). *Direitos humanos, direitos sociais e justiça*. 3. ed. São Paulo: Malheiros, 1998.

_____. *O direito na economia globalizada*. São Paulo: Malheiros, 1999.

FAUSTO, Boris. *O pensamento nacionalista autoritário*. Rio de Janeiro: Jorge Zahar, 2001.

FEDERAÇÃO DA AGRICULTURA DO ESTADO DE MINAS GERAIS. *Diagnóstico da agricultura em Minas Gerais*. Belo Horizonte: FAEMG, 1996.

FEDERAÇÃO DOS TRABALHADORES NA AGRICULTURA DO ESTADO DE GOIÁS. HEINEN, Milton Inácio. *O trabalho rural sazonal e sua regulamentação*. Goiânia: FETAEG, 1997.

FERNÁNDEZ, Maria Luz Rodrigues. *Negoción colectiva y solución de conflictos laborales*. Albacete: Bomarzo, 2004.

FERRAZ JÚNIOR, Tércio Sampaio. *A ciência do direito*. São Paulo: Atlas, 1977.

_____. *Introdução ao estudo do direito* — técnica, decisão, dominação. 2. ed. São Paulo: Atlas, 1994.

FERREIRA, Maireta de Moraes (coord.). *Entrevistas:* abordagens e usos da história oral. Rio de Janeiro: Getúlio Vargas, 1994.

FERREIRA, Rômulo Gama; ORTEGA, Antonio César. Progresso técnico e agricultura familiar — impactos sobre a ocupação e a migração rural-urbana nas microrregiões de Patos de Minas e Patrocínio. *In*: Anais do XI Seminário sobre a Economia Mineira [Proceedings of the 11th Seminar on the Economy of Minas Gerais], 2004, from Cedeplar, Universidade Federal de Minas Gerais. Disponível em: <http://econpapers.repec.org/bookchap/cdpdiam04/200431.htm> Acesso em: 2.10.2006 e <http/www.cedeplar.ufmg/diamantina2004/textos> Acesso em: 22.9.2006.

FEYERABEND, Paul. *Contra o método*. Trad. Octany S. da Mota e Leônidas Hegenberg. Rio de Janeiro: Francisco Alves, 1977.

FIORAVANTI, Maurizio. *La constitución de la antigüedad a nuestros días*. Madrid: Trotta, 2001.

FÓRUM NACIONAL DO TRABALHO — CONFERÊNCIA ESTADUAL DE MINAS GERAIS. *Relatório do grupo temático*. Sistema de composição de conflitos. Belo Horizonte: FNT — CEMG, 2003.

FREIRE PIMENTA, José Roberto. A constitucionalidade da exigência de tentativa de conciliação extrajudicial para ajuizamento da ação trabalhista e da eficácia liberatória geral do respectivo termo de conciliação (arts. 625-D e 625- parágrafo único da CLT). *In*: RENAULT, Luiz O. L.; VIANA, Márcio Túlio (coords.). *Comissões de conciliação prévia:* quando o direito enfrenta a realidade. São Paulo: LTr, 2003.

FRENCH, John D. *Afogados em leis* — a CLT e a cultura política dos trabalhadores brasileiros. Trad. Paulo Fontes. São Paulo: Perseu Abramo, 2001.

FUKIWARA, Luis Mario; ALESSIO, Nelson Luiz Nouvel; FARAH, Marta Ferreira Santos (orgs.). *20 experiências de gestão púbica e cidadania*. São Paulo: Programa Gestão Pública e Cidadania, 1999.

FUNDAÇÃO CENEAR. *O sistema Ninter-Cenear.* Araguari: Sincopel, 2003.

GADAMER, Hans-Georg. *Verdade e método* — traços fundamentais de um hermenêutica filosófica. 3. ed. Trad. Flávio Paulo Meurer, rev. Enio Paulo Giachini. Petrópolis: Vozes, 1999.

GALUPPO, Marcelo Campos. Os princípios jurídicos no estado democrático de direito: ensaio sobre o modo de sua aplicação. *Revista de Informação Legislativa*, Brasília, a.36, n.143, jul./set. 1999.

_____ . *Igualdade e diferença* — estado democrático de direito a partir do pensamento de Habermas. Belo Horizonte: Mandamentos, 2002.

GIGLIO, Wagner D. *A conciliação nos dissídios individuais do trabalho.* 2. ed. Porto Alegre: Síntese, 1997.

GOMES, Leonel. *Epistemologia e democracia.* 2. ed. São Leopoldo: Unisivos, 2005.

GONÇALVES, Aroldo Plínio. *Técnica processual e teoria do processo.* Rio de Janeiro: Aide Editora, 1992.

GOYARD-FABRE, Simone. *Os princípios filosóficos do direito político moderno.* Trad. Irene A. Paternot. São Paulo: Martins Fontes, 1999.

GREIMAS, Algirdas Julien; COURTÉS, Joseph. *Dicionário de semiótica.* São Paulo: Cultrix, [198-].

GRINOVER, Ada Pellegrini (coord.). *Processo e participação.* São Paulo: Revista dos Tribunais, 1988.

GUNTHER, Klaus. *The sense of appropriateness.* New York: University of New York, 1993.

GUSTIN, Miracy B. S.; DIAS, Maria Teresa F. *(Re)pensando a pesquisa jurídica.* 2. ed. rev. amp. e atual. Belo Horizonte: Del Rey, 2006.

HÄBERLE, Peter. *Hermenêutica constitucional* — a sociedade aberta dos intérpretes da Constituição: contribuição para a interpretação pluralista e "procedimental" da Constituição. Trad. Gilmar Ferreira Mendes. Porto Alegre: Sergio Antonio Fabris, 1997.

_____ . *A lógica das ciências sociais.* Trad. Manuel Jiménez Redondo. Madrid: Tecnos, 1988.

_____ . *Consciência moral e agir comunicativo.* Trad. Guido Antônio de Almeida. Rio de Janeiro: Tempo Brasileiro, 1989.

_____ . *Teoría y práxis.* 2. ed. Trad. Salvador Más Torres e Carlos Moya Espí. Madrid: Tecnos, 1990.

_____ . *Direito e democracia* — entre facticidade e validade. Rio de Janeiro: Tempo Brasileiro, 1997a. v. I.

_____ . *Direito de democracia* — entre facticidade e validade. Rio de Janeiro: Tempo Brasileiro, 1997b. v. II.

_____ . *Problemas de legitimación en el capitalismo tardío.* Trad. José Luis Etcheverry. Madrid: Cátedra, 1999.

_____. *Pensamento pós-metafísico.* 2. ed. Rio de Janeiro: Tempo Brasileiro, 2002.

HART, Herbert L. A. *O conceito de direito.* 2. ed. Trad. A. Ribeiro Mendes. Lisboa: Calouste Gulbenkian, 1994.

HAURIOU, Maurice. *La teoría de la institución y de la fundación.* Trad. Arturo Enrique Sampay. Buenos Aires: Abeledo-Perrot, 1968.

HEGEL, Georg Wilhelm Friedrich. *Princípios de filosofia do direito.* São Paulo: Martins Fontes, 1997.

HEIDEGGER, Martin. *Ser e tempo.* Partes I e II. Trad. Márcia Sá Cavalcanti Schuback. Petrópolis: Vozes, 2002.

HELD, David. *Modelos de democracia.* Trad. Alexandre Sobreira Martins. Belo Horizonte: Paideia, 1987.

HIGHTON, Elena; ÁLVAREZ, S. Gladys. *Mediación para resolver conflictos.* Buenos Aires: AD-HOC SRL, 1998.

HOBSBAWM, Erci. *Sobre história.* Trad. Cid Knipel Moreira. Sâo Paulo: Companhia das Letras, 1998.

HÖFFE, Otfried. *A democracia no mundo de hoje.* Trad. Tito Lìvio Romão. São Paulo: Martins Fontes, 2005.

HUHNE, Leda Miranda. *Metodologia científica.* 6. ed. Rio de Janeiro: Agir, 1995.

HUME, David. *An inquiry concerning human understanding.* Nova York: The Liberal Arts, 1968.

HUSSERL, Edmund. *A crise da humanidade europeia e a filosofia.* 2. ed. Trad. Urbano Zilles. Porto Alegre: EDIPUCRS, 2002.

JELLINEK, Georg. *Teoría general del estado.* Trad. Fernando de los Ríos. México: Fondo de Cultura Económica, 2000.

JUNQUEIRA, Eliane B.; VIEIRA, José R.; FOSENCA, Maria G. P. *Juízes:* retrato em branco e preto. Rio de Janeiro: Letra Capital, 1997.

KANT, E. *Crítica da razão pura.* 9. ed. Trad. J. Rodrigues de Mereje. Rio de Janeiro: Ediouro, [19—].

KOJIMA, Takeshi. *Perspectives on civil justice and ADR:* Japan and the USA. Tokyo: Chuo University, 1990. v. 18. Series of the Institute of Comparative Law in Japan.

KUHN, Thomas S. *A estrutura das revoluções científicas.* São Paulo: Perspectiva, 2003.

LEAL, Rogério Gesta (org.). *Direitos sociais & políticas públicas* — desafios contemporâneos. Santa Cruz do Sul: EDUNISC, 2001, t.3.

_____; ARAÚJO, Luiz Ernani Bonesso (orgs.). *Direitos sociais & políticas públicas* — desafios contemporâneos. Santa Cruz do Sul: EDUNISC, 2001.

LEFORT, Claude. *A invenção democrática:* os limites da dominação totalitária. 2. ed. Trad. Isabel Maria Loureiro. São Paulo: Brasiliense, 1987.

LIJPHART, Arend. *Modelos de democracia* — desempenho e padrões de governo em 36 países. Trad. Roberto Franco. Rio de Janeiro: Civilização Brasileira, 2003.

LIMA, Fernanda M. D. Araújo. *Flexibilização das normas trabalhistas e os novos desafios do sindicalismo contemporâneo.* Rio de Janeiro: Letra Legal, 2005.

LIMA, Maria de Almeida. *Origens da legislação trabalhista brasileira.* Porto Alegre: Fundação Paulo do Couto e Silva, 1991.

LORENTZ, Lutiana Nacur. *Métodos extrajudiciais de solução de conflitos trabalhistas.* São Paulo: LTr, 2002.

LUHMANN, Niklas. *Introdución a la teoría de los sitemas.* México: Anthropos, 1996.

LYOTARD, Jean-François. *A condição pós-moderna.* 7. ed. Trad. Ricardo Corrêa Barbosa. Posfácio: Silviano Santiago. Rio de Janeiro: José Olympio, 2002.

MACIEL JR., Vicente de Paula. *Teoria das ações coletivas* — as ações coletivas como ações temáticas. São Paulo: LTr, 2006.

MAGALHÃES, José Luiz Quadros. *Poder municipal:* paradigmas para o estado constitucional brasileiro. 2. ed. Belo Horizonte: Del Rey, 1999.

MAGANO, Octavio Bueno. *Manual de direito do trabalho:* direito coletivo do trabalho. 2. ed. São Paulo: LTr, 1990. v. 3.

MANOILESCO, Mihail. *O século do corporativismo.* Rio de Janeiro: José Olympio, 1938.

MARCONI, Marina de Andrade; LAKATOS, Eva Maria. *Metodologia científica.* São Paulo: Atlas, 2000.

MARTINS, Sergio Pinto. *Comissões de conciliação prévia e procedimento sumaríssimo.* São Paulo: Atlas, 2001.

MATURANA, Humberto. *Ontologia da realidade.* Belo Horizonte: UFMG, 2002.

_____ ; VARELA, Francisco J. *A árvore do conhecimento* — as bases biológicas da compreensão humana. Trad. Humberto Mariotti e Lia Diskin. São Paulo: Palas Athena, 2004.

MAUÉS, Antonio G. Moreira. Preámbulo de la Constitución de Brasil de 1988. *In:* MORAL; TEJADA, (orgs.). *Los preámbulos constitucionales en Iberoamérica.* Madrid: Centro de Estúdios Políticos e Constitucionales, 2001.

MEIRELLES, Heli Lopes. *Direito municipal brasileiro.* 6. ed. São Paulo: Malheiros, 1992.

MOHALLEM, Ricardo Antônio. Comissões de conciliação prévia (Lei. n. 9.958, de 12 jan. 2000). *Revista do Tribunal Regional do Trabalho da 3ª Região*, v. 61, p. 41-73, jan./jun. 2000.

MORAL, Antonio Torres del; TEJADA, Javier Tajadura (orgs.). *Los preámbulos constitucionales en Iberoamérica.* Madrid: Centro de Estúdios Políticos e Constitucionales, 2001.

MORIN, Edgar. *O método 3* — conhecimento do conhecimento. 2. ed. Trad. Juremir Machado da Silva. Porto Alegre: Sulina, 1999.

_____ . *O método 4* — as ideias — *habitat*, vida, costumes, organização. 2. ed. 1. reimp. Trad. Juremir Machado da Silva. Porto Alegre: Sulina, 2001.

_____ . *Ciência com consciência*. 7. ed. Trad. Maria D. Alexandre e Maria Alice Sampaio Dória. Rio de Janeiro: Bertrand Brasil, 2003.

_____ . *Introdução ao pensamento complexo*. Trad. Eliane Lisboa. Porto Alegre: Sulina, 2005.

_____ . *Cabeça bem feita* — repensar a reforma, reformar o pensamento. 11. ed. Trad. Eloá Jacobina. Rio de Janeiro: Bertrand Brasil, 2005.

_____ ; MOIGNE, Jean-Louis Le. *A inteligência da complexidade*. 2. ed. Trad. Nurimar Maria Falci. São Paulo: Peirópolis, 2000.

MOUFFE, Chantal. *O regresso do político*. Trad. Ana Cecília Simões. Lisboa: Gradiva, 1996.

MÜLLER, Freiderich. *Quem é o povo?* Trad. Peter Naumann. São Paulo: Max Limonad, 2000.

NASCIMENTO, Amauri Mascaro; FERRARI, Irany. *História do trabalho, do direito do trabalho e da justiça do trabalho*. São Paulo: LTr, 1998.

NASSIF, Luiz. A revolução rural de Patrocínio. *Folha de S. Paulo,* São Paulo, Cad. Negócios, 6.11.1995.

NEVES, Marcelo. *A constitucionalização simbólica*. São Paulo: Acadêmica, 1994.

_____ . Do consenso ao dissenso: o estado democrático de direito a partir e além de Habermas. *In*: SOUSA, Jessé (org.). *Democracia hoje* — novos desafios para a teoria democrática contemporânea. Brasília: UnB, 2001.

NÚCLEO INTERSINDICAL DE CONCILIAÇÃO TRABALHISTA DE PATROCÍNIO/MG. *Sindicância administrativa*. Patrocínio: Conselho Tripartite, 2000. Disponível na sede do Ninter-Patrocínio/MG.

OFFE, Claus. *Trabalho & sociedade* — problemas estruturais e perspectivas para o futuro da sociedade do trabalho. Rio de Janeiro: Tempo Brasileiro, 1991.

OLIVEIRA, Manfred Araújo de. *Reviravolta linguístico-pragmática na filosofia contemporânea*. 2. ed. São Paulo: Loyola, 2001.

PAULA, Ana Paula Paes de. *Por uma nova gestão pública*. Rio de Janeiro: Getúlio Vargas, 2005.

PERES, Nélio Borges. *Modernização das relações de trabalho*: a propósito da criação do núcleo intersindical de conciliação trabalhista de Patrocínio/MG. (1988/2000). Dissertação (mestrado) — Departamento de História, Universidade Estadual Paulista — UNESP, 2003.

PÉREZ, José Luis Monereo. *Concertación y diálogo social*. Valladolid: Lex Nova, 1999.

PICORETTI, Gilsilene Passon. *Núcleos intersindicais e comissões de conciliação prévia* — um novo desafio às relações de trabalho. Rio de Janeiro: Lumen Juris, 2004.

PINTO, José Augusto Rodrigues; PAMPLONA FILHO, Rodolfo. *Manual da conciliação prévia e do procedimento sumaríssimo trabalhista*. São Paulo: LTr, 2001.

POCHMANN, Marcio. *A década dos mitos* — o novo modelo econômico e a crise do trabalho no Brasil. São Paulo: Contexto, 2001.

POPPER, Karl. *A sociedade democrática e seus inimigos*. Trad. Milton Amado. Belo Horizonte: Itatiaia, 1959.

_____ . *A lógica da pesquisa científica.* Trad. Leônidas Hegengerg e Octanny Silveira da Mota. São Paulo: Cultrix, 2000.

PRADO, Ney (coord.). *Reforma trabalhista:* direito do trabalho ou direito ao trabalho? São Paulo: LTr, 2001.

PRIGOGINE, Ilya. *O fim das certezas* — tempo, caos e as leis da natureza. Trad. Roberto Leal Ferreira. São Paulo: Unesp, 1996.

PUTNAM, Robert D. *Comunidade e democracia* — a experiência da Itália moderna. Trad. Luiz Alberto Monjardim. Rio de Janeiro: Fundação Getúlio Vargas, 1996.

REALE, Miguel. *Filosofia do direito.* São Paulo: Saraiva, 2001.

RENAULT, Luiz O. L.; VIANA, Márcio Túlio (coords.). *Comissões de conciliação prévia:* quando o direito enfrenta a realidade. São Paulo: LTr, 2003.

ROBORTELLA, Luiz Carlos Amorim. *O moderno direito do trabalho.* São Paulo: LTr, 1994.

_____ . Sindicato, desenvolvimento econômico e direitos sociais. *Revista de Direito do trabalho*, Curitiba, n. 57, 1997.

_____ . Prevalência da negociação coletiva sobre a lei. *Revista LTr,* São Paulo, n. 10, v. 64, p. 1237-1243, out. 2000.

ROCHA, Leonel Severo. *Epistemologia jurídica e democracia.* 2. ed. São Leopoldo: Unisivos, 2005.

ROCHA, Osíris. O acordo e a fraude no direito brasileiro do trabalho. *Revista LTr*, v. 34.

ROSS, Alf. Sobre el derecho y la justicia. Buenos Aires: Eudeba, 1963. *In*: WARAT, Luis Alberto. *El derecho y su lenguaje* — elementos para una teoría de la comunicación jurídica. Buenos Aires: Cooperadora de Derecho y Ciencias Sociales, 1976.

_____ . *El derecho e la justicia*. 4. ed. Buenos Aires: Universitaria de Buenos Aires, 1977.

_____ . *Towards a realistic jurisprudence* (a criticism of the dualism in law). Darmsdtadt: Scientia Verlag Aalen, 1989.

_____ . *Sobre el derecho y la justicia.* 5. ed. Buenos Aires: Eudeba, 1994.

SANCHIS, Luis Prieto. Neoconstitucionalismo y ponderación judicial. *In:* CARBONELL, Miguel. *Neoconstitucionalismo(s).* Madrid: Trotta, 2003.

SANTORO, Emílio. *Estado de direito e interpretação*. Porto Alegre: Livraria do Advogado, 2005.

SANTOS, Altamiro J. *Comissão de conciliação prévia* — conviviologia jurídica e harmonia social. São Paulo: LTr, 2001.

SANTOS, Boaventura de Sousa. *A crítica da razão indolente* — contra o desperdício da experiência. 4. ed. São Paulo: Cortez, 2002.

SIX, Jean François. *Dinâmica da mediação*. Trad. Águida Arruda Barabosa *et al*. Belo Horizonte: Del Rey, 2001.

SOUSA, Celita Oliveira. *Solução dos conflitos do trabalho nas comissões de conciliação prévia*. Brasília: Consulex, 2001.

SOUSA, Jessé (org.). *Democracia hoje* — novos desafios para a teoria democrática contemporânea. Brasília: UnB, 2001.

STRECK, Lenio Luiz. *Hermenêutica jurídica e(m) crise* — uma exploração hermenêutica da construção do direito. 3. ed. rev. Porto Alegre: Livraria do Advogado, 2001.

SÜSSEKIND, Arnaldo. *Direito internacional do trabalho*. São Paulo: LTr, 1986.

TELLES JR., Godofredo. *Direito quântico* — ensaio sobre o fundamento da ordem jurídica. 7. ed. rev. São Paulo: Juarez de Oliveira, 2003.

TORRES, Silvia Faber. *O princípio da subsidiariedade no direito público contemporâneo*. Rio de Janeiro: Renovar, 2001.

VASCONCELOS, Antônio Gomes de. *Questões de fato e jurídicas acerca dos 'boias-frias'*. Artigo não publicado, apresentado com base de estudos e debates do Grupo Trialto — Grupo de Juízes do Triângulo e Alto Paranaíba, em 1995a.

_____ . Sindicatos na administração da justiça. *Repertório de Jurisprudência Trabalhista de Minas Gerais,* Belo Horizonte: Del Rey, 1995b.

_____ . Núcleo intersindical de conciliação trabalhista rural de Patrocínio. *Suplemento LTr,* n. 195, São Paulo: LTr, 1995c.

_____ . Sindicatos na administração da justiça: o núcleo intersindical de conciliação trabalhista rural de Patrocínio e a institucionalização dos equivalentes jurisdicionais. *Repertório de Jurisprudência Trabalhista de Minas Gerais,* Belo Horizonte: RTM, 1996.

_____ . Os sindicatos como agentes de transformação das relações de trabalho e da administração da justiça no campo e na cidade. *Gênesis — Revista de Direito do Trabalho.* Curitiba: Gênesis, 1997, v. 85-97.

_____ ; GALDINO, Dirceu. *Núcleos interesindicais de conciliação trabalhista* — fundamentos, princípios, criação, estrutura e funcionamento. São Paulo: LTr, 1999.

_____ . *Núcleo Intersindical de Conciliação Trabalhista (Ninter)* — manual básico. Brasília: Ministério do Trabalho e Emprego (SRT), 2000a.

_____. Os núcleos intersindicais de conciliação trabalhista na Lei n. 9.958. *Revista LTr*, São Paulo: LTr, v. 64, fev. 2000b.

_____. *Manual orientação do programa universitário de apoio as relações de trabalho* — sistema Ninter-Cenear. Uberlândia: UNIT, 2001a.

_____. *O sistema Ninter-Cenear* — fundamentos político-constitucionais, projeto de lei dos núcleos intersindicais de conciliação trabalhista e do Sistema Ninter-Cenear, justificação. Araguari: Fundação Cenear, Série Ninter, 2001b. v. 5.

_____. *A função dos conselhos tripartites dos núcleos intersindicais de conciliação trabalhista:* a organização intercategorial das relações de trabalho (regulamentação, administração, prevenção e resolução dos conflitos) orientada pelo princípio da subsidiariedade ativa. Dissertação (mestrado) — Universidade Federal de Minas Gerais, Faculdade de Direito, 2002.

_____. *O sistema Ninter-Cenear (SNC)*. Araguari: Fundação Cenear (Sincopel), 2003. Série Ninter. v. 5.

_____. Programa universitário de apoio às relações trabalhistas e à administração da justiça — Prunart-UFMG. Belo Horizonte: RTM, 2013.

VEZZULA, Juan Carlos. O papel do mediador na sociedade moderna. *I Congresso Brasileiro de Mediação e Arbitragem*, Porto Alegre: [s.n.], 1995.

VIANA, Márcio Túlio; RENAULT, Luiz Otávio Linhares. *O que há de novo em processo do trabalho*. São Paulo: LTr, 1997.

VIANA, Márcio Tulio (coord.). *A reforma sindical no âmbito da nova competência trabalhista*. Belo Horizonte: Mandamentos, 2005.

VIANA, Oliveira. *Problemas de direito corporativo*. Rio de Janeiro: José Olímpio, 1938.

YOUNG, Íris Marion. Comunicação e o outro: além da democracia deliberativa. *In:* SOUSA, Jessé (org.). *Democracia hoje* — novos desafios para a teoria democrática contemporânea. Brasília: UnB, 2001.

WARAT, Luis Alberto. *El derecho y su lenguaje* — elementos para una teoría de la comunicación jurídica. Buenos Aires: Cooperadora de Derecho y Ciencias Sociales, 1976.

WARAT, Luis Alberto. *O ofício do mediador.* Florianópolis: Habitus, 2001.

WEBER, Max. *Ciência política:* duas vocações. Trad. Leonidas Hegenberg e Octnay Silveira da Mota. São Paulo: Cultrix, 1968.

WEIL, Pierre *et al. Ruma à nova transdisciplinaridade* — sistemas abertos de conhecimento. 5. ed. São Paulo: Summus, 1993.

WERNECK VIANNA, Luiz. *Liberalismo e sindicato no Brasil*. 4. ed. rev. Belo Horizonte: UFMG, 1999.

WITTGEINSTEIN. *Investigações filosóficas*. 4. ed. Trad. Marcos G. Montagnoli. Petrópolis: Vozes, 2005.

WOLKMER, Antônio Carlos. *Pluralismo jurídico* — fundamentos de uma cultura no direito. 2. ed. São Paulo: Alfa-Ômega, 1997.

ZAGREBELSKY, Gustavo. *El derecho dúctil.* 6. ed. Trad. Marina Gascón. Madrid: Trotta, 2005.

ZANETTI, Lorenzo. Núcleo intersindical de conciliação trabalhista de Patrocínio/MG. *In*: FUJIWARA, Luis Mario; ALESSIO, Nelson Luiz Nouvel; FARAH, Marta Ferreira Santos (orgs.). *20 experiências de gestão pública e cidadania*. São Paulo: Programa Gestão Pública e Cidadania, 1999.

ZOLO, Danilo. *Democracy and complexity* — a realist approach. Transl. David Mckie. Cambridge: Polity, 1992.

Glossário

• *Ação coletiva comunicativa (v. Ação pública comunicativa)*

A ação coletiva comunicativa é a contrapartida da ação pública comunicativa. Permite aos sindicatos, no exercício do poder constitucional de autodeterminação coletiva, harmonizá-la com a autonomia pública, uma vez que aquela não é incondicionada. A aceitação do princípio da subsidiariedade ativa não torna a autonomia coletiva absoluta. É no exercício pleno da autonomia coletiva que mais se exige o emprego do diálogo social entre os sindicatos e as instituições do Poder Público para o conhecimento recíproco das possibilidades inerentes à autonomia coletiva e para o estabelecimento de uma relação de harmonia entre as autonomias pública e coletiva. No diálogo social destinado ao exercício da ação coletiva comunicativa, inserem-se temáticas relativas ao exercício do poder normativo sindical e a sua coerência com a ordem jurídica, bem como a definição dos limites de atuação dos sindicatos no exercício da autodeterminação.

• *Ação pública comunicativa*

A ação pública comunicativa é conceito derivado da ideia de "governança". Decorre do pressuposto de que todo conhecimento e toda ação pública se legitimam no diálogo social e na concertação social, uma vez que o conhecimento e a ação, segundo os paradigmas da razão dialógica e da complexidade, são coordenados na linguagem, que é constitutiva do sentido de ambos. Superados os pressupostos epistêmicos oriundos da filosofia da consciência e da ciência moderna, tem-se que toda pretensão unilateral de acesso ao verdadeiro e ao correto resvala-se para uma espécie de totalitarismo epistemológico e implica "petição de obediência", como fundamento da ação pública, em absoluta oposição às premissas do Estado

Democrático de Direito e aos fundamentos (art. 1º, I a IV, da CF 88), aos princípios e objetivos da República brasileira. Os avanços da filosofia da linguagem e o movimento intitulado "Viragem linguística" revelaram que todo conhecimento é contextualizado e determinado pelas preferências cognitivas do sujeito cognoscente-observador. Admite-se, assim, que todo agente público tem o dever ético de fundamentar o próprio fundamento imediato invocado como justificativa para as escolhas realizadas e conducentes à eleição de determinado conteúdo ou modo de exercer o Poder Público. A ação pública comporta uma dimensão ética para cujo contorno a filosofia intencionalista é de todo insuficiente, exigindo, no Estado Democrático de Direito, um avanço inarredável para uma ética de responsabilidade e solidariedade, pela qual a ação pública, em todos os seus níveis, somente se legitima pelos resultados e por sua conformidade com o projeto Constitucional da sociedade brasileira. Se todo conhecimento somente se legitima no diálogo, por levar em conta a perspectiva do outro, o que serve de base para a ação pública, há de, necessariamente, ser haurido no diálogo social, levando-se em conta a perspectiva dos seus destinatários/afetados. Segundo o princípio de governança, a ação pública comunicativa precede sempre a ação pública executiva, unilateral e impositiva do Poder Público, subdividindo-se, conforme o seu escopo, em ação pública comunicativa cognitiva e ação pública suasória.

• *Ação pública comunicativa cognitiva*

A ação pública comunicativa, em sua função cognitiva, destina-se à produção do conhecimento que conduz à ação do Poder Público. Dado que a ação pública comporta a conjugação de uma dimensão cognitiva e de uma dimensão volitiva, a primeira somente é legítima e democrática se sustentada no diálogo social, uma vez que todo conhecimento se funda na intersubjetividade e sempre se refere a um contexto. Logo, a apreensão da realidade, em sua singularidade e complexidade irrepetíveis, a seleção dos fatos jurígenos paralelos à exclusão e à renegação dos demais fatos suscetíveis de categorização jurídica, a eleição de determinada norma considerada aplicável à espécie, a rejeição de outras potencialmente acionáveis diante de uma mesma realidade concreta e a definição do modo mais adequado de sua aplicação ao caso concreto não podem mais se realizar no âmbito das preferências individuais do agente do Poder Público. A escolha deverá realizar-se com a participação dos destinatários/afetados da ação pública, segundo critérios de decisão baseados nos princípios e nos objetivos definidos na Constituição Federal como norteadores da organização da sociedade. Trata-se, portanto, de atividade cognitiva, que, considerada a natureza dialógica da razão e admitida a complexidade do real, somente é legitimável por intermédio do diálogo social quando se considera o paradigma do Estado Democrático Direito em substituição ao paradigma do

Estado Autoritário. A ação comunicativa cognitiva substitui a ética intencionalista pela ética de responsabilidade e solidariedade, que dá conta das consequências sociais da ação do Poder Público, o que implica sempre o encontro dialógico entre o Poder Público e a Sociedade, bem como o encontro, *face to face*, entre o Poder Público e a realidade sobre a qual recaem os efeitos de sua atuação.

• *AÇÃO PÚBLICA COMUNICATIVA SUASÓRIA*

A ação pública suasória tem lugar no "espaço" intermediário de atuação que se situa entre a ação pública comunicativa e a ação pública sancionatória, ou coercitiva. Visa ao convencimento dos destinatários da ação pública a aderir espontaneamente a programas de ação das instituições do Poder Público destinados a dar efetividade à legislação. O vínculo comunicativo estabelecido nos passos anteriores da ação pública comunicativa conduz à instauração de um ambiente de persuasão propício ao exercício suasório do poder coercitivo. A ação comunicativa suasória é o último estágio anterior à atuação imperativa e coercitiva do Poder Público.

• *ATIVISMO JUDICIAL MODERADO E PRUDENTE*

O ativismo judicial contrapõe-se ao contencionismo judicial, que se fundamenta na razão clássica da rígida repartição dos poderes e do objetivismo jurídico para estabelecer a crença na neutralidade da Justiça e a equiparação dessa ideia com a de imparcialidade. O ativismo distingue uma e outra, e aceita como própria à jurisdição norteada pelo paradigma do Estado Democrático de Direito e dos novos direcionamentos do neoconstitucionalismo a corresponsabilidade da Justiça pela concretização do projeto de sociedade definido na Constituição Federal. A primeira consequência da assimilação do princípio ativista é a extrapolação do conceito de jurisdição para além das lides judiciárias, bem como o reconhecimento como legítima de toda ação judicial contributiva para a efetividade da ordem jurídica. Designa-se pelos adjetivos "prudente" e "moderado" o ativismo exercido com fundamento na ordem jurídica, afastando-se dos extremos da criação judicial do direito e da substituição do administrador e do legislador pela figura do magistrado. O ativismo judicial prudente e moderado limita-se ao uso criativo e fundamentado dos espaços vazios do direito para ir aonde o administrador e o legislador não logram ir e, com isso, acrescer à prática jurídica e ao movimento do conjunto das instituições de todos os poderes na realização da ordem jurídico o seu indispensável contributo. Nessa perspectiva, a ação judicial ativista não vai além da assimilação da epistemologia do diálogo e da complexidade e da abertura sistêmica ao ingresso de *inputs* sociais no sistema judicial aptos a permitir à Justiça a permanente reelaboração de seus programas para uma prática jurídica voltada para o futuro, e não exclusivamente para o passado, sob orientação da ética de responsabilidade e solidariedade, em substituição à ética intencionalista, consequente da assimilação dos paradigmas epistemológicos resultantes da aceitação da natureza dialógica da razão e da complexidade do real. O significado concreto dessa perspectiva de atuação da Justiça em relação ao sistema Ninter traduz-se na disposição judicial para participar do diálogo e da concertação social concernentes às questões trabalhistas afetas à jurisdição. A participação não interventiva e não jurisdicional (em sentido estrito) do magistrado em sessões do Conselho Tripartite abre-lhe espaço para: a) o proferimento de discursos performativos dirigidos ao alcance da efetividade dos direitos sociais; b) a ampliação de seu conhecimento acerca dos substratos sociais e dos contextos mais complexos de realidade sobre os quais recai a atividade jurisdicional e, consequentemente, do horizonte de reflexões performativas da ideia de justiça norteadora dos construtos hermenêuticos e jurisprudenciais que a orientam na busca do modo mais adequado de aplicação da norma jurídica, para implementar os princípios e objetivos inscritos na Constituição Federal e alcançar resultados coerentes com os mesmos; c) contribuir para o desencadeamento do diálogo social e da concertação acerca de questões sociais de interesse coletivo, social e público percebidos pelo magistrado no exercício da jurisdição estrito senso, cuja relevância justifique o esforço e a ação do conjunto das instituições do trabalho locais para o seu enfrentamento (efeito proativo do processo judicial); e d) para a convergência de esforços do Poder Judicial e da sociedade na administração da justiça local, com escopo de assegurar a "coexistencialidade" entre os meios judiciais e não judiciais de resolução dos conflitos. Nesses termos, o ativismo judicial prudente e moderado situa-se entre o contencionismo e o ativismo radical, dando lugar à ideia e à prática da jurisdição comunicativa.

• CONCERTAÇÃO SOCIAL (V. DIÁLOGO SOCIAL)

A concertação social constitui-se em momento posterior e além do diálogo social. Diz respeito à concepção e à execução conjunta de programas interinstitucionais orientados pela busca da efetividade dos direitos. No âmbito do Ninter, essa concertação visa à implementação de programas voltados para a busca da efetividade dos direitos sociais. Dá coerência e harmonia à atuação das diversas instituições do trabalho frente a uma mesma realidade, além de potencializar as ações públicas e as ações coletivas no seu escopo de promover a concretização dos princípios e do projeto da sociedade brasileira inscrito na Constituição Federal.

• DEMOCRACIA INTEGRAL

A ideia de democracia integral contrapõe-se à ideia de democracia formal-representacionista. Por assentar os pressupostos paradigmáticos da razão dialógica e da complexidade, ela invoca o princípio de governança e o da subsidiariedade ativa exercida segundo as técnicas do diálogo social e da concertação social. Com base nos fundamentos da República brasileira da dignidade humana e da cidadania, evoca, num primeiro plano, a participação dos destinatários da ação pública dos processos de formação da opinião e da vontade que dirigem o exercício do Poder Público na aplicação da ordem jurídica e na resolução dos conflitos sociais. Estabelece a corresponsabilidade dos agentes sociais e dos agentes do Poder Público, pelo alcance dos objetivos definidos na ordem constitucional, e legitima a atuação dos agentes públicos e dos agentes coletivos, pela coerência dos seus resultados com tais objetivos, na perspectiva da ética de responsabilidade e solidariedade. Do ponto de vista pragmático, a assimilação do princípio de democracia integral pelo sistema Ninter implica as seguintes consequências: a) participação (pelo diálogo social e pela concertação social) dos sindicatos na gestão da organização do trabalho e na administração da justiça, bem como nos procedimentos cognitivos concernentes à realidade e à escolha da norma, do seu sentido e do modo mais adequado de sua aplicação nos contextos de realidades concretamente considerados; e b) pleno exercício da autonomia coletiva e da negociação coletiva, especialmente no que diz respeito à autogestão da organização do trabalho no respectivo âmbito de representação e à prevenção e disponibilização de meios não judiciais, autocompositivos e autônomos de resolução dos conflitos individuais e coletivos do trabalho.

• DIÁLOGO SOCIAL (V. PRINCÍPIO DA RAZÃO DIALÓGICA E CONCERTAÇÃO SOCIAL)

O diálogo social é técnica de interação cognitiva entre agentes sociais considerados entre si e entre esses e o Poder Público, com objetivo de localizar pontos convergentes e de proceder à troca de informações, ideias e opiniões entre os participantes, com a intenção de alcançar posições convergentes sobre questões de interesse comum. A técnica do diálogo social adquire centralidade nas ações públicas e coletivas a partir da aceitação da natureza dialógica da razão e intersubjetiva de todo conhecimento e do princípio da complexidade da realidade. O diálogo social passa a ter uma função epistemológica, na medida em que encerra uma dimensão cognitiva da realidade em sua complexidade; uma função ordenadora do conhecimento, que serve de base à ação pública e à ação coletiva; e uma função coordenada da ação das instituições do Poder Público e de representação coletiva. No campo da prática jurídica, quer seja na sua dimensão administrativa ou jurisdicional, o diálogo social assume importância destacada se se parte da distinção entre os discursos de fundamentação e os de aplicação da norma jurídica (Klaus Gunther). A aplicação da norma jurídica extrapola o caráter deliberativo concernente à escolha de natureza política que define o conteúdo para condicionar a decisão e a prática jurídica e fazer prevalecer sua dimensão cognoscitiva concernente aos atos de fixação do sentido da norma, de sua adequação à realidade e de significação dos fatos jurígenos. Nos paradigmas da razão dialógica e da complexidade, a construção desse conhecimento somente se legitima no diálogo social.

- **EXERCÍCIO COMUNICATIVO DO PODER PÚBLICO — V. AÇÃO PÚBLICA COMUNICATIVA**

- **GOVERNANÇA**

O alcance do sentido da governança tem como ponto de partida a aceitação dos pressupostos epistemológicos da razão dialógica e da complexidade que implicam uma nova concepção, não formal ou meramente representacional, do exercício do Poder Público. Repele a ideia de delegação e de legitimação a partir de fundamentos absolutos. O exercício do Poder Público, em qualquer de suas esferas, só pode legitimar-se: a) do ponto de vista epistemológico, mediante a participação dos destinatários/afetados pela ação pública nos processos de conhecimento e de formação da opinião e da vontade da autoridade pública; b) do ponto de vista político, mediante emanação popular legitimada em procedimentos deliberativos abertos à participação de todos os interessados; c) do ponto de vista administrativo, implica assegurar a efetividade dos direitos, mediante a participação dos destinatários da ação pública nos procedimentos cognitivos e deliberativos acerca do modo mais adequado da aplicação da norma para o alcance dos fins sociais constitucionalmente estabelecidos; d) do ponto de vista jurídico, concerne ao dever constitucional de todos os cidadãos, quer seja na condição de agentes do Poder Público, quer seja na condição de destinatário da ação do Poder Público de convergir todo o conhecimento jurídico e toda ação para alcançar o projeto de sociedade inscrito na Constituição Federal, observando os fundamentos e os princípios de organização da sociedade brasileira; e e) do ponto de vista jurisdicional, implica a participação dos jurisdicionados na administração da justiça e nos processos de conhecimento (da realidade complexa e das múltiplas possibilidades de sentido da norma jurídica) determinantes das preconcepções e da formação da opinião e da vontade dos agentes do Poder Público encarregados da jurisdição-contextualização da ideia de justiça. O envolvimento dos destinatários da ação pública nos processos de governança se dá por intermédio de corpos intermediários de representação social. O sistema Ninter constitui um modelo de participação sindical em procedimentos governamentais, administrativos, normativos e jurisdicionais em que a ideia de governança se concretiza por intermédio do diálogo social e da concertação social.

• JURISDIÇÃO COMUNICATIVA (VER ATIVISMO MODERADO E PRUDENTE)

O conhecimento formal norteado pelo contraditório instaurado no processo judicial a propósito de conflitos individuais, ou não, é insuficiente para a sua legitimação constitucional. Não dá conta dos contextos de realidade, considerados em sua singularidade e complexidade irrepetíveis. O enfoque exclusivo e formal do objeto de conhecimento (fato e norma) realizado pelas partes e pelo magistrado "enclausurado" no processo pela máxima *"quod non est in actis non est in mundo"* é um conhecimento redutor de complexidades e destinado à produção de uma decisão orientada para a terminação do conflito, e não para o cumprimento do projeto da sociedade brasileira constitucionalmente estabelecido. O conhecimento formal engendrado no processo também não leva em conta a perspectiva dos demais cidadãos atingidos pela decisão ou por um conjunto de decisões reiteradas. Se todo julgamento depende de conhecimento cujas premissas se vinculam a escolhas subjetivas do magistrado e do conjunto de preconcepções tomadas como quadro de referência na análise das questões a serem decididas, há em toda decisão um resíduo decisionista, que, no Estado Democrático de Direito, requer publicização e fundamentação (é necessário "fundamentar o fundamento"). Muito mais que o reconhecimento das limitações da estreita via do conhecimento obtido mediante contradição de interesses individualizados das partes litigantes, a abertura da Justiça ao diálogo social (jurisdição comunicativa), atendendo às premissas da razão dialógica e da complexidade, permite, além da troca de perspectivas entre a Justiça e os jurisdicionados, que o magistrado acople ao conjunto de suas preconcepções e premissas de julgamento elementos advindos dos contextos de realidade sobre os quais irão recair as consequências do ato jurisdicional e a perspectiva dos jurisdicionados, vista na sua dimensão comunitária e coletiva. A jurisdição comunicativa envolve ainda um segundo aspecto, relacionado à administração da justiça, conceito amplo que implica coordenação, harmonia e interação entre os meios judiciais e não judiciais de resolução dos conflitos sociais, de modo a se estabelecer entre eles uma relação de intercomplementaridade. Nesse sentido é que a adesão da Justiça ao diálogo social constitui o conceito de jurisdição comunicativa. No âmbito do Ninter, a jurisdição comunicativa se dá pela aceitação do diálogo social entre o magistrado do trabalho e os sindicatos por intermédio do Conselho Tripartite (interinstitucional).

• JUSTIÇA COEXISTENCIAL

Trata-se da coexistencialidade entre os meios judiciais e não judiciais de resolução dos conflitos sociais, considerando-se os pontos de convergência e de harmonia na unidade de princípios: garantia de efetividade dos direitos e resolução dos conflitos. O conceito implica, portanto, o reconhecimento da prevalência do conteúdo sobre as formas e o estabelecimento de uma relação de intercomplementaridade entre a Justiça estatal e os meios não judiciais de resolução de conflitos. Cabe a estes disponibilizar aos cidadãos o máximo de alternativas possíveis postas à sua escolha na resolução de seus conflitos, ampliando as possibilidades de acesso à justiça, e absorver a gama de conflitos que inconveniente e desnecessariamente são aportados à Justiça estatal, gerando a sobrecarga e a crise do sistema judicial. Resguardada para atuar no campo dos conflitos cuja complexidade e grau de litigiosidade contrastam com as técnicas não judiciais de resolução dos conflitos, a Justiça estatal, a par de resgatar sua eficiência e legitimidade, passa a atuar como instância subsidiária de reparo das defecções dos meios alternativos de resolução dos conflitos. No sistema Ninter, esta coexistência é permanentemente construída e aprimorada pelo diálogo social e pela concertação social entre a Justiça local e os sindicatos responsáveis pela institucionalização dos procedimentos não judiciais de resolução dos conflitos. E, por esta via, institucionaliza-se a participação da sociedade (sindicatos) na administração da Justiça.

• NEGOCIAÇÃO COLETIVA CONCERTADA

Em consequência da aceitação do princípio da subsidiariedade ativada e do princípio da complexidade, ampliam-se as funções da negociação coletiva, que, a par das suas atribuições clássicas, assume a condição de instrumento de adequação e de correção de antinomias da ordem jurídica, considerados os contextos singulares e complexos de realidade. Tais antinomias se identificam pela existência de contradição entre os princípios constitucionais norteadores da ordem jurídica e as consequências sociais advindas da dessintonia entre esta e os primeiros. A necessidade de harmonia entre o princípio da subsidiariedade ativa e o da autonomia pública permite, por seu turno, a elaboração do conceito de negociação coletiva concertada como instrumento de governança, de enorme importância para a consolidação de estatutos coletivos autônomos no campo de abrangência da atuação do Ninter. Por isso, a juízo dos sindicatos no pleno exercício da autonomia coletiva, a instauração do "diálogo social" tem a função de prevenir eventuais conflitos entre a autonomia coletiva e a autonomia pública. A intensificação do uso multifuncional das convenções e dos acordos coletivos torna mais complexos os processos negociais coletivos, o que aumenta a importância de possíveis consensos interinstitucionais prévios voltados para a obtenção de consensos interinstitucionais quanto à juridicidade/constitucionalidade acerca de normas coletivas futuras cujo conteúdo seja controvertido. A abertura desses procedimentos dialógicos prévios constitui estímulo da negociação coletiva como meio de enfrentamento de questões trabalhistas locais, bem como de prevenção e de resolução de conflitos coletivos e individuais do trabalho relativos ao setor de atividade do Ninter. E, ainda mais, permite o aproveitamento da experiência dos setores públicos pelos sindicatos na preparação da negociação coletiva e na pontuação dos problemas (e suas causas) a serem enfrentados. Assim, contribui decisivamente para o aprofundamento da compreensão da questão trabalhista, do mesmo modo e ao mesmo tempo em que a experiência destes é disponibilizada em favor das instituições/autoridades do trabalho, que, ao assimilá-la, toma-a como referência nos processos cognitivos que servem de suporte à decisão pública. Os diagnósticos das questões de reconhecida relevância pública tematizadas nas sessões tripartites, a pontuação e contextualização dos aspectos da realidade tomados como ponto de referência e a antecipação crítica dos resultados sociais supostos e desejados consensualmente transformam--se em subsídios indispensáveis a esta espécie de negociação coletiva. Por outro lado, a negociação coletiva, ao assumir o status de instrumento de "governança", passa a incorporar a dupla dimensão de materializar e juridicizar os programas de ação "decorrentes dos "diálogos sociais" e de "concertações sociais" concernentes às ações comunicativas (pública e coletiva), além de suas funções convencionais. Incumbe, com efeito, à negociação coletiva as seguintes funções: produzir normas mais "abertas, mais dinâmicas, mais adaptáveis"; promover a pacificação das relações coletivas de trabalho; e assumir, no campo de atividade econômica em que atua o Ninter, a condição de instrumento de equilíbrio entre o desenvolvimento econômico e o desenvolvimento social. Nesses termos, ela passa a assumir: a) uma função gestional, administrativa, executiva, integrativa e complementar, além de regulamentar; b) a condição de instrumento de viabilidade do funcionamento concreto da empresa, levando em consideração a situação "global da economia" e a situação da empresa; c) o papel de instrumento de elevação do nível de competitividade das empresas; e d) o papel de instrumento de "ajuste e adaptação do salário", conforme a conveniência e a necessidade singularmente consideradas, e de distribuição de renda em contextos de prosperidade econômica. A negociação coletiva na sua plena abrangência poderá ser concertada sem perda da autonomia decisória dos sindicatos quanto à edição de normas coletivas desse jaez.

- ***Núcleo Intersindical de Conciliação Trabalhista (Sistema Ninter)***

    Consultar Sistema Ninter.

- **ORGANIZAÇÃO DO TRABALHO — VER SISTEMA DE RELAÇÕES DO TRABALHO. PRINCÍPIO DA COMPLEXIDADE**

A ciência moderna transpôs para a epistemologia a ideia determinístico-mecanicista de que o mundo objetivo é um todo ordenado, submetido a leis rigorosas, e fragmentável, a partir do raciocínio simplista no sentido de que a soma das partes é igual ao todo. Daí o atomismo e a especialização do conhecimento moderno e a consequente perda da ideia do conjunto, da unidade e do real complexo. Além de condicionado pela perspectiva da intersubjetividade, o conhecimento da realidade sempre o é pelos contextos de realidade singulares, complexos e irrepetíveis, não acessíveis completamente. Não há, pois, um conhecimento absoluto da realidade. Cumplexus é aquilo que é tecido conjuntamente e que não pode ser abstraído, desprezado ou considerado isoladamente na consideração da totalidade, da unidade. A totalidade se realiza na interação permanente entre o singular e o uno, o particular e o geral, o abstrato e o concreto, simultaneamente. O pensamento é complexo quando reconhece a incerteza do conhecimento e quando é capaz de reunir, contextualizar, abstrair, globalizar e, ao mesmo tempo, reconhecer o singular, o individual, o concreto. O pensamento complexo não fecha o conhecimento num sistema aberto, ao mesmo tempo em que não anula o particular, o unitário, o local. O todo não é somente a soma das partes, mas o resultado da articulação destas, que dá resultado diferente da ação isolada de cada uma das partes. A fragmentação e a especialização cognitiva e funcional são, portanto, mutiladoras do conhecimento e da realidade. Na perspectiva da democracia integral, o conhecimento da realidade não constitui monopólio da razão solipsista dos agentes do Poder Público, o que, neste caso, implica "petição de obediência" aos destinatários da ação pública, de forma incompatível com os princípios do Estado Democrático de Direito, que impõem a consideração das consequências sociais da ação pública nos termos da ética de responsabilidade e solidariedade. O reconhecimento da complexidade da realidade, em lugar da simplicidade, admitida pelo método científico, impõe, uma vez mais, o diálogo social, método de apreensão da realidade em que atuam as instituições do Poder Público. O exercício do Poder Público e a prática jurídica concernente à aplicação da lei são atividades complexas (no sentido paradigmático do termo), dado que a escolha dos fatos jurígenos, a atribuição de sentido a tais fatos, a eleição da norma aplicável à situação de fato considerada, a decifração hermenêutico-jurisprudencial do seu sentido e a definição do modo mais adequado de sua aplicação comportam escolhas epistêmicas e ou meramente volitivas, que são, absolutamente, postas em xeque pela teoria do discurso e pela teoria da complexidade do real. Por isso, os discursos de aplicação comportam sempre um juízo de adequação da norma a cada realidade singular e complexa. O princípio de democracia integral exige a participação dos destinatários e a consideração de suas perspectivas na formulação desse juízo. Enquanto a prática jurídica se desenvolveu sob o marco do Estado Autoritário e do positivismo cientificista, esta não foi, nem de longe, considerada como uma questão central no exercício do Poder Público e da prática jurídica. Assimilação do princípio da complexidade submete tais práticas permanentemente ao diálogo social tanto como método de conhecimento e apreensão da realidade complexa por parte dos atores públicos quanto como método de validação e legitimação das consequências sociais da ação pública, na perspectiva da ética de responsabilidade. É por essa razão que o diálogo social introjetado e institucionalizado no sistema Ninter tem uma função epistemológica e vai mais além do que a compreensão das perspectivas de todos os participantes e o estabelecimento de boas relações entre as instituições do trabalho e os sindicatos. Ao assumir a perspectiva do paradigma da complexidade, o sistema Ninter tem no diálogo social e na concertação social uma estratégia de aproximação dos atores públicos e coletivos da realidade complexa. A elaboração de diagnósticos multifacetários e a construção interinstitucional de projetos de ação retiram do sujeito individual-solipsista o impossível encargo de dar conta do real e de responder solitariamente pelas consequências de sua ação. O espaço institucionalizado do Conselho Tripartite/Conselho Interinstitucional de cada Núcleo Intersindical de Conciliação Trabalhista é o *locus* em que se reconstrói, pelo diálogo social, o todo complexo da realidade a partir da "parte" que cada participante dela conseguiu lograr apreender. É por isso que o diálogo social serve a esta outra face do conhecimento, que é o conhecimento da realidade, dos contextos em que se desenvolve a ação pública. O princípio da razão dialógica e o da complexidade são intercomplementares. É também por meio do pensamento complexo que se introduz na prática jurídica e na prática sindical que se tem por justificada a centralidade do diálogo social e da concertação social no sistema Ninter.

• *Princípio da razão dialógica*

Com suas bases fundadas na filosofia da consciência, o racionalismo tem por premissa a ideia de que a razão é puramente instrumental e que transporta dados da realidade a que tem pleno acesso a serem processados na mente humana. O acesso à verdade e ao correto depende do raciocínio correto. Essa maneira de compreender o papel da razão na produção do conhecimento foi relativizada desde Kant, que fundou o conhecimento na reflexão solipsista. As consequências sociais, a ampliação e o agravamento dos problemas cruciais da humanidade (como o da ecologia, o da desigualdade social, o da miséria, o da ameaça bélica e o do terrorismo) e sua incapacidade para gerar utopias ditaram o fracasso da busca do fundamento último do conhecimento, do método da ciência moderna e da filosofia da consciência. Os avanços da "consciência evolutiva" em direção à filosofia da linguagem e para além da metafísica resgataram a centralidade da filosofia ao descobrir a natureza dialógica, e não monológica, da razão de que dão conta a "biologia da cognição" desenvolvida por Maturana no campo das ciências biológicas e a teoria do discurso desenvolvida por Karl-Otto Apel no campo da filosofia. A aceitação da ideia de que todo conhecimento é contextualizado e constrói na linguagem implica o reconhecimento de que a consciência nasce do diálogo e não antecede a relação do sujeito com a alteridade. A consciência, a razão e o conhecimento residem na intersubjetividade. Essa dialogicidade somente é acessível mediante o raciocínio apagógico: aquele que argumenta já pressupõe o diálogo, e nele reside toda a razão e toda a fonte do conhecimento. A linguagem não é mais instrumento de apreensão do real, mas é, ela própria, constitutiva da realidade. Sendo a realidade inacessível, impõe-se o reconhecimento da sua complexidade e da sua multiversatilidade, o que torna o princípio da complexidade conexo ao princípio da razão dialógica. Dessarte, todo conhecimento é sempre contextualizado e produzido intersubjetivamente, sendo a sua validade sempre relativa, impondo-se a busca de consensos capazes de coordenar a ação humana. Essa constatação impõe consequências profundas na compreensão e na prática da democracia construída sobre as bases paradigmáticas do Estado Democrático de Direito, que tem por fundamento os princípios da dignidade humana e da cidadania. Dessa forma, quaisquer outros princípios somente podem ser compreendidos na perspectiva dialógica, inclusivamente os valores sociais do trabalho e da livre--iniciativa e do pluralismo, uma vez que o reconhecimento da natureza dialógica da razão impõe o reconhecimento do outro e a consideração da perspectiva do outro na produção do conhecimento e na coordenação da ação. Esse paradigma impõe a inserção do diálogo social e da concertação social no âmago da ação pública e da ação coletiva, uma vez que a compreensão dos princípios e do projeto (para o futuro) de sociedade inscrito na Constituição e a correspondência da prática jurídica e do exercício do Poder Público com tais princípios e projeto somente podem ser estabelecidas e avaliadas levando-se em conta a perspectiva dos destinatários/afetados pela ação pública e pela ação coletiva.

• *REGIME ESPECIAL TRABALHISTA*

O sistema Ninter cria a possibilidade de tematização e de busca de solução específica por parte do conjunto das instituições do trabalho para problemas ou questões trabalhistas verificadas em situações singulares vivenciadas por empresa(s) ou pelo setor de atividade em que ele atua, para atender aos objetivos e aos fins sociais da ordem jurídico-constitucional, em razão do interesse social, coletivo e público envolvidos e dos procedimentos institucionais excepcionais. A adoção de regime especial trabalhista decorrente de consensos interinstitucionais celebrados por intermédio do diálogo social institucionalizado no Conselho Tripartite do Ninter busca atender às exigências de racionalidade e coerência do sistema em relação às características singulares das atividades desenvolvidas ou de determinada situação não abarcável pela generalidade e abstração da norma, a fim de assegurar a efetividade dos direitos sociais e viabilizar a continuidade das atividades empresariais e a oferta de postos de trabalho, atendendo-se, assim, a princípios constitucionais superiores de justiça social e de desenvolvimento econômico local. Trata-se de regime que se estabelece em favor de empresas de boa-fé em situação de crise proveniente de fatores conjunturais cuja atividade seja reconhecida pelo conjunto das instituições do trabalho partícipes do diálogo social como de interesse público, social e coletivo relevantes, nos casos em que a comunhão de esforços institucionais puder prevenir o encerramento de suas atividades e o desemprego massivo de trabalhadores. Trata-se de um modo mais enfático e veemente de aplicação do princípio de democracia integral e de concretização dos paradigmas epistêmicos aceitos pela teoria do sistema Ninter e do cumprimento dos fins sociais da legislação trabalhista, bem como de expressão de respeito aos princípios constitucionais superiores da dignidade humana, da cidadania, da valorização do trabalho e da livre-iniciativa e da busca do (pleno) emprego.

- ### *Sistema de relações do trabalho*

Constitui o conjunto dos elementos (legislação, gestão das relações de trabalho, inspeção do trabalho, resolução dos conflitos do trabalho e organização sindical) e das instituições, públicas e coletivas, por meio dos quais promove a organização do trabalho e a persecução da efetividade aos direitos sociais.

- ### *Sistema Ninter (sistema aberto). Veja-se Núcleo Intersindical de Conciliação Trabalhista*

Designa-se Ninter o instituto jurídico e a instituição social Núcleo Intersindical de Conciliação Trabalhista. O Ninter é uma instituição em torno da qual converge, na sua correlação e interdependência, o conjunto das atividades das diversas instituições do trabalho (públicas e coletivas) relacionadas à aplicação da legislação trabalhista no âmbito da administração e da jurisdição, à regulação autônoma das condições de trabalho, à adequação da legislação às peculiaridades setoriais/regionais/locais, à administração da justiça (solução dos conflitos individuais e coletivos do trabalho por meio dos procedimentos judiciais e não judiciais) e à efetividade dos direitos sociais, estabelecendo-se entre elas, pelo caminho da negociação e da unidade de esforços (entre os sindicatos signatários) e do diálogo social (entre os sindicatos e as instituições do Poder Público), consenso acerca de princípios e programas de ação direcionados para a gestão do sistema de relações de trabalho e da administração da justiça em âmbito intercategorial/setorial/local. A persecução pelo sistema Ninter da interação entre as instituições do trabalho e da integração das ações pública e coletiva, em vista do estabelecimento de uma relação de intercomplementaridade entre as funções e atividades da autonomia pública e da autonomia coletiva, depreende-se de uma concepção sistêmica da regulação, da administração, da resolução dos conflitos e da aplicação das normas do trabalho. Consideram-se, de um lado, a singularidade das situações de realidade na sua especificidade e singularidade e, de outro, o interesse público e geral, bem como os princípios e regras constitucionais e infraconstitucionais que regem abstratamente o sistema de relações do trabalho e o método de divisão de competências institucionais com que se estabelece a organização do trabalho. A instituição e o instituto jurídico Ninter constituem um sistema aberto, que permite a articulação de diversos elementos que se conjugam no sistema de relações do trabalho, sem que esta se constitua, nos planos cognitivo e operacional, numa unidade conceitual e operacional, em vista da organização do trabalho enquanto totalidade e enquanto singularidade expressa nas situações de realidade concreta. Essa correlação sistêmica entre os diversos elementos constitutivos de sua unidade pode ser visualizada nas relações internas entre esses elementos e nas suas interações externas. Condizem com a ideia de sistema: a) a correlação das funções institucionais do Ninter entre si (regulação, gestão da organização do trabalho e solução dos conflitos); b) a interação do conjunto das atividades das diversas instituições do trabalho (públicas e coletivas), cuja atuação incide sobre a mesma realidade concreta; c) a compreensão da realidade, considerada em sua complexidade e singularidade irrepetíveis, pela busca consensual de diagnósticos abrangentes e que levem em conta a perspectiva dos decisores e gestores (públicos e coletivos), assim como dos destinatários/afetados envolvidos; d) o diálogo entre os enfoques dos decisores e gestores (públicos e coletivos) da organização do trabalho direcionado para a busca consensual do sentido e do modo mais adequado de aplicação da legislação, tendo em vista a garantia da efetividade dos direitos sociais e do exercício da livre-iniciativa; e) a soma de esforços das diversas instituições do trabalho, resguardados os limites de suas competências constitucionais, na concepção, elaboração e execução de programas de ação direcionados para o escopo da ordem jurídico-constitucional; e f) a gestão da organização do trabalho e da administração da justiça segundo as ideias de governança e de subsidiariedade ativa concretizadas por intermédio das técnicas do diálogo social e da concertação social. O sistema Ninter oferece um espaço jurídico-institucional baseado em pressupostos epistêmicos e principiológicos, sistemicamente organizados e aptos a cumprir tais escopos. Ao conjugar os aspectos institucionais (estáticos) e funcionais (dinâmicos), interativos e flexíveis aos diversos modos possíveis de se alcançar um mesmo objetivo, o sistema Ninter se apresenta como um sistema aberto.

• *SUBSIDIARIEDADE ATIVA*

Rege as relações entre Estado e Sociedade na persecução dos fins e objetivos desta última, constitucionalmente estabelecidos, segundo o qual os cidadãos, individual ou coletivamente organizados, encarregam-se de realizar por si próprios, conforme o máximo de suas potencialidades e sua aptidão, os respectivos objetivos e projetos de vida sem a mão tutelar do Estado, elevando ao máximo a concreção dos princípios da dignidade humana e da cidadania. O Estado fica preservado para atuar nos setores em que a ação dos indivíduos e da sociedade organizada torna-se insuficiente para alcançar o escopo da ordem constitucional. No âmbito da organização do trabalho, a assimilação desse princípio constitucional implícito diz respeito à máxima potencialização do exercício da autonomia coletiva. A autoafirmação coletiva se dá conforme as possibilidades e a aptidão dos sindicatos, nos respectivos contextos de realidade, traduzindo-se na ampliação da função da negociação coletiva e no aparelhamento dos sindicatos para a paulatina implementação, sob sua responsabilidade, seu controle e sua supervisão, de meios coletivos e não judiciais de resolução dos conflitos do trabalho.

• *TRIPARTISMO DE BASE LOCAL*

O tripartismo clássico, tanto o de que se nutriram as políticas adotadas com base no pensamento corporativista como o que orienta as políticas institucionais da Organização Internacional do Trabalho, baseia-se no modelo de racionalidade da filosofia da consciência e, portanto, na representação. Por outro lado, ao ser exercido cupularmente, peca pelo distanciamento da realidade. O princípio do tripartismo de base local que inspira o sistema Ninter e suas práticas institucionais, do ponto de vista epistêmico e sob o enfoque dos princípios da razão dialógica e da complexidade, é princípio complementar do tripartismo clássico. Sua prática se dá no ponto de interseção entre a ação pública e as realidades locais e tem como atores principais aqueles que atuam na base da pirâmide hierárquica das instituições, onde se realiza a interface entre o Poder Público e os destinatários/afetados de sua ação e entre aquele e a realidade concreta, singular e complexa. Nessa perspectiva, as práticas tripartites locais transcendem ao objetivo de alcançar a compreensão mútua e de estabelecer boas relações entre as autoridades públicas e as organizações de empregadores e de trabalhadores. A busca do desenvolvimento da economia, em seu conjunto, especificamente do setor de atividade em que atua o Ninter, a melhoria das condições de trabalho e a elevação do nível de vida dos trabalhadores se verificam, nos termos do tripartismo de base local, num nível mais profundo. Nele, o conjunto das instituições compromete-se com a produção do conhecimento que serve de base para a ação pública e para a ação coletiva, legitimando-o no diálogo social e na concertação social, bem como no estabelecimento de consensos quanto à sua serventia, segundo critérios constitucionais de antecipação e averiguação dos resultados da ação pública e da ação coletiva, na perspectiva de uma ética de responsabilidade e solidariedade. O tripartismo de base local situa-se no campo das decisões e das práticas institucionais inspiradas no direito já constituído. Trata-se da abertura epistêmica e dialógica da prática jurídica à participação dos destinatários da ação pública nos processos de formação da opinião e da vontade dos agentes do Poder Público e do compromisso destes com a constante avaliação de *feedbacks* sociais reorientadores da ação pública. O tripartismo de base local põe no centro do diálogo social e da concertação social a busca da efetividade dos direitos sociais e o equilíbrio socioeconômico local/setorial, estabelecendo uma relação de equilíbrio entre os seguintes fundamentos da República: os valores sociais do trabalho e da livre-iniciativa. Dessarte, a busca da efetividade dos diretos sociais associa-se a preocupações com a busca do modo mais adequado de aplicação da legislação trabalhista às realidades concretas, singulares e complexas. Com efeito, o escopo da ideia do tripartismo de base local compreende o alcance: a) da integração e da interação entre as instituições do trabalho (públicas e coletivas) que atuam localmente; b) do conhecimento da realidade local, mediante diagnosticação multifacetária e consensos interinstitucionais dirigidos pelos princípios constitucionais que estão na base do projeto de sociedade inscrito na Constituição Federal; e c) da gestão intercategorial e tripartite da organização do trabalho e da administração da justiça. O *locus* institucionalizado do exercício do tripartismo de base local é o Conselho Tripartite do Ninter.

ANEXOS

Anexo A — Ato constitutivo do conselho de administração de justiça da Vara do Trabalho de Araguari-MG

CONSIDERANDO e admitindo-se que a superação da dicotomia Estado/Sociedade e a substituição desta por uma relação de interação e integração entre ambos constitui-se numa das formas de concretização da democracia substantiva inspirada nos princípios da participação, da subsidiariedade e da "governança compartilhada", implicitamente assentados nos fundamentos do Estado Democrático de Direito da República Federativa do Brasil (art. 1º e parágrafos, art. 2º da Constituição Federal);

CONSIDERANDO que a concretização e o exercício da democracia substantiva requer a participação, diálogo e interação entre os órgãos/agentes do poder público e a sociedade;

CONSIDERANDO a busca de maior aproximação entre as instituições do trabalho e a sociedade e de uma compreensão mais abrangente da questão trabalhista local;

CONSIDERANDO a inexistência de espaço de diálogo entre a Vara do Trabalho e agentes sociais representativos da sociedade organizada, interessados no melhoramento das relações de trabalho, na prevenção dos conflitos do trabalho e na melhoria da prestação jurisdicional;

CONSIDERANDO a importância do envolvimento da comunidade com os problemas da justiça, quer seja para uma maior consciência quanto aos mesmos, quer seja para colaborar na sua solução;

CONSIDERANDO a proclamação de uma visão inter e multidisciplinar orientadora da judicatura e dos fundamentos metajurídicos da hermenêutica, em lugar de uma concepção cartesiano-positivista da jurisdição e da consequente necessidade da atenção do magistrado para as questões e para o contexto social em que se insere o exercício da função jurisdicional;

CONSIDERANDO o principio constitucional da responsabilidade e da indispensabilidade da advocacia na administração da justiça;

Em consequência dos pressupostos antes anunciados, RESOLVE a Vara do Trabalho de Araguari, resguardada a sua independência e imparcialidade no exercício da função jurisdicional *stricto sensu*, em parceria com os agentes sociais signatários deste documento, instituir o CONSELHO DE ADMINISTRAÇÃO DE JUSTIÇA DA VARA DO TRABALHO DE ARAGUARI, destinado a promover a aproximação, o diálogo, a interação, a integração de ações interinstitucionais, entre a Vara do Trabalho de Araguari, o Ministério Público do Trabalho-Seção Uberlândia, a Subdelegacia Trabalho — SDT-Uberlândia, a 47ª Subseção da OAB, os demais órgãos ou instituições do poder público cuja atuação tenha repercussão, direta ou indireta, nas relações de trabalho inseridas no âmbito da jurisdição desta Vara, as entidades sindicais e instituições da sociedade civil representativas de interesses profissionais e empresariais e da sociedade local em geral, com objetivo de:

• Dar maior transparência aos atos e às políticas jurisdicionais da Vara do Trabalho de Araguari;

• Buscar, observadas as possibilidades da atuação dos agentes locais, a efetividade do direito e processo do trabalho e aperfeiçoamento da prestação jurisdicional;

• Servir de espaço institucionalizado de funcionamento da Ouvidoria da Vara do Trabalho de Araguari;

• Diagnosticar e compreender de modo abrangente as questões e os problemas trabalhistas de maior relevância e interesse social na área da jurisdição da Vara do Trabalho de Araguari;

• Promover ações conjuntas visando à melhoria das relações de trabalho e contribuir, no âmbito de sua atuação para o desenvolvimento das relações sociais em geral.

• Abrir espaço de participação aos jurisdicionados representados pelas entidades sindicais e de representação da sociedade local, aos advogados, aos auxiliares da justiça em geral, às instituições do poder público cuja atuação repercuta direta ou indiretamente nas relações de trabalho locais, em especial, aos membros do Ministério Público e aos Agentes de Inspeção do trabalho, na solução de questões pertinentes à Administração da Justiça local (Vara do Trabalho) tematizadas pela Coordenação, ou, mediante aprovação da mesma, por qualquer dos membros integrantes deste Conselho.

Araguari-MG, 26 de julho de 2003.

Antônio Gomes de Vasconcelos

Juiz do Trabalho — Coordenador do CAJ/VT-Araguari

SIGNATÁRIOS:

1) Vara do Trabalho de Araguari-MG

2) Ministério Público do Trabalho/3ª Região — Seção Uberlândia

3) Subdelegacia do Trabalho — SDT — Uberlândia

4) Agência da Previdência Social — APS/ Araguari (INSS)

5) Sistema Nacional de Emprego em Araguari — SINE

6) 47ª Subseção da OAB

7) Sindicato dos Professores do Estado de Minas Gerais — Sub-sede de Uberlândia/ Araguari — SINPRO

8) Sindicato dos Empregados do Comércio

9) Sindicato dos Produtores Rurais de Araguari

10) Sindicato dos Trabalhadores Rurais de Araguari

11) Sindicato dos Trabalhadores na Indústria de Alimentos

12) Sindicato da Construção Pesada — Delegacia Araguari-MG

13) Sindicato da Construção Civil — Uberlândia/Araguari

14) Sindicato dos Contabilistas de Araguari

15) SINEPE — Sindicato dos Estabelecimentos de Ensino do Triângulo Mineiro

16) Sindicato Patronal do Comércio de Araguari

17) Sindicato da Indústria de Alimentos

18) ACIA — Associação Comercial e Industrial de Araguari

19) Associação dos Cafeicultores de Araguari

20) CDL — Câmara dos Dirigentes Lojistas

21) Núcleo Intersindical de Conciliação Trabalhista Rural de Araguari-MG

22) Prefeitura Municipal de Araguari

23) Câmara Municipal de Araguari

24) Fundação Cenear

25) ADESA — Agência de Desenvolvimento Econômico e Social de Araguari

26) Associação Médica de Araguari

27) FIEMG — Federação das Indústrias do Estado de Minas Gerais

28) Cartório de Registro de Imóveis

29) 9ª Companhia Independente da Polícia Militar

30) 11ª Batalhão de Engenharia de Construção

31) UNIMED Araguari

32) APROCIMA — Associação de Imprensa de Araguari

Anexo B — Ato constitutivo do conselho de administração de justiça da 5ª Vara do Trabalho de Belo Horizonte-MG

CONSIDERANDO e admitindo-se que a superação da dicotomia Estado/Sociedade e a substituição desta por uma relação de interação e integração entre ambos constitui-se numa das formas de concretização da democracia substantiva inspirada nos princípios da participação, da subsidiariedade e da "governança compartilhada", implicitamente assentados nos fundamentos do Estado Democrático de Direito da República Federativa do Brasil (art. 1º e parágrafo, art. 2º da Constituição Federal);

CONSIDERANDO que a concretização e o exercício da democracia substantiva requer a participação, diálogo e interação entre os órgãos/agentes do poder público e a sociedade;

CONSIDERANDO a busca de maior aproximação entre as instituições do trabalho e a sociedade e de uma compreensão mais abrangente da questão trabalhista local;

CONSIDERANDO a inexistência de espaço de diálogo entre a Vara do Trabalho e agentes sociais representativos da sociedade organizada, interessados no melhoramento das relações de trabalho, na prevenção dos conflitos do trabalho e na melhoria da prestação jurisdicional;

CONSIDERANDO a importância do envolvimento da comunidade com os problemas da justiça, quer seja para uma maior consciência quanto aos mesmos, quer seja para colaborar na sua solução;

COSIDERANDO a proclamação de uma visão inter e multidisciplinar orientadora da judicatura e dos fundamentos meta jurídicos da hermenêutica, em lugar de uma concepção cartesiano-positivista da jurisdição e da consequente necessidade da atenção do magistrado para as questões e para o contexto social em que se insere o exercício da função jurisdicional;

CONSIDERANDO o principio constitucional da responsabilidade e da indispensabilidade da advocacia na administração da justiça;

Em consequência dos pressupostos antes anunciados, RESOLVE a 5ª Vara do Trabalho de Belo Horizonte, resguardada a sua independência e imparcialidade no exercício da função jurisdicional *stricto sensu*, em parceira com os agentes sociais signatários deste documento, instituir o CONSELHO DE ADMINISTRAÇÃO DE JUSTIÇA DA 5ª VARA DO TRABALHO DE BELO HORIZONTE, destinado a promover a aproximação, o diálogo, a interação, a integração de ações interinstitucionais, entre a 5ª Vara do Trabalho de Belo Horizonte, as instituições signatárias e os demais órgão ou instituições do poder público cuja atuação tenha repercussão, direta ou indireta, nas relações de trabalho inseridas no âmbito da jurisdição desta Vara, as entidades sindicais e instituições da sociedade civil representativas de interesses profissionais e empresariais e da sociedade local em geral, com objetivo de:

- Dar maior transparência aos atos e às políticas jurisdicionais da 5ª vara do Trabalho de Belo Horizonte;

- Buscar, observadas as possibilidades da atuação dos agentes locais, a efetividade do direito e processo do trabalho e aperfeiçoamento da prestação jurisdicional;

- Servir de espaço instituicionalizado de funcionamento da Ouvidoria da 5ª Vara do Trabalho de Belo Horizonte;

- Diagnosticar e compreender de modo abrangente as questões e os problemas trabalhistas de maior relevância e interesse social na área da jurisdição da 5ª Vara do Trabalho de Belo Horizonte;

- Promover ações conjuntas visando à melhoria das relações de trabalho e contribuir, no âmbito de sua atuação para o desenvolvimento das relações sociais em geral.

- Abrir espaço de participação aos jurisdicionados representados pelas entidades sindicais e de representação da sociedade local, aos advogados, aos auxiliares da justiça em geral, às instituições do poder público cuja atuação repercuta direta ou indiretamente nas relações de trabalho locais, em especial, aos membros do Ministério Público e aos Agentes de Inspeção do Trabalho, na solução de questões pertinentes à Administração da Justiça (5ª Vara do Trabalho de Belo Horizonte) tematizadas pela Coordenação, ou, mediante aprovação da mesma, por qualquer dos membros integrantes deste Conselho.

5ª Vara do Trabalho de Belo Horizonte/MG, 4 de outubro de 2004.

Antônio Gomes de Vasconcelos

Juiz do Trabalho — Coordenador do CAJ/5ª VT-Belo Horizonte/MG

Anexo C — Estatuto Básico do Núcleo Intersindical de Conciliação Trabalhista[403]

Capítulo I
NÚCLEO INTERSINDICAL DE CONCILIAÇÃO TRABALHISTA — Ninter

Seção 1
Constituição, Fundamentos e Objetivos

Art. 1º O Núcleo Intersindical de Conciliação Trabalhista de ... (denominação), doravante designado Ninter, é pessoa jurídica de direito privado sem fins lucrativos, constituído pelo Sindicato dos Trabalhadores ... (denominação) e pelo Sindicato dos Empregadores ... (denominação).

§ 1º O Ninter tem sua sede na ... (endereço).

§ 2º A área de atuação do Ninter coincidirá com a área abrangida pela base territorial dos sindicatos signatários do presente estatuto.

Art. 2º O Ninter tem por fundamento:

I — Os princípios políticos do Estado Democrático de Direito adotados como fundamento da República brasileira (art. 1º, I, II, III e IV, e parágrafo único, da CF/88):

a) da cidadania, da dignidade humana, dos valores sociais do trabalho e da livre-iniciativa e do pluralismo;

---

(403) Versão atualizada e adaptada do Estatuto-Básico do Ninter aprovado no Fórum Nacional do Trabalho — Conferência Estadual de Minas Gerais. Sua apresentação tem o objetivo de oferecer uma amostra de estatuto em que se observam os princípios e as regras fundamentais do sistema Ninter, sem os quais não se caracteriza a instituição (estrutura orgânica, competências e regras pertinentes ao sistema de resolução de conflitos). Por outro lado, reserva-se à autonomia dos sindicatos fundadores a possibilidade de adaptar os estatutos conforme seus interesses e o grau de evolução da negociação coletiva. Assim, o estatuto contempla uma estrutura padrão e, ao mesmo tempo, um conjunto de cláusulas não essenciais, adaptáveis a cada realidade e a cada contexto em que se cria a instituição (cf. VASCONCELOS, Antônio Gomes de. *O sistema Ninter-Cenear*. Araguari: Fundação Cenear — Sincopel, 2004).

b) da democracia integral;

c) da governança baseada no diálogo social e na concertação social;

d) da subsidiariedade ativa;

II — Os princípios de Direito Constitucional Positivo:

a) da liberdade de associação e da negociação coletiva (art. 5º, XVII, art. 7º, XXVI, da CF/88) e, ainda,

b) I do art. 3º, XVII, XXII e XXIII do art. 5º e II, III, IV e VIII do art. 170 da CF/88;

III — Os princípios filosóficos da razão dialógica e da complexidade, expressos no compromisso da busca do conhecimento que serve de base à ação pública e à ação coletiva, com a participação dos seus destinatários e a partir de amplo diagnóstico dos contextos de realidade sobre os quais ela incide;

IV — O princípio da ética de responsabilidade e solidariedade, que compreende a construção do projeto de sociedade inscrito na Constituição como uma responsabilidade de todos os agentes públicos e sociais, cujas ações se legitimam pela convergência de suas consequências com os objetivos da República traçados na Constituição;

V — Os princípios institucionais:

a) da paridade;

b) da legalidade;

c) do tripartismo de base local;

d) da participação dos sindicatos na gestão da organização do trabalho e da administração do acesso à justiça coexistencial;

e) da gratuidade em relação ao trabalhador;

f) da leveza burocrática e da informalidade;

g) da honestidade, lealdade e da boa-fé.

VI — Os princípios de interação entre o Poder Público e a sociedade organizada (sindicatos):

a) do diálogo social;

b) da concertação social;

c) do tripartismo de base local;

d) da ação pública comunicativa;

e) da jurisdição comunicativa;

f) da ação coletiva comunicativa;

g) da negociação coletiva concertada;

h) da interatividade e da integração das ações publicas e coletivas para a formulação e execução de programas de ação interinstitucionais de especial interesse público, coletivo e social;

i) da efetividade dos direitos sociais e da adequação da lei e de sua aplicação às singulares regionais, setoriais e locais, pela concertação de regimes trabalhistas especiais.

Art. 3º O Ninter tem por objetivos:

I — Promover a aproximação, o diálogo e a interação entre os sindicatos e as instituições e autoridades do trabalho, com vistas à comunhão de esforços na compreensão e na busca de soluções para as questões trabalhistas setoriais ou locais de interesse público, social e coletivo visando à harmonia, à coerência e à intercomplemetaridade entre as ações públicas e coletivas;

II — Promover a participação dos sindicatos no exercício e nas ações do Poder Público relativas à gestão da organização setorial, regional ou local das relações de trabalho e da administração da justiça;

III — Congregar esforços do Sindicato dos Trabalhadores e do Sindicato dos Empregadores em torno de objetivos que, mediante negociação coletiva, sejam reconhecidos como de interesse comum;

IV — Dinamizar, aprofundar, desburocratizar, ampliar seus horizontes e tornar efetiva a negociação coletiva com instrumento de autodeterminação coletiva, de adequação da norma às peculiaridades do setor de atividade econômica, de complementação e suprimento de ausências normativas e de concertação social entre as instituições do trabalho locais, mediante a instituição de um estado permanente de negociação entre os sindicatos signatários;

V — Proceder à tentativa de conciliação prévia prevista no Título VI-A da CLT;

VI — Promover a cultura da prevenção e a implementação gradativa de formas não judiciais de resolução dos conflitos do trabalho (conciliação, mediação e arbitragem voluntária), desde que observados os princípios tutelares dos direitos dos trabalhadores e da integridade dos direitos sociais, e contribuir para a legitimação e eficiência da justiça estatal em questões cuja complexidade e elevado grau de litigiosidade ou de sua relevância jurídica e social tornem indispensável a sua atuação;

VII — Buscar a efetividade dos direitos e obrigações trabalhistas por trabalhadores e empregadores como forma de prevenir litígios e instaurar a boa-fé recíproca nas relações de trabalho;

VIII — Informar e orientar os trabalhadores e empregadores sobre direitos e obrigações decorrentes do contrato de trabalho.

Art. 4º Nos procedimentos relativos à conciliação extrajudicial institucionalizados neste Estatuto serão observados, subsidiariamente, nos termos do art. 625-H, CLT, as seguintes disposições:

I — obrigatoriedade da tentativa de conciliação prévia antes do ajuizamento de ação trabalhista (art. 625- D, CLT);

II — efeito liberatório da quitação consumada perante o Ninter (art. 625-E, CLT);

III — suspensão do prazo prescricional por dez dias enquanto se viabiliza a tentativa conciliatória (art. 625, E, CLT);

IV — o termo de acordo celebrado no Ninter não cumprido sujeita-se a competente ação executiva perante a Justiça do Trabalho, dada a sua natureza de título executivo extrajudicial (art. 625-G, CLT).

Parágrafo único. O efeito liberatório da quitação restringe-se exclusivamente às parcelas nomeadas cujo valor conste do Termo de Conciliação, na forma prevista no Enunciado 330 do Tribunal Superior do Trabalho, não se aplicando ao Ninter o efeito liberatório geral previsto no art. 625-E, CLT.

Art. 5º Não se sujeitam à atuação do Ninter, quaisquer que sejam seus valores, controvérsias acerca:

I — da existência, ou não, de vínculo de emprego, salvo se houver reconhecimento do mesmo e a consequente anotação da CTPS;

II — da dispensa por justa causa, salvo se convertida em dispensa imotivada;

III — da dispensa de empregado estável, exceto se o empregador proceder a sua reintegração;

IV — outras hipóteses que vierem a ser fixadas em Ato Normativo Interno do Conselho Tripartite (ANI) ou quando o coordenador de conciliação, fundamentadamente, reputar conveniente.

Seção 2
Composição Orgânica

Art. 6º O Ninter é composto dos seguintes órgãos internos:

I — Conselho Tripartite (CT);

II — Diretor Executivo (DE);

III — Seção Intersindical de Conciliação (SIC);

IV — Conselho de Arbitragem (CAR);

V — Secretaria.

Parágrafo único. As funções exercidas por quaisquer dos integrantes dos referidos órgãos não serão remuneradas, exceto o coordenador de conciliação e os conciliadores, que serão empregados do Ninter.

Capítulo II
CONSELHO TRIPARTITE (CT)

Art. 7º O Conselho Tripartite do Ninter terá as funções institucionais de promover e ou contribuir, em âmbito local, para:

I — a democratização integral e para "a governança" da organização do trabalho e da administração da justiça "coexistencial";

II — o "diálogo social" e a "concertação social";

III — a coordenação da ação pública e da ação coletiva (função cognitiva);

IV — a interação e a integração das ações das instituições do Poder Público, entre si e entre aquelas e as sindicais;

V — as transformações culturais necessárias à assimilação dos princípios e da atuação do Ninter (função pedagógica);

VI — o desenvolvimento da negociação coletiva;

VII — a legitimação da ação pública e da ação coletiva;

VIII — a efetividade dos direitos sociais e das obrigações dos trabalhadores e dos empregadores.

Art. 8º O Conselho Tripartite, órgão máximo dos Núcleos Intersindicais de Conciliação Trabalhista, funcionará em composição bipartite ou tripartite, conforme os objetivos das respectivas sessões:

I — na composição bipartite, será integrado pelos presidentes dos sindicatos signatários ou do dirigente sindical devidamente autorizado, na qualidade de membros institucionais permanentes;

II — na composição tripartite, a composição prevista no item I incluirá as autoridades ou representantes de uma ou mais instituições do trabalho, quando a sessão se destinar à prática do diálogo social e da concertação social;

§ 1º Os sindicatos signatários far-se-ão representar perante o Conselho Tripartite por seus respectivos presidentes e outros dois dirigentes sindicais integrantes de sua diretoria, resguardada sempre a paridade de representação.

§ 2º Poderão ser convidados para participar das sessões do Conselho Tripartite, conforme a conveniência dos sindicatos signatários, quaisquer autoridades públicas (*v. g.*, Ministério do Trabalho, INSS, Varas do Trabalho, Ministério Público do Trabalho) ou outras entidades cuja atuação tenha reflexos nas relações de trabalho desenvolvidas no âmbito de atuação do Ninter.

§ 3º Qualquer representante das instituições do trabalho locais poderá propor o agendamento de sessões do Conselho Tripartite e indicar temas ou questões a serem incluídas nas respectivas pautas cuja relevância social, coletiva e pública justifique a sua inclusão no roteiro do "diálogo social" e da "concertação social".

§ 4º As reuniões deliberativas do Conselho Tripartite serão abertas sempre com a presença de pelo menos um dos representantes de cada sindicato e as decisões serão tomadas mediante consenso dos sindicatos signatários, podendo o impasse relativo a questões administrativas ser encaminhado ao Conselho de Arbitragem.

§ 5º Os votos dos sindicatos serão proferidos pelos respectivos presidentes ou por seus representante, devidamente autorizados.

§ 6º A dinâmica das sessões, a garantia do direito de fala e do dever de escuta de todos os participantes em condições de igualdade e as formalidades reativas aos procedimentos decisórios, bem como qualquer das matérias previstas neste Estatuto, poderão ser objeto de regulamentação por meio de um Regimento Interno aprovado pelo Conselho Tripartite, em sua composição bipartite, após ouvidos as demais instituições participantes nos casos que envolvam a sua participação naquele órgão.

§ 7º As reuniões do Ninter serão, sempre, registradas em ata lavrada em livro próprio.

Art. 9º Em caso de deliberações pertinentes à autonomia coletiva, nas sessões em que a composição do órgão for tripartite, os terceiros participantes não terão direito de voto, sendo-lhes vedado tomar partido quanto à matéria objeto de decisão, podendo os sindicatos signatários suspender e ausentar-se momentaneamente da sessão ou adiá-la conforme entendimento entre os participantes.

§ 1º A composição tripartite restringe-se à realização do diálogo social e da concertação social, com o objetivo de:

I) promover o intercâmbio entre os sindicatos e as diversas instituições do trabalho e estabelecer parcerias de modo a contribuir para a coerência e a racionalidade dos respectivos programas de ação e para a observância e aplicação das normas trabalhistas, considerando as particularidades regionais, locais ou do setor de atividade representado pelos sindicatos signatários;

II) oferecer subsídios à negociação coletiva dos sindicatos signatários, mediante a identificação das causas dos conflitos individuais e coletivos do trabalho e de aspectos pertinentes à necessidade de adequação da legislação trabalhista às particularidades setoriais, regionais ou locais;

III) oferecer subsídios às autoridades públicas nos procedimentos preparatórios da ação pública;

IV) constituir um espaço de governança institucionalizado e propício ao exercício da ação pública e coletiva comunicativas e da jurisdição comunicativa destinadas à gestão da organização do trabalho e da administração da justiça no âmbito de representação dos sindicatos signatários.

§ 2º As sessões interativas dos Conselhos Tripartites poderão ser instauradas mediante proposição individual ou conjunta dos sindicatos signatários ou de autoridades ou representantes das instituições do trabalho, indicando-se, em qualquer caso, a matéria a ser posta em pauta.

Seção 2
Competência

Art. 10. Compete ao Conselho Tripartite:

I — Em composição tripartite:

a) Promover a gestão intercategorial e tripartite da organização do trabalho e da administração da justiça coexistencial no âmbito da representação dos sindicatos signatários;

b) Promover reuniões tripartites para a adequação das práticas do conjunto das instituições participantes aos princípios definidos no art. 2º deste Estatuto;

c) Deliberar sobre medidas práticas destinadas à concreção dos princípios estabelecidos no art. 2º deste Estatuto, especialmente em relação aos itens V e VI (concertação social);

d) Promover a integração e a interação entre as instituições do trabalho;

e) Realizar diagnóstico amplo e plural das questões trabalhistas, considerando a complexidade dos contextos de realidade local e levando em conta a percepção do conjunto das instituições participantes do diálogo social;

f) Servir de espaço institucional para a prática da ação pública comunicativa, da ação coletiva comunicativa e da jurisdição comunicativa;

g) Instituir regime trabalhista especial, permanente ou temporário quando o interesse público, coletivo e social assim o recomendar;

h) Conceber, deliberar, implementar, acompanhar e avaliar programas interinstitucionais de atuação conjunta voltados para o alcance dos objetivos do Ninter;

i) Estabelecer os procedimentos e as condições de validade dos atos de composição extrajudicial de conflitos do trabalho nos casos de conciliação, mediação e arbitragem, adequando-os aos princípios do direito do trabalho e às regras da legislação trabalhista, bem como acompanhar e avaliar a sua observância.

II) Em composição bipartite:

a) Gerir o Ninter;

b) Editar, a qualquer tempo e por meio de atos normativos internos (ANI), normas coletivas de eficácia imediata, em aditamento às convenções e acordos coletivos, *ad referendum* das categorias na primeira negociação coletiva que se realizar subsequentemente;

c) Editar atos normativos internos (ANI) acerca da administração, organização e funcionamento do Ninter;

d) Indicar o diretor executivo e aprovar planos de ação e metas do Ninter;

e) Deliberar sobre quaisquer matérias não previstas neste Estatuto;

f) Adotar medidas destinadas ao alcance dos objetivos do Ninter;

g) Alterar o presente Estatuto, observados os princípios e objetivos do Ninter definidos nos arts. 2º e 3º, os quais só poderão ser alterados mediante autorização das assembleias das categorias envolvidas;

h) Examinar e aprovar o Balanço Anual apresentado pela Diretoria Executiva, no prazo de trinta dias contados da data do término do exercício contábil;

i) Escolher o coordenador da Seção Intersindical de Conciliação;

j) Compor o Conselho de Arbitragem e escolher seu presidente;

l) Aprovar os nomes dos conciliadores, após a indicação dos sindicatos fundadores;

m) Examinar e aprovar relatório final do diretor executivo, depois de concluído o respectivo mandato;

n) Autorizar a admissão e demissão de funcionários;

o) Fixar os salários dos funcionários do Ninter;

p) Aprovar o regimento interno do Ninter;

q) Buscar soluções autônomas para os dissídios coletivos verificados no âmbito das categorias fundadoras do Ninter, mediante entendimento (autocomposição) ou arbitragem voluntária (Conselho de Arbitragem)

r) Aprovar o regulamento do procedimento arbitral a ser observado pelo Conselho de Arbitragem, no exercício de suas funções, por meio de Ato Normativo Interno (ANI), art. 17, §11.

Parágrafo único. O Ato Normativo Interno (ANI) tem:

I — natureza normativa, quando cria, modifica ou revoga norma coletiva ou adequa a legislação trabalhista à realidade local, caso em que tem força de norma coletiva aplicável às categorias representadas pelos sindicatos signatários, depois de procedido o devido depósito junto ao Ministério do Trabalho;

II — natureza administrativa, quando edita regras pertinentes ao funcionamento e ao alcance dos objetivos do Ninter.

Capítulo III
DIRETOR EXECUTIVO (DE)

Art. 11. Compete ao diretor executivo (DE) do Ninter:

I — Representá-lo perante terceiros, inclusive judicialmente;

II — Apresentar ao Conselho Tripartite, antes da posse, plano de ação e metas a ser cumprido durante seu mandato;

III — No âmbito interno do Ninter:

a) Cumprir e fazer cumprir as deliberações do Conselho Tripartite e do Conselho de Arbitragem tomadas no âmbito das respectivas áreas de competência;

b) Contratar e demitir empregados, após autorização do Conselho Tripartite;

c) Cumprir e fazer cumprir o presente Estatuto;

d) Gerir suas atividades e deliberar sobre quaisquer assuntos, exceto quanto às matérias afetas à competência privativa dos demais órgãos;

e) Velar pela disciplina e pelo bom andamento de suas atividades;

f) Convocar reunião extraordinária do Conselho Tripartite, com antecedência mínima de 3 (três) dias úteis e pauta previamente especificada, para tratar de assuntos urgentes e relevantes, afetos à sua competência estatutária;

g) Elaborar o calendário anual de reuniões ordinárias do Conselho Tripartite;

h) Examinar e aprovar o Balanço Mensal a que se refere o art. 12, X;

i) Deliberar, provisoriamente, *ad referendum* de qualquer órgão deliberativo do Ninter, acerca de matérias de sua competência, devendo, para tanto, proceder à convocação de reunião extraordinária do referido órgão, para apreciação da decisão, no prazo de 24 horas, e obedecendo-se ao disposto no item anterior;

j) Contratar e firmar compromisso em nome do Ninter;

l) Administrar os recursos materiais e o pessoal do Ninter;

m) Autorizar pagamentos e despesas de qualquer natureza vinculadas à manutenção e funcionamento do Ninter;

n) Abrir e movimentar, conjuntamente com o coordenador de conciliação, conta bancária em nome do Ninter, mediante ciência e autorização do Conselho Tripartite;

o) Preparar balanço relativo ao período correspondente à sua gestão, para aprovação do Conselho Tripartite (art. 6º, VIII);

p) Ratificar a aplicação da penalidade prevista no art. 13, § 5º.

§ 1º Os representantes dos sindicatos signatários, por revezamento, sucessiva e alternadamente, integrarão a Diretoria Executiva da entidade.

§ 2º O diretor executivo cumprirá mandato anual, podendo ser renovada a sua indicação para o cargo, desde que observado o revezamento previsto no parágrafo anterior.

§ 3º Findo o mandato, a alternância dar-se-á automaticamente, com transferência do cargo, na ordem de revezamento, ao presidente sindical, ou a quem este indicar, para o exercício do mesmo.

§ 4º O diretor executivo empossado indicará, no ato da posse, um suplente, dentre os representantes do sindicato a que pertencer, que exercerá o cargo, na sua ausência, na ocorrência da vacância temporária ou definitiva, ou ainda por delegação.

§ 5º O diretor executivo poderá delegar o poder de representação, parcial ou totalmente, desde que na última hipótese haja aprovação do Conselho Tripartite.

§ 6º O exercício contábil do Ninter coincidirá com o período correspondente ao mandato do diretor executivo.

§ 7º O balanço a que se refere a alínea "o" deste artigo será acompanhado de parecer de auditoria externa autorizada pelo Conselho Tripartite quanto à regularidade das contas do Ninter.

Capítulo IV
SEÇÃO INTERSINDICAL DE CONCILIAÇÃO — (SIC)

Art. 12. A Seção Intersindical de Conciliação (SIC) é composta por um coordenador de conciliação e conciliadores, empregados do Ninter indicados pelos sindicatos signatários, sempre com resguardo da igualdade e paridade de representação.

§ 1º O coordenador de conciliação, que, além das demais atribuições previstas neste Estatuto, coordenará o trabalho dos conciliadores, será nomeado pelo Conselho Tripartite.

§ 2º Os conciliadores, cujo número será definido em Ato Normativo Interno, serão indicados pelos sindicatos fundadores, com resguardo da paridade de representação das categorias, mediante aprovação do Conselho Tripartite.

Seção 1
Objetivos

Art. 13. A Seção Intersindical de Conciliação tem por objetivos precípuos:

I — Prevenir e conciliar conflitos e ou pendências entre empregados e empregadores integrantes de categorias representadas pelos sindicatos signatários, no curso do contrato de trabalho, restabelecendo-lhes a harmonia e prestando-lhes orientação e informações solicitadas acerca de seus direitos e obrigações trabalhistas, estimulando o cumprimento dos mesmos;

II — Atuar como elo de comunicação entre os trabalhadores e empregadores e os sindicatos signatários, possibilitando a estes a apreensão dos anseios ou das questões concernentes às respectivas categorias, bem como dos reflexos da respectiva ação sindical;

III — Colher subsídios para a formulação de programas de ação comprometida com os interesses das bases das categorias representadas, bem assim para a celebração de Convenções Coletivas e Acordos Coletivos, de modo a atender as suas necessidades e expectativas e promover a melhoria e modernização das relações de trabalho;

IV — Buscar, mediante conciliação (ou mediação), a solução de dissídios individuais relativos a contratos de trabalho, findos ou não, verificados no âmbito de atuação do Ninter;

V — Conciliar divergências quanto a fatos controvertidos relativos à assistência rescisória prevista no art. 477/CLT, sem prejuízo da exclusividade do Sindicato dos Trabalhadores.

Seção 2
Competência

Art. 14. Compete à Seção Intersindical de Conciliação:

I — Proceder ao pronto atendimento de trabalhadores e empregadores perante o Ninter, encaminhando-os às providências que melhor lhes atendam e aos seus interesses, em conformidade com o presente Estatuto;

II — proceder à tentativa de conciliação prévia prevista no Título VI-A da CLT ou, conforme o caso, a mediação dos conflitos individuais do trabalho relativamente aos contratos de trabalho em curso ou extintos;

III — Esclarecer os empregados e empregadores acerca de seus direitos e obrigações;

IV — promover a tentativa de conciliação prévia dos conflitos rescisórios ainda no curso da assistência rescisória prevista no art. 477, CLT;

V — Praticar os atos necessários à instauração e prosseguimento do procedimento arbitral até a prolação da sentença arbitral, resguardados os atos de competência privativa dos árbitros;

VI — Prestar informações, mediante solicitação pessoal dos interessados (trabalhadores e empregadores):

    a) acerca da finalidade e funcionamento do Ninter;

    b) sobre direitos e obrigações trabalhistas de trabalhadores e empregadores, segundo diretrizes do Conselho Tripartite.

§ 1º A quitação somente produzirá efeito quanto às parcelas conciliadas e descritas no Termo de Conciliação, desde que discriminados os respectivos valores.

§ 2º Incumbe à Seção Intersindical de Conciliação Trabalhista reduzir a termo a conciliação, especificando, como condição de validade da quitação, os direitos, parcelas e respectivos valores e quaisquer outras matérias objeto da conciliação, fornecendo às partes cópias devidamente assinadas pelas partes e pelos conciliadores.

§ 3º O Termo de Acertamento, no caso de ausência injustificada do empregador à sessão designada para a tentativa de conciliação para a qual tenha sido inequivocamente comunicado, será efetuado com base no pedido e nos fatos declarados pelo trabalhador. O Termo de Acertamento, uma vez atendidos os demais requisitos do Termo de Conciliação, constituir-se-á em título executivo extrajudicial.

§ 4º A ausência injustificada do trabalhador ensejará a confissão presumida quanto aos fatos declarados pelo empregador, com presunção *iuris tantum* de veracidade.

§ 5º É vedado o depósito no Ninter de quaisquer valores concernentes a conciliação ou acerto de quaisquer pendências entre empregado e empregador, devendo o pagamento ser efetuado diretamente ao trabalhador, na presença dos conciliadores.

§ 6º Ato Normativo do Conselho Tripartite regulamentará as condições de validade dos pagamentos parcelados em condições específicas e excepcionais.

Art. 15. A assistência rescisória prevista no art. 477 da Consolidação das Leis do Trabalho será suspensa sem prejuízo da exclusividade do Sindicato dos Trabalhadores (denominação) na prática da assistência rescisória, seguindo-se, após o pagamento das parcelas reconhecidas pelo empregador, o encaminhamento do caso ao Ninter, quando:

I — houver ressalvas e ou controvérsia quanto aos fatos ou direitos rescisórios;

II — houver interesse das partes na realização de revisão contratual destinada à regularização e ou acerto de quaisquer pendências ou direitos não observados no curso de todo o contrato desde o seu início até a data da sua extinção ou até a data da revisão se o contrato ainda estiver em vigor.

§ 1º Incumbirá à Seção Intersindical de Conciliação Trabalhista conciliar controvérsias pertinentes a fatos e direitos rescisórios instauradas no momento da assistência rescisória previsto no art.477 da CLT como forma de prevenir litígios.

§ 2º O prazo para a conclusão do ato assistencial suspenso será contado em dobro.

§ 3º A assistência rescisória será realizada na sede do Núcleo Intersindical de Conciliação Trabalhista, sem prejuízo da exclusividade do ato assistencial por parte do Sindicato dos Trabalhadores... (denominação), podendo o conciliador representante dos empregadores acompanhá-lo quando autorizado pelo responsável pela prática da assistência ou pelo conciliador representante dos trabalhadores, quando for ele próprio o responsável pela assistência.

§ 4º Os direitos rescisórios não serão objeto de renúncia ou transação, podendo esta última ocorrer apenas em caso de controvérsias quanto a fatos que constituem obstáculos à realização da assistência rescisória. Não poderá constituir objeto de transação o percentual devido a título de FGTS, inclusive a multa de 40% sobre todos os depósitos devidos durante a vigência do contrato de trabalho, nos termos da Lei n. 8.036/90.

§ 5º O encaminhamento referido no *caput* deste artigo será realizado mediante remessa do Termo de Encaminhamento firmado pelo Sindicato... (dos trabalhadores) e pelas partes contendo o motivo da ressalva e ou a síntese da controvérsia no caso do inciso I, e o pedido de revisão contratual na hipótese do inciso II.

Art. 16. É vedada a cobrança ao trabalhador de honorários, taxas de manutenção ou quaisquer importâncias como contraprestação pelos serviços prestados pelo Ninter.

Art. 17. As partes poderão se fazer acompanhar de advogado, que lhes prestará assistência jurídica relativa à formalização dos atos jurídicos que vierem do Núcleo Intersindical, podendo a parte, quando julgar necessário, requerer a suspensão da sessão conciliatória para aconselhar-se reservadamente com seu advogado.

Seção 3
Coordenador de Conciliação

Art. 18. Constituem atribuições do coordenador de conciliação:

I — Propor à aprovação do Conselho Tripartite, por meio de ANI (art. 7º, II), procedimento relativo ao disposto no art. 11, a ser adotado pela Seção Intersindical de Conciliação;

II — Responder pelo funcionamento e pelo cumprimento das atribuições da Seção Intersindical de Conciliação e dos serviços da secretaria do Ninter;

III — Planejar, orientar e supervisionar os trabalhos dos conciliadores;

IV — Manter à disposição do Conselho Tripartite e demais órgãos do Ninter, sempre que solicitado:

1. Dados estatísticos e relevantes acerca da sua atuação;

2. Relatório mensal com informações sobre:

a) o número de Termos de Conciliação realizado pelo Conselho de Conciliação;

b) o número de Termos de Encaminhamento Judicial;

c) o número de Termos de Compromisso.

V — Repassar ao Conselho Tripartite as informações e os dados mencionados no item anterior, mensalmente;

VI — Participar de reuniões do Conselho Tripartite, do Conselho de Arbitragem e com o diretor executivo para as quais for convocado;

VII — Encaminhar ao Conselho Tripartite, formal e obrigatoriamente, quaisquer manifestações ou reclamações de trabalhadores ou empregadores pertinentes aos objetivos, atuação e funcionamento do Ninter, de que venha a tomar conhecimento no exercício de suas funções ou por intermédio dos conciliadores;

VIII — Propor ao Conselho Tripartite matérias em relação às quais entenda necessária a regulamentação por via de Convenções Coletivas e Acordos Coletivos, para alcance dos objetivos estatutários do Ninter.

IX — Arrecadar, controlar e gerir as finanças do Ninter;

X — Responder pela contabilidade do Ninter e submeter à aprovação do diretor executivo, até o 10º dia útil de cada mês, balanço financeiro relativo ao mês anterior;

XI — Viabilizar a convocação das reuniões do Conselho Tripartite e do Conselho de Arbitragem, bem como secretariá-las, elaborar as respectivas atas e mantê-las em arquivo próprio, à disposição dos órgãos do Ninter, após aprovação e assinatura;

XII — Encaminhar e requerer perante a Justiça do Trabalho homologação do Procedimento Voluntário Comprobatório — PVC (art. 233 — CF/88);

XIII — Aplicar a penalidade prevista no art. 13, § 5º, quando for o caso;

XIV — Coordenar as atividades do Conselho de Arbitragem, respondendo pelos seguintes procedimentos:

a) sorteio e composição dos tribunais arbitrais (art.17, § 6º) que atuarão nos dissídios individuais após firmado o Termo de Compromisso;

b) comunicação ao presidente do Conselho Arbitral, quanto à instauração do juízo arbitral, ao nome das partes e ao objeto do litígio, à composição do Tribunal Arbitral que atuará em cada caso;

c) processamento dos Pedidos de Reconsideração, na forma prevista nas alíneas anteriores;

d) comunicação, às partes e aos árbitros de quaisquer atos necessários à efetivação do procedimento arbitral;

e) quaisquer providências necessárias ao cumprimento do procedimento arbitral estabelecido neste Estatuto e na legislação competente, exceto os atos privativos dos árbitros quando no exercício de seu múnus;

XV — Organizar, gerir e manter os serviços da secretaria do Ninter.

XVI — organizar livro de registro de tentativas conciliatórias realizadas no Ninter, devidamente numeradas em ordem cronológica e crescente, além da identificação das partes.

Seção 4
Sessões de Conciliação

Art. 19. Designa-se por "sessão de conciliação" aquela realizada pela Seção Intersindical de Conciliação e destinada à tentativa de conciliação prévia dos conflitos individuais do trabalho relativos a contratos em curso ou extintos, bem como dos conflitos rescisórios mencionados no art. 12 deste Estatuto.

§ 1º As sessões de conciliação serão sempre realizadas com a presença obrigatória de um conciliador representante dos trabalhadores e outro representante dos empregadores, além do trabalhador e do empregador.

§ 2º As sessões de conciliação, instaladas sempre com a presença de ambas as partes, serão sempre públicas e coordenadas pelos conciliadores, podendo as partes consultar, inclusive reservadamente, seus advogados, quando deles acompanhadas.

§ 3º Os empregadores poderão se fazer representar por preposto por cujos atos responderão.

§ 4º O Termo de Acertamento, no caso de ausência injustificada do empregador à sessão designada para a tentativa de conciliação, para a qual tenha sido inequivocamente comunicado, será efetuado com base no pedido e nos fatos declarados pelo trabalhador. O Termo de Acertamento, uma vez atendidos os demais requisitos do Termo de Conciliação, constituir-se-á em título executivo extrajudicial.

§ 5º A ausência injustificada do trabalhador ensejará a confissão ficta quanto aos fatos declarados pelo empregador, que, uma vez reduzidos a termo, terão efeito de prova pré-constituída.

§ 6º Quedando-se dificultosa a conciliação, os conciliadores solicitarão o auxílio do coordenador de conciliação, que envidará veementes esforços para o alcance da harmonia entre as partes.

§ 7º Ato Normativo Interno (ANI) estabelecerá regras complementares de procedimento a serem adotadas nas sessões de conciliação.

Art. 20. Trabalhadores e ou empregadores deverão submeter suas pendências a exame prévio do Ninter antes do ajuizamento de demanda trabalhista, ainda que sua situação desatenda ao disposto no art. 4º, V, não sendo, porém, obrigados a formalizar a conciliação ou submeter-se ao juízo arbitral.

Art. 22. Encerrado o atendimento às partes, a Seção Intersindical de Conciliação (SIC) expedirá, conforme o caso, um dos seguintes documentos:

I — Termo de Acertamento Revisional de Contrato de Trabalho (TARCT), a ser lavrado em caso revisão e saneamento de irregularidades concernentes aos direitos e obrigações decorrentes de contrato de trabalho;

II — Termo de Compromisso (TC), pelo qual as partes poderão se louvar em árbitro com eleição do Conselho de Arbitragem para dirimir litígios não conciliados na Seção Intersindical de Conciliação (art. 18, I, "b");

III — Sentença Arbitral (SA), que conterá o inteiro teor da decisão arbitral proferida pelo Conselho de Arbitragem e a respectiva homologação;

IV — Termo de Conciliação Frustrada, em caso de recusa à conciliação, parcial ou total, ou à eleição de juízo arbitral (Conselho de Arbitragem), por qualquer das partes;

V — Termo de Comparecimento (TCO), para atestar o comparecimento tempestivo de uma das partes convocadas, estando ausente a outra;

VI — Termo de Conciliação (TC), que será lavrado na forma e efeitos previstos no Título VI-A da CLT.

§ 1º O Termo de Compromisso indicará, expressamente, a eleição do Conselho de Arbitragem como árbitro da querela e será firmado pelas partes e pelos conciliadores responsáveis pela mediação inexitosa, após o que será encaminhado àquele órgão para decisão, acompanhado de relatório sucinto da controvérsia e documentos que tiverem sido apresentados.

§ 2º A Sentença Arbitral tem efeito de coisa julgada e constitui título executivo judicial (art. 31, Lei n. 9.307/96).

§ 3º O Termo de Conciliação Frustrada conterá, obrigatoriamente, relatório sucinto acerca da divergência havida entre as partes e de declarações prestadas durante a sessão de tentativa de conciliação, bem assim a declaração expressa de recusa das partes às propostas de conciliação formuladas e à eleição do juízo arbitral.

§ 4º O Termo de Acertamento Revisional de Contrato de Trabalho conterá, obrigatoriamente, a descrição dos fatos ou situações a que se referem os direitos e obrigações objeto da revisão, acompanhadas de declaração atestatória do consenso e da veracidade dos fatos firmada por ambas as partes.

§ 5º O Termo de Comparecimento, uma vez lavrado, isentará o empregador da multa prevista no art. 477/CLT, segundo os critérios estabelecidos em Ato Normativo Interno (ANI).

§ 6º O Conselho Tripartite aprovará modelos dos documentos acima, por meio de Ato Normativo Interno (ANI), observando os requisitos e exigências legais aplicáveis aos mesmos, quando for o caso.

Seção 5
Secretaria do Ninter

Art. 23. Compete à secretaria do Ninter, além da execução de todas as atribuições que lhe são próprias:

I — Proceder à guarda e encaminhamento de todos os documentos do Ninter;

II — Executar todos os atos notariais necessários ao cumprimento das atribuições da Seção Intersindical de Conciliação e do Conselho de Arbitragem, incluídas a expedição de intimações e a lavratura dos documentos consumativos das questões resolvidas ou não pelo Ninter;

III — Manter arquivo de todos os documentos de interesse do Ninter, inclusivamente as atas de reuniões do Conselho Tripartite;

IV — Encaminhar as convocações de reuniões dos órgãos do Ninter;

V — Lavrar os documentos referidos no art. 15;

VI — Manter à disposição de quaisquer órgãos do Ninter dados estatísticos necessários à avaliação do cumprimento de seus objetivos, pelo Conselho Tripartite, além do relatório mensal contendo o número de atendimentos, de conciliações celebradas, de termos de encaminhamento judicial e de termos de compromissos lavrados;

VII — Cumprir outras atribuições que lhe forem acometidas por meio de Ato Normativo Interno.

Parágrafo único. Incumbe ao coordenador de conciliação a chefia da secretaria do Ninter.

Capítulo V
CONSELHO DE ARBITRAGEM — (CAR)

Art. 24. O Conselho de Arbitragem (CAR), que também deverá exercer função mediadora antes da instauração do procedimento arbitral, é órgão colegiado, composto, mediante a indicação paritária dos sindicatos signatários e a aprovação do Conselho Tripartite, por seis árbitros leigos, pessoas idôneas, experientes e conhecedoras da realidade, integradas ao meio trabalhista, e seis bacharéis ou advogados, a serem indicados e convidados a aceitar o encargo, pelo Conselho Tripartite.

§ 1º O presidente do Conselho de Arbitragem será eleito por seus pares, integrantes do mesmo, e terá as funções previstas neste Estatuto.

§ 2º Os integrantes do Conselho de Arbitragem cumprirão mandato de um ano, podendo ser renovado indefinidamente, mediante ratificação anual de sua nomeação, pelo Conselho Tripartite.

§ 3º A função dos árbitros é considerada múnus coletivo de alta relevância social, cujo exercício não é passível de remuneração.

§ 4º Os dissídios individuais do trabalho submetidos à arbitragem serão decididos por um Tribunal Arbitral, integrado por três árbitros, um deles sorteado dentre os participantes do Conselho de Arbitragem, com formação jurídica, outro dentre os árbitros leigos representantes dos trabalhadores e o último dentre os representantes dos empregadores.

§ 5º O sorteio dos árbitros obedecerá a rodízio, de modo que somente comporão o Tribunal Arbitral os árbitros ainda não contemplados até que todos tenham exercido seu múnus, após o que se reiniciará novo ciclo de sorteios.

§ 6º O presidente do Conselho de Arbitragem presidirá também os Tribunais Arbitrais, com as prerrogativas estabelecidas na Lei n. 9.307/96, dispensada, porém, sua participação na condução do procedimento arbitral e a assinatura na sentença arbitral.

§ 7º Ao sorteio dos árbitros que integrarão o Tribunal Arbitral seguir-se-á o sorteio de árbitros suplentes dentre os demais componentes do Conselho de Arbitragem, segundo os mesmos critérios dos árbitros principais.

§ 8º O árbitro de formação jurídica, integrante do Tribunal Arbitral, será o relator da proposta de decisão arbitral, que se converterá em sentença arbitral mediante a adesão de pelo menos um dos demais árbitros.

§ 9º Converterá em sentença arbitral a proposição consensual dos árbitros leigos contrária à do relator, que adaptará a decisão proposta ao voto dos primeiros.

§ 10. Qualquer dos sindicatos signatários, considerando a complexidade ou a relevância das matérias concernentes tanto aos dissídios coletivos quanto aos dissídios individuais, poderá requerer a expedição de ofício a autoridades públicas do trabalho propondo-lhes que exerçam o encargo de presidir o Tribunal Arbitral sorteado e o procedimento arbitral e atuar como relator da sentença arbitral. A autoridade que aceitar o encargo terá direito a voz nos debates relativos à decisão e à fundamentação da sentença arbitral, prevenindo os membros do Tribunal acerca de eventuais irregularidades ou ilegalidades e das nulidades daí decorrentes ou de aspectos fáticos ou jurídicos que devam ser considerados.

§ 11. Ao presidente do Conselho de Arbitragem compete elaborar proposta de regulamento dos procedimentos arbitrais a serem adaptados pelo Conselho de Arbitragem para aprovação do Conselho Tripartite (art. 7º, XVIII).

Seção 1
Competência

Art. 25. São atribuições do Conselho de Arbitragem:

I — Arbitrar na forma prevista neste Estatuto e na Lei n. 9.307/96:

a) dissídios entre os sindicatos signatários que tratem de matéria relacionada ao Ninter;

b) litígios entre trabalhadores e empregadores integrantes das categorias representadas pelos sindicatos signatários, mediante compromisso firmado pelas partes na Seção Intersindical de Conciliação, uma vez inexitosa a tentativa de conciliação;

c) dissídios coletivos de trabalho existentes entre os sindicatos fundadores do Ninter, de qualquer natureza (econômica ou jurídica), destinados à regulamentação das relações de trabalho celebradas no âmbito das categorias representadas pelos mencionados sindicatos.

II — Participar, a juízo do respectivo presidente, que poderá fazer-se representar por outro árbitro, das sessões do Conselho Tripartite, com direito a voz.

§ 1º Em se tratando de dissídio coletivo (alínea "a"), atuarão todos os árbitros integrantes do Conselho de Arbitragem, cabendo ao presidente o voto de qualidade em caso de empate.

§ 2º As disposições previstas na Lei n. 9.307/96 terão caráter complementar e subsidiário em relação ao procedimento arbitral regulado neste Estatuto, sempre que houver omissão deste e compatibilidade entre ambos.

Seção 2
Da Convenção de Arbitragem e Compromisso Arbitral

Art. 26. Os sindicatos signatários celebram, neste ato, pacto compromissório, pelo qual se comprometem a submeter à decisão do Conselho de Arbitragem, aqui eleito árbitro permanente, quaisquer controvérsias futuras existentes entre eles, decorrentes:

I — da interpretação, da aplicação e do cumprimento deste Estatuto e de propostas de alteração do mesmo;

II — de quaisquer matérias suscetíveis de deliberação nas sessões do Conselho Tripartite;

III — de aplicação dos instrumentos normativos ou de procedimentos relacionados à negociação coletiva, a fim de se evitar a instauração de dissídio coletivo;

IV — de outras matérias de interesse das categorias representadas, as quais os sindicatos signatários pretendam submeter ao juízo arbitral aqui instalado.

§ 1º O acionamento e a atuação (decisão arbitral) do Conselho de Arbitragem dependerão de solicitação expressa de qualquer um dos sindicatos querelantes, independentemente da anuência do outro, nas hipóteses previstas nos itens I e II, e de ambos, nas hipóteses previstas nos itens III e IV, todos deste artigo.

§ 2º Em sessões do Conselho Tripartite e nas hipóteses previstas nos itens I e II deste artigo, poderá o sindicato solicitante de atuação do Conselho de Arbitragem requerer a suspensão dos debates sobre o ponto de divergência e seu encaminhamento ao juízo arbitral.

§ 3º O compromisso e a publicação da sentença arbitral, nos casos previstos neste artigo, serão sempre e exclusivamente reduzidos a termo em ata de sessão do Conselho Tripartite designada para este fim na hipótese prevista no art. 18, I, "a", deste Estatuto.

Seção 3
Sentença Arbitral

Art. 27. Nos dissídios individuais, os Tribunais Arbitrais decidirão sempre em conformidade com a legislação trabalhista vigente, convenções ou acordos coletivos de trabalho, firmados pelos sindicatos vinculados ao Ninter, sob pena de nulidade, de pleno direito, da sentença arbitral.

Parágrafo único. Os Tribunais Arbitrais decidirão por equidade nas hipóteses de inexistência de normas autônomas ou heterônomas reguladoras da matéria a ser decidida.

Art. 23. São requisitos da Sentença Arbitral:

I — O relatório, que indicará o nome das partes, o resumo do litígio e o compromisso das partes;

II — Os fundamentos da decisão que analisarão as questões de fato e de direito objeto do juízo arbitral;

III — A conclusão, em que o Tribunal Arbitral decidirá a contenda, estabelecendo prazo para cumprimento da decisão, quando for o caso; e

IV — Assinatura dos árbitros, data e lugar em que foi proferida.

Parágrafo único. A Sentença Arbitral fixará, ainda, cláusula penal pelo descumprimento de obrigação de pagar, ou multa-dia em se tratando de obrigação de fazer ou não fazer, a serem pagas em favor do credor da obrigação frustrada.

Art. 28. A Sentença Arbitral tem força de decisão irrecorrível e natureza de título executivo judicial.

Seção 4
Pedido de Reconsideração

Art. 29. Qualquer um dos querelantes poderá formular ao Conselho de Arbitragem, por escrito e fundamentadamente, Pedido de Reconsideração (PR) da Sentença Arbitral, que poderá ser modificada, após ouvida a parte resignada à primeira decisão.

§ 1º Serão objeto do Pedido de Reconsideração (PR) quaisquer matérias concernentes a erro material, ao procedimento e ao mérito da sentença arbitral.

§ 2º O Tribunal Arbitral, responsável pelo exame do Pedido de Reconsideração, será composto na forma prevista no art. 17, § 5º, cuja atuação não será considerada para fins do rodízio previsto no § 6º do mesmo artigo.

Seção 5
Prazos

Art. 30. Observar-se-ão os seguintes prazos:

I — De até 60 (dez) dias úteis para prolação da sentença arbitral, após instalado o Conselho de Arbitragem;

II — Cinco dias úteis para formulação de Pedido de Reconsideração (PR), contados a partir da data do recebimento da intimação da sentença arbitral;

III — Três dias úteis para decisão do Pedido de Reconsideração (PR) contados a partir da data da comunicação do novo Tribunal Arbitral pelo Coordenador de Conciliação.

§ 1º A contagem dos prazos fixados no presente Estatuto obedecerá aos princípios da legislação processual comum.

§ 2º A inobservância dos prazos fixados neste artigo pelas partes interessadas ou pelo Tribunal Arbitral implicará a preclusão do direito ao procedimento intentado pela parte interessada e a destituição do árbitro retardatário de suas funções perante o Conselho Arbitragem, a juízo do Conselho Tripartite.

Capítulo VI
PATRIMÔNIO

Art. 31. Constituem patrimônio do Ninter:

I — Móveis, utensílios e equipamentos recebidos por doação dos sindicatos partícipes, conforme inventário constante do Anexo I, deste Estatuto;

II — Numerário proveniente de taxa de manutenção, cobrada dos empregadores e trabalhadores;

III — Doações voluntárias dos interessados ou de terceiros não interessados.

§ 1º São interessados os sindicatos signatários, bem assim qualquer integrante das categorias por eles representadas.

§ 2º O Conselho Tripartite poderá recusar imotivadamente doações de terceiros não interessados, segundo lhe convier.

§ 3º Incumbe ao Conselho Tripartite fixar o valor da taxa de manutenção a ser cobrada dos empregadores, à qual corresponderá a incidência de determinado percentual sobre o valor dos acordos assistidos pelo Ninter ou outras formas de contribuição.

§ 4º O Conselho Tripartite fixará desconto associativo a ser deduzido da taxa de manutenção (item II) em favor do associado em pleno gozo de seus direitos sindicais.

§ 5º Os Sindicatos fundadores e os conveniados, estes pelo período de convênio, respondem, subsidiariamente, pelas obrigações do Ninter.

Capítulo VII
GESTÃO FINANCEIRA

Art. 31. Incumbe ao Conselho Tripartite estabelecer plano permanente de suprimento de caixa necessário à manutenção do Ninter.

Art. 31. Ao Conselho Tripartite incumbe eleger a forma de aplicação e investimento de numerários disponíveis, velando pela manutenção de seu valor real.

Art. 33. A situação financeira do Ninter será rigidamente controlada e contabilizada pelo diretor executivo, que dela, sempre, prestará contas na forma prevista no art. 8º, III, "o", ou quando solicitado pelo Conselho Tripartite.

Parágrafo único. A falta de prestação de contas em conformidade com o presente Estatuto implicará a imediata contratação de auditoria externa para levantamento da situação financeira do Ninter, a expensas do responsável pelo descumprimento do dever de prestar contas, mediante solicitação de qualquer dos sindicatos integrantes do Núcleo, perante reunião específica do Conselho Tripartite.

Art. 34. Eventuais saldos negativos verificados em balancetes mensais do Ninter serão supridos com recursos a serem fornecidos pelos sindicatos signatários, no prazo de 5 dias contados da data da publicação do referido balancete em sessão do Conselho Tripartite.

Art. 35. Em caso de extinção do Ninter, seu patrimônio será revertido aos sindicatos fundadores na proporção da respectiva participação para a sua formação.

§ 1º A contribuição para custeio de despesas operacionais não será em hipótese alguma considerada para apuração da participação na formação do patrimônio do Ninter.

§ 2º No caso de algum dos sindicatos conveniados desvincular-se do Ninter, por qualquer motivo, a sua participação patrimonial ficará incorporada ao acervo do Ninter como pagamento de serviços prestados durante o convênio.

Capítulo VIII
DISPOSIÇÕES FINAIS E TRANSITÓRIAS

Art. 36. O Ninter tem duração indeterminada e será extinto por decisão unânime dos sindicatos fundadores, que, para tanto, deverão estar autorizados pelas respectivas assembleias de classe, convocadas especificamente para esta finalidade.

Art. 37. A criação do Ninter e a aprovação do respectivo Estatuto foram determinadas pelas assembleias gerais das categorias representadas pelo Sindicato dos Trabalhadores..... e Sindicato dos Empregadores..... realizadas, respectivamente, em data de __/__/__ e __/__/__, e pela Convenção Coletiva celebrada em __/__/___, destinada a este fim, com transcrição deste Estatuto em seu inteiro teor.

Art. 38. Os casos omissos serão resolvidos pelo Conselho Tripartite.

Art. 39. O primeiro diretor executivo do Ninter e os demais membros de seus órgãos serão escolhidos pelo Conselho Tripartite, em reunião convocada para este fim, imediatamente após o registro deste Estatuto no órgão próprio.

Parágrafo único. O afastamento de um ou de todos os representantes sindicais indicados para atuar no Ninter em nome das categorias signatárias, ensejará a imediata indicação do substituto pela diretoria do respectivo sindicato ou pela diretoria empossada, em caso de sucessão decorrente de eleição sindical.

Art. 40 O coordenador de conciliação será nomeado pelo Conselho Tripartite na mesma sessão prevista no artigo anterior e cumprirá o disposto do art. 12, I, no prazo de 5 (cinco) dias úteis, oferecendo proposta a ser apreciada em reunião extraordinária a ser convocada para este fim.

Art. 41. Os sindicatos signatários darão ampla divulgação da criação e da adesão ao Ninter, em todos os meios de comunicação disponíveis, a fim de que os trabalhadores e os empregadores tomem conhecimento dos princípios, objetivos e funcionamento do Ninter.

Cidade, data.

Ass.

Sindicato dos Trabalhadores...

Sindicato Patronal...

Assinatura de um advogado, com referência ao número de inscrição na OAB do Estado, para fins de registro.

ANEXO D — CONVENÇÃO COLETIVA DE TRABALHO CONSTITUTIVA DO NÚCLEO INTERSINDICAL DE CONCILIAÇÃO TRABALHISTA DE [...][404]

CONSIDERANDO que o Sindicato de Trabalhadores... e Sindicato de Empregadores... e/ou Associações Patronais... aqui especificados, integram o Núcleo Intersindical de Conciliação Trabalhista de ... — Ninter na qualidade de entidades Fundadoras ou Filiadas;

CONSIDERANDO que o Ninter é uma pessoa jurídica de Direito Coletivo, de caráter suprassindical e composição paritária, que tem por objeto promover a cidadania, a cooperação e a solidariedade entre as categorias representantes das classes trabalhadora e empregadora a ele associadas, bem como a interação de todos os segmentos influentes nas relações de trabalho, além de estimular e preparar a negociação coletiva, prevenir e solucionar conflitos de menor complexidade oriundos das relações de trabalho através da institucionalização de mecanismos extrajudiciais (mediação e arbitragem voluntárias);

CONSIDERANDO a intenção das diversas categorias aqui representadas de transformar as cláusulas e normas inseridas no Estatuto do Núcleo Intersindical de Conciliação Trabalhista de ... (anexo) em cláusulas coletivas extensivas e vigorantes em relação a todos os trabalhadores e empregadores integrantes das categorias representadas pelas entidades fundadoras ou filiadas ao Ninter;

CONSIDERANDO a necessidade de oferecer aos operadores do direito, incluído o Poder Judiciário, normas jurídicas adequadas à sustentação e à garantia de eficácia dos atos jurídicos praticados perante o Ninter;

CONSIDERANDO a união das categorias que perfilham os Estatutos do Ninter em torno dos princípios, fundamentos e objetivos constantes do mesmo e a conjugação de esforços comuns para o alcance de sua finalidade;

---

(404) É possível a constituição do Ninter por via de Acordo Coletivo de Trabalho, que admite a criação do Ninter através de ACT firmado por uma única empresa, por diversas empresas ou mesmo por associações patronais representativas dos empregadores interessados, não organizados em sindicatos. Nesta última hipótese recomenda-se que o referido acordo seja firmado por todas as empresas a serem por ele abrangidas, evitando-se assim discussões meramente acadêmicas sobre se aquelas associações teriam, ou não, legitimidade para firmar acordos coletivos de trabalho. VASCONCELOS. *Núcleos intersindicais de...*, 1999. p. 442.

CONSIDERANDO as prerrogativas sindicais asseguradas no art. 7º, XXVI, da Constituição Federal;

RESOLVEM as entidades signatárias aqui identificadas celebrar a presente CONVENÇÃO COLETIVA em relação à matéria abaixo disciplinada e que vigorará no âmbito das respectivas categorias após cumpridas as formalidades legais, nos seguintes termos:

CLÁUSULA PRIMEIRA:

As entidades signatárias ratificam através da presente CONVENÇÃO COLETIVA a criação do NÚCLEO INTERSINDICAL DE CONCILIAÇÃO TRABALHISTA DE ... — Ninter, registrado no Cartório de Registro de Pessoas Jurídicas da Comarca de... sob o registro de número ....

CLÁUSULA SEGUNDA:

O Estatuto do Núcleo Intersindical de Conciliação Trabalhista de ... (em anexo) integra a presente convenção coletiva, com todas as cláusulas e normas nele insertas e posteriores alterações, que, por consequência e decisão dos Sindicatos signatários deste instrumento coletivo, terão eficácia de norma coletiva relativamente a todos os integrantes das categorias por eles representados.

CLÁUSULA TERCEIRA:

As deliberações do Conselho Tripartite, no âmbito e nos limites de sua competência estatutária, quando efetivadas através de Ato Normativo Interno (ANI) previsto no Estatuto, terão os efeitos mencionados na cláusula anterior, quando o mesmo contiver cláusula explicitada nos seguintes termos: "O presente Ato Normativo Interno terá eficácia de Norma Coletiva".

Parágrafo único.

O referido Ato Normativo Interno terá eficácia de norma coletiva regulamentadora das relações de trabalho celebradas pelos trabalhadores e empregadores representados pelos sindicatos signatários, desde a data de sua edição, devendo porém ser formalmente ratificado através de cláusula coletiva específica inserta na respectiva Convenção ou Acordo Coletivo de Trabalho, na data-base imediatamente posterior, sob pena de revogação tácita a partir da referida data-base.

CLÁUSULA QUARTA:

Os integrantes das categorias representadas pelos signatários da presente Convenção Coletiva, bem como os referidos sindicatos, deverão submeter, obrigatoriamente, a tentativa de solução extrajudicial, perante o Núcleo Intersindical de Conciliação Trabalhista, quaisquer litígios trabalhistas, individuais (junto à Seção Intersindical de Conciliação) ou coletivos (junto ao Conselho Tripartite) antes de qualquer ação trabalhista.

CLÁUSULA QUINTA:

A presente Convenção Coletiva vigorará por tempo indeterminado, ou seja, enquanto existir o Ninter em relação às categorias signatárias dos respectivos estatutos.

CLÁUSULA SEXTA:

A presente Convenção Coletiva poderá ser alterada a qualquer tempo, desde que procedidas as formalidades legais e o respectivo depósito junto ao Ministério do Trabalho, salvo para extinguir o Núcleo Intersindical, ato que deverá obedecer ao previsto nos respectivos estatutos.

Cidade, data.

Ass. Sindicato dos Trabalhadores

Sindicato dos Empregadores

Anexo E — Ciclo de iniciação científica do Programa Universitário de Apoio às Relações de Trabalho — Prunart-UFMG

Quadro 2

ATIVIDADE	CARGA HORÁRIA
Curso de iniciação científica Prunart	12 horas
Elaboração de um projeto de iniciação científica	10 horas
Relatório final de iniciação científica, elaboração de projeto, divulgação e/ou publicação	50 horas
Artigo científico: elaboração de projeto, divulgação e/ou publicação	40 horas
Projeto de monografia Prunart válido como monografia de final de curso	16 horas
Monografia — Relatório final	30 horas
Grupo de estudos	40 horas (p/ semestre)
Participação em reuniões, ciclos de debates, mesas-redondas, seminários, oficinas e demais atividades acadêmicas	12 horas
Estágio junto a Núcleos Intersindicais de Conciliação Trabalhista	120 horas (3 semestres)
Seminário "Semana Trabalho & Cidadania: participação e colaboração na organização"	30 horas
Atividades de formação complementar	10 horas
Colaboração na gestão e organização do Prunart	10 horas
TOTAL	**360 horas**

Obs.: Ao ingressar no *Prunart-UFMG*, o aluno pesquisador fará a opção pelas atividades de seu interesse juntamente com a Coordenação do Prunart, em relação às quais firmará Termo de Compromisso.
Fonte: VASCONCELOS, Antônio Gomes de. *Manual do programa universitário de apoio às relações de trabalho e à administração da justiça*. Prunart-UFMG. Belo Horizonte: RTM, 2012. p. 72.

Anexo F — Conclusões do I Encontro de Patrocínio para Modernização das Relações de Trabalho[(405)]

A aprovação das conclusões do evento, mais que o coroamento do seu êxito, converteu-se em grande contributo à consciência dos problemas locais e dos rumos a serem seguidos pelo Núcleo Intersindical de Conciliação Trabalhista de Patrocínio:

1ª) A legislação e modos de solução de conflitos trabalhistas atuais não atendem satisfatoriamente aos interesses dos trabalhadores, empregadores e do próprio Estado.

2ª) Deve ser estimulada a atual tendência à descentralização e desmonopolização dos mecanismos de solução dos conflitos sociais, incluídos os trabalhistas.

3ª) Aos sindicatos incumbe o papel proeminente na administração de mecanismos extrajudiciais de solução de conflitos trabalhistas de menor complexidade e modesto valor econômico.

4ª) É constitucional e legal a instituição de pessoa jurídica de caráter suprassindical e privado, por sindicatos, com os fundamentos e objetivos insertos nos arts. 2º e 3º do Estatuto-referência, publicado no livro Sindicatos na Administração da Justiça (VASCONCELOS, Antônio Gomes. Sindicatos na administração da justiça. *Repertório de Jurisprudência Trabalhista de Minas Gerais,* Belo Horizonte: Del Rey, p. 177-195, 1995).

5ª) Admite-se a atuação tripartite no Núcleo — interação entre trabalhadores, empregadores e Poder Judiciário Trabalhista — reservando-se aos juízes o papel exclusivo de dialogar, orientar e atuar como catalisador da aproximação dos sindicatos de classe, estimulando-os à criação de mecanismos extrajudiciais de litígios trabalhistas menos complexos e de pequeno valor.

6ª) O Núcleo Intersindical de Conciliação Trabalhista Rural de Patrocínio, com os fundamentos, objetivos e propostas preconizadas no Estatuto-referência, a ser

---

(405) As conclusões aprovadas pelo plenário do I Encontro de Patrocínio para Modernização das Relações de Trabalho, em 2.4.1995, para divulgação.

adotado pelos sindicatos signatários, via convenção coletiva, é prática que deverá ser estimulada.

7ª) Ao Núcleo Intersindical serão submetidos os conflitos individuais de pequeno valor econômico e de menor complexidade fática ou jurídica, como fixado no Estatuto-referência.

8ª) Os juízes do trabalho poderão atuar extrajudicialmente, dialogando, colaborando e propondo aos sindicatos a transformação das relações de trabalho e do modo de solução de seus conflitos.

9ª) A conveniência ou não da manutenção do Conselho de Arbitragem (arts. 16 a 20, Estatuto-referência) no Núcleo será objeto de deliberação dos próprios sindicatos signatários por ocasião da *i*nstituição do respectivo Núcleo.

10ª) Recomenda-se às federações e/ou confederações sindicais, bem assim aos órgãos representativos dos magistrados trabalhistas, a iniciação de entendimentos com vistas a um acompanhamento da criação de futuros núcleos intersindicais em outras localidades.

Conclusões do II Seminário de Patrocínio para Transformação das Relações de Trabalho[406]

As conclusões resultantes dos debates entre os conferencistas, os palestrantes e os palestristas sintentizam-se no documento Transformação das Relações de Trabalho, aprovado em plenário do II Seminário de Patrocínio, com o seguinte teor:

1. O exacerbado intervencionismo estatal nas relações de trabalho tem sido grande empecilho ao exercício da autonomia coletiva e à adoção de soluções extrajudiciais de conflitos.

2. É necessária a adoção de uma política de fortalecimento do sindicalismo brasileiro, com vistas ao aprimoramento do exercício da autonomia coletiva.

3. O princípio da autonomia coletiva tal como consagrado na Constituição Federal (art. 7º, XXVI) confere aos sindicatos competência normativa para criar, modificar ou extinguir direitos trabalhistas, desde que respeitados os limites e extensão dessa mesma autonomia, constitucionalmente estabelecidos.

4. O princípio da autonomia coletiva tal como consagrado na Constituição Federal (art. 7º, XXVI) confere aos sindicatos competência normativa para estabelecer procedimentos coletivos para solução dos conflitos trabalhistas (individuais ou coletivos), pela mediação ou arbitragem voluntária, desde que, neste caso, seja sempre resguardada

---

(406) As conclusões aprovadas pelo plenário do I Encontro de Patrocínio para Modernização das Relações de Trabalho, em abr. 1997, para divulgação.

a manifestação válida da vontade individual das partes e a constitucionalidade do procedimento adotado.

5. Deve ser incentivado o exercício da autonomia coletiva tanto no campo da regulação das relações de trabalho como no campo dos procedimentos extrajudiciais de solução dos conflitos individuais e coletivos do trabalho. Tal medida supletiva contribuirá para a construção de uma ordem jurídica justa e para a ampliação da política de acesso à Justiça.

6. A sujeição do exercício do direito de ação à prévia tentativa de solução extrajudicial do conflito, através de norma coletiva, não constitui ofensa ao direito constitucional de ação e está amparada pela ordem jurídica em vigor.

7. As propostas normativas provenientes dos debates travados no Núcleo Intersindical são fonte material do Direito do Trabalho que deverão ser priorizadas pelas fontes formais desse mesmo direito — seja a lei (sentido amplo) ou outras fontes autônomas (ex. convenções coletivas) admitidas pela ordem jurídica.

8. Cabe à Junta de Conciliação e Julgamento (Vara do Trabalho) e o Núcleo Intersindical agir de forma integrada, de modo a se estabelecer a harmonia entre os procedimentos judiciais e extrajudiciais, bem como a valorização do princípio da autonomia coletiva. Objetivo este que será alcançado através do diálogo permanente entre trabalhadores, empregadores e juízes do trabalho.

9. Admite-se a execução de título extrajudicial firmado segundo os princípios estabelecidos nos Estatutos dos Núcleos Intersindicais, bem como da sentença arbitral, desde que observadas às formalidades legais e convencionais (negociação coletiva) pertinentes à matéria.

10. A aplicação e a interpretação das leis e de qualquer outra fonte de direito por parte dos profissionais e operadores do direito (juízes, advogados, agentes de fiscalização, etc.) encerram uma dimensão social, devendo, portanto, ser exercidas na perspectiva do interesse maior da sociedade como um todo renegando-se a sobreposição de interesses corporativos sobre os da coletividade.

11. A Fundação Centro Mineiro de Estudos e Aperfeiçoamento das Relações de Trabalho e da Cidadania, em face dos seus objetivos, é importante veículo de assessoramento às atividades dos Núcleos Intersindicais, devendo ser incentivada a celebração de Convênios entre ela e estabelecimentos de ensino jurídico superior, com vistas à realização de ações objetivando estudar, pesquisar e divulgar as atividades dos referidos Núcleos.

12. Os estudos, conclusões e propostas resultantes das atividades da Fundação e seus convênios poderão servir de subsídios para as negociações coletivas e a formulação de propostas legislativas. (abr./1997).

SÉRIE NINTER:

Vol. 1:

VASCONCELOS, Antônio Gomes de. *Sindicatos na administração da justiça*. Belo Horizonte: Del Rey, 1996.

Vol. 2:

VASCONCELOS, Antônio Gomes de; GADINHO, Dirceu. *Núcleos Intersindicais de Conciliação Trabalhista — fundamentos, princípios, criação, estrutura e funcionamento*. São Paulo: LTr, 1999.

Vol. 3:

VASCONCELOS, Antônio Gomes de. *Núcleo Intersindical de Conciliação Trabalhista (NINTER) — Manual Básico*. Brasília: Ministério do Trabalho e Emprego (SRT), 2000.

Vol. 4:

VASCONCELOS, Antônio Gomes de. *Manual orientação do programa universitário de apoio as relações de trabalho* — Sistema Ninter-Cenear. Uberlândia: UNIT, 2001.

Vol. 5:

VASCONCELOS, Antônio Gomes de. *O Sistema Ninter-Cenear* — fundamentos político--constitucionais, projeto de lei dos núcleos intersindicais de conciiação trabalhista e do Sistema Ninter-Cenear, justificação. Araguari: Fundação Cenear, Série Ninter, 2001.

Vol. 6:

VASCONCELOS, Antônio Gomes de. *O Sistema Núcleo Intersindical de Conciliação Trabalhista — do fato social ao instituto jurídico: uma transição neoparadigmática do modelo de organização do trabalho e da administração da justiça*. São Paulo: LTr, 2014.

Vol. 7:

VASCONCELOS, Antônio Gomes de. *Pressupostos Filosóficos e Político-Constitucionais do Sistema Núcleo Intersindical de Conciliação Trabalhista: Teoria e prática da razão dialógica e do pensamento complexo na organização do trabalho e na administração da justiça: democracia integral e ética de responsabilidade social*. São Paulo: LTr, 2014.